Zur Geschichte des Videorecorders

Siegfried Zielinski

Zur Geschichte des Videorecorders

Wissenschaftsverlag Volker Spiess · Berlin

Titelbild: Reproduktion eines Fernsehimages von der Vorstellung des Prototypen eines Videorecorders am 14. April 1956 in Chikago (Bildquelle: Ampex Corp.)

Für Gloria und Isaac-Maria

CIP-Kurztitelaufnahme der Deuschen Bibliothek

Zielinski, Siegfried:
Zur Geschichte des Videorecorders / Siegfried Zielinski. — Berlin: Wissenschaftsverlag Spiess, 1986.
ISBN 3-89166-038-3

Umschlag: Hauke Sturm, Berlin
Druck: WB-Druck, Rieden
ISBN 3-89166-038-3

'Videograph' der RCA für den Experimentalbetrieb im Fernsehrundfunk (1955)

⟶ integrierter Kamera-Recorder für den Alltagszusammenhang (1985)

"Könnte ein Geschichtsschreiber seine Geschichte so vor sich her treiben wie ein Maultiertreiber den Maulesel - geradeaus, sagen wir: von Rom nach Loreto, ohne sich nach rechts oder links umzusehen -, so dürfte er es wagen, Ihnen auf die Stunde vorauszusagen, wann er das Ende seiner Reise erreicht haben werde; doch in der Sittenwelt ist das unmöglich, denn wenn unser Geschichtsschreiber ein Mann von nur wenig Geist ist, wird er fünfzig auf keine Weise vermeidliche Abweichungen von der geraden Linie mit der oder jener Gesellschaft, die er am Wege trifft, machen. Sein Auge wird ohne Unterlaß von Aussichten und Ansichten in Anspruch genommen sein, und er wird ebensowenig umhinkönnen, vor ihnen haltzumachen, wie er es zustande zu bringen vermöchte, zu fliegen. Er wird zudem verschiedene
Nachrichten zu vergleichen,
Anekdoten zu sammeln,
Inschriften zu lesen,
Geschichten einzuweben,
Überlieferungen zu sichten,
großen Herren aufzuwarten,
Lobreden auf diese Tür,
Schmähverse auf jene aufzukleben haben,
von welchen Dingen sowohl der Maultiertreiber als auch der Maulesel selber befreit sind. Alles in allem: vor jedem Abschnitt muß in Archive Einblick genommen werden, in Rollen, Erinnerungen, Dokumente und endlose Genealogien, vor welchen haltzumachen und auf welche einzugehen die Gerechtigkeit und Billigkeit ihn stets von neuem auffordern. Kurzum, das Ende ist an keiner Stelle abzusehen."

(L. Sterne, The Life and Opinions of Tristram Shandy..., 1940. Zit. nach Kracauer 1973, S. 216)

INHALT

"Es ist nicht das Wichtigste, neue Dinge zu entdecken, es ist das Wichtigste, neue Beziehungen zwischen existierenden Dingen herzustellen."

(Nam June Paik, Art & Satellite, 1984)

Orientierung

Auf den ersten Blick mag es erstaunen, dem Videorecorder bereits eine Geschichte schreiben zu wollen. In das Blickfeld öffentlicher Aufmerksamkeit außerhalb der Fachpublizistik rückte dies medientechnische Gerät erst gegen Ende der siebziger Jahre, als es in größeren Stückzahlen auf den internationalen Markt der Unterhaltungselektronik geworfen wurde, und es erheischte noch gesteigerte Beachtung, als es von Teilen seiner Besitzer für die Reproduktion audiovisueller Welten benutzt wurde, die der fernsehvermittelten Kommunikation bis dahin verschlossen waren. Synthetische Konzentrate inszenierter Gewalt und/oder Pornographie begannen das traditionelle Wohnzimmermedium der ausgewogenen Unterhaltung, Information und Belehrung zu ergänzen. Eine neue Form der Distribution audiovisueller Kommunikate machte dies möglich. Jenseits des öffentlich-rechtlich organisierten Verteilers und unabhängig von den neuen Betriebstechniken des Kabel- und Satellitenfernsehens wurden Spielfilme vor allem, aber auch Fortbildungs-, Kursus- und Kinderprogramme, Magazine, Konzerte, Operninszenierungen und gar experimentelle Kunst in Form von cassettierten Magnetbändern vertrieben. Die Stadtbilder der Bundesrepublik, wie anderer hochindustrialisierter Länder, wurden durch die Niederlassungen eines neuen Handelszweiges erweitert. Es entstand ein dichtes Netz von Videotheken, Videoabteilungen in Kaufhäusern, an Tankstellen und in Tabakläden konnte die neue Ware erstanden oder ausgeliehen werden, und selbst Buchhandlungen begannen vorsichtig damit, neben ihre gedruckten Offerten auch Videocassetten in die Regale zu stellen. Die Fernsehapparate und High-Fidelity-Geräte, die über viele Jahre hinweg die Auslagen des Rundfunkfachhandels gefüllt hatten, wurden zunehmend verdrängt durch die neuen Artefakte für den Heimgebrauch, die vorwiegend von den Fließbändern japanischer Fabriken kamen: kompakte

Cassettengeräte für die Aufzeichnung und Wiedergabe von Fernsehbildern.

Die Realisierung auf dem Markt der Unterhaltungselektronik mit ihrer spektakulären Begleiterscheinung in Form von sogenannter Software aus gesellschaftlichen Tabuzonen war jedoch lediglich vorläufiger Höhepunkt einer langwierigen sozio-technischen und -kulturellen Entwicklung. Bevor er als Gerät des alltäglichen Gebrauchs zugänglich gemacht worden ist, war der Videorecorder kommunikationstechnisches Hilfsmittel für privilegierte gesellschaftliche Gruppen. Er wurde in der naturwissenschaftlichen oder medizinischen Forschung eingesetzt, für vielfältige Zwecke der Observation und Kontrolle, er wurde von künstlerischen Avantgardisten zur Erweiterung ihrer Bildwelten oder von politischen Gruppen der Subkultur für die Konstruktion eines ihren Vorstellungen entsprechenden Fernsehens benutzt; und vornehmlich eroberte er Schulen, Universitäten und private Einrichtungen der Aus- und Fortbildung. In diesen Institutionen machten viele zum ersten Mal die Erfahrung, daß fernsehvermittelte Kommunikation sich nicht nur als Ereignis realisieren ließ, bei dem ein disperses Publikum von einem zentral gesteuerten und landesweit zur selben Zeit verteilten Programm beliefert wurde, sondern quasi als intimes Gruppenerlebnis, zu einem von dem Sendefluß des Rundfunks unabhängigen Zeitpunkt.

Und auch diese privilegierte Nutzung in Bildungseinrichtungen, in der Industrie oder im Militär war bereits Resultat eines längeren Prozesses, in welchem die Geräte erst im Hinblick auf den mobilen, nicht von spezialisierten Technikern abhängigen Einsatz neu konstruiert werden mußten und ihnen eine Marktform zu verleihen war, die sie für die entsprechenden Zielgruppen attraktiv bzw. ihre Nutzung ökonomisch rentabel machen würde. Denn zu Beginn seiner Produktgeschichte hatte der Videorecorder eine Formgestalt, an die heutige Geräte nur noch in großen Abstraktionsschritten erinnern lassen. Er entstand als gigantische Anlage, zusammengesetzt aus einer Vielzahl elektr(on)ischer und mechanischer Bausteine, die in ihrem Volumen ein komplettes Studio füllte. Zu ihrer Bedienung war speziell geschultes Personal erforderlich, der Standort war aufgrund des Umfangs und der Gewichtigkeit der Anlage fixiert, und ihre Anschaffung hatte in ökonomischer Hinsicht den Charakter einer hohen Investition, die es nicht nur gründlich zu überlegen galt, sondern die überhaupt nur wenige Einrichtungen tätigen konnten.

Mit solchen Merkmalen ausgestattet, war der Videorecorder zuallererst Maschine für den Erwerb. Er wurde zum Produktionsmittel innerhalb desjenigen gesellschaftlichen Bereiches, für den die Herstellung und Verteilung elektronischer Abbilder nicht eine anderen Zwecken untergeordnete Rolle spielte, sondern seine eigentliche Geschäftstätigkeit ausmachte: des publizistischen Apparates Fernsehrundfunk, der sich nach dem zweiten Weltkrieg selbst zu einer riesigen internationalen industriellen Unternehmung herausentwickelt hatte. Die spezifischen geographischen Bedingungen in den USA drängten für das Medium, das essentiell in die Wahrnehmung des raum-zeitlichen Koordinatensystems gesellschaftlichen Lebens einzugreifen begann, auf die Produktwerdung eines technischen Verfahrens, mit welchem es möglich werden sollte, den Faktor Zeit in der (Re-)Produktion von Televisionen zu manipulieren. Fernsehimages sollten möglichst unmittelbar nach ihrer Generierung in der Kamera konservierbar gemacht werden, um sie als beliebig einsetzbaren Rohstoff, unabhängig vom Chaos und der Lebendigkeit des augenblicklichen Ereignisses, für die weitere mediale Bearbeitung zur Verfügung zu haben.

Der Bedarf nach Bewahrung schälte sich nun aber wiederum nicht erst auf einer bereits entwickelten Stufe des publizistisch genutzten Fernsehens als Massenmedium plötzlich heraus. Aus den unterschiedlichsten Gründen begleitete der Wunsch, die zuerst elektrisch-mechanisch, dann elektronisch erzeugten Images nicht nur in der flüchtigen Form, sondern auch - zumindest vorübergehend - als Material greifen zu können, die Geschichte des Fernsehens seit dem letzten Drittel des 19. Jahrhunderts, wenn auch zunächst noch in modellhafter und spekulativer Weise. Schon in den zwanziger und dreißiger Jahren dieses Jahrhunderts wurden dann die ersten apparativen Anordnungen konstruiert, welche das Einfrieren bewegter Bilder für die Fernsehübertragung möglich machten.

In der angedeuteten historischen Spanne bewegt sich unsere Geschichte des Videorecorders. Sie versucht den Prozeß der Herausbildung und Etablierung einer neuen Medientechnik in denjenigen Aspekten zu rekonstruieren, die in gedruckten Quellen auffindbar waren. Vorwiegend aus technischen Fachzeitschriften, Handbüchern und sogenannten Manuals, aus Firmenschriften, aus Prospekten, aber auch aus Materialien, die oberflächlich betrachtet zunächst mit Fernsehentwicklung wenig zu tun zu haben scheinen, wie Dokumentationen militärischer oder medizinischer Kongresse, Wirtschaftszeitungen und -zeitschriften, Kunstkatalogen und von einzelnen Großunternehmen herausgegebenen Forschungsdiensten, haben wir versucht, einen facettenreichen Zusammenhang abzubilden, in dem das Artefakt allmählich zu dem wurde, wie es uns heute als selbstverständliches Teil der Technikkultur und kultureller Technik begegnet.

Das mediengeschichtliche Interesse beschränkt sich freilich nicht darin, die technischen Konzepte und Modelle, die schließlich zu dem Produkt geführt haben, sowie dessen Weiterentwicklungen und Modifikationen aufzulisten. Der Videorecorder ist entstanden als Baustein des übergreifenden Sachsystems Fernsehen. Seine Geschichte ist aufs engste verknüpft mit der Genese des Ursprungsmediums; die Fernsehentwicklung bildet den ständigen Bezugsgesichtspunkt und den Rahmen für die Rekonstruktion. Nur als zweckgebundenes Gerät, mit dem Fernsehkommunikate reproduziert werden können, hat er für uns einen Sinn. Seine Geschichte ist also auch Fernsehgeschichte, eine Art von Fernsehgeschichte allerdings, wie sie für die mit medialen oder publizistischen Prozessen befaßten Geistes-, Kultur- oder Gesellschaftswissenschaften durchaus nicht selbstverständlich ist. Sie geht aus von einem wechselseitig wirksamen Verhältnis von technischer Entwicklung einerseits und kultureller Entwicklung andererseits.

In dieser Prämisse steckt wiederum für die Geschichte des Videorecorders, wie wir sie anzubieten haben, auch ein konstruktives Moment.

Dieser Umstand machte es erforderlich, zunächst etwas weiter auszuholen, Zusammenhänge und Bestandteile der Geschichte offenzulegen, bevor die Rekonstruktion im engeren Sinne vorgestellt werden kann. Wir versuchen dies in zwei Schritten der Annäherung, die zugleich den Gang des Forschungsprozesses widerspiegeln: im ersten Kapitel werden der thematische Zusammenhang, und Probleme fernsehgeschichtlicher Reflexion knapp umrissen, auf deren Hintergrund unser Ansatz entstanden ist. Im zweiten Kapitel werden die methodischen Implikationen in Form eines thesenhaften Diskurses ausgeführt, die einer Fernsehgeschichte in unserem Verständnis zugrundeliegen und die schließlich zu der speziellen Geschichte des Videorecorders mitgeführt haben, wie sie hier vorgelegt wird. Für diejenigen Leser des Buches, die an den theoretisch-methodischen Orientierungen der Arbeit wenig interessiert sind, empfiehlt es sich somit, die beiden ersten Kapitel zu überspringen. Die geschichtliche Rekonstruktion ist Inhalt der Kapitel III bis VIII. In einem abschließenden Kapitel (IX) wird dann nach der empirischen Studie der Versuch unternommen, unter verallgemeinernden Gesichtspunkten wesentliche Aspekte der Kulturtechnik des Videorecorders als besonderer Form von Fernsehkommunikation herauszustellen. Wobei wir ins Zentrum dieser Überlegungen die Nutzerperspektive gerückt haben.

Die Arbeit wurde im Fachgebiet Medienwissenschaft der Technischen Universität Berlin angefertigt und vom Fachbereich Kommunikations- und Geschichtswissenschaften im Juli 1985 als Dissertation angenommen. - Bei den vielen Institutionen und Firmen bzw. ihren jeweiligen Sachbearbeiter(inne)n, die mir bei den Nachforschungen behilflich waren, möchte ich mich herzlich für ihre Unterstützung bedanken; ebenso bei den Freunden, Kolleginnen und Kollegen, die mir in den unterschiedlichsten Weisen sehr geholfen haben. Besonderen Dank schulde ich meinem Doktorvater, Prof. Dr. Friedrich Knilli, für seine langjährige Förderung meiner Ausbildung zum Medienwissenschaftler, Herrn Prof. Dr.-Ing. Manfred Krause für seine kritisch-konstruktive Begutachtung der Dissertation, Frau Renate Rosing für ihre große Geduld und ihr Engagement beim Erstellen der Druckfassung, sowie Herrn Joachim Klang für die gestalterische Bearbeitung der Graphiken.

Berlin, September 1985

S.Z.

Kapitel I

FERNSEHEN/GESCHICHTE/KULTUR/TECHNIK: Thematisches Umfeld, Forschungsprobleme und -motive

"Fernsehen - hier auf dieser weißen Scheibe (...) flimmert die Zukunft. Noch undeutlich: Sie brauchen nur etwas schärfer hinzusehen, dann erkennen Sie auch Details. Nämlich dessen, was aus der Sache in spätestens fünf Jahren geworden ist. Ueberschätzung der Technik? Danke bestens. Aber wir wollen hier ja gar nicht philosophieren. Von dem komplizierten Jonglieren mit Wertsetzungen wollen wir doch lieber absehen. Ob der technische Fortschritt - schon das Wort ärgert Sie, bringt Sie zur Raserei, aber da läßt sich nichts machen - ob der technische Fortschritt auch ein kultureller sei? Danke bestens, das lieber ein andermal. (...) Bevor wir werten, müssen wir doch erst einigermaßen wissen, was überhaupt vor sich geht.
Nein, es kann Ihnen nicht gleichgültig sein. Übrigens kommt es darauf gar nicht an, Sie werden doch von der Entwicklung erfaßt, Sie und alle Menschen um Sie herum."

(Frank Warschauer, Kultur oder Unkultur der Zukunft - Wozu Fernsehen?, 1930)

"Die Dichter und Denker sind gegenüber den Einrichtern und Lenkern ein wenig ins Hintertreffen geraten."

(Carl-Ludwig Rettinger in einem Gespräch mit Gerd Conradt, 1984)

Die britische Darstellerin Laurie Devine in einem typischen Make-up und characteristischer Ausstattung für eine Übertragung niedrig definierter Fernsehimages (Bildquelle: Dowding 1935, Plate 16)

1.

In dem engen Rahmen, den der Kamerablick setzt, ist der gesamte Bühnenraum oberflächlich durch das hart konstrastierende Muster quadratischer schwarz-weißer Felder gegliedert. Die Aufbauten und selbst die Kostüme der Tänzer und Tänzerinnen, die sich verkrampft vor diesem Hintergrund bewegen, weisen dasselbe schachbrettartige Design auf. Innenarchitektonische Ausstattung und Choreographie illustrieren in abstrakter Manier kakatopisch-Futuristisches. Sie konkretisieren und fixieren visuell zugleich die Botschaft des musikalischen Materials, das unter den Bildern liegt. In der strengen Anordnung springt wie ein Harlekin, tanzt mit hektischen weitläufigen Bewegungen der singende Interpret des Pop-Songs, für dessen möglichst eindrucksvolle Präsentation der inszenatorische Aufwand betrieben worden ist. Auch sein Kostüm ist der schwarz-weißen Gestaltung angepaßt. Lediglich sein Gesicht sticht in natürlichen Farben heraus, repräsentiert ikonisch quasi das einzige menschliche Element in einer geometrisch aufgeteilten Innenlandschaft.

In aller Kürze ließe sich so eine aktuelle Sequenz aus dem Programmfluß des Fernsehens beschreiben: der Video-Clip 'Zero Zero' des britischen Musikers, Komponisten und Choreographen Mike Batt aus dem Jahr 1982. Video-Clips - oder auch Promotion Videos, wie diese Komprimate aus wenigen Minuten populärer Klänge und rhythmisch gewebten Bilderteppichen in der Sprache der Schallplattenindustrie treffender bezeichnet werden - stehen gegenwärtig für eine hochentwickelte Form audiovisueller Massenprodukte. In ihnen gehen traditionelle Warenästhetik und gestalterisch-technische Experimentierfreudigkeit eine intensive Verbindung ein. Gebündelt kommen hier Mittel der elektronischen Imagemanipulierung, des digitalen Mischens von Bildern und des über einen Time-Code steuerbaren Editierens zum Einsatz. Bearbeitet werden mit diesen neueren technischen Methoden der Fernsehproduktion tradierte dramaturgische Muster der Reklame - der überwiegende Teil der Realisatoren kommt aus der audiovisuellen Werbung - oder auch alte Kino-Mythen; mit besonders aufwendigen und kommerziell erfolgreichen Arbeiten haben sich bereits Regisseure des jungen Hollywoodfilms wie John Landis oder Tobe Hooper, aber auch Protagonisten des europäischen Kinos wie Federico Fellini für die Clipform empfohlen. (1) Die hergebrachten Elemente erhalten allerdings einen neuen Zeitaufbau, eine gänzlich neue Strukturierung, die in ihrer **Diskontinuität** und in ihrem - im Vergleich zum gängigen Programmfluß des Fernsehens - **dezentralisierten** Charakter auf veränderte Formen von Fernsehkommunikation verweisen. (2)

Bearbeitet werden vor allem aber auch Oberflächenmuster, die sich bereits in der Geschichte des Mediums bewährt haben. Und zur Verdeutlichung dieses Zusammenhangs dient uns hier das skizzierte Video Mike Batts: hochmoderne Technik geht mit der Tradition der Imageerzeugung im Fernsehen eine eigenartige Synthese ein. Das schachbrettartige Kontrastdesign und seine dramaturgische Umsetzung ist ein aktueller Versuch, die 500.000 Bildpunkte des Fernsehschirms auf einer Fläche von einigen hundert Quadratzentimetern expressiv und unverwechselbar zu füllen, in dem mehr oder weniger verschwommenen Farbteppich mit NTSC-, PAL- oder SECAM-Normierung markante graphische Flecken zu erzeugen, dem bunten Einerlei der alltäglichen elektronischen Tapete ungewöhnliche Muster entgegenzusetzen. Den Ursprung für den Aufbau solcher Images finden wir vor mehr als fünfzig Jahren, zu einer Zeit, als das neue Medium der elektronischen Bilderkommunikation sich noch im Experimentierstadium befand. Damals entsprachen solche Kontrastkompositionen der Not, den technischen Unzulänglichkeiten des noch vorwiegend elektrisch-mechanischen Prozesses Fernsehen bei der Aufnahme wie beim Empfang. Sie standen für eine **Kompensations-Ästhetik**, mit der die niedrig definierten 30-, 60-, 90- oder auch noch 180-zeiligen Images mit 12.000 bis 30.000 Bildpunkten für den Zuschauer überhaupt decodierbar gemacht werden sollten. (3)

Was uns an der Oberfläche des Videoproduktes wie eine weitere innovative Entwicklungsstufe des ästhetisch-technischen Prozesses Fernsehen vorgeführt wird, hat eine geschichtliche Dimension und ist gekoppelt mit der Herausentwicklung der seinerzeitigen Neuerung des Muttermediums. Derartige Zusammenhänge sind häufig zu beobachten in der alltäglichen Praxis massenmedialer Fernsehkommunikation. So wird dem Zuschauer die stärkere Zuwendung der öffentlich-rechtlichen Veranstalter zu Formen des Direktfernsehens mit Ereignischarakter (Talkshows vor allem, Quizsendungen, aber auch Studiodiskussionen zu aktuellen politischen Themen) gegenwärtig als neue Attraktion gegenüber audiovisueller Konservenkultur angeboten. Dabei stellt diese Programmstrategie nichts anderes als den Rückgriff auf die einstmals für das Medium originäre Präsentationsform des Live-Fernsehens dar. Vor gut dreißig Jahren begann dessen allmähliche Ersetzung durch die - zunächst filmisch-mechanische, dann elektromagnetische - Aufzeichnung, initiiert und forciert unter der Perspektive, daß der Fernsehrundfunk nur unter der Herauslösung aus den Zwängen der direkten Übertragung tatsächlich stattgefundener oder inszenierter Ereignisse seine eigentlichen medialen Potenzen - über die heute mehr Unklarheit besteht denn je - entfalten könnte.

Verblüffend neu sahen auf dem Hintergrund der Konvention des schnellen

Schnitts und überfüllter Bildanordnungen die lang stehenden Großaufnahmen der Dialogpartner vor ruhigem dunklen Hintergrund aus, die Bernward Wember 1982 in seinem Vermittlungsmodell 'Vergiftet oder arbeitslos?' (4) benutzte, um der symbolischen Textebene, der Sprache, das nötige Gewicht zu verleihen. Die Gesichter der Schauspieler/in Gustl Bayrhammer und Eva Matthes waren studierbar wie Landschaften; nach kurzer Gewöhnung an ihre karge Mimik bot sich der Aufmerksamkeit des Zuhörenden vor dem TV-Apparat - wenn er denn dem dialogischen Diskurs folgen wollte - keinerlei optische Ablenkung mehr. Eine solche Dramaturgie der Großaufnahme vor sparsamem oder schwarzem Bildhintergrund war gewissermaßen Markenzeichen des frühen Fernsehspiels in der Bundesrepublik. Sie war zur Ideologie und zur Kunstnorm überhöhte Kompensations-Ästhetik, die auf einer etwas entwickelteren Stufe der Not des kontrastarmen, für komplexe Bildkompositionen nicht ausreichend geeigneten Fernsehschirms entsprang. (5) Gegenüber den traditionellen audiovisuellen Präsentationsformen des Kinos und vor allem des Theaters, das seine visuelle Wirksamkeit gänzlich aus der Totalen schöpft(e), profilierte sich die neue Technik für den Zuschauer als Medium des **Nah**sehens. Auch die schablonenhafte Animationstechnik, die Wember gebündelt und auf hohem semiotischem und ästhetisch-technischem Niveau verwendete, hat er nicht etwa neu für den Fernsehrundfunk entdeckt. Sie wurde in den fünfziger Jahren schon für die Illustration des Wetters, für Pausen- und Umschaltbilder und vornehmlich im Werbespot benutzt.

Diese wenigen Beispiele mögen genügen. Was es herauszustellen gilt, ist dies: Auf der Suche nach medienspezifischen, wirksamen Ausdrucksformen greifen Fernsehrealisatoren immer wieder auf frühere Vermittlungskonzepte zurück. Die historische Dimension der Präsentationsweisen ist aber gerade nicht im alltäglichen Prozeß von TV-Kommunikation erfahrbar; sie wird nicht als gewordener ästhetisch-technischer Reichtum von Geschichte vermittelt, sondern Neuerungen erscheinen im ständigen Programmfluß als quasi voraussetzungslos. Der Fernsehrundfunk präsentiert sich in hohem Maße als ahistorisches Medium, was weniger Resultat bewußter Planung oder gar Manipulation als Effekt der besonderen Bedeutungsorganisation in der massenmedialen elektronischen Vermittlung ist. Mit ihrer hohen Konzentration auf die Unmittelbarkeit, den aktuellen Ereignischarakter, mit ihrem Abbildungsversuch permanenter Bewegung, ihrer Selbstdarstellung als nie versiegender audiovisueller Strom, ihrer notwendigen Anstrengung, riesige zukünftige Zeitblöcke sequentiell und seriell im Vorhinein mit Programmaterial zu füllen, das zum größten Teil nach der Ausstrahlung in Vergessenheit gerät, bleibt historische Sensibilität in der Bilderstellerei wie in der Rezeption derselben auf der Strecke.

Eine solche Bewertung der kulturellen Praxis des Fernsehrundfunks schließt durchaus ein, daß das Medium angesichts von sich in Dekaden jährenden Jubiläen stolz Geschichten von Produktions-, Sende-und Empfangsapparaturen präsentiert; durchsetzt gar mit politischen Eckdaten der institutionellen Entwicklung und vor allem mit Anekdoten einiger Protagonisten seiner Anfänge. Aber diese Reminiszenzen bleiben - werden die überlieferten Wirklichkeitssegmente nicht in einen komplexen Wirkungszusammenhang von Technik, Ökonomie, Politik und Ästhetik gestellt (6) - nostalgische Beschwörungen innerhalb des in seiner zeitlichen Dimensionierung eigenartig unfaßbaren alltäglichen Rituals des elektronischen Flusses von Images und Texten, der sich produktions-ästhetisch mittlerweile bis in die einzelnen Bildsequenzen hinein abbildet: zum Beispiel in den stufenlosen computergenerierten Mutationen von Objekten oder Symbolen bei Programmüberleitungen oder Trailors. Daß dieser kontinuierliche Komplex von Anordnungen über große Strecken der Geschichte des Mediums nicht konserviert worden und deshalb auch für die erneute Besichtigung nicht mehr zugänglich ist, hat in diesem Zusammenhang nur symptomatischen Charakter.

Sind in diesem mangelnden historischen Bewußtsein für die Medienpraxis in der Bundesrepublik auch sicher nationale Aspekte verborgen, die gerade zu Beginn des Jahres 1985 mit der Hochstilisierung der Programmaktivitäten des NS-Rundfunks zum Ausgangspunkt für die Geschichte des Massenmediums deutlich zutagetraten (7), so scheint es doch prinzipieller Natur zu sein. Anläßlich einer Ausstellung des London Science Museums zu 50 Jahren Fernsehrundfunk in Großbritannien - sie setzte die mediale Praxis konsequenterweise schon mit der offiziellen Eröffnung des Experimentalbetriebes im Jahr 1930 an - kommt Stuart Marshall in seiner pointierten Kritik an der Praxis des englischen Fernsehens zu einer ähnlichen, noch stärker verallgemeinernden Einschätzung: "For both producer and consumer television is experienced as a timeless 'now' as the constant thrust of production relentlessly effaces its own formal and political history. Televisual broadcasting presents itself, like ideology, as ahistoric." (8)

2.

Mediengeschichtsschreibung bietet sich heute in der Bundesrepublik für Lehre und Forschung an der Universität wie für außerakademische Übersetzungen als gigantischer Baukasten mit einer Vielzahl bunter Elemente an, für deren (Wieder-)Zusammensetzung die Gebrauchsanleitung abhanden gekommen ist. Historische Entwicklung von Massenkommunikation - die Tatsache, daß bisher kein einziger ernstzunehmender monographischer Versuch unternommen worden ist, sie unter übergreifenden Gesichtspunkten zu reflektieren, ist dafür nur ein Indiz (9) - zerfällt in der Abbildung durch die damit befaßten Wissenschaften und Mediatoren in eine Vielzahl von einzelnen Strängen und Gegenstandsannäherungen, die kaum durch eine übergreifende Methodendiskussion sortiert, in ihren Knotenpunkten zusammengehalten und in ihren Kontrapunkten kenntlich gemacht werden.

Für das jüngste der Massenmedien stellt sich dies Problem verschärft. Während Presse-, Kino- und Filmgeschichte oder in jüngster Zeit auch

Radiogeschichte (10) noch auf Ansätze gesellschaftlicher Aufmerksamkeit treffen, die sich in der Einrichtung von Archiven und Dokumentationsstellen, Arbeitszentren, Forschungsprojekten und in einer regen Publikationstätigkeit niederschlagen, scheint Fernsehgeschichte keinerlei Konjunktur zu haben. Unter den 66 Forschungsprojekten, die zum Beispiel von der Bundesregierung zwischen 1971 und 1978 zu kommunikationswissenschaftlichen Gegenständen finanziell gefördert wurden, findet sich kein einziges, das auch nur am Rande historische Fernsehentwicklung thematisierte (11). Die Konzentration auf die seit Mitte der siebziger Jahre eingeleiteten Umbrüche im Hinblick auf neue Techniken und ökonomisch-politisch-juristische Umorganisationen in der Produktion, Distribution und Rezeption audiovisueller Programme, sowie die damit zusammenhängenden angestrengten Versuche, Szenarios einer veränderten Medienlandschaft unter der zukunftsträchtigen Bezeichnung der **Telematik** zu entwerfen, lassen vorgeblich keine Zeit und keine Gelegenheit für die analytische Auseinandersetzung mit dem Prozeß der historischen Erfahrung Fernsehen. (12) Eine schon absurde Kurzatmigkeit: denn woher sonst sollen die Erkenntnisse darüber, wodurch die Welt der Televisionen zusammengehalten und in welcher Perspektive sie sich möglicherweise weiterentwickeln wird, herkommen als aus der bisherigen Praxis des Mediums und ihrer intellektuellen Durchdringung?

Die weitgehende Abwesenheit der Dimension Geschichte in der Auseinandersetzung mit Fernsehkommunikation einerseits und der Mangel einer massenkommunikative Prozesse übergreifenden Methoden- und Diskussionskultur andererseits stellen sich selbst bereits als gegenstands- und wissenschaftsgeschichtliche Entwicklung dar. Denn die Komplexität, innerhalb derer sich das gesellschaftliche Projekt Fernsehen entwickelte, gehörte zu Beginn der Entfaltung des Massenmediums implizit oder explizit zu jeder der für uns heute herausragenden Auseinandersetzungen: Sie war theoretischer und gesellschaftspraktischer Ausgangspunkt der ersten "Soziologie des Rundfunks", die Friedrich Lenz Anfang der fünfziger Jahre für die bundesdeutsche Fachöffentlichkeit erarbeitete (13); sie zeichnete essentiell die ersten kulturkritischen und sozialphilosophischen Abhandlungen Theodor W. Adornos oder Günther Anders' aus; die ersten kursorischen Historiographien zum Fernsehen von Gerhard Eckert oder auch die frühen populären Sachdarstellungen Walter Bruchs, Josef Mühlbauers oder Werner Rings' (14) behandelten das neue Medium wie selbstverständlich unter einer - obgleich nicht systematisierten - Vielfalt von technischen, kulturellen, wirtschaftlichen, politischen und sozialen Aspekten. Gleiches gilt für die ersten Fachzeitschriften (15), die heute für die verschiedenen Entwicklungsstränge als Quellen heranziehbar sind. Und um nur ein Beispiel für die verlorengegangene Diskussionskultur zu nennen: unter dem Titel "Fernsehprobleme" lud Anfang der sechziger Jahre die private Produktionsgesellschaft InterTel zu einer Reihe von sieben Diskussionsveranstaltungen in München ein, bei denen jeweils zwei Referenten mit konträren Positionen zu grundlegenden Fragen des Fernsehprogramms Stellung bezogen. Zum Verhältnis von Publikumsbedürfnissen und Programmangebot standen sich dabei zum Beispiel Vorträge von Adorno und Kurt Wagenführ einander gegenüber. (16)

Mit der zunehmenden Etablierung von Publizistikwissenschaften und der Einbeziehung von Phänomenen der Massenkommunikation in die Sozialwissenschaften an den bundesdeutschen Universitäten ab Mitte der sechziger Jahre trieben die Methoden und Erkenntnisse, die insbesondere auf die Rundfunkmedien gerichtet wurden, immer mehr auseinander. Eine große Disparatheit kommt bereits zum Ausdruck in dem eindrucksvollen Versuch Gerhard Maletzkes, die wichtigsten Ansätze zur Standortbestimmung der Publizistikwissenschaften bis 1967 zu kennzeichnen und in der Spanne zwischen 'geistes- und sozialwissenschaftlicher' Orientierung (17) einzuordnen. Sein Plädoyer, den Prozeß der öffentlichen Kommunikation nicht nur den zahlreichen Einzelwissenschaften zu überlassen, die sich die sie jeweils besonders interessierenden Aspekte herauspickten und diese isolierten, wodurch der "ganzheitliche Komplex dessen, was wir als öffentliche Kommunikation oder Publizistik bezeichnen (...) atomisiert" (18) werde, verbindet er mit einem deutlichen Appell an die Adresse der einschlägigen Forscher selbst: Sie sollten weniger um die vorgeblich einzig richtige Herangehensweise zwischen historisch-verstehendem und sozialwissenschaftlich-beschreibendem wie -planendem Zugriff streiten, als ihre konkurrierenden Methoden integrieren, weil es die Vielschichtigkeit des Gegenstandes notwendig mache. (19)

An solchen Appellen ist die Forschungsgeschichte - nicht nur innerhalb der mit Massenkommunikation befaßten Disziplinen - reich. Die Wirklichkeit außerhalb und vor allem innerhalb des akademischen Großbetriebes Universität entwickelte sich jedoch in gegenteiliger Richtung. Abgesehen von ausgeprägten Profilierungskomplexen einzelner Wissenschaftler und Versuchen, bestimmte Schulen und Institute quasi zu Überwachungsausschüssen zu erheben, die darüber zu bestimmen haben, was Kommunikations- bzw. Publizistik-bzw. Medienwissenschaft und welches die einzig richtige Herangehensweise an historische Phänomene der Massenkommunikation ist, lassen sich dafür aus heutiger Sicht vor allem drei Ursachenkomplexe ausmachen:

- Mit seiner Etablierung als Medium mit der größten Reichweite und der extensivsten Rezeption geriet das Fernsehen in den Brennpunkt widersprüchlicher gesellschaftlicher Interessen, die nicht nur jeweils in der institutionalisierten Politik und in Verbänden ihre Vertreter fanden, sondern analog auch in den Wissenschaften. Die von Maletzke schon konstatierte Aufspaltung der mit öffentlicher Kommunikation befaßten Disziplinen - in Anlehnung an Habermas auch formuliert als "Dualismus von Natur- und Geisteswissenschaften " (20) - wurde nicht nur vertieft, sondern ergänzt und zu guten Stücken auch ersetzt durch die Rivalität zwischen stärker apologetisch-positivistisch orientierten Ansätzen einerseits und stärker gesellschafts- (vor allem ideologie-)kritisch orientierten Ansätzen andererseits. Mit der zunehmenden Einbindung des Fernsehens in die Politik und der Politisierung der wissenschaftlichen Auseinandersetzung mit ihm, verfestigte sich diese Rivalität zunehmend zum Widerspruch, der kaum mehr Kommunikation zwischen den divergierenden Ansätzen zuließ.

o Das Fernsehen selbst differenzierte sich in seinen massenmedialen Dimensionen immer mehr aus und diversifizierte in viele gesellschaftliche Bereiche auch außerhalb der publizistischen Verwendung: in die Industrie, den Handel, das Militär, diverse Bereiche der privaten und öffentlichen Forschung, die staatlich organisierte Überwachung, etc. Immer mehr Einzelwissenschaften, von der Anthropologie und die diversen Sparten der Medizin, über die Wirtschafts- und Rechtswissenschaften, die Literatur- und Kunstwissenschaften, bis hin zu den 'klassischen' Sozialwissenschaften Psychologie, Politologie und Soziologie richteten ihr Augenmerk auf das elektronische Bildermedium. Was Maletzke 1967 noch mehr prognostiziert hatte, trat ein: die jeweils besonders interessierenden Faktoren wurden aus dem wirklichen Zusammenhang herausgelöst und für die entsprechenden Erkenntnisinteressen aufbereitet. In keiner gesellschaftlichen Institution der Forschung oder Forschungsförderung wurde für die Verbindung oder gar Integration dieser Vielfalt gesorgt.

o Der komplexer und mächtiger werdende gesellschaftliche Apparat wie der verzweigter und vielschichtiger werdende Kommunikationsprozeß Fernsehen verlangten stärker nicht nur nach Legitimation, sondern auch nach Planung und perspektivischer Absicherung, wozu Forschung zunehmend benötigt wurde. In dem Schlagwort der 'wissenschaftlichen Begleitung' von Projekten der Fernsehkommunikation fand die neue Rolle der Forschung ihre treffende Bezeichnung.

3.

Die Aufsplitterung des Gegenstands als notwendige Konsequenz wachsender Diversifizierung von TV-Kommunikation und der Verfeinerung von Untersuchungsmethoden führte dazu, daß für eine Fülle von Fragen nach der Genese und der umfassenden Bedeutung des Fernsehens Teilantworten zur Verfügung gestellt wurden. So läßt sich aus Biographien und Monographien von Technikern, aus rundfunktechnischen Fachzeitschriften und Vortragsmanuskripten sowie aus anstaltsinternen Publikationen die Abfolge der physikalisch-technischen Neuerungen auf den Gebieten der Herstellung, der Verteilung und der Rezeption von Programmen rekonstruieren. (21) Innovatorische Zwischenschritte, wie etwa die Durchsetzung des Farbfernsehens, haben eine besonders intensive Behandlung erfahren, auch in soziotechnischer Hinsicht. (22) Für einzelne Etappen der Institutionsgeschichte liegen eine Fülle von Materialien und Erkenntnisse über Zusammenhänge der Entwicklung vor. (23) Je nach Orientierung verhelfen uns Soziologen dazu, Fernsehen als Subsystem innerhalb eines kybernetischen Gebildes Gesellschaft einzuordnen oder sie geben uns Aufschluß über die politische und ökonomische Verfaßtheit des Mediums und seine Funktionen innerhalb des politischen, ökonomischen und ideologischen Handlungsortes Bundesrepublik. (24) Analysen zur Ästhetik und Dramaturgie einzelner Programmgattungen, besonders der Nachrichten (25) und des Fernsehspiels (26), aber auch zahlreicher anderer Genres und Typen der Unterhaltung, Belehrung und Information (27) stellen allmählich Puzzleteile für ein Bild der kulturellen Bedeutung, der Organisationsweisen und der besonderen Ausdrucksformen von Fernsehkommunikation zur Verfügung. Ideologiekritische Untersuchungen haben mit unterschiedlichen Methoden die Aufmerksamkeit für mögliche Manipulierungs- und Formierungsprozesse durch das Medium geschärft. (28) Wir verfügen über Erkenntnisse zur Einordnung des Artefaktes TV-Apparat als Möbelstück in den Wohnzusammenhang seiner Nutzer. (29) Aus der in den letzten Jahren verstärkten Beschäftigung mit der Situation der Journalisten und übrigen Macher des Mediums entstand der Zweig der Kommunikatorenforschung. (30) Die insbesondere sozialwissenschaftliche Auseinandersetzung mit den Wechselbeziehungen, denen das Fernsehpublikum ausgesetzt ist, hat mittlerweile zu einer derart schillernden Vielfalt von Wirkungs- bzw. Rezipientenforschungen geführt, daß sie zu Beginn der achtziger Jahre kaum mehr überschaubar und sortierbar geworden sind. (31) Selbst Spezialaspekte, wie zum Beispiel die Zuschauerpost zu einzelnen Fernsehereignissen (32), haben besondere wissenschaftliche Aufmerksamkeit erfahren. Je näher wir in der jungen Tradition der Fernsehforschung an die Gegenwart kommen, umso mehr spaltet sich der Untersuchungsgegenstand auf. Bildschirm- und Videotext, Heimvideo- und Bildplattensysteme, Kabel- und Satellitenfernsehen werden heute von hochgradigen Spezialisten des Datenschutzes, der Betriebs- und Volkswirtschaft, des Urheber- und des internationalen Rechts sowie den unterschiedlichsten Bereichen der Kultur- und Technikwissenschaften untersucht.

So vielfältig auch der Erkenntnisgewinn bisher war: in diesem bis zur Atomisierung reichenden Prozeß der Ausdifferenzierung fällt es immer schwerer, diejenigen Faktoren ausfindig zu machen, welche die Fernsehgenese verbinden. Und für unser Thema ausschlaggebend: es verschwanden zunehmend Fragestellungen aus dem Blickwinkel wissenschaftlicher Aufmerksamkeit, die Fernsehkommunikation in ihrem Doppelcharakter betreffen, als materiell-technischen Austausch und als besondere kulturelle Form, deren beider Vermittlung Geschichte geleistet hat.

Solche Fragen können globaler und allgemeiner Art sein: Warum sind spezifische Formen von Fernsehkommunikation überhaupt entstanden, warum zu national unterschiedlichen Zeitpunkten, warum mit den jeweiligen besonderen Ausprägungen? Welches waren die Antriebsfaktoren und Ursachen für bestimmte technische Konzeptionen des Mediums, welche Bedürfniskomplexe und welche Interessen waren darauf gerichtet? Wie griffen gewordene Verwendungsformen und -praxen in den Zusammenhang ein, aus dem sie hervorgegangen sind und wie modellierten sie den gesamten Prozeß neu? - Sie können aber auch konkreter gestellt werden: Wie kam es zum Beispiel dazu, daß - wie Jean Luc Godard es in seinem Szenario zu 'Passion' sinngemäß ausdrückt (33) - die im Fernsehen Auftretenden in der Regel nichts sehen, sondern daß die Bilder, die sie präsentieren, sie anschauen, sie also vornehmlich gesehen werden, da sie ständig mit

Standbildern oder bewegten Images im Rücken sprechen müssen? Hat sich hier ein technisches Verfahren, das der Blue Box, übermächtig selbstständig gemacht oder wirkt hier immer noch die Tradition der Fernsehnachrichten zunächst als filmische Wochenschau und dann als bebilderte Hörfunksendung? (34) Aus Japan kommen gegenwärtig die ersten Artefakte des hochzeiligen Fernsehens auf den Markt, bei denen die Images nicht mehr horizontal Zeile für Zeile zusammengesetzt werden, sondern vertikal, mit noch weit höherer Bildauflösung als bei den bisherigen Empfangsapparaten. (35) Warum sind mehr als ein halbes Jahrhundert zurückliegende Ansätze, die auf demselben Prinzip der Abtastung und Wiederzusammensetzung von Images basierten, nicht weiterverfolgt worden in Europa und den USA? Liegen die Ursachen dafür möglicherweise gar nicht in technischen Erfordernissen, sondern in kulturellen Konventionen? Hat sich die fernsehtechnische Entwicklung vielleicht schlicht an die Art und Weise angelehnt, wie wir gewohnt sind zu lesen? Kehren wir noch einmal zurück zu der konventionellen Entfernung von Kamera und Objekt bei der fernsehtechnischen Reproduktion. Detail-, Groß- oder Nahaufnahmen sind diejenigen, mit denen das Medium in seinen spezifischen Programmgefäßen groß geworden ist. Wie bildet sich ein solches Abbildungsmuster, das in der Rezeption zu einem ständigen Akt des Nahsehens wird, heraus? In welchem Sinne ist es als Konvention elektronischer Bilderstellerei notwendig oder nützlich? Insofern Fernsehen nicht reproduziertes Kino ist, unterscheidet es sich von seinem audiovisuellen Vorläufer und Konkurrenten u.a. in der Form der Übergänge von einer Einstellung oder Sequenz zur nächsten, in der Methodik des Bildwechsels. Welche Rolle spielen dabei die verschiedenen Materialien und Techniken? Hat das elektronische Mischen zu einer fernsehspezifischen "optischen Interpunktion" (36) geführt, wenn ja, wie schlug sich diese in Produktion und Rezeption nieder? Symbolische und ikonische Textelemente einerseits und lexikalische andererseits verhalten sich im Fernsehen umgekehrt proportional zueinander wie im Kinofilm. Im letzteren dominieren die visuellen und nichtsprachlichen Zeichen, während das Wohnzimmermedium sich durch eine stärkere Literarisierung auszeichnet, in dem Sinne, daß es dem gesprochenen und dem geschriebenen Wort viel mehr Gewicht verleiht. (37) Sind die Ursachen für diese Tendenz in der sozio-kulturellen Funktion des Fernsehrundfunks als Volksbildungsmedium auszumachen, das primär gelesen wird, bzw. traditionelle Formen des Lesens abgelöst hat? Oder wirken hier technische Unzulänglichkeiten der auf dem Monitor reproduzierten Bilder? Oder sind beide Prozesse in der historischen Perspektive miteinander verknüpft? In den dreißiger Jahren und erneut zu Beginn der fünfziger Jahre fand Fernsehkommunikation in relevanten Teilen als öffentliche Veranstaltung statt. Aufgrund welcher Bedingungen und Interessen hat sich die private, individuelle Form der Fernsehrezeption herausgebildet? Wie wirkten hier ökonomische, kulturelle, politische und technische Faktoren zusammen? Fernsehen ist nicht nur Unterhaltungs- oder Belehrungsmittel. Es ist auch Instrument der Kontrolle, der Beobachtung, der Überwachung, dient zur Fernlenkung von Waffen oder ihrer Abwehr. Gibt es in genetischer Hinsicht Beziehungen zwischen diesen und anderen Verwendungsweisen? Sind sie in der geschichtlichen Rekonstruktion sinnvoll trennbar?...

... Es sind solche Fragen in der Wechselbeziehung von Technik und Kultur, die wir uns in den letzten Jahren bezogen auf das Fernsehen und seine historische Entwicklung verstärkt stellten und denen wir uns zunehmend stellen mußten, im Zuge der Umorientierung medienwissenschaftlicher Forschung und Lehre an der TU Berlin. (38) In einer Reihe von Seminaren und Projektkursen hatten wir Gelegenheit, sie gemeinsam mit einer neuen Gruppe von Studenten, deren Qualifikationsinteressen in bezug auf Medien nicht ein-, sondern vieldimensional sind, Teilantworten zuzuführen, die wiederum in der oft schwierig zu organisierenden aber fruchtbaren Kommunikation zwischen mehr Geist- und Kunstorientierten einerseits und mehr Apparateorientierten andererseits zu diskutieren waren. Als wir damit begannen, die Fragen in Form eines Arbeitsprogrammes gezielter zu stellen und zu systematisieren, richteten sie sich zunächst auf den umfassenden historischen Prozeß Fernsehkommunikation. Ausgehend von der gegenwärtigen Tendenz, daß das elektronische Medium immer deutlicher zum Fluchtpunkt qualitativ unterschiedlicher medialer Genesen wird, daß die Geschichte des Films - in Teilen auch die des Kinos -, der Photographie, der Schallplatte, in Aspekten auch die des Hörfunks, des Theaters und der Literatur im TV-Medium amalgamiert werden, entwickelten wir das Projekt, eine Geschichte audiovisueller Vermittlung zu erarbeiten, mit dem Fernsehen als zentralem Bezugsgesichtspunkt. Eine solche Geschichte zielte darauf ab, die umfassenden Reproduktionsanstrengungen und -fähigkeiten des jüngsten der Massenmedien verstehend in den Griff zu bekommen, aber auch seine Möglichkeiten für die originäre, spezifische Produktion von Ton-/Bild-Kombinationen kenntlich zu machen. Darin steckte also auch das Programm der Zuarbeit für eine Theorie des Audiovisuellen.

Dies übergreifende Ziel ist nicht aufgegeben worden; es liegt unserer Fallstudie zum Videorecorder zugrunde. Mit ihr soll nicht zuletzt das Forschungskonzept erprobt werden, bevor es an den komplexen Zusammenhang anzulegen ist. Aus der Untersuchung des 'Apparates' (39) wurde zunächst die Abarbeitung an einem seiner wichtigen Elemente. Wir hoffen, daß wir danach wieder zum Großen und Ganzen zurückkehren können, das möglicherweise an der einen oder anderen Stellen schlaglichtartig bereits aufscheint.

Kapitel II

METHODISCHER RAHMEN, EINGRENZUNG DES GEGENSTANDES UND STRUKTURIERUNG

"Die gesellschaftlichen, technischen, künstlerischen Aspekte des Fernsehens können nicht isoliert behandelt werden. (...) mögen immer die fortgeschrittenen Techniken der empirischen Sozialforschung die 'Faktoren' isolieren, welche dem Fernsehen eigentümlich sind, so empfangen doch diese Faktoren selber ihre Kraft einzig im Ganzen des Systems."

(Theodor W. Adorno, Prolog zum Fernsehen, 1953)

"Man muß die großen sozialgeschichtlichen Fragen vor Augen haben, wenn man optimale Ergebnisse, sei es auch nur bei der Untersuchung einer Schraubenform, erzielen will."

(B. Hindle, The Exhilaration of Early American Technology, 1966, nach Hausen/Rürup 1975)

1. Thesen für eine (Technik und Kultur) integrierende Geschichtsschreibung des Fernsehens

1.
Das technische Sachsystem des Mediums ist (mit-)konstituierend für den historischen Prozess Fernsehkommunikation

Kommunikationsforschung insgesamt und Medienforschung im besonderen haben theoretisch das Laufen gelernt mit einer schematischen Stütze, die Harold D. Laswell 1948 erstmals in Form eines Wortspiels konstruierte, um damit die aus seiner Sicht entscheidenden Fragen zu formulieren, die einen Akt der Kommunikation **beschreiben** könnten: "Wer - Sagt Was - In Welchem Kanal - Zu Wem - Mit Welcher Wirkung?" (1) Unabhängig davon, ob sein Erfinder es tatsächlich als Basismodell für jegliche Formen von Kommunikation, einschließlich derjenigen der Massenkommunikation, verstanden wissen wollte, entwickelte es sich zu einem solchen. Die mit der Frageformel korrespondierenden Elemente, Kommunikator - Aussage/ Botschaft - Medium - Empfänger - Wirkung, wurden in zahlreichen folgenden theoretischen Verarbeitungen zu den entscheidenden Gliedern für Modellbildungen.

Selbstverständlich blieb die Forschung in den letzten ca. 35 Jahren nicht bei der einfachen Linearität stehen, welche für Laswell zur Beschreibung des kommunikativen Prozesses noch charakteristisch war und hinlangte und gab sich im weiteren auch nicht mit der gesellschaftlichen Statik und Isoliertheit seiner Formelelemente zufrieden. Mit der wachsenden sozialwissenschaftlichen Durchdringung von Kommunikations- und Medienforschung wurden die Modelle - analog zur allgemeinen Theoriebildung in den Disziplinen der Soziologie, Politologie und Psychologie - immer komplexer. Die Laswell-Formel erhielt systemtheoretische Einbindungen und Modifikationen, den einzelnen Gliedern wurde der Status von Subsystemen innerhalb übergreifender Sozialsysteme oder von Elementen innerhalb von Subsystemen verliehen. (2) Und es wurden vor allem Paradigmenwechsel eingeleitet, die dem akademischen Wirkungsbereich entsprechenden Formen von Revolution; solche wurden theoretisch ausformuliert und in empirischer Forschung praktisch angewendet. Die entscheidende qualitative Veränderung brachte die allmähliche Ablösung bzw. Ergänzung des linearen Wirkungsmodells mit seinem einfachen Stimulus-Response-/Reiz-Reaktions-Schema durch solche Konzepte, die den Rezipienten bzw. den **Nutzer** von Massenmedien zum Ausgangs- und zentralen Bezugsgesichtspunkt machten. Die Leitfrage, die den Modellen bis einschließlich Gerhard Maletzkes "Feldschema der Massenkommunikation" von 1963 zugrundelag, nämlich "was machen die Medien mit den Menschen?", wurde im angelsächsischen 'Uses-and-Gratifications Approach' bzw. bei den bundesdeutschen Theoretikern und Praktikern des 'Nutzenansatzes' zu ihrer Umkehrung, nämlich "was machen die Menschen mit den Medien?" (3). 'Die Menschen' als gesellschaftliche und unter anderem fernsehschauende und radiohörende Subjekte mit spezifischen Bedürfnissen und Erwartungen auch an die medialen Angebote, Institutionen und Berufskommunikatoren traten in den Mittelpunkt der entsprechend orientierten Forschung. Angebotszentrierte Modelle wurden durch publikumszentrierte ergänzt. (4)

Parallel und in gezielter Absetzung gegenüber den 'system-theoretischen und strukturell-funktionalen Ansätzen' bildeten sich vor allem ab den späten sechziger Jahren Varianten '(neo)marxistisch' (5) orientierter Theorien und Modelle von Massenkommunikation heraus, die sich selbst als übergreifende **Metatheorien** verstanden und in diesem Sinne auch ihre Bedeutung für den Diskurs über "Gesellschaftliche Kommunikation" (6) in der Bundesrepublik entfalteten. Ihnen ging es zunächst weniger um die Abbildung interner Funktionszusammenhänge. Entweder stärker in Fortführung der Kritischen Theorie der Frankfurter Schule oder stärker in der Tradition der klassischen Methode der Kritik der Politischen Ökonomie steht im Zentrum ihrer Theoriebildung die Erklärung von Phänomenen der Massenkommunikation als besondere Ausdrucksformen des spätkapitalistischen Gesellschaftsystems. Massenmedien werden thematisiert als "Klassenmedien" (7) und analysiert vornehmlich in ihrer Bedeutung und Funktion für die Aufrechterhaltung oder Vertiefung ökonomischer, politischer und ideologischer Herrschaftsverhältnisse. (8) - Jenseits der Kontroversen um die 'richtige' Methode innerhalb dieser Varianten (9) haben sie zu einem wichtigen theoretischen Konsens innerhalb der kritischen Auseinandersetzung mit den Massenmedien in der Bundesrepublik beigetragen, der mittlerweile auch von einer Vielzahl der sozialwissenschaftlich orientierten Ansätze implizit geteilt wird, auch wenn diese bei ihren konkreten Bereichsanalysen kaum mehr auf die grundsätzlichen Zusammenhänge rekurrieren: Massenmediale Kommunikation im allgemeinen und Fernsehkommunikation im besonderen sind nur sinnvoll im Rahmen der jeweils gegebenen ökonomischen Verwertungs- und politisch-ideologischen Herrschaftsbedingungen zu diskutieren, wenn ihre gesellschaftliche Dimension überhaupt zur Debatte steht.

Jenseits und auch im Rahmen dieser Metatheorien: richtete die Forschung ihr Augenmerk stärker auf die internen Faktoren des (massen)kommunikativen Prozesses, blieben - bei allen Modifikationen und Erweiterungen - die Elemente des klassischen Feldschemas als wichtige Orientierung erhalten. (10) Es ist von daher nicht verwunderlich, wenn sich auch die ersten Versuche, theoretische Eckpfeiler für die **historische** Auseinandersetzung mit Problemen der Rundfunkkommunikation einschließlich des Fernsehens zu definieren, an den "Basismodellen" (11) orientierten, die in der Tradition und der Kritik der Laswell-Formel entstanden. Dies ist auch bei dem Publizistikwissenschaftler Winfried B. Lerg der Fall bei seinen Beiträgen, der "Geschichtsschreibung der Kommunikation (...) ihr epistemologisches Alphabet" (12) mit zu lehren. Bei seinem ersten Entwurf lehnte er sich noch an das viergliedrige Schema an (13), fünf Jahre später hält er es für sinnvoll, dem **Medium** einen untergeordneten Stellenwert beizumessen, weil er die "Medienfixierung" als eine der entscheidenden Schwierigkeiten bei der Suche der Kommunikationsgeschichtsschreibung nach einem theoretisch konsistenten Modell betrachte (14). Die "Basisfaktoren der Kommunikationsgeschichte" würden demnach gebildet durch "1. Kommunikatorgeschichte, 2. Aussagengeschichte, 3. Rezipientengeschichte" (15). In der "Kommunikatorgeschichte" gehe das auf, was "gewöhnlich als Mediengeschichte (...) ausgegeben" (16) werde. Zu vermitteln seien die drei übriggebliebenen 'Basisfaktoren' systematisch mit einem Set von fünf weiteren historischen Faktorenzusammenhängen, die durch die entscheidenden Bereiche moderner Sozialsysteme gebildet werden und die Lerg jeweils mit dem Appendix Kommunikation versieht: "1. Geschichte der Kommunikationspolitik, 2. Geschichte des Kommunikationsrechts, 3. Geschichte der Kommunikationswirtschaft, 4. Geschichte der Kommunikationskultur und 5. Geschichte der Kommunikationstechnik" (17).

Abgesehen davon, daß wir es nicht für sinnvoll halten, aus einer Disziplin heraus Normen dafür zu fixieren, was **die** Geschichtsschreibung **der** Kommunikation (von der wir sowohl in anthropologischer als auch in gesellschaftlicher Perspektive immer noch sehr wenig wissen) zu sein hat; (18) und abgesehen davon, daß wir uns als Medienwissenschaftler so einfach nun doch nicht unseres Gegenstandes berauben lassen und ihn fürderhin historisch irgendwo im Kommunikatorenzusammenhang aufsuchen; für eine an dem besonderen historischen Prozess Fernsehen interessierte Geschichtsschreibung scheint uns die Übernahme weder dieses besonderen Modells von Lerg ratsam, noch generell die Verlagerung des klassischen Feldschemas von (Massen)Kommunikation in die geschichtliche Perspektive. Folgende Gründe sind dafür ausschlaggebend:

- Die schematischen Elemente Kommunikator - Aussage - Medium - Rezipient sind gewonnen aus der **synchronen** Betrachtung von Kommunikationsprozessen. Den Konstrukteuren der Modelle, deren tragende Säulen sie bilden, ging und geht es vor allem darum, den auf einem erreichten Stand der Entwicklung von Kommunikationsverhältnissen gegebenen Funktions- oder Wirkungszusammenhang eines kommunikativen Prozesses, zum Beispiel des Hörfunks oder des Fernsehens, zu beschreiben und mit ihrer Hilfe zu erklären. Ihr Zugriff fixiert den geschichtlichen Prozess auf einem bestimmten Niveau; die Modelle erhalten dadurch einen eigenartig statischen Charakter. (19) Denis McQuail und Sven Windahl heben in ihrer Einleitung zur systematischen Darstellung bisheriger Kommunikationsmodelle auf dieses Problem ab, wenn sie in Frage stellen, ob die theoretischen Konstrukte auch für künftige Formen gesellschaftlicher Kommunikation tauglich seien. Sie sehen bereits die abnehmende Bedeutung des Falles einer zentralisierten Rundfunk- oder Verlagsorganisation, die denselben Inhalt an ein großes und stabiles Publikum richtet, also eine zunehmende Auflösung des 'Idealfalles' von Massenkommunikation, bei welcher der kollektive Sender und der kollektive Empfänger keine oder zumindest nicht mehr die entscheidende Rolle spielen. (20)

In der Tat drängen sich solche Fragen auf: Haben die Feldschemata noch übergreifende Gültigkeit für tv-kommunikative Phänomene wie zum Beispiel den Kanal eines Satellitenfernsehens einerseits, über den ein Konsortium transnational operierender Finanz- und Industriekapitale zusammen mit Filmrechteinhabern weltweit Spielfilmkonserven an Abonnenten verteilt, und den offenen Kanal innerhalb eines regionalen oder kommunalen Kabelsystems andererseits, in dem Nachbarn via Fernsehen ihre Urlaubserlebnisse austauschen oder elektronische Partnervermittlung betrieben wird? Ist die klassische Gliederung des Kommunikationsprozesses noch sinnvoll für den Maschinen- und Datendialog mit dem zentralen oder dezentralen Computer eines Bildschirmtextsystems? Stellt die Tendenz, daß der Fernseher für immer mehr Menschen gleichzeitig zum zentralen Artefakt für Arbeit **und** Reproduktionsbeziehungen wird, nicht ganz andere Probleme in den Mittelpunkt als diejenigen, wie eine Fernsehserie oder ein Nachrichtenprogramm wirkt bzw. welchen Nutzen die Zuschauer daraus ziehen? Welchen Gewaltakten müssen wir das klassische Feldschema aussetzen, wenn wir es an das Cassetten- oder Bildplattenfernsehen anlegen wollen, bei denen nicht nur die Rezipienten zu Kommunikatoren werden können, sondern auch die mit Aufnahmeapparaturen gekoppelten Empfänger zu 'Sendern'?

Dieselbe fragende Skepsis ist angebracht, wenn wir Fernsehen als umfassendes gesellschaftliches Projekt begreifen und zum Beispiel zurückgehen in jene Etappen, in denen sich noch keine relevanten publizistischen Funktionen des Mediums ausmachen lassen. Wie läßt sich das Feldschema auf jene Experimentalphase anwenden, in der die Techniker praktisch Kommunikatoren und Rezipienten in einem waren und in der es einen gesellschaftlich organisierten Vermittlungsapparat noch nicht gab? Wie wäre es zu konkretisieren für jene Phase, in welcher der neue Apparat als Botschaft fungierte oder sich die neue Technik lediglich als Distributionsmaschine für die Images von Dias und Filmstreifen präsentierte? Suchen wir nach Gründen für die langdauernde Dominanz des mechanischen gegenüber dem elektronischen Fernsehen: wie läßt sie sich in der Perspektive einer der Basisfaktoren erklären? - Wie ist das Fernsehsystem einer Cruise Missile-Anlage mithilfe der aus der publizistischen Funktion des Mediums abgeleiteten Prozeßgliederung beschreibend in den Griff zu bekommen? Oder das Überwachungssystem einer Bank, eines Kaufhauses, einer Industrieeinrichtung?

- o Der zweite Grund ist eng mit dem ersten verknüpft: nämlich die unklare oder gar nicht definierte Rolle, die dem technischen Sachsystem zugewiesen wird. Wirft man es nicht gänzlich aus den grundlegenden Faktoren des Prozesses (Fernseh-)Kommunikation hinaus und degradiert es nicht einfach zum unspezifischen Vermittlungszusammenhang "Kommunikationstechnik", so geht es in der Regel auf im Glied **Medium.** Dieses wird dann - und damit ist dem technischen Sachzusammenhang in den klassischen Feldschemata Genüge getan - irgendwo zwischen Kommunikator und Rezipient angesiedelt. (21) Auf der Strecke bleibt damit die **besondere** qualitative und der Möglichkeit nach auch **produktive** Bedeutung der Technik für den Prozess Fernsehkommunikation. Womit sich in der theoretischen Konstruktion unseres Erachtens ein Dilemma der historischen Genese des Fernsehens niederschlägt: die Tatsache, daß es sich - analog zum Hörfunk (22), - immer mehr vom **produktiven** zum **reproduktiven** Medium entwickelt hat und heute für das Fernsehen spezifische Vermittlungsformen jenseits von Talk-Show-Varianten, der Direktübertragung von Fußballspielen oder morgendlichen Bundestagsdebatten kaum mehr greifbar und immer weniger vorstellbar sind.

Dagegenhalten möchten wir einen Begriff vom Medium, der das technische Sachsystem als (mit-)konstituierenden Faktor für einen Prozess wie den der Fernsehkommunikation begreift und der dem Medium eine **vielseitig** vermittelnde Funktion zuschreibt. Wir gehen dabei definitorisch aus von der, im wesentlichen aus der Informationstheorie Meyer-Epplers abgeleiteten, Bestimmung Friedrich Knillis (23). In seiner Konzeption des Medienbegriffes weist er darauf hin, daß in den klassischen Feldschemata das Medium in zweierlei Hinsicht von wesentlichen Funktionen amputiert werde: einmal, indem es in seiner materiell-technischen Dimension nur für Prozesse der Massenkommunikation als relevant erachtet werde, wogegen die Tatsache spreche, daß jegliche Form der Kommunikation, einschließlich der direkt-interpersonalen, nur über den physikalischen Austausch funktioniere; zum anderen, indem dem Medium als technisch konstruiertem Sachsystem nur im Sinne des Vermittlungs**kanals** zwischen den Prozeßgliedern - vor allem zwischen Kommunikator und Rezipient - Bedeutung zugesprochen werde, was ebenfalls nicht haltbar sei. Bei den Formen der Massenkommunikation entfalte das jeweilige technische Sachsystem **innerhalb** eines jeden Gliedes modellierende und kommunikative Bedeutung. (24)

Bezogen auf Fernsehen bedeutet dies: medientechnische Bearbeitung von Wirklichkeit findet sowohl bei der Herstellung von Aussagen/Sendungen statt, als auch bei ihrer Organisation zu einem Programm und dessen Aufbereitung für die Distribution, der Verteilung selbst und schließlich bei der Rezeption über den Empfänger. In den Formen des Austausches, in der Zusammensetzung des technischen Sachsystems, in seiner Komplexität wie in seinen einzelnen Elementen gibt es historisch erhebliche Unterschiede, die aber an seiner konstitutiven Bedeutung für den kommunikativen Prozeß nichts ändern und die in ihren Konfigurationen wiederum auf den Kommunikationsprozeß einwirken.

Insofern bildet die Entstehung und Entwicklung der Technik des Fernsehens mit ihren Anlagen und Geräten keinen akzidentellen, sondern einen essentiellen Bezugsgesichtspunkt für eine integrierende Geschichtsschreibung des Mediums. Sie umgreift in ihrer Bedeutung sowohl Fernsehkommunikation im geschlossenen Benutzerkreis einer Raketenbase oder einer medizinischen Forschungseinrichtung, den entfalteten publizistischen Prozess des Fernsehrundfunks, den computervermittelten Bildplatten- oder Bildschirmtextdialog, wie auch den privat produzierten und rezipierten Video-Porno.

2.
Die Faktorenzusammenhänge Technik und Kultur bilden ein die Fernsehgeschichte übergreifendes Spannungsverhältnis

Das technische Sachsystem Fernsehen ist - wie jedes andere auch - kein Selbstzweck. Als vom Menschen auf einer entwickelten Stufe von Gesellschaftlichkeit entworfenes und in Geräte und Anlagen umgesetztes Instrument bzw. Medium war und ist es auf eine Fülle von Verwendungen gerichtet. In seiner ursprünglichen Konzeption sollte es dazu dienen, "in der Ferne sich abspielende Vorgänge gleichzeitig an einem beliebigen Orte auf einem Schirm sichtbar zu machen" (25). Nur in einem Bruchteil der vielfältigen Verwendungen von Fernsehtechnik wurde diese Vorstellung vom zeitlichen Zusammenfallen technischer Reproduktion von Visuellem und Rezeption der erzeugten Images realisiert; nämlich in jeglichen Formen des Direkt- oder Live-Fernsehens als künstlerisches, sportliches oder politisches Ereignis in nationalem, regionalem oder globalem Maßstab, wie auch als fernsehvermittelte Abbildung von dem Auge direkt nicht zugänglichen Vorgängen, bei einer medizinischen Operation zum Beispiel, der gleichzeitigen Überwachung verschiedener Verkehrssysteme oder großer Demonstrationen, der Kontrolle von Produktionsabläufen in der Industrie. (26) Aus wirtschaftlichen, politischen und technischen Beschränkungen heraus wurde Fernsehen vor allem zum gigantischen Distributionsmittel für bereits anderweitig materiell reproduzierte Bilderwelten der Photographie, des Kinos, der bildenden und der darstellenden Künste, des Zeitungsjournalismus oder, in der auditiven Dimension, des Hörfunks und der Schallplatte. In seinen produktiven wie reproduktiven Formen wurde es benutzt für jegliche Varianten der Bildung und Erziehung, der Unterhaltung, der Instruktion und der Information, der Erregung, der Muße, der Orientierung und Desorientierung, der Aufklärung und Gegenaufklärung, der Weltflucht und der Wirklichkeitszuwendung, zur Unterstützung politischer Fahndungsaktionen und der Warenzirkulation, zum Beispiel in Form der Werbung. In seinen apparativen Dimensionen wurde Fernsehen zu einem der wichtigsten Bereiche der Elektro(nik)industrie und zum bedeutendsten für die Unterhaltungselektronik; der Empfänger entwickelte sich zum zentralen Artefakt von organisierter Häuslichkeit, was Günter Anders mit der Metapher des "negativen Familientisches" kommentierte, welcher fluchtpunktartig die Aufmerksamkeit der Familienmitglieder aufsichzöge. (27). Über den TV-Apparat erledigen Menschen ihre Alltagsgeschäfte, von der Warenbestellung bei Versandhäusern bis zur Führung ihrer Bankkonten; für immer größere Gruppen wird er zum Arbeitsmittel. Fernsehen entpuppte sich als gigantischer Massenorganisator, im Rahmen von Spendenaktionen zum Beispiel, es wurde zum elektronischen Altar und zur Kanzel. Mit seinen Sende- und Empfangsanlagen greift es in Landschaftsstrukturen und Städtebilder ein und modelliert architektonische und innenarchitektonische Prinzipien mit ...

... Ähnlich vielfältig wie die Alltagsbeziehungen selbst sind die Relationen geworden, in denen das Medium synchron und diachron im historischen Prozeß wirkt(e). Wenn sie mit den Feldern der aus dem publizistischen Funktionen abgeleiteten Schemata nicht zu umfassen sind, wie können wir sie sinnvoll verallgemeinern? Oder, im Sinne der zu integrierenden Faktoren der Fernsehgeschichte gefragt, wie läßt sich der Bezugsgesichtspunkt definieren, welcher der Entstehung und Entwicklung des technischen Sachsystems gegenübersteht?

Nicht in normativem sondern in operativem Sinne scheint uns das angedeutete Ensemble von Verwendungs- und Wirkungsweisen am ehesten umfaßbar zu sein mit einem Begriff von **Kultur**, wie er in der angelsächsischen Tradition von Raymond Williams entwickelt und an zahlreichen historischen Gegenständen analytisch angewendet wurde (28) und wie er in der Bundesrepublik insbesondere von Literaturwissenschaftlern auf der Suche nach einer Neudefinition ihres Gegenstandes ähnlich konzipiert wurde (29). Zwei Merkmale dieses Kulturbegriffes sind es vor allem, die ihn auch für unser methodisches Konzept geeignet erscheinen lassen:

- Kultur hat danach "keinen eingegrenzten Wirklichkeitsbereich mit festen Gegenständen" (etwa historisch herausragende ästhetische Objektivationen), sondern sie wird als "System mit **Beziehungsqualität** zwischen Lebensbedingungen, Lebenstätigkeit und tatsächlicher individueller Entwicklung verstanden" (30). In dieser Gesamtheit kultureller Beziehungen ist der traditionelle Kanon künstlerischer Werte einbegriffen; diese Konzeption hebt aber vor allem auch auf die Einbeziehung derjenigen "Elemente der Lebensweisen" (31) von Menschen ab, die gemeinhin auf der Basis von normativ-ästhetischen Begriffen ausgegrenzt werden: "die Organisierung der Produktion, die Struktur der Familie, der Aufbau bestimmter, die gesellschaftlichen Beziehungen regulierender oder sie widerspiegelnder Einrichtungen, die charakteristischen Kommunikationsformen zwischen den Mitgliedern einer Gesellschaft" (32).
- Als **Beziehungsqualität** und als Ausdruck von sich verändernden **Lebensweisen** hat Kultur in diesen Konzeptionen **Interaktions-** wie **Prozeß**charakter. Der Begriff hält somit den Zugang offen sowohl für die vielfältigen sozialwissenschaftlich orientierten Fragen, die Fernsehkommunikation als Handlungsfeld von Subjekten und gesellschaftlichen Gruppen mit unterschiedlichen Bedürfnissen und Interessen in einer besonderen geschichtlichen Situation aufwirft, als auch für die geisteswissenschaftlich orientierten Fragen des Historikers nach dem **Sinn**, nach dem **intentionalen Handlungszusammenhang** der beobachteten Ereignisse und ihrer tieferen geschichtlichen **Bedeutung.** (33)

Wenn wir das Spannungsverhältnis von der Entstehung und Entwicklung des technischen Sachsystems und seinen kulturellen Verwendungen und Wirkungsweisen als zweiten Baustein für eine integrierende Fernsehgeschichtsschreibung wählen, so geschieht dies nicht nur aus Gründen der theoretischen Einsichtigkeit. Es entspringt auch einem besonderen Reiz subjektiven medienwissenschaftlichen Interesses: Mit der Technik einerseits und der Kultur andererseits versuchen wir zwei gesellschaftliche Handlungsfelder und Ausdrucksformen am Beispiel des Fernsehens in der historischen Perspektive miteinander zu verknüpfen, die gemeinhin entweder völlig getrennt, identisch oder als unauflösbare Widersprüche behandelt werden.

Zwar gibt es in der jungen Fernsehgeschichtsschreibung einige wenige wertvolle Ansätze, die zumindest punktuell andere qualitative Verbindungen zwischen Technik und Kultur herstellten. So zum Beispiel die beiden Beiträge Lergs zur Frühgeschichte des Mediums (34), von denen der erste die Spanne von 'instrumentalem (technischem)' und 'sozialem (publizistischem) Aspekt' der Medienentwicklung zum Ausgangspunkt hat, die aber u.W. so nicht fortgeführt und vertieft worden sind; oder die gewaltige individuelle Forschungsleistung Knut Hickethiers, der mehr als ein Vierteljahrhundert Fernsehspielentwicklung in der Bundesrepublik systematisch unter den ihn besonders interessierenden Gesichtspunkten aufgearbeitet hat. Dabei spielt das Spannungsverhältnis von Technik und Kultur explizit eine Rolle, wenn er etwa die frühen dramaturgischen und ästhetischen Konzeptionen des Fernsehspiels und ihre ideologischen Überhöhungen durch Teile der Kritik im Zusammenhang des erreichten Standes der medialen Produktivkräfte diskutiert. (35) Es ist aber vor allem ständig im Kernbereich der Studie präsent, der das Fernsehspiel als Transmissionsriemen für die Vermittlung nationaler und internationaler Literaturen behandelt.

Abgesehen von solchen Ausnahmen bietet sich Fernsehgeschichtsschreibung in der Bundesrepublik immer noch so an, "als ob es keinen Zusammenhang zwischen den Kommunikationsverhältnissen, ihrer technischen Bearbeitung und den inhaltlich-gestalterischen Objektivationen gebe" (36); ein Zustand, zu dem nicht zuletzt die technisch orientierten Historiographen des Mediums selbst beigetragen haben. Rekonstruktion der technischen Entwicklung von Fernsehen war und ist bis heute immer noch gleichbedeutend mit der mehr oder weniger chronologischen Aneinanderreihung von Erfindungen, Patenten und Innovationen, mit der Würdigung ihrer jeweiligen personellen oder institutionellen Exponenten. Zwar ist insofern ein Fortschritt zu verzeichnen, als in neueren Ansätzen weniger der Versuch gemacht wird, die technische Genese auf einen einzigen 'genialen' Ursprung bzw. Urheber zurückzuführen, wie dies für die Geschichtsschreibung im Deutschland der Nazis und in einigen späteren populären Sachdarstellungen in bezug auf die Person Paul Nipkows charakteristisch ist. (37) Mittlerweile hat sich die Erkenntnis durchgesetzt, daß Fernsehen Resultat einer "Kette von Erfindungen verschiedener Nationalkulturen" (37) war. Aber nachwievor kennzeichnend ist, daß der technologische Entwicklungsstrang weitgehend bei sich selbst gelassen wird, wobei der wohltuende Effekt, den die technischen Neuerungen auf die Gesellschaft haben, wie selbstverständlich vorausgesetzt wird. Die Abfolge der Innovationen wird als weitgehend ungebrochener, kontinuierlicher Progress beschrieben, der bestenfalls punktuell von besonderen politisch-juristischen Rahmenbedingungen beeinflußt wird. (39)

Kulturelles Denken "ohne Apparate" (40) auf der einen Seite und apparatefixierter Fortschrittsglaube auf der anderen - so könnte man die Dichotomie verallgemeinern, zu deren Aufbrechen wir mit unserer Konzeption von Fernsehgeschichte beitragen wollen. Dieser Anspruch verlangt, das Verhältnis von Technik und Kultur am Beispiel der Genese des Fernsehens genauer zu definieren.

3.
Entstehung/Entwicklung des technischen Sachsystems und seine kulturellen Verwendungen/Wirkungsweisen stehen in einem wechselseitigen Funktionszusammenhang

Insbesondere seit dem letzten Drittel der siebziger Jahre, nachdem die von der Bundesregierung eingerichtete Kommission für den Ausbau des technischen Kommunikationswesens (KtK) ihren Bericht über künftige Entwicklungen von "Telekommunikation" (41) in der Bundesrepublik vorgelegt hat und noch verstärkt seit Beginn der achtziger Jahre, seitdem die ersten Umstrukturierungen in der traditionellen Fernsehlandschaft zu greifen begonnen haben, hat sich unter der marktgerechten Bezeichnung "neue Medien" eine wahre Flut von Analysen und Diskussionsbeiträgen über den Printmedienmarkt ergossen, die qualitativ und quantitativ kaum mehr überschaubar und faßbar ist (42). Das Spannungsverhältnis von Technik und Kultur spielt dabei, mehr oder weniger ausformuliert, eine hervorragende Rolle. Verbreitungstechniken wie das Kabel- oder das Direktsatellitenfernsehen, tv-vermittelte Formen der Bürokommunikation, Bildschirm- und Videotexte, Cassetten- und Bildplattenfernsehen werden utilitarisiert für die Propagierung und Lancierung unterschiedlicher Zukunftskonzeptionen von Fernsehkommunikation. Grob lassen sich dabei drei Richtungen unterscheiden:

- **Apologeten** der bereits realisierten oder geplanten Innovationen, welche die Industrie zur Verfügung stellt, sehen endlich die totale Befreiung der (massen)kommunikativen Verhältnisse auf die Bundesrepublik zukommen, also die endgültige Durchsetzung marktwirtschaftlicher Prinzipien auch in der TV-Kommunikation. Sie versuchen, die wirtschafts-, rechts- und medienpolitischen Weichen für ihre reibungslose Durchsetzung zu stellen bzw. stellen als Wissenschaftler ihre Forschungen in den gut bezahlten Dienst für dieselbe. Sie bilden im erkenntnistheoretischen Kern den ideologischen Fortsatz des oben angedeuteten Technikverständnisses von Technikern, für welche die ungebrochene Sinnhaftigkeit der Neuerungen nicht in Frage steht.

- Ihnen gegenüber steht die Gruppe der **prinzipiellen Gegner** der neuen Techniken, die in denselben die endgültige Zementierung bzw. den Ausbau totaler Herrschaftsverhältnisse propagieren. Theoretisch und konzeptionell greifen sie gerne implizit oder explizit auf sozialphilosophische und kulturkritische Ansätze genereller Technikkritik zum Beispiel Herbert Marcuses oder Lewis Mumfords zurück oder auch auf die fernsehbezogenen Arbeiten Adornos, Anders' und - sind sie stärker konservativ orientiert - Arnold Gehlens. (43) Gewissermaßen als Negativfolie einer durch Medientechnik vermittelten Herrschaftsstruktur kommt bei ihnen ebenfalls Marshall McLuhans populäre Konzeption von den 'magischen Kanälen', die das eigentliche Wesen des Kommunikationsprozesses ausmachten, zu neuen Ehren. (44)
- Zwischen diesen beiden Polen ist eine Reihe graduell divergierender Positionen zu finden, die durch ein stark **instrumentelles** Verhältnis gegenüber den neuen Techniken geprägt sind. Es gibt sie sowohl in Varianten der Ablehnung wie der Befürwortung. Ausschlaggebende Bedeutung für die Qualität von Gesellschaft haben für sie nicht die Medien und folglich auch nicht die neuen Techniken der Fernsehkommunikation, sondern die ökonomischen, kulturellen oder politischen Verhältnisse, welche durch jene nur bestätigt werden, als mehr oder weniger beiläufiger und zufälliger Fortsatz. (45)

Fernsehtechnik als Hemmschuh oder Motor gesellschaftlichen Fortschritts, als Befreierin oder als Unterdrückerin, als Mittel für die Durchsetzung oder Zementierung politischer und ideologischer Macht, als Ursache für Fehl- wie Idealentwicklungen, oder schlichtweg als Randerscheinung, welche für die hohen Werte der Kultur, ihre Präservation und ihre Weiterentwicklung ohnehin keine Bedeutung hat, - diese Konzeptionen des Verhältnisses Technik und Gesellschaft/Kultur sind nicht neu. Raymond Williams hat sie in seinem Geneseentwurf "Television - Technology and Cultural Form" (46) zu sortieren und auf ihren begrifflichen Kern zu bringen versucht. Er unterscheidet zwischen im wesentlichen zwei vorherrschenden Vorstellungen, die in den angedeuteten Variationen der aktuellen bundesdeutschen Diskussion ebenfalls enthalten sind und bezeichnet sie als "**technological determinism**" einerseits und "**symptomatic technology**" (47) andererseits. In der ersten Konzeption werde Technik als souveräne Determinante gesellschaftlicher Entwicklung begriffen; ähnlich wie die Dampfmaschine, das Automobil oder die Atomkraft habe Fernsehen den modernen Menschen hervorgebracht, ihn mit seinen heutigen Charakteristika **geschaffen.** Der technologische Determinismus setze Innovationen im Prozeß der Fernsehkommunikation als von der Forschung und Industrie zur Verfügung gestellte Produkte oder Verfahren, die selbstständig Veränderungen im sozio-kulturellen Bereich bewirken. In der Konzeption hingegen von der Technik als Symptom werde der **akzidentelle** Charakter der Innovation betont. Die Determinante werde in ein anderes strukturelles Element der gesellschaftlichen Entwicklung (oder auch in mehrere) verlegt, wie zum Beispiel die Ökonomie und/oder die Politik, die alleine oder als Bündel von Determinanten die Gesellschaft modellierten, mit der Technik als vermittelndem Nebenprodukt. "Television, like any other technology, becomes available as an element or a medium in a process of change that is in any case occurring or about to occur." (48)

Beide Konzeptionen - so die zusammenfassende Kritik Williams' - lösen in ihrem erkenntnistheoretischen Kern die Technik aus dem komplex verwobenen Prozess Gesellschaft heraus: "In **technological determinism**, research and development have been assumed as self-generating. The new technologies are invented as it were in an independent sphere, and then create new societies or new human conditions. The view of **symptomatic technology**, similarly, assumes that research and development are self-generating, but in a more marginal way. What is discovered in the margin is then taken up and used." (49) In historischer Perspektive sei somit das Gemeinsame solcher Positionen vor allem die Isolierung der **Entstehung und Entwicklung** technischer Sachsysteme von ihrem **Verwendungszusammenhang.** Beide Teilprozesse werden erst zusammengeführt, wenn Technik bereits Produktform angenommen habe, was ihr im genetischen Sinne letztendlich den Status einer selbsttätigen, autonomen Kraft verleihe.

Dagegen setzt der britische Kulturwissenschaftler den Begriff des Fernsehens als 'soziale Praxis', die Notwendigkeit, geschichtliche Entwicklung von Fernsehkommunikation **einschließlich ihrer technischen Genese** als **Sozialgeschichte** zu begreifen. (50) Eine derartige Konzeption unterscheide sich vom technologischen Determinismus, indem sie gesellschaftliche Intentionen und Bedürfniskonstellationen bereits aus dem Forschungs- und Entwicklungsprozeß herauszuarbeiten habe. Von der Konzeption der symptomatischen Technologie habe sie sich abzusetzen, indem sie diese Zielsetzungen und sozialen Bedürfnisse als mit der technischen Entwicklung unmittelbar verknüpfte begreife; die Sozialgeschichte des Fernsehens werde mit durch Technik konstituiert. Im Kern geht es also um die Anerkennung - bzw. als Forschungsprogramm gewendet: um die Herausarbeitung - eines **interdependenten** Zusammenhangs von technologischer und soziokultureller Entwicklung.

Was einen wesentlichen Reiz dieser Konzeption von Fernsehgeschichte ausmacht, birgt zugleich für die Forschungspraxis die größten Umsetzungsschwierigkeiten in sich. Es ist der qualitativ neue und sehr umfassende Begriff von **Bestimmtheit**, die dem historischen Prozeß zukommt. Die Verlagerung seiner Determinante(n) in den interdependenten Funktionszusammenhang verlangt nämlich nicht nur, ein möglichst komplexes Set von Entwicklungsfaktoren zu berücksichtigen. Sie macht es auch notwendig, ihren jeweils konkreten Einfluß - und das heißt auch dessen Grenzen - herauszuarbeiten. In diesem Zusammenhang präzisiert Williams an späterer Stelle seiner Untersuchung den Begriff der Determination: "Determination is a real social process, but never (as in some theological and some Marxist versions) as a wholly controlling, wholly predicting set of causes. On the contrary, the reality of determination is the setting of limits and the exertion of pressures, within which variable social practices are profoundly affected but never necessarily controlled. We have to think of **determination not as a single force, or a single abstraction of forces,** but as a **process** in which **real determining factors** - the distribution of power or of capital, social and physical inheritance, relations of scale and size between groups - **set limits and exert pressures,** but **neither wholly control nor wholly predict the outcome of complex activity** within or at these limits, and under or against these pressures. (Hvhbg. S.Z.)" (51)

Im Gegensatz zur bundesdeutschen Mediendiskussion fand und findet der Williamssche Ansatz in Großbritannien (52), den Vereinigten Staaten (53) und zum Beispiel auch in Österreich (54) eine starke Resonanz. Aus seiner breiten wissenschaftlichen Rezeption wollen wir lediglich einen Anlaß und einen Aspekt herausgreifen. Im Februar 1978 fand in Milwaukee/Wisconsin unter dem Rahmenthema "the Cinematic Apparatus" (55) eine Konferenz statt, bei der zwar das Spannungsverhältnis von Technik und Kultur am Beispiel des Kinos im Mittelpunkt stand; aber das theoretische Grundlagenreferat Stephen Heaths war im wesentlichen eine Referenz an und in dem für uns wichtigen Punkt eine Präzisierung des Williamsschen Konzeptes von Fernsehgeschichte. Ihn auf das Kino beziehend greift Heath den Gedanken von Mediengenese als "multiply determined development" (56), in welche die Technik als ein entscheidendes Faktorenbündel eingebunden ist, auf und spitzt ihn für seine Konzeption von Kinogeschichte zu: "(...) the process is that of a relation of the technical and social **as cinema**" (57). Diese Pointierung vom Medium als integriertem Prozeß hebt nicht zuletzt ab auf die Kritik an einer Konstruktion von Geschichte technisch vermittelter Kommunikation, der das Konzept einer zeitlich-historischen Abfolge der Realisierung von qualitativ unterschiedlichen Praxen wie der Technik und der Kultur zugrundeliegt. Unter Berufung auf die Brechtschen Fragmente zum Radio, die allzuleicht als theoretische Konzeption mißverstanden werden, hatte und hat diese Auffassung auch bei uns Konjunktur, indem die technischen Sachsysteme der Medien als Erfindungen bewertet werden, die niemand bestellt habe, als technologische Hülsen gewissermaßen, denen der sozio-kulturelle Gehalt fehle, bzw. die ihren 'Inhalt' erst im weiteren Verlauf der Entwicklung eingefügt bekommen. (58) Wir erlauben uns, an Stelle des Kinos das Fernsehen zu setzen in der Definition, die wir mit Heath gegen eine solche Konzeption von Mediengeschichte halten: Television "does not exist in the technological and then become this or that practice in the social; its history is a history of the technological and social together, a history in which the determinations are not simple but multiple, interacting, in which the ideological is there from the start - without this latter emphasis reducing the technological to the ideological or making it uniquely the term of an ideological determination." (59)

4.
Technikgeschichte und Fernsehgeschichte überschneiden sich in ihrer sozialgeschichtlichen Dimension

Das Konzept, das sich aus dem Ansatz Williams' und seiner Pointierung durch Heath herausdestillieren läßt, weist eine starke Kongruenz mit dem auf, was einige Historiker in der Bundesrepublik in etwa zur gleichen Zeit als "moderne Technikgeschichte" (60) in ersten systematischen Zugriffen umrissen haben. Anstoß für die intensiveren Bemühungen sozialgeschichtlich orientierter Wissenschaftler um den besonderen gesellschaftlichen Teilbereich der Technik war eine ähnliche Unzufriedenheit, wie wir sie schon von seiten des medienwissenschaftlichen Interesses für die vorliegenden Technikgeschichten zum Fernsehen formuliert haben. "Technikgeschichte wurde jahrzehntelang fast ausschließlich von Technikern für Techniker betrieben" (61), beklagen Karin Hausen und Reinhard Rürup diesen Zustand, und erstere konkretisiert in einem späteren Aufsatz den Vorwurf des "wissenschaftlichen Dilettantismus" (62), den die Historiker solcher Art von Technikgeschichte machen: "Jedes technische Spezialgebiet fand in den Reihen der eigenen Spezialisten seinen Technikhistoriker, der sich in der Freizeit oder im Alter der Geschichte der Technik widmete. (...) in dieser Technikgeschichte für Techniker (dominierte) das rein Technische, das sich in geradezu evolutionistischer Zwangsläufigkeit durch das geniale Ausspähen der Natur von den niederen zu immer höheren Formen zu entwickeln schien." (63)

Bei dieser Kritik geht es selbstverständlich nicht darum, den Resultaten solcher Technikgeschichten jeglichen Erkenntniswert abzusprechen. Sie stellen oft einen großen Reichtum an sortierter technischer Erfahrung und technischem Wissen zur Verfügung, die für die historische Rekonstruktion unverzichtbar sind. Die Unzufriedenheit, die sich hier artikuliert, ist vielmehr diejenige der Geschichtswissenschaftler, die nach den komplexen Zusammenhängen gesellschaftlicher Evolution fragen, die der historische Prozeß als Beziehungsqualität unterschiedlicher Faktorenbündel interessiert. Bei Hausen kommt diese Orientierung deutlich zum Ausdruck, wenn sie als die Kernfragen, die an Technikgeschichte zu richten seien, formuliert, "auf welchem Wege, in welcher Form und in welchem Ausmaß wissenschafts- bzw. technikimmanente Prinzipien auf der einen und ökonomische bzw. soziale Ziele, Interessen, Entscheidungen auf der anderen Seite den Aufbau und die Entwicklung technischer Systeme prägen und wie diese technischen Systeme ihrerseits die weiteren gesellschaftlichen Bereiche beeinflußen" (64). Ähnlich sieht der Soziologe Werner Rammert die (notwendige) Umorientierung in der historischen Auseinandersetzung mit Technik, freilich ohne den fachimmanenten Strang zu betonen: "Technischer Wandel wird nicht mehr nur als Abfolge von bedeutenden Einzelerfindungen und Innovationen begriffen, sondern als ein historischer Prozeß soziotechnischer Evolution." (65) In dieser sprachlichen Konstruktion des **Sozio-Technischen** spiegelt sich die neue Qualität der Herangehensweise an Probleme der Technik wider. Wie der Begriff des **Sozio-Kulturellen** (66) quasi als Hilfskonstruktion verwendet wird, um kenntlich zu machen, daß Kultur in ihrem Bedingungs-und Folgezusammenhang in vielfacher Weise gesellschaftlich geprägt ist, wird damit auf nicht mehr und nicht weniger verwiesen, als daß Technik nicht für sich alleine existiert und deshalb auch multidimensional zu thematisieren ist: als natur- und ingenieurwissenschaftlich zu bearbeitender Gegenstand, als Werkzeug oder als Ergebnis menschlichen Handelns, als für das Individuum physiologisch, psychologisch und ästhetisch wirksamer Artefakt und als Sachzusammenhang, der den Menschen essentiell als gesellschaftliches und damit auch historisches Wesen betrifft. (67)

Günther Ropohl hat - in einer wohl bisher einmaligen Präzision und Umfaßtheit - die vielfältigen Aspekte eines derart gewandelten Technikbegriffes in einer "interdisziplinären Synthese" (68) abgebildet. Danach umfasse die Technik "die gegenständlichen Artefakte, deren Entstehung und deren Verwendung, wobei die Verwendung technischer Gebilde wiederum der Hervorbringung neuer Artefakte dienen kann. Das Beziehungsgeflecht zwischen Entstehungs-, Sach- und Verwendungszusammenhängen hat eine naturale, eine humane und eine soziale Dimension: Technik ereignet sich zwischen der Natur, dem Individuum und der Gesellschaft. So stellen Natur, Individuum und Gesellschaft gleichermaßen die Bedingungen, denen die Technik unterliegt, wie sie den Folgen der Technik ausgesetzt sind." (69) Worauf es ihm bei der Konzeption dieses Beziehungsgeflechts ankommt, kennzeichnet er mit einer zentralen Aussage Weingarts, die uns in fast identischer Fassung schon einmal bei Williams für das Fernsehen im engeren Sinne begegnet ist: nämlich "jenen trivialen Auffassungen (zu) begegnen, denen 'die Technik entweder als eine an sich unproblematische Resultante oder umgekehrt als eine selbst nicht weiter problematisierte Determinante' außertechnischer Phänomene erscheint'" (70).

Die historische Perspektive ist für Ropohl Bestandteil der sozialen Dimensionierung von Technik. Hier trifft sich seine Konzeption nicht nur mit dem Begriff Williams' von Fernsehgeschichte als Sozialgeschichte, sondern auch mit der Einordnung der Technik in den Gegenstandskanon der Geschichtswissenschaft durch Hausen/Rürup. Moderne Technikgeschichte definiert sich danach "als Sozialgeschichte mit dem besonderen Gegenstandsbereich der Technik" (71). Dieser Schnittpunkt bildet den vierten Baustein für unsere Untersuchung zur Entwicklung des Sachsystems Fernsehen. Für die geschichtliche Auseinandersetzung hat er übergreifende Bedeutung. Sowohl die besondere Natur der Fernsehtechnik, als auch ihre physiologischen, psychologischen und ästhetischen Bedeutungen für das Individuum, sind in ihrer Wechselbeziehung mit der sozialen Dimension zu analysieren. Für unseren Gegenstand ist dies umso wichtiger, als wir es beim Fernsehen mit einem Zusammenhang zu tun haben, der überhaupt erst auf einer entwickelten Stufe von Gesellschaftlichkeit als Projekt entstanden ist.

Arbeitsmodell

Versuchen wir nun die umrissenen Gesichtspunkte in ein Bezugssystem zu integrieren, das uns als Orientierungsrahmen für den Gang durch die Geschichte dienen soll, so erhalten wir folgendes Konstrukt als Arbeitsmodell:

In seinem Zentrum steht das materiell-technische **Sachsystem Fernsehen** mit seinen möglichen, sich historisch verändernden, Untergliederungen. Es ist Resultat eines komplexen sozio-technischen Entstehungs- und Entwicklungsprozesses und Voraussetzung wie Medium unterschiedlicher Realisierungsformen von Fernsehkommunikation. Diese können wiederum als Voraussetzungen für die Entstehung neuer oder die Modifikation vorhandener Artefakte des Sachsystems wirken. Von besonderem Interesse in dieser Wechselbeziehung von Herstellungs-/Entwicklungs-, Sach- und Verwendungszusammenhang ist im Hinblick auf eine integrierte Geschichte des Mediums das Spannungsverhältnis von Technik und Kultur. Dies Spannungsverhältnis entwickelt sich generell unter einem Set von **Bedingungen**, das durch die Dimensionen Natur, Mensch und Gesellschaft bestimmt wird, von denen wir wiederum im Hinblick auf die Fernsehgeschichte die sozialen in den Mittelpunkt stellen: Ökonomie, Politik, Recht, Arbeits- und Freizeitbedingungen, Wohn- und Lebensweisen, kulturelle Infrastruktur, technologische Rahmenbedingungen. Zu kennzeichnen versuchen wir die Bedeutung dieser Dimension, in dem wir zusammenfassend und vorläufig vom Spannungsverhältnis zwischen **sozio**-technischen und **sozio**-kulturellen Zusammenhängen der Entstehung und Entwicklung bzw. der Verwendung sprechen. **Folgen** zeitigt dieses in der historischen Entwicklung auf das gleiche Set, das auch den Bedingungszusammenhang ausmacht.

Zu betonen ist, daß es sich hierbei um ein **medien**geschichtliches Arbeitsmodell handelt, das unter der besonderen Perspektive der angerissenen Fragestellung entstanden ist. Es beansprucht folglich nicht, hinreichend zu sein für jegliche Untersuchungen historischer Phänomene, die mit Fernsehen im Zusammenhang stehen. Eine auf die Typen- und Genregeschichte des publizistischen Programms konzentrierte Rekonstruktion etwa, müßte im Detail sicher andere Konstruktionsmerkmale berücksichtigen und hätte vor allem die Bestimmungsfaktoren spezifisch zu konkretisieren. Sie wäre aber durchaus im Rahmen des Spannungsverhältnisses von Technik und Kultur integrierbar.

Schematische Darstellung:

Arbeitsmodell für eine integrierte Fernsehgeschichte im Spannungsverhältnis von Technik und Kultur

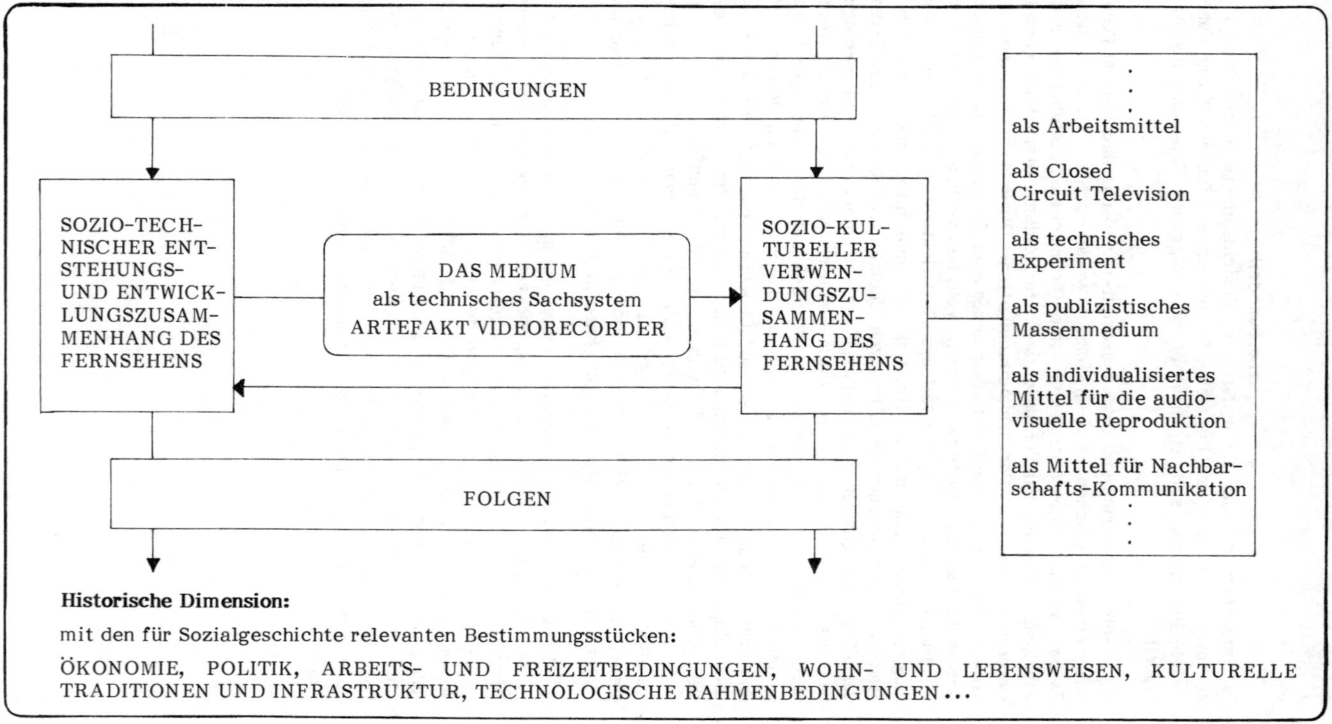

2. Der Videorecorder als relevanter Bestandteil einer integrierten Fernsehgeschichte

Setzt man die ersten apparativen Entwürfe zur elektrischen Fernübertragung von Bildern als technologische Eröffnung des historischen Prozesses Fernsehen, so umfaßte seine Entwicklung bereits gut 140 Jahre: er erstreckte sich von den Konzepten Alexander Bains und Bakewells für die Übermittlung statischer Images in den vierziger Jahren des letzten Jahrhunderts (72), über die 'spekulative Phase' von 1875 bis ca. 1890, in der die ersten Modelle zur elektrischen Reproduktion visueller Vorgänge entworfen wurden (73), die erste Laborphase bis ca. 1930, die in erster Linie noch durch mechanische Elemente des Sachsystems geprägt war (74), die ersten Entfaltungsversuche publizistischer Verwendungen in den dreißiger Jahren auf der Basis halb-mechanischer und halb-elektronischer Verfahren (75), über die Herausbildung massenkommunikativer Funktionen des elektronisierten Sachsystems nach dem Zweiten Weltkrieg, die globale Durchsetzung des Fernsehens als Medium mit der größten Reichweite und dem extensivsten Konsum, seine Diversifikation in die unterschiedlichsten Produktions- und Reproduktionsbereiche der Gesellschaft, bis hin zu den gegenwärtigen Umbrüchen, in denen Fernsehen für das Individuum zur Vermittlungsinstanz für die verschiedensten Formen von Interaktion geworden ist und in denen es als Rundfunk nur noch zu einer tv-kommunikativen Praxis von vielen zu werden beginnt.

Die Auswahl des **Artefaktes** (76) Videorecorder als kleinem Segment innerhalb einer derart umfänglichen Fernsehgeschichte, erfolgte im wesentlichen auf dem Hintergrund eines zweifachen Erkenntnisinteresses:

- o die Konzentration auf eine Untergliederung des komplexen Sachsystems der Fernsehtechnik sollte es ermöglichen, sowohl den sozio-technischen Entstehungs- und Entwicklungszusammenhang als auch die sozio-kulturellen Verwendungen in möglichst vielfältigen Erscheinungen und Dimensionierungen in den Griff zu bekommen.
- o Gleichzeitig sollte die technologische Entwicklung eines Teilbereichs der Fernsehtechnik in wichtigen Zügen rekonstruiert werden, der eine hohe Relevanz für die Geschichte des Mediums insgesamt hat und der bisher erst in einigen wenigen Abschnitten und kursorisch aufgearbeitet wurde. (77)

Entstanden als Subtechnik des Fernsehens begleitet der Videorecorder alleine schon in Produktform knapp drei Jahrzehnte TV-Geschichte. Wobei zu betonen ist, daß diese letzten 29 Jahre in der Mediengeschichtsschreibung bisher am wenigsten Berücksichtigung gefunden haben. (78) Das Artefakt ist Bestandteil der Herausbildung des Fernsehens als dominierender Form von Massenkommunikation, begleitet seinen Weg in die geschlossenen Benutzerkreise von Industrie, Handel, staatlicher Administration, Militär, privater und öffentlicher Ausbildung und gehört schließlich in der Hand der Rezipienten zu jenem Komplex von Techniken der TV-Kommunikation, die manifest in den traditionellen Funktionszusammenhang des Mediums eingreifen und ihn mit neu modellieren. Als Gebrauchsgerät im Alltagszusammenhang ist er potentiell für jeden zugänglich und benutzbar geworden. Der starre Blick indes auf einige der aktuellen Dimensionen, in denen der Videorecorder Bedeutung entfaltete, zum Beispiel als ökonomisch wichtiges Produkt in der Marktpalette der Unterhaltungselektronik oder als Abspielgerät für audiovisuelle Gewalt- und Pornographieexzesse, verstellt hier besonders nachhaltig die Auseinandersetzung mit den historischen Dimensionen, aus denen er zu einer relevanten Form audiovisueller Kommunikation herausentwickelt wurde.

Die geschichtliche Aufarbeitung dieses Teilprozesses von Fernsehen schien uns umso dringlicher, je mehr bei Nachforschungen deutlich wurde, daß wichtige Spuren in der Genese des Videorecorders bereits verwischt sind. Bei der enormen Geschwindigkeit, in der die Fernsehtechnik in den letzten Jahren vorangetrieben wurde, werden einzelne Artefakte immer schneller zur Makulatur. Deuten wir die gegenwärtigen Anzeichen in der Entwicklung neuer Methoden und Geräte zur Aufzeichnung und Wiedergabe von TV-Images richtig, so geht die drei Jahrzehnte lang bestimmende Formgestalt des Videorecorders als Magnetbandmaschine schon allmählich ihrer Aufhebung entgegen. Die verschiedensten Techniken der Bildproduktion und -reproduktion werden massiv in Richtung auf eine Synthese durch die Mikroelektronik in der Computertechnologie vorangetrieben. Bei den integrierten Kamera-Recordern, die Anfang 1985 auch auf dem bundesdeutschen Markt erwartet werden, handelt es sich bereits um Verbindungen herkömmlicher Videotechnik mit künftig zu erwartender. Für die Aufnahme mit der Kamera wurde ein 'klassisch' mechanisches Element, nämlich die Bildröhre, durch Halbleiterplatten ersetzt. (79) Durch solche neueren Entwicklungen werden die hier behandelten Artefakte möglicherweise schon bald zu Antiquitäten der Mediengeschichte degradiert, allerdings nur in materiell-technischer Hinsicht und nicht in bezug auf ihren sozio-kulturellen Verwendungszusammenhang.

Schließlich soll ein besonderes subjektives Interesse betont werden, das mit zur Auswahl des Gegenstandes geführt hat: Der Videorecorder ist u.a. ein Instrument, das im Lehr- und Forschungsalltag von Medienwissenschaftlern nicht nur seit langem angewendet wird sondern auch unentbehrlich dafür geworden ist; zumindest soweit sich diese Disziplin mit Fernseh- und Filmkommunikation analytisch auseinandersetzt. Einerseits resultiert hieraus ein spezieller Reiz, die Geschichte dieses Artefaktes näher unter die Lupe zu nehmen. Und andererseits können wir auf diesem Hintergrund auf praktische Erfahrungen mit der Technik zurückgreifen, die sich über ein breites Spektrum von Anwendungsformen erstrecken: das Aufzeichnen und die Nachbereitung von Fernsehprogrammen, die Analyse von Spielfilmen und anderen Kommunikaten, die Kontrolle und Beobachtung in Forschung und Lehre mithilfe des Videorecorders und seine Benutzung für die Dokumentation und ästhetische Produktion. Von der historischen Auseinandersetzung versprechen wir uns nicht zuletzt auch, für diese Praxisformen zu lernen.

In die Einordnung des Videorecorders als relevantem Bestandteil der Entwicklung von Fernsehkommunikation geht eine Definition des Gegenstandes unserer Fallstudie ein, die nicht selbstverständlich und deshalb zu begründen ist: Die durch die Medienforschung und -praxis in der Bundesrepublik bisher zur Verfügung gestellten lexikalischen oder pragmatischen Eingrenzungen sind für eine Untersuchung der geschichtlichen Perspektive aus unterschiedlichen Gründen wenig brauchbar. Sie ordnen den Videorecorder in der Regel zunächst entweder einem übergeordneten Sachsystem "Video" zu oder auch, noch weiter gefaßt, dem verschiedene Reproduktionstechniken abdeckenden Begriff der "Audiovision". Entscheidend ist dann die Zuweisung eines speziellen Verwendungszusammenhanges, bei dem das Videogerät lediglich als Produkt der Unterhaltungselektronik begriffen wird. In dieser Perspektive ist Video dann Sammelbezeichnung für "audiovisuelle Kommunikationssysteme, die mit Fernsehempfängern gekoppelte nicht-professionelle elektronische Geräte (...) benutzen und damit die Aufnahme und Wiedergabe von Bild- und Toninformationen unter dem Motto: 'V(ideo) ist Fernsehen zum Selbermachen' erlauben" (80). Oder wir finden den Videorecorder unter dem Schlagwort der "Videografie", unter der "jegliche Form von elektronischer Eigenaufzeichnung - in der Regel mit Hilfe von Videokameras - bewegter oder stehender Bilder auf elektronischen oder elektro-optischen Trägern" (81) verstanden wird. Unter der terminologisch übergreifenden Bezeichnung "Audiovision", die vor allem im Bildungssektor schon früh Verwendung fand (82), wird der Videorecorder eingeordnet in ein Set von Speicher- und Wiedergabemedien, die aus unterschiedlichen historischen Entwicklungssträngen abzuleiten wären, wie dem des Films, der Photographie oder der Schallplatte. In bezug auf den Verwendungszusammenhang erhält der Videorecorder aber auch hier eine spezifische Perspektive, wenn unter "Audiovision" diejenigen Techniken bezeichnet werden, "die das Abspielen individueller Programme über den Fernsehschirm ermöglichen" (83).

Für die historische Untersuchung sind solche Definitionen nicht geeignet, weil sie den Prozess, aus dem das Sachsystem heraus- und weiterentwickelt wurde, zerstückeln und wichtige Traditionen abschneiden. Wir gehen davon aus, daß die aktuellen Verwendungsformen des Videorecorders als Gerät der Unterhaltungselektronik genetisch eng verknüpft sind mit seiner Herausbildung als Produktions- und Distributionsmaschine im massenmedialen Fernsehrundfunk, wie auch mit seiner Diversifikation in den industriellen und staatlichen Bereich der Kontrolle und Überwachung, der Bildung und Ausbildung, des Marketing oder der künstlerischen Produktion und Dokumentation. Die definitorische Trennung der verschiedenen Verwendungsbereiche, die sich auch in der Aufteilung professionelle, semi-professionelle und Amateur-Technik niederschlägt, ist eher dem Statusdenken der Benutzer oder den Marketinginteressen der Industrie verbunden, als durch die Entwicklung des Sachsystems selbst gerechtfertigt. Die Bezeichnung eines Videorecorders, der für die Produktion oder die Verteilung eines Rundfunkprogramms benutzt wird, als 'MAZ'-Gerät, mag demjenigen in seinem

Selbstwertgefühl nützen, der es bedient, ändert aber nichts daran, daß es im Prinzip die gleichen Funktionen ausfüllt, wie das Produkt der Unterhaltungselektronik. Für die historische Perspektive sind solche Trennungen darüberhinaus umso weniger sinnvoll, je mehr die Grenzen zwischen den Techniken und ihren Verwendungsweisen fließend werden. So werden Heim-Videosysteme heute wie selbstverständlich auch in dem ehemals klassischen 'semi-professionellen' Bereich, zum Beispiel der Ausbildung, benutzt. Die aufwendigsten und teuersten Videorecorder finden nicht nur im Fernsehrundfunk, sondern auch etwa in der Bundeswehr oder der medizinischen Forschung Verwendung. Umgekehrt ist die Halb- und Viertelzoll-Technik, die ehemals speziell für den Markt der Unterhaltungselektronik entwickelt wurde, in besonderen Varianten bis in den sogenannten professionellen Bereich des Fernsehens vorgedrungen.

Eine andere terminologische Einschränkung, die uns in diesem Zusammenhang nicht sinnvoll erscheint, kommt aus der Fernsehtechnik. Sie plädiert ebenfalls für die Verwendung der Sammelbezeichnung "Audiovision", da "Video (...) nur die optische Dimension eines Systems (sei) in dem es um Hören und Sehen geht" (84). In lediglich technologischer Hinsicht ist dies zweifellos richtig und findet in der deutschen Fernsehpraxis seinen Niederschlag im Gebrauch des allgemeineren Terminus der Magnetbandaufzeichnung (MAZ), bzw. stärker auf die Herstellung des Rundfunkprogramms bezogen in einer Reihe von exotischen sprachlichen Umschreibungen wie der "Elektronischen Berichterstattung" (EB), der "Elektronischen Außenproduktion" (EAP) oder der "Elektronischen Feldproduktion" (EFP). (85) Für die Praxis des Sachsystems - zumal in historischer Perspektive - hat diese Einschränkung auf die lediglich visuelle Dimension des Fernsehens keine Bedeutung. Der Videorecorder diente seit seinen ersten experimentellen Ausführungen zur synchronen Aufzeichnung von Bild **und** Ton auf demselben Trägermaterial, worin ja nicht zuletzt eine seiner wichtigen Absetzungen gegenüber dem Zelluloidfilm bestand. Im amerikanischen Sprachgebrauch führte dies auch zu keinerlei Verwirrungen. Der Terminus "Videotape Recorder" (86) fand hier von Anbeginn für die Innovation Verwendung, die Fernsehimages und Akustisches zugleich aufzeichnen und wiedergeben konnte. Auch die japanische Fernsehtechnik, aus der das Gerät schließlich seinen Weg in den weltweiten Massenmarkt antrat, benutzte von vornherein die Bezeichnung Videorecorder.

Für eine historische Untersuchung mit dem Spannungsverhältnis von Technik und Kultur als wesentlicher Orientierung muß die Definition des Gegenstandes zwei Kriterien genügen: Sie muß so präzise sein, daß sie das Besondere des Videorecorders gegenüber anderen audiovisuellen Sachsystemen zum Ausdruck bringt; und sie muß hinreichend allgemein sein, sodaß sie für den gesamten genetischen Entwicklungsprozeß anwendbar ist. Wir versuchen dies in folgender Arbeitsdefinition zu fassen:

Der Videorecorder dient der Reproduktion von Kommunikaten zur Fernsehvermittlung; er ist in diesem Sinne Teil des komplexen technischen Sachsystems Fernsehen. Mit seiner instrumentellen Hilfe können auf elektromagnetischem Weg entweder die Signale einer Fernseh-/Videokamera oder die Images eines Fernsehempfängers/ Videomonitors zusammen mit akustischem Material aufgezeichnet werden. Gemeinsamer Träger beider Informationen ist ein Magnetband, entweder in Form von offenen oder cassettierten Spulen. Die Aufzeichnungen können - prinzipiell ohne notwendige Zwischenschritte der Bearbeitung - unmittelbar nach der Aufnahme wieder abgespielt und über einen speziellen Monitor oder einen handelsüblichen TV-Empfänger wiedergegeben werden.

3. Strukturierung einer Geschichte des Videorecorders und ihre Kriterien

Gliederungen haben im Hinblick auf historische Prozesse nicht nur formal ordnenden Charakter. Sie können beitragen zu deren besserem Verständnis, sind aber zugleich auch Bestandteil der Interpretation und Erklärung des Historikers und decken schlaglichtartig seine Konstruktionsprinzipien von Geschichte auf. Leitgedanke unserer Untersuchung ist das übergreifende Spannungsverhältnis von Technik und Kultur, das im Detail durch eine Reihe von verschiedenen Entwicklungsfaktoren hergestellt wird. Die Strukturierung kann sich folglich nicht nur an einer Variablen des historischen Prozesses orientieren, wie zum Beispiel den sich wandelnden Verwendungsweisen des Videorecorders oder der Veränderung (einiger) seiner technischen Parameter. In der Definition der einzelnen Untergliederungen des Prozesses muß zum Ausdruck kommen, daß das Artefakt im Wechselspiel der Hauptgesichtspunkte jeweils eine neue Qualität erreicht. Wir versuchen diese **Folge von Beziehungsqualitäten** sprachlich dadurch zu verdeutlichen, daß wir sie als **Niveaus** bezeichnen.

In wirtschafts- und sozialgeschichtlich ausgerichteten Technikgeschichten hat sich für die Entwicklung von einzelnen technischen Sachsystemen oder Artefakten ein im Kern mindestens dreigliedriges Phasenmodell der Untergliederung als brauchbar erwiesen. Es wird zurückgeführt auf die Arbeiten des Nationalökonoms J.A. Schumpeter und die sozialwissenschaftlichen Theorien W.F. Ogburns aus dem ersten Viertel des Jahrhunderts und wird unter diesen Orientierungen auch als "Innovation im weiteren Sinne" (87) gefaßt. Danach durchlaufen technische Neuerungen in der Regel folgende drei Phasen, die Ropohl in seiner Systemtheorie der Technik auch als "Phasen der technischen Ontogenese" (88) bezeichnet:

- o Die Phase der **Invention** bzw. **Erfindung;** sie bildet die "fundamentale Phase" (89); in ihr werden das Gerät oder die technische Anlage konzipiert.
- o Die Phase der **Innovation** - sie wird aufgefaßt als die "erste industrielle Anwendung" (90) des neuen technischen Gerätes oder der Anlage und

wird auch beschrieben als das "Schlüsselstadium des Prozesses der Umsetzung von Erfindungen in die industrielle Produktion" (91).

o Schließlich die Phase der **Diffusion** bzw. **Verbreitung** - sie steht für den Entwicklungsabschnitt, in dem ein "Sachsystem allgemeiner gesellschaftlicher Verwendung" (92) zugeführt wird; weil in ihr die technische Neuerung zur Vervielfältigung gelangt, bezeichnet man sie mitunter auch als Phase der "Imitation" (93).

Die Orientierung an einer derartigen Gliederung des historischen Prozesses bietet sich auch für unsere Geschichte des Videorecorders an. Mit ihr ist seine gesamte bisherige Entwicklung zu erfassen. In den Bestimmungsstücken zu den einzelnen Untergliederungen sind sowohl sozio-technische Qualitäten zur Entstehung und Weiterentwicklung des Artefaktes allgemein enthalten, als auch sie auf den gesellschaftlichen Verwendungszusammenhang verweisen. Der hohe Abstraktionsgrad der Definitionen macht jedoch für den besonderen Gegenstand und auf dem Hintergrund unseres zentralen Erkenntnisinteresses Präzisierungen erforderlich. (94) Die einzelnen Phasen sind jeweils im Sinne der Entwicklungs-Niveaus des Videorecorders neu zu bestimmen. Wir wollen dies in der Untersuchung so nahe wie möglich an der historischen Abhandlung selbst ausführen. Jedes Kapitel der Fallstudie, das zugleich jeweils eines der Niveaus behandelt, wird deshalb durch einen **Schwerpunkt**-Abschnitt eingeleitet, in dem die qualitativen Merkmale, die zu der Unterteilung geführt haben, dargelegt werden und der zeitliche Rahmen definiert wird, in dem das jeweilige Niveau anzusiedeln ist.

Vorab sind jedoch eine Einschränkung und Erweiterungen zu begründen, welche die Strukturierung prinzipiell betreffen. Ropohl definiert in seinem Phasenmodell noch eine Stufe, die der Invention genetisch vorgelagert ist, nämlich diejenige der "**Kognition**"; darunter begreift er die "aus naturwissenschaftlicher Forschung resultierende Entdeckung eines naturalen Effektes oder Gesetzes" (95). Abgesehen davon, daß die Abgrenzung dieser Phase in der Innovationsforschung selbst durchaus strittig ist (96), und wir uns für nicht ausreichend kompetent halten, in diesen Streit klärend einzugreifen: aus pragmatischen wie aus methodischen Erwägungen heraus soll hier darauf verzichtet werden, die Entdeckungsphase als besonderen Abschnitt explizit zu behandeln. Zum einen scheint sie uns vor allem für solche Untersuchungen besondere Bedeutung zu haben, die - in der Definition Ropohls kommt dies bereits anschaulich zum Ausdruck - in erster Linie auf die **naturale** Entwicklungsdimension von Technikproblemen abheben. (97) Zum anderen ist der Videorecorder eine Synthese zweier technischer Traditionen, derjenigen der Magnettontechnik und derjenigen der Fernsehtechnik generell. Die naturwissenschaftlichen Forschungen, die zur Entwicklung beider technischer Stränge geführt haben, erschöpfend darstellen zu wollen, würde die Untersuchung der Voraussetzungen des Videorecorders derart ausdehnen, daß wir im Rahmen einer einzigen individuellen Forschungsarbeit das mediengeschichtliche Erkenntnisinteresse sehr vernachlässigen müßten. Wir haben deshalb eine pragmatische Lösung des Problems gewählt, die keinerlei Anspruch auf Verallgemeinerbarkeit erhebt: Innerhalb des Erfindungs-Niveaus werden einige wichtige Facetten der Kognitionsphase behandelt, die zu apparativen Vorläufern des Videorecorders geführt haben.

Für die weite Spanne der Entwicklung von der ersten erfolgreichen wirtschaftlichen Umsetzung der Erfindung bis zu ihrer Vervielfältigung für den Massenmarkt nur eine einzige Untergliederung zur Verfügung zu haben, genügt hingegen auf dem Hintergrund unserer zentralen Fragestellung nicht. In der Wechselbeziehung von sozio-technischer Herstellung und sozio-kultureller Verwendung durchläuft das Artefakt in diesem Zeitraum von ca. zwei Jahrzehnten qualitative Metamorphosen, die eine differenziertere Gliederung nötig machen. Sie hat unterschiedliche Niveaus der Diffusion in nationaler Hinsicht zu berücksichtigen ebenso wie im Hinblick auf die Verwendungsformen und -bereiche des Videorecorders innerhalb der gesellschaftlichen Hierarchie. Das aus der Technikgeschichtsschreibung entlehnte Phasenmodell soll terminologisch dadurch allerdings nicht unnötig verkompliziert werden. Es genügt uns vorläufig, das Niveau der Diffusion schlicht noch einmal dreifach zu unterteilen (in die erste, zweite und dritte bzw. höchste Verbreitung).

Unsere Geschichte des Videorecorders wird demnach insgesamt durch die Abfolge von fünf unterscheidbaren Niveaus strukturiert. In einem Ablaufschema, indem sowohl herausragende Merkmale benannt werden, die zu der Untergliederung geführt haben, als auch grobe, auf Jahre bezogene, zeitliche Orientierungen gegeben werden, läßt sie sich so abbilden:

Schematische Darstellung:

Entwicklungs-Niveaus des Artefaktes Videorecorder als 'Innovation im weiteren Sinne'

E R F I N D U N G
(im engeren Sinne 1948 - 1956)

Technische Konzipierung von Magnetbandmaschinen für die Aufzeichnung von Fernsehimages

I N N O V A T I O N
(1956 - 1958)

Erste wirtschaftliche Umsetzung des Videorecorders als Gerät für die Programmdistribution bei den US-Networks

E R S T E   V E R B R E I T U N G
(1958 - 1961/62)

Etablierung als Gerät für die Produktion von Programmen im Fernsehrundfunk außerhalb der US-Networks, Anfänge seiner Integration im bundesdeutschen TV-Rundfunk

Z W E I T E   V E R B R E I T U N G
(ab 1962)

Diversifikation des Videorecorders für Praxisfelder von Fernsehkommunikation außerhalb des Rundfunks

D R I T T E   V E R B R E I T U N G
(BRD: ab 1977)

Durchsetzung des Videorecorders auf dem Massenmarkt der Unterhaltungselektronik

Die gehaltlichen und zeitlichen Eingrenzungen sind im Verlauf der Untersuchung im einzelnen zu begründen. Zwei wichtige Auswirkungen, die den gesamten historischen Prozess betreffen und die sich in der Gliederung bereits andeuten, bedürfen jedoch vorab der Erläuterung:

- Die Definition der Niveaus hat **konstruktiven** Charakter. Mit ihnen soll jeweils ein Entwicklungsabschnitt mit seinen verallgemeinerbaren herausragenden Merkmalen gekennzeichnet und dargestellt werden. Dies hat zur Folge, daß geschichtliche Abläufe insofern zergliedert und amputiert werden, als Entwicklungsstränge, wie besonders die Herstellung von Videorecordern für den Fernsehrundfunk und die entsprechenden Verwendungszusammenhänge, nur in ihren Anfängen im Detail rekonstruiert werden und nicht über ihre gesamte Geschichte. Diese Einschränkung resultiert daraus, daß wir uns nach etlichen alternativen Versuchen der Strukturierung schließlich doch für die chronologische Abbildung der Niveaus entschieden haben. Das Durchziehen des historisch ältesten Entwicklungsstranges bis zur Gegenwart hätte die Untersuchung nicht nur beträchtlich ausgeweitet, sondern sie auch weniger überschaubar gemacht. Darüberhinaus ist die Einschränkung in bezug auf die Verwendung des Videorecorders im Fernsehrundfunk insofern zu verschmerzen, als gerade für die neuere Entwicklung in diesem Bereich einige sehr nützliche Studien vorliegen. (98)
- In nationaler Hinsicht ist für uns die deutsche bzw. die bundesdeutsche Geschichte von Fernsehkommunikation von besonderem Interesse. Eine Genese des Artefakts Videorecorder im Wechselverhältnis von soziotechnischer Entstehung/Entwicklung und sozio-kultureller Verwendung ist indes nur zu (den unbedeutenderen) Teilen aus dieser Perspektive zu schreiben. Gerade für die ersten beiden grundlegenden Niveaus ist vornehmlich die Entwicklung in den USA zu berücksichtigen. Erst analog mit der zunehmenden Verbreitung können wir uns intensiver mit der Bundesrepublik auseinandersetzen, was wir auf dem höchsten Niveau auch praktisch ausschließlich getan haben.

Nicht zuletzt diese Einschränkungen machen noch einmal den begrenzten Anspruch der Arbeit deutlich: mit ihr soll nicht **die** und schon gar nicht **die letzte** Geschichte des Videorecorders geschrieben worden sein. Sie will nicht mehr und nicht weniger, als am Beispiel eines wichtigen medientechnischen Sachsystems zu einem Verständnis von Fernsehgeschichte beizutragen, das deren Konstituenten nicht gegeneinander ausgrenzt, sondern integriert.

Kapitel III:

ERFINDUNGS-NIVEAU

"... die Dinge räumlich und menschlich ***näher*** *zu bringen, ist ein genauso leidenschaftliches Anliegen der gegenwärtigen Massen, wie es ihre Tendenz einer Überwindung des Einmaligen jeder Gegebenheit durch die Aufname von deren Reproduktion ist. Tatsächlich macht sich unabweisbar das Bedürfnis geltend, des Gegenstands aus nächster Nähe im Bild, vielmehr im Abbild, in der Reproduktion, habhaft zu werden. Und unverkennbar unterscheidet sich die Reproduktion ... vom Bilde. Einmaligkeit und Dauer sind in diesem so eng verschränkt wie Flüchtigkeit und Wiederholbarkeit in jener."*

(Walter Benjamin, Das Kunstwerk im Zeitalter seiner technischen Reproduzierbarkeit, 1936)

Schwerpunkt:
Zur Geschichte der Aufzeichnung von Images des Fernsehens bis zum ersten Prototypen eines Videorecorders

Oberflächlich betrachtet mag es ein erstaunliches Phänomen sein, daß im letzten Drittel des 19. Jahrhunderts zahlreiche technische Bastler und professionelle Ingenieure an verschiedenen Plätzen der Erde Projekte zur Ausdehnung der visuellen Wahrnehmungsfähigkeit des Menschen begannen und Apparaturen für "Sehende Maschinen" (1) entwarfen. Für systematische Sammler von Geschichten, die den theoretischen Ausgangspunkt teilen, daß Erscheinungen im Kommunikationswesen immer auch verknüpft sind mit der Art und Weise, wie Individuen und Gesellschaften ihre materiellen Bedürfnisse organisieren und befriedigen, ist das indes kein Zufall. Die umfassende Industrialisierung und Kolonialisierung des menschlichen Lebensraumes im 19. Jahrhundert schloß ein, daß zunehmend technische Medien als Informationsträger und -vermittler kreiert und in Betrieb genommen wurden. Die Technisierung der Kommunikationsverhältnisse hat ihre Entsprechung und ihre Grundlage in der Durchdringung von Arbeit und Produktion durch technische Sachsysteme.

Telegraphie, Telephonie, Photographie, Film, Funk und Schallplatte haben ihren historischen Entstehungsort gemeinsam in den sieben Jahrzehnten zwischen 1830 und der Wende zu unserem Jahrhundert; ebenso wie die modernen Verkehrssysteme Eisenbahn und Luftfahrt (2). Der enorm gestiegene Bedarf, Entfernungen zwischen Produktions- und Handelszentren, zwischen Arbeits- und Reproduktionsstätten, zwischen Regierungssitzen in Metropolen und Kolonien oder Dominien oder auch zwischen den regionalen Verwaltungseinheiten von Nationen in möglichst kurzer Zeit zu überwinden, beschränkte sich im Informationsbereich nicht auf die akustischen Dimensionen. (3) Er schlug sich auch nieder auf dem Feld der visuellen informationsübermittlung. Die mechanisch-optischen Informationsträger Photographie und Film ermöglichten die Abbildung durch einen technischen Prozeß, der nicht nur Zeit verschlang sondern auch räumlich gebunden war; die Bildresultate mußten chemisch entwickelt werden und sie konnten nur am Ort ihrer Präsentation rezipiert werden. Mithilfe der Elektrizität versuchten im letzten Drittel des 19. Jahrhunderts Amerikaner, Deutsche, Engländer, Franzosen, Portugiesen den Austausch visueller Informationen ortsunabhängig und ohne Zeitverlust zu gestalten. Denn das ist die Grundidee des Fernsehens: Bilder sollten über Entfernungen, welche die Grenzen der direkten Kommunikation sprengen, so generiert werden, daß ihre Herstellung und ihr Empfang zeitlich zusammenfielen. Die Konservierung der elektrisch erzeugten Images war nun nicht etwa ein Ziel, das erst auf einem entwickelten Niveau des Sachsystems Fernsehen entstand. Ihre zeitliche Einfrierung war eine Dimension, die von Anbeginn zumindest mitgedacht wurde.

Die theoretischen Vorschläge und Entwürfe dafür, Bilder auf elektrotechnischem Weg nicht nur zu produzieren, über räumliche Distanzen zu senden und empfangbar zu machen, sondern auch zu **konservieren,** reichen zurück bis in die spekulative Modellphase des Fernsehens selbst. Würde man das facettenreiche Wissen und die nachrichtentechnischen Grundlagen, die wiederum in die Erfindung des Muttermediums eingegangen sind, gebührend in die historische Rekonstruktion einbeziehen wollen, so hätte man weit zurückzugehen. Video-Geschichte unter Einschluß ihrer diversen Traditionsstränge ist verlängerbar bis hin zur Nachrichtenübermittlung des Klassischen Altertums oder gar bis zu den ersten nachweisbaren Transporten visueller und akustischer Zeichen durch Signalfeuer und menschlichen Stimmen im antiken Griechenland. Abgesehen davon, daß solche Global-Geschichten schon geschrieben wurden (4): im Mittelpunkt unseres Interesses steht die Herausentwicklung des **Artefaktes Videorecorder,** stehen die Ursachen und Bedingungen seiner Herstellung wie seiner Verwendung und deren Folgezusammenhänge. Diese Genese des Gerätes besitzt ein Erfindungs-Niveau im engeren Sinne. Auf dem Hintergrund unserer Definition des Sachsystems Videorecorder (Kap. II.3) begreifen wir damit jene Etappe, in der nachweisbar **organisiert** und **zielgerichtet** im Hinblick auf ein technisches **Produkt** für die elektromagnetische Bandaufzeichnung von Fernsehimages gearbeitet wurde.

Dieser Prozeß begann im April 1948. In diesem Zeitraum nahmen Ingenieure der Bing Crosby Enterprises in Los Angeles das Projekt in Angriff, Fernsehbilder analog zur Tonbandtechnik auf elektromagnetischem Weg zu speichern. Das Erfindungs-Niveau wird als abgeschlossen betrachtet zu dem Zeitpunkt, als der erste Prototyp des Videorecorders der Öffentlichkeit des Marktes präsentiert wird und sich als innovatives Produkt durchzusetzen beginnt. In der Genese des Artefaktes bedeutet dieser qualitative Umschlag, daß wir uns mit der Rekonstruktion auf dem nächsten Entwicklungs-Niveau zu bewegen haben. Das entscheidende Orientierungsdatum ist der 14. April 1956. An dem Tag führte die Ampex Corporation erstmals ihren **Video Tape Recorder** außerhalb des Labors vor, mit durchschlagendem Erfolg bei den anvisierten Abnehmern.

Das Erfindungs-Niveau im engeren Sinne erstreckt sich somit über einen Zeitraum von acht Jahren. Davon zu unterschieden ist jener Entwicklungsabschnitt in der Geschichte des Fernsehens, in dem zwar ebenfalls im Hinblick auf die Konservierung von Images experimentiert wurde, allerdings entweder mit anderen technischen Konzepten als dem der magnetischen Bandaufzeichnung und/oder unter Voraussetzungen, die eine Realisierung des technischen Konzeptes auf dem Markt noch nicht zuließen. Wir wollen dieses Niveau, das in technikgeschichtlicher Perspektive zur Stufe der "Kognition" (5) gehört, hier nicht gänzlich abschneiden. Es soll wenigstens in einigen wichtigen Facetten der Entwicklung berücksichtigt werden; nicht zuletzt deshalb, weil hier bereits einige der Wechselbeziehungen zwischen sozio-technischen und -kulturellen Faktoren aufscheinen, die sich in der Genese des Artefaktes Videorecorder auf entwickelterem

Niveau fortsetzen. Zum Thema werden hier einmal die dem Videorecorder vorausgehenden Versuche der Fernsehbild-Aufzeichnung, insoweit sie sich in Apparaten niedergeschlagen haben, und zum anderen die kommerzielle Durchsetzung des Tonbandgerätes als unmittelbarer technisch-ökonomischer Voraussetzung des Videorecorders.

1. Voraussetzungen und apparative Vorläufer des Videorecorders

Deutsche Fernsehgeschichte beginnt in der Regel mit der amtlichen Eintragung der Nipkowschen Patentschrift Nr. 30105 vom 6. Januar 1884 über dessen "elektrisches Teleskop": "Der hier zu beschreibende Apparat hat den Zweck, ein Am Orte A befindliches Object an einem beliebigen anderen Orte B sichtbar zu machen; ..." (6). Es ist deshalb kaum verwunderlich, daß Gerhard Goebel in der bisher detaillreichsten Rekonstruktion der Fernsehtechnik bis 1945 das Kapitel zur Aufzeichnung mit dem Vermerk eröffnet, daß Paul Nipkow bereits auf die Möglichkeit hingewiesen habe, "die mit seinem elektrischen Teleskop gewonnen Bilder photographisch 'Punkt für Punkt' zu registrieren, wenn man 'eine ganze Szene wieder hervorrufen' wolle" (7). Wobei Nipkow als Speichermittel den "photographischen Registri(e)rapparat für telefonische Übertragung von A.F. St. George" (8) benutzt haben wollte. Glücklicherweise ist niemand diesem Vorschlag experimentell nachgefolgt. Sonst wäre die Geschichte der Aufzeichnung von Fernsehbildern möglicherweise noch längere Zeit ähnliche mechanische Irrwege gegangen wie die der Produktion und des Empfangs von Images mithilfe der Nipkow-Scheibe. In der historischen Rückschau läßt sich das hartnäckige Festhalten an der mechanischen Bildzerlegung und -synthese, mit denen ja 1935 noch der regelmäßige Programmbetrieb im nazistischen Deutschland eröffnet wurde, als Hemmschuh für die Entfaltung des elektronischen Fernsehens interpretieren. (9)

Die Vorgeschichte des Videorecorders als einer der herausragenden Medienmaschinen moderner Massenkommunikation beginnt technologisch kurz vor der Jahrhundertwende und ist auch nicht deutschen Ursprungs. Im Jahr 1898 ließ sich der dänische Physiker Waldemar Poulsen das 'Telegraphon' patentieren. Dieses einfache Aufzeichnungsgerät gilt als die apparative Keimzelle heutiger Magnetbandtechnik. (10) Mit seiner Hilfe gelang es erstmals, in elektrische Impulse umgewandelte akustische Schwingungen auf magnetischem Weg zu konservieren. Als Trägermaterial benutzte Poulsen anfänglich Klavierdraht, später auch Stahlbänder. Der erste nachweisbare Vorschlag, dies Verfahren auch für die Aufzeichnung von Bildsignalen zu verwenden, wurde nur kurze Zeit nach der Erfindung Poulsens gemacht. Um 1900 regte Otto von Bronk an, "das Bild einer Vielzellentafel auf 'telegraphonischem', d.h. magnetischem Weg zu speichern, um dadurch die störende Trägheit der damaligen elektrischen Übertragungsorgane zu umgehen und 'die Bilder zu einer beliebigen Zeit zu übertragen oder zu reproduzieren'" (11). Zwar handelte es sich hier - ähnlich wie bei Nipkow - lediglich um einen konzeptionellen Vorschlag, der noch nicht in die Praxis umgesetzt wurde. Aber das wichtigste technische Prinzip sowie ein entscheidender Gebrauchswert künftiger Video-Aufzeichnungen sind darin bereits enthalten und betont: die vom Zeitpunkt des Sendevorgangs **unabhängige Verfügbarkeit** des produzierten Images mit einem technischen Verfahren ohne **zeitverschlingende Zwischenschritte** der chemischen Entwicklung.

Die ersten experimentellen Erfahrungen mit der Konservierung von elektrischen Bildsignalen, die sich auch in Apparaten niederschlugen, wurden erst im letzten Drittel der zwanziger Jahre gemacht. Das war der Zeitraum, als die Fernsehtechnik schon allmählich aus dem geschlossenen Laborzusammenhang heraustrat und die Industrie für die Empfängerseite die ersten Geräte entwickelte; was hieß, daß das Muttermedium selbst seine erste apparative Phase durchlief. (12) Der schottische Ingenieur John Logie Baird, maßgeblicher persönlicher Exponent zahlreicher Erfindungen und Innovationen in der Frühgeschichte des Fernsehens (13), stellt 1927 erstmals ein Gerät mit der Bezeichnung **Phonoscope** vor; das Verfahren nannte er Phonovision. Dabei wurden die zu dieser Zeit noch sehr schwachen Bildsignale mit mechanischen Mitteln auf eine Wachsplatte gepreßt, für die Wiedergabe durch einen elektromagnetischen Tonarm abgenommen und mit Hilfe einer Nipkow-Scheibe in einer Glühlampe als Helligkeitsschwankungen wieder sichtbar gemacht. (14) War zu Beginn die gleichzeitige Tonaufnahme nur auf einer zweiten Platte möglich, die mit dem Bildträger synchronisiert werden mußte, so versuchte sich Baird in den beiden folgenden Jahren noch erfolgreich in einigen Verbesserungen seines Phonoscopes. Es gelang ihm schließlich, Bild und Ton auf zwei Spuren einer einzigen Platte speichern und wiedergeben zu können. So rudimentär das Verfahren heute anmutet: für die damalige Qualität in der Übertragung von Fernsehimages reichte es aus. In England wie in Deutschland arbeitete man zu dieser Zeit mit einer Auflösung von nur etwa 1000 Bildpunkten, mit einer Frequenz von 12,5 Einzelbildern pro Sekunde und einer Zerlegung der Images in 30 Zeilen. (15) Die Resultate waren "ungefähr so klar und schön ... wie die Bilder des Reichspostzentralamtes" (16), lobte die deutsche Fachpresse das Aufzeichnungsgerät des schottischen Ingenieurs. Und die zeitgenössische populärwissenschaftliche Zeitschrift 'Armchair Science' aus England, die das Verfahren trefflich mit "bottleing-up television images" (17) umschrieb, war so begeistert, daß ihr Autor bereits die Innovation der Bildplatte antizipierte, die ca. vierzig Jahre später zum ersten Mal als technisch-ökonomischer Flop auf den Massenmark gehievt wurde: "No doubt at some future date we shall be able to purchase double-tracked records combining song and vision which on being played will enable the user to see and hear the artist rendering the song." (18)

Das international erste Patent für ein **magnetisches** Bildaufzeichnungsgerät stammt vom 4. Januar 1927. Angemeldet wurde es von dem englischen Ingenieur B. Rtcheouloff. Es sollte nach dem Prinzip des Poulsenschen Telegraphons von 1898 funktionieren. Konzeptionell interessant an dem Modell Rtcheouloffs war, daß es bereits die synchrone Aufzeichnung von

Bild und Ton vorsah. Die Informationen sollten auf beiden Seiten eines magnetisierten Stahlbandes aufgezeichnet werden. Das nur auf dem Papier existierende Modell des englischen Ingenieurs war indes - besonders im Hinblick auf die Wiedergabe - so aufwendig im Verhältnis zu den zu erwartenden Resultaten, daß er nicht einmal die Herstellung eines Laborgerätes finanziert bekam. (19)

Experimentell umsetzen hingegen konnte Dénes v. Mihály 1929 die Ideen, den Poulsenschen Telegraphen zur Speicherung von visuellen Informationen zu benutzen. Er verfügte damals bereits über den Produktionsapparat einer eigenen Firma, der Telehor AG (ab 1930: TeKaDe), die nicht zuletzt Entwicklungsarbeit für die deutsche Reichspost leistete (20). Aus den vagen zeitgenössischen Veröffentlichungen zur Funktionsweise und zur Verwendungsabsicht der Versuchsanordnung v. Mihálys schließt Goebel, daß der ungarische Ingenieur daran gedacht habe , "auf magnetischem Wege eine **Bildkonserve** zu gewinnen, die sich wegen der geringen Helligkeit der damaligen Fernsehbilder auf optisch-photographischem Wege noch nicht herstellen ließ" (21).

Nur auf dem Hintergrund der noch sehr gering entwickelten Güte der Fernsehimages sind diese ersten Konzepte und Experimente zur Bildkonservierung in der historischen Rückschau verständlich. Sie verloren in dem Maße an Bedeutung, wie Qualität und Geschwindigkeit der Bilderzeugung, -übertragung und des -empfangs in den nächsten Jahren gesteigert werden konnten.

Bis zur Durchsetzung des Videorecorders bedeutsam blieb hingegen eine Methode, die sich der Technik des Kinos bediente und sie mit dem Fernsehen synthetisierte: das **Zwischenfilmverfahren.** In den USA experimentierten die Ingenieure Hartley und Ives von der Electrical Research Products schon ab 1927 mit diesem Verfahren; in Deutschland begannen die Arbeiten damit ab 1929. Zur Produktionsreife entwickelt wurde das Verfahren hier von der Fernseh AG, die im Juni dieses Jahres als gemeinsame Tochter eines Firmenverbundes der Robert Bosch AG, der Radio AG D.S. Loewe, Zeiß-Ikon AG und der Baird Television Company Ltd., der kommerziellen Entwicklungsfirma des schottischen Ingenieurs, eigens für gemeinsame Projekte auf dem Gebiet des Fernsehens gegründet worden war (22). Die Anstöße, die zur Entwicklung des Zwischenfilmverfahrens geführt haben, werfen ein deutliches Licht auf die technische und soziokulturelle Verfaßtheit des frühen Mediums. In erster Linie wollte man zunächst für die Produktion von Fernsehbildern die optisch wesentlich entwickeltere Filmtechnik ausnutzen. Wobei zu vergegenwärtigen ist, daß es zur damaligen Zeit in Deutschland nur zwei Quellen für Fernsehsendungen gab: zum einen auf photomechanischem Weg entstandene Bildkonserven (Dias und Zelluloidfilm), die für die elektrische Übertragung abgetastet wurden; zum anderen die Images, die in den engen sogenannten Abtastkabinen in völlig dunklen Räumen entstanden und live übertragen wurden. Gegenständlich waren in diesen Dunkelkammern bestenfalls Großaufnahmen von Personen möglich. Unter Zuhilfenahme des kinetographischen Verfahrens konnten nun auch Außenaufnahmen und größere Bildzusammenhänge aus Innenräumen gesendet werden. Dazu wurden die Bilder mit einer ordinären Filmkamera aufgenommen, dann in einem Schnellverfahren am Ort entwickelt und konnten, noch ehe das Zelluloid richtig getrocknet war, schon nach wenigen Sekunden für die Fernübertragung abgetastet werden. Bis 1936 war dies das einzig praktikable Aufnahmeverfahren für Freilichtszenen und komplexe Studio-Inszenierungen. Es wurde erst abgelöst durch die vollelektronisch arbeitende Ikonoskop-Kamera, die erstmals während der Olympiade unter dem NS-Regime in Berlin zum Betriebseinsatz kam. - Bei dieser Anwendungsform des Zwischenfilmverfahrens handelte es sich aber noch nicht um die Speicherung von Fernsehimages, sondern um die Aufbereitung von Zelluloidmaterial für die Fernsehsendung.

Das Konzept der **Bildspeicherung** mit kinetographischen Mitteln entstand aus der Intention heraus, elektrische Abbilder von Wirklichkeit nicht nur über winzige Empfänger zugänglich zu machen, sondern auch massenwirksam in großen Räumen vor versammeltem Publikum zu präsentieren, wie es der Rezeptionsform des Kinos entsprach. Dahinter steckte zunächst auch die Vorstellung, Ausschnitte von Welt maßstabgerecht als Images zu präsentieren, die Illusion der visuellen Darbietung zumindest von Menschen auch in den räumlichen Dimensionen perfekt zu machen: "Bei der Wiedergabe ganzer Straßen oder Landschaften mußte natürlich an eine Verkleinerung der wirklichen Masse gedacht werden. Kamen jedoch einzelne Personen in Frage, so sollten sie in Lebensgröße erscheinen. Man dachte an Theater, ähnlich den Lichtspieltheatern, wo die Bühnenöffnung durch einen Schirm ausgefüllt war, auf dem zahlreiche Zuschauer beobachten konnten, was zur gleichen Zeit in weiter Entfernung vor sich ging. Selbstverständlich sollte es dabei jedem Besitzer eines Empfängers unbenommen bleiben, die an diesem befindliche Schauöffnung zu benutzen. Er sollte jedoch auch in den Stand gesetzt werden, unter Verwendung entsprechender Einrichtungen in seiner Häuslichkeit Vorführungen auf der Leinwand zu veranstalten." (23) - Mit unterschiedlichen technischen Verfahren wurde in den ersten dreißiger Jahren an der Realisierung von Großprojektionsanlagen gearbeitet, die freilich aufgrund ihres hohen apparativen Aufwandes kaum dazu geeignet waren, auch in privaten Wohnzimmern Anwendung zu finden. Dem Hang der nazistischen Führung zur gigantomanischen Selbstdarstellung war es nicht zuletzt zu verdanken, daß Telefunken zum Beispiel noch ab 1935 mit einer Präsentation experimentierte, die der Tendenz zum elektronischen Fernsehen geradezu anachronistisch gegenüberstand. Auf einer vier Quadratmeter großen Fläche waren 10.000 Glühlampen installiert, die das von einem mechanischen Personenabtaster angelieferte Bild in Überlebensgröße zur Geltung bringen sollten. Der beabsichtigte propagandistische Effekt kommt in der formulierten Verwendungsperspektive klar zum Ausdruck: "Diese Großflächenprojektion ist durchaus geeignet, um z.B. bei Kundgebungen im Freien und in hellen Räumen das Bild eines Redners für einen Betrachtungsabstand von 30 - 300 m in seiner starken

Schematische Darstellung:

Großaufnahme einer Person in der Fernseh-Abtastkabine mithilfe einer Nipkow-Scheibe (bis 1935)

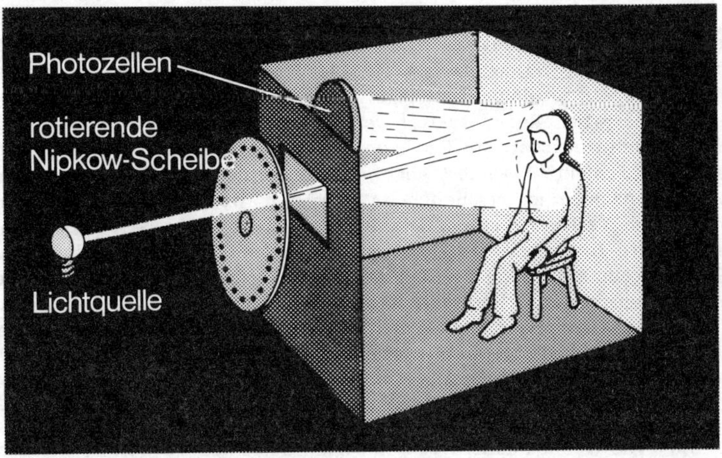

Erläuterung: Die Lichtquelle schickte einen gebündelten bläulichen Strahl durch eine kleine Öffnung in die völlig verdunkelte Kabine. Durch die in hoher Geschwindigkeit rotierende Nipkow-Scheibe, in der in spiralenförmiger Anordnung Löcher ausgespart waren, wurde der Strahl in der Art eines elektrischen Lesegriffels über das zu übertragende Objekt bewegt. Das vom Objekt reflektierte Licht wurde von Photozellen abgenommen und in Form von Helligkeitsschwankungen gesendet. Im Empfänger mußte dann das Zeile für Zeile abgetastete Bild wieder mit Hilfe einer Nipkow-Scheibe zusammengesetzt werden, die mit der Aufnahmescheibe synchronisiert war. Aufgrund der relativ geringen Lichtausbeute konnten auf der Basis dieses mechanischen Verfahrens nur Großaufnahmen von Personen gemacht werden. Sie durften sich lediglich innerhalb des kleinen Feldes bewegen, das durch den manipulierten Lichtstrahl erfaßt werden konnte.

Quelle: Verfasser. Als Anregung für die Graphik wurde die Darstellung Kappelmeyers (1936, S. 25) benutzt.

Vergrößerung deutlich sichtbar zu machen." (24)

Im Hinblick auf die Speicherung von Fernsehbildern zum Zwecke der Projektion und mit Hilfe des Zwischenfilmverfahrens mußte der technische Prozeß umgekehrt werden, den wir oben für die Senderseite beschrieben haben: Die Images wurden vom Bildschirm mit einer Filmkamera abphotographiert, in einem angeschlossenen Gerät sofort entwickelt, getrocknet und konnten anschließend projiziert werden. Die Fernseh AG perfektionierte solche komplexen Umwandlungsanlagen derart, daß sie für ein von den Materialkosten her billiges und von den optischen Resultaten her seinerzeit befriedigendes **Fernkino** verwendet werden konnten. Ähnlich wie bei der Aufbereitung des Filmmaterials für die Fernsehsendung entwickelte sie nämlich für das Abfilmen der Images für die Kinoprojektion eine technisch-ökonomisch rationelle Apparatur: Dabei wurde das Zelluloid in Form einer Endlosschleife benutzt; die Emulsion des entwickelten Films konnte sofort nach der Projektion wieder abgewaschen werden, sodaß das gereinigte Material nach erneuter Belichtung für den weiteren Aufnahmeprozeß wieder zur Verfügung stand. Die Anlage lief so mehrere Stunden, ohne daß größere Kosten für den Rohfilm entstanden. Auf der Funkausstellung 1935 in Berlin stellte die Fernseh AG dieses Verfahren für ein öffentliches, im Kino rezipierbares Fernsehen erstmals vor. Für kurze Zeit - vor allem während der Olympischen Spiele von 1936 - war es neben den mit Individual-Empfängern ausgestatteten Fernsehstuben (25) der Reichspost die zweite wichtige Form, um das neue Medium einem größeren Berliner Publikumskreis zugänglich zu machen.

Zwar gab es auch außerhalb Deutschlands noch einige weitere Versuche, das Verfahren zu adaptieren und zu optimieren, zum Beispiel durch die englische Edison Bel Ltd.; in Europa soll es aber aus der Praxis verschwunden sein, nachdem sich das vollelektronische Fernsehen im 441-Zeilen-Format durchgesetzt hatte und die Bildsynthese mit Hilfe der Braunschen Röhre auch für die Großprojektoren benutzt wurde. Nach dem Zweiten Weltkrieg grub man es dann in den USA wieder aus. Der Kino-Gigant Paramount Theatres griff u.a. darauf zurück, um in seiner Lichtspielhauskette öffentliche kommerzielle Fernsehvorführungen zu veranstalten.

In bezug auf die Genese der magnetischen Fernsehbildaufzeichnung ist aber auch festzuhalten, daß die Konservierung der Images beim Zwischenfilmverfahren nur einen Nebeneffekt darstellte; besonders in seiner entwickelten technischen Formgestalt mit der Endlosschleife. Der Hauptzweck des Verfahrens bestand darin, Fernsehbilder projizieren zu können und dies funktionierte nur, nachdem man sie zuvor auf dem Zelluloid-Träger gespeichert hatte. Die Konservierung war nur ein **Zwischenstadium.** - Unabhängig jedoch von der besonderen Variante des Zwischenfilmverfahrens: die kinetographische Methode blieb bis zur Durchsetzung des Videorecorders das wichtigste technische Mittel für die Herstellung von Fernsehkonserven. Bedarf dafür gab es nicht nur innerhalb der publizistischen Verwendung der Fernsehtechnik. Wie im Deutschland des Faschismus hatte auch in

Schematische Darstellung:

Kontinuierlich arbeitender "Zwischenfilmsender" der Fernseh A.G. von 1933

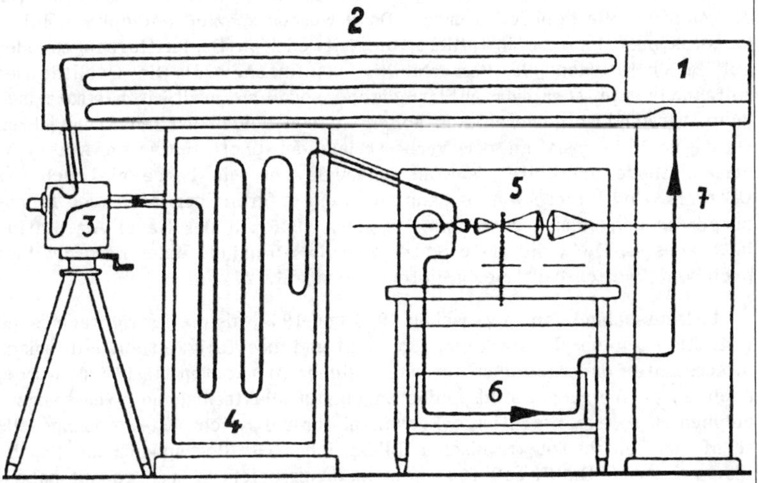

Diese Apparatur wurde vor allem aus ökonomischen Gründen entwickelt. Beim Zwischenfilmverfahren ohne Endlosschleife hätte sich pro Sendestunde ein Filmverbrauch von 1720 m ergeben, die seinerzeit 600 RM kosteten (25 Bilder/sec. = 0,47 m/sec.).

Der Apparat bestand aus:
(1) dem Emulsionierungsgerät,
(2) dem Trocknungsgerät,
(3) der Filmaufnahmekamera,
(4) dem Entwicklungs- und Fixiergerät,
(5) der Bildabtasteinrichtung,
(6) dem Bildschichtenentfernungsgerät od. der Abwascheinrichtung und
(7) dem Trockenkanal.

1, 2, 3 und 4 sowie die dazwischen liegenden Verbindungskanäle mußten absolut lichtdicht sein.

Quelle: Fernsehen und Tonfilm, 4. Jhg., Nr. 4/1933, S. 42f.

---

den USA, die im technischen Entwicklungs-Niveau einen vergleichbaren Stand erreicht hatte, die militärische Operationalisierung Priorität vor der zivilen. Obwohl dort die Kontrollbehörden für das Rundfunkwesen, die Federal Communications Commission (FCC), das Medium bereits seit 1941 für den kommerziellen Markt freigegeben hatte. So unternahm die nordamerikanische Air Force auf dem Höhepunkt des Zweiten Weltkrieges zahlreiche Experimente mit der Speicherung von Fernsehimages, die von ferngelenkten Geschossen und Raketen in unbemannten Flugzeugen für die Zielkontrolle geliefert wurden. Dazu wurden speziell entwickelte Filmkameras auf Monitore installiert, die entweder in Begleitflugzeugen oder auf Bodenstationen die Fernsehbilder empfingen. (26) Die Qualität der Aufnahmen war aber sehr unbefriedigend, sodaß sie militärisch-strategisch kaum verwendbar gewesen sein sollen. In den beiden letzten Kriegsjahren wurde noch intensiv an der Verbesserung der photo-optischen Aufzeichnungsmethode gearbeitet, sowohl innerhalb der Air Force als auch der US Navy. Und letzere war es dann auch, die aufgrund der intensiven Erprobungen in den Jahren zuvor am 21. März 1946 auf der Naval Air Station in Anacostia, D.C., die erste Schwarz-Weiß-Aufnahme eines Fernsehbildes nach dem Zweiten Weltkrieg geliefert haben soll. (27)

In Deutschland gab es zwischen 1939 und 1944, als die fernsehtechnische Entwicklung generell "stark eingeschränkt und ihre Tätigkeit auf militärisch interessante Sonderaufgaben fernsehähnlicher Art konzentriert" (28) wurde, noch einige Versuche, Bildspeicherungen auf elektronischem Wege vorzunehmen. U.a. experimentierte Krawinkel für die Reichspost-Fernsehgesellschaft mit einem "elektronischen Bildspeicher-Oszillographen"; die Bosch-Firma Fernseh GmbH soll 1941 noch Ladungsspeicherröhren gebaut haben, "um beispielsweise empfangene Fernsehsendungen mit anderer Norm weiterzugeben", d.h., feindliche Bild-Sendungen decodieren zu können. (29)

2. Auf dem Weg zur Konstruktion eines Videorecorders: erste Modelle und Anlagen in den USA

Mit dem militärischen Sieg der Allierten über den Faschismus erfuhr die Entwicklung des Fernsehens in Deutschland zunächst eine zwangsweise Unterbrechung für mehrere Jahre. Wegen der engen Nachbarschaft zur Radartechnik verboten sie den Verlierern jegliche Betätigung auf dem Fernsehsektor; vorhandene Einrichtungen auf der Sender- wie Empfängerseite wurden - soweit sie nicht ohnehin zerstört waren - demontiert oder konfisziert, sowohl durch die sowjetischen Besatzungsbehörden als auch die Amerikaner, Engländer und Franzosen. Erst ab dem Spätsommer 1948 begannen unter Duldung der britischen Kontrolle beim NWDR in Hamburg wieder Fernsehversuche. Eine Restgruppe der ehemaligen Reichspost-Fernsehgesellschaft probierte unter der finanziellen Ägide der nordwestdeutschen Rundfunkanstalt, an den erreichten Vorkriegsstand anzuknüpfen und die Fernsehtechnik für den privaten Empfang vorzubereiten. (30)

Während der politisch verursachten deutschen Funkstille für das Fernsehen und während das Medium hier quasi in seine zweite Laborphase eintrat, avancierte es besonders bei den westlichen Siegermächten England und USA in großen Sprüngen zum Massenmedium. Die Sprengung der soziotechnischen Fesseln des Krieges führte zur schnellen Entfaltung jener Voraussetzungen, welche beide Länder bis 1939/40 in der fernsehtechnischen Entwicklung erreicht hatten. In quantitativer Hinsicht und damit auch mit dem stärksten öknonomischen Effekt gilt dies in erster Linie für die Vereinigten Staaten, wo ja die juristisch-politischen Grundlagen für die kommerzielle Nutzung des Fernsehrundfunks schon während der ersten Kriegsjahre geschaffen worden waren. Es ist deshalb nicht verwunderlich, wenn die eigentliche inventive Phase in der Geschichte des Videorecorders national im wesentlichen in der nordamerikanischen Fernseh-Landschaft angesiedelt ist.

In der Nachkriegsperiode bis zum Herbst 1948, in der die deutsche Entwicklung ruhte, bildete sich das Mekka des gewinnorientierten Fernsehens in den USA derart sprunghaft und anarchisch heraus, daß die staatliche Kontrollbehörde für die Telekommunikation bereits dirigistisch eingreifen mußte. Im Oktober des Jahres verfügte die FCC einen vorläufigen Stop in der Vergabe weiterer Lizenzen für Sendestationen (den sogenannten 'Freeze'), da das störungsfreie Funktionieren der vorhandenen und arbeitenden Anlagen nicht mehr ausreichend gewährleistet war und eine Überfüllung des Äthers drohte. Bei Kriegsende waren sechs TV-Sender zugelassen, die für insgesamt ca. 7000 Zuschauer Programm ausstrahlten. 1946/47 erhöhte sich die Anzahl der Stationen auf siebzehn. Alleine im Verlauf des Jahres 1948 kamen 24 Sender hinzu; Lizenzen erhielten bis zum Inkrafttreten des Stops noch 66 weitere, die in den Jahren bis 1951 nach und nach ihre Tätigkeit aufnahmen. Der 'Freeze' auf dem Stand von insgesamt 107 zugelassenen TV-Sendern wurde erst im April 1952 durch ein Dekret wieder aufgehoben.

Beliefert und auch zum Teil betrieben wurden die Sender von vier Programmgesellschaften, den sogenannten Networks, die mit einer Ausnahme aus dem Hörfunkmarkt heraus entstanden waren: die National Broadcasting Company (NBC), Tochtergesellschaft des Elektrokonzerns Radio Corporation of America (RCA), die im Juni 1941 die weltweit erste Sendelizenz für einen kommerziellen TV-Sender erhalten hatte; das Columbia Broadcasting System (CBS), ebenfalls ein Mischkonzern der Unterhaltungsindustrie, der wie die RCA seit den ersten Experimentaljahren in die Fernsehentwicklung involviert war und im August 1940 bereits mit ersten Testsendungen in Farbe internationales Aufsehen erregt hatte; die American Broadcasting Company (ABC), die 1943 aus einem zweiten Radio-Network der RCA hervorgegangen war, nachdem diese es verkauft hatte und schließlich die Ausnahme, das erst nach dem Krieg entstandene Du Mont Television Network (DTN), eine Tochter der Allen B. Dumont Laboratories, an der auch der ökonomische Filmriese Paramount Pictures beteiligt war. (31)

Analog zur Ausbreitung der Senderseite wuchs der Umfang des Fernsehpublikums in den ersten Jahren mit gewaltigen Steigerungen an. 1947 erreichte die Zahl der privaten Empfänger bereits 200.000; im folgenden Jahr übersprang sie die erste halbe Million; zu Beginn der fünfziger Jahre hatte sich die Zahl gegenüber dem Stand von 1948 verachtfacht; und 1952, als die geschätzte Zahl der Empfänger in der Bundesrepublik noch unter 1000 lag, waren über fünfzehn Millionen amerikanische Haushalte an das Sendernetz angeschlossen. (32)

Auf diesem Hintergrund erhöhten sich die Anforderungen an die Produktion von Fernsehprogrammen sowie an ihre effektive Verteilung immens. Auf der Seite der Programmherstellung waren mit den von der RCA gleich nach dem Krieg in den Markt eingeführten elektronischen Orthicon-Röhren-Kameras gute Voraussetzungen für ein Live-Fernsehen gegeben; die American Telegraph & Telephone Company verbesserte nach und nach durch die kontinentale Verlegung von Koaxialkabeln die Infrastruktur des Netzes für landesweite Live-Sendungen. Aber ein spezifisches Problem der US-amerikanischen Fernsehlandschaft drängte entschieden auf Lösungsmöglichkeiten: Das Gebiet der Vereinigten Staaten erstreckt sich geographisch über vier verschiedene Zeitzonen. Die Differenz zwischen der Ost- und der Westküste beträgt drei Stunden. Ein Nachrichtenprogramm zum Beispiel, das in New York am Abend zur Hauptsendezeit ausgestrahlt wurde, sahen die Zuschauer in Los Angeles also schon am späten Nachmittag. Oder es mußte drei Stunden später noch einmal ausgestrahlt werden, was insbesondere bei den abendlichen Live-Dramen und -Shows finanziell und organisatorisch mit großem Aufwand verbunden war. (33) Die andere Alternative für die zeitgleiche Ausstrahlung von Programmen bestand darin, sie bei der Erstsendung zu konservieren und sie für die zeitverschobene Zweitausstrahlung aufzubereiten. Das einzig praktikable Verfahren hierfür war in der ersten Dekade nach dem Zweiten Weltkrieg die Abnahme der TV-Images vom Bildschirm durch Filmkameras, die technisch eigens für diesen Zweck modifiziert und von denen zahlreiche Varianten im 16mm- wie im leistungsfähigeren aber auch teureren 35mm-Format entwickelt wurden. Dieses "Kinescope Recording" (34) hatte jedoch eine Reihe von schwerwiegenden Nachteilen, die auch durch seine ständige Verbesserung nicht aufzuheben waren:

- Es war **kostenintensiv**; denn es verschlang den Rohfilm regelrecht. Das Material war nach der Sendung - außer für eine eventuelle spätere Wiederholung - nicht mehr verwendbar. Die Alternative des Zwischenfilmverfahrens stellte sich nicht mehr, da es für die Qualität der elektronisch erzeugten Images nicht mehr brauchbar war und außerdem - je nach Jahreszeit - bis zu vier verschiedene Zeitzonen zu bedienen waren, also die Sendung dreimal wiederholt werden mußte. Der Kostenfaktor gewann noch erheblich an Bedeutung im Hinblick auf das Farbfernsehen, mit dem ja in den Vereinigten Staaten schon in den vierziger Jahren mit der Perspektive der allgemeinen Einführung experimentiert wurde und das nach harten ökonomischen Auseinandersetzungen zwischen

Schematische Gegenüberstellung:

Entwicklungsschritte beim "Kinescope Recording" von der Aufnahme bis zur Sendung im Konstrast zur Magnetband-Aufzeichnung

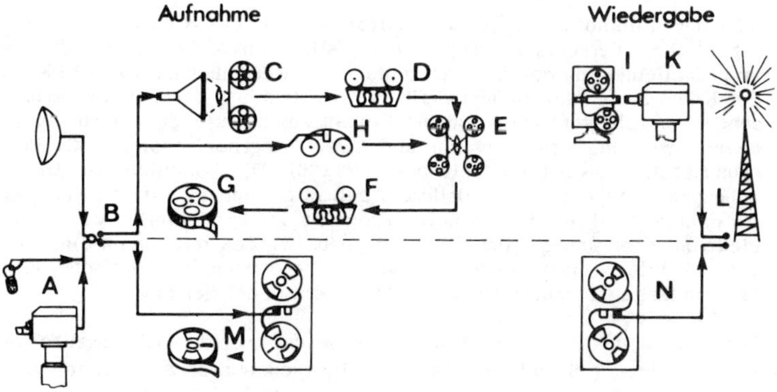

Die obere Hälfte der Skizze veranschaulicht den Ablauf beim Verfahren der Filmaufnahme und -wiedergabe, die untere Hälfte stellt das Magnetbandverfahren dar; die Buchstaben bezeichnen die einzelnen Schritte der beiden Prozesse:

A Fernsehkamera und Mikrophon liefern Ton- und Bildsignale
B Zubringerstrecke für die Signale
C Filmkamera nimmt die Images vom Fernsehschirm ab
D Film-Negativ wird entwickelt
E Film wird kopiert
F Film-Positiv wird entwickelt
G die Konserve: Filmrolle mit gespeichertem Bild
H Tonaufnahme erfolgt parallel mit der Bildaufnahme
I Film-Konserve läuft im Projektor
K Film wird von einer speziellen TV-Kamera abgetastet
L die in TV-Signale umgewandelten Bilder werden gesendet
M Magnetbandgerät nimmt Ton- und Bildsignale gleichzeitig auf
N Magnetbandgerät liefert Ton- und Bildsignale an den TV-Sender

---

Quelle: Die Zeichnung wurde angeregt durch Möller 1954, S. 202; die Erläuterungen (einschließlich der Zuordnung) sind neu verfaßt

---

den beteiligten Konzernen schon 1953 qua Diktion der FCC zugunsten des Systems von RCA zur Fernsehpraxis wurde. Farbaufnahmen auf Zelluloid und ihre Entwicklung waren erheblich teurer als schwarz-weiße.

- Das Kinescope Recording war sehr **zeitraubend.** Denn das belichtete Material mußte in jedem Fall einem chemischen Entwicklungsprozeß unterzogen werden, bevor es für die Fernsehübertragung abgetastet werden konnte. Noch bei den entwickelteren Verfahren betrug die Entwicklungszeit mindestens drei Stunden. (35)

- Mit der Filmaufnahme vom Monitor und deren Wiedergabe mußten erhebliche **Verschlechterungen** der ästhetisch-technischen Güte **der ursprünglichen Images** in Kauf genommen werden; "um vom Bildsignal der Kamera bis zum Bildsignal für die Ausstrahlung durch einen Fernsehsender zu gelangen, erfordert die Filmaufzeichnung vier Zwischenbilder, davon zwei im Fernsehsystem und zwei fotographische, für die keine grundsätzliche Notwendigkeit besteht" (36). Die komplizierten Umsetzungsprobleme entstanden dadurch, daß zwei technisch unterschiedliche Aufnahmeverfahren für visuelle Prozesse zu kombinieren waren. Die elektronischen Images des US-Fernsehens wurden mit einem Durchlauf von 30 Bildern pro Sekunde erzeugt; die mechanisch-optische Filmkamera hingegen arbeitet nur mit 24 Bildern in der Sekunde.

Vom Standpunkt der Fernsehproduktion und -distribution stellte sich die unbefriedigende Situation so dar: "(...)'kinescope' recordings of television programs were less clear, less well defined, had less contrast than the original television picture, and were far poorer than an original film. Thus, making 'kines' was an art. The viewing public readily spotted even the best as a poor recording. Some programs were recorded in this way only for archival purposes, but the networks used kinescope recordings only to supply programs to affiliate stations not yet connected by wire or microwave relay for simultaneous transmission." (37) Das heißt, daß das Filmaufnahmeverfahren lediglich zur Überbrückung von Lücken in der Infrastruktur des Netzes benutzt wurde (bzw. für archivarische Zwecke), in der Regel nicht aber für die Kompensation der Zeitunterschiede.

Experimente, das mechanisch-optische Aufnahmeverfahren durch ein dem neuen Medium adäquates elektronisches zu ersetzen, begannen in den USA erst 1948. Daß man dort noch nicht unmittelbar nach dem Zweiten Weltkrieg nach Lösungsmöglichkeiten in Richtung auf die elektromagnetische Bandaufzeichnung suchte, lag daran, daß die im Deutschland des Faschismus auf sehr hohem Niveau entwickelte Tonbandtechnik in den Staaten zunächst unbekannt geblieben war. "Yet, just two years before the first commercial tape recorder was introduced in 1948, tape recording was unheared-of in this country" (38), schreibt die 'Times' in einer ausführlichen Würdigung der Geschichte der Magnetbandaufzeichnung anläßlich der Eröffnung des weltweit ersten Museums of Magnetic Recording bei der Ampex Corporation in Californien. Die abenteuerliche Geschichte des Imports der Innovation aus dem besiegten Deutschland in den amerikanischen Markt illustriert besonders markant die Bedeutung (in diesem

Fall internationaler) politischer Faktoren für die erfolgreiche wirtschaftliche Umsetzung von Erfindungen:

Mit dem in den Forschungslabors von AEG/Telefunken entwickelten **Magnetophon** hatte die Tondbandtechnik in Deutschland bereits um 1935 annähernd Produktionsreife erhalten, sowohl hinsichtlich des Gerätes als auch des verwendeten Bandmaterials. Mit dem verbesserten Nachfolgemodell des Magnetophons mit der Typenbezeichnung K 4, das auf der Funkausstellung vier Jahre später in Berlin erstmals der Öffentlichkeit vorgestellt wurde, hatte die magnetische Schallaufzeichnung ein Geräteniveau erreicht, das sie sowohl für den zivilen Radio-Einsatz als auch die militärische Verwendung hervorragend geeignet machte. Die Bandaufnahmen hatten einen Qualitätsstandard, der sie für den Hörer kaum von einer Live-Sendung unterscheidbar machte. (39) Bis 1941 sollen bereits alle Hörfunksender des Deutschen Reiches mit Magnetophonen ausgestattet gewesen sein. (40) In den USA hingegen experimentierte man - vor allem für den Kriegseinsatz - in der ersten Hälfte der vierziger Jahre noch mit Draht-Aufzeichnungsgeräten. Das Tonband soll hier lediglich auf seinem Entwicklungsniveau von 1935 einem kleinen Kreis von Technikern bekannt geworden sein. (41) Die Entdeckung der hochentwickelten deutschen Aufzeichnungstechnik durch die Amerikaner wird dem Ingenieur Jack Mullin zugeschrieben, während des Krieges Major der Nachrichtentruppe des US-amerikanischen Heeres. Bei verschiedenen Gelegenheiten hatte er in den letzten Kriegsjahren Bandaufnahmen des NS-Rundfunks hören können. Nach dem Sieg der Allierten über die Hitlerarmee ließ er vier Magnetophon-Maschinen des Typs K 4 beschlagnahmen, zwei für die militärische Verwendung und zwei für den persönlichen Gebrauch. Er zerlegte die Geräte, ließ sie in die Staaten verschicken und baute sie Anfang 1946 in San Francisco wieder zusammen. Mit seinem Geschäftspartner Bill Palmer, Besitzer eines Filmstudios, versuchte er nun zunächst vergeblich, einige große Elektrounternehmen zur Produktion eines vergleichbaren Tonbandgerätes zu bewegen. In patentrechtlicher Hinsicht war dies insofern kein Problem, als durch Beschluß der alliierten Wiedergutmachungs-Kommission sämtliche internationalen Patentrechte der Achsenmächte aufgehoben und somit für die anderweitige Ausbeutung freigegeben worden waren. (42) Aber die großen Konzerne der amerikanischen Elektroindustrie zeigten anfänglich kein Interesse; weder General Electric, noch die RCA, noch Westinghouse wollten das Tonbandgerät produzieren. Erfolgreich war Mullin dann anläßlich einer Vorführung beim jährlichen Treffen des Institutes of Radio Engineers 1946 in San Francisco. Er traf dort u.a. auf den Ingenieur Harold Lindsay, den das Projekt sehr interessiert haben soll. Lindsay wurde einige Monate später von Alexander M. Poniatoff engagiert, dem Mitbegründer der Ampex Electric Corporation. Diese kleine Firma war erst 1944 entstanden; sie baute damals Radar-Motoren und Generatoren für Dalmo Victor in San Carlos, die wiederum Vertragspartnerin der US-Navy war. Lindsay soll nun noch Ende des Jahres 1946 Poniatoff dazu überredet haben, bei Ampex die Massenproduktion von Tonbandgeräten aufzunehmen.

Der wichtigste kommerzielle Impuls für die Realisierung des Projekts kam aus der Praxis des Hörfunks, von dem populären Entertainer und Programmproduzenten Bing Crosby. Dieser hatte 1945 seinen Vertrag mit dem Network der NBC aufgekündigt, weil er nicht länger live auftreten wollte, wozu die Programmgesellschaft ihn wiederum verpflichtet hatte. Er wechselte über zur neugegründeten ABC, bei der allerdings die Einschaltquoten für seine auf Platten aufgezeichneten Show-Konserven innerhalb kurzer Zeit rapide sanken, da deren Wiedergabequalität sehr mangelhaft war. Die akustische Leistungsfähigkeit des Magnetophons überzeugte Crosby so stark, daß er ABC ersuchte, zwanzig Geräte eigens für sein Programm von Ampex bauen zu lassen. Um die Produktion anlaufen lassen zu können, fehlte der Ampex Electric Corporation - sie bestand damals gerade aus zwanzig Mitarbeitern - das nötige Kapital. Der Unterhaltungskünstler finanzierte kurzerhand über seine Bing Crosby Enterprises mit einem Scheck über 50.000 Dollar die Herstellung der ersten Serie und erhielt dafür u.a. die exklusiven Distributionsrechte über das Gerät für die gesamte Westküste. Innerhalb eines Jahres adaptierte nun die californische Elektrofirma das deutsche Modell, verbesserte es in einigen Details und brachte 1948 das Ampex Modell 200 heraus, "the first professional magnetic audio recorder to be offered commercially" (43), wie sie in einer historischen Selbstdarstellung stolz propagiert. Die ABC kaufte als erste Kundin zwölf Geräte, für 5.200 US-Dollar das Stück. Von der ersten Serie wurden nur 112 Stück produziert; noch im Verlauf des Jahres der Markteinführung arbeitete die Firma an einer verbesserten Version und lancierte im Juli 1949 mit dem 'Model 300' einen Tonbandrecorder, der sich in vielen Standards bis heute gehalten hat. (44)

Die Herausbildung der Innovation des Tonbandgerätes in den USA ist in zweierlei Hinsicht bedeutsam als unmittelbare Vorgeschichte des Videorecorders: zum einen in technischer, weil es sich ja bei der magnetischen Bildaufzeichnung im wesentlichen um eine Weiterentwicklung der Schallaufzeichnung handelt. Zum anderen in ökonomischer Insicht; denn mit dem Unternehmen Bing Crosby's sowie der Ampex Electric Corporation (1953 tilgte sie das "Electric" aus ihrem Firmennamen) haben wir bereits zwei der wichtigsten kommerziellen Motoren in der Genese des Videorecorders kennengelernt. Im Hinblick auf den amerikanischen Markt kommt noch hinzu die RCA, der auch damals schon weltweit größte Konzern des Rundfunkwesens. Diese drei waren es, die zwischen den Jahren 1948 und 1956 das Erfindungs-Niveau der neuen Medientechnik in den USA bestimmten, mit unterschiedlicher Intensität, mit divergierenden technischen Konzepten und mit verschiedenartigem Erfolg. Das heißt aber auch, daß maßgeblich drei der zu dieser Zeit noch vier Networks in die Entwicklung eingebunden waren: die NBC über ihre Muttergesellschaft RCA, die ABC über ihren Vertragspartner Bing Crosby Enterprises und das CBS, als Auftraggeber und wichtiger Promoter für die Ampex Corporation, wie wir noch sehen werden.

Außerhalb der USA waren während dieser Periode noch die Tokyo Shibaura Electronic Co. Ltd. - besser bekannt unter ihrem Markennamen Toshiba - in Japan, die British Broadcasting Corporation (BBC) mit ihrer Entwicklungsabteilung sowie für Telefunken der Ingenieur Schüller inventiv an der neuen Medientechnik tätig. Ihre Arbeiten schlugen jedoch erst später produktiv um, sodaß wir uns in der Rekonstruktion zunächst auf die drei amerikanischen Firmen und ihr Umfeld zu konzentrieren haben.

Den Reigen von Erfindungen im Hinblick auf den Videorecorder eröffnete jene Firma des Unterhaltungskünstlers, die schon der Tonbandtechnik zum Durchbruch auf dem Markt verholfen hatte. Als erstes wurde in der Electronic Division, der Forschungsabteilung der Bing Crosby Enterprises, zielgerichtet an dem Versuch gearbeitet, die Prinzipien der Tonbandaufzeichnung auch auf die Konservierung von Fernsehbildern anzuwenden. John Mullin, der nach seinem Erfolg mit den erbeuteten Magnetophonen zum Chefingenieur des Crosby-Labors avancierte, datiert in einer historischen Rückschau die ersten Überlegungen und Versuchsanordnungen zurück auf den April des Jahres 1948. In erster Linie motivierend für den Start der Experimente waren nach Darstellung des Ingenieurs nicht die Probleme der divergierenden Zeitzonen, sondern gleichermaßen ökonomische Überlegungen wie das Ziel, die erwähnten Qualitätsminderungen des Fernsehbildes durch die mechanisch-optischen Zwischenschritte auszuschalten: "The method would become almost completely electronic and costs would be reduced because of a simpler operational procedure and lowered stock costs. It must be borne in mind, for example, that tape may be erased and reused almost indefinitely." (45) In dieser Propagierung herausragender Gebrauchswerte der Videoaufzeichnung auf Magnetband aus der Sicht des Ingenieurs sind aber nicht nur bereits Rationalisierungs-Vorstellungen enthalten. In die eigens betonte Absicht, die Konservierung von Images auf Film abzulösen durch ein Verfahren, das die nahezu unbegrenzte **Wiederverwendbarkeit** des Trägermaterials erlaube, geht auch eine spezifische kulturelle Auffassung vom Fernsehen ein. Sie hat sich bis heute nicht zuletzt zum Leidwesen der mit Programmgeschichte befaßten Wissenschaften zumindest teilweise gehalten: die Auffassung vom Fernsehen als besonders **flüchtigem Medium**, welche die Konservierung lediglich als notwendiges Zwischenstadium für die optimalere Verteilung des Programms begreift, nicht aber als Mittel zur Bewahrung kultureller Objektivationen. Diese Auffassung vom elektronischen Bildermedium begegnete uns bereits in ihrer perfektesten Form mit dem Zwischenfilmverfahren. Die Images wurden nicht für Wert befunden, aufgehoben zu werden. Vom Standpunkt der Veranstalter hatten sie mit der Ausstrahlung ihren Dienst geleistet; sie konnten dem riesigen Abfallhaufen der Mediengeschichte übergeben werden.

Das technisch größte Hindernis, das für die Adaption des Tonbandgerätes im Hinblick auf die Konservierung und Wiedergabe von Fernsehbildern zu überwinden war, besteht in der wesentlich höheren Frequenzbandbreite des Videosignals gegenüber dem Tonsignal: "Das Videosignal (...) enthält Frequenzkomponenten, die sich von sehr tiefen Frequenzen - praktisch von der Frequenz 0 - bis zu einer oberen Grenzfrequenz von 5 MHz erstrecken. Die daraus resultierende große Bandbreite beträgt demnach mehr als das 300 fache des Tonfrequenzbereiches, der bekanntlich von 40 Hz bis 15 kHz reicht" (46).

Für die Praxis der Aufzeichnung bedeutet das, daß die Bildsignale mit einer wesentlich höheren Geschwindigkeit auf das Magnetband geschrieben werden müssen als bei der Tonaufzeichnung. Je höher der Frequenzumfang des Signals ist, umso höher hat die Relativgeschwindigkeit zwischen Magnetkopf und -band zu sein. Die einzige Möglichkeit, dieses Problem in den apparativen Griff zu bekommen, wurde zunächst darin gesehen, das Band einfach entsprechend schneller an den feststehenden Köpfen vorbeizuführen. Die Signale wurden dabei - wie beim Tonbandgerät - parallel zum Verlauf des Bandes aufgeschrieben. Das Verfahren, das später noch in etlichen Varianten zur Anwendung kam, heißt deshalb auch **Längsspur-Aufzeichnung, Longitudinal** oder auch **Direct Recording** (47).

Im Labor der Bing Crosby Enterprises ging man nun von der praktischen Zielsetzung aus, daß für eine Verwendung im Fernsehrundfunk wenigstens fünfzehn Minuten visuelles Material ununterbrochen aufgezeichnet werden müßte. Mit dem zur Tonbandaufzeichnung analogen Verfahren wären bei der erforderlichen hohen Bandgeschwindigkeit freilich schon nach wenigen Minuten wagenradgroße Spulen entstanden. Diese wären nicht nur extrem unhandlich gewesen. Sie hätten auch die notwendig hohe Präzision des Bandlaufes stark beeinträchtigt sowie das Zerreißen der Magnetbänder begünstigt. Um solche Probleme zu vermeiden - und dies ist das technische Grundproblem der Videoaufzeichnung - mußte die Geschwindigkeit des Bandtransportes erheblich reduziert werden. Mit einem sehr aufwendigen Verfahren versuchten die Techniker unter Jack Mullin, dies zu erreichen: Der hohe Frequenzumfang des elektronischen Bildsignals wurde bei der Aufnahme in **zehn Kanäle** (Teilfrequenzen) zerlegt, die durch die gleiche Anzahl von Magnetköpfen in parallelen Spuren auf das Band geschrieben wurden. Für die Reproduktion des ursprünglichen Bildsignals mußten sämtliche Spuren analog abgetastet und die Teilfrequenzen wiederzusammengesetzt werden. Als Trägermaterial benutzte man ein doppelt so breites Magnetband wie beim Tonbandgerät; neben den zehn Videospuren waren darauf auch noch eine für die Synchronimpulse und eine weitere für die Tonaufnahme unterzubringen. (48)

Bereits Ende 1949 soll dieses Verfahren im Crosby-Labor angewendet worden sein. Aber es dauerte noch fast drei Jahre, bis die Techniker es so im Griff hatten, daß sie die Resultate auch außerhalb des Labors präsentieren konnten. Denn bei der ersten Vorführung der Aufzeichnung schwarzweißer Fernsehbilder auf Magnetband, am 11. November 1951 in Los Angeles, benutzten sie noch die einspurige Methode. Ein normales Tonbandgerät des Ampex-Modells war für die erforderliche hohe Laufgeschwindig-

Schematische Darstellung:

Vereinfachtes Prinzip der Aufteilung des Informationsgehaltes von Fernsehsignalen auf parallel verlaufende Teilspuren eines Magnetbandes

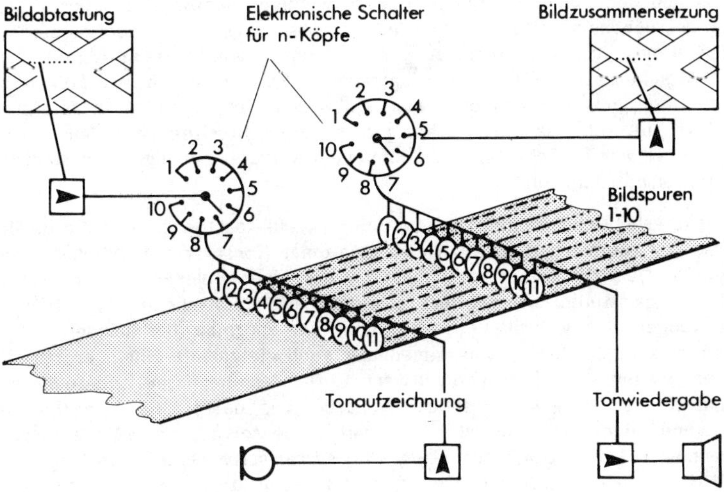

Die Skizze veranschaulicht ein Modell mit zehn Bildköpfen und einem Tonkopf, das aber theoretisch auf eine beliebige Menge (n) Köpfe erweiterbar ist. Im Labor der Bing Crosby Enterprises wurden zehn Video-Teilspuren beschriftet, zwei weitere enthielten die Ton- und Synchronsignale. In die praktische Ausführung der Crosby-Anlage gingen gegenüber diesem Modell eine Reihe von technischen Modifikationen ein, die aber für das Verständnis des Prinzips nicht ausschlaggebend sind.

Vgl. dazu im Detail die Quelle, nach der die Skizze angefertigt wurde: Schmidbauer 1956, S. 95

---

keit (das 24-fache derjenigen des Tonbandes) modifiziert worden; auch das Trägermaterial bestand aus gängigem ein Viertel Zoll breitem Tonband. Erst neun Monate später, am 2. Oktober 1952, hatte das Zwölf-Spur-System halböffentliche Premiere vor einem kleinen Kreis möglicher Interessenten. Besonders bei den potentiellen Anwendern in den Networks war die Resonanz gering. Zwar sollen die Images bei der Wiedergabe recht scharf und klar gewesen sein und wiesen gute Grauwerte auf. Aber die Mängel bei der störungsfreien Wiederzusammensetzung der Teilkomponenten zum ursprünglichen Videosignal waren beträchtlich; "denn kleinste Laufunterschiede zwischen den einzelnen Spuren infolge winziger Schwingungen der Anlage und des Bandes vereiteln die unerläßliche phasenkorrekte Wiedergabezusammensetzung, und dies trotz Anwendung einer komplizierten Regeltechnik zur Kompensation dieser Schwingungen" (49). Die sichtbaren Folgen bei der Wiedergabe der Images waren: sie wiesen den sogenannten Jalousien-Effekt auf, d.h., es liefen ständig horizontale Streifen über den Schirm; die Bilder warfen Schatten und flimmerten wegen der mangelnden Stabilität mitunter beträchtlich.

Die erheblichen Mängel bei der Bildreproduktion ließen zwar die Bedürfnisse der kommerziellen Networks nach einer Konserve unbefriedigt, deren visuelle Qualität zumindest annähernd der einer Live-Sendung entsprach. Aber Jack Mullin interpretiert aus der zeitgenössischen Perspektive die Leistungen des Crosby-Labors zurecht als enormen technischen Erfolg. Und er kann in diesem Zusammenhang auch gleich mit einem ernsthaften Interessenten an der Anlage aufwarten, für den die ästhetisch-technische Qualität der Images nur sekundäre Bedeutung hatte: "Even in the face of some minor problems which are yet to be solved, we believe that we are now ready to start producing VTR systems **for certain military applications** (Hvhbg. S.Z.). VTR has opened the door to recording in the mega Herz region. Previously the only available wide range tape recording equipment was limited to a top frequency of 100kHz." (50)

Aber das Niveau der erfolgreichen wirtschaftlichen Umsetzung als innovatives Produkt auf dem Markt erreichte die Experimental-Apparatur der Bing Crosby Enterprises nicht. Zwar kündigte die Firma Anfang 1954 noch die baldige Produktion von Geräten an. (51) Aber zu diesem Zeitpunkt hatte sie schon mit einem zweiten Recorder-Modell zu konkurrieren, dessen Konzept weit erfolgversprechender erschien. In den Laboratorien der RCA experimentierte man mit wachsendem Engagement an der magnetischen Aufzeichnung von farbigen Fernsehbildern. Jack Mullin folgte bei seinen weiteren Arbeiten dem Konzept des technisch-ökonomisch potenteren Konkurrenten. (52) Die Bing Crosby Enterprises wurden einschließlich ihres Labors, in dem die ersten Fernsehimages auf Magnetband fixiert worden waren, 1956 von der Minnesota Mining Manufacturing Company (3M) aufgekauft. 3M hatte 1947 unter seinem Markennamen **Scotch** mit dem Typ No. 100 das erste kommerzielle Tonband auf den Markt gebracht. Das Ampex Model 200, das erste kommerzielle Tonbandgerät auf dem

US-Markt, arbeitete mit einer Weiterentwicklung desselben, dem Scotch-Band No. 112, mit dem auch die ersten Videoversuche gemacht wurden. (53)

Der Bedarf der Fernsehindustrie nach praktikablen und rationellen Aufzeichnungssystemen war inzwischen - nach den ersten noch unbefriedigenden Präsentationen des Crosby-Labors - immens gewachsen. Die Jahre 1952/53 werden als der große "gold rush" (54) in der nordamerikanischen TV-Entwicklung beschrieben. Nach der Aufhebung des 'Freeze' im April 1952, die ab Juni des Jahres wirksam wurde, erfuhr das Fernsehen in den Vereinigten Staaten quantitativ und qualitativ seine stärkste massenwirksame Entfaltung. Zwischen 1952 und 1956 stieg die Anzahl der Sendestationen von **108** auf **516** an; die Zahl der angeschlossenen Fernsehhaushalte wuchs um mehr als das Doppelte und erreichte annähernd 35 Millionen. Der Fernsehrundfunk begann, der attraktivste Massenmarkt für die Elektronikindustrie zu werden, und es ist zumindest für die USA kaum verwunderlich, daß die ca. vier Jahre nach dem 'Freeze' auch die entscheidenden waren für die Herausbildung der Innovation des Videorecorders. Die großen Networks versprachen sich wichtige Marktvorteile von einer ökonomisch günstigeren Aufzeichnungsmethode von Fernsehsendungen und von einer optimaleren Distribution ihrer Programme.

Tabelle 1

Ausbreitung des Fernsehens in den USA zwischen 1952 und 1956

Jahr	TV-Sender	Anzahl der TV-Haushalte	Anteil der TV-Haushalte an allen priv. Haushalten
1952	108	15.300.000	34,2 %
1953	199	20.400.000	44,7 %
1954	408	26.000.000	55,7 %
1955	469	30.700.000	64,5 %
1956	516	34.900.000	71,8 %

Quelle: Steinberg 1980, S. 142 und 475

Die NBC - so schien es zunächst - war von ihrer ökonomisch-technischen Basis her am ehesten dazu in der Lage, das Rennen zu machen. Mit den RCA-Laboratorien des Mutterkonzerns im Hintergrund hatte sie die günstigsten Voraussetzungen dafür, die aufwendigen Entwicklungsarbeiten erfolgreich durchzuführen. Zumal sich der Konzern in den zurückliegenden Jahren bereits mit einer Fülle von Neuerungen auf dem Fernsehsektor durchgesetzt hatte und gerade beim Kampf um die Einführung seines Farbsystems zeigte, daß er seine ökonomische Macht auch politisch nutzte. (55)

Der Anstoß zur zielgerichteten Entwicklungsarbeit am Videorecorder kam bei der RCA direkt aus der Konzernspitze. Am 27. Oktober 1951 hielt David Sarnoff, als amtierender Leiter der Corporation, eine Rede vor den Technikern der RCA-Laboratorien in Princeton, die zu Ehren des legendären Präsidenten nach ihm benannt wurden, David Sarnoff Research Center. In dieser Ansprache konfrontierte er seine Angestellten mit drei Forderungen nach technischen Geräten, die er bis 1956 als Produkte realisiert haben wollte, rechtzeitig zum 50. Gründungsjubiläum der Laboratorien. Die drei Geräte waren eine billige elektronische Klimaanlage ohne bewegte Teile, ein wirksamer Lichtverstärker und ein Recorder zur Aufzeichnung von schwarz-weißen und farbigen Fernsehbildern auf Magnetband. Er nannte das gewünschte Produkt "Videograph" und umriß seine Gebrauchtswerteigenschaften so: "In contrast with present kinescope recordings on film, the instantaneous recording of actual television picture signals on tape would be **more economical**, would **save time** in processing, and would **simplify** certain **problems of distribution.**(...) After all is said and done, television is just a lot of 'electrical dots' coming through the air. The dots strike the antenna, start electric currents in it, and these go through the various circuits of the receiver until they appear as a picture on the face of the kinescope. (...) I would like to have you produce a recorder that would record the picture elements on a **simple** and **inexpensive tape** at the instant when the dots reach the antenna and before they go through a lot of complicated circuits and photographic equipment. (Hvhbg. S.Z.)" Und mit dem Gestus eines Jungen, der sich ein technisches Spielzeug zum Geburtstag wünscht, fügte er hinzu: "Will you please let me have this 'Videograph' before 1956?" (56)

Zwei Jahre benötigten die Ingenieure der RCA für die Entwicklung einer Modellapparatur für das von Sarnoff geforderte Gerät. Am 1. Dezember 1953 präsentierte ein siebenköpfiges Forscherteam unter der Leitung von Harry F. Olsen und William B. Houghton eine neue Aufzeichnungsanlage für Fernsehimages. Technisch arbeitete sie nach demselben Prinzip der Direkt- bzw. Längsspur-Aufzeichnung wie das Modell der Bing Crosby Enterprises in seinen ersten Ausführungen. Allerdings schafften es die RCA-Ingenieure, die Transportgeschwindigkeit erheblich zu verringern; sie betrug "nur" noch das Sechzehnfache derjenigen bei er Tonbandaufzeichnung. Was aber immer noch bedeutete, daß pro **Sekunde** etwa **sechs Meter** Band verbraucht wurden. Das war auch der Grund dafür, daß die Aufnahmekapazität nur minimal war: Auf eine Spule mit einem Durchmesser von 17 Zoll (das entspricht 42,5 Zentimetern!) konnten gerade vier Minuten Bildsignale untergebracht werden. Eine ununterbrochene Spieldauer von fünfzehn Minuten, wie sie im Crosby-Labor anvisiert worden war, war aber auch das nächste Planungsziel der RCA-Techniker. Dazu sollte die Transportgeschwindigkeit noch einmal geringfügig vermindert und der Spulendurchmesser sollte um zwei Zoll erhöht werden. (57)

Trotz des riesigen und für die Fernsehpraxis völlig ungeeigneten Umfangs der Bandwickel - der im übrigen korrespondierte mit den gewaltigen Dimensionen der gesamten Anlage; sie füllte mühelos ein mittleres Wohnzimmer aus - war der Erfolg der ersten Präsentation des RCA-Modells spektakulär. Der wichtigste Grund dafür: die Anlage vermochte sowohl schwarz-weiße als auch farbige Fernsehbilder aufzuzeichnen und wiederzugeben. Für die Konservierung schwarz-weißer Images wurde wie beim Tonbandgerät nur ein 1/4 Zoll breites Band verwendet. Für die Farbaufnahme benutzte man ein doppelt so breites Band und machte sich - auch wiederum ähnlich wie beim zwölfspurigen System Crosbys - die Möglichkeit der Aufteilung des Bildsignals zunutze. Das Farbspektrum wurde in seine Grundbestandsteile zerlegt und jede der drei Grundfarben rot, grün und blau auf einer separaten Spur aufgeschrieben; für die Synchronimpulse und den Ton benötigte man zwei weitere Spuren, sodaß das Band bei der Farbaufnahme aus fünf parallel laufenden Teilspuren bestand.

Die Farbtüchtigkeit der Anlage drängte die Mängel der Bildreproduktion in den Hintergrund und ließ auch die apparativen Nachteile sekundär erscheinen. Zu einem Zeitpunkt, zu dem die FCC gerade erst die NTSC-Norm der RCA zur Norm der allgemeinen Fernsehpraxis erhoben hatte, mußte ein Videograph, der buntes Fernsehen elektronisch konservieren konnte, als enormer Erfolg beeindrucken. Zur Vorfühung im David Sarnoff Research Center von Princeton waren einige hundert Vertreter der Presse, der Industrie, der staatlichen Administration, der Networks sowie des Militärs eingeladen worden. Durch alle potentiellen Verwendungsbereiche hindurch und sowohl in den USA als auch in Europa war man begeistert von der neuen Technik und antizipierte kräftig Zukunft. Albert Abramson von CBS-Television zum Beispiel sah schon einige Monate später die Ablösung der Filmaufnahmetechnik durch die Magnetbandaufzeichnung greifbar nahe: Vor der Vereinigung der Film- und Fernseh-Ingenieure prophezeite er, "that video tape recording will emerge from the laboratory capable of reproducing pictures indistinguishable from the original 'live' pickups. It is expected that this process will supplement if not supplant the film or visual recording" (58). Das Forscherteam selbst hob neben der technischen Güte der reproduzierten Images vor allem den zu erwartenden wirtschaftlichen Aspekt der Invention hervor: "It has been estimated that the cost of recording a monochrome (= schwarz-weiß, S.Z.) program on tape will be about 10 per cent of what it would cost to record the same program on film. The corresponding figure for a color program would be about five per cent." (59)

Diese eindrucksvollen Kostenrelationen, die zu diesem Zeitpunkt ja noch lediglich theoretische Größen waren, beeindruckten auch in erster Linie Teile der westdeutschen Fachöffentlichkeit. Die Wirtschaftlichkeit des neuen Verfahrens wurde weiter hochgerechnet und auf die Kopien bezogen, die man hier für die Verteilung von Programmen an mehrere Fernsehsender benötigte. Für eine Aufzeichnung in Schwarz-Weiß von dreißig Minuten Länge veranschlagte man pro Videokopie fünfzehn Dollar, für eine farbige Kopie mit derselben Länge nur zwanzig Dollar. (60) Besonders erstaunlich für diese Reaktion von 1954 war indes für unseren Zusammenhang, daß nicht nur die fernseh-professionelle Verwendung der neuen Technik propagiert, sondern daß bereits auch das Zukunftsbild des Heim-Videorecorders entworfen wurde: "Die vollelektronische Kette, bestehend aus der Fernsehkamera, dem Bandaufzeichnungsgerät und einem Fernsehempfänger, ist ein sehr praktisches und vielseitiges System für die Herstellung von Amateur- und professionellen Filmen. In Verbindung mit dem Fernsehen wird das Verfahren die Vorbereitung der Tagesschau wesentlich beschleunigen, weil die Ausarbeitung mit der damit verbundenen Verzögerung und den zusätzlichen Kosten entfällt. Mit der **Vereinfachung** und **Verbilligung** der Bildbandgeräte werden diese ähnlich wie die Tonbandgeräte auch im Heim Eingang finden; sie lassen sich nicht nur zur Aufzeichnung von Fernsehprogrammen, sondern auch in Verbindung mit einer kleinen und billigen Fernsehkamera für eigene Aufnahmen heranziehen, deren Wiedergabe im vorhandenen Standard-Heimfernsehempfänger erfolgt. (Hvhbg. S.Z.)" (61) Diese weit vorausgreifende Beurteilung der in der neuen Technik angelegten Gebrauchswerteigenschaften (62) ist aber nicht verallgemeinbar für die veröffentlichte Reaktion hierzulande. Im stärker medienpolitisch orientierten Fachblatt 'FUNK-Korrespondenz' zum Beispiel begegnete man der spektakulären Präsentation des Videographen mit leicht mystifizierendem Erstaunen: "Den Journalisten wurde eine normale Spule Magnetophonband gezeigt, wie sie bei Rundfunkaufnahmen verwendet wird. Diese Spule wurde in einen Kasten hinter einem Fernseh-Empfänger gesteckt, ein Motor wurde eingeschaltet und auf dem Bildschirm lief das gesamte Fernseh-Programm des Vortages ab." (63)

Die Realität des technischen Entwicklungsniveaus der RCA-Anlage war freilich weit rückständiger. Vier Minuten Programm auf eine Spule mit fast einem halben Meter Durchmesser aufzeichnen zu können, langte zwar für die Erprobung des Verfahrens im Labor, war aber als Voraussetzung für die Verwendung im massenmedialen Fernsehen völlig unzureichend. Für den Übergang in die kommerzielle Praxis mußte also - neben der Steigerung der Bildqualität - vor allem das Hindernis der enormen Bandgeschwindigkeit überwunden werden. Und hier kamen die Entwicklungsarbeiten im David Sarnoff Research Center nicht wesentlich weiter in den folgenden Jahren. Die geringfügige Erhöhung der Aufnahmekapazität bei gleichzeitiger Vergrößerung der Spulen auf neunzehn Zoll und die Verbesserung einer Fülle von technischen Details hinsichtlich der visuellen Qualität der Images reichten nur für den Versuchseinsatz der Anlage bei der eigenen Network-Tochter NBC (64), nicht aber für die erfolgreiche Umsetzung der Erfindung auf dem Markt. Zu stark - so läßt sich aus der historischen Perspektive interpretieren - konzentrierte man sich bei der RCA darauf, ein Produkt auf den Markt bringen zu wollen, das Videosignale bereits in Farbe aufzeichnen können sollte. Diese Vorgabe der Konzern-Spitze wirkte sich hemmend auf die technische Entwicklung insofern aus, als die Probleme der praktischen Handhabbarkeit des Gerätes demgegenüber vernachlässigt wurden.

Mit beeinflußt hat diese Prioritätensetzung sicher nicht zuletzt die Tatsache, daß die ersten Entwicklungsjahre parallel liefen mit der Durchsetzung des Farbsystems der RCA auf dem US-Markt.

3. Die Herausbildung des Prototypen eines Video Tape Recorders

Weitgehend unbemerkt selbst von der Fachöffentlichkeit war man inzwischen im Labor der kleinen Californischen Ampex Corporation dabei, sowohl die frühen Versuche der Bing Crosby Enterprises als auch die Experimente bei dem großen Konkurrenten RCA zur relativen Bedeutungslosigkeit zu degradieren. Dabei war die Firma, die 1948 erfolgreich das Tonbandgerät in den nordamerikanischen Markt eingeführt hatte, zeitlich gesehen die letzte, als sie ihre zielgerichtete Forschungstätigkeit am Videorecorder aufnahm. In den Jahren von 1948 bis 1951 läßt sich zumindest aus den vorliegenden Quellen keinerlei Interesse von Ampex ableiten, an der Erfindung partizipieren zu wollen. Sie konzentrierte sich zunächst auf die Verbesserung ihrer Tonbandmaschinen. Darüberhinaus arbeitete sie auf einem Gebiet der Magnetbandtechnik, das mit der publizistischen Praxis unmittelbar gar nichts zu tun hatte, das aber gleichwohl von großer gesellschaftlicher Bedeutung war: die Speicherung der elektronischen Signale von Meßinstrumenten ("instrumental recording"), aus der heraus sie auch ihr Interesse an der Aufzeichnung von Computerdaten auf Magnetband ("digital data recording") entwickelte. (65) Sowohl in technologischer als auch in ökonomischer Hinsicht ist diese Einbindung der Erfindungstätigkeit von Ampex am Videorecorder ausschlaggebend: In allen drei Anwendungsfällen geht es um die Konservierung von großen Informationsmengen in Form elektronischer Impulse, deren Frequenzumfang weit über die Bandbreite der Schallaufzeichnung hinausreicht. Erkenntnisse im Hinblick auf die verschiedenen Praxisbereiche können zumindest partiell wechselseitig genutzt werden. Und die ersten wirtschaftlichen Erfolge auf den übrigen Gebieten der Magnetbandtechnik einschließlich des Tonbandgerätes ermöglichten der anfänglich noch kapitalschwachen Ampex Corporation überhaupt erst die aufwendigen und langwierigen Entwicklungsarbeiten am Videorecorder, die sich alleine auf dem Erfindungs-Niveau über mehr als vier Jahre erstreckten. So gelang es der Californischen Firma zum Beispiel als wichtiger Voraussetzung dafür, nach der erfolgreichen Lancierung des Tonbandgerätes auf dem US-Markt Anfang der fünfziger Jahre auch die zweite Innovation der Magnetbandtechnik als erstes Unternehmen durchzusetzen. 1951 stellte sie dem Markt den ersten Recorder zur Verfügung, der speziell für die elektromagnetische Aufzeichnung analoger Meßdaten konstruiert war. Das Gerät fand in vielen Bereichen der Industrie, der militärischen wie zivilen Luft- und Seefahrt sowie der medizinischen Forschung und Praxis gut zahlende Auftraggeber. (66)

Die inventive Arbeit am Videorecorder begann nach einer Darstellung ihres leitenden Ingenieurs bei Ampex erst Ende des Jahres 1951. (67) Technisch wurde dabei von vornherein ein gänzlich anderer Akzent gesetzt als bei den konkurrierenden Laboratorien. Das Hauptaugenmerk wurde darauf gerichtet, das Problem der **sehr hohen Relativgeschwindigkeit praktisch** in den Griff zu bekommen, die der große Frequenzumfang des Videosignals aufzwingt. H.J. von Braunmühl, der später wesentlich die Innovation in der westdeutschen Fernsehpraxis durchgesetzt hat, sowie O. Schmidbauer vom Institut für Rundfunktechnik faßten in einem Beitrag von 1957 die Grundidee der Ampexschen Problemlösung präzise zusammen: "Dieser Gedanke sieht vor, das Band bei der Aufzeichnung nicht in seiner Längsrichtung, also in geschlossener fortlaufender Spur, sondern quer dazu in der Breitenausdehnung mit überlappten Spuren zu beschriften, die bei geringerer Breite einander in kleinstmöglichem Abstand folgen, also flächenmäßig auszunutzen. Da hierbei dann die Schreibgeschwindigkeit quer zum Band nicht zwangsläufig mit der Bandgeschwindigkeit zusammenhängt, läßt sich diese in üblichen Grenzen halten. Allerdings ergeben sich für diese Aufzeichnung in Querrichtung rotierende Elemente, die ihrerseits die Schreib- bzw. Leseköpfe tragen, und die sich mit zunächst abschreckend hoch erscheinenden Umdrehungsgeschwindigkeiten drehen müssen." (68) - Das Grundkonzept war also sehr einfach: die erforderliche hohe Relativgeschwindigkeit wurde nicht durch die Steigerung der Transportgeschwindigkeit des Bandes erreicht, sondern indem das Element der Magnetköpfe ebenfalls in Bewegung gesetzt wurde und zwar gegen die Transportrichtung des Bandes. (S. die beiden schematischen Darstellungen zur Erläuterung des Verfahrens.)

So bestechend die Idee war; der Prozeß ihrer praktischen Umsetzung in einen funktionierenden und verkaufbaren Apparat verlief nicht geradlinig und war langwierig. Die Entwicklungsrichtung gemeinsam angeregt hatten Myron Stolaroff, einer der beiden Chef-Ingenieure des Ampex-Unternehmens, sowie Marvin Camras. Letzerer hatte bereits einer Fülle von Neuerungen in der Geschichte der Magnetbandtechnik zum Durchbruch verholfen und gilt in den USA als einer ihrer tragenden personellen Motoren. (69) Anfang der fünfziger Jahre arbeitete er bei der Armour Research Foundation, einer wichtigen Institution der Rüstungsforschung, die seit 1942 auf dem Gebiet der elektromagnetischen Aufzeichnung tätig war und an deren Pool von Patenten keine Firma vorbeikam, die auf diesem Gebiet produzieren wollte. (70) Stolaroff und Camras sollen gemeinsam die Anregung entwickelt haben, das Prinzip der rotierenden Magnetköpfe, das auch für die Meßinstrumenten-Recorder Verwendung fand, für die Aufzeichnung und die Wiedergabe von Fernsehsignalen praktikabel zu machen. In Gesprächen mit dem Gründer und damaligen Leiter von Ampex, Alexander M. Poniatoff, beschloß man im Oktober 1951, ein Laborprojekt mit dieser Zielsetzung zu starten. Mit welch geringer Priorität das Projekt im Rahmen der sonstigen Aktivitäten der Californischen Elektrofirma zunächst angegangen wurde, zeigt die Tatsache, daß es schon kurze Zeit später - im Mai 1952 - ausgesetzt wurde. Die Kapazitäten des Labors wurden gänzlich auf den Prototypen eines neuen Instrumenten-Recorders konzentriert.

Schematische Darstellung:

Die Beschriftung des Magnetbandes nach dem System von Ampex

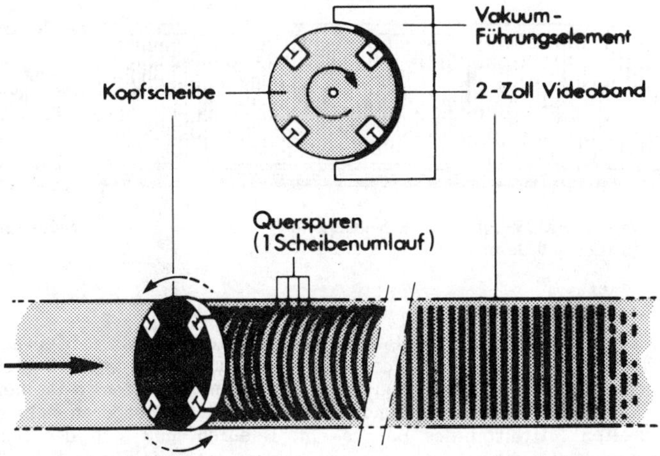

Die vier Magnetköpfe sind symmetrisch auf einer Scheibe angeordnet. Diese Scheibe wird durch einen Antriebsmotor in sehr hoher Geschwindigkeit bewegt. Sie dreht sich 14.000 mal in der Minute bzw. 240 mal in der Sekunde. Im Verhältnis zur Laufrichtung des Bandes bildet die Kopfscheibe einen rechten Winkel. Durch eine Umdrehung werden vier Spuren quer auf das Band geschrieben. Auf einer einzigen Spur werden im Durchschnitt 15,6 Zeilen des Fernseh-Bildes in magnetisierter Form untergebracht. - Um einen optimalen Kontakt zwischen dem Magnetband und den Schreib- bzw. Leseköpfen zu gewährleisten, wird das Band in einem Vakuum durch ein konkaves Führungselement geleitet.

Aus der Anzahl und der Anordnung der Köpfe einerseits und der Lage der Spuren auf dem Magnetband sind die Bezeichnungen für das Video Tape Recording nach Ampex abgeleitet: **Quadruplex**-System bzw. **Querspur**-Verfahren.

Quelle: Verfasser

Schematische Darstellung:

Die Anordnung der Spuren auf dem Magnetband und ihre Funktionen nach dem System von Ampex

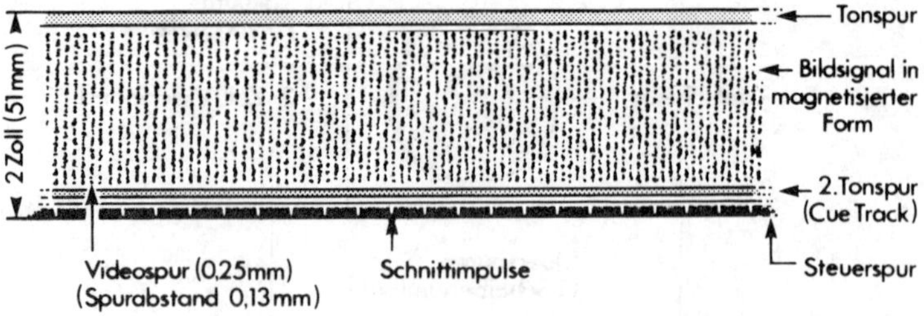

Das Magnetband ist zwei Zoll (51mm) breit und teilt sich so auf: Entlang der oberen Kante verläuft die Tonspur. Sie unterscheidet sich nicht von der eines Tonbandgerätes und wird mit einem separaten feststehenden Magnetkopf beschrieben und abgelesen. Die Videospuren nehmen den breiten Mittelteil des Bandes ein. Dadurch, daß sich das Band in Längsrichtung bewegt, stehen sie nicht ganz rechtwinklig im Verhältnis zur Bandkante. Das jeweils obere und untere Ende zweier nachfolgenden Spuren überlappen ein wenig. Die Aufnahmekapazität der Ampex-Bänder betrug 63 Minuten. Bei einer Transportgeschwindigkeit von 38cm/sec. wurden entsprechend auf eine Spule ca. 1.440 Meter Magnetband aufgewickelt.

Der untere Teil des Bandes enthält die Steuer- und Synchronimpulse, sowie zusätzliche Informationen. Die 'Cue Track' ist eine zweite etwas schmalere Tonspur, auf der zum Beispiel akustische Anweisungen für die Produktion, den Schnitt oder auch zusätzliche Kommentare aufgezeichnet werden können. Durch die Synchronimpulse auf der Steuerspur wird der Gleichlauf von Bandlauf und Kopfbewegung garantiert; sie synchronisieren die Ton- und Bildfrequenzen. Die darauf enthaltenen Sättigungsmarkierungen kennzeichnen jeweils die Austastlücken zwischen zwei Halbbildern. An diesen Stellen konnte das Band mechanisch geschnitten werden.

Quellen: McMahan 1960, S. 60 (für die Graphik); Erläuterungen unter Zuhilfenahme von Braunmühl/Schmidbauer 1957, Freiss 1958, Robinson/Beards 1981[2], S. 74 und 166.

Der Projektleiter Ginsburg bezeichnete diese Unterbrechung insofern als einen 'glücklichen Umstand', als er in dieser Zeit den damals erst neunzehnjährigen aber bereits hochqualifizierten Ingenieurstudenten Ray M. Dolby dafür gewann, an dem Videoprojekt mitzuarbeiten. (71) Schon drei Monate nach der Wiederaufnahme ihrer Arbeiten präsentierte die Forschungsgruppe im Oktober 1952 dem Management der Firma die ersten sichtbaren Ergebnisse mit dem Prinzip der rotierenden Magnetköpfe.

Die Resultate in der Bildqualität waren nicht überwältigend. Man habe die 'Images fast erkennen' können, schreibt Abramson später in einer historischen Rückschau. (72) Bei mäßiger Unterstützung durch die Firmenleitung wurde das Projekt mit veränderter technischer Konzeption fortgeführt: Die Techniker erweiterten das Spektrum von anfänglich drei auf vier Magnetköpfe; die Videospuren wurden damit nicht mehr bogenförmig ('acurate') auf das Band geschrieben, wie bei den ersten Experimenten, sondern nahezu im rechten Winkel zum Bandverlauf. Im März 1953 konnte dieses System mit dem Ergebnis erheblich gesteigerter Reproduktionsgüte der Images vorgeführt werden. Gleichwohl erfuhr das Laborprojekt drei Monate später eine erneute Unterbrechung zugunsten eines Firmenprogramms, das mit erster Priorität gefahren wurde; dabei handelte es sich vermutlich um einen militärischen Auftrag (73). Offiziell wurde die Arbeit am Videorecorder erst am 1. September 1954 wieder aufgenommen; inoffiziell arbeiteten einige Ingenieure des Teams an dem Projekt weiter, vornehmlich außerhalb ihrer bezahlten Arbeitszeit. Die Länge der Unterbrechnung mag mit damit zusammengehangen haben, daß inzwischen das RCA-Modell einer privilegierten Öffentlichkeit vorgestellt worden war und diesem möglicherweise kurzfristig ein schnellerer Marktdurchbruch zugetraut wurde. Zumal dieses System ja bereits auf die Farbaufzeichnung hin konstruiert war, welche die Ampex-Techniker zunächst gar nicht interessierte. Aber die Firma mußte wohl bald davon überzeugt worden sein, daß das Querspur-Verfahren mit dem Quadruplex-System erfolgsträchtiger war. Denn nach der Wiederaufnahme wurde das Projekt mit höherer Priorität forciert vorangetrieben. Am 2. März 1955 kam es zu einer abermaligen Demonstration vor dem Management. Sie verlief aus der Sicht der Ingenieure sehr zufriedenstellend. Die entscheidende technische Veränderung, die das Verfahren inzwischen durchlaufen hatte, war die Ersetzung der bis dahin in der Magnetbandtechnik üblichen **Amplituden-Modulation** der Videosignale durch eine **Frequenz-Modulation**, mit der auch bereits bei der Übertragung von Fernsehsignalen experimentiert wurde. (74) Der Ingenieur Charles E. Anderson hatte diese wichtige Akzentverschiebung in das Projekt eingebracht; Dolby - mittlerweile vom Militärdienst zurückgekehrt und bei Ampex mit einem Teilzeit-Job wieder unter Vertrag - hatte das Verfahren experimentell weiterentwickelt.

Die Monate nach der erfolgreichen firmeninternen Vorführung im März 1955 waren zugleich die letzten in der Erfindungsgeschichte des Videorecorders. Für die Firmenleitung kündigte sich an, daß Ampex bald ein neues

Gerät mit seinem Markenzeichen auf dem Markt würde etablieren können. Die Projektgruppe erhielt wesentlich bessere Arbeitsbedingungen; u.a. richtete ihr die Firmenleitung ein neues Labor ein, daß fünfmal so groß war wie das alte. Hatte man es in den vergangenen Jahren ohnehin sorgfältig vermieden, daß Ergebnisse ihrer Arbeit nach draußen drangen, wurde sie jetzt auch innerhalb des Unternehmens abgeschirmt. Deutlichstes Indiz für den geplanten Umschlag der Erfindung auf dem Markt: nach einer erneuten Präsentation vor wenigen Ampex-Offiziellen erhielten die Techniker den Auftrag, dem Prototyp des Gerätes, an dem sie arbeiteten, auch ein attraktives **Design** zu verleihen. Die Modellapparatur glich zu diesem Zeitpunkt in ihrem Aussehen noch mehr einem riesigen chaotischen elektronischen Baukasten. Immerhin war bereits klar, daß die Anlage zu Beginn sehr teuer werden würde und die Marktrealisierung machte eine entsprechende Verpackung nötig. Die Mark IV - so nannten die Ingenieure das Gerät auf seiner entwickeltsten Stufe vor der Markteinführung - erhielt das kompakte, mit seinen abgerundeten Formen etwas klobig wirkende, 'rack arrangement', das in der Folge noch einige Jahre lang typisch für das Design der Ampex-Maschinen war.

Vor der spektukulären ersten öffentlichen Vorführung des Gerätes lag zunächst noch der endgültige Durchbruch der Erfindung innerhalb der Firma. Er fand im Februar 1956 vor etwa dreißig Mitarbeitern des Unternehmens in Redwood City statt. Zunächst präsentierten die Techniker den Ausschnitt aus einem TV-Programm, das sie eine Stunde vor der Veranstaltung aufgenommen hatten; ohne bemerkenswerte Reaktionen bei den Anwesenden. Überzeugend wurde dann erst die unmittelbare Demonstration der Gebrauchswerteigenschaften der Mark IV: Man schaltete das laufende Fernsehprogramm ein, zeichnete zwei Minuten davon auf, ließ das Band zurückspulen und spielte die konservierten Images sofort wieder ab. Sie hatten eine technisch-ästhetische Güte, die mit derjenigen der gerade gesendeten Mutterbilder nahezu identisch war. Ein Sturm der Begeisterung soll nach Darstellung Ginsburgs daraufhin losgebrochen sein. Die langjährige Arbeit der Techniker wurde mit Ovationen gewürdigt. Der erste brauchbare Videorecorder stand zur Verfügung. Mit derselben Laufgeschwindigkeit wie ein professionelles Tonbandgerät (38 cm in der Sekunde) konnte er gut eine Stunde Programm aufzeichnen. Die ersten Spulen hatten nur einen Durchmesser von 30 cm. Und vor allem waren auch die aus den früheren Experimenten der konkurrierenden Firmen bekannten Mängel in der Bildzusammensetzung überwunden.

Bei Ampex ging man nun daran, den Weg von der Erfindung des Gerätes hin zum kommerziellen Produkt vorzubereiten. Bisher hatte das Management das Projekt weitestgehend geheimgehalten. Nun brach man mit dieser Regel. Die potentielle Kundschaft mußte auf die Neuerung vorbereitet werden. in der Februar-Ausgabe des Fachblattes 'Broadcasting' kündigte der amtierende Ampex-Präsident George I. Long in einem Brief den baldigen Markteintritt an: "Ampex has constructed a laboratory version of what is believed to be a practical system for the recording and reproduction of tv pictures on magnetic tape." (75) Einige wenige Vertreter von Networks und ausländischen Rundfunkgesellschaften wurden eingeladen, um sich das Gerät im Labor anzuschauen. Darunter waren das CBC, die BBC, die ABC und das CBS; nicht aber die NBC, die Tochter der wichtigsten Konkurrentin RCA. Die nächste hervorragende Gelegenheit für eine erste öffentliche Präsentation vor den wichtigsten künftigen Abnehmern, den Networks, war die jährliche Konvention der National Association of Radio and Television Broadcasters (NARTB) in Chicago im April desselben Jahres. Diese Veranstaltung - ein wenig vergleichbar mit der zweijährlichen Internationalen Funkausstellung (IFA) in Berlin - ist bis heute eine der weltweit wichtigsten Messen der Rundfunkindustrie und bestens für die Vorstellung neuer Produkte des Fernsehens geeignet. Neben der Präsentation in Chicago planten die Ampex-Manager gleichzeitig eine Vorführung in Redwood City, dem Standort der Firma in Californien. Sie wurde vor allem als Medienereignis für die nicht fachbezogene Öffentlichkeit vorbereitet.

Für die verbleibenden sechs Wochen nach dem firmeninternen Durchbruch und bis zur geplanten Lancierung auf dem Markt erweiterte das Management den Technikerstab beträchtlich. An dem Prototypen waren im Hinblick auf die öffentliche Präsentation nicht nur Verbesserungen im konstruktiven Detail vorzunehmen. Für die Premiere in Redwood City mußte ein Duplikat gebaut werden. Außerdem hatten sich die Techniker auf Betriebsbedingungen einzustellen, die nicht denen des Labors entsprachen. Aber sowohl die technische Planung als auch das Promotions-Konzept gingen vollständig auf. Die Vorführung in Chicago am 14. April 1956, am Vorabend der Eröffnung der NARTB-Schau vor Vertretern des CBS-Networks (76), wurde zur großen Sensation der gesamten Veranstaltung. Am nächsten Tag tauchte die neue Handelsmarke von Ampex - der **Video Tape Recorder** - auf der Titelseite der 'New York Times' auf. "TV is put on tape by new recorder" (77) schrieb die Zeitung in einem ausführlichen Leitartikel und prophezeite dem neuen Gerät einen enorme Durchschlagskraft auf dem Markt. Vom publizistischen Fernsehen über das industrielle, die Forschung bis hin zum Reproduktionsmittel für bespielte Konserven antizipierte der Autor einen großen Teil der Verwendungsmöglichkeiten des Videorecorders. Selbst Proteste der Screen Actors Guild, der Filmschauspieler-Gewerkschaft, sowie der American Federation of Television and Radio Artists, der entsprechenden Organisation für den Bereich des Rundfunks, wurden bereits vorausgesagt. Erst zu Beginn der achtziger Jahre entfaltete sich manifest deren Auflehnung gegen die unendliche Reproduzierbarkeit der audiovisuellen Waren, zu deren Herstellung sie beitragen. (78) Die unmittelbare Verwendungsperspektive sah jedoch auch die Times in ersten Linie bei den Networks: "Broadcasters were impressed with the quality of the recorded picture. The clarity was equal to or better than most motion picture films shown on television and far surpassed the quality of kinescope film recordings." (79) Projektleiter Charles Ginsburg erinnert sich vor allem unter dem ökonomischen Aspekt an die überwältigenden

Reaktionen der künftigen Kunden: "The demonstrations were a bomb shell in the industry. (...) In Chicago, pandemonium broke loose and Ampex was flooded with orders." (80) Und in der Tat, innerhalb weniger Tage erhielt Ampex Produktionsaufträge im Wert von 4,1 Millionen US-Dollar. (81) Allererster Kunde war das CBS. Das Network orderte unmittelbar nach der Besichtigung drei Recorder-Einheiten. Mit der Produktionsfirma wurde vereinbart, daß diese in den nächsten Monaten privilegiert hergestellt würden; CBS wollte sie bereits im August desselben Jahres in Betrieb nehmen. Für jede der drei handgebauten Maschinen bezahlte das Network 75.000 US-Dollar. Die Konkurrenten NBC und ABC folgten unmittelbar mit Bestellungen.

Das Artefakt Videorecorder vollzog in seiner Entwicklung den qualitativen Sprung von der Erfindung zur Innovation. Es begann seinen erfolgreichen Lauf durch die verschiedenen Märkte der Fernsehkommunikation.

4. Zusammenfassung: Erfindungs-Niveau

Mit größerer Deutlichkeit als bei einigen neueren Techniken der Fernsehkommunikation wie zum Beispiel Bildschirm- und Videotext oder in der Vergangenheit der besonderen Ausprägung der Hörfunktechnik in Form des Radios hat sich dies herausgestellt: der Videorecorder ist keine Erfindung, die sich ihre Nützlichkeit erst suchen mußte. Er ist in hohem Maße eine **bestellte** Erfindung. Der Bedarf, Fernsehbilder in einer Reproduktionsqualität zu speichern, die der Güte der ursprünglichen Images entspricht, ist nahezu so alt wie das Fernsehen als technisches und als kulturelles Projekt selbst. Unterschiedlich sind in der Genese allerdings die Ausprägungen dieses Bedarfs, die Strategien seiner Befriedigung und seine gesellschaftlichen Exponenten.

Am Anfang steht die Kompensation technischer Mängel in der elektrischen Bildübermittlung. Sie entspricht dem vorwiegend theoretischen und experimentellen Niveau der frühen Fernsehtechnik. Schon der Versuch indes, die Unzulänglichkeiten in der Produktion von Images mithilfe der Kinotechnik aufzuheben oder zumindest zu relativieren, weist über die technische Kompensation hinaus. Das Zwischenfilmverfahren hat bereits zur Voraussetzung, daß Fernsehkommunikation die Grenzen des Labors gesprengt hat und eingeschränkt öffentlich wirksam wird. Die Einbeziehung des Films in den technischen Prozeß Fernsehen soll die Erschließung neuer Bilderwelten für das Medium ermöglichen; die TV-Botschaft wird damit sinnlich auf die elektrische Reproduktion von Außenansichten erweitert. Noch deutlicher tritt der sozio-kulturelle Aspekt in der umgekehrten Anwendung des Zwischenfilmverfahrens, als Mittel für die Großprojektion, zutage: Die Speicherung als Zwischenstadium dient dazu, den Publikumskreis für die Präsentation von Fernsehen zu erweitern, sowie Illusionen von Größe und Nähe in der elektrischen Abbildung zu erzeugen, die mithilfe der individuellen Empfangsapparate nicht herzustellen sind.

Im Laufe der Genese immer mehr in den Vordergrund rückt eine Gebrauchtswertdimension, die zunächst der Grundidee des Fernsehens diametral gegenüberzustehen scheint: die **Gleichzeitigkeit** von Bildproduktion, -ausstrahlung und -empfang soll aufgehoben oder wenigstens ergänzt werden durch die Möglichkeit, elektrisch erzeugte Images auch unabhängig vom Zeitpunkt ihrer Entstehung **verfügbar** zu haben. Die technisch reproduzierten Bilderwelten sollen in ihrer zeitlichen Dimension einfrierbar gemacht werden. Relevant wird dieser Bedarf historisch erst, als die Abbildungen **elektronisch** erzeugt werden und ein Auflösungsniveau, eine visuelle Güte, erreichen, die zumindest die zeitweise Aufbewahrung lohnt. Die Entwicklung dieses Niveaus fällt zu großen Teilen zusammen mit der Indienstnahme der Fernsehtechnik durch die Rüstung. Das 'Kinescope Recording' wird unter der Schirmherrschaft amerikanischer und englischer Militärs technisch vorangetrieben, während man sich im Deutschland des Faschismus verstärkt der elektronischen Bildspeicherung widmet. Die Images, die es hier zu bewahren gilt, dienen nicht der Unterhaltung oder der wie auch immer gearteten Orientierung des Menschen; sie sind eingebunden in Strategien der Vernichtung.

Ein qualitativ neues Niveau erreicht der Bedarf nach zeitlich unabhängiger Verfügbarkeit von Fernsehbotschaften, als das Medium in dem riesigen Teilkontinent Nordamerika zum Massenmedium entfaltet wird. Das Fernsehen versucht sich - unter Hinwegsetzung über die besonderen geographischen Bedingungen der Vereinigten Staaten - der alltäglichen Zeitstruktur auf der Seite des Publikums anzupassen. Gekoppelt mit den frohen Botschaften des Konsums, von denen kommerzielles Fernsehen lebt, soll das Programmangebot synchronisiert werden mit dem Tagesablauf seiner Nutzer. Die Techniken, die dies in der ersten Dekade massenmedialen Fernsehens ermöglichen, sind zu teuer, zu schwerfällig und zeitraubend, zu schlecht in den Bildresultaten. Die Suche nach neuen Techniken, welche die Mängel der kinetographischen Aufzeichnung aufzuheben in der Lage sind, beginnt. Die Richtung der Suche ist vorgegeben durch das ältere Massenmedium Hörfunk. Beim Radio haben sich die Probleme der Verteilung des Programms zuvor schon ähnlich gestellt. Die Sendung und der Empfang sind zu trennen gewesen vom Zeitpunkt der Herstellung; aus Gründen der Wiederholbarkeit, aus archivarischen Gründen, aus ökonomischen und polizeilichen Gründen wollte man die Programme nicht erst und nicht nur zum Zeitpunkt ihrer Ausstrahlung hören können. Im faschistischen Deutschland, in dessen Hörfunk das Programm schon früh die Stärke eines den ganzen Tag und Teile der Nacht begleitenden Flusses erreicht hat, sind die apparativen Voraussetzungen für die Befriedigung des Bedarfs schon im Verlauf der dreißiger Jahre geschaffen worden. Unter den Bedingungen eines riesigen funktionierenden Massenmarktes wird die Herstellung von Tonbandgeräten nach dem Zweiten Weltkrieg zuerst bei der Siegermacht USA zum profitablen industriellen Verwertungszweig. (82)

Aus dieser technisch-ökonomischen Basis heraus entfaltet sich das

Niveau der Erfindung des Videorecorders im engeren Sinn. Die Firmen, die zwischen 1948 und 1956 in den Vereinigten Staaten den Versuch unternehmen, die Tonbandtechnik für die Bildaufzeichnung zu adaptieren, kommen sämtlich aus der Praxis des Rundfunks bzw. sind unmittelbar an der Durchsetzung des auditiven Vorgängers als Innovation beteiligt. Die aufwendigen und langwierigen Entwicklungsarbeiten für den Videorecorder werden national unter Marktbedingungen realisiert, die schon auf der ersten Stufe der kommerziellen Verwertung - der Praxis des Fernsehrundfunks - ein relevantes Käuferpotential versprechen. Lediglich in den USA sind zu dieser Zeit die Voraussetzungen für die produktmäßige Herausbildung der Erfindung gebündelt gegeben, nämlich "eine dem Produktionsniveau und/oder dem Lebensstandard der Gesellschaft adäquate und von den verfügbaren Resourcen gedeckte Nachfrage" (83).

Die Gründe, die schließlich dazu führten, daß die Ampex Corporation das am meisten ausgereifte Konzept entwickeln und auf dem Markt umsetzen konnte, bilden ein komplexes Set. Die wichtigsten sind:

- Ampex konnte zurückgreifen auf die technischen Erfahrungen, welche die Firma bei der Entwicklung des kommerziellen Tonbandgerätes für die Hörfunkpraxis bereits gemacht hatte.
- Sie verfügte offenbar über gute Verbindungen zum bedeutendsten Inhaber von Patenten auf dem Gebiet der Magnetbandtechnik, der Armour Research Foundation.
- Sie arbeitete neben der Tonbandtechnik auch auf anderen Gebieten der elektromagnetischen Aufzeichnung, bei denen sich das Grundproblem des Videorecorders im Unterschied zum Tonbandgerät ähnlich stellte: sowohl bei der analogen wie auch der digitalen Datenaufzeichnung geht es um das Konservieren von elektronischen Signalen, die in ihrem Frequenzumfang das auditive Spektrum bei weitem übertreffen.
- Die hartnäckige Konzentration der Ampex-Ingenieure auf das technologische Problem, die erforderliche hohe Relativgeschwindigkeit so in den Griff zu bekommen, daß ihr Videorecorder in der Praxis auch verwendet werden könnte, erwies sich als entscheidende Orientierung. In ihr steckte bereits der rationelle Kerngedanke weiterer Recorderentwicklung: nämlich durch die Konstruktion des Gerätes zu gewährleisten, daß so wenig Bandmaterial wie möglich verbraucht würde. Auch wenn dies zunächst große apparative Schwierigkeiten bereiten sollte.
- Der Video Tape Recorder von Ampex war Resultat einer Teamarbeit, in die unterschiedliche Qualifikationen einflossen. Charles Ginsburg verstand es offenbar hervorragend, das Projekt zu organisieren, zu motivieren und voranzutreiben, auch wenn es von seiten des Firmenmanagements nur mangelnde Unterstützung erfuhr. Mit Ray Dolby verfügte die Gruppe über einen hervorragenden Nachrichten-Ingenieur, der das Projekt auf den verschiedensten Gebieten bereicherte. Fred Pfost war auf die Konstruktion der Magnetköpfe spezialisiert, Charles E. Anderson war ein qualifizierter Hochfrequenz-Techniker. Mit Shelby Anderson hatte die Gruppe einen Konstrukteur, der speziell für die Modellentwicklung zuständig war.

- Das Projekt wurde erst der Öffentlichkeit vorgestellt, als ein Prototyp des Gerätes entwickelt war, der in den wichtigsten Parametern den Anforderungen der professionellen Fernsehpraxis genügte. Dadurch waren die Entwicklungsarbeiten frei von jedem mediatisierten Erfolgszwang, wie er vor allem für das RCA-Projekt frühzeitig vorhanden war.

Kapitel IV

INNOVATIONS-NIVEAU

"Die 24 Stunden eines Tages sind genauso wenig dehnbar wie das Schiff des Metteurs."

(Michael Schmolke, 1983)

"We in television are in the time-wasting business."

(Paul Klein, ehemaliger Programmchef der NBC, 1981)

Schwerpunkt:
Die Durchsetzung des Videorecorders als Distributionsmaschine im kommerziellen Fernsehrundfunk der USA

Innovation, die "eigentliche Geburtsstunde der Ontogenese" (1) eines neuen technischen Sachsystems - in technikgeschichtlicher Perspektive wird sie allgemein definiert als die erste Phase der erfolgreichen wirtschaftlichen Umsetzung einer Erfindung auf dem Markt. Unsere Gliederung für den historischen Prozess der Entwicklung des Videorecorders hat nicht nur diese wirtschaftliche Orientierung. Ein unterscheidbares **Niveau** in der Genese des Artefakts ist dadurch bestimmt, daß hinsichtlich aller drei Bestimmungsstücke für technische Geräte besondere und verbindende Qualitäten gegeben sein müssen: hinsichtlich ihres Herstellungszusammenhangs, hinsichtlich ihrer besonderen Formgestalt sowie hinsichtlich ihres spezifischen Verwendungszusammenhangs. - Welche besonderen sozio-technischen und -kulturellen Merkmale ergeben sich daraus für das Niveau der Innovation und wie läßt sich dieses in der zeitlichen Ausdehnung sinnvoll eingrenzen?

Die erste Stufe der Entwicklung auf dem Weg der kommerziellen Durchsetzung des Videorecorders erstreckt sich über den Zeitraum vom April 1956 bis zum selben Monat des Jahres 1958. In diesen ersten beiden Jahren der Marktgeschichte besitzt der Video Tape Recorder von Ampex noch eine absolute Monopolstellung, sowohl im Geburtsland der Innovation wie auch weltweit. Keine anderen Geräte gelangen in die kommerzielle Verwertung und in die praktische Anwendung außerhalb des Labors als diejenigen, die in den Fertigungsstätten von Redwood City in Californien hergestellt werden. Sie funktionieren nach demselben Prinzip wie die Mark IV, für dessen Umsetzung die Ampex Corporation die entscheidenden Patente besitzt: Fernsehimages werden Im Querspur-Verfahren nach dem Quadruplex-System auf Magnetband reproduziert.

Die sozio-technische Form der Herstellung durchläuft in dieser Periode zwei Stufen, die aber genetisch ineinandergreifen und somit in der zeitlichen Abfolge nicht voneinander zu trennen sind: In einer Art Vorserie werden die ersten Maschinen noch in Handarbeit produziert und Stück für Stück speziell für die Auftraggeber zusammengesetzt. Es sind sämtlich Duplikate des Prototypen. Parallel dazu beginnt die Vorbereitung der Serienproduktion des Typs VR-1000, wie Ampex das industriell erzeugte Gerät der ersten Generation nennt. Gestartet wird seine Produktion etwa ein Jahr nach der spektakulären Markteinführung des Prototypen. Auf beiden Stufen ist die Herstellung noch ganz konzentriert auf die Reproduktion des Modells und auf die Verbesserung vorhandener Produkt-Eigenschaften. Erweiterungen der technischen Funktionen des Erstgerätes, die auch zusätzliche Gebrauchswerte der Maschinen zur Folge haben, werden in der Herstellung erst im späteren Verlauf des Jahres 1958 angegangen und führen zu B- und C-Typen des VR-1000.

Der Markt ist auf dem Niveau der Innovation regional ganz auf den nordamerikanischen Teilkontinent beschränkt, die USA und Canada. Anwender und Anwendungsgebiete sind aufs engste mit denjenigen Faktoren verknüpft, die schon die Erfindung wesentlich vorangetrieben haben. Der Video Tape Recorder wird in allererster Linie von den Programmgesellschaften des Fernsehrundfunks benutzt und eingesetzt, um die unterschiedlichen Zeitzonen auszugleichen. Das Gerät bleibt also auf diesem Niveau lediglich Mittel der Distribution von Programmen. Für die Herstellung von Sendungen des Fernsehens ist er noch nicht ausgereift genug.

In all diesen Hinsichten kündigt die Inbetriebnahme des komplexen Videostudios in Burbank/Hollywood durch die NBC, im April 1958, eine neue Qualität an. Sie ist für unsere Genese des Artefakts das Bindeglied zum nächsten qualitativen Niveau, mit dem die Darstellung des Prozesses der Innovation abgeschlossen wird.

Sowohl bei Ampex als auch bei den anderen in die frühe Geschichte des Videorecorders eingebundenen Firmen und Konzernen wird aber selbstverständlich die inventive Tätigkeit am neuen Sachsystem mit der Durchsetzung der Innovation nicht etwa gestoppt. Das Gegenteil ist der Fall. Unter dem Eindruck der erfolgreichen Realisierung des Prototypen auf dem Markt wird die Entwicklung alternativer Produktkonzepte, von Verbesserungs- und Erweiterungs-Erfindungen beschleunigt vorangetrieben. Und einige der ursprünglich als optimal eingestuften Verfahren verlaufen endgültig im Sande, zumindest was ihre anvisierte Verwendung im Fernsehrundfunk betrifft.

1. Sozio-technische und -kulturelle Entwicklungsfaktoren für die Durchsetzung der Innovation in den USA

Die Präsentation des Video Tape Recorders von Ampex am 14. April 1956 in Chicago, am denkbar günstigsten lanciert vor den Fachvertretern der Programmpraxis des Fernsehens und der Rundfunkindustrie, markierte öffentlich das Ende der Erfindungsphase einer neuen Medientechnik. Überzeugender als sein Konkurrent von der mächtigen RCA hatte der Prototyp der Firma, die sich auf die Herstellung von Tonbändern und von Präzisions-Recordern zur Aufzeichnung von Meßdaten spezialisiert hatte, demonstriert, daß die Aufzeichnung von Fernsehbildern auf Magnetband und ihre unmittelbare Wiedergabe in einer Güte und in einem Umfang praktikabel waren, die den Ansprüchen des kommerziellen Fernsehens sehr weitgehend entsprachen. Das Ampex-Verfahren der Beschriftung eines zwei Zoll breiten Magnetbandes quer zum Verlauf desselben durch vier Magnetköpfe, die in hoher Geschwindigkeit rotierten, hatte sich als die bis dahin optimale technische Lösung herausgestellt. Und vor allem: sie schien auch technischwirtschaftlich umsetzbar in Form von Produktionstypen des Modells, obgleich ihre Realisierung enorm aufwendig und voller Tücken war.

In den Laboratorien der Bing Crosby Enterprises waren die Entwicklungsarbeiten mit dem Zwölf-Spur-System längst eingestellt worden und wurden auch unter der Ägide des neuen Besitzers, der 3M Company, nicht wieder reaktiviert. In der Bundesrepublik begnügte man sich derzeit noch mit der aufmerksamen Beobachtung des Prozesses der Innovation in den USA. Das Schüller-Patent für die Schrägspur-Aufzeichnung ruhte hier im Archiv des wiedererstarkenden Telefunken-Konzerns, während die Ingenieure der japanischen Toshiba Gesellschaft schon dem ersten Prototypen entgegensteuerten, der mit diesem Prinzip funktionieren sollte. Im David Sarnoff Research Center der RCA in Princeton gab man indes die Experimente mit dem Längsspur-Verfahren noch nicht auf angesichts der sensationellen Vorführung der Mark IV von Ampex. Im Gegenteil: die Anstrengungen wurden noch einmal intensiviert. Der Konzern rechnete sich offenbar insofern noch eine realistische Marktchance aus, als die RCA-Versuche von vornherein auf die Aufzeichnung und Wiedergabe farbiger Fernsehbilder gerichtet waren, während Ampex sich zunächst auf monochrome Images konzentrierte. Wohl unter dem Druck der erfolgreichen Lancierung des Konkurrenzsystems auf der Chicagoer Messe der NARTB traten die Ingenieure der RCA im September 1956 noch einmal mit dem mittlerweile erreichten Stand ihrer Arbeiten an die Fachöffentlichkeit. In einem für vergleichbare Abhandlungen außergewöhnlich großem Umfang von über 60 Seiten erhielten sie in der hauseigenen Zeitschrift für Forschungs- und Entwicklungsarbeiten Gelegenheit, ihr Verfahren vorzustellen und möglichen Interessenten anzubieten. (2) Inzwischen hatte man die Bandgeschwindigkeit um etwa ein Drittel reduzieren können, von 30 Fuß auf 20 Fuß in der Sekunde, sodaß auf eine Spule mit einem Durchmesser von 20 Zoll (ca. 50 Zentimeter) zwölf bis 15 Minuten Programm aufgezeichnet werden konnten; je nach Stärke des verwendeten Bandmaterials. Die Lebensdauer der Magnetköpfe - die empfindlichste Stelle in der frühen Entwicklung des neuen Sachsystems - war auf 100 Betriebsstunden erhöht worden; und auch die Bänder konnten ohne nennenswerte Verluste in der Wiedergabequalität bis zu 100 mal benutzt werden.

Auf dieser verbesserten technischen Basis wurden bei der RCA-Tochter NBC im Frühjahr und Sommer 1956 intensive Feldversuche durchgeführt. Man unternahm es sogar, dem Konkurrenten mit der ersten praktischen Anwendung vor der Öffentlichkeit des Fernsehpublikums zuvorzukommen. Im Oktober des Jahres, zu einem Zeitpunkt also, zu dem die Konzernleitung längst die ersten Maschinen von Ampex geordert hatte, wurden zum ersten Mal in der Geschichte des Mediums einem dispersen Publikum Video-Aufzeichnungen über das Sendernetz der NBC vorgeführt, sowohl in Schwarz-Weiß als auch in Farbe. (3) Gleichzeitig überholte die RCA die technische Wirklichkeit ihrer Experimentalanlagen marketing-strategisch mit kühnen Prognosen und suchte damit, wenigstens propagandistisch Terrain zu gewinnen. Anfang Oktober 1956 kündigte sie die baldige Produktion von Video-Apparaten an, die an einen handelsüblichen Fernseher anzuschließen wären. Zunächst sollte das neue Gerät freilich nur als Player dienen. Man könnte **fabrikmäßig vorbespielte Bänder** zu Hause reproduzieren. Später würden dann die Apparate erweitert werden für die **Aufzeichnung von laufenden Programmen** aus dem Fernsehrundfunk und ergänzt durch eine **Heim-Kamera** mit Mikrophon, mit denen man sein eigenes Programm produzieren könnte. (4) Von seiten eines Herstellers wird hier zum ersten Mal das komplette System des künftigen Heim-Video als nahe kommerzielle Perspektive entworfen. Angesichts der Tatsache, daß nicht einmal die Feldversuche im professionellen Fernsehen mit befriedigenden Ergebnissen verliefen, war allerdings die Prognose, daß das Gerät innerhalb der nächsten fünf Jahre entwickelt zur Verfügung stünde, mehr als gewagt. Noch Anfang 1957, anläßlich eines Vortrages vor der British Kinematograph Society, drückte der europäische Repräsentant der technischen Abteilung der RCA das bis dahin erreichte Niveau in einem schönen understatement so aus: "It must be emphasized that the equipment is still in the development stage" (5). Im Oktober desselben Jahres warf man dann bei der RCA endgültig das Handtuch bezüglich der Hoffnung, das eigene System doch noch innerhalb der Praxis des Fernsehrundfunks durchsetzen zu können. Man adaptierte das Verfahren der erfolgreicheren Konkurrentin. Am 14. des Monats gaben Ampex und RCA bekannt, daß sie ihre Patente für die Video-Bandaufzeichnungen ausgetauscht und zur gegenseitigen Benutzung in einen gemeinsamen Pool eingebracht hatten. (6) Ampex konnte nun vor allem von den Erfahrungen der RCA-Techniker mit der Konservierung von farbigen Bildern profitieren; in Princeton rüstete man die Anlagen auf das Querspur-Verfahren im Quadruplex-System um.

RCA-Vertreter Lamont hatte in England vor einem sachverständigen Publikum gesprochen, was die Schwächen des eigenen technischen Systems betraf. Denn bei der BBC wurde seit 1953 mit einer ähnlichen Anordnung experimentiert; womit die britische Rundfunkgesellschaft die einzige in Europa war, die parallel zu den amerikanischen und japanischen Ingenieuren zielgerichtet an der Realisierung eines Verfahrens für die elektromagnetische Bandaufzeichnung von Bildern des Fernsehens arbeitete. Ihr System, der Vision Electronic Recording Apparatus (kurz: VERA), basierte ebenfalls auf der Längsbeschriftung eines Bandes mit der Breite von einem halben Zoll, das mit der enormen Geschwindigkeit von 200 Zoll in der Sekunde abgespult werden mußte, um das Videospektrum aufzeichnen zu können. Bei einer Konserve von fünfzehn Minuten Länge, die auch die Techniker der BBC als Minimum für die Praxis setzten, entstanden Spulen mit einem Durchmesser von 20,5 Zoll, also mehr als einem halben Meter. (7)

Damit war VERA mit ähnlichen Problemen der Praktikabilität belastet wie das RCA-Modell; obwohl es diesem gegenüber einige wichtige Betriebsvorteile hatte, wie zum Beispiel die Kontrollmöglichkeit der Bilder während der Aufnahme und einen etwas leichter zu handhabenden mechanischen Schnitt. (8) Trotz der praktischen Schwierigkeiten wurde der Apparat der BBC am 14. April 1958 erstmalig in Betrieb genommen. (9) Er gelangte jedoch über den internen Einsatz nicht hinaus. Als die Promotionsabteilung der Corporation nach fünfjähriger Entwicklungsarbeit die kommerzielle Herstellung des Prototypen ankündigte, verließen die ersten beiden Maschinen von Ampex bereits die Californische Firma in Richtung Großbritannien. Associated Rediffusion, bis heute eine der Schlüsselfirmen der britischen Rundfunk- und Videoindustrie, hatte sie für die Vorproduktion von Programmen bestellt. (10) Damit wurde auch in Großbritannien die Ampex-Ära eingeleitet.

Zu diesem Zeitpunkt - im Frühjahr 1958 - konnte man in den USA schon auf zwei Jahre praktische Erfahrungen mit der neuen Medientechnik zurückblicken. Innerhalb kurzer Zeit war hier der Videorecorder in das System profitorientierter Fernsehkommunikation integriert worden; im harten Konkurrenzkampf zwischen den Networks hatte er sich als neue **Distributionsmaschine** etabliert. - Welches waren die Bedingungen für diesen Prozeß und wie verlief er im einzelnen?

Tabelle 2

Anzahl der TV-Sendestationen und Empfänger-Haushalte in den USA während der Durchsetzung des Videorecorders als Innovation

Jahr	TV-Stationen	TV-Haushalte	Sättigungsgrad
1956	516	34.900.000	71,8%
1957	545	38.900.000	78,6%
1958	588	41.920.000	83,2%

Quelle: Steinberg 1980, S. 475 und S. 142; zugrundeliegen dem die jeweiligen Jahresberichte der FCC.

Im Geschäftsjahr 1956/57, in dem die Innovation sich durchzusetzen begann, verzeichnete die nordamerikanische Fernsehlandschaft einen erneuten "Boom" in ihrer Ausdehnung (11). Zu seinem Ende sendeten aus über 300 Städten 545 Stationen Programm, davon 519 kommerzielle und 26 öffentlich finanzierte für die Bildung ('educationals'). Fernsehen war zu einem gigantischen Geschäft geworden. Die Ausstattung der privaten Haushalte näherte sich schon allmählich der absoluten Sättigungsgrenze. Die Anfänge des **Pay TV** reichen bis in diese Phase zurück. Im Sommer 1957 erprobten bereits drei Gesellschaften den neuen Bezahl-Fernsehservice; was für diese Zeit noch sehr wörtlich zu verstehen ist. Das einzelne Programm war mit Münzen zu bezahlen, die in eine Kasse ("cash-register like box") geworfen werden mußten, die am TV-Apparat angebracht war. Betreiber solcher Subskriptions-Kanäle waren das Metropolitan Life Project, das von einer Tochtergesellschaft der Paramount Pictures, der International Telemeter Corporation, unterstützt wurde; außerdem die Video Independent Theatres Corporation und Skiatron TV, Incorporated. (12)

Das elektronische Medium sendete knapp zwanzig Stunden täglich, von sieben Uhr morgens bis weit nach Mitternacht. Die durchschnittliche Einschaltdauer des einzelnen TV-Gerätes hatte mit ca. fünf Stunden täglich eine enorme Extensität erreicht. Das Publikum wurde in wachsendem Maße zum Objekt der werbetreibenden Industrie. Etwa eine Milliarde US-Dollar pumpte sie alleine 1956/57 in die kommerziellen Gesellschaften. Zwischen den drei Networks sowie zwischen ihnen als Marktführer und den restlichen unabhängigen Veranstaltern kämpfte man erbittert um den größtmöglichen Anteil an diesem Kuchen; d.h. um die höchstmöglichen Zuschaueranteile bei den laufenden Programmen (die sogen. 'shares') sowie um die Besetzung neuer Kanäle. "The fight for channels - gold-mining claims - was bitter", faßt Erik Barnouw diese Situation zusammen und charaktierisiert die Rolle und den Einfluß der Sponsoren auf die Gestaltung des Programms mit dem anekdotischen aber treffenden Beispiel: "...the use of potatoe chips in a party scene was worth $ 100 to a director" (13). Auf der Seite der Anbieter von Programmen war das Medium hochgradig konzentriert. Das kommerzielle Fernsehen stand unter der Hegemonie der Networks. Am 1. Januar 1956 waren ihnen 95 Prozent aller kommerziellen Sendestationen angegliedert. Alleine NBC und CBS teilten sich 83 Prozent; die kleinere ABC mußte sich mit zwölf Prozent begnügen. (14) Das Du Mont Network war ja zu diesem Zeitpunkt schon aus dem Markt gedrängt worden. Vor allem zwischen den beiden ersteren fand also der Konkurrenzkampf statt und zwischen ihnen wurde er auch im Hinblick auf die Integration der neuen Aufzeichnungsmethode ausgetragen. - Schauen wir uns beispielhaft die innere Zusammensetzung eines der TV-Giganten an:

Das Columbia Broadcasting System, der erste Kunde für die Videorecorder von Ampex, verfügte alleine über 29 Fernsehstudios; 22 davon waren in New York, fünf in Californien (Hollywood) und zwei in Chicago stationiert. Diese Studios wiederum bedienten 267 Sender im ganzen Land mit Programmen, davon 151 als 'Prime Stations', d.h., daß die CBS-Programme privilegiert abgenommen werden mußten. (15) Die Anforderungen an die Belieferung dieser Abspielstätten in den verschiedenen Zeitzonen des Kontinents hatten sich damit enorm erhöht. Und auch die innerbetriebliche Situation des Networks drängte auf produktions-technisch und ökonomisch rationellere Lösungen des Problems von Fernsehkonserven. Im Geschäftsjahr 1956/57 waren bei CBS 2412 Angestellte fest beschäftigt und mit 5493 noch einmal weit mehr als das Doppelte frei und in Zeitverträgen. Die wöchentlichen Betriebskosten beliefen sich bei dem Network auf 700.000 US-Dollar. Die 29 Studios waren mit 148 elektronischen und 35 Filmkameras bestückt. Das Ausmaß der Programmtätigkeit mit dem schwerfälligen und teuren Zelluloid wird u.a. dadurch charakterisiert, daß in den Sendestationen 68 Filmgeber im Einsatz waren. Der Produktionsausstoß betrug im Jahr 1956 insgesamt 2561 Sendestunden; die Programmleistung war selbstverständlich noch wesentlich umfangreicher, da das Network ja auch anderweitig hergestellte Sendungen zur Ausstrahlung brachte. Wir können uns eine Vorstellung von diesem Volumen machen, wenn wir es mit dem Ausstoß im Sektor des Kinos vergleichen. Die gesamte nordamerikanische Spielfilmproduktion hatte zum Beispiel 1955 einen zeitlichen Umfang von 427 Stunden. (16)

Auf dem Vordergrund einer solchen Situation zeichneten sich allerdings ab Mitte der fünfziger Jahre einschneidende Veränderungen ab, zunächst in der Programmproduktion des US-Fernsehens. Die betriebstechnisch und -ökonomisch aufwendigen Live-Produktionen insbesondere von dramatischen Specials und Serien, wie sie das Bild des Mediums in der ersten Dekade nach dem Zweiten Weltkrieg prägten und wie sie optimal den Bedürfnissen des frühen Fernsehrundfunks entgegenkamen (17), nahmen immer mehr ab zugunsten von Konservenproduktionen vermittels der Filmtechnik. Eine bedeutende Rolle spielte dabei die veränderte Verwertungsstrategie der Major Companies der amerikanischen Filmwirtschaft. In den ersten zehn Jahren hatten sie jegliche Zusammenarbeit mit der Programmindustrie der großen Networks verweigert. Sie konzentrierten die Auswertung ihrer Filmwaren noch ganz auf die lukrativeren Lichtspieltheater. Die Programmgesellschaften des Fernsehens bedeuteten für sie schlicht noch keine relevante Konkurrenz. "From 1945 to 1955 even the largest television networks could simply not afford rents competitive with even a declining theatrical box office." (18) Hingegen versuchten einige der Major Companies schon früh, den großen Drei der Networks mit eigenen Unternehmungen entgegenzutreten. Die erwähnten frühen Projekte des Subskriptions-Fernsehens (Pay TV) sind Beispiele dafür. Paramount Pictures besaß außerdem Anteile an dem vierten unbedeutenderen Network DuMont Television. Columbia Pictures gründete 1951 mit Screen Gems eine Firma, die eigens für unabhängige Sender auf Zelluloid produzierte. Ein ökonomischer Zusammenschluß zwischen Film- und Fernsehindustrie kam lediglich im Februar 1953 auf der Ebene von Abspielstätten zustande: zwischen den Kinoketten von United Paramount Theatres (900 Lichtspielhäuser stark) und der ABC, die neben ihren vielen anderen medialen Aktivitäten über Nordamerikas größten Theaterpark verfügte und heute weltweit auch noch verfügt. (19)

Der Zugang zu den riesigen Spielfilm-Stocks der Majors blieb den Networks jedoch versperrt. Die wenigen Streifen, die anfänglich gesendet wurden, stammten vornehmlich aus dem britischen Markt, zum Beispiel aus den Ealing Studios, von Rank und von Korda oder es waren zweit- und drittklassige Produktionen kleinerer Konkurrenten der Majors. Einen Ausnahmefall stellte 1954 ein besonderer Handel zwischen ABC und der

Dachgesellschaft des Disney-Konzerns dar: Das Network stellte Disney Productions 500.000 US-Dollar für den Aufbau des Freizeitparks 'Disneyland' leihweise zur Verfügung. Als Gegenleistung erhielt es die Rechte für die Ausstrahlung zweier der berühmten Zeichentrick-Produktionen von Disney Films zugesprochen. (20) Zwei Jahre später machte dann C&C Television Incorporated vor, daß mit dem Verkauf von Senderechten für Spielfilme an das Fernsehen bereits Extra-Profite zu erzielen waren. Sie veräußerte 704 Lang- und 1.100 Kurzfilme an die meistbietenden aus der neuen Medienbranche, die sie aus dem Stock von Radio Keith Orpheum (R.K.O.) erworben hatte, nachdem Howard Hughes die einstmals legendäre Major Company zugrundegerichtet hatte. Im Januar 1956 brach Columbia Pictures - zu diesem Zeitpunkt noch zur zweiten Klasse der Minor Studios gehörig -das Eis und vermietete den Networks die Senderechte für seine Filme, die vor 1948 produziert worden waren. Die fünf Millionen US-Dollar zusätzlichen Profits, die Columbia aus diesem Handel gewann, halfen der Filmgesellschaft, noch im selben Jahr zur ersten Garde der Majors aufsteigen zu können. (21) Es folgten mit ähnlichen Geschäften die Warner Brothers im März 1956, Twentieth Century Fox und Metro Goldwyn & Meyer (MGM) im August des Jahres. Am längsten hielten Paramount Pictures die Blockade aufrecht, um sie dann allerdings mit einem umso spektakuläreren Geschäft zu durchbrechen: Anfang 1958 verkauften sie die TV-Rechte für 750 ihrer Spielfilme zu einem Preis von insgesamt 600 Millionen US-Dollar. (22) Wie Columbia vergaben alle Majors anfangs nur TV-Rechte für diejenigen ihrer Filme, die vor mehr als acht Jahren entstanden waren und die damit weitgehend aus der laufenden Kinoauswertung herausfielen. (23)

Aber der Einstieg der Majors in das elektronische Bildermedium beschränkte sich nicht auf den Verkauf bzw. die Vermietung von Spielfilmrechten. Sie begannen vor allem auch in größerem Umfang selbst für das Fernsehen zu produzieren. Für die Saison 1955/56 hatte ebenfalls die ABC das erste Abkommen mit einem der großen Hollywood-Studios abgeschlossen, das gleich einen beträchtlichen Umfang aufwies. Partner waren die Warner Brothers. Sie verpflichteten sich zur Herstellung von **vierzig** einstündigen Programmen zu einem 'Stückpreis' von 75.000 US-Dollar. Zwölf davon durften in der Sommerperiode 1956 wiederholt werden, wofür die ABC noch einmal 37.500 US-Dollar pro Stunde zu bezahlen hatte. "Thus ABC-TV was **assured** of fifty-two programs, while Warner was **assured** of more than 86.000 for each film it made." (24) Mit den Hervorhebungen soll gekennzeichnet werden, worauf es den beiden Geschäftspartnern in erster Linie ankam: die ABC benötigte vorgefertigte Programme, die verläßlich einzusetzen waren und die über einen längeren Zeitraum dazu in der Lage waren, Publika an das Network zu binden; Warner verschaffte sich mit der Serienproduktion für das Fernsehen verläßliche, wenn auch im Vergleich zur einzelnen Kinoproduktion geringere, Einkünfte, mit denen der Konzern über einen längeren Zeitraum hinweg fest kalkulieren konnte. (25) Seinem Beispiel folgten bald die übrigen Major Companies, MGM, United Artists, Twentieth Century Fox, Columbia Pictures und die Music

Corporation of America (MCA), die bereits im Begriff war, den Major Universal Pictures aufzukaufen, zu diesem Zeitpunkt aber noch mit Produkten verschiedener Hollywood-Firmen handelte.

Abgesehen davon, daß hier - vor knapp dreißig Jahren - der Grundstein für jene enge Verflechtung zwischen Kino- und Fernsehindustrie gelegt wurde, innerhalb derer die Filmware zum multimedialen Verwertungsobjekt geworden ist, unter anderem auch in Form der industriell gefertigten Videocassette; - im Hinblick auf den engeren historischen Zusammenhang sind zweierlei Auswirkungen dieser Kooperation großen Stils von Bedeutung: Die TV-Veranstalter füllten ihre Programmplätze immer mehr mit den Filmkonserven aus Zelluloid. Live-Sendungen im dramatischen Bereich des Programms wurden zurückgedrängt und tendenziell nivelliert. WOR TV in New York zum Beispiel, ein Sender, der sich in den frühen fünfziger Jahren regelrecht zum 'Theater des kleinen Mannes' entwickelt hatte und der noch 1954 allabendlich ein Live-Drama aufführte, hatte zwei Jahre später das Live-Spiel nahezu aus seinem Programm verbannt. Im Herbst 1956 strahlte der Sender zu 88 Prozent Filmmaterial aus, zur Hauptsache die neuen Serien der Filmstudios. Notwendige Konsequenz hieraus - und dieser zweite Aspekt war sicher von den Programmveranstaltern in erster Linie intendiert - war ein gehöriger Prozess der Rationalisierung im Bereich des künstlerischen und technischen Personals. Er ging einher mit einer zunehmenden Verlagerung der dramatischen TV-Produktion von der Ostküste der Vereinigten Staaten nach Hollywood. Die Fernsehspiel-Studios in New York wurden weitgehend aufgelöst. Im einstigen Mekka der elektronischen Programmherstellung wurden lediglich noch Nachrichten, dokumentarische Features, Shows und Quiz-Programme inszeniert (26), vornehmlich aktuellere Direktsendungen also, für welche die zeitversetzte Ausstrahlung an der Westküste und den übrigen Regionen besonders wichtig war.

Die grobe Skizzierung der Rahmenbedingungen der Fernsehproduktion und -distribution in den USA soll verdeutlichen: Die **Tendenz** hin **zur Konserve,** zur Vorproduktion und weg vom elektronischen Medium als Live-Theater, war **nicht** etwa ein **Effekt** der Durchsetzung der Innovation Videorecorder sondern gehörte mit zu ihren **Voraussetzungen.** Was nicht ausschließt, daß diese Tendenz durch den Einsatz der neuen Technik weiter vorangetrieben wurde. Für jegliche Form der Konservierung von Fernsehimages konnte bis dato lediglich das teure und schwerfällige Verfahren des mechanischen Films benutzt werden. Vergegenwärtigen wir uns in diesem Zusammenhang einmal das Volumen des anfallenden Produktions- und Aufzeichnungsbedarfs bei den Fernsehsendern: Von den 28.312 filmischen Einheiten, die 1956 in den USA produziert wurden - das sind 77 Einheiten täglich -, entfielen alleine auf das Fernsehen über 20.000, also mehr als 70 Prozent. (27) Davon wiederum waren 4.368 Einheiten (knapp 22 Prozent) TV-Kinescope-Programme, also Aufzeichnungen von Fernsehsendungen mit Hilfe des photo-optischen Verfahrens für die Archivierung, die zeitversetzte Ausstrahlung oder auch die Wiederholung einer Live-Sendung.

Auf dem Hintergrund der enormen Ausbreitung des Fernsehens in den USA, seiner gewandelten Programmstrategien, seiner besonderen betriebstechnischen und -ökonomischen Bedingungen wird es nun begreiflich, daß sich die Networks regelrecht auf die Innovation des Video Tape Recorders stürzten. Obgleich das Gerät für den praktischen Einsatz noch längst nicht ausgereift war. Die gegenüber dem Film schnellere, rationellere und dem elektronischen Prozess Fernsehen adäquate neue Technik der Aufzeichnung von Programmen versprach erhebliche Marktvorteile für diejenigen, denen ihre Integration am ehesten gelingen würde.

In den Tagen unmittelbar nach der ersten Präsentation der Mark IV beeilten sich folglich vor allem die großen Drei der Programmgesellschaften, auf den neuen technischen Zug aufzuspringen, noch bevor er richtig in Fahrt war. CBS, im Geschäftsjahr 1956/57 Marktführerin beim alltäglichen Kampf um Einschaltquoten und Zuschaueranteile (28), hatte von Ampex den ersten Zuschlag für die privilegierte Lieferung von drei Recorder-Einheiten erhalten. Vier Tage nach der Bekanntgabe dieses Handels - anläßlich der Vorführung des Prototypen in Chicago - meldete die New York Times, daß auch die schärfste Konkurrentin NBC drei Maschinen geordert hätte. (29) Tags darauf, am 19. April 1956, umfaßte die Liste der Bestellungen bei Ampex bereits 75 Recorder; sie repräsentierten zusammen einen Verkaufswert von 3,8 Millionen US-Dollar. "The dramatic introduction of the video tape recorder turned out to be the biggest hit at the annual convention of the National Association of Radio and Television Broadcasters" (30), begann die New York Times ihren abschließenden Bericht über die Chicagoer Messe. Knapp einen Monat später demonstrierte das CBS, wie stark es auf die neue Medientechnik setzte, noch bevor es die ersten Maschinen in Betrieb nehmen konnte. Auf einer Veranstaltung der Association of National Advertisers gab das Management des Networks bekannt, daß es Ampex mit der Anfertigung von sieben weiteren Maschinen beauftragt hätte. Die abzusehenden Einsparungen von Betriebskosten, die man durch den Einsatz der magnetischen Aufzeichungstechnik erreichen könnte, wären so eindrucksvoll, daß man sich zu diesem Schritt entschlossen hätte. (31)

Die Innovatoren in Redwood City sahen sich durch diese Flut von Bestellungen enorm unter Druck gesetzt. Obwohl die Leitung der Firma die Aufträge in zwei Dringlichkeitsgruppen unterteilt hatte. Sechzehn Maschinen sollten zunächst für die ersten Kunden aus den Networks unmittelbar in den nächsten Monaten in Handarbeit produziert werden. Währenddessen wollte man die Serienherstellung vorbereiten. Die nachfolgenden Interessenten wurden hinsichtlich der Lieferung auf einen Zeitpunkt vertröstet, der erst nach dem Frühjahr 1957 liegen sollte. Um die Anforderungen der professionellen Verwendung des Videorecorders außerhalb des Labors befriedigend erfüllen zu können, mußten noch erhebliche Modifikationen an dem Prototypen vorgenommen werden. Viele mechanische Details des Geräts waren zu verbessern. Die Qualität und die Haltbarkeit der Magnetköpfe mußten erheblich erhöht werden; ähnlich wie bei den Experimenten der RCA ging man davon aus, daß sie mindestens 100 Betriebsstunden störungsfrei druchstehen müßten. Hinsichtlich der Wiedergabe der Images waren die Bildauflösung und die horizontale Stabilität noch zu steigern sowie der Rauschabstand zu vermindern. Gegenüber den künftigen Anwendern aus der Programmpraxis hatte man diese Verbesserungen als einlösbare Versprechungen abgegeben. (32) Die größten Schwierigkeiten hatten die Ingenieure von Ampex indes mit dem Bandmaterial. Es wurde - wie schon bei den apparativen Vorgängern des Video Tape Recorders - von 3M in Minnesota angefertigt. Die hohe Präzision, die für die Aufzeichnung von Videosignalen vom Band gefordert wurde, stellte die Firma anfänglich vor fast unlösbare Probleme. Nur ein Bruchteil des hergestellten Materials war für die Praxis tatsächlich zu verwenden. Der Ausschuß soll im ersten Jahr bis zu 97 Prozent betragen haben. Im April 1957 standen insgesamt überhaupt erst 50 Spulen mit einer Aufnahmekapazität von je einer guten Stunde zur Verfügung, die den Gütetest erfolgreich passiert hatten. 'Es war, als ob man ein tolles Auto erfunden hätte und nun kein Benzin zur Verfügung stünde, um damit auch fahren zu können', kommentierte ein Zeitgenosse aus der Werbebranche die mißliche Situation (33). Erst im Frühjahr 1957 gelang es dann 3M, das erste in Serie produzierbare Band auf den Markt zu bringen, das Scotch Magnetic VR Tape No. 179. Es kostete immerhin 306 US-Dollar, in etwa so viel wie heute ein Videorecorder der unteren Preisklasse. Wie schwierig die Herstellung von Videobändern noch lange Zeit blieb, wird nicht zuletzt dadurch charakterisiert, daß 3M für zehn Jahre lang die einzige kommerzielle Produzentin in den USA blieb. (34)

2. Der Video Tape Recorder von Ampex als Mittel zur Kompensation des 'Time Zone Delay' bei den Networks CBS und NBC

Nur etwa vier Monate benötigten die Techniker und Produktentwickler bei Ampex, bis die ersten Recorder-Einheiten an das CBS ausgeliefert werden konnten. Ursprünglich sollten sie schon in der Sommerpause 1956 in Betrieb genommen werden. Die Integration der neuen Geräte in die vorhandene technische Infrastruktur des Networks verzögerte sich dann doch noch ein wenig. Ende September begann man mit der Unterstützung dreier Ampex-Ingenieure mit der Installation der Anlagen. Für das Management war das ein willkommener Anlaß, die Stärke und Schnelligkeit des Networks publizistisch zu demonstrieren. Man kündigte schon für den 1. November des Jahres den Beginn der 'heißen' Betriebsphase an, also die Nutzung der Maschinen für die zeitversetzte Ausstrahlung von Programmen. (35) Es wurde jedoch noch mehr Zeit als erwartet benötigt, um die Fernsehtechniker mit dem neuen Sachsystem vertraut zu machen. In intensiven Closed-Circuit-Versuchen probierte man es zunächst einmal intern auf ihre Tauglichkeit und Zuverlässigkeit aus.

Öffentliche Premiere war dann am 30. November 1956. Die 'Television News with Douglas Edwards', das fünfzehn Minuten lange frühabendliche Nachrichtenprogramm des CBS, wurde erstmals und gleich vollständig vom Magnetband gesendet. Wie üblich war es zuvor in New York produziert und live ausgestrahlt worden, über die transkontinentale Leitung zur CBS Television City nach Hollywood geschickt, dort mithilfe des Videorecorders aufgezeichnet und drei Stunden nach der Sendung an der Ostküste auch für die Zuschauer an der Westküste ausgestrahlt worden. (36)

Im für das Publikum sichtbaren Resultat verlief die Premiere reibungslos. Die Wiedergabe des Programms war störungsfrei und in ihrer Qualität kaum zu unterscheiden von einer Live-Übertragung. Hinter den Kulissen begegnete man dem neuen technischen Sachsystem jedoch mit großer Unsicherheit. Die CBS-Techniker arbeiteten bei der Sendung vom Videoband mit einem aufwendigen Verfahren, das über die ersten Monate hinweg ständig praktiziert wurde. (37) Von dem auf der Ampex-Maschine aufgezeichneten Programm wurde nicht nur ein Duplikat angefertigt. Man nahm es zusätzlich noch mit dem TVR-Verfahren (= Television Film Recording = Kinescope Recording) auf, sowohl im 16mm- als auch im 35mm-Format. Bei der Ausstrahlung wurden dann **alle vier Konserven** synchron abgespielt. Bei eventuell auftauchenden Störungen hätte man somit vom Mutterband auf die Video-Kopie oder auch auf die Zelluloid-Konserven umschalten können. Betriebswirtschaftlich bedeutet dies, daß der Videorecorder in den ersten Monaten das Gegenteil eines Effektes der Rationalisierung und Verbilligung erzielte. Er verteuerte die Programmpraxis erheblich.

Ein weiteres technisches Problem stellten anfangs die empfindlichsten mechanischen Elemente der Maschine dar, die Magnetköpfe. Für die Duplikate des Prototypen, die das CBS in Betrieb nahm, wurden sie noch einzeln handgefertigt, sodaß die Kopfeinheit von Recorder zu Recorder geringfügige Unterschiede aufwies. Sie waren also nicht kompatibel. Die Aufnahmen mußten mit denselben Köpfen abgelesen werden, mit denen sie zuvor geschrieben worden waren. Gleichwohl traten bei den zeitversetzten Ausstrahlungen per Videoband keine nennenswerten Fehler auf. Das neue Mittel zur optimaleren Verteilung von Programmen wog in den Augen des Managements von CBS die noch vorhandenen praktischen Nachteile auf, sodaß man sukzessive, aber auch sehr behutsam, die Videopraxis erweiterte.

Nach drei Wochen der Erprobung mit dem 'Douglas Edward's News' Programm versuchte man erstmals, die Überbrückung des 'Time Zone Delay' auch in umgekehrter Richtung anzuwenden. In der New Yorker Zentrale des Networks an der Madison Avenue wurde am 20. Dezember 'Art Linkletter's House Party' auf Videoband konserviert, als es in Los Angeles über den Sender lief. Danach wagte man sich zunächst an eine dreißigminütige Show heran, die einmal pro Woche ausgestrahlt wurde; sie hieß 'Arthur Godfrey's Talent Scouts' und wurde erstmals am 24. Dezember zeitversetzt vom Videoband abgefahren. (38) Es folgten Video-Sendungen von Ed Murrow's 'See it Now', des wohl profiliertesten Programms der

US-Fernsehgeschichte, was engagierten und kritischen Journalismus betrifft. (39) Für die brisante und aktuelle Reihe war die zeitversetzte Ausstrahlung von besonderer Bedeutung. Auch nachdem die Sendung von 45 auf 60 Minuten gestreckt worden war, wurde sie auf Magnetband konserviert. Die Experimentalphase galt bei dem CBS intern als erfolgreich abgeschlossen, als zum ersten Mal ein Programm von eineinhalb Stunden Länge ('Cinderella') vollständig vom Videorecorder gesendet werden konnte, ohne daß spezifische Störungen auftauchten, die der neuen Technik anzulasten gewesen wären.

Noch intensiver als für die Überwindung der Zeitunterschiede wurde der Videorecorder indes innerhalb des Networks angewendet; zum einen für die **Ausbildung** des technischen Personals, zum anderen für die **Kontrolle** bei der künstlerischen und journalistischen Produktion sowie für vielfältige Testoperationen. Mit dem neuen Artefakt hatte man ein optimales Mittel zur Verfügung, um Live-Inszenierungen und Filmaufnahmen schon im Entstehungsprozess im Hinblick auf ihre Wirksamkeit auf dem Bildschirm überprüfen zu können. (40) Zur Vorproduktion jedoch wurde der Videorecorder zunächst nur versuchsweise eingesetzt; und dann auch nur zur Aufzeichnung kompletter Programme. So nahm man zum Beispiel im Frühjahr 1957 drei Inszenierungen der 'Talent's Scouts'-Show auf, um sie während des dreiwöchigen Urlaubs Arthur Godfrey's senden zu können. Die komplizierte und aufwendige Handhabung des mechanischen Schnitts stand einer Verwendung für die Vorproduktion in Segmenten vorerst noch entgegen. - Im Sommer 1957, nachdem die Konkurrenz von der NBC (Ab Januar 1957) und der ABC (ab April 1957) ebenfalls mit den neuen Maschinen zu arbeiten begonnen hatte, wurden in der CBS Television City von Hollywood wöchentlich bereits 40 Programme vom Videoband gesendet. Unter Berücksichtigung der Tatsache, daß auch zu diesem Zeitpunkt immer noch 'back ups' eingesetzt wurden, also Duplikate angefertigt und zur Sendung mitabgefahren wurden, kam man dort bereits auf etwa 100 Betriebsstunden der Anlage pro Woche. Im Hinblick auf die technischen Resultate war man bei CBS äußerst zufrieden. Howard A. Chinn, der damalige Chef-Ingenieur des Networks, faßte den praktischen Einsatz der Geräte für die zeitversetzte Programmausstrahlung zusammen: "... although on occasion resort is made to a backup recording no program failures have been experienced to date. As a matter of fact, for the most part the picture quality is so good that even experienced observers have called to inquire whether a particular program was being broadcast 'live' or reproduced from video tape" (41).

Wie sich die neue Technik betriebswirtschaftlich niederschlug und wie sich dabei die empfindlichsten technischen Problembereiche - das Bandmaterial und die Videoköpfe - auswirkten, verdeutlichen zwei Rechnungen, die Chinn aufmachte. Wobei im Vergleich zum Kinescope Recording zu berücksichtigen ist, daß Film- und Magnetbandaufzeichnungen bei **einmaliger Verwendung** des Materials in einem Kostenverhältnis von 1 : 2 standen, Video also doppelt so teuer wie Film war (42): Ein Videoband mit der Aufnahmekapazität von einer Stunde kostete ca. 300 Dollar. Wenn seine Qualität für 200 Durchläufe hinreichte, also für 100 Aufnahmen und 100 Wiedergaben, reduzierten sich die Kosten für die Stunde auf drei Dollar, vorausgesetzt, daß jede Aufnahme nur einmal abgespielt wurde. Bei einer Nutzungsmöglichkeit von 20 Durchläufen (zehn Aufnahmen und zehn Wiedergaben) verzehnfachten sich die Bandkosten pro Stunde auf 30 Dollar. Die tatsächlichen Nutzungshäufigkeiten für die Videobänder schwankten im Sommer 1957 zwischen diesen beiden Extremwerten. Die Betriebskosten für die Köpfe lagen durchschnittlich noch etwas höher. Man rechnete mit einer maximalen Belastbarkeit von 150 Betriebsstunden pro Kopf und einem Ersatzpreis von 300 Dollar; dies ergab einen Kostenansatz von zwei Dollar pro Stunde bzw. vier Dollar pro Videobetriebsstunde (eine Stunde Aufnahme/eine Stunde Wiedergabe). Konsequenterweise waren die Forderungen nach hochwertiger und konstanter Bandqualität sowie haltbareren Videoköpfen zwei der wichtigsten, welche die Vertreter der Networks nach einigen Monaten Betriebszeit an die Hersteller richteten. Dabei ging es aber nur noch um eine weitere Minimierung der Unkosten. Denn die Rechnung macht deutlich, daß schon nach zweimaliger Benutzung desselben Bandes der finanzielle Aufwand mit dem für das traditionelle Kinescope-Verfahren nahezu gleichzog, ganz abgesehen von dessen geringerer visueller Güte und der Entwicklungszeit, die das photo-optische Verfahren benötigte. So ist es nicht verwunderlich, daß sich schon nach einem Jahr Praxis mit dem neuen technischen Sachsystem beim CBS die Investitionskosten des Networks amortisiert hatten. (43) Und diese waren ja mit über 250.000 US-Dollar alleine für Television City in Hollywood von beträchtlicher Höhe gewesen (44).

Mit noch größerer Geschwindigkeit und Effektivität als das CBS integrierte die RCA bei ihrer Tochtergesellschaft NBC die Innovation in den TV-Betrieb. Dabei war der Konkurrent ja zunächst von Ampex bevorzugt worden, was die Lieferungstermine der ersten Anlagen betraf. Bei der NBC trafen die im April 1956 bestellten Maschinen erst Mitte Dezember des Jahres ein, ca. zwei Wochen nachdem beim CBS schon der heiße Sendebetrieb aufgenommen worden war. Ähnlich wie dort begann man bei der RCA-Tochter zunächst mit Closed-Circuit-Übertragungen vom Videoband, bevor man mit der neuen Technik an die Öffentlichkeit des Fernsehpublikums trat. Das erste Programm, das auf diese Weise vom Band vorgeführt wurde, war am 21. Dezember 1956 ein zehn-minütiges Segment aus der 'Tennessee Ernie Ford Show'. (45)

Genau einen Monat später ging man auch bei der NBC mit dem Videorecorder auf Sendung. Am Beispiel des Pilotprogramms werden noch einmal die besonderen zeit-räumlichen Bedingungen anschaulich, welche die Innovation wesentlich mit angestoßen haben. 'Truth and Consequences' hieß die Sendung, mit der man die Videopraxis bei der NBC begann. Die Live-Show wurde jeden Werktag morgens um 8.30 Uhr in Hollywood inszeniert, damit sie an der Ostküste und im Mittelwesten um 11.30 Uhr ausgestrahlt werden konnte, dem eigentlichen Sendetermin. Die Zuschauer im Westen sahen dann um 14.30 Uhr Ortszeit, also sechs Stunden nach der Inszenierung, normalerweise eine Kinescope-Kopie der Show. Abgesehen davon, daß man lediglich zur New Yorker Zeit das Programm wirklich live betrachten konnte: große Schwierigkeiten bereitete es der NBC jeweils, schon um 8.30 Uhr morgens ein waches und lebendiges Publikum ins Studio zu bekommen, das zum Konzept der Sendung gehörte. Mithilfe des Videorecorders konnte man nun flexibler planen und zu 'zivilisierteren Zeiten' inszenieren, wie es die New York Times in einem Special-Report zur Eröffnung des Programmbetriebes per Video ausdrückte: "No longer will Hollywood tourists be importuned to face a custard pie routine at 6:30 A.M." (46)

Knapp zwei Monate nachdem die ersten Ampex-Recorder bei der NBC in Betrieb genommen worden waren, stufte man sie bereits als 'extrem nützliches und praktisches Werkzeug für das Fernsehen' ein. In der Ausnutzung übertraf das Network seinen Konkurrenten vom Columbia System schon bei weitem. Ende Januar 1957 wurden bei der NBC wöchentlich 18 Stunden und 45 Minuten Programm vom Band gesendet; das CBS begnügte sich derzeit noch mit knapp zwei Stunden Video-Sendezeit pro Woche. (47) Einen qualitativen Sprung in ihrer Praxis machte die RCA-Tochter im April des Jahres. Sie experimentierte - unbemerkt von der Öffentlichkeit des Publikums - mit der Aufnahme und Sendung von Programmen der 'A Kategorie'; dazu gehörten die teuersten Shows, die in der Regel zur Hauptsendezeit, in der sogenannten 'prime time', ausgestrahlt wurden. In den Augen der New York Times ein herausragendes Ereignis: am 21. April 1957 las Charlton Heston die biblische Oster-Geschichte im Rahmen des Programms 'Frontiers of Faith', das an diesem Tag vollständig vom Band gesendet wurde. (48)

Innerhalb des nächsten etwa halben Jahres ging die Integration der neuen Technik bei der NBC mit großen Schritten voran. Im November 1957 kündigte Robert W. Sarnoff, damals amtierender Präsident des Networks, die Einstellung jeglicher weiterer Tätigkeit mit dem Kinescope-Verfahren an. Gleichzeitig veröffentlichte er den Plan der Konzernleitung, in den beiden Metropolen der nordamerikanischen Rundfunklandschaft Video-Zentralen ('Tape Centers') einzurichten: eine in den Burbank-Studios von Hollywood (auch 'Color City' genannt) und eine in der 'Radio City' von New York. Alleine für die Einrichtung an der Westküste wurden Investitionen in Höhe von 1,5 Millionen US-Dollar veranschlagt. (49) Wichtige sozio-technische Voraussetzung für die veränderte Politik des RCA-Konzerns, die hinter dieser Planung steckte, war der Austausch der Patente mit der Ampex Corporation im Oktober des Jahres gewesen. Dies versetzte die RCA nicht nur in die Lage, in eigener Regie Quadruplex-Anlagen zu entwicklen und zu produzieren. (50) Es zeigte sich auch, daß die langjährigen Erfahrungen, die ihre Techniker mit der Farbaufzeichnung im Longitudinal-Verfahren gemacht hatten, nicht etwa umsonst investiert worden waren. In kurzer Zeit gelang es ihnen, das Verfahren von Ampex auch für die Aufzeichnung und Wiedergabe farbiger Fernsehsignale anzupassen, noch bevor die Californische Firma selbst mit entsprechenden Geräten auf den Markt kam. Im April 1958 waren die Vorbereitungen für die neue Video-Zentrale in Burbank abgeschlossen. NBC verfügte damit über die erste komplexe Anlage, mit der sämtliche Zeitzonen der Vereinigten Staaten mit den erforderlichen Verschiebungen bedient werden konnten. (51)

Der Aufwand, der für die optimale Distribution von Programmen betrieben wurde, war beträchtlich. Für einen kontinuierlichen Ablauf der Speicherung und Wiedergabe des Programms wurden acht Maschinen in einem halbstündigen Rhythmus versetzt hintereinandergeschaltet. Es war ja zu berücksichtigen, daß die Bänder jeweils nach der Aufnahme wieder zurückgespult und in Startposition gebracht werden mußten. Praktisch funktionierte das so: "A recorder involved in the delay operation records for a half hour, rewinds and waits during the next half hour, plays back the one-hour delay during the third half hour, then rewinds and waits during the next one and a half hours so that during the seventh hour, it can play back the three-hour delay. It then rewinds und waits during the eighth half hour to be ready to record again during the ninth half hour." (52)

Da auch bei der NBC aus Gründen der Sicherheit des technischen Ablaufs jeweils Duplikate auf Magnetband angefertigt wurden, benötigte man für den kompletten Betrieb der Anlage **sechzehn Maschinen.** Zu Beginn arbeiteten davon in Burbank allerdings nur zwölf und zwar vier der Prototypen, die RCA in eigener Regie hergestellt hatte und acht der Recorder von Ampex, die von der RCA farbtüchtig modifiziert worden waren. Trotz des sehr aufwendig anmutenden Verfahrens waren damit für das Network die Probleme mit der zeitverschobenen Ausstrahlung von Fernsehprogrammen weitgehend praktisch gelöst. Das komplizierte System funktionierte mit einem 'Minimum an Konfusion und Fehlern' (53). In durchschnittlich 400 Betriebsstunden pro Woche insgesamt hatten die Maschinen einen enorm hohen Ausstoß; auch in wirtschaftlicher Hinsicht begann sich die Investition auszuzahlen.

Die erste Phase der erfolgreichen Umsetzung der Erfindung in der Praxis des Fernsehrundfunks ist damit abgeschlossen. Der Videorecorder war als Bestandteil der Distributionsmaschinerie der pr 'it-orientierten Networks integriert worden. Er hatte sich damit genuin als **Erwerbsmaschine** etabliert. Noch reduziert auf seine Grundfunktionen, die ununterbrochene Aufnahme und Wiedergabe von Images des Fernsehens, hatte er sich bereits als Gerät erwiesen, das die sozio-technische Struktur des Prozesses Fernsehkommunikation zu verändern in der Lage war. Zumindest als Speichermittel hatte er das Zelluloid aus dem elektronischen Medium verdrängt. Die Ersetzung von Teilen des Live-Programms durch die elektronische Konserve zeichnete sich als nächster qualitativer Schritt ab. Die Ampex Corporation hatte die Entwicklung von effektiven Schnitt-Techniken bereits als integralen Bestandteil der 'zweiten Phase' ihres Produktionsprogrammes angekündigt. Und auch sozio-kulturell begann der neue Artefakt einzugrei-

Schematische Darstellung:

Beispiel für die Schaltung von acht Videorecordern bei der NBC zur Überwindung der am häufigsten auftretenden Fälle des 'Time Zone Delay'

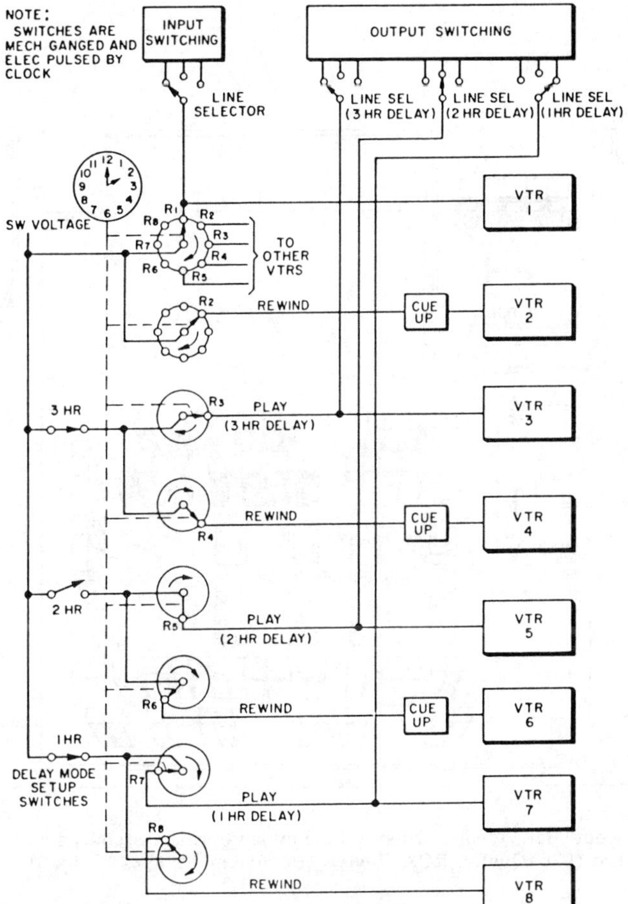

Quelle: NBC, nach Bernstein 1960, S. 245

fen. Die Programmplanung für das elektronische Bildermedium konnte sich nun optimaler an den Tagesablauf seiner Rezipienten anpassen, aber auch umgekehrt: das **Record ... Stop ... Rewind ... Play ...** des Videorecorders begann den alltäglichen Erfahrungs-Rhythmus eines riesigen Subkontinents mit dem TV-Programm zu synchronisieren. Die audiovisuelle Vermittlung von Wirklichkeit und Illusion war perfekter geworden.

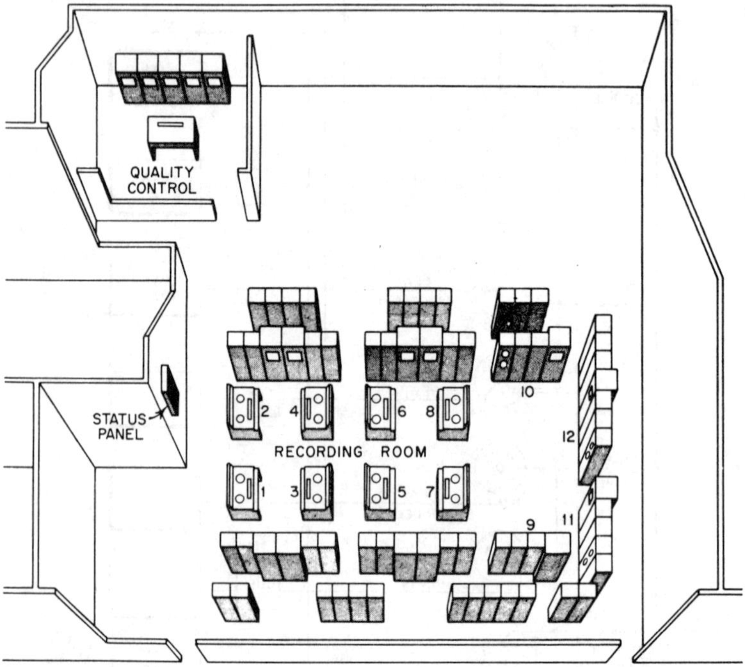

Das "lay out" der Videorecorder-Anlage in den Burbank Studios der NBC aus dem Jahre 1958 (Quelle: RCA-Review, December 1958, 646, Fig. 3)

Kapitel V

ERSTES VERBREITUNGS-NIVEAU

"das elektronische bild ... löst in der realitätsverdopplung das konzept von der einen wirklichkeit genauso auf, wie es in der wirkungsweise den raum durch die hereinnahme der zeit auflöst. in der realitätsverdopplung fallen vergangenheit und zukunft in der bildgegenwart zusammen."

(Richard Kriesche, Elektronische Gesellschaft, 1978)

"Zur Markt-Analyse in bezug auf Fernsehen gehört die überaus genaue Anpassung der Herstellungs-Dispositionen an die Senderprogramme. Je umfassender die Programme werden, je besser ihre technische und handelnde Leistung, um so mehr können die Fabrikationsserien wachsen."

(Hans Neuert, Funk-Industrie, Funk-Handel und Fernsehen, 1930)

Schwerpunkt:
Der Videorecorder als neues Mittel für die Produktion und Verteilung von Programmen außerhalb des Fernsehrundfunks der US-Networks

Das Fernsehen der nordamerikanischen Networks repräsentiert in den fünfziger Jahren das weltweit entwickelste Niveau massenmedialer TV-Aktivitäten; im Hinblick auf seine Reichweite, die Breite und die Intensität seiner Programmtätigkeit und seine technisch-ökonomischen Potenzen. In der Logik der Geschichte ist es nur konsequent, wenn die Erfindung einer neuen Technik des Mediums sich zuallererst dort durchsetzte, wo die Innovation in ein starkes und bereits ausdifferenziertes System von Fernsehen integrierbar war. Die Networks übernahmen damit die Pilotfunktion in der Anwendung. Sie demonstrierten in den beiden ersten Jahren der Marktgeschichte des Produkts, daß es trotz hoher Investitionen nützlich war und markierten durch seine Inbetriebnahme gleichzeitig, in welche Richtungen es weiterzuentwickeln wäre. Die Verbreitung des Artefaktes hatte diese Phase der Erprobung in der Praxis zur Voraussetzung.

Nachdem sich die Nützlichkeit und die tendenziell hohe Rentabilität der neuen Medientechnik erst einmal erwiesen hat, ziehen zunächst jene nach, die in unmittelbarer Nachbarschaft der ersten Anwender demselben gesellschaftlichen Praxis-Zusammenhang angehören. Darin steckt insofern ein gewisser Zwang, als Fernsehen zu dieser Zeit nicht mehr nur ein technisches und kulturelles Ereignis ist, an dem sich einige wenige Beteiligte erfreuen. Es ist ein gigantisches ökonomisches Unternehmen mit einer weitverzweigten Infrastruktur geworden, dessen einzelne Glieder voneinander abhängig sind. Wer daran künftig erfolgreich partizipieren will, muß danach trachten, seine eigenen Produktivkräfte dem erreichten Stand der Marktführer anzupassen bzw. wenigstens diesem nahezukommen.

Das erste unterscheidbare Niveau der Verbreitung des Videorecorders ist dadurch gekennzeichnet: Die kommerziellen Betreiber und die Institutionen massenmedialen Fernsehens außerhalb der Networks in den USA versuchen in der Ausstattung ihrer Produktions- und Distributionsanlagen nachzuziehen; unabhängig davon, in welcher juristischen Organisationsform sie TV-Rundfunk veranstalten oder an ihm beteiligt sind. In den Vereinigten Staaten sind dies die den drei großen Programmgesellschaften angegliederten Stationen, die mehr oder weniger unabhängigen kommerziellen Veranstalter oder Produzenten sowie Institutionen des Schul- und Bildungsfernsehens. Außerhalb der USA umfaßt die Verbreitung große Teile der kapitalistischen Fernseh-Welt, von Asien über Australien und Europa bis nach Lateinamerika. Wir konzentrieren uns in der Rekonstruktion auf Aspekte der weiteren Genese in Nordamerika einerseits, weil wir hier mit den sozio-technisch und -kulturell entwickeltsten Formen konfrontiert werden, andererseits auf die ersten Ansätze der Integration des Videorecorders in das bundesdeutsche Fernsehen. Ihm gilt unsere besondere Aufmerksamkeit umso stärker, je mehr wir uns der medialen Gegenwart nähern.

Nach der Durchsetzung der Innovation erstreckt sich das erste Niveau der Verbreitung des Artefaktes über ca. **vier Jahre.** Mit der Einführung der Schrägspur-Recorder in den internationalen Markt im Verlauf des Jahres 1962, ihren neuen sozio-technischen Implikationen und der Eröffnung erweiterter Nutzungsweisen, tritt die Diffusion in das qualitativ nächste Niveau ein. Bis dahin bleibt das Sachsystem in der Verwendung außerhalb des Labors beschränkt auf die technische Formgestalt des schweren und teuren Quadruplex-Systems, das freilich wichtige Verbesserungen und Ergänzungen erfährt.

Ökonomisch haben wir es auf diesem Niveau mit einem **Oligopol** zu tun. Zu der Innovationsfirma Ampex Corporation, die den Markt der ersten beiden Jahre alleine bedient hat, tritt als Hersteller und Anbieter von Videorecordern der Elektrokonzern RCA hinzu. Der gemeinsame Pool von Patenten hat es möglich gemacht: Obwohl mittlerweile zahlreiche weitere Firmen in die Entwicklung der magnetischen Fernsehbildaufzeichnung eingestiegen sind, gelingt es bis 1962 keiner außer den beiden US-Unternehmen, für ihre Apparate die Stufe des verwertbaren Produkts zu erreichen.

Nicht zuletzt dieser Umstand macht noch einmal die herausragende Stellung der kleinen - in der Zwischenzeit zur spezialisierten Herstellerin von Elektronik avancierten - Californischen Firma deutlich. Über insgesamt sechs Jahre beherrscht sie souverän gegen die ökonomisch hochentwickelte Konkurrenz nationaler und internationaler Konzerne mit ihrem technischen Konzept den gesamten Markt und legt den Grundstein für ihre weltweit bis heute gehaltene starke Position im Teilmarkt des Fernsehrundfunks. Sie kreiert damit sogar ein ästhetisches Gebrauchswertmonopol: **Ampexen** wird in der Fernsehpraxis über viele Jahre als Synonym für das Aufzeichnen mit der Magnetbandtechnik benutzt. Und sie ist damit ein Beispiel dafür, daß Innovationskraft und ökonomische Übermacht gerade auf dem Gebiet der modernen Elektronik nicht unbedingt ursächlich miteinander verknüpft sein müssen. (1)

1. Nationale und internationale Verbreitung der Innovation mit zusätzlichen und verbesserten Nützlichkeiten

Die Verwendung des Videorecorders in der Praxis des Fernsehrundfunks war auf ihrem ersten Niveau beschränkt durch den funktionellen Rahmen, den die Hersteller dem Gerät verliehen hatten. (2) Es diente zur **ununterbrochenen** Aufzeichnung von Programmen für deren zeitlich versetzte Ausstrahlung. Wobei der damit erreichten flexiblen Disposition noch recht enge technische Grenzen gesetzt waren. Zwei der wichtigsten Hemmnisse für die Entfaltung weiterer Gebrauchsformen des Gerätes waren:

- o das praktisch nahezu unmögliche Unterfangen, die Magnetbänder so **schneiden** und **wiederzusammensetzen** zu können, daß eine störungsfreie Reproduktion der Images gewährleistet war;
- o die **Inkompatibilität** der Recorder, die dadurch bedingt war, daß anfänglich nicht einmal die Bänder in ausreichender serieller Präzision hergestellt werden konnten und - nach der Lösung dieses Problems - die Videoköpfe und andere mechanische Elemente noch geringfügige Unterschiede in der Konstruktion aufwiesen, also ebenfalls nicht ohne weiteres ausgetauscht werden konnten.

Beide Probleme konnten auf dem Niveau der ersten Verbreitung des Videorecorders befriedigend gelöst werden, was wiederum mit zu einer verstärkten Diffusion des Produktes führte.

Die Entwicklung von praktikablen Verfahren für das Schneiden von Videobändern durchlief zwei Stufen, eine mechanische und eine elektronische. Während der Phase der Erprobung der ersten Maschinen bei den Networks hatte Ampex in zahlreichen Interviews mit Fernsehtechnikern, welche die Anlagen zu bedienen hatten, die Anforderungen eruiert, die aus der Praxis gestellt wurden (3). Das anvisierte Ziel der notwendigen Zusatz-Erfindungen für den Schnitt war ein elektronisches Verfahren für die Nachbearbeitung von Aufnahmen. Da dies jedoch eine absehbare längere Entwicklungszeit von mehreren Jahren benötigte, suchte man nach einfacheren Zwischenlösungen. Sie sollten wenigstens die grobe Segmentierung von Fernsehsendungen ermöglichen. Im April 1958 stellte der Ampex-Ingenieur Joseph Roizen auf dem Jahrestreffen der SMPTE in Los Angeles (4) zum ersten Mal eine handhabbare Methode für den mechanischen Schnitt vor. Im Unterschied zur technischen Montage des Films galt es vor allem zwei Probleme in den Griff zu bekommen: Die Images auf dem Magnetband sind nicht sichtbar; und Schnitt wie Synthese der einzelnen Teilstücke müssen mit hoher Präzision ausgeführt werden, damit der elektronische Fluß der Images bei der Wiedergabe nicht zusammenbricht. Mithilfe einer chemischen Lösung, welche die Magnetisierung nicht zerstörte, konnten die aufgenommenen Signale zunächst visualisiert werden, damit die Impulse identifizierbar waren, welche die Schnittstellen markierten. Dazu wurde bei Ampex eine Karbonyleisenlösung benutzt. Unter dem Markennamen 'Ampex Edivue' bot die Californische Firma die Flüssigkeit auch als kommerzielles Produkt an. Der chemische "Entwicklungs"-Prozeß dauerte nur wenige Sekunden. Das Schnittgerät, das in seiner Konstruktion den beim Film üblichen Schneidelehren sehr ähnelte, war dafür mit einem entsprechenden Behälter ausgestattet. Bei den fortgeschrittenen Ausführungen konnten die Teilstücke, die aneinanderzufügen waren, in einem Vorgang geschnitten werden, sodaß die beiden Enden lückenlos aneinander paßten. Auf der nicht-magnetisierten Rückseite mußte das Band dann sauber zur neuen Einheit zusammengeklebt werden. (5)

Obwohl sich das Verfahren in der Praxis als durchführbar erwies, war allen Beteiligten klar, daß es der neuen elektronischen Medientechnik geradezu anachronistisch gegenüberstand. Denn damit war man hinsichtlich der technischen Montage im Prinzip wieder beim optisch-mechanischen Medium angelangt, das man ja gerade in wichtigen Bereichen durch den Videorecorder substituieren wollte; dazu noch mit dem Unterschied, daß der Videoschnitt einen viel höheren Aufwand verlangte. Denn so einfach sich die Methode in der Beschreibung zunächst ausnehmen mag: in der alltäglichen Anwendung brachte sie erhebliche Schwierigkeiten mit sich. Das Erfordernis, den Schnitt auf einige wenige Hundertstel eines Milimeters genau ansetzen zu müssen, exakt in der Austastlücke zwischen zwei Halbbildern, dazu noch bei einem Bandmaterial, das ja keine Perforation wie der Zelluloidstreifen beim Film hatte, führte in der Ausführung immer wieder zu Fehlern und kostete viel Sorgfalt, d.h. auch Zeit. Für einen einzigen Schnittvorgang mußten im Durchschnitt fünfzehn Minuten veranschlagt werden. Hinzu kamen noch Probleme mit der Synchronität von Bild und Ton. Zwar wird beim Videorecorder beides auf dem gleichen Träger aufgezeichnet; da aber die rotierenden Bildköpfe und der feststehende Tonkopf etwas versetzt auf dem Deck untergebracht waren, wurden beide Informationen mit einer zeitlichen Differenz (0,6 Sekunden) aufgezeichnet. Der Ton wurde aber nach der beschriebenen Methode an derselben Stelle geschnitten wie das Bild. Es mußten also entweder komplizierte Verfahren der getrennten Behandlung entwickelt werden (6), oder man mußte sich pragmatisch helfen, wie man das auch in der Programmpraxis der Networks tat. Harte Schnitte wurden einfach nur an solchen Stellen der Sendung ausgeführt, wo Bild- und vor allem Tonsprünge für die Zuschauer kaum zu identifizieren waren, wie zum Beispiel während des unvermeidlichen weil mit-inszenierten Applauses bei Shows mit Publikum. Ansonsten half man sich mit der Montage innerhalb von Schwarzblenden und Tonlöchern.

Die Beschränkung hinsichtlich der Zerlegung von Programmen bei der Produktion waren damit lediglich relativiert, aber noch längst nicht aufgehoben. Es dauerte noch etwa drei Jahre, bis die mechanische Schnitt-Technik durch die Elektronik ersetzt werden konnte. Anfang 1961 kam die Ampex Corporation mit ihrem System des **Selective Electronic Editing** auf den US-Markt, in Europa wurde es im Mai des Jahres erstmals vorgestellt. (7) Damit veränderte sich der Vorgang des Schnitts hin zu einem technisch modifizierten Verfahren des Kopierens. "'Splicing' the recorded information but not the tape" (8), so faßte die englische Fachzeitschrift Wireless World den Kerngedanken des elektronischen Editierens von Videoaufnahmen zusammen. Bei der Überspielung von einem Videorecorder auf einen zweiten, der mit der Editier-Einrichtung ausgestattet war, konnten mithilfe des neuen Systems Einfügungen (**Inserts**) vorgenommen, also zum Beispiel Szenen ausgewechselt werden, oder man konnte zuvor aufgenommene Teilstücke (sogenannte Takes) in der gewünschten Chronologie hintereinandersetzen (**assemblen**), ohne daß die Bänder angetastet werden brauchten. Für die bruchlose Synthese der Takes sorgte die Elektronik. Der Ton konnte - wenn gewünscht - getrennt vom Bild behandelt werden; die Zweikanaltechnik, mit der Ampex seine Recorder seit 1959 ausstattete, ermöglichte die Integration von nachträglichen Kommentaren, von zusätzlicher Musik oder atmosphärischen Geräuschen.

Etwas weniger Zeit benötigten die beiden Hersteller von Videorecordern für die Lösung des Problems der Austauschbarkeit der Aufnahmen zwischen verschiedenen Maschinen. Es brannte den Anwendern in den Networks besonders unter den Nägeln, weil es schon die ursprüngliche Funktion des Videorecorders als nackte Distributionsmaschine hemmte. Dazu müssen wir uns die anfängliche Praxis noch einmal verdeutlichen: Zu Beginn konnten die Bänder nur mit denjenigen Köpfen abgespielt werden, mit denen sie zuvor auch beschriftet worden waren. Ein Austausch der Geräte zwischen dem Aufnahme- und dem Wiedergabevorgang war nicht möglich, folglich zum Beispiel auch nicht der Austausch von Bändern zwischen zwei Sendestationen. Ja, die Situation war so diffizil, daß die Videoköpfe, mit denen eine Aufnahme getätigt worden war, vor der Sendung des entsprechenden Bandes nicht einmal anderweitig benutzt werden durften. Sie nutzten sich zu schnell ab, sodaß die einwandfreie Wiedergabe des zuerst aufgenommenen Bandes nicht mehr gewährleistet gewesen wäre. Für die um wenige Stunden versetzte Reproduktion zur Überbrückung des Time Zone Delays fiel das nicht so sehr ins Gewicht. Man beließ das Band nach der Aufzeichnung einfach auf dem entsprechenden Recorder, spulte es zurück und brachte es für die Sendung auf Startposition. Wollte man hingegen die Aufzeichnungen zu einem späteren Zeitpunkt senden und dazwischen die teure Maschine anderweitig benutzen, um sie nicht tagelang brachliegen lassen zu müssen, so mußte man die Trommel mit den Köpfen entfernen und zusammen mit dem entsprechenden Band bis zur Ausstrahlung des Programms aufbewahren. Für den alternierenden Betrieb mußten dann andere Köpfe eingesetzt werden. (9)

In enger Zusammenarbeit mit dem Engineering Department des CBS gingen die Techniker von Ampex diese Probleme in der zweiten Produktionsphase ihrer Geräte verstärkt an. Auf derselben Konferenz der SMPTE im April 1958, auf der auch das Zusatzgerät für den manuellen Schnitt vorgestellt wurde, umriß Charles P. Ginsburg, der die Entwicklung des Prototypen bei Ampex angeleitet hatte, die grundsätzlichen technischen Hindernisse, die es zu überwinden galt, um eine völlige Kompatibilität der Quadruplex-Recorder zu gewährleisten. (10) Zwei Jahre später konnte K.G. Benson von der technischen Abteilung des CBS-Networks feststellen, daß wesentliche Fortschritte erzielt worden waren: "... complete interchangeability of head assemblies exists..." (11). Präzision und Haltbarkeit der Magnetköpfe und -bänder sowie viele elektronische Parameter waren soweit verbessert worden, daß die aus der Filmproduktion bekannten Herstellungstechniken von Programmen weitgehend auch in der elektronischen Übersetzung angewendet werden konnten: Zum Beispiel mußten Shows nicht mehr an einem Stück - analog zur Live-Inszenierung - aufgezeichnet werden. Soweit es die Rationalität der Produktion erforderte und soweit es die Möglichkeiten des Editierens des Bandes zuließen, konnte man einzelne Szenen oder gar Einstellungen außerhalb der Chronologie der Inszenierung aufzeichnen und einfügen; wobei es auch schon gelang, Segmente zusammenzufügen, die auf verschiedenen Maschinen konserviert worden waren.

Anfang 1961 brachte Ampex mit dem Zusatzgerät **Amtec** (Ampex Time Element Compensation) eine Neuerung auf den Markt, die den Bedarf der Programmproduzenten nach Austauschbarkeit auch in Produktform befriedigte. Mit der Einrichtung konnten unterschiedliche elektronische Charakteristika von Bändern, die auf verschiedenen Recordern beschriftet worden waren, im Hinblick auf eine störungsfreie Wiedergabe angeglichen werden. Alleine im Verlauf desselben Jahres verkaufte Ampex 177 Stück dieses Gerätes an Programmbetreiber, womit etwa jeder zehnte Recorder kompatibel gemacht wurde. Die RCA zog kurze Zeit später für ihre Quadruplex-Recorder mit einem Äquivalent nach. Es hieß **Automatic Time Control** (ATC) und kam Anfang 1962 auf den US-Markt. Was das RCA-Gerät bereits leistete, schaffte Ampex mit einer weiteren Zusatz-Erfindung, die mit der Amtec kombiniert werden konnte: **Colortec** ermöglichte auch die Phasenkorrektur von farbigen Video-Aufzeichnungen. (12) - Damit war das neue Sachsystem noch auf dem ersten Niveau seiner Verbreitung für die wichtigsten Erfordernisse der Programmproduktion entwickelt. In den Jahren zuvor hatten sich beide konkurrierende Hersteller beeilt, die anfänglich nur monochromen Recorder durch farbtüchtige Varianten zu ergänzen. Intern waren bei der NBC schon seit April 1958 in den Burbank Studios von Hollywood Farbanlagen eingesetzt worden. Gleichzeitig hatte Ampex zunächst Erweiterungs-Einrichtungen eingeführt, mit denen ihre Maschinen für Farbaufnahmen akkomodiert werden konnten. (13) Ein Jahr später trat RCA mit ihrem ersten - von vornherein farbtüchtigen - Gerät an die Öffentlichkeit des Marktes. Zum Anlaß nahm sie, wie die Konkurrentin drei Jahre zuvor, die jährliche Convention der NAB in Chicago im April 1959. Im Herbst desselben Jahres wurden die ersten Produktionsmodelle des **Television Tape Recorders** von RCA (TRT-1) ausgeliefert. Zu diesem Zeitpunkt hatte Ampex wiederum das erste integrierte Farbmodell des Video Tape Recorders entwickelt, (15) mit dem der Markt ab 1960 bedient wurde.

Der Reigen von Verbesserungen und Erweiterungen der Gebrauchswert-Funktionen, die das Gerät auf dieser Stufe seiner Genese erhielt, ist damit aber noch nicht abgeschlossen. Drei wichtige technische Entwicklungen beeinflußten zusätzlich die Möglichkeit seiner Verwendung:

- Die Generationen von Geräten beider Hersteller, die den ersten Modellen folgten, wurden **kompakter** und auch für den **mobilen Einsatz** zugeschnitten. Schon der Ampex Recorder vom Typ VR-1000B, der im Mai 1959 eingeführt wurde, wies nicht nur zahlreiche Verbesserungen in seinen technischen Parametern auf. Seine Konstruktion war wesentlich bedienungsfreundlicher, das Gewicht der Anlage war um 100 kg und sein Oberflächenbedarf um etwa 50 Prozent reduziert worden. Das Design war ebenfalls stark verändert; man hatte den Monitor aus den

Schränken, welche die Elektronik enthielten, herausgenommen und über die Bedienungskonsole des Recorders montiert, sodaß der direkte Sichtkontakt bei der Bedienung gewährleistet war. An dieser Gestaltung von Video-Anlagen für den Fernsehrundfunk hat sich bis heute im Prinzip nichts geändert. Die Geräte dieser Serie von Ampex wurden bereits in speziell konstruierte Aufnahmewagen installiert, die freilich in ihrem Umfang noch gut mit einem Möbeltransporter konkurrieren konnten. Besonders für den mobilen Einsatz zugerichtet waren die Geräte der Serie VR-1001 von Ampex (ab 1961); in Gewicht und Raumbedarf noch einmal wesentlich verringert zeichneten sich die A-Typen der Serie vor allem dadurch aus, daß das Oberdeck angeschrägt konstruiert worden war. Im Design ähnelten diese Recorder sehr den ersten voll-transistorisierten Maschinen von RCA, mit denen der Konzern Terrain im Marktsegment für mobile Anlagen gewinnen konnte. Dieser Typ TR-22 wurde im Frühjahr 1961 erstmals vorgestellt und ab 1962 verkauft. (16)

- Einen wichtigen Schritt in der Emanzipation des Videorecorders vom reinen Distributionsgerät hin zum Mittel der Produktion von Programmen stellte seine technische Integration in komplexe Studioanlagen dar. Auch mit dieser Neuerung kam die Ampex Corporation zuerst aus dem Labor. Im April 1960 präsentierte sie **InterSynch** erstmals und machte die Zusatzeinrichtung im folgenden Frühjahr auch kommerziell zugänglich. Das Synchronisier-Gerät ermöglichte es, Bandaufnahmen ohne Brüche in andere Sendeformen einzufügen, wie Live-Inszenierungen oder Abtastungen von Filmmaterial und Dias. Umgekehrt konnten Video-Aufnahmen durch anderweitig produzierte Sequenzen ergänzt werden. Die RCA brachte dieses Produktionsmittel noch im selben Jahr in eine sehr entwickelte kommerzielle Form. Zusammen mit den Reeves Sound Studios konzipierte sie ein komplettes Leihstudio für Fernseh-Bandaufzeichnungen. Es bestand aus acht Videorecordern der Radio Corporation, von denen zwei farbtüchtig waren, einer Farb- und einer Schwarz-Weiß-Kamera, ferner je einer Wiedergabe-Einrichtung für die beiden Filmsorten, einem 16mm-, 35mm- und Dia-Projektor, drei elektronischen Schneide- und Mischvorrichtungen sowie diversen Einrichtungen für die Produktionskontrolle, die in einem separaten Regieraum unterzubringen waren. Die Anlage konnte so von kleineren Studios, die sich ihre Anschaffung nicht leisten konnten, für die TV-Produktion gemietet werden. (17)

- Schließlich schaffte Ampex schon frühzeitig die technischen Voraussetzungen für den internationalen Austausch von Bändern, zunächst allerdings nur für Schwarz-Weiß-Material. Zusammen mit den Recordern des Typs VR-1000B bot sie ein **Interswitch** genanntes System an, das es erlaubte, sämtliche in der Welt existierende TV-Normen wiederzugeben, also Images die mit 525, 625, 405 oder auch 819 Zeilen aufgezeichnet worden waren.

Materiell-technisch war mit den zahlreichen Zusatz- und Verbesserungs-Erfindungen auf dem ersten Niveau der Verbreitung eine Qualität des neuen Sachsystems erreicht, die sich auch sozio-kulturell in vielfältiger Hinsicht niederschlug. Für die Medienlandschaft der USA bedeutete die Entwicklung des Videorecorders hin zur **Produktionsmaschine** vor allem

Erweiterungen der Erwerbsmöglichkeiten mithilfe des neuen Artefaktes.

"TV blew out the ten candles on its birthday cake ... and the crazy wish came true ... " (19). Diese Widmung für die Innovation des Videorecorders im nordamerikanischen Fernsehrundfunk könnte selbst der Text für einen Werbespot sein. Sie ist in diesem Sinne Programm. Denn die Herstellung von Commercials ist ein hervorragendes Beispiel für die neuen Dimensionen der Verwertung, die das Sachsystem als Mittel der TV-Produktion eröffnete. Die frohen Botschaften des Konsums werden für das Fernsehen der USA neben speziellen Departments der Networks vor allem auch durch selbstständige Produktionsfirmen fabriziert. Für sie war die neue Technik aus einer Reihe von Gründen von außerordentlicher Attraktivität:

- Die auf Magnetband reproduzierten Images waren von der Live-Sendung für den Laien nicht zu unterscheiden. Sie hatten die gleiche ästhetisch-technische Struktur und wirkten damit in der Sicht der Produzenten gleichermaßen **illusionierend.** Auf diesen Effekt legten die werbetreibenden Auftraggeber aus der Industrie größten Wert, weshalb ein Großteil der Commercials in den ersten zehn Jahren live inszeniert wurde, wenn die Präsentation der Ware nicht ohnehin in das laufende Programm integriert war.
- Die unmittelbare **Kontrollierbarkeit** des aufgenommenen Stücks Reklame auf dem Monitor ermöglichte zum einen den werbenden Kunden, sofort nach der Produktion und vor der Sendung zu prüfen, ob die Präsentation ihren Vorstellungen entsprach; zum anderen konnten die Agenturen ihre Inszenierungen stärker durchgestalten und eventuell auftretende Pannen sofort ausbügeln.
- Der Werbespot war als Konserve an verschiedenen Programmplätzen **flexibel einsetzbar.** Die Produktion konnte vom Sendetermin getrennt werden. Bei den sehr kurzen Zeiteinheiten, die ein einzelner Spot ausfüllt, war dies ein besonders wichtiger ökonomischer Aspekt. Denn durch die Vorproduktion konnten die Studiokapazitäten optimal ausgelastet werden. Die Ersetzung des Live- durch den Video-Commercial ermöglichte tendenziell die Produktion wie am Fließband. "Vacations and week-end schedules can be pre-taped. Tape gives both convenience and efficiency to the scheduling of talent, studios, crews and equipment." (20)
- War Reklame vorher überhaupt aufgezeichnet worden, dann hatte man das teuerste Filmmaterial benutzt, zum Beispiel für komplexe Außenaufnahmen oder für Tricks und Cartoons. Bei der Aufzeichnung mit dem Videorecorder waren die laufenden **Materialkosten** sehr **gering,** weil die Bänder wiederholt verwendet und mißglückte Konserven einfach überspielt werden konnten.

Diese Vorteile, von denen wir nur die offensichtlichsten aufgelistet haben, die abgeschwächt auch für andere Genres der Fernsehproduktion Bedeutung hatten, setzten die neue Technik in rasantem Tempo bei den einschlägigen Herstellern durch. Was in genereller mediengeschichtlicher Perspektive betrachtet kein Sonderfall ist. Die Werbebranche war und ist seit jeher Avantgardist im Hinblick auf die Integration neuer Produktions- und Vermittlungstechniken, sowohl im Film als auch im Fernsehen. (21) Die ersten Versuche mit dem Videorecorder reichen so auch schon bis auf sein Niveau als Innovation zurück. Den Anfang machte der von Dennis James präsentierte Spot für Kellog's Cornflakes im Jahr 1957. Das war aber nicht mehr als ein Versuchsballon. Der eigentliche Boom begann erst im Frühjahr 1958, nachdem die Probleme mit der Austauschbarkeit von Aufnahmen und auch die des Schnitts reduziert worden waren. Die Kompatibilität war insofern von besonderer Wichtigkeit, als die Sende-Recorder ja nicht identisch waren mit denen, die bei den Agenturen für die Aufzeichnung benutzt wurden. Schauen wir uns den Boom in einigen seiner Erscheinungen kurz an:

BBDO zum Beispiel, eine große New Yorker Firma, begann im April 1958 damit, ihre Live-Spots durch "instant film" (22) zu ersetzen, wie der konservierte Commercial branchengerecht und nicht ohne Selbstironie auch genannt wurde. Bis zum September desselben Jahres hatte sie ihre gesamte Live-Produktion durch die neue Technik substituiert. Mit der Verbesserung der Möglichkeiten des Schneidens von Bändern begann die Agentur dann im zweiten Schritt, solche Commercials mit dem Videorecorder zu produzieren, die vorher mit Film gedreht worden waren. Nach einem Produktionsbericht aus der Anfangsphase dieses Prozesses stellte sie allein zwischen dem 31. März und dem 17. April 1959 an die vierzig Spots einschließlich mehrerer, von der Industrie gesponsorter, Shows auf Videoband her, u.a. für so potente Kunden wie General Electric, Lucky Strike, Philco, US-Steel und Westclox, die alle Wert auf höchste Qualität ihrer Botschaften legten. Alleine die Herstellung der zehn Commercials für Westclox, die innerhalb zweier Tage sendefertig entstanden, brachten der Agentur gegenüber der herkömmlichen Produktion mit Zelluloid eine Kostenersparnis von 40 Prozent. (23) Mit ähnlichen noch eindrucksvolleren Superlativen hinsichtlich der Einsparung von Zeit und Unkosten - beide Faktoren sind ja aufs engste miteinander verknüpft - hatte zu dieser Zeit die Agentur von Campbell's Soup aufzuwarten. Innerhalb eines einzigen Tages stellte sie auf Videoband elf Commercials fertig, die für einen ganzen Monat Sendung hinreichten. Die auf Zelluloid gedrehten Hymnen auf die Dosensuppe hatten früher pro Stück 900 US-Dollar gekostet. Mit dem Videorecorder als Produktionsmittel konnte der Betrag auf 500 US-Dollar gesenkt werden. (24)

Neben der höheren wirtschaftlichen Rationalität der Video- gegenüber der Live- und Filmproduktion spielten bei der schnellen Durchsetzung des neuen Sachsystems in der Werbebranche optisch-ästhetische Bereicherungen eine Rolle, die zwar auch in anderen Formen der Produktion Verwendung fanden, deren Einsatz der Videorecorder aber intensivierte und verbilligte: Mit einem von Telechrome entwickelten Generator für Spezialeffekte konnten elektronisch bereits 24 graphisch verschiedene Übergänge bei der Montage von Szenen oder Einstellungen realisiert werden; diese 'Wisch'-

Technik wird außerhalb der Werbung erst in unseren Tagen auch verstärkt in den übrigen Programmsparten des Fernsehens bis hin zu den Nachrichten angewendet. Animierte Cartoon-Charaktere - ein beliebtes dramaturgisches Mittel der Inszenierung von Waren im US-Fernsehen - konnten zum Beispiel in live ausgestrahlte Commercials eingeblendet werden; ebenso komplexe Bildhintergründe oder vergrößerte Miniatur-Aufbauten, die zuvor auf Band konserviert worden waren. Eine der penetrantesten Kameratechniken, deren inflationäre Anwendung sich bis heute selbst in alternativen Video-Szenen hält, hatte hier ihren Ursprung: CBS entwickelte den 'Produkt-Zoom'; damit konnten Waren oder Verpackungen stufenlos sehr nah in Groß- oder Detail-Einstellung an den Zuschauer herangezogen werden. Solche Zooms wurden ebenfalls vor der Sendung perfekt auf Band aufgezeichnet und dann in Live-Commercials oder in vom Werbetreibenden bezahlte Shows integriert. - Aufgrund solcher vielfältiger Optimierung in der Konstruktion von elektronischen Botschaften des Konsums ist es nicht verwunderlich, daß etwa Proctor & Gamble, die seinerzeit größte Werbefirma Nordamerikas, schon zu Beginn des Jahres 1959 seine Agenturen mit der Devise instruierte: " ... everything that can be done on tape ... goes on tape ..." (25).

Der sozio-technische und der sozio-kulturelle Prozeß der Diffusion bedingten sich gegenseitig und verliefen teilweise parallel. Die erweiterten Gebrauchswert-Funktionen, mit denen das Oligopol der Hersteller die Videorecorder sukzessive ausstattete, waren sowohl Voraussetzung als auch begleitende Erscheinung der Verbreitung des Artefaktes. Wie wir am Beispiel der Reklame zu verdeutlichen versuchten, mußte das Sachsystem der Magnetbandaufzeichnung erst Qualitäten eines Instrumentes besitzen, das für die audiovisuelle Produktion geeignet war, um dort für die Substitution anderer Formen der Herstellung von Fernsehen attraktiv zu werden. Standen diese Voraussetzungen auch nur erst einmal rudimentär zur Verfügung, wurde die neue Technik in der Branche in hohem Maße akzeptiert und diese sorgte mit für ihre weitere Diffusion und technische Weiterentwicklung.

Ähnlich wechselseitige Prozesse ließen sich für die übrigen Bereiche von Fernsehkommunikation festmachen. Die Verbesserung wichtiger mechanischer und elektronischer Elemente der Videorecorder, einhergehend mit der zunehmenden **Standardisierung** des Quadruplex-Systems für den öffentlichen Fernsehrundfunk (26), machten auch für die vielen kommerziellen Stationen, die den Networks angegliedert waren, die Anschaffung des Gerätes sinnvoll und tendenziell notwendig. Wenn sie weiterhin am Distributionsnetz ihrer wichtigsten Lieferanten von Programmware partizipieren wollten, mußten sie sich deren technischen Standards anpassen.

Für den **Export** des Videorecorders in andere TV-Länder wiederum war ein ganzes Bündel von Verbesserungen und Erweiterungen nötig. Innerhalb der europäischen Länder zum Beispiel existierte das in den USA brennende Problem des Time Zone Delay überhaupt nicht. Die teure Distributionsmaschine war deshalb hier nur von nebensächlicher Bedeutung, zum

Beispiel im Hinblick auf die Wiederholung von Live-Programmen. Drängend war hier allerdings auch der Bedarf nach einer Ablösung der äußerst aufwendigen Direktsendungen vor allem in künstlerischen Bereich und nach einer Ergänzung des Films durch ein schnelleres Mittel der Nachrichtenbeschaffung zum Beispiel. Für solche Verwendung stellte die Möglichkeit der ununterbrochenen Aufzeichnung ein nicht hinreichendes technisches Niveau zur Verfügung. Die weltweit unterschiedlichen Fernsehnormen verlangten darüberhinaus eine größere technische Flexibilität der Maschinen. Die technischen Anforderungen des englischen oder westdeutschen TV-Rundfunks mit ihren gegenüber der amerikanischen Norm höheren Zeilenzahlen machten eine Anhebung der Leistungen im Hinblick auf die Wiedergabe der Images nötig u.v.a. mehr.

In der Verbreitung von Innovationen jeglicher Art steckt für die Hersteller aber auch eine ökonomische Gesetzmäßigkeit. Für die Ampex Corporation machte sich die Notwendigkeit der Erweiterung ihrer Absatzsphären schon zu Beginn des Jahres 1959 erstmalig bemerkbar. Kurz vor dem Markteintritt der RCA mit ihrem eigenen Quadruplex-Recorder registrierte das Management der Californischen Firma einen relativen Rückgang in den Bestellungen von seiten der kommerziellen Stationen. Bis zum Februar des Jahres hatte sie von den 45.000 US-Dollar schweren Geräten der Serie VR-1000 240 Stück abgesetzt. (27) Womit der Videorecorder einen wesentlichen Faktor ausmachte in der Steigerung des Netto-Umsatzes von Ampex um knapp 28 Prozent in den davorliegenden neun Monaten. (28) Zwar rechnete George I. Long, der seinerzeit amtierende Präsident der Corporation, noch bis zum Ende des Fiskaljahres 1959 mit einer Steigerung des Totalverkaufes auf über 350 Maschinen, womit der Videorecorder seinen Beitrag zur Verdoppelung des Firmenumsatzes gegenüber dem Vorjahr leisten sollte. (29) Aber diese Steigerung war nur möglich, weil die engen Grenzen des Network-Rundfunks in Richtung auf die weitere nationale und vor allem internationale Diffusion der Innovation durchbrochen werden konnten.

Für die Zusammensetzung der Kunden bis 1959 waren keine verläßlichen Daten zu bekommen. (30) Aber unsere Hypothese wird bestätigt, wenn wir uns die Zahlen anschauen, die das Progress Committee der SMPTE in seinem jährlichen Bericht für 1960/61 zusammengestellt hatte:

Tabelle 3

Verteilung von Videorecordern im Quadruplex-System jeweils zum Ende der Jahre 1960 und 1961

ZAHL UND ART DER ABNEHMER	ANZAHL VIDEORECORDER 1961	1960
217 kommerz. TV-Stationen in den USA	433	346
3 kommerz. TV-Networks in den USA	102	101
21 unabhängige kommerz. TV-Produzenten und Videoaufnahme-Firmen in den USA	58	52
73 'educational' TV-Stationen und andere Bildungseinrichtungen in den USA	115	63
andere: staatliche und industrielle Einrichtungen in den USA	114	111
	-----	-----
Summe USA	822	673
160 Abnehmer außerhalb der USA	445	278
	-----	-----
Total	1267	951

Quelle: Progress Committee Report 1961, S. 333

Insgesamt konnte der Absatz 1961 gegenüber dem Vorjahr um 32,3 Prozent gesteigert werden. Wichtiger jedoch als dieser summarische Aspekt ist die Verteilung auf die verschiedenen Segmente des Marktes. Am auffälligsten: der Bedarf der Networks war bereits 1960 gedeckt; bei dem einen Gerät, das 1961 hinzukam, handelte es sich vermutlich um eine Ersatzbeschaffung. Die Steigerung bei den kommerziellen Sendern liegt mit 25,1 Prozent unter dem Durchschnitt. Mit den 271 Stationen war die Hälfte aller damals vorhandenen abgedeckt; wobei damit bereits eine relative Marktsättigung insofern erreicht war, als für die restlichen - vornehmlich kleinere lokale Stationen - die Investitionen in die neue Technik auf diesem Niveau ohnehin zu hoch waren (31). Marginal ist der Anstieg im staatlichen und industriellen Sektor, der seine große Bedeutung erst auf dem nächsten Niveau der Verbreitung entfaltet. Aufgrund des ungeheuren Volumens, das dieses Marktsegment in den USA hatte und hat, ist dies Phänomen nur so zu interpretieren, daß diejenigen Abnehmer befriedigt worden waren, für welche die Anschaffung eines Videorecorders finanziell kein Problem war und für die der riesige Umfang der Anlagen und ihre beschränkten Möglichkeiten des Einsatzes keine Hindernisse darstellten. Das waren einige Einrichtungen der staatlichen Administration, des Militärs sowie der industriellen und medizinischen Forschung. Wir werden auf diesen

Zusammenhang zurückkommen. - Überdurchschnittlich hoch ist die Steigerung in zwei Marktsegmenten: dem Export mit 60 Prozent und dem Bildungs- und Ausbildungsbereich in den Staaten selbst mit 82,5 Prozent; wobei hier davon auszugehen ist, daß bei den 73 Abnehmern in erster Linie die 54 Stationen des 'educational tv' repräsentiert sind. Bei der ökonomischen Kalkulation dieses Bereiches ist allerdings zu berücksichtigen, daß seine Abnehmer in der Regel aus eigenen Kräften finanziell zu schwach waren, um sich die teuren Anlagen anschaffen zu können. Bei größeren Investitionen waren sie völlig abhängig von punktuellen Zuschüssen aus der Industrie. So stammte der überwiegende Teil der bis 1960 hier zum Einsatz gekommenen Recorder aus einer einzigen Benefit-Aktion: Im Sommer 1959 stiftete die Ford Foundation 2.706.000 US-Dollar an das National Educational Television and Radio Center of New York. Die Zentrale bestellte daraufhin für 43 Stationen im ganzen Land Videorecorder. Den Auftrag über 2,5 Millionen US-Dollar erhielt nur einer der beiden Oligopolisten, die Ampex Corporation. (32) Ihre hervorragenden Bilanzen in diesem Jahr waren sicher mit durch dieses riesige Geschäft bedingt. - Das tausendste Gerät, das die Firma auslieferte, ging übrigens ebenfalls in den Bildungsbereich. Medienwirksam inszeniert wurde es am 5. Februar 1962 dem Gouverneur des Staates Texas für das Southwest Texas Educational Television Council übergeben. (33) Aus dieser Summe lassen sich auch Rückschlüsse über die etwaigen Marktanteile der beiden Hersteller ziehen: Ampex dürfte bis Ende 1961 um die Dreiviertel des Geschäftes mit Videorecordern gemacht haben. (34)

Von dem durch die Ford Foundation verursachten Goldregen aus dem Bildungsfernsehen abgesehen hatte sich der Export zum entscheidenden Faktor für eine weitere Ausdehnung des Marktes mit den schwerfälligen und teuren Quadruplex-Recordern entwickelt; und zwar innerhalb recht kurzer Zeit. 1957 empfing Ampex die ersten Aufträge aus dem Ausland. Im Verlauf des Jahres 1958 wurden einzelne Anlagen an die Canadian Broadcasting Corporation, die Asahi Broadcasting Company in Tokyo, die Associated Rediffusion in London und das Australian Television Network in Sydney ausgeliefert. 1960 gingen bereits knapp 30 Prozent der von dem Oligopol hergestellten Geräte an TV-Veranstalter außerhalb der USA; Ende 1961 war der Anteil auf über 35 Prozent angewachsen. Die Kunden stammten nicht nur aus den entwickelteren Fernsehnationen hochindustrialisierter Gesellschaften. Sie verteilten sich - neben den Vereinigten Staaten - auf 28 Länder der gesamten kapitalistischen Welt. Auf dem Stand von 1040 verkauften Einheiten im Februar 1961 veröffentlichte Ampex eine Liste mit der nationalen Herkunft ihrer Kunden, aus der für die Californische Firma alleine ein Exportanteil von 39 Prozent hervorgeht:

Tabelle 4

Nationale Verteilung der von Ampex bis Anfang 1962 ausgelieferten ersten 1040 Videorecorder

Argentinien	5	Japan	38
Australien	18	Luxemburg	2
Belgien	2	Mexiko	25
Brasilien	7	Neuseeland	2
Canada	83	Nigeria	1
Dänemark	44	Österreich	1
Bundesrepublik Deutschland	39	Panama	2
		Peru	1
Finnland	4	Philippinen	2
Frankreich	9	Puerto Rico	5
Großbritannien	70	Spanien	2
Holland	2	Schweden	4
Indien	1	Schweiz	5
Irland	2	USA	643
Italien	16	Venezuela	5

Quelle für die Verteilung: Fernseh-Informationen Heft 9/1962, S. 212

2. Anfänge der Integration des Videorecorders in die Produktion des bundesdeutschen Fernsehens

"Die deutschen Rundfunkanstalten haben alle Phasen der Entwicklung magnetischer Bildaufzeichnungsverfahren mit Interesse verfolgt. In Erkenntnis der mit diesem Problem verbundenen Schwierigkeiten hat man dabei bewußt darauf verzichtet, rundfunkeigene Entwicklungsarbeiten größeren Stils zu leisten. Auch war bei dem großen Interesse an einer brauchbaren Lösung vorauszusehen, daß sich die Forschungslaboratorien der Industrie dieser Aufgabe intensiv annehmen würden." (35) Zumindest insoweit diese Erwartung die westdeutsche Industrie betraf, wurde sie zunächst von der Wirklichkeit enttäuscht. Das Verschwinden des Schüller-Prinzips für die Schrägspuraufzeichnung von Fernsehsignalen auf Magnetband im Archiv des Patentamtes und seine Ignorierung gar durch diejenige Firma, in deren Laboratorien es entwickelt wurde (36), während gleichzeitig bei Toshiba in Japan bereits intensiv mit diesem Verfahren experimentiert wurde, weisen darauf hin, daß zumindest in der ersten Hälfte der fünfziger Jahre die sozio-ökonomischen Rahmenbedingungen für eine innovative Entwicklung der Videotechnik hier nicht ausreichend gegeben waren. Gravierende Gründe sind sicher in der allgemeinen desolaten wirtschaftlichen und sozialen Realität der Zeit des Wiederaufbaus zu suchen, die noch stark durch Faschismus und Weltkrieg geprägt war. Sie sind aber gerade auch im engeren Bereich der Elektroindustrie und der noch jungen elektronischen Medien zu finden.

Telefunken als der ehemals größte Konzern der deutschen Rundfunkindustrie war durch alliierte Maßnahmen wie die Beschlagnahme sämtlicher Auslandsvermögen und -vertretungen, die Aufhebung der Patentrechte, das anfängliche Verbot, auf den Spezialgebieten der Funktechnik weiterzuarbeiten, durch die Abwanderung vieler seiner Fachkräfte sowie die Zerstörung und Demontage von Fabrikationsanlagen empfindlich geschwächt worden. (37) Die firmeninternen Voraussetzungen für aufwendige Entwicklungsarbeiten, die erst längerfristig ökonomischen Vorteil kalkulieren ließen, waren somit sehr ungünstig. Gleichermaßen ist zu berücksichtigen, daß das Ursprungsmedium Fernsehrundfunk sich in der Bundesrepublik gerade erst auf dem Niveau seiner ersten Verbreitung befand und hinter den Medien Kino und Radio noch weit in seiner sozio-kulturellen Bedeutung zurückstand. Als Ampex im April 1956 die Innovation ihres Video Tape Recorders in Chicago vorstellte, wurde hier noch kräftig am Ausbau der Infrastruktur für ein bundesweit empfangbares Fernsehen gebaut.

Das Artefakt Fernsehapparat begann sich erst allmählich als individuelles Mittel für die Teilnahme an der elektronischen Massenkommunikation durchzusetzen. In den Jahren 1954/55 hatte die geräteherstellende Industrie mit der Massenproduktion begonnen. Im September 1955 hatten die ersten 100.000 Apparate für den privaten Empfang die Fließbänder von Philips verlassen. Trotz des Schubs, den die Winterolympiade von Cortina d'Ampezzo im Januar und Februar 1956 für die Ausstattung der Haushalte mit TV-Geräten bedeutete, verfügten im Frühjahr diesen Jahres gerade erst ca. 350.000 über den neuen Lieferanten elektronischer Bilderwelten; das waren knapp 2 Prozent aller bundesdeutschen Haushalte. Während sich die Innovation in der Praxis der US-Networks durchsetzte, übersprang dann die Teilnehmerzahl in der Bundesrepublik die Millionengrenze und erreichte in den folgenden Jahren der ersten Verbreitung des Artefaktes annähernd fünf Millionen. Analog zur Ausdehnung der Reichweite nahm die Programmtätigkeit der Sendeanstalten zu und gewann bundesweit organisierte Strukturen. Seit dem 1. November 1954 versorgten die in der ARD zusammengeschlossenen Rundfunkveranstalter der Länder die Republik mit einem gemeinschaftlichen täglichen Programm. Im Geschäftsjahr 1956/57 überschritt der Umfang der täglichen Ausstrahlungen im Durchschnitt das Volumen von vier Stunden, nahm in den folgenden vier Jahren dann allerdings beträchtlich und kontinuierlich zu auf ca. fünfeinhalb Stunden im Frühjahr 1961. (38) Die 'Tagesschau' zum Beispiel, als aktuelle

Nachrichtensendung potentiell wichtiges Sendegefäß für die neue schnellere Technik der elektronischen Produktion, wurde im Oktober 1956 überhaupt erst zum (werk-)täglichen Programmservice ausgebaut und emanzipierte sich allmählich von der Kinowochenschau-Adaption zum fernseh-spezifischen Angebot. (39) - Die abwartende und beobachtende Haltung der westdeutschen Industrie wie der Rundfunkanstalten in bezug auf die teure Innovation der Magnetbandaufzeichnung von TV-Bildern ist auf dem Hintergrund solcher sozio-technischer wie -kultureller Bedingungen durchaus verständlich.

Tabelle 5

Entwicklung der TV-Teilnehmerzahlen in der Bundesrepublik bis gegen Ende des ersten Verbreitungs-Niveaus des Videorecorders

Zeitpunkt	Anzahl	Zeitpunkt	Anzahl
1952	300	1957	681.839
1953	1.524	1958	1.211.935
1954	11.658	1959	2.132.519
1955	84.278	1960	3.375.003
1956	283.750	1961	4.634.762

Ab 1954 ist der Stichtag jeweils der 1. Januar des Jahres, für 1953 ist es der 1. April. Die Zahl für 1952 beruht auf Schätzungen (vgl. Eckert 1964, S. 50). Quelle für die übrigen Daten: Diederichs 1973, S. 124

Knapp ein Jahr, nachdem der professionelle Einsatz der Ampex-Maschinen beim CBS erfolgreich gestartet worden war, erschien in der Bundesrepublik der Beitrag, aus dem wir oben die hochgesteckten Erwartungen zitiert haben. Er stellte gewissermaßen die publizistische Eröffnung des Prozesses der Integration der neuen Technik in die Praxis des bundesdeutschen Fernsehrundfunks dar. H.J. von Braunmühl vom Südwestfunk (SWF) und O. Schmidbauer vom Institut für Rundfunktechnik plädierten darin in Auswertung der ersten Erfahrungen mit dem Videorecorder in den USA für eine starke Orientierung an dem elektronischen Verfahren der Speicherung, zuungunsten der bis dahin allein üblichen Methode mit dem photographischen Film. Neben der höheren Güte der elektromagnetischen Reproduktion der Images, dem enormen Zeitgewinn, der durch die unmittelbare Verfügbarkeit des aufgezeichneten Materials zu erzielen wäre, sowie der absehbar hohen Wirtschaftlichkeit des Verfahrens, die durch die häufige Wiederverwendbarkeit des Trägermaterials und den Wegfall von Verschnitt entstünde, hoben sie insbesondere die breiten Einsatzmöglichkeiten der neuen Technik hervor. Dies war insofern von Bedeutung, als ja der primäre Verwendungszweck in der Praxis des amerikanischen Fernsehens, die Überwindung verschiedener Zeitzonen für die Programmausstrahlung, sich als Problem in der Bundesrepublik so gar nicht stellte.

Die vorgeschlagenen Einsatzfelder lassen bereits deutlich antizipieren, wie stark man von der neuen Technik Veränderungen in der Praxis des Fernsehalltags erwartete; Möglichkeiten der Benutzung des Videorecorders wurden vor allem gesehen im Hinblick auf:

- "die feststehende Aufnahme ('Mitschnitt') langdauernder Veranstaltungen, z.B. Parlamentsdebatten oder Sportereignisse, bei denen unmittelbar anschließend eine Auswahl der wichtigsten Teile für eine **komprimierte** Sendung zusammengestellt werden soll", wobei hier in erster Linie die "**Materialersparnis**" in die Waagschale fiele;
- "den Einsatz bei Live-Proben von Fernsehspielen und ähnlichen Programmteilen zur unmittelbaren **Selbstkontrolle** der Darsteller"; hier wird auf mögliche Einsatzgebiete auch bei der cineastischen Produktion verwiesen; und
- "den Mitschnitt an sich nicht aufzeichnungswürdiger Live-Sendungen zur nachträglichen **Beurteilung** der Sendung" (40, alle Hvhbg. S.Z.).

Bevor die elektromagnetische Aufzeichnung von Images in der Bundesrepublik also zur Anwendung kam, wurden von seiten der Technik und der künftigen Nutzung in den Anstalten Qualitäten definiert, die später für eine prinzipielle Bewertung des Videorecorders als besonderer sozio-kultureller Technik der Fernsehkommunikation heranzuziehen sind: Komprimierung, Kostensenkung wie Installierung einer wirksamen Kontrolle von Künstlern und ansonsten flüchtiger Programmteile sind somit **nicht** lediglich **Effekte**, die durch den Einsatz der neuen Technik hervorgerufen wurden. Sie sind **Gebrauchswertansprüche**, die in der Praxis des Fernsehrundfunks bereits bestanden hatten und die nun intentional auf das neue Sachsystem bezogen wurden. In globaler technikgeschichtlicher Perspektive ist dabei freilich zu berücksichtigen, daß die Möglichkeit der Realisierung solcher Ansprüche durch den Videorecorder bei den Networks der USA bereits im Ansatz vorgeführt worden war. (41)

Die Projektionen blieben jedoch nicht nur auf anderweitig schon erprobte Nutzungsweisen beschränkt. Unter der Voraussetzung, daß die technisch-ästhetische Qualität der Videoimages noch bis zu der einer Direktübertragung gesteigert werden könnten, - woran Braunmühl und Schmidbauer für die nächste Zukunft nicht zweifelten -, wurden die Eingriffsmöglichkeiten noch weiter gefaßt: Neben der "Speicherung einer Live-Sendung für den Zweck der späteren Wiederholung" (42), wofür wiederum vor allem die Wirtschaftlichkeit hervorgehoben wurde, da ja potentiell die Bänder nach der Wiederholung erneut benutzt werden könnten, richteten sich die Erwartungen auf die **Vorproduktion**, insbesondere von Fernsehspielen und anderen Programmen mit hohem inszenatorischem Aufwand. Analog zur Praxis der Hörspielproduktion erhoffte man sich mithilfe der Magnetbandaufzeichnung eine **Effektivierung** und **Rationalisierung** der **künstlerischen Produktion**; die Veränderungen in der Arbeitsweise, die damit einhergehen würden, durchaus bereits mitdenkend. Anvisiert wurde die Zerlegung des Aufnahmeprozesses in kleinere Segmente der Inszenierung, die unmittelbar nach der Speicherung auf Magnetband in ihrer Qualität überprüfbar und bei Nichtbefriedigung wiederholbar wären; mit dem enormen betriebswirtschaftlichen Vorteil, daß bei der Produktion, zum Beispiel eines Fernsehspiels, nicht sämtliche Darsteller gleichzeitig (zum Sendetermin) anwesend sein müßten und Aufbauten sowie Ausleuchtungen jeweils nur für einzelne Szenen eingerichtet werden könnten. (43) Was ja im Kern nichts anderes bedeutete als die Anpassung der Produktionsweise des Fernsehspiels an die des Kino-Spielfilms, der in der Regel Einstellung für Einstellung aufgenommen und erst am Schneidetisch zum Ganzen zusammengefügt wird. Für den Programmbereich der Nachrichten hingegen sah man für die neue Technik Möglichkeiten, dem Zelluloid-Medium wichtiges Terrain abzugewinnen, bzw. solches zu erobern, welches das Kino nie erreichen können würde. Die Bearbeitung aktueller Bildberichte von der Aufnahme bis zur Sendung würde mit Hilfe des Videoverfahrens nur einen Bruchteil der Zeit erfordern, die für die Kino-Wochenschauen aufgewendet werden mußte. Dies eröffnete der 'Tagesschau', die sich ja lange Zeit des Kino-Bildmaterials bedient hatte, überhaupt erst die Möglichkeit, sich auch visuell als besondere aktuelle Nachrichtensendung zu profilieren und sich damit auch gegenüber dem Konkurrenzmedium abzusetzen. Hinzu käme noch, daß damit auch die verkehrsmäßige Abhängigkeit des Fernsehens von (inter-)kontinentalen Flugplätzen, auf denen das Filmmaterial zu Auslandsberichten angeliefert wurde, entfielen, da der Bildinhalt der Videoaufnahme über weite Entfernungen per Kabel oder über Richtfunk übertragen werden könnte. (44)

Solche positiven Einschätzungen der Leistungsfähigkeit der Ampex-Maschinen und die Herausstellung ihrer betriebs- und produktionstechnischen Verwendungsmöglichkeiten hatten zu diesem Zeitpunkt noch wesentlich hypothetischen Charakter für die Bundesrepublik, wie von Braunmühl an späterer Stelle betont (45). Sie waren gewonnen aus der Kenntnisnahme amerikanischer Fachliteratur sowie aus vor-Ort-Besichtigungen in Redwood City und einigen großen Studios der kommerziellen Networks. Eine wichtige technische Voraussetzung für den Einsatz der Geräte im deutschen Fernsehen war nämlich noch nicht geschaffen: ihre Modifikation für die vom Comité Consultatif International des Radiocommunications (CCIR) festgelegte europäische Fernsehnorm von 625 Zeilen und 25 Bildwechseln in der Sekunde (gegenüber der von der FCC definierten US-Norm von 525 Zeilen und 30 Bildwechseln/s) sowie die Verringerung der Antriebsfrequenz von 60 auf 50 Hz. Die praktische Tauglichkeit der Anlagen konnte deshalb hier noch gar nicht erprobt werden. Die Voraussetzungen dafür wurden jedoch innerhalb weniger Monate geschaffen. Mit Unterstützung der ARD traf die Siemens & Halske Aktiengesellschaft mit der Ampex Corporation eine Vereinbarung, nach welcher der westdeutsche Konzern die Angleichung der Geräte an die CCIR-Norm vornehmen konnte. (46) Aus dem Video Tape Recorder der Californischen Innovations-Firma wurde das "Magnetische Fernsehbild-Aufzeichungsgerät von Siemens & Halske, System Ampex" (47).

Die erste Sendeanstalt der ARD, die sich zur Anschaffung einer solchen Anlage entschloß, war der SWF in Baden-Baden; sicher nicht zuletzt aufgrund der Initiative und der hervorragenden einschlägigen Sachkenntnisse seines späteren technischen Direktors von Braunmühl (48). Selbstverständlich war dies insofern nicht, als der SWF hinter dem WDR, dem NDR und dem Bayerischen Rundfunk zu den vier kleineren Anstalten der Arbeitsgemeinschaft gehörte, die jeweils nur über acht Prozent des Gebühreneinkommens verfügen konnten, also ökonomisch objektiv weniger in der Lage waren, größere Investitionen zu tätigen. Das Ampex-Gerät vom Typ VR-1000 kostete nach dem Umbau durch Siemens & Halske immerhin 340.000 DM (49), ohne die anfallenden Nebenkosten. Die Investitionen für eine komplette Anlage, die im Hinblick auf Überspielungen, längere Aufzeichnungen und garantierte Betriebssicherheit bei der Sendung mindestens aus zwei Recordern bestehen mußte, betrugen demnach 680.000 DM, zuzüglich der Kosten für Wartung und Betrieb, der Aufwendung für den Bandverbrauch und den Ersatz von Magnetköpfen. (50)

Trotz dieser hohen finanziellen Belastungen verlief die Integration der neuen Technik beim SWF in recht schnellen Schritten. Zu Beginn des Jahres 1958 leitete man die Beschaffung einer ersten Einheit ein und begann mit der Vorbereitung der entsprechenden Einrichtungen des Studiobetriebs. (51) Anläßlich einer Sitzung des Rundfunkrats der Anstalt am 11./12. Juli 1958 konnte dann erstmalig in Deutschland das von Siemens & Halske auf die europäische Norm umgestellte Ampex-Gerät vorgeführt werden. Das Ergebnis der Begutachtung war positiv: "... die fehlerfreie Halbtonwiedergabe, die Ruhe des Bildstandes und das Fehlen der vom Film her bekannten Schlieren, Laufschrammen und Kratzer führte zu einem überraschend guten Gesamteindruck. Es herrschte die Meinung vor, das schon dies erste Gerät die Wiedergabequalität der 16mm-Halbbildaufzeichnung zumindest erreicht habe." (52) Daß die Bildauflösung noch etwas geringer war als bei den direkt übertragenen Images, störte wenig. Hier erwartete man von seiten des Herstellers baldige Verbesserungen. Die neue Medientechnik wurde in den Studiobetrieb des SWF eingegliedert und in den nächsten Monaten intensiv erprobt. (53) Die erste magnetische Bandaufzeichnung ging dann am 9. Dezember im Abendprogramm der ARD über den Sender. Ein 35-minütiges Feature über Vincent van Gogh war im Studio des SWF zuvor aufgezeichnet worden und wurde zum Sendetermin komplett vom Band abgefahren. Die Techniker zeigten sich mit dem Resultat zufrieden: "Aus Rückfragen war zu schließen, daß technische Laien keinen Unterschied gegenüber der durchschnittlich gewöhnten Bildqualität bemerkt haben." (54) Drei Tage vor dieser Pilotsendung hatte der Verwaltungsrat des SWF bereits die Weichen weiter gestellt, indem er der Beschaffung einer zweiten Anlage zustimmte. Sie kam ab März 1959 zum Einsatz. (55)

Nach weiteren Betriebsversuchen mit der neuen Technik traute man sich auch an die künstlerisch heilige Kuh des Fernsehens heran, das Fernsehspiel. Das erste Exemplar der Gattung, das auf Magnetband fixiert wurde, war Dürrenmatts "Der Besuch der alten Dame" in der Inszenierung des vom Hörspiel kommenden Regisseurs Ludwig Cremer. Der Videorecorder fungierte dabei noch lediglich als reine Konservierungsmaschine. Das Stück war nach den traditionellen Regeln des Live-Spiels auf die Bühne des Fernsehstudios gebracht worden. Als man nach etlichen Probedurchläufen der Inszenierung das Gefühl hatte, technisch und dramaturgisch das Optimum erreicht zu haben, wurde sie auf Band aufgezeichnet. Da das Spiel knapp zwei Stunden lang war, die Bänder aber nur eine Kapazität von gut einer Stunde hatten und der SWF ja erst über einen einzigen Recorder verfügte, fügte man die beiden großen Teilstücke der Aufnahme durch einen technischen Trick aneinander: Etwa in der Mitte der Inszenierung wurde ein zehn Minuten langes Überleitungsstück auf 16mm-Umkehrfilm eingesetzt; während dies bei der Sendung abgespielt wurde, konnte die zweite Spule auf Startposition gebracht und die Ausstrahlung ununterbrochen fortgeführt werden. Die Übergänge wurden jeweils durch eine Schwarzblende geschaffen. Nach der eigentlichen Premiere des Bandes im Studio des SWF am 18. Februar 1959 wurde die Dürrenmatt-Konserve dann am nächsten Tag im Abendprogramm des Deutschen Fernsehens gesendet. Ähnlich wie in der anfänglichen Praxis bei den US-Networks vertraute man aber der neuen Technik nicht vollständig. Synchron zur Sendung vom Videorecorder spielte man eine 16mm-Kopie der Aufzeichnung ab, auf die zur Not hätte umgestiegen werden können. Dies wurde jedoch nicht nötig; das Ampex-Gerät arbeitete ohne Störungen, sieht man von den damals noch häufiger auftretenden 'drop outs' ab, die sich als kleine Lücken innerhalb einzelner Zeilen der Images bemerkbar machten. (56)

Wie stark die südwestdeutsche Anstalt auf die neue Technik noch in ihrem Rohzustand als Maschine für ununterbrochene Aufzeichnungen setzte, kommt darin zum Ausdruck, daß der SWF schon wenige Wochen nach dem ersten Fernsehspiel-Einsatz seinen gesamten Beitrag zum Abendprogramm der ARD vom Band schickte. Mithilfe der mittlerweile in Betrieb genommenen zweiten Maschine sendete er am 9. April des Jahres insgesamt 140 Minuten Konserve, darunter als Paradestück Sartres "Geschlossene Gesellschaft" in der Inszenierung des profilierten Theaterregisseurs Hans Schweikart. Auch hier handelte es sich noch lediglich um die Aufzeichnung gewissermaßen der Generalprobe; das Fernseh-Theaterspiel wurde fortlaufend an einem Stück aufgenommen. Gleichwohl schlug sich die Erfahrung der technisch erfolgreich verlaufenden Sendung in einer begeisterten Akzeptanz des neuen Sachsystems nieder, wobei man von seiten der Produktionstechnik vor allem die größere **zeitliche Flexibilität** hervorhob und die zu erwartende bessere **Kapazitätsauslastung** der Studios. Die Argumente sind uns bereits aus der US-amerikanischen Werbebranche bekannt: "Die Bild- und Tonqualität der magnetischen Bildaufzeichnung und die erstaunliche Betriebssicherheit der Geräte rechtfertigen den Entschluß, in Zukunft wesentliche Teile des SWF-Fernseh-Programms vorzuproduzieren. Die dadurch erreichte Loslösung vom Sendetermin erlaubt eine weit bessere Ausnutzung der Studiokapazität als bisher und eine langfristige Produktionsplanung, die ihren Niederschlag in ausreichender Produktionszeit und somit wohl auch in der Verbesserung der künstlerischen Qualität finden wird. Außerdem werden die Termindispositionen für die darstellenden Künstler erleichtert." (57)

Nur ein Jahr, nachdem der Rundfunkrat des SWF zum ersten Mal mit einem funktionierenden Videorecorder konfrontiert und ca. acht Monate, nachdem der Betrieb mit ihm aufgenommen worden war, hatte sich das Artefakt praktisch im Studiobereich etabliert. Einschließlich der Serviceleistung für andere Rundfunkanstalten lieferte der Sender bereits 30 Prozent seines Programms auf Magnetband an die ARD ab. Die Maschinen brachten es in diesem Zeitraum auf eine Betriebsdauer von insgesamt 900 Stunden. (58) Noch 1959 wurde ein drittes Gerät angeschafft, das - in einem Übertragungswagen integriert - die elektronische Aufzeichnungstechnik mobil und für Außenaufnahmen geeignet machte. (59) Deutliches Indiz für die vollzogene Integration: an die Programmacher wurde ein Betriebsmerkblatt ausgegeben, in dem die möglichen und unmöglichen Anwendungsfälle für den Videorecorder mit den jeweiligen technischen Bedingungen aufgelistet waren. Ein Großteil der Produktionsarten des Fernsehrundfunks ist darin enthalten; von der Aufzeichnung für Wiederholungen oder für den Programmaustausch, über Mitschnitte von Veranstaltungen für die spätere Sendung, die interne Kontrolle bis hin zur Vorproduktion mit grober Segmentierung. Technische Beschränkungen wurden lediglich noch im Hinblick auf die Archivierung verzeichnet, mit der man noch keine ausreichenden Erfahrungen sammeln konnte, sowie im Hinblick auf die Montage mit dem sogenannten harten Schnitt, also der direkten Aneinanderfügung von Einstellungen oder Sequenzen ohne Schwarzblende (s. das dokumentierte "Ampex-Betriebsmerkblatt"). Ein Aperçu am Rande: die technische Abteilung des Senders will die Einfachheit bei der Handhabung der Geräte herausstellen, indem sie betont, "daß die Maschinen von angelerntem weiblichen Personal bedient werden", sich aber hinzuzufügen beeilt, "nachdem sie von einem Techniker sorgfältig eingemessen und justiert worden sind" (60).

Für die Intendanz des SWF gewann die Integration des neuen Sachsystems geradezu programmatische Bedeutung. Insbesondere die Erfahrungen mit den inszenierten Programmteilen führte sie zu einer - angesichts des erreichten technischen Standes - euphorischen Beurteilung des Videorecorders als **Produktionsmaschine:** "Ein jedenfalls theoretisch ideales Arrangement von Schauspielern und Regisseur mit einem bestimmten Stoff zu einem beliebigen Zeitpunkt wurde erreichbar. **Damit war auch von der Praxis und vom technischen Fortschritt her die Diskussion 'live' oder 'Aufzeichnung' beendet.** (Hvhbg. S.Z.) Sie war von den Befürwortern der Direktsendung (live) mehr mit sentimentalen als logisch-sachlichen Argumenten geführt worden, wobei man den bei Direktsendungen unvermeidbar höheren Pegelstand an Nervosität und Fehlerquellen mit angeblich größerer 'Lebendigkeit' übersetzte." (61)

Mit unterschiedlich langen zeitlichen Verschiebungen folgten die übrigen

Schematische Darstellung:

Betriebsmerkblatt für die Benutzung von Ampex-Maschinen beim Südwestfunk 1959

Anwendungsfälle	möglich?	Technische Bedingungen
Aufzeichnung von Vorproduktionen		
ohne Bandschnitt	ist möglich	bis zu einer pausenlosen Aufnahmedauer von 80 min. Diese Aufnahmeart in Verbindung mit der üblichen Studiotechnik, d.h. mit mehreren FS-Kameras, Dia-, Filmgeber sollte weitgehend bevorzugt werden. Die Produktion ist erst dann aufzuzeichnen, wenn Sendefähigkeit erreicht ist.
im Fernsehstudio Stadthalle	ist möglich	(wie oben)
außerhalb der Stadthalle	ist möglich	(wie oben)
mit Bandschnitten oder Absätzen		
mit Schwarzblende	ist möglich	, wenn eine 60-min-Aufnahme nicht mehr als 6 Abschnitte enthält. Jede Schwarzblende ist mindestens 1,5 sec lang und kann grundsätzlich nicht mit Dia- oder Filminserts überbrückt werden; sie kann beliebig länger sein. Hört der Ton erst in der Schwarzblende auf, so bestimmt er ihre Länge. Auf diese Gegebenheit sollen die Manuskripte von vornherein abgestimmt sein. Auch hier ist innerhalb jedes Abschnitts die übliche Studiotechnik anzuwenden. Bei Verwendung von zwei Maschinen ist die Sendedauer beliebig
ohne Schwarzblende	ist nicht möglich	Der harte Schnitt kann bei Videoband noch nicht ausgeführt werden, doch wird an der Lösung des Problems gearbeitet. Überblendungen sind grundsätzlich unmöglich.
Aufzeichnung von Inserts	ist nicht möglich	, da die Einblendung zweier Ampex-Bilder noch ungelöst ist. Hierfür werden wie bisher Diapositive und Filme empfohlen.
Mitschnitt von Live-Veranstaltungen		
parallel zur Live-Sendung		
für Wiederholungen und Programmaustausch	ist möglich	bis zu einer pausenlosen Aufnahmedauer von 80 min für eine Maschine. Bei Verwendung von zwei Maschinen entsteht beim Wechsel eine Schwarzblende von einigen sec Dauer. Die Wiederholung muß spätestens 12 Monate nach der Aufnahme gesendet werden.
für Archivierung	ist nicht möglich	wegen des Mangels an Erfahrungen über die Lagerfähigkeit des Bandes. Für diese Zwecke wird die Filmaufzeichnung empfohlen.
nur für eine spätere Sendung		
Studioaufnahmen	ist möglich	(Bedingungen wie oben!)
Außenaufnahmen	ist möglich	z.B. bei politischen oder sportlichen Veranstaltungen. Zwischen Aufnahme und Sendung muß genügend Zeit für technische Kontrolle bleiben.
nicht zur Sendung		
nur für interne Kontrolle	ist möglich	bei Proben, nur im Studio Stadthalle. Hierbei werden ältere Bänder und Magnetköpfe verwendet, wodurch der Anspruch auf gute technische Qualität entfällt. Die Aufnahmen werden unmittelbar nach der internen Vorführung gelöscht und keinesfalls gesendet.

Quelle: SWF Technische Blätter Juni/Juli 1959, S. 8f.

Anstalten der ARD dem technischen Avantgardisten aus dem Südwesten. Der NDR, der mit zu den ersten deutschen Kunden von Ampex gehört hatte, begann seine Programmpraxis mit dem Videorecorder nur wenige Monate später; ab dem 1. Juli 1959 führte er zum Beispiel bei der 'Tagesschau' die magnetische Bildaufzeichnung als Produktionsmittel ein. (62) Der WDR folgte im August 1959 (63) und der SDR schaffte den ersten Recorder erst im Verlauf des Jahres 1963 an (64). Als ausschlaggebend für die Investition und den Betriebseinsatz der Videogeräte wurde immer wieder die damit mögliche Trennung von Produktions- und Sendetermin hervorgehoben, die mit einer Entlastung der Fernsehpraxis vom hohen organisatorischen und personellen Aufwand der Live-Sendungen einherginge; was auf dem Hintergrund des stetigen Anwachsens der täglichen Programmleistung ein zunehmend wichtiger werdender Aspekt war. Ebenfalls positiv herausgestellt wurden die hohe Stabilität und Wiedergabequalität der Fernsehimages, die denen bei einer Live-Sendung gleichkämen; weshalb der Übertragungsvorgang weniger als ein Akt der technischen Vermittlung erfahrbar wäre wie bei der elektronischen Abtastung von Filmmaterial. Insbesondere fielen die Schrammen, Schlieren, Kratzer und Wolken weg, die bei der Filmabtastung notwendig in Kauf zu nehmen und die so "**illusionsstörend**" wären (65).

Am meisten überzeugend dürften jedoch die gegenüber der Zelluloidtechnik wesentlich geringeren Betriebskosten der Magnetbandtechnik gewesen sein, die gerade auch eine kleinere und entsprechend finanzschwächere Rundfunkanstalt wie den SWF zur Integrierung der Innovation bewogen haben mochten. Von Braunmühl hat dies in einer Aufrechnung eindrucksvoll antizipieren lassen, deren Daten aus dem Versuchsbetrieb mit der ersten Ampex-Anlage gewonnen waren. Er hatte auszugehen von den sehr hohen Kosten von 1.870 DM für ein 1.440 Meter langes Magnetband mit einer Spielzeit von gut einer Stunde sowie einem Preis von ca. 3.000 DM für die Ersatzbeschaffung eines Schreibkopfes. Bei einer einmaligen Benutzung des Bandes ergab dies Kosten von 30 DM pro Minute zusätzlich eines Betrages von 0,50 DM pro Minute für den Magnetkopf, bei dem man zu dieser Zeit mit einer Lebensdauer von 100 Betriebsstunden rechnen konnte. Diesem Kostenbetrag von 30,50 DM pro Minute standen beim 16mm-Umkehr-Unikatfilm mit magnetischer Randspur für den Ton einschließlich Entwicklung damals Aufwendungen von 13 DM gegenüber, bzw. von 21 DM pro Minute für die doppelbandige Technik mit Umkehr-Duplikat als Sendefilm. Schon bei einer zweifachen Verwendung des Bandmaterials indes unterboten die Kosten der Videoaufzeichnung diejenigen des photographischen Films und sanken entsprechend kontinuierlich ab, je mehr Durchläufe mit dem Band getätigt wurden (66):

BANDBENUTZUNG	Betriebskosten für jede Benutzung pro Minute
einmalig	30,50 DM/min.
zweimalig	15,50 DM/min.
dreimalig	8,00 DM/min.
zehnmalig	3,50 DM/min.

Nehmen wir die teurere Variante des Filmverfahrens als Maßstab, so betrugen die Betriebskosten bei der minimalen Leistungsfähigkeit des Magnetbandes, die damals bei der zehnmaligen Benutzung lag, gegenüber jenem nur ein Sechstel. Wobei für die Filmkosten das in unterschiedlich großen Mengen anfallende Verschnittmaterial nicht einmal berücksichtigt ist.

Die harsche Absage der Leitung des SWF an die Diskutanten der Live-Ideologie des Fernsehens läßt eine starke Frontstellung der zeitgenössischen professionellen TV-Kritik gegenüber der neuen Technik vermuten. Das Gegenteil war indes der Fall. Die vorhandene Abwehrhaltung gegen die Konserve richtete sich vornehmlich gegen den zunehmenden Übergang zur **filmischen Produktionsweise** im elektronischen Medium. (67) Die der Direktsendung ähnliche ästhetisch-technische Struktur der Videoimages sowie auch die betriebsökonomischen Vorteile des Videorecorders hingegen wurden von großen Teilen der Kritik durchaus akzeptiert und anfänglich sogar mitpropagiert. "Das Fernsehen ist nun einmal ein technisches Medium und muß der Technik seinen Tribut zollen. Mancher mag das bedauern, aber der Weg führt zur Konserve", stellte Hans Holler pragmatisch im September 1958 fest und verband sein Plädoyer für die verstärkte Vorproduktion mit einer Verurteilung der Praxis des Fernseh-Theaters: "Der technische Apparat dafür ist so kompliziert, daß sich dabei immer Pannen und Unzulänglichkeiten ergeben. Die räumlichen Möglichkeiten der deutschen Fernsehstudios reichen dafür nicht aus, da fahren in dem Gewirr der Dekorationen dann drei oder vier Kameras umher und stoßen sich gegenseitig im Raum. Auch personelle Schwierigkeiten machen sich mehr und mehr bemerkbar, Darsteller von Format sind für eine zusammenhängende Probezeit von drei oder vier Wochen und für die Belastungen einer Live-Sendung im Studio mit dem technischen Wirrwarr und der grellen Beleuchtung immer schwerer zu bekommen." (68)

Zu dieser Zeit allerdings befanden sich die Ampex-Maschinen beim SWF und beim NDR noch in der Erprobungsphase und es war für Außenstehende noch kaum abzusehen, welche Veränderungen in der Produktionsweise der verstärkte Einsatz der neuen Technik tatsächlich mitsichbringen würde. Man ging zum einen noch davon aus, daß schlicht das eine Verfahren - der Zelluloidfilm - durch ein besseres, schnelleres und billigeres Aufzeichnungssystem ersetzt werden würde und dies auch nur in einigen wenigen

Bereichen des Programms. Zum anderen betrachtete man den Videorecorder nur als Speichermittel für die "Fixierung von ganzen Sendungen", dessen "Verwendung allerdings keine wesentliche Veränderung der im Studio inzwischen erprobten (...) Ausdrucksgesetze bewirken würde" (69), wie Bernt Rhotert in seiner frühen Dissertation über das Fernsehspiel noch 1961 schreibt. Die technischen Schwierigkeiten mit der Innovation wurden so hoch angesetzt, daß ihr nur sehr beschränkte Einsatzmöglichkeiten - vor allem im Studio - zugesprochen wurden. In Verkennung der Potenzen des neuen medientechnischen Sachsystems und wohl auch unter Ignoranz der bereits in den USA gemachten Erfahrungen resümierte zum Beispiel Dankwart G. Burkert in der damals schon ambitionierten Fachzeitschrift Rundfunk und Fernsehen, "daß das magnetische Aufzeichnungsverfahren zwar eine Revolution in der Fernseh-Bildaufzeichnung darstellt, jedoch einen so großen Aufwand erfordert, daß sie die normale Filmkamera **niemals** (Hvhbg. S.Z.) verdrängen und ersetzen, sondern bei bestimmten Anlässen und Aufgabenstellungen ergänzen kann" (70). Und knapp ein Jahr später wurde die Perspektive am selben Ort noch ähnlich eingeschätzt; erstaunlicherweise bezogen gerade auf jene Programmsparte, in der sich die elektronische Technik aufgrund ihrer Schnelligkeit später am konsequentesten durchsetzte, nämlich die aktuelle Berichterstattung der Nachrichten. Aufgrund dessen, daß die Filmausrüstung zu dieser Zeit noch wesentlich handlicher und beweglicher war als der Videorecorder und die elektronischen Kameras, kam der Fernsehkritiker zu dem Schluß: "Der Film ist daher auch das gegebene und einzig verwendbare Mittel für die aktuelle Tagesschau." (71)

Abgesehen davon, daß hier offensichtlich nicht einmal der Beginn des Einsatzes der Magnetbandaufzeichnung bei der täglichen Nachrichtenschau der ARD registriert worden war: die technische Entwicklung wurde von seiten der Kulturkritik wenig dynamisch und eher statisch eingeschätzt. Obgleich kompetente Techniker wie von Braunmühl, Schmidbauer oder auch Friess (72) bereits in früheren Jahren sehr weitreichende Verwendungsperspektiven des Videorecorders aufgezeigt haben. Dieser "cultural lag", das Nachhinken der kulturellen Bewertung gegenüber der technologischen Entwicklung (73), hatte eine seiner Ursachen sicherlich darin, daß beim damaligen Fernsehen zwei Neuerungs-Prozesse teilweise parallel verliefen. Der Innovation des Videorecorders unmittelbar voraus ging die verstärkte Integration der Produkte des Kinos und der Filmtechnik in die Praxis des elektronischen Mediums und dieser Prozeß setzte sich im Zuge der Integration des neuen Sachsystems noch verstärkt fort. Nachdem die UFA als erste Vertreterin der Kinobranche die Blockade der Filmindustrie gegenüber dem elektronischen Bilderverteiler aufgegeben hatte und 1957/58 die ersten sechs Streifen für das Fernsehen hergestellt hatte (74), war das Eis gebrochen und die Zelluloidproduktion drang immer stärker in die Rundfunkvermittlung ein. 1959 gab die eigens für den Filmeinkauf gegründete ARD-Tochter Deutsche Gesellschaft für Ton und Bild (DEGETO) schon 750.000 DM für die Beschaffung von Konserven zur TV-Ausstrahlung aus. (75) Kontinuierlich wuchs aber vor allem auch die filmische Produktion der Rundfunkanstalten selbst an. An zwei Beispielen von Sendern, die in ihren Geschäftsberichten Angaben zu den verschiedenen Quellen für die Zusammensetzung des Programms machen, läßt sich dieser Prozeß weg von der Live-Sendung und hin zur Filmkonserve anschaulich verfolgen:

Beim Bayerischen Rundfunk nahmen die Live-Sendungen zwischen 1956/57 und 1958/59, also noch bevor bei diesem Sender die neue Technik überhaupt in Betrieb genommen wurde, um ca. fünfzehn Prozent ab, während der Anteil der Film-Sendungen (einschließlich der Wiederholungen von Halbbild-Aufzeichnungen) um den gleichen Wert anstieg. Neben der Verdreifachung der Wiederholungsprogramme ist dabei die Zunahme der Fremdproduktionen um mehr als 100 Prozent besonders auffällig, während sich die Steigerung bei den filmischen Eigenproduktionen demgegenüber noch relativ gering ausnimmt.

Am Beispiel des Videorecorder-Avantgardisten SWF wird deutlich, wie einerseits der Trend hin zur Filmkonserve vor der Integration der neuen Technik verstärkt wird und darüberhinaus in welch großem Umfang die Videoproduktion schließlich die Direktsendung in sehr kurzer Zeit substituiert hat:

Tabelle 6

Entwicklung des überregionalen SWF-Fernsehprogramms nach den Anteilen der wichtigsten Produktionsarten in einigen ausgewählten Geschäftsjahren

	Produktionsarten und ihre Anteile am Gesamtprogramm		
Ges.-Jahr	Live (Studio + Außen)	Film (Eigen + Fremd)	MAZ
1955/56	74,8 %	18,0 %	—
1956/57	70,4 %	26,2 %	—
1957/58	63,5 %	31,5 %	—
1959/60	28,3 %	25,8 %	39,2 %
1960/61	14,7 %	31,5 %	48,2 %

Erfaßt wird jeweils der Zeitraum zwischen April und März. Im Bericht für 1958/59 fehlten in der mir zugänglichen Form die entsprechenden Angaben. Hier läßt sich der Anteil der Video-Aufzeichnungen indirekt insofern abschätzen, als bis zum Juli 1959 bereits ca. 30 Prozent des Programms vom Band gesendet wurde (vgl. SWF Technische Blätter Juni/Juli 59, S.4). Zu den hier nicht aufgeführten Arten der Produktion gehören Inserts, Pausenzeichen, Wiederholungen, ebenso Beiträge zur 'Tagesschau', zum 'Wochenspiegel' und das Abspielen importierter Sendungen. Sie werden in den Berichten jeweils unter verschiedenen Kategorien aufgeführt.

Quelle: SWF Geschäftsberichte der aufgeführten Jahre.

Schematische Darstellung:

Struktur des Fernseh-Eigenprogramms beim Bayerischen Rundfunk 1956/57

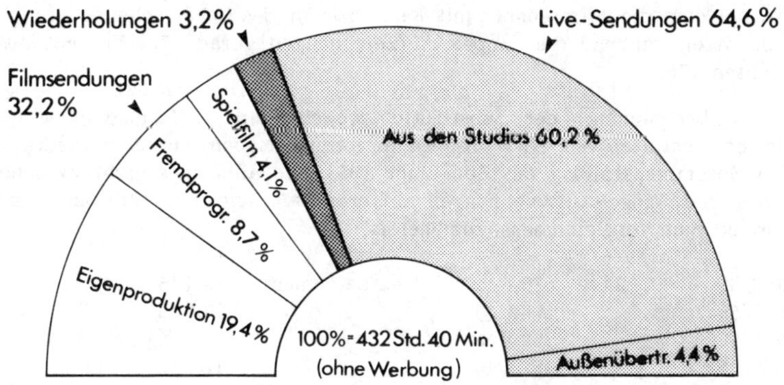

Struktur des Fernseh-Eigenprogramms beim Bayerischen Rundfunk 1958/59

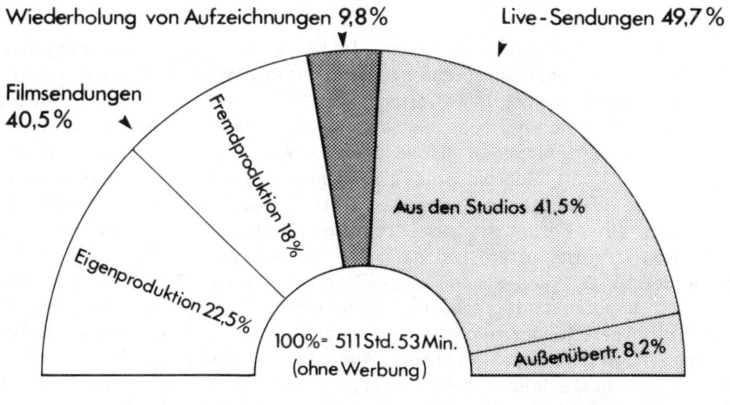

Quelle: Geschäftsberichte des BR von 1956/57, S. 21 und 1958/59, S. 193

Für die gesamte Programmpraxis des SWF ist allerdings relativierend festzuhalten, daß sich der extensive Einsatz des Videorecorders in erster Linie auf die Beiträge zum Gemeinschaftsprogramm der ARD bezog. Im Regionalprogramm nahm der Anteil der elektronischen Aufzeichnungen im Geschäftsjahr 1960/61 mit 2,9 Prozent noch einen sehr geringen Anteil ein. Mit 63,7 Prozent dominierte hier eindeutig die Produktionsform des Films. Ähnlich sahen die Verhältnisse beim Werbefernsehen des Senders aus, bei dem die Filmtechnik mit 89,4 Prozent das beherrschende Produktionsmittel war und die Ampex-Aufzeichnungen gerade 7,4 Prozent ausmachten. (76)

Wie beschleunigt der Substitutionsprozeß beim SWF gegenüber den übrigen Anstalten der ARD insgesamt vorangetrieben wurde, verdeutlicht eine Zusammenstellung aus dem Jahr 1961, die allerdings nicht zwischen Film- und Video-Aufzeichnungen differenziert und deshalb nur eingeschränkt zum Vergleich heranzuziehen ist:

1956/57	Live	76,6 %	Aufzeichnung	23,4 %
1957/58		70,0 %		30,0 %
1958/59		58,9 %		41,1 %
1959/60		52,9 %		47,1 %
1960/61		34,7 %		65,3 %
1961/62	ca.	30,0 %	ca.	70,0 %

Quelle: Eckert 1961, S. 319

Daß das neue Sachsystem in den Jahren seiner Integration nicht noch schneller und umfangreicher durchgesetzt wurde, lag wesentlich mit daran, daß die Gebrauchswert-Erweiterung des Videorecorders im bundesdeutschen Fernsehbetrieb nur sehr langsam voranging und sich qualitativ bedeutsam erst auf dem nächsten historischen Entwicklungs-Niveau zu entfalten begann. Das Gerät blieb bis Anfang 1962 noch Maschine für die zeitchronologische und bestenfalls grob segmentierte Konservierung von Studio-Inszenierungen. Die Forderung der Programmproduzenten nach einer "Vorproduktion in Abschnitten, (...) nach dem technisch vollkommenen, zeitlich genau definierten und schnell auszuführenden Schnitt" (77), wurde zwar energisch und frühzeitig erhoben. Denn nur auf dieser technischen Basis wären die Vorteile der neuen Medientechnik für die Programm**herstellung** tatsächlich weitreichend gewesen. Aber die Realisierung dieser Voraussetzung ließ einige Jahre auf sich warten, womit die elektronische Aufzeichnung zumindest hinsichtlich der Montage der Filmtechnik deutlich unterlegen blieb. Mithilfe des von Ampex entwickelten mechanischen Verfahrens mit Schneidelehre und chemischer Lösung für die 'Entwicklung' der Sättigungsimpulse konnten Schnitte ja nur sehr rudimentär ausgeführt werden; um Bildstörungen durch die ungenaue Zerlegung und Zusammensetzung der Teilstücke zu vermeiden, mußten sie innerhalb von Schwarzblenden angesetzt werden und bezüglich des etwas zeitversetzten Tons an Stellen, bei denen Sprünge nicht auffielen. Was trotz des oft mäßigen Resultats viel Geschick und vor allem Zeitaufwand erforderte, nämlich zwischen zehn und zwanzig Minuten für einen einzigen Schnitt. (78)

Die Folge für die ästhetische Produktion war, daß man Schnitte zunächst gänzlich zu vermeiden und dann auf ein Minimum zu reduzieren versuchte. Im Bereich des Fernsehspiels folgte der anfänglichen Praxis der ununterbrochenen Aufzeichnung von theaterhaften Inszenierungen (79) eine Produktionsform, die aus heutiger Perspektive gesehen die betriebswirtschaftlichen Vorteile der neuen Technik als gering erscheinen läßt: "Die Produktion von Fernsehspielen wird grundsätzlich in vorher festgelegte Teilstücke zwischen fünf und zwanzig Minuten Länge aufgegliedert, die jeweils in der abschließenden Schwarzblende geschnitten werden können. Die Schnitte liegen dann an unkritischen Stellen und brauchen nur die Forderung des ungestörten Ablaufs der Steuer- und Synchronisieraufzeichnungen zu erfüllen." (80) Bei der Sendung der einzelnen Teilstücke wurde auch ein Verfahren angewendet, bei dem man auf das Zusammenkleben verzichtete und wofür man zwei Abspielgeräte benötigte: Die einzelnen Programmsegmente waren jeweils zeitversetzt auf zwei Spulen aufzunehmen, auf der ersten Spule hintereinander die Takes 1, 3, 5, 7 undsofort, auf der zweiten Spule die Takes 2, 4, 6, 8 undsofort; beim Abspielen steuerte das Ende des jeweils laufenden Teilstücks elektronisch den Start des folgenden auf der zweiten Maschine. Im Prinzip funktionierte dies Verfahren also genauso, wie die Projektion der verschiedenen Spulen eines Spielfilms im Kino.

Trotz der offensichtlichen Schwerfälligkeit dieser Art von Zerlegung: grundsätzlich war damit der Weg vorbereitet für eine Produktionsweise, die sich **nicht** mehr am **linearen zeitlichen Ablauf** des Stückes orientierte, sondern an betriebspraktischen Erfordernissen wie wechselnden Szenenbildern, unterschiedlichen schauspielerischen Besetzungen oder Lichtverhältnissen. Und schon auf dieser Stufe der Annäherung an die cineastische Produktionsweise schien für einige Kritiker die 'Philosophie' der künstlerischen Eigenständigkeit des Fernsehrundfunks gebrochen. Der anfänglichen Begeisterung über die das Live-Spiel lediglich reproduzierende magnetische Aufzeichnung gesellten sich Bedenken hinzu, die den Verlust von TV-Originalität befürchteten. "Es wäre immerhin denkbar", schrieb Dankwart G. Burkert einen Gedanken Gerhard Maletzkes von 1959 aufgreifend, "daß der Zuschauer allein aus der Einmaligkeit und Unwiderruflichkeit der schauspielerischen Leistung, die ja im Falle einer Aufzeichnung auf keinen Fall notwendigerweise gegeben ist, jene Erlebnisbereicherung empfängt, die einen Verzicht auf die Vorteile der Aufzeichnung rechtfertigen würde." Aus dieser Hypothese wird die Forderung abgeleitet, daß die "Wesensmerkmale der Live-Sendung, insbesondere die **Zeitkontinuität** (Hvhbg. S.Z.)" (81) auch bei der Videoaufzeichnung erhalten bleiben sollte; was wiederum nur verständlich ist auf dem Hintergrund der noch sehr mangelhaften Praktikabilität des Schneidens von Videobändern.

Die herausragenden technischen Neuerungen für die Erweiterung und Effektivierung der Produktion mit dem Videorecorder, wie sie uns oben schon im Zusammenhang des US-amerikanischen Fernsehrundfunks begegnet sind, wurden in Europa erstmalig im Mai 1961 vorgestellt. Anläßlich des 'Internationalen Fernseh-Festivals für Künste und Wissenschaften' in Montreux fand für europäische Fernsehtechniker und Produktionsverantwortliche ein spezielles Symposium statt, bei dem vornehmlich die Zusatz- und Verbesserungs-Erfindungen von Ampex Aufsehen erregten; darunter die Synchronisier-Einrichtung InterSync, das Zusatzgerät für farbige Aufzeichnungen Colortec, das Interswitch-System für das Abspielen von Bändern mit beliebiger Zeilennorm und auch die elektronische Editier-Einrichtung. (82) Alle diese Erweiterungen kamen jedoch auf dem Niveau der ersten Verbreitung des Videorecorders in der bundesdeutschen Praxis nicht mehr zum Tragen. Stattdessen versuchten Techniker verschiedener Firmen und Institutionen, Verbesserungen bei den mechanischen Verfahren zu erreichen. Im Auftrag des SWF entwickelten Zeiss und Siemens Schneide- und Klebelehren, mit denen wesentlich präziser geschnitten werden konnte und bei denen vor allem auch die Notwendigkeit der chemischen Entwicklung wegfiel. Die Schneideimpulse konnten mithilfe eines Oszillographen exakt geortet werden, nachdem die Schnittstelle zuvor grob von der künstlerischen Regie festgelegt worden war. Ein ähnliches Gerät entwickelte unabhängig von den beiden Firmen J. Schürer von der technischen Abteilung des Bayerischen Rundfunks. Die neuen Einrichtungen wurden beim SWF ab 1962 benutzt. Bildstörungen aufgrund ungenau ausgeführter Schnitte sowie der zeitliche Aufwand konnten damit erheblich reduziert werden; die Herstellung einer einwandfreien Klebestelle soll mit dem Gerät Schürers nur noch zwei bis drei Minuten lang gedauert haben. (83) Technisch war damit der Vorgang des Editierens von Videobändern bis auf die Ausführung des Schnitts und das Zusammenfügen der Teilstücke von mechanisch-chemischen Elementen befreit. Das Sachsystem hatte einen weiteren Schritt weg von der filmischen hin zur elektronischen Produktionsweise gemacht.

Obgleich die potentiellen Gebrauchswerte des Videorecorders technisch noch stark gefesselt waren, kann der Prozeß der Integration der neuen Medientechnik Anfang 1962 auch in der Bundesrepublik prinzipiell als vollzogen gewertet werden. Das Artefakt hatte seine Tauglichkeit und seine Nützlichkeit für den publizistischen Fernsehrundfunk vielfach erwiesen und war weitgehend akzeptiert worden von den Kommunikatoren. So beginnt ein resümierender "Bericht über die wichtigsten Fernseharbeiten des In- und Auslandes in den Jahren 1960 und 1961" den Abschnitt über die Aufzeichnung von Fernsehsignalen mit der Feststellung: "Die magnetische Bildaufzeichnung hat in den letzten Jahren erheblich an Bedeutung zugenommen. Ein großer Prozentsatz der Fernseh-Programm-Beiträge sämtlicher Rundfunkanstalten in Europa und in den USA besteht aus vorproduzierten Sendungen, die mit Magnetband aufgezeichnet worden sind." (84)

3. Zusammenfassung: erstes Verbreitungs-Niveaus und Ausblick auf die weitere Perspektive im Fernsehrundfunk

Knapp drei Jahrzehnte nach der Durchsetzung der Innovation des Videorecorders versuchen Programm-Macher des bundesdeutschen Mediums auf technisch höher entwickelter Stufe das Rad der Geschichte teilweise zurückzudrehen: Nachdem die Videokonserve zur Massenware geworden ist, sollen mehr Live-Sendungen, in der Regel in Form von künstlich geschaffenen TV-Ereignissen, die Attraktivität des zentralen Verteilmediums wieder anheben helfen und dazu beitragen, mittlerweile heiß umkämpftes Zuschauerterrain zumindest zu halten.

Die Inbetriebnahme des neuen Sachsystems gegen Ende der fünfziger Jahre unterlag noch gegenteiligen Bestrebungen: Mithilfe des Videorecorders sollte Fernsehproduktion vom organisatorischen und finanziellen Ballast der Live-Sendungen befreit werden. Das direkte Dabeisein des Zuschauers im Sinne des zeitlichen Zusammenfallens der Herstellung elektronischer Bilderwelten und ihrer Rezeption sollte reduziert werden zugunsten der Trennung beider Elemente des Prozesses Fernsehen. Das Artefakt ergänzte und flankierte wirksam die Ausdehnung der filmischen Produktion für das Funkmedium.

Leitgedanken der Einführung der neuen Medientechnik waren zwei Zusammenhänge, die sowohl im Geburtsland der Innovation als auch bei deren ersten Importeuren die Kommunikatoren beeindruckten und zur verstärkten Verbreitung des Gerätes führten: seine längerfristig absehbar hohe **ökonomische Rentabilität**, die sich neben der größeren Dispositionsfreiheit vor allem darin erwies, daß das Trägermaterial für elektronisch vergegenständlichte Fernsehzeit nicht mehr länger bloß archivarischen Zwecken diente bzw. zu teurem Abfall wurde; es konnte dem Betrieb wieder zur Verwendung zugeführt werden. Und die Konserven behielten in der ästhetisch-technischen Struktur der Reproduktion die **illusionäre Dimension** der Direktsendung. Video-Aufzeichnungen sind Konservierungen von fernsehspezifischen Produktionsweisen, mit mehreren, aus unterschiedlichen Blickwinkeln heraus operierenden, Kameras und dem eigenartigen, bis heute nicht exakt definierten, Eindruck der **nackten Nähe,** den die elektronisch erzeugten Images in der sinnlichen Wahrnehmung hervorrufen.

Die Integration des Videorecorders in die TV-Produktion war somit ein wichtiger Schritt im Abbau der Erfahrung des Kommunikationsprozesses Fernsehen als Akt der technischen Vermittlung. Die zuvor einzig mögliche Art der Vorausproduktion wie der Aufnahme für die Wiederholung, der optisch-mechanische Film, legte gewissermaßen an der Oberfläche seine materiell-technische Struktur offen. Bei der Sendung vom Videorecorder war diese höchstens noch erfahrbar in den 'drop outs', den winzigen Lücken in den Zeilen des Fernsehbildes, die mitunter bei mangelhaftem Bandmaterial oder aufgrund von Fehlern beim Schnitt entstanden. Der Angleichung des Programms an den Alltagsrhythmus der Zuschauer mithilfe der Distributionsmaschine folgte die Erhöhung des illusionärens Potential durch die **Produktionsmaschine.** - Es gehört in diesen Zusammenhang, daß die Hersteller von Fernsehreklame nach den Networks in den USA unter den ersten Abnehmern und intensiven Nutzern der neuen Geräte waren. Ihren Vermittlungsabsichten kam die Aufhebung von Distanz in der Konfrontation mit den Bildern des Wohnzimmer-Mediums sehr entgegen; zumal sich die verstärkte Unmittelbarkeit auch noch mit einer höheren Produktionsrationalität realisieren ließ.

Erstaunlich ist es indes aus der historischen Rückschau, daß die potentiellen Gebrauchswerte des Videorecorders zunächst am wenigsten für diejenigen Bereiche des Mediums gesehen wurden, in denen er heute seit einigen Jahren mit zu den stärksten Veränderungen beiträgt: in der aktuellen Berichterstattung, insbesondere soweit sie nicht aus dem Studio stattfindet sondern am Ereignisort produziert wird. Zu riesig in den Ausmaßen, zu schwerfällig und zu kompliziert in der Bedienung waren wohl die Quadruplex-Anlagen, als daß die Ablösung der Produktionseinheit Filmkamera und Tonbandgerät in nennenswertem Umfang antizipierbar war. In der Tat nahm dieser Prozeß einen langen Zeitraum in Anspruch. Zwar werden wir schon auf dem nächsten Entwicklungs-Niveau des Artefakts mit zahlreichen Versuchen und praktischen Erfolgen der Verkleinerung und Vereinfachung des Videorecorders konfrontiert werden. Aber von der Indienstnahme der weitgehend ans Studio gebundenen Ampex-Maschinen beim SWF bis zum umfangreicheren Einsatz des Gerätes als Mittel für die aktuelle Informationsbeschaffung und -bearbeitung dauerte es hier fast zwei Jahrzehnte. In einem intensiven Feldversuch bei den Fußballweltmeisterschaften 1978 in Argentinien erfuhr die **Elektronische Berichterstattung** (EB) ihre erfolgreiche Bewährungsprobe. (85) Von da an wurde freilich auch in der Bundesrepublik der Substitutionsprozeß der Filmtechnik forciert vorangetrieben, wie er sich in den USA schon seit Anfang der siebziger Jahre in wachsendem Maße beobachten ließ. (86) Unter den Bedingungen eines erbitterten Kampfes um die größtmögliche zeitliche Nähe des Journalismus am zu verarbeitenden Ereignis und die optimale Ausnutzung von Material und Personal bildet den Fluchtpunkt dieser Entwicklung eine Form der Produktion, die sich nicht nur für die gewerkschaftlich organisierten Kommunikatoren als Schreckgespenst abzeichnet: die "Ein-Mann-Berichterstattung" (87). Die Kombination von Bild- und Tonaufnahme auf dem Videoband, die zunehmende Verlagerung von Bedienungsfeinheiten der Aufnahmeapparatur in die automatische Elektronik einschließlich des computergesteuerten Schnitts einerseits, sowie die tendenzielle Abwertung von tv-journalistischen Privilegien wie großzügige Zeit-, Material- und Personaldispositionen durch die Verwaltung der Sender lassen das komplexe Aufnahmeteam von Kameramann, Tonmeister, Journalist und diversen Hilfskräften zumindest im aktuellen Bereich des Programms allmählich anachronistisch werden. In den USA ist die "Amalgamierung technischer und journalistischer Funktionen", wie sie Weischenberg als wichtige Bestimmung für den "Journalismus der Computergesellschaft" herausarbeitet (88), in der Person des elektronischen Nachrichtenbeschaffers für das Fernsehen längst Realität. Der Zwang zu höherer betriebswirtschaftlicher Rationalität bei bestenfalls stagnierenden Realeinnahmen der öffentlich-rechtlichen Sender, unter den Bedingungen wachsender Konkurrenz durch private Veranstalter, macht den technisch produzierenden Publizisten auch in der Bundesrepublik zum greifbaren Bild von Fernsehpraxis.

Die geräteproduzierende Industrie stellt dafür schon einige Artefakte zur Verfügung. Unter der poetischen Bezeichnung **Falkenauge** (Hawkeye) bietet die RCA, jener Konzern, der Mitte der fünfziger Jahre noch Videographen mit wagenradgroßen Spulen gebaut hat, seit 1982 ihre integrierten Kamera-Recorder im Halbzoll-Format an. Hochleistungsfähige Fernsehkamera, Mikrophon für die Tonaufnahme sowie Videorecorder, der beide Informationen speichert, sind darin in einem einzigen kompakten, von einer Person leicht zu transportierenden und zu bedienenden Gerät vereinigt. Die Konkurrenz aus Japan und auch aus Europa hat nicht lange auf sich warten lassen. Sony brachte 1983 mit **Betacam** eine vergleichbare Einrichtung heraus und verspricht damit fortan "complete operational freedom, flexibility, and reliability" (89) für die TV-Produktion unter dem Diktat von Zeit und Ökonomie; verspricht damit also einmal mehr jene Gebrauchswert-Ansprüche zu befriedigen, die schon zur Integration der schweren Studioanlagen geführt haben. Mit dem vorläufigen Superlativ in diesem Marktsektor wartet indes seit kurzem die bundesdeutsche Robert Bosch GmbH auf, unter derem internationalem Firmentitel - Fernseh Inc. - die geschichtsträchtige Fernseh AG resp. Fernseh GmbH noch wiederzuentdecken ist. Ihre intergrierter Kamera-Recorder **QuarterCam** wiegt noch zwei Kilogramm weniger als die ca. zwanzig Pfund schweren Geräte der Konkurrenz und arbeitet mit einem Einviertel Zoll breiten cassettierten Band. Eine dieser Cassetten wiegt nur 50 Gramm und hat eine Aufnahmekapazität von 15 Minuten. Ihr Volumen ist sechsmal so klein wie das einer Cassette des Heim-Videosystems VHS und umfaßt nur ein Viertel desjenigen einer Betamax-Cassette. (90) Die Entwicklungstendenz scheint auch im Bereich des Fernsehrundfunks auf die von der Tontechnik her bekannte 8 mm -Cassette hinauszulaufen.

Wie bei den konkurrierenden Systemen von RCA und Sony sind die Aufnahmen, die mit diesen Geräten gemacht werden, mithilfe einer transportablen computergesteuerten Schnitteinrichtung innerhalb kürzester Zeit noch am Aufzeichnungsort editierbar. Über Richtfunkstrecken kann das bearbeitete Material sofort zur Ausstrahlung an den Sender weitergeleitet werden.

Bis auf eine Differenz von potentiell nur wenigen Minuten hat damit die Videoproduktion die Direktsendung vom Ort des Geschehens eingeholt. Die Realzeit des Ereignisses gerinnt zur elektronisch gestalteten und gebrochenen Zeit auf dem Videoband. Diese wiederum wird Sendezeit, vorausgesetzt, die Konserve wird nicht aus politischen, polizeilichen, aus ästhetisch-technischen oder anderen redaktionellen Gründen der Ausstrahlung für unwürdig befunden. Dies **vor** einem möglichen Eklat beurteilen zu können, ermöglicht dem verantwortlichen Redakteur wiederum alleine der Videorecorder.

Mithilfe des neuen elektronischen Artefaktes hat es der Fernsehrundfunk in einer dreißigjährigen Geschichte geschafft, der Wirklichkeit - insoweit sie reproduzierbar ist - **räumlich** und **zeitlich** fast bis zur Unmittelbarkeit auf den Leib zu rücken, wobei die Vorkontrolle der Vermittlung des faktischen Ereignisses an die Öffentlichkeit des Publikums gewährleistet ist, das diese Neuerung zu einem guten Stück finanziert hat.

Kapitel VI

ZWEITES VERBREITUNGS-NIVEAU

"Wenn Erfinder eines neuen Instrumentes dieses zur Beobachtung der Natur anwenden, so ist das, was sie davon gehofft haben, immer eine Kleinigkeit im Verleich zu der Reihe nachfolgender Entdeckungen, wovon das Instrument der Ursprung war."

(Der Physiker François Arago am 3. Juli 1839, nach Benjamin, Kleine Geschichte der Photographie, 1931)

Schwerpunkt:
Der Videorecorder als vielseitig nützliche Kommunikationstechnik jenseits des massenmedialen Fernsehens

Begriffen als gesellschaftliches Projekt im umfassenden Sinn ist Fernsehen historisch und aktuell nicht bloß Rundfunk zur Unterhaltung und Belehrung disperser Publika. Die Technik der elektronischen Fernübermittlung von Images traf im Verlauf ihrer Genese auf vielerlei Bedarf ganz unterschiedlicher sozialer, kultureller und herrschaftspolitischer Bereiche. Jenseits besonderer medienrechtlicher und -politischer Rahmenbedingungen wurde Fernsehen für geschlossene Benutzerkreise, als Closed Circuit Television (CCTV) praktiziert, zu dem nur diejenigen Zugang haben, die unmittelbar an dem jeweiligen Prozeß des Austausches von elektronischen Bildinformationen beteiligt sind.

Noch ehe der Videorecorder als Produkt auf dem Markt realisiert worden war, wurde die magnetische Bildaufzeichnung als erweiterte Technik des Fernsehens schon Objekt von Wünschen und Anforderungen aus derartigen Verwendungsbereichen des CCTV. Am 12. und 13. Oktober 1953 veranstaltete das US-Verteidigungsministerium im Department of Interior Auditorium in Washington, D.C. ein Symposium, auf dem den verschiedenen Zweigen der mit Problemen der magnetischen Aufzeichnung befaßten Industrie Gelegenheit zum Austausch gegeben werden sollte, "for their general benefit, as well as for the benefit of the Department of Defense" (1), wie es die Einladung ausdrückte. Das Militär gehörte auch zu den ersten Auftraggebern für die handgebauten Prototypen der Mark IV von Ampex, ebenso wie die staatliche Administration. Der erste experimentelle Einsatz der neuen Kommunikationstechnik als visuelle Unterstützung für die Ausbildung im medizinischen Sektor wird bereits für den Sommer 1958 dokumentiert. Auf der American Medical Association Convention in San Francisco wurden drei Operationen zunächst in einem CCTV-System übertragen, auf einer Ampex-Maschine des Typs VR-1000 aufgezeichnet und anschliessend vom Videoband einem größeren Auditorium vorgeführt. (2)

Jedoch sowohl in quantitativer Hinsicht - lediglich knapp neun Prozent der Recorder wurden bis Ende 1961 an Einrichtungen außerhalb des Fernsehrundfunks geliefert - als auch in qualitativer Hinsicht kennzeichneten solche Verwendungsbereiche weder das Niveau der Innovation noch das der ersten Verbreitung. Sie hatten eher marginalen Stellenwert. Die schweren Quadruplex-Anlagen von Ampex und RCA mit ihrem großen technischen

Bedienungs- und Wartungsaufwand sowie ihren enormen Investitionskosten waren effektiv nur dort einzusetzen, wo genügend finanzielle Ressourcen, Raumkapazitäten und qualifizierte Fernsehtechniker zur Verfügung standen und wo der dringlichste Bedarf an elektromagnetischen Aufzeichnungen von Fernsehimages bestand: eben in den Networks und Studios der entwickelten Rundfunknationen.

Eine erkennbar neue Qualität in der Verbreitung des Sachsystems ist erst zu verzeichnen, nachdem die Videorecorder wesentlich **kleiner**, **einfacher** in der Bedienung und **billiger** geworden sind. Technisch geht dieser Entwicklungssprung auf das nächste Niveau einher mit der Durchsetzung eines neuen Verfahrens zur Speicherung von Fernsehsignalen: der **Schrägspur-Aufzeichnung.** Ab 1962 werden solche Gerätemodelle mit zunächst geringfügigerer Qualität als ihre Vorläufer von der Industrie angeboten und von Verwendern außerhalb des Fernsehrundfunks gekauft. Bis zum Beginn des nächsten erstreckt sich dieses Niveau über knapp eineinhalb Jahrzehnte und ist somit das bisher längste in der Geschichte des Videorecorders. Obgleich nämlich schon kurz nach Beginn der erweiterten Diffusion des Artefaktes zahlreiche Versuche gestartet werden, die Grenzen in Richtung auf den tendenziell nicht mehr limitierten Massenmarkt zu durchbrechen, sind die Voraussetzungen für den Sprung auf dies letzte Niveau der Verbreitung auch in den industriell entwickeltsten Fernsehländern erst in der zweiten Hälfte der siebziger Jahre gegeben; mit geringfügigen zeitlichen Versetzungen etwa zwischen Japan, den USA und der Bundesrepublik.

Sowohl in sozio-technischem als auch -kulturellem Sinn ist das zweite Niveau der Verbreitung genetisch als **Übergang** zu definieren. Die Hersteller differenzieren in diesen Jahren den Videorecorder zielgerichtet als ein Produkt aus, das für die Massenkonsumption geeignet ist; ökonomisch beginnen sich bereits jene hegemonialen Verhältnisse herauszubilden, wie sie das letzte Verbreitungs-Niveau charakterisieren werden; und viele der Anwendungsformen bekommen einen multiplikatorischen Effekt, mit dem sie die Sprengung privilegierter Nutzung des Artefakts wesentlich mit vorbereiten.

Auf eine Eigenart der Darstellung im folgenden Kapitel ist besonders hinzuweisen: Der Herstellungs- und Entwicklungszusammenhang der Geräte wird bis ca. 1976 verfolgt und im nächsten Kapitel dann erneut aufgegriffen. Parallel zur Entfaltung des höchsten Verbreitungs-Niveaus des Videorecorders weitete sich und differenzierte sich der Verwendungszusammenhang nach diesem Zeitpunkt aber noch erheblich aus. Wir versuchen dem dadurch Rechnung zu tragen, daß im 2. Abschnitt wenigstens Aspekte dieser Erweiterungen einbezogen werden, die auf der Basis der für den Massenmarkt produzierten Technik zu beobachten sind.

"Two shoe salesmen go to a backward section of Africa. The first one writes back to the head office: 'There is no prospect of sales since all the natives are barefoot.' The other one, a Sony type, reports: 'No one wears shoes here. We can dominate the market. Send all possible stock.'" (Akio Morita, Mitbegründer von Sony, nach Price 1972.)

1. Sozio-technische Faktoren der erweiterten Diffusion des Videorecorders

ÜBERBLICK

Mit dem von Ampex entwickelten Querspur-Verfahren ließ sich das Problem der hohen Informationsdichte von Fernsehsignalen in den Griff bekommen, ohne daß bei der Reproduktion die Aura des tatsächlichen oder inszenierten Ereignisses durch sichtbare Brüche gestört würde. Derartige Anforderungen an die technisch-ästhetische Gestalt der Images stellten sich aber nicht überall dort, wo Fernsehen als Vermittlungstechnik entweder schon angewendet wurde oder potentiell angewendet werden konnte. Für die Überwachung eines Cockpits oder eines Vorgangs in der industriellen Produktion, für die Abbildung von Landschaftsstrukturen oder feindlichen Gefechtsanlagen, für die Rekonstruktion einer Bauchhöhlenoperation, für die Kontrolle von Verkehrsanlagen oder die Observation verdächtiger Personen, für die psychiatrische Analyse von sichtbaren Verhaltensstörungen, für die Schulung von Rednergestik oder die Ausbildung in der Verkaufsförderung war und ist die Wiederherstellung einer solchen Aura in der Reproduktion nicht von entscheidender Bedeutung für den Kommunikationsprozess. In diesen und anderen Bereichen gesellschaftlicher Praxis gab es aber auch einen Bedarf, Visuelles ökonomisch rationell und ohne großen Zeitverlust im Hinblick auf die Wiedergabe zu speichern, mit dem Gebrauchswertanspruch, daß die aufgezeichneten Objekte und ihre Bewegung klar erkennbar sein mußten.

In den Forschungslaboratorien der Industrie bzw. ihren Abteilungen für Produktplanung wurde dieses weite Spektrum von möglichen Nutzern des Videorecorders nicht nur frühzeitig gesehen. Noch während die neue Speichertechnik inventiv entwickelt wurde, arbeitete man zielgerichtet an Produktformen für den erweiterten Markt; und zwar sowohl im Mutterland der Innovation, den Vereinigten Staaten, als auch in Japan und in Europa. Ökonomisches Merkmal des zweiten Niveaus der Verbreitung wird somit die Brechung des Hersteller-Oligopols der Ampex Corporation und der RCA. Zahlreiche neue Entwickler und Produzenten traten in den Markt ein, die an dem antizipierten umfangreicheren Geschäft teilhaben wollten. Am 1. Januar 1965 zum Beispiel konkurrierten auf der technischen Basis des Schrägspur-Verfahrens dreizehn Prototypen und Seriengeräte um die Gunst der Käufer in den USA; dazu waren zwölf verschiedene Entwicklungsmodelle angekündigt. (3) Mindestens dreißig verschiedene Firmen der Elektronikbranche kamen in den beiden folgenden Jahren, 1966 und 1967, mit den unterschiedlichsten Modellen, Prototypen und produktreifen Geräten alleine für den US-Markt heraus. (4) Die - für die potentiellen Nutzer und für den Handel - verwirrende Vielfalt von weitestgehend nicht miteinander kompatiblen Videosystemen, die damit entstand, dürfte ein wichtiger Grund dafür gewesen sein, daß der Markt bis zur Mitte der siebziger noch relativ beschränkt blieb.

Die starke Ausdifferenzierung des Artefaktes während seiner erweiterten Diffusion macht eine durchgehende diskursive Darstellung nicht sinnvoll. Zum Zweck der besseren Überschaubarkeit versuchen wir zunächst, sie in einer tabellarischen Chronologie zu erfassen. Sie enthält die wichtigsten Gerätetypen, die in diesen Jahren an die Öffentlichkeit des Marktes gelangten, verzeichnet ihre jeweiligen Hersteller und deren nationale Herkunft, das zu dem jeweiligen Zeitpunkt erreichte Produktniveau, Angaben zu den Systemeigenschaften, zu technischen Besonderheiten sowie in einigen markanten Fällen zum anvisierten oder tatsächlichen Verkaufspreis und in der letzten Spalte die Verwendungsbereiche, welche die Hersteller für ihre Produkte in erster Linie vorgesehen haben. Mit dem propagierten Verwendungsschwerpunkt soll nicht zuletzt deutlich gemacht werden, wie früh in einer lediglich aus der Perspektive der Produzenten argumentierten Logik die Entwicklung des Heim-Videorecorders als fortgeschrittenstes Niveau der Ontogenese anzusetzen wäre, berücksichtigte man nicht die vielfältigen Faktoren, die seine Entfaltung erst ermöglichten. - An die Skizze anschließend werden in einem zweiten Schritt unter verallgemeinernden Gesichtspunkten die Schwerpunkte der apparativen Neuerung benannt und in ihrem Stellenwert aus der historischen Perspektive interpretiert.

Tabelle 7

DIVERSIFIKATION DES VIDEORECORDERS AUF DEM ZWEITEN NIVEAU SEINER VERBREITUNG (1962 bis 1976)

Jahr: Gerätetyp	Hersteller	Land	Produkt-Niveau	Systemmerkmale & technische Besonderheiten soweit eruierbar/markant auch Gewicht/Preis	Verwend. (Absicht)
1962:					
VTR-1	Toshiba	Japan	Markteinf.	2 Zoll, Schrägspur, VTR, Standbild, Farbe (NTSC) Variante 1 Zoll	Rundfunk Institution.
JVC-770	JVC	Japan	Markteinf.	2 ". Schrägspur, VTR, Farbe (NTSC)	Rundfunk
SV-201	Sony	Japan	Prototyp	2 ", Schrägspur, VTR, Farbe (NTSC ca. $ 10.000	Rundfunk
MVR-10/11	Machtronics	USA	Prototyp	1 ", Schrägspur, VTR, schwarz-weiß, mobil (41 kg), MVR-11: $ 13.850	Institution.
Opta-cord 500	Loewe Opta	BRD	Markteinf.	2 ", Schrägspur, VTR, schwarz-weiß, max. 100 Min.	Institution.
VR-1100	Ampex	USA	Markteinf.	2 ", Querspur, Quadruplex, volltransistorisiert, kompakt	Rundfunk
TR-11	RCA	USA	Prototyp	2 ", Querspur, Quadruplex, Farbe, volltransistorisiert	Rundfunk
Colortec & Electr. Edit.	Ampex	USA	Markteinf.	Zusatzgeräte für Farkakkomodation und elektronischen Schnitt	Rundfunk
EL 3400	Philips	NL	Experimentalausführung	1 ", Schrägspur, VTR, schwarz-weiß, max. 60 Minuten	Institution.

1963:					
TR-22	RCA	USA	Markteinf.	2 ", Querspur, Quadruplex, transistorisiert, Farbe, für verschiedene Fernsehnormen	Rundfunk
VR-8000	Ampex	USA	Prototyp	2 ", Schrägspur, VTR, kompakt, 59 kg	Institution.
VR-660 B	Ampex	USA	Prototyp	1 ", Schrägspur, VTR, kompakt, unter 50 kg	Institution.
PI-3V	Precision Instruments	USA	Prototyp	1 ", Schrägspur, VTR, tragbar (31 kg), $ 12.150	Institution.
ohne Angabe	Telcan Ltd. Cinerama	GB/ USA	Experimental-ausführung	1/4 ", Longitudinal, VTR, extrem kompakt, schwarz-weiß, ab ca. $ 200 (bei Massenprod.)	Massen-markt
KV-2000	JVC	Japan	Markteinf.	1 ", Schrägspur, VTR, kompakt, Farbe (NTSC)	Institution.
1964:					
DV-2000	Dage Telev.	USA	Markteinf.	1 ", Schrägspur, VTR, ca. 67 kg, $ 12.450	Institution.
VR-2000	Ampex	USA	Markteinf.	2 ", Querspur, Quadruplex, High Band, für Europa, über $ 60.000	Rundfunk
EL-3400	Philips	NL	Markteinf.	1 ", Schrägspur, VTR, max. 45 kg, 45 Min., DM 6.900, USA $ 3.950	Institution.
EV-100	Sony	Japan	Ankündigung	1/2 ", Schrägspur, 1,5 Kopf, $ 3.000	Massenmkt.
CV-200	Sony	Japan	Prototyp	1/2 ", Schrägspur, VTR, skipfield, kompakt, $ 500	Massenmkt.
VE-5001	Fairchild/ Winston	USA	Ankündigung	1/4 ", Longitudinal, VTR, ca. 91 kg $ 3.000 bis 4.000 - Variante unter $ 500	Institution. Massenmkt.
BV-120	Sony	Japan	Markteinf.	2 ", Schrägspur, VTR, ca. 90 kg, $ 14.400	Rundfunk

1965:					
ohne Angabe	Wesgrove Electrics	GB	Prototyp	1/4 ", Longitudinal, VTR, schwarz-weiß $ 395 - $ 792	Massenmkt.
BK-100	Grundig	BRD	Prototyp	1/2 ", Schrägspur, VTR, schwarz-weiß, 90 Min.	Massenmkt.
PI-7100	Precision Instruments	USA	Prototyp	1 ", Schrägspur, VTR, Farbe (NTSC)	Institution.
Optacord 600	Loewe Opta	BRD	Prototyp	1 ", Schrägspur, VTR, ca. 18 kg, ca. DM 10.000, $ 2.500	Institution.
VR-7000	Ampex	USA	Markteinf.	1 ", Schrägspur, VTR, Farbe (NTSC)	Institution.
HVR-6200	Ampex	USA	Ankündigung	1/4 ", Longitudinal, VTR, max. 50 Min.	Massenmkt.
TCV-2000 & TCV-2110	Sony	Japan	Markteinf.	1/2 ", Schrägspur, VTR, schwarz-weiß $ 1.200	Massenmkt.
1966:					
VR-303	Ampex	USA	Markteinf.	1/4 ", Longitudinal, VTR, 50 Min., $ 3.950	Massenmkt.
WRC-150	Westel Corpor.	USA	Prototyp	1 ", Schrägspur, VTR, portable, 10,4 kg (Recorder als Teil einer tragbaren Anlage)	Rundfunk & Institution.
CV-2000	Sony	Japan	Markteinf.	1/2 ", Schrägspur, VTR, max. 60 Min. farbtüchtig, $ 800	Massenmkt.
1967:					
ohne Angabe	Newell Assoc.	USA	Prototyp	1/4 ", Longitudinal, VTR, Recorder zum Kopieren mit hoher Gesch. (Massenkop.)	f. Heimvideoprogr.
AV-3400	Sony	Japan	Prototyp (Markteinf. in Japan	1/2 ", Schrägspur, VTR, portable, 25 kg (berühmt geworden als der erste "Sony Porta-Pak"), $ 1.495	Massenmkt.

KV-600/800 801 u. 811	JVC	Japan	Markteinf.	1 ", Schrägspur, VTR, Farbe für alle drei Fernsehnormen	Institution. Rundfunk
1968:					
VR-3000	Ampex	USA	Markteinf.	2 ", Querspur, Quadruplex, tragbar, 16 kg	Rundfunk
EVR/ BEVR	CBS	USA	Prototyp (1. öff. Vorführung)	Cassettensystem mit Silberfilm und Elektronenstrahlabtastung, EVR nur für Wiedergabe	Massenmkt. Rundfunk
CVR-XXI	Arvin Industries	USA	Prototyp	1/2 ", Schrägspur, Cartridge, schwarz-weiß und Farbe	Massenmkt.
	Sony, Matsushita/JVC, Shibaden und zahlreiche andere japanische Hersteller einigen sich durch Vermittlung der EIAJ auf den "Japan Standard 1" (1/2 ", Schrägspur, 1-Kopf, Spulenrecorder), für semiprofessionelle und Heimverwender				
1969:					
LDL-1000	Philips	NL	Markteinf.	1/2 ", Schrägspur, VTR, max. 45 Min., schwarz-weiß, Band: DM 140, Rec. DM 1.850	Massenmkt. Institution.
BK-100	Grundig	BRD	Markteinf.	technische Parameter wie Ankündigung 1965	Massenmkt. Institution.
NV-3080 * VTR-450T	Panasonic	Japan	Prototyp	1/2 ", Schrägspur, VTR, portable	Massenmkt.
VCR	Sony	Japan	Prototyp	1 ", Schrägspur, (VCR = Video Cassette Rec.) Farbe (NTSC)	Rundfunk Institution.
U-Matic	Sony	Japan	Prototyp	3/4 ", Schrägspur, VCR, Farbe, $ 350 - 750 max. Aufnahmekapazität 80 Min., Stereo-Ton	Massenmkt.
SV-707 U	Shibaden/ Apeco	Japan	Prototyp	1/2 ", Schrägspur, Spule, portable	Massenmkt.

1970:					
VCR···	Philips	NL	diverse Prototypen	1/2 ", Schrägspur, Cassette, Farbe, max. 60 Min., nur Player: DM 1.200 (schwarz-weiß), Recorder: DM 2.000 - 2.800	Massenmkt. Institution.
VT-100	Akai/ Videovision	Japan	Markteinf.	1/4 ", Schrägspur, VTR, schwarz-weiß, portable, 4,6 kg, $ 1.295 (DM 11.000 incl. Kamera)	Massenmkt.
Instavision	Toshiba + Ampex = TOAMCO	Japan USA	Prototyp	1/2 ", Schrägspur, Cartridge, Farbe, 7,5 kg, max. 30 Min., $ 800 (schwarz-weiß) bis $ 1.000 (Farbe	Massenmkt. Institution.
Cartrivision	Cartridge TV /AVCO	USA	Prototyp	1/2 ", Schrägspur, Cartridge, Farbe, max. 120 Min., $ 895, vor allem als Player für bespielte Cassetten	Massenmkt.
KV-350 PV-4500	JVC	Japan	Markteinf.	1/2 ", ... Japan Standard 1, Stationär/portable	Massenmkt.
VR-7003 PAL	Ampex	USA	Markteinf.	1 ", Schrägspur, VTR, tragbar, 46 kg,DM 19.740	Institution.
1971:					
U-Matic	Sony, JVC, und 10 weit. Hersteller	Japan	Markteinf.	3/4 ", Schrägspur, Cassette, max. 60 Min., Farbe, Standardisierung durch EIAJ, ca. DM 4.000 - DM 8.000	Massenmkt. Institution.
VCR-1205	Philips	NL	Prototyp	1/2 ", Schrägspur, Cassette, schwarz-weiß, max. 60 Min.	Massenmkt.
LT-3150	Bosch	BRD	Markteinf.	1/2 ", Schrägspur, VTR	Institution.
VCRN-1500	Philips	NL	Prototyp	wie VCR-Standard plus Farbe, über DM 3.000	Massenmkt.
BK-210+300	Grundig	BRD	Prototypen	1/2 ", Schrägspur, VCR-Standard	Institution.

BK-2000 Color	Grundig	BRD	Prototyp	1/2 ", VCR-Standard plus Farbe	Massenmkt.
1972:					
EV-1500 A/E	Hitachi	Japan	Prototyp	Cartridge Player-System für NTSC + PAL	Institution.
BCR	Bosch/ Philips	BRD/ NL	Prototyp	1 ", Schrägspur, Highband, Farbe	Rundfunk
PVR-709	Audiotronics	USA	Markteinf.	1/2 ", EIAJ-Standard plus Farbe	Institution.
BK-204/ Color	Grundig	BRD	Markteinf.	1 ", Schrägspur, Spulenrec., Stereo, schwarz-weiß/Farbe, max. 110 Min.	Institution.
BK-401/ Color	Grundig	BRD	Markteinf.	wie BK-204 u. BK-204 Color plus elektron. Schnitt (ca. DM 25.000)	Institution.
1973:					
7 bundesdeutsche und 17 internationale Hersteller-Firmen einigen sich auf den VCR-Standard von Philips					Massenmkt. Institution.
1974:					
LVR	BASF	BRD	Ankündigung	1/2 ", Longitudinal, Cassette	Massenmkt.
1975:					
BCN-20	Bosch/ Philips	BRD	Markteinf.	1 ", Schrägspur, tragbarer Recorder für Reportagen, 18 kg	Rundfunk
HR-3300	Matsushita	Japan	Prototyp	1/2 ", Schrägspur, Cassette, Farbe, max. 120 Min., (VHS - video Home System)	Massenmkt.
SL-7300	Sony	Japan	Markteinf. USA & Japan	1/2 ", Schrägspur, Cassette, Farbe, max. 60 Min., (Beta-System), $ 1.300	Massenmkt.

BK-2500	Grundig	BRD	Markteinf.	farbtüchtiger VCR-Standard	Massenmkt.
VCR N-1501	Philips	NL	Markteinf.	verbilligter VCR-Standard, ca. DM 2.500	Massenmkt.
1976:					
HR-3300	Matsushita/ JVC	Japan	Markteinf. USA & Japan	VHS-Cassettenrecorder (s.o.)	Massenmkt.
BK-3000	Grundig	BRD	Prototyp	VCR-Standard, 2. Generation	Massenmkt.

Erläuterungen: Die chronologische Auflistung ist nicht vollständig. Sie versucht allerdings, sowohl die Bandbreite der technischen Systeme zu repräsentieren als auch das Spektrum der verschiedenen Hersteller anzudeuten. Von den Neuerungen, die speziell für den Fernsehrundfunk auf den Markt kamen, sind nur einige wenige aufgelistet; sie sind in diesem Zusammenhang nicht von besonderem Interesse. Stark reduziert wurde ebenfalls ab den siebziger Jahren, seitdem für alle vorhandenen und auf den Markt durchgedrungenen Systeme zahlreiche Lizenznehmer in Japan, den USA und Westeuropa produzierten und mit entsprechenden Varianten auf den Markt kamen (Japan Standard 1, U-Matic, Cartridge, VCR und schließlich die japanischen Heim-Videosysteme Beta und VHS, mit denen wir uns noch eingehender zu beschäftigen haben). Festzuhalten ist, daß viele der Experimentalausführungen und Prototypen gar nicht erst in die Produktion gegangen sind, weil sie noch nicht ausgereift genug waren und/oder durch konkurrierende Neuerungen überholt wurden. Dies gilt besonders für die zahlreichen Longitudinal-Modelle, von denen einige freilich - wegen ihrer besonderen Kompaktheit - in eingeschränkte Verwendungen kamen, wie z.B. der militärischen Luftfahrt. Das Kürzel "Institution." steht für sämtliche Verwendungsbereiche außerhalb des Fernsehrundfunks und unterhalt des Massenmarktes, deckt also im Prinzip auch nicht-institutionelle Bereich ab, wie Künstler- und Videogruppen, Werbeagenturen, Geschäfte, etc. Es wurde hier nur provisorisch zur Bezeichnung des Schwerpunktes benutzt. Bei den Preisangaben für Prototypen und Ankündigungen ist zu berücksichtigen, daß sie oft nicht bis zur Markteinführung gehalten werden konnten.

HERAUSRAGENDER NEUERUNGSPROZESS 1: VEREINFACHUNG, VERKLEINERUNG, VERBILLIGUNG

"Most of what you build is too expensive. Most of what you build doesn't solve the problem it was intended to solve. Most of what you build is so unreliable that, if it was a consumer product you had bought, you'd change brands. Most of what you build is built in blind response to the customer's stated requirements, instead of telling the customer what he really needs, then showing him how to get it. Most of what you build is antique. You squeeze and squeeze on old ideas trying to solve new problems." (5)

Diejenigen, die da wie kleine Schuljungen für ungenügende Leistungen getadelt wurden, waren die versammelten Spitzen-Ingenieure der US-amerikanischen Elektronikindustrie, soweit sie in die Entwicklung der Magnetbandaufzeichnung involviert waren. Mit der Industrie so umspringen kann nur jemand, der sich seiner besonderen Stärke als Kunde bewußt ist. Absender der einleitenden Grußworte war William A. Lanich Jr. vom Airforce Avionics Laboratory des US-Luftwaffenstützpunktes Wright-Patterson in Ohio. Anlaß der Beschimpfung - "Remember, all you exotic technologists, the biggest change in your industry in five or ten years has been that you broke into three camps: transverse, helical and longitudinal. Wow - what fresh ideas!" (6) - war eine Konferenz, welche die Society of Photo-optical Instrumentation Engineers in Zusammenarbeit mit dem United States Air Force Systems Command und der Society of Motion Picture and Television Engineers vom 3. bis 5. April 1973 in Dayton/Ohio veranstaltete; ihr Thema: Anforderungen, Nutzungsweisen und Techniken der Videoaufzeichnung für die militärische Luftfahrt.

Die Forderungen, die anläßlich dieser Konferenz von den Vertretern des Militärs immer wieder erhoben wurden, könnten als sozio-technisches Programm bezeichnet werden für die Entwicklung des Artefaktes Videorecorder auf seinem Weg hin zum Massenmarkt; sieht man einmal von dem Bedarf nach besonders hochleistungsfähigen Geräten für einige spezielle militärische Anwendungsfälle ab. **Vereinfachung, Verkleinerung** (einhergehend mit Gewichtsreduzierung) und **Verbilligung** - was sich die US-Luftwaffe hier stellvertretend für die übrigen Verwender der neuen Kommunikationstechnik außerhalb des Unterhaltungsfernsehens von der Recorderindustrie wünschte (7), versuchte letztere mit großen Anstrengungen, vielen Erfolgen und zahlreichen Mißerfolgen in den eineinhalb Jahrzehnten von 1962 bis 1976 in Form von Produkten zu realisieren. Schauen wir uns diesen Prozess in einigen seiner markanten Erscheinungen an:

Die in unserer Übersicht abgebildete starke Häufigkeit des Auftretens von Recorder-Typen, die nach dem **Schrägspur**-Verfahren arbeiten, hat für die Genese des Artefaktes qualitative Bedeutung. Auf der Basis des vom technischen Aufwand her einfacheren, in den Ausmaßen kleineren und im Anschaffungspreis niedrigeren Systems wurde die erweiterte Diffusion in relevantem Maß überhaupt erst möglich. Schrägspur-Aufzeichnung bzw. Helical Scan Recording steht in der Geschichte des Videorecorders sozio-technisch für die Aufhebung seiner privilegierten Benutzung durch die Veranstalter und Produzenten von Fernsehrundfunk. Darüberhinaus markiert das neue Verfahren das Ende der US-amerikanischen Hegemonie in der Herstellung des Gerätes. Japanische Produzenten legten damit den Grundstein für ihre später unangefochtene Vormachtstellung in den Marktsektoren außerhalb der professionellen TV-Studios und -Networks.

Dabei hatte auch die Ampex Corporation schon früh versucht, eine apparative Alternative zu ihren teuren und schwerfälligen Quadruplex-Anlagen zur Produktreife zu entwickeln. Ihre konzeptionellen Arbeiten daran reichen bis in die frühe inventive Phase ihres Video Tape Recorders selbst zurück. Zwischen 1956 und 1960 experimentierte sie dann mit verschiedenen Modellanlagen das Helical Scan-Verfahren aus. Diese Versuche blieben aber lange Zeit selbst der Fachöffentlichkeit verborgen. Erst 1963 kam die Californische Firma mit dem VR-8000 heraus, dem ersten Prototypen von Ampex, der auf dem Schrägspur-Verfahren basierte. Er gelangte aber über dieses Produktniveau nicht hinaus: "Several prototypes were built, but the basic helical problems had only been partially solved and the model was never manufactured" (8), schreibt der Manager der Videoabteilung in einem Rückblick auf die firmeninterne Entwicklung des Helical Scan-Systems.

Avantgardist für die **Produktform** des neuen Gerätetyps wurde indes die Tokyo Shibaura Electronic Co. Ltd. aus Japan. Nicht registriert von der internationalen Fachöffentlichkeit hatten Ingenieure der **Toshiba** Matsuda Research Laboratorien schon 1953 begonnen, ein alternatives Konzept zu den amerikanischen Experimenten zu entwickeln; angestoßen vermutlich durch die Vorführung der ersten Experimentalanlage der RCA, die deutlich gemacht hatte, daß die Aufzeichnung von Fernsehbildern auf Magnetband zwar möglich, aber auf der Basis des Longitudinal-Verfahrens wenig praktikabel war. Norikazu Sawazaki, der leitende Techniker des Projektes bei Toshiba, betonte später, daß die Firma bis dahin auf dem Gebiet der Magnetbandtechnik überhaupt noch nicht gearbeitet hätte, sodaß die gesamte Apparatur für die Entwicklung des VTR-0, wie die Experimentalanlage bis zur Fertigstellung eines ersten Mustergerätes genannt wurde, völlig neu und in Handarbeit hätte hergestellt werden müssen. Ein Jahr nach der Aufnahme der Experimente wäre dann der labormäßige Aufbau für die Videoaufzeichnung abgeschlossen gewesen. (9) Für die Herstellung des ersten Mustergerätes des VTR-1 benötigten die Ingenieure vier weitere Jahre; es wurde 1958 firmenintern vorgestellt. Im September 1959 präsentierte Toshiba der japanischen Öffentlichkeit den ersten Prototypen, der aus dem Mustergerät hervorgegangen war; mit sehr großem Erfolg. Sawazaki erhielt mit seinen fünf Forscherkollegen für die Entwicklung des VTR-1 den begehrten 'Japan Best New Products Prize' des Jahres. Daß die Neuerung zu diesem Zeitpunkt auch über die Grenzen Japans hinaus schon hoch eingeschätzt wurde, obwohl sie das Niveau des kommerziellen Produkts noch nicht erreicht hatte, dokumentiert sich darin, daß das Toshiba-Team in die USA eingeladen wurde, um sein System auf der jährlichen Convention der SMPTE im April 1960 in Los Angeles vorzustellen. (10) Der Auftritt vor der wichtigsten einschlägigen Technikerorganisation stellte für die japanischen Ingenieure den internationalen Durchbruch dar. Ein gutes Jahr später erfuhr auch die westdeutsche Fachöffentlichkeit von dem Videorecorder aus Südostasien, der das "Magnetbild (...) vor neue Umwälzungen" stellte, wie ein zeitgenössischer Kommentator hierzulande euphorisch schrieb (11). Die 'Rundfunktechnischen Mitteilungen', das in der Bundesrepublik damals herausragende Forum für die Darstellung fernsehbezogener Neuerungen, druckten eine Übersetzung des zuerst in den USA erschienenen Beitrags der japanischen Ingenieure. (12)

Die verwiesene Firmenschrift von Toshiba spricht wenig bescheiden nicht nur davon, daß die Geschichte ihres Video Tape Recorders identisch sei mit der 'Geschichte des VTR an sich' (13); - immerhin hatten sich zu dem Zeitpunkt, als ihr Prototyp vorgestellt wurde, die Maschinen von Ampex längst als Innovation weltweit durchgesetzt und zwar genau unter dem Markenzeichen des Video Tape Recorders. Sie behauptet auch, daß Sawazaki und damit Toshiba das dem neuen Recorder zugrundeliegende Verfahren der Aufzeichnung erfunden und 1954 zuerst patentiert hätte. - Besonders auf den Grundlagen-Ingenieur bei Telefunken, Eduard Schüller, dürfte das Toshiba-System hingegen keinen sonderlich revolutionären Eindruck gemacht haben. Es funktionierte nämlich nach demselben Prinzip, das dieser am 1. Juli 1953 als "Vorrichtung zur magnetischen Aufzeichnung und Wiedergabe von Fernsehbildern" beim Patentamt der Bundesrepublik Deutschland (DBP) angemeldet hatte (14) und das im Kern immer noch die Grundlage auch für die heutigen Heim-Videorecorder darstellt: Die Videosignale werden im spitzen Winkel zum Bandverlauf, diagonal zu den Bandkanten, durch zwei rotierende Magnetköpfe aufgeschrieben bzw. abgelesen, die sich in derselben Richtung wie die der Bandbewegung drehen. Die Ingenieure von Toshiba benutzten zunächst ein zwei Zoll breites Magnetband, das in Form einer Wendeschleife ('helical loop') um einen Zylinder geführt wurde, in dem die rotierenden Magnetköpfe (der VTR-1 arbeitete anfangs noch mit einem einzigen) untergebracht waren. Entscheidend ist der technisch-ökonomische Effekt dieser Anordnung: Mit dem Schrägspur-Verfahren bzw. Helical Scan Recording war es möglich, auf einer einzigen Spur ein vollständiges Halbbild des Fernsehens aufzuzeichnen; im Unterschied zum Querspur-Verfahren von Ampex, bei dem für ein Halbbild sechzehn Spuren benötigt wurden. Die japanischen Ingenieure faßten die Vorteile Ihres Verfahrens in fünf Punkten zusammen:

o "Betriebs- und Einstellungsschwierigkeiten lassen sich vermeiden. Die Bedienung verlangt keine besondere Technik. Bei dem neuen Verfahren entfallen die Schwierigkeiten der Jalousiebildung, des Muscheleffektes und der Streifenbildung.

Schematische Darstellung:

Das Schüller-Patent der Schrägspur-Aufzeichnung von Videosignalen (1953)

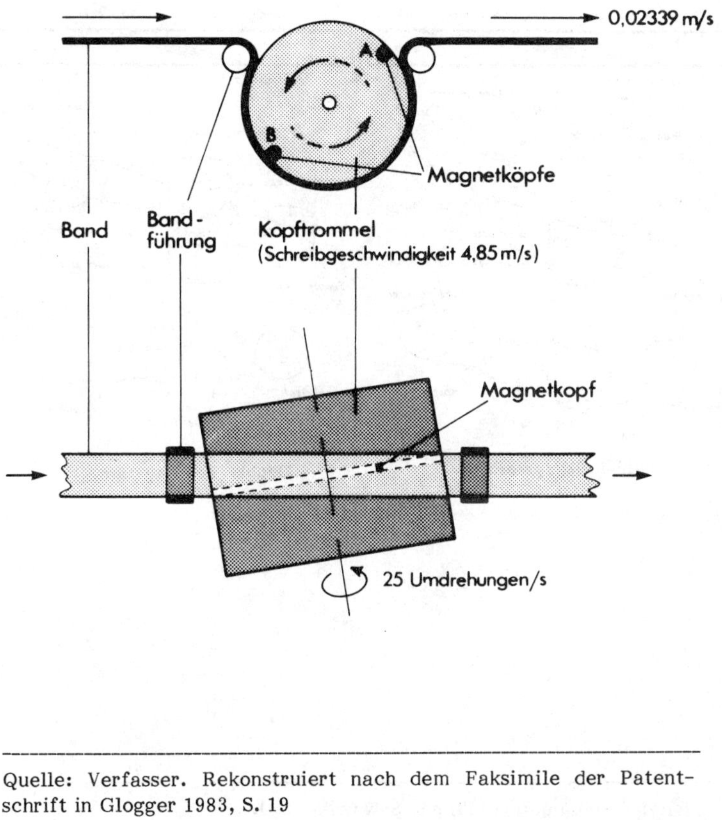

Quelle: Verfasser. Rekonstruiert nach dem Faksimile der Patentschrift in Glogger 1983, S. 19

Schematische Darstellung:

Der Aufnahmemechanismus beim Helical Scan VTR von Toshiba in den Varianten des Ein-Kopf-Systems (links) und des Zwei-Kopf-Systems (rechts)

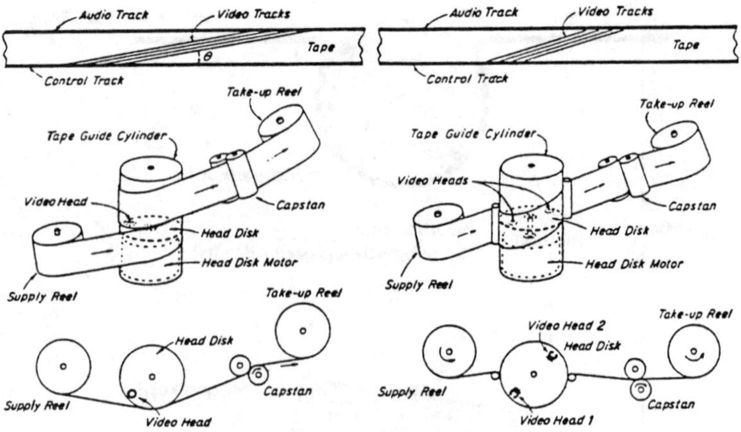

Single-head system

Double-head system

Quelle: Toshiba o.J. (1983) und Sawazaki et al. 1960

- o Die Anlage ist einfacher. Beim Ein-Kopf-System braucht man nur einen Verstärker, während im konventionellen Videobandgerät vier erforderlich sind. Die elektronischen Umschalteinrichtungen erübrigen sich daher.
- o Die Blitzer (drop-outs) sind wesentlich vermindert. Versuche haben ergeben, daß die Zahl der Blitzer nur einen kleinen Bruchteil von denen beim konventionellen Gerät beträgt.
- o Während der Aufnahme läßt sich das aufgezeichnete Bildsignal gleichzeitig über einen Kontrollknopf beobachten.
- o Das neue Verfahren erlaubt eine Bildwiedergabe bei jeder Bandgeschwindigkeit, sei es bei schnellem oder langsamem Vorwärts- oder Rücklauf oder im Stillstand. Dies vereinfacht die Schnittvorbereitungen bedeutend." (15)

Wobei zum letzten Punkt relativierend zu betonen ist, daß die **Ausführung** des Schnitts im Unterschied zum Querspur-Verfahren hier wesentlich schwieriger war, da dieser parallel zum Verlauf der Videospur in sehr spitzem Winkel anzusetzen war. (16)

So umstritten auch die Frage der Ideenfindung für das Schrägspur-Verfahren sein mag: Toshiba war zweifelsfrei der erste Hersteller, der es zur Produktreife entwickelt und die ersten Geräte auf den Markt gebracht hatte. Der Prototyp des VTR-1 sowie die ersten Duplikate davon wurden noch für den japanischen Fernsehrundfunk konstruiert. NHK nahm Ende 1961 diese Recorder in experimentellen Betrieb. Mit der Hervorhebung zweier der besonderen Gebrauchseigenschaften, **einfachere Bedienung** und **weniger aufwendige technische Ausstattung**, deuteten die Ingenieure jedoch schon an, daß die Geräte auch außerhalb der TV-Studios von weniger geschultem Personal benutzt werden konnten und sollten. Und wie zur Untermauerung der erweiterten Verwendungsperspektive brachte Toshiba 1962 mit der Markteinführung des VTR-1 auch gleich einen Recorder heraus, der nur mit einem ein Zoll breiten Band arbeitete. Durch die entsprechend notwendige Verkürzung der Videospuren (von 672 auf 408 mm) war die Qualität der Reproduktion geringer als bei dem zweizolligen Standard; das Gerät war aber auch nicht für den Rundfunk sondern für industrielle Verwendungen konstruiert worden.

Mit der Markteinführung der Geräte von Toshiba begann ein scharfer Konkurrenzkampf auf dem Sektor für Videorecorder, der sich insbesondere zwischen den Industrien Japans, der USA, der Niederlande und der Bundesrepublik abspielte. Bis dahin international noch kaum in Erscheinung getretene Firmen kamen mit Modellen, Prototypen und Seriengeräten heraus. Ampex diversifizierte nun seine Produktstrategie und baute neben den Quadruplex-Anlagen auch Helical Scan-Recorder und sogar einige Modelle, die nach dem Längsspur-Verfahren funktionierten. Alleine auf der Basis des Schrägspur-Verfahrens produzierte die Californische Firma in den vierzehn Jahren des zweiten Verbreitungs-Niveaus 76.000 Einheiten mit ein und zwei Zoll breiten Magnetbändern. (17) Die Victor Company of

Japan (JVC) betrat unmittelbar nach Toshiba die Szene. Bezogen auf das neue medientechnische Sachsystem hatte diese Firma ihre Entwicklungsarbeiten überhaupt erst 1957 aufgenommen (18); 1962 begann sie ihre Produktgeschichte mit einem Schrägspur-Recorder für zwei Zoll breite Bänder, der vor allem noch auf die Verwendung im Fernsehrundfunk abzielte; in den folgenden Jahren kaprizierte sie sich zunehmend zunächst auf den institutionellen und dann auf den Massenmarkt, den sie heute mit ihrem System souverän beherrscht. Für die Bundesrepublik setzte Loewe Opta den Startschuß. Schon auf der Funkausstellung 1961 in Berlin hatte diese Firma die nationale Fachöffentlichkeit mit dem Prototypen einer Bandmaschine überrascht, die speziell für Closed Circuit Anlagen konzipiert worden war. Der **Optacord 500** war ein Schrägspur-Recorder, der mit zwei Zoll breitem Magnetband und einem Schreibkopf arbeitete. Er konnte zwar nicht mit der höchsten Bildauflösung aufwarten, die für die Fernsehstudios Voraussetzung war; dafür war er ein "leicht transportables, einfach bedienbares und betriebssicher arbeitendes Gerät" (19), Vorzüge, die vor allem von potentiellen industriellen Anwendern hoch geschätzt wurden. Und aus dem Eindhovener Forschungslabor von Philips wurde erstmals 1962 eine "experimentelle Apparatur für Fernsehbildaufzeichnungen auf Magnetband" (20) in ihren konstruktiven Details vorgestellt. Es dauerte freilich noch zwei Jahre, bis die ersten Geräte dieses Modells die Fertigungshallen verließen. Der **EL 3400** war ein für die damaligen Verhältnisse extrem kleines Gerät. Mit den Abmessungen 63 x 42 x 39 cm wog er nur 45 kg. Auf dem ein Zoll breiten Band konnte er auf einer Spule mit zwanzig Zentimetern Durchmesser 45 Minuten schwarz-weiße Images aufzeichnen. Er war allerdings auch nur für einen Frequenzbereich von 2,5 MHz ausgelegt, womit seine Wiedergabequalität erheblich unter dem Standard des Fernsehrundfunks lag. Auf diesen Markt war aber das Gerät von vornherein nicht gerichtet. Es wurde als "Video-Magnetbandgerät für nicht-professionelle Zwecke" (21) lanciert und bot eine breite Anwendungspalette an: von der Marktforschung und Verkaufsförderung, über die Nutzung in der Industrie, für Schulungs- und Unterrichtszwecke, für Wissenschaft und Forschung, für den Sport, für Bewegungs- und Inszenierungsstudien in Theater und Film bis hin zur "Unterhaltung" (22). Wobei dieser Anwendungsbereich von vornherein weniger im privaten Sektor als vornehmlich für zeitversetztes Fernsehen zum Beispiel in Kliniken, Sanatorien und ähnlichen Großeinrichtungen gesehen wurde. Alleine der Recorder kostete immerhin ca. 6.900 DM. Trotz seiner, aus heutiger Sicht geurteilten, schwachen Leistung hatte das robuste und einfache Gerät (23) eine beachtliche Resonanz bei institutionellen Anwendern im In- und Ausland. Im Frühjahr 1965 lancierte die North American Philips Co., der US-Ableger der niederländischen Glühlampenwerke, einen etwas verbesserten Typ des Gerätes auf dem Markt der Vereinigten Staaten. Der Preis lag mit 3.950 US-Dollar noch weit über dem für die westdeutschen Käufer. (24)

Schon kurze Zeit nach seiner Markteinführung hatte der Philips-Recorder indes zu konkurrieren mit einem Modell aus Japan, das ihn in seinen Vorzügen - geringe Abmessungen und Leichtigkeit, einfache Bedienung und hohes Aufzeichnungsvolumen - übertraf. Sony drängte mit seinen ersten Videorecordern auf den internationalen Markt und beeinflußte ihn für die nächsten zwanzig Jahre erheblich mit seinen ständigen Neuerungen und Zusatzerfindungen. Erst 1946 gegründet durch den Physiker Akio Morita und den Ingenieur Musara Ibuka, zunächst als Tokyo Tsushin Kogyo K.K. (Tokyo Telecommunications Engineering Corporation), die u.a. kaputte Radioapparate reparierte, hatte sich Sony frühzeitig auf die Entwicklung von kommerziellen Tonbandgeräten, Transistorradios und transportablen Fernsehempfängern konzentriert und war im Japan der fünfziger Jahre bereits führend in der Unterhaltungselektronik. (25) Im Unterschied etwa zur Californischen Ampex oder zu einheimischen Konkurrenten bestand die Zielrichtung von Sony von Anbeginn vornehmlich in der Bedienung des Massenmarktes, bzw. mit den Worten des legendären Firmengründers korrekter ausgedrückt, in der Schaffung von Märkten für ihre als Massenprodukte konzipierten Geräte: "We do not market a product that has been developed already but develop a market for the product we make" (26). 1960 tauschten die Japaner und die Californier in einem Abkommen wichtige Patente der Videorecordertechnik untereinander aus. Binnen weniger Monate entstand danach bei Sony das erste Gerät auf der Basis des Schrägspur-Verfahrens, der PV-100. Es wurde 1962 vorgestellt und kam 1963 auf den Markt, zu einem Preis von 11.500 US-Dollar; womit der erste Videorecorder von Sony nur etwa ein Zehntel dessen kostete, was auf dem japanischen Markt für eine Quadruplex-Anlage von Ampex gezahlt werden mußte. Fußballvereine und Fluggesellschaften waren die ersten Abnehmer des 'Billig'-Recorders. Bei Ampex begann man wohl zu ahnen, mit welch ernstzunehmendem Konkurrenten da Patente ausgetauscht worden waren. In einem Nachtrag zu der Vereinbarung von 1960 forderte die Corporation einen Anteil von acht Prozent am Verkaufserlös der Sony-Videorecorder. Basis der Nachforderung war die Benutzung des wichtigen Ginsburg-Patentes zur Frequenzmodulation von Videosignalen durch Sony. Noch während die juristischen Streitigkeiten der beiden Firmen ausgetragen wurden, kamen die Japaner mit weiteren Recordern auf den Markt; u.a. mit dem BV-120, einem verbesserten Modell des Schrägspur-Recorders, der auch für die Verwendung im Fernsehrundfunk geeignet war. Die Geräte der 1964 gestarteten EV-Serie, die mit einem Halbzoll breiten Band arbeiteten, kosteten nur noch 3.000 US-Dollar. Bei der Folgeserie, den TCV 2020 und 2110, die ein Jahr später eingeführt wurden, war Sony bereits bei einem Tiefpreis von nur 1.200 US-Dollar angelangt. (27) Ein wichtiger Schritt im Prozeß der Verkleinerung und Verbilligung gelang Sony dann 1966 mit den ersten Recordern der CV-Serie. Die Typenbezeichnung war Programm: CV steht für **Consumer Video.** Um bei möglichst geringem Bandumfang eine möglichst hohe Aufnahmekapazität zu erreichen, adaptierten die Ingenieure von Sony für diese Recorder die 'skipfield'-Technik, wie sei beim Film für spezielle Bewegungseffekte oder die Raffung des Zelluloidmaterials gegenüber der Realzeit verwendet wurde. Die Recorder zeichneten nur jedes zweite Halbbild des Fernsehens auf, das beim Abspielen dann wieder verdoppelt wurde. Auf einer Bandspule von nur 7,5 Zoll Durchmesser konnten so 60 Minuten Programm gespeichert werden. (Zum Vergleich: der Durchmesser der Philips-Spulen für den EL 3400 betrug acht Zoll, bei einer Aufnahmekapazität von nur 45 Minuten und doppelt so breiten Bändern.) Die hohe Ökonomie dieses Verfahrens bei gleichzeitig großer Einfachheit und Zuverlässigkeit der Geräte eröffnete der CV-Serie zwar noch nicht den Zugang zum Massenmarkt; aber Sony verbreiterte stetig seine Basis im Segment der institutionellen Anwender und profilierte sich zunehmend als Anbieter von kleinen und billigen Videorecordern. In den nächsten Jahren wurde die CV-Serie ständig verbessert; man rückte vor allem von der 'skipfield'-Technik ab, weil sie im Hinblick auf die Wiedergabe einen gewichtigen Nachteil hatte: Es wurde ein spezieller Monitor benötigt für die Wiederzusammensetzung der Images. (28)

Einen vorläufigen Höhepunkt in dem geschilderten sozio-technischen Prozeß erreichte Sony 1967. Mit dem AB-3400 brachte die Firma den bis dahin kleinsten und leichtesten Schrägspur-Recorder zunächst auf den japanischen Markt. Das nur gut elf Kilo (25 lbs.) schwere Gerät war das Kernstück für eine tragbare Anlage; der Videorecorder konnte netzunabhängig mit Batterien betrieben werden. Als dieser **Sony Portapak** 1968 den nordamerikanischen Markt erreichte, löste er insbesondere unter Künstlern und Gruppierungen von Gegenöffentlichkeit eine wahre Euphorie aus. Die Produktion von alternativen Fernsehwelten war mobil, relativ einfach und billig geworden; eine komplette Aufnahmeeinheit kostete auf dem amerikanischen Markt 1.495 US-Dollar. (29)

Inzwischen hatten sich aber auch andere japanische Hersteller, wie zum Beispiel JVC, Akai, Panasonic und Shibaden auf die Produktion von Schrägspur-Recordern im Halbzoll-Format kapriziert. Sie brachten freilich Geräte heraus, die weder untereinander noch mit denen von Sony kompatibel waren. Ende 1968 griff dann die Electronical Industries Association of Japan (EIAJ) in diesen anarchischen Prozeß regelnd ein. Alle in der Vereinigung zusammengeschlossenen Hersteller einigten sich auf verbindliche technische Parameter bei der Produktion von Schrägspur-Recordern im Halbzoll-Format mit Spulenbetrieb. Diese Norm, der **Japan Standard 1**, war die erste Systemregelung auf dem schillernden Marktsektor Videorecorder, nachdem sich das Quadruplex-System im Querspur-Verfahren von Ampex mehr aufgrund seiner Alleinstellung als höchster Qualitätsstandard der Videoaufzeichnung im Fernsehrundfunk international durchgesetzt hatte.

Die robusten, einfachen Geräte des 'Japan Standard 1', in der ersten Hälfte der siebziger Jahre noch verbessert durch einige Details wie die Integration rudimentärer Formen des elektronischen Schnitts, Standbild- und Zeitlupefunktionen, setzten sich auch in Europa breit durch und wurden auch von hiesigen Firmen vertrieben, wie zum Beispiel dem Friedberger Ableger von Bell & Howell. Ihre hohe Verläßlichkeit und die Tatsache, daß die japanischen Produzenten eine Reihe von leicht transportablen

Varianten dem Markt zur Verfügung stellten, machten sie nicht nur in der Ausbildung, sondern auch in den Zirkeln alternativer Öffentlichkeiten zum wichtigsten Gerätetyp, mit dem auch das erste europäische Cassettensystem im Preis-/Leistungsverhältnis nicht konkurrieren konnte. (30)

HERAUSRAGENDER NEUERUNGSPROZESS 2: CASSETTIERUNG

Nach der Vereinfachung und Verbilligung des Videorecorders, nach seiner Verkleinerung bis hin zum schulterbaren Portapak im Verlauf der sechziger Jahre stellte die Cassettierung des Magnetbandes den nächsten entscheidenden Schritt dar auf dem Weg des Artefaktes von der elitären Hochleistungsmaschine zum Massenprodukt der Consumer Electronics. Denn damit schrumpften weitgehend "der zur Verwendung des Gerätes erforderliche Sachverstand und die einzubringende Geschicklichkeit auf den Knopfdruck zusammen, der das Gerät in Betrieb setzt oder abschaltet", wie Linde die genetische Entwicklung von technischen Sachsystemen hin zu ihrem "solitär-persönlichen Gebrauch" (31) beschreibt. Mit der Cassettierung wurde das umständliche Einlegen der Videobänder um die verschiedenen Halterungen, Lauf- und Bremsrollen und die Kopftrommel überflüssig. Diese mechanischen Funktionserfordernisse waren gänzlich ins Innere des Recorders verlagert. Das Trägermaterial war zudem optimal vor äußeren Einflüssen geschützt, sodaß die Cassette für die Industrie auch eine zusätzliche sozio-technische Perspektive eröffnete: Videobänder zu bespielen und als **audiovisuelle Konserven** auf den Markt zu bringen.

Versuche in diese Richtung wurden sowohl auf dem unmittelbaren Feld der Magnetbandtechnik als auch mit alternativen Verfahren der Speicherung von Fernsehimages unternommen. So stellte die US-Firma Arvin Industries im Februar 1968 einen Videorecorder vor, der nach dem **Cartridge**-System funktionierte und speziell für den Massenmarkt konzipiert war. Bei diesem System ist nur die Zubringerspule, die das aufgewickelte Band enthält, in einem festen Mantel untergebracht; die Leerspule enthält der Videorecorder, die Einfädelung des Bandes geschieht im Gerät. (Daraus ergibt sich aber auch ein wichtiger Nachteil des Systems: Das Band muß jeweils zum Anfang zurückgespult werden, bevor die Cassette ausgewechselt werden kann.) Der Prototyp von Arvin Industries arbeitete nach dem Längsspur-Verfahren mit einem einzigen feststehenden Videokopf. Um eine Aufnahmekapazität von einer Stunde zu erzielen und die Cartridge-Cassette dabei möglichst klein zu halten, wurde das Band in zehn Spuren unterteilt. Auf jeder dieser Längsspuren konnten sechs Minuten aufgezeichnet werden. Erreichte das Band das Ende, wurde es automatisch gestoppt, der Bandlauf umgeschaltet und die Aufzeichnung in umgekehrter Richtung fortgesetzt usw. Der Prototyp ging niemals in Serie; (32) das Gerät von Arvin Industries war einer der vielen Längsspur-Recorder, die nicht über das Stadium des Modells hinausgelangten. Und es war nicht das letzte. In einer einmaligen Kooperationsform bildeten Ampex und Toshiba mit der Toamco Company eine gemeinsame Unternehmung, die 1970 ein Gerät herausbrachte, das ebenfalls nach dem Cartridge-System und dem Längsspur-Verfahren funktionierte. **Instavideo**, wie die beiden Firmen ihr Produkt nannten, war ein tragbarer Recorder mit einem für die damaligen Verhältnisse äußerst geringen Gewicht von nur 6,8 kg und extrem geringen Maßen. Er galt Anfang der siebziger Jahre als "the smallest cartridge loading video recorder and/or player to date" (33) und wurde zum Preis von nur 1.300 US-Dollar angekündigt. Das vor allem als Konkurrenz zum Sony Portapak konzipierte Gerät erreichte aber ebenfalls nicht die Serienproduktion. (34)

Entwickeltster und zugleich ehrgeizigster Versuch mit diesem technischen Konzept - allerdings mit dem Unterschied zu seinen Vorgängern im Halbzoll-Format - war das System **Cartrivision**, entwickelt von der nordamerikanischen Cartridge Television Inc., einer Tochter des Avco-Konzerns. Das Gerät wurde explizit für alle drei Verwendungsperspektiven künftiger Heim-Videorecorder konzipiert, für das private Aufzeichnen von Fernsehprogrammen, für das Abspielen seriell vorproduzierter Software sowie für private Aufnahmen mit einer speziell konstruierten kleinen Videokamera. Aber schon bei seiner ersten öffentlichen Vorführung im Sommer 1970 lag der Akzent deutlich bei dem Angebot, mit Cartrivision industriell vorgefertigte Konserven reproduzieren zu können. (35) Noch bevor das Gerät serienreif zur Verfügung stand, kündigten zahlreiche Medienproduzenten in Europa und in Nordamerika die Herstellung entsprechender Programme an; darunter als potentester Partner der Cartridge TV die ABC Records and Tapes Sales, ein Ableger des drittgrößten Networks der USA. (36) Über die Magnasonic Canada Limited wurde u. a. auch der Canadische Markt vorbereitet. Die Invasion nach Europa wurde mehrmals angekündigt, aber von der US-Firma selbst nie vollzogen. Schon bald nachdem die Produktion im August 1972 angelaufen war (37), stellte die Avco Corporation die Weiterentwicklung des Systems ein. Mit einem geschätzten Verlust von 60 Millionen US-Dollar ging Cartrivision als 'eines der größten finanziellen Debakel' (38) in die Geschichte des Videorecorders der siebziger Jahre ein. Das Cartridge-System war damit aber noch nicht gestorben. Die japanischen Hersteller Toshiba, Hitachi und National perfektionierten es und drangen damit ab Mitte der siebziger Jahre auch in den institutionellen Markt der Bundesrepublik ein. Vor allem im Schul- und Hochschulbereich konnte sich das System aufgrund seiner einfachen Handhabung an einigen Orten etablieren. Der Matsushita-Tochter National gelang es Anfang 1976 sogar, die Administratoren der Schweizer Armee zu überreden, ihren farbtüchtigen Cartridge-Recorder NV-5120 A-E als Standardgerät für alle Einheiten einzuführen. (39) Noch nachdem Matsushita über seine Tochter JVC längst sein Video Home System (VHS) auf dem Massenmarkt international durchgesetzt hatte, bediente der Konzern über seine Markenfirma National (ihrerseits mittlerweile fusioniert mit Panasonic) bundesdeutsche Institutionen mit dem audiovisuellen Unterrichtssystem Cartridge. (40) Heute gehören auch diese Geräte und die entsprechenden Cassetten zu der riesigen Schrotthalde, welche die Geschichte des Artefaktes Videorecorder inzwischen hinterlassen hat.

Geradezu spektakulär wirkte im Dezember 1968 die erste öffentliche Demonstration eines Verfahrens, welches das Forschungslabor des CBS entwickelt hatte, begleitet von einer jahrelangen und intensiven Promotionskampagne des Medienkonzerns. Es hieß **Electronic Video Recording and Reproduction** und wurde in zwei Varianten angekündigt: einer billigeren für den Massenmarkt (EVR) und einer teuren für den Fernsehrundfunk (BEVR). Im technologischen Kern handelte es sich dabei nicht um ein Konzept der Magnetbandtechnik, sondern um die Synthese von Film- und elektronischer Aufzeichnungstechnik. Auf einem sehr schmalen, extrem feinkörnigen Halogen-Silberstreifen wurden dabei die visuellen Informationen in Form von kleinen rechteckigen Bildrastern durch einen Elektronenstrahl aufgezeichnet. Die Wiedergabe funktionierte mit einer Art Lichtpunktabtaster, der die Bildinformationen wieder in elektrische Impulse umsetzte und am Ausgang ein hochfrequentes Fernsehsignal lieferte; dieses konnte über den Antenneneingang von jedem handelsüblichen TV-Apparat empfangen werden. Die Informationsdichte, die mit diesem Verfahren erreicht werden konnte, war sehr hoch, da weder für die Aufnahme noch für die Wiedergabe irgendwelche Linsensysteme zwischengeschaltet werden mußten. Allerdings hatte EVR einen beträchtlichen Nachteil, der Anfang der achtziger Jahre auch die Innovation der Bildplatte sozio-technisch belastete: Für den Prozeß der Aufzeichnung war ein sehr hoher apparativer Aufwand nötig, der praktisch nur innerhalb von Fernsehstudios bewältigbar war. Für den institutionellen und den angestrebten Massenmarkt wurde das System deshalb als reine Wiedergabemaschine angeboten, als sogenannter Teleplayer. (41)

Gleichwohl setzte das CBS große kommerzielle Hoffnungen in das neue System für die Reproduktion von Fernsehbildern; und zwar sowohl hinsichtlich der Hardware als auch der Software. Schon 1967, also noch bevor der erste Prototyp der Öffentlichkeit vorgestellt worden war, hatte der Unterhaltungsriese aus den USA zusammen mit den Chemiekonzernen Imperial Chemical Industries (CIC) in Großbritannien und der Ciba Geigy AG in der Schweiz eigens ein Unternehmen für die weltweite kommerzielle Auswertung gegründet, die EVR-Partnership. Europäische Lizenzen für den Nachbau erwarben die Rank Bush Murphy Division des Filmkonzerns Rank für den britischen Markt und die Robert Bosch GmbH für den bundesdeutschen. Aber technologisch eingekeilt zwischen dem traditionellen Schmalfilm auf der einen Seite und dem sich mit ständigen Neuerungen und Verbesserungen mehr und mehr etablierenden Videorecorder auf der anderen Seite, konnte das Zwitter-System weder in den USA noch in Europa richtig Fuß fassen. Noch während die Promotionskampagne der EVR-Partnership auf vollen Touren lief, läutete CBS 1971 das Ende des ehrgeizigen Projektes ein. Hintergrund dafür war ein erheblicher Rückgang des Nettoeinkommens des US-Konzerns in diesem Jahr (42), an dem EVR vermutlich einen beträchtlichen Anteil hatte. Nach Schätzungen der Branche sollen alleine die Entwicklungskosten für das System 40 Millionen US-Dollar betragen haben. (43) Nach einem äußerst schleppend anlaufenden Geschäft stellte CBS seine Anteile an der EVR-Partnership zur Verfügung. 1972 zog sich auch die britische Rank Bush Murphy Division aus der Hardware-Produktion zurück, nur ein Jahr nachdem sie die Serienherstellung auf einer Investitionsbasis von einer Million Pfund Sterling aufgenommen hatte. Von den 500 Geräteeinheiten, die sie als wöchentlichen Ausstoß geplant hatte, schaffte sie im Schnitt nur zwanzig Stück. (44) Die verbliebenen Teilhaber der EVR-Partnership richteten nun ihre Hoffnungen auf den aufstrebenden japanischen Markt. Ende 1972 gründeten sie zusammen mit der Teijin Limited die Nippon EVR. Als weitere Vertragspartner mit geringeren Anteilen konnte das neue Unternehmen die Hitachi Limited, die Mitsubishi Electric Corporation und das Maipichi Broadcasting System Incorporated gewinnen. (45) Aber auch die geplante Massenfertigung in Hiroshima wurde nie aufgenommen.

Obwohl das EVR-System streng genommen kein Element in der Genese des Sachsystems Videorecorder ist, wie wir es definiert haben, ist seine Einbeziehung in diesen Zusammenhang sinnvoll. Damit soll verdeutlicht werden, mit welch enormen Anstrengungen Ende der sechziger/Anfang der siebziger Jahre von den wichtigsten Elektrokonzernen der kapitalistischen Welt um die Eroberung von erwarteten Marktanteilen gekämpft wurde und mit welch unterschiedlichen Strategien man sich bereits um diese Zeit Positionen für den antizipierten Massenabsatz von konservierten Programmen für den heimischen Fernseher sichern wollte. Dabei war klar, daß sowohl auf dem Sektor der Geräte als auch auf dem der Software das eigentliche Geschäft erst in der zweiten Hälfte der siebziger Jahre zu erwarten war. Selbstverständlich verließen sich die beteiligten Konzerne dabei in ihrer Planung nicht nur auf ihr Gespür und auch nicht nur auf die Voraussagen ihrer Abteilungen für Produktplanung. Ein Konsortium von neun bundesdeutschen Unternehmen (darunter die Gerätehersteller Philips, Bosch, Saba und AEG-Telefunken sowie als Softwareanbieter die Springer-Tochter Ullstein-AV) gaben zum Beispiel bei der Prognos AG eine umfangreiche Studie zur Abklärung der künftigen Marktchancen für audiovisuelle Systeme in Auftrag. Auf über 1800 Seiten, die auch an andere Interessenten für eine 'dreistellige Summe' verkauft wurden, prognostizierte das Schweizer Marktforschungsinstitut für die Jahre von 1975 bis 1980 eine durchschnittliche "Zuwachsrate des wertmäßigen Marktvolumens an AV-Geräten" von 45,8 Prozent. "Bis Ende 1980 wird sich das Marktvolumen für die AV-Systeme auf rund 3,7 Mrd. DM belaufen (1980: 1,1 Mrd. DM), gemessen in laufenden Preisen." (46) Wobei sich diese Zahlen alleine auf den bundesdeutschen Markt bezogen. Während die Prognosen in summarischer Hinsicht durchaus realistisch waren, überschätzten sowohl die Schweizer als auch andere Marktforscher beträchtlich die wirtschaftliche Durchsetzungskraft der reinen Abspielsysteme und - damit zusammenhängend - auch der industriellen Software. Neben dem EVR des CBS betraf dies jene Produktkonzepte, die in der engeren Tradition der **Bildplatte** entstanden sind. Teilweise parallel zur Entwicklung von Videorecordern versuchten sich hier eine Fülle von Herstellern, großteils ohne Erfolg,

Schematische Darstellung:

Prinzip der Bildaufzeichnung nach dem EVR-Verfahren von CBS

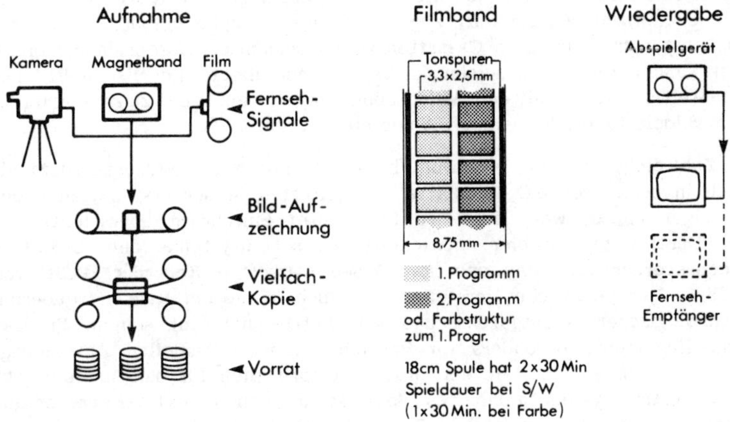

Erläuterung: von den verschiedenen möglichen Quellen wird die Information in Form von Rasterbildern (s. Filmband) aufgezeichnet. Alternativ können die beiden Bildspuren entweder für zwei 30-minütige schwarz-weiße oder ein 60-minütiges farbiges Programm benutzt werden. Die beiden Tonspuren sind für die Zwei-Kanal-Technik ausgelegt. Der Silberstreifen eignet sich besonders gut für die massenhafte Anfertigung von Kopien in hoher Geschwindigkeit. Für die Wiedergabe wird wiederum ein spezielles Abspielgerät benötigt, an das beliebig viele TV-Apparate angeschlossen werden können.

Quelle: Verfasser. Graphik nach Theile 1971, S. 9

was die letztendliche Durchsetzung auf dem Markt betrifft. Das TED-Projekt von AEG-Telefunken und der britischen Schallplattenfirma Decca gehört in diese Reihe; ebenso das System SelectaVision der RCA, mit dem sich der amerikanische Rundfunkkonzern eine kräftige Partizipation an dem Marktvolumen von jährlich einer Milliarde US-Dollar versprach, das seine Marktforscher für audiovisuelle Software in den achtziger Jahren schon 1969 prognostizierten. (47) SelectaVision begann seine Produktkarriere in diesem Jahr zunächst als Cassettensystem; es funktionierte mit der Einprägung holographischer Bilder auf einem durchsichtigen Vinylband durch einen Laserstrahl. (48) Mitte der siebziger gab die RCA dieses technische Konzept wieder auf, zugunsten ihres Bildplattensystems, das sie zunächst nach dem alten Cassettensystem benannte. Es kam dann freilich erst 1980 unter der Bezeichnung Capacitance Electronic Disc (CED) auf den Weltmarkt, um mit dem Video Long-Play System (VLP) zu konkurrieren, dem Bildplattenprodukt von MCA und Philips. (49)

Zahlreiche Projekte - sowohl in der Tradition des Videorecorders als auch in derjenigen der Bildplatte - scheiterten in der ersten Hälfte der siebziger Jahre, weil sich ihre (versuchte) Einführung überschnitt mit der Durchsetzung zweier entwickelter Cassettensysteme: dem **U-Matic-Videorecorder** von Sony und dem **Video Cassetten Recorder (VCR)** von Philips. Der japanische Hersteller war auch in diesem Rennen wiederum technologischer Avantgardist und verschaffte sich mit seinem Produkt eine Hegemonie besonders im Bereich der institutionellen Anwendung, die bis heute anhält. Und als einziges ursprünglich für den Massenmarkt konzipiertes System gelang es Sony sogar, den U-Matic-Recorder als relevantes Produktionsmittel im Fernsehrundfunk zu etablieren.

Nachdem Sony zu Beginn des Jahres 1969 zunächst den Prototypen eines farbtüchtigen Cassettenrecorders mit einem ein Zoll breiten Band vorgestellt hatte, überraschte die Firma gegen Ende desselben Jahres die einschlägige Fachöffentlichkeit mit einem Gerät, das mit einem Dreiviertel Zoll breiten cassettierten Band arbeitete. Der Recorder war für alle drei Farbsysteme (NTSC, PAL und SECAM) konzipiert und verfügte über zwei Tonkanäle, sodaß auch Stereoaufnahmen möglich waren oder zweisprachige Programme aufgenommen werden konnten. Das System war in seiner Technik und Bildqualität so ausgereift und vielversprechend, daß Sony an mindestens zehn japanische Hersteller innerhalb kürzester Zeit Lizenzen zum Nachbauen verkaufen konnte (50), darunter JVC/Matsushita, der später schärfste Konkurrent auf der nationalen und internationalen Ebene. Noch bevor das erste serienmäßig hergestellte Gerät verkauft wurde, erklärte die EIAJ das U-Matic-System 1970 zum Standard für japanische Videorecorder im Dreiviertelzoll starken Cassettenformat. 1971 drängten dann die Produzenten aus Japan zunächst auf den eigenen, dann den US-amerikanischen und ab 1972 auch auf den westeuropäischen respektive den bundesdeutschen Markt. Sowohl hier als auch international wurde U-Matic zum Synonym für qualitativ ausgezeichnete Videotechnik unterhalb des ersten Standards der professionellen Fernsehstudios, bevor es schließlich mit seinen verbesserten Versionen und zahlreichen Peripheriegeräten, besonders einer ausgefeilten computergesteuerten Editiertechnik, auch in dieses ehemalige Refugium der Quadruplex-Anlagen von Ampex und deren unmittelbarer Nachfolger einbrach. Sony profitierte und profitiert insbesondere von den Großabnehmern in der Industrie und in staatlichen Sektoren. So kaufte zum Beispiel der Automobilkonzern Ford Motor Company im Sommer 1972 in einem Paket rund 4000 Einheiten, um die Kommunikation mit Händlern und Kunden audiovisuell zu unterstützen. (51) Mit solchen Abschlüssen erreichte der institutionelle Markt quantitativ neue Dimensionen. 1971 stellten die insgesamt zwölf japanischen Hardwareproduzenten zusammen gerade 62.000 Videorecorder her; davon rund 24.000 für den einheimischen Markt. (52) Zwischen 1972 und 1975 verkaufte Sony alleine von den U-Matic-Geräten 200.000 Stück. (53) Für den von Sony ursprünglich anvisierten Durchbruch in den Consumerbereich war das System jedoch noch nicht geeignet. Die Geräte kosteten je nach Ausstattung zwischen gut 4.000 und 8.000 DM; auf dem amerikanischen Markt wurden die billigsten Geräte für einen Preis um 1.000 US-Dollar angeboten. Auf diesem Niveau fand U-Matic lediglich Eingang in die privaten Wohnzimmer von einigen professionellen Film- und Fernsehjournalisten. In den Segmenten unterhalb des Consumermarktes blieb es aber bis zum Ende des zweiten Verbreitungs-Niveaus in den wichtigsten Videonationen Japan und USA konkurrenzlos. In den Vereinigten Staaten, wo neben Ampex noch zahlreiche weitere Firmen diesen Sektor bedienten, kam es nach Schätzung der Branche Ende 1976 auf einen Marktanteil von 80 Prozent. Und selbst in der Bundesrepublik, wo Sony gegen das Firmenkartell der einheimischen VCR-Hersteller antreten mußte, hatte es zu diesem Zeitpunkt schon "rund 25 Prozent (...) des semiprofessionellen Bereichs erobert" (54).

Mit nur geringfügiger zeitlicher Versetzung gegenüber dem Konkurrenten aus Japan lancierte Philips das zweite Cassettensystem, das in der ersten Hälfte der siebziger Jahre vor allem in Westeuropa die Videolandschaft prägte. Am 28. April 1970 gab der Konzern die ersten Einzelheiten des VCR-Systems bekannt; am 22. Juni des Jahres wurde der bundesdeutschen Fachöffentlichkeit ein Prototyp in Hamburg, der westdeutschen Zentrale von Philips, präsentiert. (55) In Technik und Design unterschied sich das System beträchtlich von seinem japanischen Vorläufer. Während bei der U-Matic-Cassette die beiden Bandwickel nebeneinander plaziert sind, was ihr das Aussehen eines etwas dickeren Buches verleiht, waren sie beim VCR-System übereinander angeordnet; die Cassette erhielt dadurch ihr typisches fast quadratisches Oberflächenformat. Außerdem benutzte Philips lediglich ein Halbzoll breites Band, das in einer wesentlich höheren Geschwindigkeit transportiert wurde, sodaß der Bandverbrauch pro Stunde beträchtlich höher war als beim U-Matic-System. (56) Wiedergabequalität und Betriebssicherheit waren deutlich geringer als beim japanischen Konkurrenten. Allerdings wartete Philips auch mit niedrigeren Preisen auf. Als das VCR-System mit kräftigem Promotionsaufwand auf der Internationalen

Funkausstellung 1971 in Berlin der breiten Öffentlichkeit vorgestellt wurde, lagen die Preisvorstellungen für einfache Wiedergabegeräte je nach Ausstattung zwischen 1.000 und 1.500 DM; für den VCR-N-1500, den kompletten Prototypen des Systems mit eingebautem Empfangsteil für die Aufzeichnung von sechs verschiedenen Farbprogrammen, wurden zwischen 2.000 und 2.800 DM veranschlagt. Die Kosten für die Leercassetten waren freilich aufgrund des größeren Bandverbrauchs beträchtlich höher als bei Sony; sie wurden mit ca. 140 DM für 60 Minuten beziffert. (57)

Zwar war Philips zu diesem Zeitpunkt noch nicht in der Lage, die vorgestellten Geräte auch in Serie zu produzieren; was sowohl den Handel als auch die bereits angemeldeten und potentiellen Kunden desto mehr verärgerte, je länger sich die Auslieferung hinzog. (58) Die ersten kleineren Stückzahlen wurden dann ein Jahr nach der Funkausstellung von 1971 auf den Markt gebracht; die reguläre Auslieferung begann erst 1973. Die verfrühte Ankündigung zielte also ganz offensichtlich darauf ab, der japanischen Geräteinvasion wenigstens propagandistisch zu begegnen und damit zugleich möglichst viele Hersteller hinter dem eigenen Produktkonzept zu versammeln. Mit einer weitreichenden Lizenzpolitik und über die internationalen Ableger der niederländischen Glühlampenfabriken versuchte Philips das VCR-System auf dem Weltmarkt zu etablieren. Über die Philips Broadcast Equipment Corporation, einer Tochtergesellschaft wiederum der North American Philips Corp., lancierte sie unter dem Markennamen **Norelco** eine Variante im Farbsystem NTSC auf dem US-Markt. Mit der Video Record Corporation wurden Vereinbarungen über die Akquisition, Herstellung und den Vertrieb von Programmen im VCR-System getroffen. (59) Mit der 3M Company schloss man ein Kooperationsabkommen ab über den weltweiten Vertrieb von PAL- und SECAM-Geräten; außerdem wurde die Gesellschaft aus Minnesota dazu gewonnen, Hochleistungsbänder für die VCR-Recorder herzustellen. Über die Tokyoter Shiba Electronic Company versuchte Philips gar in den südostasiatischen Markt einzubrechen; der japanische Vertragspartner sollte dafür sorgen, daß das für Standardisierungen zuständige Kommittee der EIAJ das VCR-System zur Norm auch für japanische Hersteller erhöbe. (60) Dies scheiterte allerdings an der starken Position von Sony innerhalb der japanischen Assoziation und den Interessen der übrigen Hardwareproduzenten, die Recorder im 'Japan Standard 1' bzw. im U-Matic-Format herstellten.

Sehr erfolgreich war Philips indes mit seiner Lizenzpolitik in Westeuropa und besonders in der Bundesrepublik. Hier wurde das billigere und schlechtere System gegen die wachsende Konkurrenz aus Japan stark favorisiert. Schon nach der ersten Vorstellung im April 1970 schlossen sich Grundig, Blaupunkt, Loewe Opta und Zanussi dem VCR-Konzept an. 1973 begannen insgesamt sieben bundesdeutsche Unternehmen und zahlreiche Partner in siebzehn Nationen die entsprechenden Geräte zu produzieren. Ende 1975 meldeten die sieben aus der Bundesrepublik ein Normenkartell für das VCR-System beim Bundeskartellamt in Berlin an mit dem Ziel, "eine möglichst universelle Verwendbarkeit von Videocassetten verschiedener Hersteller" zu erreichen. Vertragspartner dieser Vereinbarung waren die Blaupunkt Werke GmbH aus Hildesheim, die Grundig AG aus Fürth, die Loewe Opta GmbH aus Kronach, die Norddeutsche Mende Rundfunk KG aus Bremen, die Philips Gloeilampenfabrieken aus Eindhoven bzw. die Philips GmbH in Hamburg, die Saba-Werke in Villingen und die Bosch-Siemens Hausgeräte GmbH in München. (61) Die traditionelle Produktstruktur dieser Unternehmen und die Märkte, die sie vornehmlich bedienten, deutet es an: Auch wenn der Videorecorder noch bezeichnet wurde als "ein Produkt auf der Grenze zwischen hochwertigem Konsumgut und Investitionsgut", und die private Anwendung hinter den "Ausbildungs- und Trainingsabteilungen großer Wirtschaftsunternehmen" und den Schulen noch an dritter Stelle der anvisierten Zielgruppenmärkte rangierte (62), war die Öffnung des tendenziell unbegrenzten Massenmarktes das eigentliche ökonomische Ziel. Die Zahlen, die Philips zur Untermauerung dieser Perspektive zurechtstylte, waren entsprechend verführerisch und eindrucksvoll. Bis 1975 prognostizierte der Konzern einen Absatz von 350.000 Geräten des VCR-Systems und visierte bis zum Ende des Jahrzents das Überspringen der Zweimillionengrenze an. (63) Die Realität indes war ernüchternd. Bis 1975 einschließlich wurden in Europa insgesamt nur 100.000 Geräte des Systems VCR produziert. Verläßliche Zahlen zum tatsächlichen Absatz liegen nicht vor. Neben den industriellen Anwendern, welche die Anschaffung des wesentlich leistungsfähigeren aber auch teureren U-Matic-Systems scheuten und denen die Spulengeräte des 'Japan Standard 1' zu umständlich waren, stellten die staatlich empfohlene Kundschaft vor allem die Schulen und Universitäten. Ihnen wurde die Anschaffung der schlechteren Technik durch Institutionen wie die FWU oder die Landesbildstellen angeraten. Vor allem im schulischen Bereich haben Medienwarte noch heute mit der Erblast des ersten (und auf lange Sicht hin wohl vorletzten) europäischen Cassettensystems zu kämpfen. (64)

Noch während sich Philips in Zusammenarbeit mit Grundig auf die Verbesserung des VCR-Systems konzentrierte, kündigte sich mit zwei Neuentwicklungen aus Japan die sozio-technische Grundlage für die endgültige Eroberung des Consumermarktes durch den Videorecorder an. Die neuen Zauberformeln für das Artefakt hießen BETA und VHS. Sony stellte unter der ersten Systembezeichnung 1975 einen Prototypen vor und führte das Gerät noch im selben Jahr auf dem einheimischen Markt ein. JVC/Matsushita kündigte unter der zweiten Bezeichnung Cassettenrecorder für den Heimgebrauch an. Hitachi kam ebenfalls noch 1975 mit einem VHS-Prototypen heraus. Das höchste Verbreitungs-Niveau des Videorecorders kündigte sich an.

2. Aspekte der erweiterten Verwendung des Videorecorders

"Wenn der Feind wüßte, was der Feind täte, würde der Feind dem Feind bestimmt aufs Haupt schlagen."

(Mittelalterliche Militärweisheit, nach General L.M. Chassin, Die Kamera als Waffe, 1960)

EFFEKTIVIERUNG AND RATIONALISIERUNG DURCH KONSERVIERUNG

Institutionelles oder auch "industrielles Fernsehen" - die Bezeichnungen werden in der Literatur synonym benutzt für die Verwendung des medientechnischen Sachsystems als Closed Circuit Television (65) - wuchs in nur geringer zeitlicher Versetzung gegenüber dem massenmedialen TV-Rundfunk zu einer bedeutenden Form gesellschaftlicher Kommunikation heran. Berichte von Fernsehübertragungen medizinischer Operationen zum Beispiel datieren für die USA schon aus dem Jahr 1947. (66) Die ersten Versuche, Fernsehen auch für schulische Zwecke zu verwenden, fanden dort schon im Jahr 1932 statt; regelmäßige Programme für Schulen wurden allerdings zuerst von einer kommerziellen Station in Philadelphia 1948 ausgestrahlt. (67) Ein Jahr später nahm die Industrie - ebenfalls in den USA - die ersten speziellen Fernsehanlagen in Betrieb. Und in etwa parallel zur Eröffnung des bundesdeutschen Massenmediums begannen auch hierzulande zielgerichtete Experimente zur "Entwicklung von speziellen Fernsehaufnahme- und Wiedergabeanlagen für Industrie und Wissenschaft" (68). Vorreiter waren auf dem einheimischen Markt die Fürther Grundig-Werke, die bereits im Frühjahr 1954 die ersten Einrichtungen auslieferten und installierten. Bis Anfang 1958, also in etwa dem Zeitpunkt, als der SWF die ersten Videorecorder von Ampex bestellte, hatten sie 500 solcher Anlagen abgesetzt, von denen allerdings ca. die Hälfte in den Export gelangte. (69) Im selben Jahr betrug das Umsatzvolumen für das industrielle Fernsehen alleine in den USA schon 8,26 Millionen US-Dollar, mit einer durchschnittlichen jährlichen Steigerungsrate von 26 Prozent erreichte es zwischen 1956 und 1963 insgesamt 90,5 Millionen US-Dollar. (70)

In der Branchenzeitschrift Electronic Markets versuchte man sich 1962 in einem eindrucksvollen systematischen Überblick zur Erfassung bereits vorhandener und potentieller Anwendungsgebiete des CCTV. Unter Sammelkategorien zusammengefaßt wurden dabei **107 Praxisbereiche** ausgemacht, von der Werbung, über diverse militärische Einrichtungen, kommunale Verwaltungen, Kliniken, Schulen, Hotels, Bestattungsunternehmen, Polizei, Nachtclubs, bis hin zu Forschungslaboratorien und Universitäten. Diesen Bereichen wurde ein Set von 20 Variablen gegenübergestellt, die jeweils die konkreten Verwendung(smöglichkeit)en kennzeichneten, die für die einzelnen Einrichtungen oder Unternehmen in Frage kamen. (71) Die Wirtschaftsstudie der Harvard-University, in der die komplexe Zuordnung enthalten ist, verknüpfte die Verwendungsbereiche und -arten mit der Fragestellung, für welche Fälle des CCTV der Einsatz von Videorecordern als ergänzende und stützende Technik in Betracht zu ziehen wäre. Das Ergebnis verblüfft aus heutiger Perspektive wenig, demonstriert aber zugleich, daß es sich bei der Diversifikation der neuen Medientechnik um das Gegenteil eines anarchischen oder zufälligen Prozesses handelt, nämlich um einen planmäßig durchdrungenen: im Prinzip kämen praktisch der gesamte kommerzielle Dienstleistungsektor, der industrielle und der militärische Komplex, das zivile Verkehrswesen sowie der private und öffentliche Aus- und Weiterbildungsbereich in Betracht. Inwieweit und wie intensiv sie sich vom potentiellen zum tatsächlichen Nutzer von Videorecordern entwickeln würden, hinge vor allem davon ab, inwieweit die Hersteller auf die unterschiedlichen finanziellen Ressourcen und Gebrauchswertansprüche der möglichen Anwender reagieren würden und neben den schwerfälligen teuren Anlagen auch Alternativen anböten.

Ab 1962 war dies auf dem internationalen Markt mit einer immer ausdifferenzierteren Produktpalette der Fall. Was sich im Zuge dieses Prozesses an Anwendungsfeldern und -formen etabliert hat, macht deutlich, daß der bornierte Blick lediglich auf den massenmedialen Praxiszusammenhang die wirkliche Genese des Artefaktes gehörig kastrierte. Allerdings ist ihre detaillierte Erfassung durch den individuellen Analysezugriff auch nicht mehr möglich. Sie wäre nur sinnvoll in enger Kooperation mit Vertretern aus den verschiedenen Praxisfeldern der Videoverwendung; zumal sich dieselbe in einigen Bereichen selbst schon als ein Spezialgebiet herauskristallisiert hat, das in Kongressen und Seminaren, in Büchern und speziellen Periodika diskutiert wird und auch bereits seinen organisatorischen Ausdruck in der Gründung eines internationalen Dachverbandes, der International Television Association (ITVA), gefunden hat (72).

Besonders profiliert ist in dieser Hinsicht nicht nur der pädagogische Bereich im weitesten Sinne, der zu den ersten gehörte, die sich der neuen Medientechnik bedienten und der bisher vermutlich die meisten Kontakte mit dem Videorecorder organisierte. Auch in gesellschaftlichen Praxisfeldern, mit denen Medientechnik und ihre intensive Anwendung gemeinhin nicht sofort konnotiert werden, ist das Gerät zum wichtigen Bestandteil der jeweiligen internen Kommunikationsprozesse geworden bzw. setzt man sich mit ihm intensiv auseinander.

o Abhandlungen wie "Die elektronische Sitzwache. Videoüberwachung mit Betten-Verlaß-Kontrolle bei psychisch Schwerkranken" (73) demonstrieren für den Außenstehenden nicht nur eindringlich, wie weit die Konservierung elektronischer Abbilder von Menschen bereits gediehen ist. Sie repräsentieren als kleiner Ausschnitt die Selbstverständlichkeit und die Intensität, mit der die Magnetbandaufzeichnung in der **Medizin** - und hier wiederum vor allem in der **Psychiatrie** - Verwendung findet. G.-K. Köhler und M. Miller verweisen in ihrem Überblick zur "Arbeit mit Video in der Psychiatrie" (74) auf erste amerikanische Experimente aus den Jahren 1956/57, als die Medientechnik sich noch im Innovationsstadium befand und setzen den Beginn für die Bundesrepublik mit einem Beitrag H.E. Richters von 1967 zur "Fernsehübertragung psychoanalytischer Interviews" (75). Seit Ende der sechziger Jahre hätten sich alleine hierzulande mindestens 22 Arbeitsgruppen herausgebildet, die sich mit dem Videoeinsatz in der Psychiatrie, Psychotherapie und ihren Grenzgebieten beschäftigten und die über das gesamte Bundesgebiet verteilt wären. (76)

- Oder zum Beispiel der **militärische Sektor:** er stellt nicht nur ein kommunikatives Subsystem mit riesigen Ausmaßen dar (77) und aus ihm sind nicht nur zahlreiche Informations- und Nachrichtentechniken entstanden und schließlich als "Abfallprodukte" in die Verwertung des Massenmarktes gelangt (78). Obwohl große Anstrengungen und hoher finanzieller Aufwand in die Entwicklung spezieller Kinescope-Anlagen gesteckt wurde, setzte man hier von Anbeginn auch stark auf die Medientechnik, die ursprünglich für den Fernsehrundfunk konzipiert wurde. (79) Das US-Militär gehörte so mit zu den ersten Auftraggebern für die Geräte der Vorserie, die Ampex 1956/57 produzierte, und gehörte fürderhin zu den Abnehmern professioneller Studioanlagen wie mobiler Video-Einsatzwagen (80). Zu großen Teilen überschneiden sich die Einsatzfelder mit denjenigen im Zivilbereich (Ausbildung und Training vor allem, interne Informationsverteilung, Gelände- und Verkehrsüberwachung, etc.), sodaß dafür auch identische Gerätschaften benutzt werden können. Allerdings gibt es auch zahlreiche Sonderfälle, wie die Videoaufzeichnung von Radarsignalen oder von Fernsehimages, die von Raketenträgersystemen für Testzwecke und/oder zur Überprüfung der Vernichtungsleistung geliefert werden. (81) Dafür werden spezielle hochleistungsfähige Apparaturen benötigt.

- Oder zum Beispiel der Bereich des **Marketing:** waren die Aktivisten der Werbung, Public Relations, der Verkaufsförderung, etc. anfänglich noch eher zurückhaltend gegenüber der neuen Technik, weil sie in hohem Maße auf Mobilität und ausgezeichnete Reproduktionsgüte für ihre Präsentationen angewiesen waren, so begann im Verlauf der Etablierung leistungsstarker Cassettensysteme (U-Matic vor allem) der Videorecorder zunehmend die anderen audiovisuellen Techniken zu ergänzen und schließlich zu substituieren. Nach einer Umfrage von 1981 hatte er zu diesem Zeitpunkt bereits in der Häufigkeit der Anwendung den traditionellen Film respektive Schmalfilm sowie die Ton-/Bildschau überholt und war besonders für interne Kommunikationszwecke, wie zum Beispiel Schulung und Training, zur dominierenden Vermittlungstechnik geworden. (82) Zwei bundesweit organisierte Fachverbände mit einem breiten Dienstleistungsangebot, von der Produktrealisierung bis hin zur didaktischen Beratung, stehen auch hier für ein entwickeltes Niveau der Medienpraxis. (83)

- Noch vor allem in der Planung befindlich, in vielen Fallstudien in den USA und praktischen Details aber auch schon erprobt, ist die Verwendung des Videorecorders in der **Judicative.** Ausgehend von der einfachen Überlegung, daß Gerichtsprozesse auch definierbar seien als komplexe 'kommunikative Akte', bei denen riesige Informationsmengen zu verarbeiten und raum-zeitliche Hindernisse verschiedenster Art ständig zu überwinden seien (84), macht man sich dort seit etwa zehn Jahren verstärkt Gedanken darüber, wie die audiovisuelle Magnetbandaufzeichnung zur Effektivierung des Informationsaustausches zwischen Anwälten, Richtern, Zeugen, Geschworenen und Angeklagten zu nutzen sei. (85)

Wobei die möglichen manipulativen, d.h. bedeutungsverändernden Eingriffe durch die technisch vermittelte Dokumentation, etwa bei Protokollen von Gerichtsverhandlungen oder Geständnissen mittels Videokamera eingehend mitdiskutiert werden.

Für die historische Perspektive ist auf dem Hintergrund unserer Fragestellung weniger der spezielle Einzelfall interessant als das, was die verschiedenen Anwendungsfelder miteinander verbindet und welche Bedeutung die Diversifikation für die Genese des Artefaktes hatte und hat. Gleichwohl scheint es uns sinnvoll und nützlich, bei der Kenntlichmachung von Gemeinsamkeiten der erweiterten Praxis mit dem Videorecorder gleichzeitig wenigstens einen groben Überblick zur Vielfalt der Anwendungsgebiete zu versuchen. Da sich das zweite Verbreitungs-Niveau parallel zur Entfaltung des Massenmarktes weiterentwickelte und sich einige Praxisbereiche erst in den letzten Jahren verstärkt herausbildeten, müssen wir hier über den im sozio-technischen Zusammenhang dargestellten Stand von 1976 hinausgehen. Wir verlassen also vorübergehend die strenge historische Gliederung.

Unter verallgemeinernden Gesichtspunkten lassen sich drei Zusammenhänge des multifunktionalen Kommunikationsmittels Videorecorder in der institutionellen bzw. industriellen Nutzung unterscheiden:

Erstens: der Videorecorder als Instrument der **Überwachung, Kontrolle** und **Beobachtung** von Prozessen, Vorgängen, Personen oder Objekten.

Zweitens: der Videorecorder als Instrument für **Forschung, Aus**-und **Weiterbildung** wie **Training** in privaten oder öffentlichen Einrichtungen.

Drittens: ein disparater Zusammenhang von Nutzungsweisen, die denjenigen im publizistischen Bereich am nächsten liegen und die sich zusammenfassen lassen im Instrument für die betriebsinterne und -externe **Informationsdistribution,** für die **Promotion** sowie für die **Unterhaltung** im Rahmen sonstiger Dienstleistungen.

Wobei für die folgenden schematischen Übersichten zu betonen ist, daß diese Trennungen analytischer Natur und in der Praxis nicht immer in Reinform anzutreffen sind. Die unterschiedenen Anwendungszusammenhänge können sich durchaus in einzelnen gesellschaftlichen Bereichen überschneiden und gegenseitig ergänzen.

Schematische Darstellung:

Erster Verwendungszusammenhang des Videorecorders im institutionellen/ industriellen Bereich und ausgewählte Praxisfelder (86)

ÜBERWACHUNG, KONTROLLE, BEOBACHTUNG

Handel und Banken

- Überwachung von Schalter-, Kassen- und Tresorräumen
- Überwachung von Kaufhäusern, Supermärkten, Juwelieren und anderen Geschäften
- Personalkontrolle
- Beobachtungen von Kundenverhalten
- Lagerüberwachung

.
.
.

Militär

- Instrumentekontrolle z.B. in Flugzeugen, Schiffen und bei der Raumfahrt
- Beobachtungen von Piloten und anderem Bordpersonal
- Bodenkontrolle auf Luftwaffenflughäfen
- Observation militärischer Anlagen/Gebäude
- Aufzeichnungen von Radarsignalen
- Personenüberwachung beim militär. Abschirmdienst
- Überwachungen von Maschinenräumen in Kriegsschiffen und U-Booten
- Überwachung und Beobachtung bei Militärparaden
- Beobachtungen von (z.B. Atom-)Waffen/Bombenexplosionen
- Überwachung feindlicher Gefechtsanlagen oder simulierten Feindobjekte bei Manövern
- Effektivitätskontrolle von ferngelenkten Raketensystemen oder milit. Landfahrzeugen
- Auswertung von Aufklärungsergebnissen

.
.
.

Industrie

- zentralisierte Kontrolle von Produktionsabläufen
- Überwachung von Anlagen und Gebäuden
- Verhaltenskontrolle von Arbeitern
- Beobachtungen im Hinblick auf Arbeitsschutzmaßnahmen
- Fehlerkontrolle bei der Produktfertigung
- Beobachtungen von dem Menschen nicht oder nur schwer zugänglichen Herstellungsprozessen (z.B. in der Chemie- oder Atomindustrie oder bei der Stahlfertigung

.
.
.

Sport

- Kontrolle von Bewegungsabläufen (z.B. Turnen, Tanzen, Tennis, Reiten, Leichtathletik)
- Anlagenüberwachung
- Zieleinlaufkontrolle
- Beobachtung von gegnerischen Mannschaften oder Spielern

.
.
.

Innere Sicherheit

- Überwachung und Beobachtung von Demonstrationen
- Objektschutz
- Personenobservation
- Personen- und Gebäudeüberwachung im Strafvollzug
- Straßenverkehrsüberwachung
- Aufnahme von Beweismaterial

.
.
.

Zivile Verkehrssysteme

- Cockpit-Überwachung
- Bodenkontrolle auf Flughäfen
- Beobachtung von Arbeitsvorgängen u.a. in der zivilen Raumfahrt
- Beobachtung von Parkplätzen
- Hafenüberwachung

.
.
.

Film/Theater

- Probenkontrolle
- Kontrolle von Kameraeinstellungen
- Lichtkontrolle
- Beobachtungen von Schauspielergestik

.
.
.

Medizin/Psychiatrie

- Kontrolle und Beobachtung v. Geräten
- Elektronische Sitzwache bei psych. Kranken
- Selbstbeobachtung z.B. von Alkoholkranken oder Schizophrenen
- Beobachtung von Gruppentherapien für die Auswertung
- Verhaltenskontrolle von Krankenhaus-Patienten
- Beobachtung von dem menschlichen Auge nicht zugänglichen innerorganischen Prozessen

.
.
.

Schematische Darstellung:

Zweiter Verwendungszusammenhang des Videorecorders im institutionellen/industriellen Bereich und ausgewählte Praxisfelder (87)

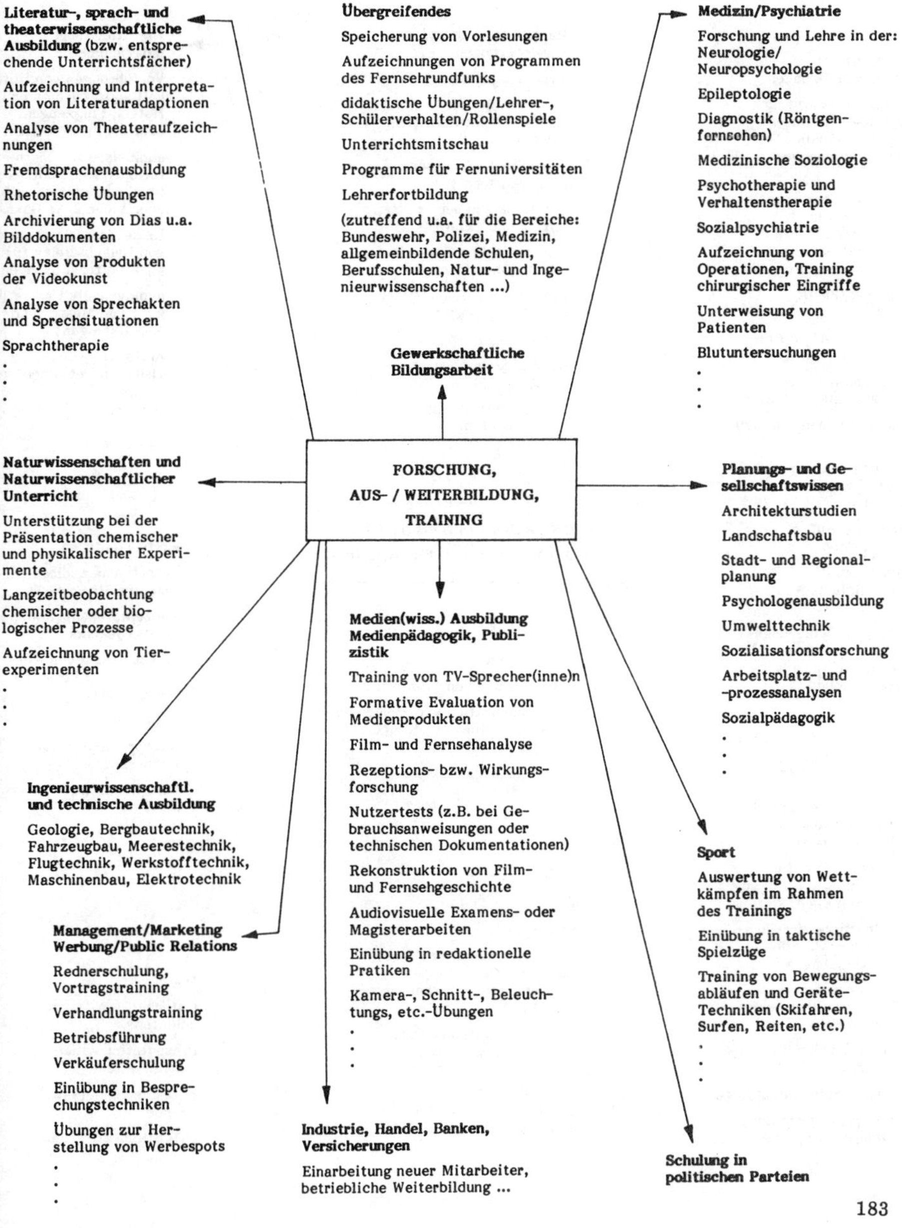

Schematische Darstellung:

Dritter Verwendungszusammenhang des Videorecorders im institutionellen/ industriellen Bereich und ausgewählte Praxisfelder (88)

INFORMATIONSDISTRIBUTION, PROMOTION UND UNTERHALTUNG

Industrie

audiovisuelle Betriebsbesichtigungen

Informationsversorgung von abgelegenen Unternehmenszweigen oder Montagebetrieben vor Ort

Mitteilungen über neue Produktideen oder Herstellungsverfahren innerhalb nationaler oder intern. Konzerne

Imagepflege/Public Relations

Aufzeichnungen von Konferenzen und Vorträgen

Mitteilungen der Firmenleitung an Mitarbeiter

Marketing/Kundenkommunikation

Herstellung von Programmen für den Arbeitsschutz

audiovisuelle Auftragsproduktion

Verkaufspromotion (z.B. Schallplattenindustrie)

audiovisuelle Bedienungsanleitungen für technische Geräte/technische Dokumentationen

.
.
.

Handel, Banken und Versicherungen

Mitteilungen der Firmenleitung

Information über Verkaufsstrategien und Akquisitionsmaßnahmen

Schaufensterfernsehen ("Kundenstopper")

Vorstellung neuer Angebote (intern und extern)

kommerzielles Cassettenfernsehen ("Stadtfernsehen")

Präsentation von kommerzieller Videokunst

Imagepflege

Kosmetik- und Frisurenberatung

Dokumentation von Schadensfällen . . .

Dienstleistungsunternehmen

Vorführungen von Unte[r]haltungsprogrammen in Hotels, Flugzeugen, Schiffen, Reisebussen

audiovisuelle Präsentationen in Discotheke[n], Bars, Gaststätten (z.B. über Video Juke Boxes)

Reisebüros: Präsentati[on] von Urlaubszielen für Mitarbeiter u. Kunden

audiovisuelle Unterstüt[-]zung von Messen und Ausstellungen

Erstellung von audiovisuellen Testamenten

.
.
.

Werbeagenturen

Anfertigung audiovisueller Storyboards

Konzeptpräsentationen für Werbekunden

Durchführung von Konzepttests bei Verbraucherzielgruppen

Animation

Nachproduktion von Werbespots

Verbraucherinterviews

.
.
.

Judicative

Vorführung von Beweismaterial

Dokumentation von Zeugenaussagen, Plädoyers oder ganzer Prozesse

Geständnisprotokolle

.
.
.

Öffentliche Verwaltungen und andere Einrichtungen

Instruktionen für Ausländer im Umgang mit Behörden

öffentliche Verkehrsmittel (z.B. Video in der U-Bahn)

Vorführungen in Jugendzentren oder kommunalen Kinos

audiovisuelle Museumsführer

kommunale Imagepflege

Vorstellung von Berufsbildern beim Arbeitsamt

.
.
.

Sonstige

Eigenwerbung/Imagepflege (z.B. von Musikgruppen oder anderen Unterhaltungskünstlern)

"Casting" (Aufnahme von Schauplätzen) bei der Vorbereitung von Filmproduktionen

Videoexposés anstelle von Drehbüchern

.
.
.

Militär

Unterhaltung der Soldaten

Präsentation neuer Waffensysteme

Mitteilungen an die Truppe

Öffentlichkeitsarbeit

Das enorme Spektrum von Praxisfeldern und Verwendungsweisen hat für die Genese des Videorecorders einen hohen ökonomischen Stellenwert, der in der Entwicklung seinen Höhepunkt vermutlich noch nicht einmal erreicht hat. Finanziell großzügig ausgestattete gesellschaftliche Institutionen, wie zum Beispiel die medizinische Forschung, das Militär oder technisch-naturwissenschaftlich orientierte Vermittlungsbereiche zeichnen sich dadurch aus, daß sie in der Regel mit den entwickelsten und teuersten Standards arbeiten, die auch im Fernsehrundfunk verwendet werden und Produkterneuerungen durch ständige Substitution von Teilen ihrer Anlagen mitvollziehen. Die weitverzweigten internen Kommunikationsbeziehungen in Großunternehmen oder staatlichen Einrichtungen bringen der Elektronikindustrie - haben sich die Anwender erst einmal zur Anschaffung eines bestimmten Systems entschlossen - Aufträge riesigen Umfanges und sichern ihr über Zubehörversorgung, Einrichtungs-, Wartungs- und Reparaturdienste kontinuierliche Nebeneinnahmen. Das ökonomische Volumen dieses Marktes ist bisher insgesamt nirgendwo erfaßt worden. Es gibt nicht einmal für einzelne Bereiche systematische Erhebungen in historischer Sicht, sodaß wir uns hier auf einige illustrative Beispiele beschränken wollen, die lediglich die Richtung andeuten mögen, um welche Summen es ginge:

- Anfang 1980 wurde die Bundeswehr, die in ihrer "Medienzentrale" mit dem höchsten Standard der 2 Zoll-Technik arbeitet (89), für ihre Untergliederungen mit 2.700 "Video-Unterrichtsausstattungen" im U-Matic-System versorgt sowie mit 100 "Unterrichtsmitschauanlagen" für ihre Schulen. Der damalige Parlamentarische Staatssekretär von Bülow bezifferte die Kosten für die neuen Anlagen mit 30 Millionen DM. Lieferant war ein einziger Konzern: die japanische Sony Corporation. (90)
- Die Schulen müssen sich größtenteils noch mit stark veralteter Technik herumschlagen. Aber auch in diesem Bereich gibt es Ausnahmen. Die Ausstattung des modernen Schulzentrums in Langen zum Beispiel mit einer Medienzentrale mit U-Matic-Videorecordern von Sony als Kernstück, kostete 1975 einschließlich sämtlicher Peripheriegeräte 220.000 DM; das waren 1,8 Prozent der gesamten Bausumme für das Schulzentrum. Die Aufwendungen für die Videoanlage alleine betrugen 85.000 DM. (91) Das ist auch heute noch als realistisches Preisniveau anzusetzen für die Mindestausstattung einer Einrichtung mit einem U-Matic-Low Band-System ohne elektronische Trick-und Mischgeräte. (92)
- Im zweiten Halbjahr 1982 investierten die für die Industrie- und Marketing-Kommunikation arbeitenden privaten Video-Studios in der Bundesrepublik 25 Millionen DM in ihre Anlagen. Das gesamte Marktvolumen in diesem Bereich wurde 1981 auf 100 und 1982 auf 200 Millionen DM geschätzt. (93)

In sozio-kultureller Hinsicht schnurrt die Vielzahl von Anwendungsformen und Verwendungsbereichen in der erweiterten Diffusion des Gerätes allerdings im wesentlichen auf einige wenige markante Funktionen zusammen. Als zusätzliches Artefakt im Rahmen von vorhandenen Fernsehsystemen in geschlossenen Benutzerkreisen trägt der Videorecorder vor allem zur **Effektivierung** und **Rationalisierung** von Kontroll- und Informationsprozessen bei. Er entfaltet damit in der Diversifikation ähnliche Qualitäten, wie er sie auch für den massenmedialen Fernsehrundfunk besaß und besitzt. Technisch reproduzierte Vorgänge oder Prozesse werden in ihrer sicht- und hörbaren Dimension durch die elektromagnetischen Speicherungen sofort und beliebig verfügbar und sind in Form von Spulen oder Cassetten leicht distribuierbar. Für die Verwendung bei der Cockpit-Überwachung in der zivilen und militärischen Luftfahrt bedeutet dies etwa, daß nicht nur effektiver Geräte und Personal kontrolliert werden können; durch die Benutzung der Konserve als Schulungsmaterial können Testflüge teilweise eingespart oder aufwendige Übungen und Präsentationen in den Unterrichtssaal verlagert werden.

Lange bevor auf dem höchsten Verbreitungs-Niveau des Videorecorders ein kommerzieller Softwaremarkt entstand, und verstärkt parallel zu seiner Entfaltung, wurden bespielte Videobänder im institutionellen Bereich für die nationale und auch internationale Verteilung von audiovisuellen Informationen benutzt. Sie dienten der Überbrückung von raum-zeitlichen Distanzen innerhalb großer industrieller oder staatlicher Organisationen ebenso, wie sie den hierarchischen Vermittlungsprozess, zum Beispiel in Form von Instruktionen der Leitungsebenen an untergeordnete Mitarbeiter, effektivierten. Auch in dieser Hinsicht hat der Videorecorder lediglich rein reproduktive Funktionen erhalten.

Für spezielle Überwachungs- und Beobachtungsaufgaben in der Forschung, in der Industrie, im Handel oder beim Militär entfaltete er aber auch darüber hinausgehende Funktionen. Er wurde in besonderem Maße als Maschine für die **Zeitmanipulation** entwickelt, die vorher nur mithilfe des teureren und aufwendigeren Zelluloidfilms möglich war. U.a. spezialisierte sich die Matsushita-Tochter Panasonic auf die Herstellung sogenannter Langzeitrecorder. (94) Durch Verzögerungseinrichtungen können solche Geräte Einzelbildaufnahmen in fast beliebigen Zeitabständen konservieren, sodaß die Aufnahmekapazität eines normalen Videobandes (beim Panasonic NV-8030E zum Beispiel von 732 m Länge) auf einen Zeitraum von bis zu einem Jahr gestreckt werden kann. Reproduziert werden können die Images dann selbstverständlich in Normalgeschwindigkeit. Sensoreneinrichtungen ermöglichen den automatischen Wechsel von einem Zeittakt in einen anderen, was besonders für die Überwachung von Banken, Gebäuden oder Anlagen benutzt werden kann; für den Dauerbetrieb zeichnet der Recorder Bilder in großen Intervallen auf und wird im Alarmfalle auf die Reproduktion der wirklichen Bewegungen umgestellt.

Was hier für besondere Erfordernisse der Kontrolle oder Beobachtung zum Tragen kommt, das für anderweitige Verwendungen zunächst keine Bedeutung zu haben scheint, weist auf einen weiteren Funktionszusammenhang hin, der für die Genese insgesamt wichtig ist: die **Modellierung des Artefaktes** aus den spezifischen Gebrauchswerterfordernissen der Diversifikation heraus. (95) Für uns am auffälligsten sind in dieser Hinsicht die

Impulse, die aus dem militärischen Sektor in den USA kamen. Sein Stellenwert für die Modellierung der Artefakte erhöhte sich umso mehr, je stärker die einschlägigen Anwender seit Beginn der siebziger Jahre dazu übergingen, von den Herstellern für den kommerziellen Markt Produkte zu fordern, die für die meisten militärischen Anwendungen der Beobachtung und Kontrolle ebenfalls geeignet wären. Infolge knapper werdender finanzieller Ressourcen für die Rüstungsforschung gegen Ende des Vietnamkrieges, sollte die eigene Entwicklungstätigkeit auf diejenigen Fälle beschränkt werden, für die das Militär tatsächlich Alleinstellungen in der Nutzung besaß. Am Beispiel der US-Air Force waren dies etwa die Videorecorder, die für raketengestützte Waffensysteme oder für die Zielkontrolle von Bombern benötigt wurden. In der Regel sollten jedoch die Geräte genügen, die auch für den industriellen oder gar schon im Hinblick auf den Massenmarkt konzipiert wurden. (96) Umgekehrt versuchten auch die Hersteller, sämtliche Teilmärkte mit denselben Produkten zu bedienen. Der Cartridge-Recorder Instavision (auch Instavideo), den Ampex zusammen mit Toshiba konstruiert und 1970 als Prototyp für den breiten Markt vorgestellt hatte, wurde 1973 als ein ideales Gerät auch für die militärische Verwendung präsentiert, wegen seiner geringen Abmessungen, seiner Leichtigkeit und seiner hohen Ökonomie im Verbrauch. (97) Die Ansprüche, welche die Air Force ihrerseits stellte, gingen weit über die allgemeinen Forderungen nach **vereinfachten, verkleinerten** und **verbilligten** Geräten hinaus. Sie bezogen sich bis auf das konstruktive Detail. Lange bevor der elektronische 'Ein-Mann-Journalismus' (Weischenberg) für die publizistische Fernsehpraxis technisch vorstellbar war und in realistischem Konzept existierte, beauftragte man die Elektronikindustrie damit, Aufnahmeeinheiten zur Verfügung zu stellen, die von einer einzigen Person problemlos transportiert und gehandhabt werden könnten. Robustheit, Wetterbeständigkeit, sparsamer Stromverbrauch, Anpassungsfähigkeit an beengte räumliche Verhältnisse, verschiedene Varianten des Ladens der Cassettengeräte und immer wieder die Erhöhung der Reproduktionsqualität waren Parameter, die mit großem Nachdruck verlangt und im Laufe der Zeit von der Industrie auch zunehmend realisiert wurden. Heute werden sie als neueste Errungenschaften zum Beispiel auf dem Marktsektor der transportablen Anlagen für den Hobby-Filmer angepriesen. (98)

Insbesondere aus den vielfältigen Verwendungsformen der Aus- und Weiterbildung heraus realisierte sich eine sozio-kulturelle Funktion der Diversifikation, die zwar schwer exakt meßbar ist, aber von großer Tragweite für die letztendliche Etablierung des Artefaktes auf dem Massenmarkt gewesen sein dürfte: Schulen, Universitäten, private und öffentliche Institutionen organisierten im Laufe der Jahre einen gehörigen **Multiplikationseffekt**, indem sie für Millionen Menschen erste Kontakte mit dem Videorecorder organisierten und sie in den Umgang mit elektronischen Abbildern einübten. Der Bestand an Geräten alleine im institutionellen Bereich wurde für Ende 1982 auf ca. 100.000 Stück geschätzt. Ausgehend von einer durchschnittlichen Häufigkeit von 100 Kontakten pro Videorecorder, kommt

Ingo Passon - selbst seit vielen Jahren Anwender vor allem im industriellen Bereich - folglich zu der Einschätzung, daß mühelos zehn Millionen Menschen über die seinerzeit vorhandenen Maschinen erreichbar gewesen seien. (99) Eine sicherlich eher untertriebene Rechnung, berücksichtigt man die hohe Häufigkeit der Kontakte, die mit einigen wenigen Geräten in Schulen und in Universitäten hergestellt wurden und werden.

Bedeutender als dieser quantitative Aspekt dürfte indes noch der qualitative sein. Jedem, der zum Beispiel in der Lehre Erfahrungen mit dem Einsatz des Videorecorders gemacht hat, sollte der Effekt der zumindest anfänglich großen Faszination bekannt sein, die von der beliebigen Verfügbarkeit von Fernsehbildern ausging, bevor sie in die allgemeine gesellschaftliche Verwendung gelangte. Besonders wenn die apparative Möglichkeit angewendet wurde, daß Lernende elektronische Abbilder von sich selbst reproduzieren und über den Fernseher besichtigen konnten. Auch insofern war die kulturpessimistische Aufregung, wie sie zu Beginn der achtziger Jahre in großen Teilen der pädagogischen Institutionen über die hohe Akzeptanz der Geräte in den privaten Haushalten und ihre intensive Nutzung besonders durch Jugendliche laut wurde, als oberflächlich zu bewerten. Sie wird nicht zuletzt interpretierbar als Klage über den Verlust eines Privilegs, das in der alleinigen Benutzungsmöglichkeit des Videorecorders durch den Pädagogen lange Zeit bestanden hat.

> *"Ich denke, was wirklich helfen wird, das ist das 'Magnetoscope des amateurs', das jetzt herauskommen soll. (...) Das wird viel helfen, da man Filme schneller machen kann, mit weniger Kosten, man kann sie löschen und dann andere machen. Es gibt kein Entwickeln und keine Zensur. Sie können sofort mitgenommen werden und man wird Filme einfacher machen. Man hat keine Umstände mehr, keine tausend Darsteller, keine großen Sachen. Das wird sich nach und nach ändern. Man wird damit eine Nachrichtensendung machen können, jeder bei sich, das ist der wichtigste Punkt. (...) man muß den Berufsfilmer wieder zum Amateur machen."*
>
> *(Jean Luc Godard in einem Gespräch mit der Frankfurter Filmer Coop 1969)*

IRRITATION ETABLIERTER UND KONSTRUKTION NEUER TV-WELTEN

Die verkleinerten, vereinfachten und verbilligten Artefakte dienten in der erweiterten Diffusion jedoch nicht nur der Ausdehnung, Effektivierung und Rationalisierung von Fernsehkommunikation. Sie stellten auch die apparativen Voraussetzungen zur Verfügung für Eingriffe in die industrialisierte und institutionalisierte Welt der elektronisch reproduzierten Images. Diversifikation bedeutet in diesem Zusammenhang, daß die Geräte in

Verwendungen gerieten, die - zumindest vom programmatischen Anspruch ihrer Nutzer her - nicht verwertungs-, ausbildungs- oder herrschaftsorientiert waren, sondern auf einen kritisch-emanzipatorischen Gebrauch der Medientechnik abzielten, bzw. auf einen damit verbundenen ästhetischen Genuß.

Seinen Ursprung hatte dieser Entwicklungsstrang nicht zufällig dort, wo sich die kommerzialisierten Formen von Fernsehkommunikation am schnellsten und am stärksten etabliert hatten, nämlich in Nordamerika. In enger Nachbarschaft zweier gesellschaftlicher Bewegungen, Teilen der künstlerischen Avantgarde einerseits und Projekten sozialer wie politischer Subkultur andererseits, entstanden hier in der zweiten Hälfte der sechziger Jahre zahlreiche Gruppen und individuelle Initiativen, die jenseits ihrer unterschiedlichen Orientierung eines miteinander verband: der Versuch, mit den Mitteln der Videotechnik vor allem den profitorientierten Programmachern der Networks und ihren Konsumbotschaften entgegenzutreten, Fernsehen neu-akzentuiert '**wiederzuerfinden**' (100), indem seine potentiellen kommunikativen Funktionen in überschaubaren sozialen Nahwelten entfaltet würden, oder auch dem elektronischen Vermittlungsapparat ästhetische Dimension abgewonnen würden, wie sie innerhalb einer medialen Organisation nicht zu realisieren waren, die ihre primäre Aufgabe im Verkauf von Werbezeit begriff, für die Programm lediglich als möglichst attraktives Umfeld für die Lancierung von Reklame für Deodorants, Süßigkeiten, Waschmittel oder Autos relevant geworden war.

So sehr dieses künstlerische und politische Alternativfernsehen in seiner Programmatik Wert darauf legte, vornehmlich mit Tele-**Visionen** eingreifen zu wollen und auf diese Art seinen Beitrag für ein anderes, aufgeklärteres Medienbewußtsein zu leisten: es war in erster Linie eine intellektuelle Bewegung, die in ihrer jungen Geschichte viele Tausende von Textseiten produzierte, in eigenen Zeitschriften (101), in Sammelbänden und Monographien, in praktisch orientierten Büchern wie den sogenannten Video-Manuals (102), in hektographierten Broschüren, Loseblattsammlungen und nicht zuletzt auch in Videobändern. In diesen Selbstzeugnissen kommen am besten die Aufbruchstimmung, die Hoffnungen und die Ziele, aber auch die Einsichten, Rückschläge und Beschränktheiten des audiovisuellen Gegenentwurfes vermittels der Videotechnik zum Ausdruck. Wir sind uns dessen bewußt, daß wir die wirkliche Entwicklung durch die folgende Zusammenfassung einiger historisch wichtiger Aspekte gehörig beschneiden:

Am 4. Oktober 1965 konservierte der Koreaner Nam June Paik mithilfe einer transportablen Videoeinheit (103) die ersten Images, die weder massenmedialen, noch industriellen oder institutionellen Zwecken zugeführt wurden; er zeichnete mit der gerade erworbenen Anlage den damaligen Besuch des Papstes in New Yorks St. Patrick's Cathedral aus einem fahrenden Taxi auf und präsentierte die Konserve anschließend unbearbeitet in dem Szenencafé Au Go Go in der Bleecker Street von Greenwich Village. (104) Paik hatte sich zu diesem Zeitpunkt bereits als Künstler der Fluxus-Bewegung einen Namen gemacht, der in seinen Performances vor allem mit elektronischer Musik experimentierte. In der Wuppertaler Galerie Parnaß hatte er zwei Jahre zuvor in der Ausstellung 'Exposition of Music-Electronic Television' den Fernseher als zentrales Objekt bearbeitet. Auf diesem Hintergrund wurden die Aufzeichnungen mehr als nur Spielereien von jemandem, der sich gerade einen Videorecorder und eine Kamera angeschafft und sie erstmals benutzt hatte; sie erhielten den Stellenwert eines künstlerischen Ereignisses. Die konservierten Papstbilder stehen für den Beginn einer Video-Kunstgeschichte im engeren Sinne, für welche die Magnetbandaufzeichnung von Fernsehsignalen eine tragende Rolle spielte.

Nach der Produktion einer Reihe von experimentellen Bändern führte Paik 1967 in der New Yorker Filmmakers Cinematheque seine 'Opera Sextronique' auf und entwickelte im selben Jahr das Konzept für ein Periodikum auf der Materialbasis von Videocassetten (105); eine Idee, die dann 15 Jahre später in der Bundesrepublik auf dem kommerziellen Markt umgesetzt wurde, zum Beispiel von dem Videoableger des Schallplattenkonzerns Arcade, von der Kinozeitschrift Cinema, von der Videounternehmung des Playboy-Konzerns und auch im künstlerischen Bereich durch das Projekt **Infermental**, das auf den Internationalen Filmfestsspielen 1983 in Berlin seinen eindrucksvollen publizistischen Einstand gab und als dessen Initiator Gábor Bódy gefeiert wurde. (106)

1967 veranstaltete die Station KOED in San Francisco, eine dem Network des NET (National Educational Television) angeschlossene Station, dessen Funktion ab demselben Jahr im wesentlichen der Public Broadcasting Service (PBS) übernahm (107), den ersten Workshop für experimentelle Videoarbeiten. (108) Der PBS entwickelte sich von da an zum wichtigsten Forum sowohl für künstlerisch-experimentell als auch für sozialkritisch orientierte Videomacher in den USA, nicht nur indem er Produktionsaufträge vergab und Sendeplätze zur Verfügung stellte, sondern vor allem auch indem er seine Studioanlagen immer wieder für Künstler und unabhängige Videoproduzenten öffnete. Avantgardist im Hinblick auf die Ausstrahlung von Videokunst wurde der Bostoner Sender WGBH-TV. 1969 sendete er erstmals Werke von Allan Kaprow, Nam June Paik, Otto Piene, Seawright, Tadlock und Aldo Tambellini. (109)

Ähnliches hatte zuvor - in einer für die Bundesrepublik erstmaligen und fortan äußerst raren Aktion - der WDR in Köln unternommen. Am 30. August 1968 sendete er **Black Gate Cologne**, eine in den Studios des Senders mit hohem elektronischem Aufwand auf Videoband konservierte Multimedia-Präsentation der beiden Künstler Piene und Tambellini, in der u.a. die Morde an Martin Luther King und Robert Kennedy verarbeitet wurden. Die Performance war ursprünglich zweimal zu je 45 Minuten Länge aufgezeichnet worden. Dem Zuschauer für zumutbar hielt man schließlich 23 Minuten, in denen Material aus beiden Aufführungen kompiliert wurde. Dieses Stück Videokunst kostete 45.000 DM. (110)

Ende der sechziger/Anfang der siebziger Jahre bildeten sich in den USA und in Kanada die ersten unabhängigen Videogruppen unter dem agitatorischen Markenzeichen des **Guerilla Television** (111) heraus, mit einer großen Bandbreite von Aktivitäten und Orientierungen: **Videofreex** zum Beispiel, eine Lebens- und Produktionsgemeinschaft in Lanesville, N.Y., in der Nähe von Woodstock, die ab 1971 von dort aus einen eigenen kleinen Fernsehsender betrieben, über den sie vor allem Live-Programme aus der unmittelbaren Umgebung, aber auch Videokonserven, ausstrahlten; (112) oder das **People's Video Theatre** in Greenwich Village, dessen Anspruch vor allem darin bestand, die Leute auf der Straße mit der verkleinerten Fernsehtechnik bekannt zu machen und sie zum Videographieren zu animieren; (113) oder das **People's Communication Network** im New Yorker Harlem, das stark in der schwarzen Bürgerrechtsbewegung verwurzelt war und zum Beispiel Bänder zur Gefangenenrehabilitierung produzierte und verteilte, oder auch das berühmte Band des Jazz-Saxophonisten Archie Shepp, 'Blues for Brother George Jackson', das der Musiker mit seiner Band im Andenken an den ermordeten Jackson aufgenommen hatte; (114) oder das **Downtown Community Television Center**, die Gruppe mit dem längsten Atem und dem stärksten politischen Engagement; sie begann mit dem programmatischen Schwerpunkt der Gesundheitsaufklärung in New Yorks China Town, wo sie noch heute - in der Lafayette Street - zu Hause ist. Das DCTV veranstaltet(e) regelmäßig Einführungskurse in die Handhabung der Videotechnik, Workshops, gewährleistet Produktionsunterstützung für andere Gruppen und produzierte vor allem eine Fülle herausragender Dokumentarfilme, teilweise zusammen mit der New Yorker Station des PBS. Darunter ist die aus dreizehn Bändern bestehende Serie 'American Survival', die ein eindringliches Bild der Probleme von Minderheiten und sozialer Mißstände in den USA vermittelt. Sie erhielt rund um den Globus Auszeichnungen und wurde in Teilen sogar von der NBC ausgestrahlt. (115) Oder darunter sind die Arbeiten des mit der Videokamera berühmt gewordenen ehemaligen Taxifahrers und eigenwilligen Dokumentaristen Jan Alperts, dem es 1972 gelang, nach mehr als sechsjährigem, von der US-Regierung verordnetem, Kontaktstop zwischen Nordamerikanern und Kuba Fidel Castro zu einem Interview vor die Kamera zu bringen. (116)

Von den kanadischen Gruppen ragt aus dieser Zeit das Medienzentrum **Vidéographe** in Quebec hervor, das 1971 unter ähnlichen Prinzipien wie DCTV in New York gegründet wurde. Neben einem Produktions- und Distributionszentrum verfügte Vidéographe auch über eine Einrichtung, welche die Gruppe "Forschungszentrum" nannte; hier wurde Ausbildung von Quebecer Bürgern an der Videotechnik praktiziert. (117)

In Frankreich drehte Jean Luc Godard unter starkem Eindruck der Pariser Mai-Unruhen 1968 mit 'One plus one' seinen vorläufig letzten großen Kinofilm und begann für einige Jahre an der kulturpolitischen Utopie des Filmemachens jenseits der etablierten Institutionen Kino und Fernsehen zu arbeiten. Die verkleinerte Videotechnik als "Magnetoscope des amateurs" (118) spielte in diesem Konzept eine bedeutende Rolle. Mit Jean-Pierre Gorrin agitierte und agierte er drei Jahre in der **Groupe Dziga Vertow.** Die beiden erstellten Auftragsarbeiten für das englische, das italienische und das französische Fernsehen, die in der Regel nicht gesendet wurden. 1973 trennte sich Godard von Gorrin und gründete in Grenoble das Video-Studio **Sonimage.** Die Einrichtung soll 500.000 US-Dollar gekostet haben und hat in ihrer professionellen technischen Qualität wenig gemein mit dem Magnetoskop des Amateurs. Im August 1976 strahlte das französische Regionalfernsehen seine Produktion 'Six fois deux', eine dokumentarische Arbeit in sechs mal zwei Teilen aus. Godard benutzte den Videorecorder hier in der einfachsten Art als Zeitmaschine: Er gab Menschen, die gemeinhin im Fernsehrundfunk bestenfalls in kurzen Passagen von Straßeninterviews zu Wort und Bild kommen, ausführlich Gelegenheit, sich in Mono- und Dialogen selbst zu präsentieren. Ebenfalls 1976 stellte er mit 'Numero Deux' einen Kompilationsfilm aus Videobändern der letzten Jahre fertig. Er wurde auf 35mm-Zelluloid transferiert und im Kino aufgeführt. (119)

Doch Godard ist nur eine herausragende Persönlichkeit von vielen Franzosen, die sich auf die neue Medientechnik kaprizierten. Nach dem Mai 1968 entstanden vor allem Kollektive, die sich als Vertreter eines neuen "militanten Video" begriffen: **Vidéo Out, Vidéo 00, Les Cent Fleurs, Vidéa, Vidéo 031, SLON Vidéo** oder das zunächst als gemeinsame Distributionseinrichtung gegründete Kollektiv **Mon Oeil.** Sie setzten sich gezielt von den avantgardistischen Videokünstlern einerseits und den "Praktikern der Volksbildung mit Video" (120) andererseits ab und definierten sich mit beredter Radikalität in erster Linie als politische Aktivisten. Ein Vertreter der Gruppe 'Vidéo 00' drückte diese Identität pointiert so aus: "Ich fasse die Funktion von Video vielmehr als untergeordnete Aktivität auf: man ist zunächst politisch tätig, und in zweiter Linie dreht man Videogramme über die Kämpfe, an denen man teilnimmt" (121).

In der Bundesrepublik griffen zunächst wiederum die künstlerischen Praktiker verstärkt auf die neue Medientechnik zurück. Herausragenden Stellenwert nahm hier Gerry Schum ein, dessen Andenken 1982 die umfassende Retrospektive des Kölnischen Kunstvereins zur Geschichte der Videokunst gewidmet wurde. (122) 1969 realisierte Schum mit der **Fernsehgalerie** ein Projekt, bei dem es darum ging, mithilfe des elektronischen Verteilers ästhetische Objektivationen bzw. Aktionen zugänglich zu machen, die erst durch die filmische Reproduktion komplex wahrnehmbar wurden. Am 15. April des Jahres strahlte der SFB seine erste Produktion aus: unter dem Titel "Land Art" wurden Landschaftseingriffe von acht Künstlern vorgestellt (Boezem, Dibbets, Flanagen, Heizer, De Maria, Long, Oppenheim und Smithson). (123) Mit dem Fernsehen technisch verknüpft war freilich nur die Form des Sendens. Die Dokumentation realisierte Schum noch mit der Filmkamera. Nach zwei weiteren Produktionen der Fernsehgalerie im Jahr 1970 ("Self Burial" und "Identifications") begann er dann seine eigentliche Arbeit mit dem Videorecorder. 1971 eröffnete er in Düsseldorf die erste **Video-Galerie** (124), in etwa parallel zur Gründung der New Yorker **Electronic Arts Intermix Inc.** durch Howard Wise, die wiederum aus der mittlerweile nahezu legendären Video-Ausstellung "TV as a creative medium" im Jahr 1969 in der Howard Wise Gallery hervorgegangen war. (125) Schum präsentierte in Düsseldorf sowohl seine eigenen Arbeiten vom Videorecorder wie auch seine Galerie für einige seiner Kollegen und Kolleginnen damals die seltene Möglichkeit zur Verfügung stellte, Publikumskontakt für ihre Videowerke herzustellen. Ulrike Rosenbach zum Beispiel, für welche die Videotechnik ein wichtiges Hilfsmittel bei der Realisierung feministischer Kunst wurde und die wohl am intensivsten in der Bundesrepublik Performances mit der Videotechnik zu einem künstlerischen Prozeß synthetisierte, stellte hier ihre ersten Videobänder vor. (126) Inzwischen hatte Nam June Paik ein neues Kapitel in der experimentellen Auseinandersetzung mit der elektronischen Reproduktionstechnik eingeleitet. Zusammen mit Shuya Abe entwickelte er 1970 einen der ersten **Video-Synthesizer**, mit dessen Hilfe der manipulierende und gestaltende Eingriff in den Fluß der Images möglich wurde. Das Gerät wurde zur apparativen Basis für zahlreiche seiner folgenden Videoarbeiten. (127)

Ebenfalls 1970 veröffentlichte Hans Magnus Enzensberger seinen "Baukasten zu einer Theorie der Medien", in dem er programmatisch zum 'emanzipatorischen Mediengebrauch' aufrief: "... die neuen Produktivkräfte erlauben nicht nur, sondern fordern geradezu ihre Umkehrung"! (128) Diesen Appell entwickelte er vor allem auch aus den Eigenschaften des "Video-Gerätes" und er fand eine breite Resonanz. In Verbindung mit Brechts kommunikationspolitischen Fragmenten aus der sogenannten Radio-Theorie und Benjamins Aufsatz zu den gesellschaftlichen Dimensionen der 'technischen Reproduzierbarkeit des Kunstwerks' wurde er zum theoretischen Ausgangspunkt einer sich in erster Linie politisch-aufklärerisch verstehenden Videobewegung in der Bundesrepublik, 1972 programmatisch verstärkt und vertieft durch Negt/Kluges Streitschrift für die Konstruktion von Gegenöffentlichkeiten als medienpolitische Handlungsalternative. Ihre medienpraktischen Orientierungen gewann sie einerseits aus der Geschichte der gegenkulturellen Manifestationen der Arbeiterbewegung in den 20er und frühen 30er Jahren, sowie aus den noch jungen Erfahrungen nordamerikanischer, französischer, italienischer und englischer Gruppen. Es ging ihr um die "Entmythologisierung des TV" (129), die sie mit der verkleinerten und verbilligten Videotechnik angehen wollte. Die Sony-Portapaks, die Geräte des Japan Standard 1 und die kleinen Longitudinal-Recorder von Akai stellten die Instrumente dar für die Realisierung einer Utopie, wie sie die Darmstädter Gruppe **telewissen** als Slogan für ihre Arbeit formuliert hatte: "Macht euer Fernsehen selbst"! (130) telewissen entstand bereits 1970 und war zu Beginn noch eng verbunden mit der Kunstszene, in die sie aber von vornherein ihre Vorstellungen von einem emanzipatorischen Mediengebrauch einbrachte. 1972 organisierte sie zum Beispiel im Rahmen der documenta V in Kassel ein audiovisuelles Kommunikationszentrum, das auf Bürgerbeteiligung abzielte. Die Organisation von Videowerkstätten und Fortbildungsseminaren gehörte im Verlauf der siebziger Jahre zu einem zentralen Bestandteil ihrer Aktivitäten.

Aus Filmakademien, Kunsthochschulen, den gesellschaftswissenschaftlichen und pädagogischen Abteilungen von einzelnen Universitäten, auf deren Geräteetats man in unterschiedlichem Ausmaß und mit wechselnder Toleranz von seiten der Verwaltungen wie einschlägigen Fachvertreter zurückgreifen konnte, erhielt die Videobewegung kräftigen Zulauf. **TVideo** in München und Berlin, **Video-Audio-Media** in Berlin, die **Tele-Public-Westberliner Luft**, die Initiative des Videopioniers **Gerd Conradt** am Theaterwissenschaftlichen Institut der FU Berlin, das **Medienzentrum Kreuzberg**, das **Medienpädagogik Zentrum Hamburg**, der **Hamburger Medienladen**, die Medieninitiative aus der **Universität Nürnberg-Erlangen** oder die **Aachener Initiative** um Felix Borkenau sind nur einige der Gruppen, die in der ersten Hälfte der siebziger Jahre entstanden. 1975 erreichte die Entwicklung einen ersten reflexiven Höhepunkt. Auf zwei zentralen Veranstaltungen, den ersten Videotagen in Erlangen und rund um die Internationalen Berliner Filmfestspiele in der Akademie der Künste, wurde um das kulturpolitische Selbstverständnis, um Konzeptionen und Perspektiven gerungen. (131)

Einer der Effekte - nicht zuletzt der publizistischen Resonanz - dieser Veranstaltungen war eine starke Zunahme videobezogener Aktivitäten. Überall in der Republik entstanden mehr oder weniger organisierte Initiativen und Projekte alternativer Medienarbeit mit dem Videorecorder als apparativem Zentrum. Eine Auflistung bundesdeutscher Videogruppen zählte bis zum Februar 1979 nicht weniger als 59 verschiedene; (132) allerdings wurde die Szene auch schnellebig. Nur wenige Projekte konnten sich als dauerhafte Einrichtungen halten. Dazu gehören etwa das Medienpädagogik Zentrum Hamburg, dem es u.a. gelang mit seinen Produktionen während des Hamburger Hafenarbeiterstreiks 1978 wirksame Formen von Öffentlichkeit zu initiieren (133), die **Medienwerkstatt Freiburg**, die Videogruppe Erlangen, die Hannoveraner **Medienwerkstatt Linden** oder die **Medienoperative Berlin e.V.**. Letztere erarbeitete sich mit ihrem 1977 in Schöneberg gegründeten Medienzentrum eine recht stabile Basis. Hier werden nicht nur Bänder produziert; die Operative bietet Projektberatung und technische Unterstützung an, vertreibt Cassetten und organisiert regelmäßige Foren und Vorführungen.

Versucht man die Fluchtpunkte zu definieren, auf die hin sich unabhängige Videoarbeit in der Bundesrepublik bewegt hat, so lassen sich im Spannungsverhältnis von sozio-technischer und -kultureller Entwicklung drei Zusammenhänge herauskristallisieren:

o Insbesondere bei den länger arbeitenden Gruppen hat sich eine starke Tendenz zur Professionalisierung und Perfektionierung durchgesetzt. Wobei die erweiterten Möglichkeiten, Videoarbeit nicht nur als zeitraubende Freizeitbeschäftigung, sondern auch als lukrative Berufstätigkeit zu betreiben, eine nicht unerhebliche Rolle spielte. Vorbei sind die Zeiten, in denen es ausreichte, daß man sich oder seine Mitstreiter nach der Aufzeichnung gerade eben noch auf dem Bildschirm identifizieren konnte. Die mit normalem Tonbandmaterial benutzbaren Akai-Anlagen oder die Sony-Portapaks, die für viele noch den Einstieg in das selbsttätige elektronische Bilderstellen ermöglichten, sind auch in der alternativen Bewegung weitestgehend der Schrotthalde videotechnischer Entwicklung übergeben worden. Zunehmend setzte sich - zumindest für die Produktion von Mutterbändern - die Low Band-Variante des U-Matic-Systems als heimlicher Standard durch, nicht zuletzt aufgrund der komfortablen Editiermöglichkeiten, die seine Hersteller in der zweiten Hälfte der siebziger Jahre verstärkt anboten. In der Ausstattung begannen sich die unabhängigen Videogruppen dem institutionellen Sektor anzunähern, eine Tendenz, die möglicherweise durch die Perfektionierung der Heim-Videotechnik wieder gebrochen werden wird.

Vorwiegend an politischen Alternativbewegungen orientierte Videoaktivitäten wurden durch solche Entwicklungen nicht etwa aufgehoben oder obsolet gemacht. Sie existieren nach wie vor in einer großen Bandbreite. Waren sie allerdings nicht entweder in vorhandene Organisationsformen wie Bürgerinitiativen oder in die stabilen Videogruppen und Medienzentren der Bundesrepublik eingebunden, stellten sie sich als kurzatmige Projekte mit keinerlei Öffentlichkeitswirksamkeit dar. (134) Sie erfüllten mithilfe der Videotechnik vornehmlich gruppendynamische Funktionen.

o "Das eigentliche Zauberwort hieß: 'Senden', 'Broadcasting' und 'Fernsehen'." (135) Was Ulrike Rosenbach hier für die Videokünstler konstatierte, lockte auch große Teile der Bewegung, die zur 'Entmythologisierung des TV' angetreten war. Spätestens seitdem im Zuge der Planung von Kabelpilotprojekten auch die Möglichkeiten **Offener Kanäle** erwogen wurden, zu denen im Prinzip jeder Zugang haben sollte, der etwas zu zeigen hätte (136), diskutierten auch die unabhängigen Gruppen verstärkt und teilweise sehr kontrovers darüber, ihre Produkte über den elektronischen Weg zu verteilen. In einem Experiment unter der Schirmherrschaft des SFB beteiligte sich zum Beispiel die Medienoperative Berlin schon 1979 - anläßlich der Internationalen Funkausstellung - an dem Projekt "Bürger machen Fernsehen" (137). In der engeren Planungsphase vor Beginn des Berliner Pilotprojektes gehörte insbesondere Hartmut Horst, der die Medienoperative von Beginn an stark konzeptionell geprägt hat, zu den Initiatoren des unabhängigen Trägervereins für einen Offenen Kanal. Was für die US-amerikanischen Gruppen das Public Broadcasting wurde, scheint für die bundesdeutschen die kommunikationspolitische Nische in einer zunehmend kommerzialisierten Fernsehlandschaft zu werden. - Aber nicht nur im Hinblick auf die neuen Verteiltechniken ist das 'Broadcasting' zu einem wichtigen Kalkül nicht-institutionalisierter Videoarbeit geworden. Das ZDF richtete innerhalb seiner Sendereihe "Das kleine Fernsehspiel" eine Abteilung ein, in der in Godardscher Tradtition an die Realisierung von Projekten herangegegangen wird. Anstelle von Drehbuchvorlagen können und sollen hier Videoexposés eingereicht werden als Grundlage und Ausgangspunkt für filmische Produkte, die dann mit Hilfe des Senders realisiert werden. Seit 1978 (beginnend mit dem Band 'Video 50' von Robert Wilson) strahlte das ZDF in diesem Rahmen bereits 22 Videosendungen aus, darunter Produktionen der Medienwerkstatt Freiburg ('Paßt bloß auf' 1982 und 'Die lange Hoffnung', 1984) sowie Arbeiten der herausragenden Einzelpersönlichkeiten unter den bundesdeutschen Videomachern, Gerd Conradts 'Der Videopionier' von 1984 (138) und Michael Kliers 'Der Riese' von 1983 und 'Enpassant' von 1984. Konzept und Produktionen der Reihe zusammengenommen hat das ZDF damit einen wichtigen - bisher publizistisch noch kaum adäquat wahrgenommenen - Beitrag zur Entwicklung einer videospezifischen Vermittlung von Fernsehkultur geleistet. (139) Als minimaler technischer Standard wurde hier übrigens bisher ebenfalls U-Matic Low Band gesetzt.

- In der künstlerischen Praxis hat die Verwendung des Videorecorders als mit dem Zelluloidfilm durchaus austauschbarem bloßem Speicherapparat für Aktionen oder Aufführungen an Bedeutung verloren. Videokünstler repräsentierten in der erweiterten Diffusion - in dieser Hinsicht sind sie vergleichbar mit Anwendern in der naturwissenschaftlichen Forschung oder professionellen Observateuren - in wachsendem Maße diejenige Gruppe, die sich am konsequentesten auf die spezifischen Eigenschaften der audiovisuellen Magnetbandaufzeichnung eingelassen haben. Das gilt für die Performance-Aktivisiten, welche die Technik zur unmittelbaren Überwachung und Beobachtung ihrer ansonsten flüchtigen Präsentationen einsetzten und sie durch den gezielten Rückgriff auf die Zeitmanipulation in der elektronischen Reproduktion erweiterten, verfremdeten. (Ulrike Rosenbach ist zweifellos eine Protagonistin für eine solche Videokunst.) Das gilt aber auch für jene Künstler, die sich immer stärker auf den elektronischen Materialcharakter des technischen Prozesses einließen. Angeregt u.a. durch die Synthesizer-Experimente Paiks und Abes konzentrierte sich eine wachsende Zahl von Experimentalisten, vor allem aus Japan und den USA, auf die vielfältigen Bearbeitungsmöglichkeiten von Images mit Hilfe von digitalisierten Editier- und Mischtechniken, wie sie primär für den Fernsehrundfunk entwickelt wurden. Die aufwendigsten Produktionen darunter wurden nur noch mit Unterstützung der Hardwareindustrie, den Experimentalstudios des Fernsehrundfunks oder auch technologischer Forschungsinstitute (140) verwirklichbar. Oder es wurde auch hier das **Broadcasting** zum eigentlichen Zweck der ästhetischen Objektivation, freilich mit herkömmliche TV-Welten tatsächlich sprengenden Dimensionen. Dafür steht bisher recht einmalig das Satelliten-Projekt Nam June Paiks "Good Morning Mr. Orwell" (141). An Silvester/Neujahr 1983/84 strahlten unter seiner Regie das PBS-Network in den USA, CBC Toronto für Teile Kanadas, der KBS-Channel in Seoul, FR 3 in Paris sowie das dritte Programm des WDR und der Nordschiene (SFB, NDR, Radio Bremen) ein gigantisches Programmgemisch aus Happening und Pop aus, als Versuch, mithilfe des Fernsehens und der Time-Shift-Maschine Videorecorder so etwas wie globalen kulturellen Austausch zu praktizieren. Auf 26 bis 33 Millionen Zuschauer wurde die Menge der Teilnehmer an diesem kommunikativen Experiment geschätzt. (142)

Nicht zuletzt aufgrund der teilweisen Verselbständigung der Medientechnik in der experimentell-künstlerischen Praxis weisen heute eher traditionell-dokumentarisch orientierte Videomacher einerseits und Videokünstler andererseits in ihrer Arbeit kaum mehr Berührungspunkte auf - trotz ihres gemeinsamen fernsehkritischen Aufbruchs in den sechziger Jahren. Wobei die Fixierung der einen auf die Spezifik des technischen Materials ihre Entsprechung hat in der puritanischen Beschränkung der anderen auf die reproduktive Abbildung von sichtbaren Ereignissen oder Prozessen. (143) Freilich deuten sich auch in dieser Ausschließlichkeit schon wieder Auflösungen an: Die Berliner Künstler- und Multimedia-Gruppe **FDGÖ** erarbeitete zum Beispiel Ende 1984 unter dem Titel **Relation-Chips** (144) eine Videoproduktion, bei der die reproduzierende Seite der Technik so brillant und eingreifend gehandhabt wird, daß dies umschlägt in eine neue Produktivität. Von zwei parallel laufenden Videorecordern werden dabei vornehmlich vom Fernsehen aufgezeichnete und teilweise durch Zeitmanipulation verfremdete Materialien über zwei nebeneinanderstehende Monitore abgespielt, die sich gewissermaßen gegenseitig kommentieren, ironisieren, kontrastieren oder auch einfach nur 'stereophon' ergänzen. Dazwischenmontiert sind Dialogpassagen aus Stücken Samuel Beckets (vor allem aus dem 'Endspiel'), deren Interpreten sich ebenfalls über die beiden Monitore unterhalten. Die Dialoge wirken, wie eigens für dieses Stück absurden Fernsehtheaters geschrieben.

Zusammenfassung: erweiterte Diffusion

Stärker noch als auf den Niveaus seiner Erfindung, seiner Innovation und der ersten Verbreitung innerhalb des Fernsehrundfunks hat sich der Videorecorder als ein überaus nützliches und multifunktionales kommunikationstechnisches Instrument erwiesen. Die Möglichkeiten, mit seiner Hilfe in den ehemals nur flüchtigen Fernsehprozeß eingreifen und ihn durch die Konservierung bearbeiten zu können, trafen auf Gebrauchswertansprüche, die sich im Laufe der historischen Entwicklung mehr und mehr durch sämtliche gesellschaftlichen Bereiche hindurchzogen. Zweifellos hat die japanische Industrie diesen vielfältigen Bedarf nicht nur am deutlichsten identifiziert, sondern begenete ihm auch am ehesten und konsequentesten mit entsprechenden Produktkonzeptionen. Wohl erkennend, daß die Erzeugung der Illusion von Live-Fernsehen außerhalb des massenmedialen Rundfunks wenig Relevanz hat, konzentrierte sie sich von vornherein erfolgreich auf die Herstellung von kleinen, billigen und leicht zu handhabenden Geräten, durchaus in Kauf nehmend, daß dabei die Reproduktionen zumindest vorübergehend eine geringere Güte bekommen würden, als bei den Ampex- oder RCA-Maschinen der ersten Quadruplex-Generation.

In der Verwendung entfaltete der Artefakt auf diesem Niveau sehr widersprüchliche Qualitäten. In nur geringfügiger Versetzung von wenigen Jahren wurde er sowohl zum technischen Mittel der Effektivierung, Rationalisierung, Erweiterung und - beziehen wir den hier genetisch nicht weiter thematisierten Rundfunk mit ein - der verstärkten Mythologisierung von Fernsehkommunikation, als auch zum apparativen Hoffnungsträger für Utopien von einer qualitativ anderen, aufklärerischen, emanzipatorischen und den ästhetischen Genuß ermöglichenden TV-Vermittlung. Daß der alternative Videogebrauch weitgehend in den sozio-kulturellen Nischen der politischen Subkultur und Teilen der künstlerischen Avantgarde verblieb, ist nicht nur Resultat entsprechender gesellschaftlicher Kräfteverhältnisse. Das hat auch eine Ursache in der technischen Entwicklung bzw. in der Art und Weise, wie sich die neuen Nutzer ihr gegenüber verhielten. Die stetige Verbesserung der Artefakte in Richtung auf die Qualitätsansprüche des Fernsehrundfunks ließ den Verteiler des großen Mediums immer stärker als Orientierung ins Zentrum rücken. Die Arbeit an ästhetischen Konzeptionen wie an Distributionsverhältnissen, die der neuen Medientechnik als Mittel für hochgradig individualisierte Fernsehkommunikation mit den Eigenschaften der beliebigen Verfügbarkeit und situationellen Benutzbarkeit adäquat gewesen wären, wurde demgegenüber vernachlässigt.

Hier dürfte eine wesentliche Ursache dafür liegen, daß sich das höchste Verbreitungs-Niveau des Artefaktes im Alltagszusammenhang der Konsumenten sozio-kulturell weitgehend unabhängig von den Verwendungen in der erweiterten Diffusion entwickelte. Was nicht für die sozio-technische Dimension gilt: denn sowohl die institutionellen/industriellen wie auch die vom Anspruch her emanzipatorischen Anwender haben sich als hervorragende Testgruppen für die Hersteller auf ihrem Weg in den tendenziell unbegrenzten Massenmarkt erwiesen. Ein Widerspruch, der kaum auflösbar sein dürfte, nicht nur bezüglich des "Magnetoscopes des Amateurs", sondern auch mit Blick auf andere medientechnische Instrumente: Das Einlassen auf ihre Eigenarten und das Insistieren auf ihren Gebrauchswerten wie deren Verbesserung setzen sich notwendigerweise auch der industriellen Verwertung aus.

Kapitel VII

HÖCHSTES VERBREITUNGS-NIVEAU

"Zeit ist Geld ... Wenn man sich schon nicht scheut, so allgemein daherzureden wie ein Sprichwort, dann ist nicht Zeit Geld, sondern Geld ist Zeit, ebenso wie es Gesundheit, Glück, Liebe, Intelligenz, Ehre, Ruhe ist. Denn es ist ja erlogen, dass, wer Zeit hat, auch Geld hat, mit bloßer Zeit kann man sich kein Geld verschaffen, aber umgekehrt."

(Heinrich Regius, alias Max Horkheimer, Dämmerung - Notizen in Deutschland 1934)

Schwerpunkt:
Der Videorecorder als Produkt der Unterhaltungselektronik in der Bundesrepublik Deutschland

Gut zwanzig Jahre nach seiner ersten erfolgreichen wirtschaftlichen Umsetzung auf dem Fernsehmarkt der USA und knapp drei Jahrzehnte, nachdem die inventive Arbeit an dem Gerät zur elektromagnetischen Aufzeichnung von Fernsehbildern zielgerichtet aufgenommen worden war, hält der Videorecorder in relevantem Maße auch Einzug in die privaten Haushalte der Bundesrepublik. Genetisch erreicht das medientechnische Sachsystem das höchste Entwicklungs-Niveau. Nach seiner Realisierung als hochkomplizierte, schwer zu handhabende, teure Erwerbs- und Produktionsmaschine in den seinerzeit entwickelsten Zentren der US-amerikanischen Networks, seiner anschließenden Verbreitung in den Fernsehstudios der Welt, seiner zunehmenden Diversifikation als kommunikationstechnisches Hilfsmittel in die unterschiedlichsten gesellschaftlichen Bereiche, wird es schließlich zum **Artefakt im Alltagszusammenhang.** Der Zugang zum Gerät ist der Tendenz nach weder durch soziale und kulturelle Hindernisse beschränkt, noch sind für seine Inbetriebnahme besondere technische Kompetenzen erforderlich. In der Koppelung mit dem heimischen Fernsehempfänger avanciert der Videorecorder vom Produktions- und Arbeitsmittel zum Konsumgut für die Gestaltung von Restzeiten.

Er ist nicht das erste technische Sachsystem der Mediengeschichte, das diesen Prozeß erfolgreich durchlief. Vergleichbare Entwicklungen kennen wir aus dem auditiven Bereich mit der Geschichte des Tonbandgerätes von der Studioanlage zum individuell verfügbaren Cassettenrecorder. Sämtliche Vorläufer des audiovisuellen Mediums Fernsehen vollzogen ähnliche sozio-technische und -kulturelle Metamorphosen. Die Camera Obscura war zunächst eine privilegierte Abbildungstechnik für Klosterwissenschaftler und Künstler, bevor sie in apparativen Abwandlungen die Straßen, Plätze und Jahrmärkte erreichte und schließlich im Photoapparat zur massenhaft produzierten Verkleinerungstechnik der Bildreproduktion wurde. Das ehedem exklusive Projektionsinstrument Laterna Magica hielt auf seinem entwickeltsten Waren-Niveau im letzten Drittel des 19. Jahrhunderts Einzug in die Wohnstuben von Bürger- und Arbeiterfamilien. Wobei die Zauberlaterne sowohl in der Ausdifferenzierung des Gerätes als auch seiner Verwendungsweisen schon eine Vielzahl jener Merkmale aufwies, wie sie die Genese des Videorecorders kennzeichnen: vom teuren großformatigen Instrument für die Unterstützung akademischer Forschung und Lehre, über die Erwerbsmaschine reisender Schausteller, das besonders hochleistungsfähige Gerät zur Projektion miniaturisierter Brieftaubennachrichten in der militärischen Verwendung, bis hin zur Maschine für die private Restzeit-Gestaltung zur Bildung und Unterhaltung, deren 'Software' in der Endphase in Nebelbilder-Fabriken industriell hergestellt wurde und mit deren Hilfe sich Kinder und Erwachsene die ihrer Zeit gemäßen Teufel und Schreckensbilder in die heimische Atmosphäre zauberten. (1) Einen ähnlichen Prozeß mit noch vielfältigeren Diversifikationen in den Geräten und ihren Verwendungen durchlief die Photographie vom professionellen Produktionsmittel zur Cassetten- und Sofortbildkamera in Jedermannshand; ihre Genese ist noch nicht abgeschlossen und bewegt sich gegenwärtig technologisch stark auf den elektronischen Entwicklungsstrang des Videorecorders zu. Beide werden tendenziell aufgehoben werden in der Computertechnologie. (2) Die Aufnahme- und Projektionsapparatur des Films unterlag einer analogen Entwicklung der Verkleinerung, der technischen Vereinfachung der Geräte und der Verbilligung vom Produktions-und Erwerbsmittel hin zur Medientechnik der Produzenten in ihrem privaten Alltagszusammenhang. Das 35mm-Format des Kinos wurde zunächst für den Heimgebrauch adaptiert, dann halbiert; aus zahlreichen Zwischenstufen entstand der 16mm-Film als semiprofessionelles Format. Diesem wiederum folgte der 8mm- und schließlich der Super-8-Schmalfilm für das Kino zu Hause, der gegenwärtig bereits zu guten Stücken in der verkleinerten Videotechnik aufgehoben wird. (3)

Jenseits des Prinzips der Magnetbandaufzeichnung reichen die Vorstellungen vom Fernsehen als einer von Konserven gespeisten Empfangsapparatur visueller Images bis in seine Anfänge zurück. In der berühmten Vision des französischen Romanciers Albert Robida, die 1984 exakt 100 Jahre alt wurde, fungierte als Programmquelle für die Projektion zu Hause eine Art Plattenspieler. (4) Bei der Weiterentwicklung des Edisonschen Phonographen zum kombinierten Ton-/Bildträger, dem Edisonschen/Dicksonschen **Kineto-phonographen**, schwang bereits um 1890 die Idee mit, "die große Oper ins Heim (zu) bringen in Bild und Ton" (5). Und als das Fernsehen auf der Empfängerseite gerade in seine erste apparative Phase eintrat, wurde in den USA ein "**Radiofernsehtonfilmempfänger**" als Prototyp vorgestellt, der "nicht nur imstande sein soll(te), Radio- und Fernsehdarbietungen zu empfangen und wiederzugeben, sondern gleichzeitig auch Heimtonfilme dem Auge und Ohr sichtbar zu machen" (6). Diese Kombination aus Schmalfilmprojektor und TV-Gerät unterschied sich in seinem Umfang und seinem apparativen Design von den Video-Großprojektionsanlagen, wie sie in der zweiten Hälfte der siebziger Jahre als fernsehindustrielle Neuheiten auf dem internationalen Markt der Unterhaltungselektronik angepriesen wurden, nur geringfügig.

In mediengeschichtlichter Hinsicht ist die Entstehung des Heim-Videorecorders also die Fortsetzung einer langen Tradition auf technisch und sozio-kulturell entwickelterem Niveau. Sie hebt tendenziell andere Traditionsstränge auf, wie den Schmalfilm oder die Photographie auf der Reproduktionsseite. Sie trägt aber auch zur Veränderung des herkömmlichen Prozesses von Fernsehkommunikation bei. Im Hinblick auf die Rezeption wird erstmalig in der Geschichte des Mediums der Eingriff in den Ablauf des angelieferten Programms möglich und die Manipulation der zeitlichen und dramaturgischen Struktur des einzelnen Kommunikats; der Zuschauer kann sich selbst oder seine unmittelbare Umgebung auf dem Fernsehschirm abbilden, wie auch er selbst audiovisuelle Kulturwelten in Form von vorproduzierten Cassetten in seine eigenen vier Wände holen kann. Jenseits mehr oder weniger zentraler Verteiltechniken für TV-Programme steht damit zugleich für die internationale Film- und Fernsehindustrie ein gigantisches neues Distributionsmittel für audiovisuelle Waren zur Verfügung.

Im Verlauf der Darstellung des letzten Niveaus der Verbreitung des Artefaktes konzentrieren wir uns im wesentlichen national auf die Bundesrepublik. Lediglich in knappen Verweisen versuchen wir der Tatsache Rechnung zu tragen, daß Videorecorder heute in den unterschiedlichsten Ausprägungen und Bedeutungen weltweit in den Alltagszusammenhang der Menschen integriert sind. Diese internationale Vielfalt in den Griff bekommen zu wollen, verlangte eine Vielzahl von speziellen Untersuchungen. Soweit es sich in markanten Zusammenhängen anbietet, behalten wir allerdings die USA mit im Blickfeld, die wir ja auch schon für die vorhergehenden Niveaus der Genese breit zu berücksichtigen hatten.

1. Sozio-technische Faktoren der Entwicklung des Videorecorders zur Fernsehtechnik im Alltagszusammenhang

Zwar strebte die Elektronikindustrie schon seit 1963/64 die Bedienung des tendenziell nicht mehr limitierten Massenmarktes mit Videorecordern an. Als Gerät für den Heimgebrauch exisiterten diese Produkte jedoch über lange Zeit nur in den Planungs- und Promotionsabteilungen der Hersteller, bzw. als völlig unzureichende Experimentalanordnungen; das galt zum Beispiel für die Längsspur-Recorder von Telcan/Cinerama oder Fairchild/Winston, mit Aufnahmekapazitäten von nur wenigen Minuten und einer Reproduktionsgüte der Images, welche die New York Times in bezug auf das letztere Modell mit dem Understatement umschrieb: "It was no strain to watch." (7) Tauschwertstandpunkt der Industrie und Gebrauchswertansprüche privat-individueller Nutzer fanden noch keine gemeinsame Vergegenständlichung in Geräten, die für den Massenmarkt auch tatsächlich geeignet gewesen wären.

Die Firma, die am konsequentesten versuchte, beide Perspektiven in Produktform zu verwirklichen, war die japanische Sony Corporation. Herausragende Stationen ihrer Entwicklungstätigkeit in dieser Hinsicht waren die Geräte der Consumer Video-Serie (ab 1964), der schulterbare Portapak (ab 1967), die Spulenrecorder des Japan Standard 1 (ab 1968) und die U-Matic-Cassettenrecorder (ab 1969). Vorläufiger Höhepunkt dieser Produktgeschichte war 1975 die Markteinführung eines Videorecorders, der in hohem Maße die Eigenschaften besaß, die für den privaten Fernsehteilnehmer ausschlaggebend waren: das Cassettengerät mit dem **Beta**format (8). Das EVR-Konzept von CBS, das erste international entwickelte Cassetten-System von Cartridge sowie die frühen Bildplattenversuche von RCA und Telefunken/Decca zum Beispiel scheiterten nicht nur deshalb an den Hürden zum Markt der Unterhaltungselektronik, weil sich dieser seinerzeit noch unter anderen apparativen Prioritäten entwickelte. Die Hersteller hatten den Gebrauchswert ihrer Systeme zu sehr auf das Abspielen von vorproduzierter Software konzentriert. Die wichtigste innovative Dimension des Beta-Systems bestand hingegen darin, daß seine Geräte in erster Linie auf die Verwendung als **Fernsehrecorder** hin konzipiert waren. "Betamax (...) the play it again Sony" (8) - mit diesem Slogan als Programm trat der japanische Hersteller Mitte der siebziger Jahre seinen Werbefeldzug auf dem internationalen Markt an. "Sony's plan is, then, to market a highly developed product that is **simply to use**, and to educate the market first in its most logical use: as a **time-shift machine.** (Hvhbg. S.Z.)" (10) In der Tat war die Logik dieser Strategie so einfach wie bestechend; bedeutete sie doch nichts anderes als den Rückgriff auf die ursprüngliche Funktion des Videorecorders zum Zeitpunkt seiner Erfindung, nämlich als Maschine für die zeitversetzte Ausstrahlung von TV-Programmen, die nun auch in der Form eines einfachen Gebrauchsgerätes dem Zuschauer zugänglich gemacht werden sollte.

Technologischer Kerngedanke des neuen Systems im Schrägspur-Verfahren war die optimale Ausnutzung der Fläche des Videobandes, indem die Transportgeschwindigkeit erheblich verringert und die Videospuren in sehr hoher Dichte auf das Trägermaterial geschrieben wurden. Daher erhielt das System auch seine Bezeichnung; das japanische Beta bedeutet so viel wie "ganzflächig oder dicht an dicht" (11) und stammt ursprünglich aus dem Bereich der Printmedien, wo es für "lückenlos bemaltes Papier" (12) steht. Gegenüber dem Cassettenvorläufer von Sony, dem U-Matic-System, ging mit der neuen Technik zwar eine Verminderung der Reproduktionsgüte von Fernsehbildern einher. Aber der entscheidende technisch-ökonomische Effekt lag im Hinblick auf den Massenmarkt bei einer starken Reduzierung des Bandverbrauchs. Das neue System konnte gegenüber den vorhandenen Konzepten mit beträchtlich kleineren Cassetten aufwarten, die gleichzeitig über eine wesentlich höhere Aufnahmekapazität verfügten.

In einem pointierten Vergleich mit dem VCR-Standard, gegen den Sony ja auf dem bundesdeutschen wie europäischen Markt kompetitiv anzutreten hatte, wird der sozio-technische Unterschied deutlich. Als apparatives Pendant zu dem europäischen System können wir nicht die erste Generation der Beta-Geräte benutzen, die ja im NTS -System lediglich in Japan und den USA vertrieben wurden, sondern haben diejenigen gewählt, die im Frühjahr 1978 als erste Typen der PAL-Version auch in der Bundesrepublik über den Handel erhältlich waren: die Geräte des Modells SL 8000E von Sony. Dieser Recorder verbrauchte pro Sekunde nur 1,87 Zentimeter Bandmaterial, ein Gerät des VCR-Standards hingegen 14,29 Zentimeter. In einer Cassette mit den Abmessungen eines etwas dickeren Taschenbuches (156 x 96 x 25 mm) konnten beim Beta-System 222 Meter eines 20 Mikrometer dicken Bandes untergebracht werden, das eine Aufnahmekapazität von 180 Minuten hatte. Durch Verwendung eines dünneren Bandes von nur 14 Mikrometern konnte beim Folgetyp des Beta-

Systems, dem SL-8080 von Sony, das Fassungsvermögen im selben Jahr noch auf 195 Minuten erhöht werden. Die Cassette des VCR-Standards (Abmessungen: 145 x 127 x 41 mm) enthielt zwar 600 Meter eines 15 Mikrometer dünnen Bandes, hatte aber nur eine Aufzeichnungskapazität von maximal 69 Minuten. Unmittelbaren Niederschlag fanden diese erheblichen Unterschiede in den **Preisen für Leercassetten:** Der niedrigste Wert lag für die Beta-Recorder bei 0,28 DM pro Spielminute; beim VCR-Standard betrug er mit 1,43 DM mehr als das **Fünffache.** (13)

Die hohe Aufzeichnungsdichte des japanischen Systems hatte eine wichtige Modifikation des Schrägspur-Verfahrens zur Voraussetzung: Erreicht wird die hohe Intensität dadurch, daß der Sicherheitsabstand zwischen den Videospuren, von Technikern auch als "Rasen" bezeichnet (14), so stark verringert wird, daß die Spuren praktisch unmittelbar aneinandergrenzen. Dadurch entsteht aber die Gefahr eines sogenannten Übersprechens zwischen den Videospuren. Der Störabstand wird verschlechtert, was sich bei der Reproduktion in einer erheblich verringerten Bildqualität bemerkbar machen würde. Um dieses Problem zu kompensieren, griff Sony auf ein technisches Verfahren zurück, das bei Matsushita erstmals schon 1968 für das Halbzoll-Spulengerät NV-2320, einen Schwarz-Weiß-Recorder, erfolgreich angewendet worden war und das sich bei allen Heim-Videosystemen durchsetzte. Das Verfahren heißt "Slanted Azimuth Recording" (15). Hierbei werden die Luftspalte der beiden Videoköpfe, durch welche die aufgezeichneten Magnetflüsse eintreten, schräg zueinander geneigt, bei den einzelnen Systemen in unterschiedlichen Winkeln. Die magnetische Aufzeichnung enthält dadurch die Struktur eines engmaschigen Netzes. In der Abbildung repräsentiert dies gewissermaßen ikonisch die hohe Aufzeichnungsdichte moderner Heim-Videorecorder.

Die Erfinder dieses essentiellen technischen Tricks ließen Sony mit seinen dicht-an-dicht-Recordern nicht lange alleine auf dem Markt. Als Ende 1975 die ersten Betamax-Geräte in den japanischen Handel eingeführt wurden und man in den USA noch eine Vorserie in dreizehn großen Städten testete, stellte Hitachi den ersten VHS-Recorder vor, den die Firma in Lizenz von JVC/Matsushita gebaut hatte. Ab Herbst 1976 folgte die Markteinführung der NTSC-Geräte in Japan und in den USA. Mitte 1978 boten in der Bundesrepublik mit Akai, Bell & Howell, JVC, National, Saba und Nordmende bereits sechs Markenfirmen Modelle dieses Systems an. (Zu diesem Zeitpunkt baute für den bundesdeutschen Markt lediglich noch Toshiba unter der Typenbezeichnung V-5250 Betamax-Geräte.) (16) In den technischen Merkmalen unterschieden sich die beiden japanischen Systeme nur geringfügig. Wie Beta arbeitet das **Video Home System** mit der Beschriftung eines Halbzoll breiten Magnetbandes im Schrägspur-Verfahren durch zwei rotierende Magnetköpfe unter Anwendung des Azimuth Recording. Die Geschwindigkeit des Bandtransportes lag bei VHS anfänglich mit 2,34 Zentimetern in der Sekunde etwas höher als bei Beta; die maximale Aufnahmekapazität betrug bei den ersten Geräten, die auf den bundesdeut-

Schematische Darstellung

Struktur der Videoaufzeichnung im Schrägspur-Verfahren mit Rasen (links) und der Azimuth-Technik (rechts)

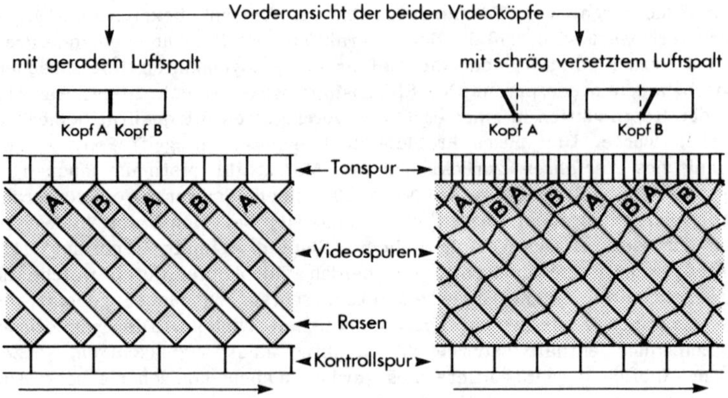

Die Graphik bildet die entscheidenden drei Techniken heutiger Heim-Videorecorder ab: Sie funktionieren alle nach dem Schrägspur-Verfahren, mit zwei Magnetköpfen und eben mit der "Slanted Azimuth"-Technik. Mithilfe dieses Verfahrens kann die Bandfläche optimal für die Magnetisierung ausgenutzt werden.

Quelle: Graphik nach Sugaya 1983, S. 32

Schematische Darstellung:

Die verschiedenen Verfahren der Bandführung bei den japanischen Heim-Videorecordern

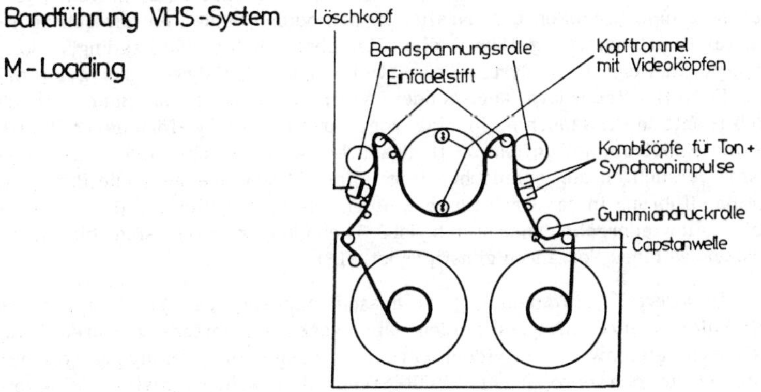

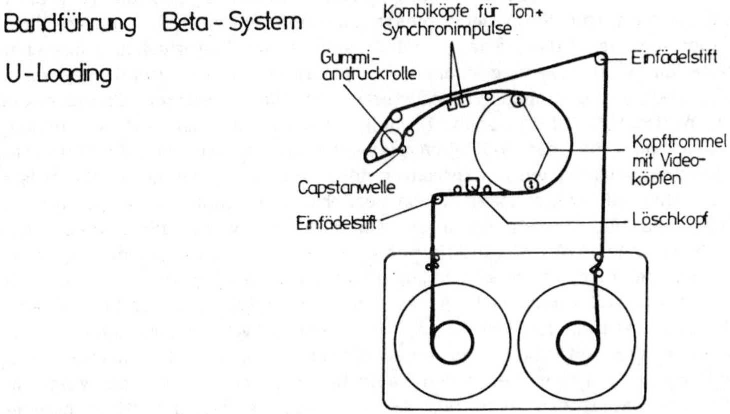

Für das System Video 2000 benutzen die verschiedenen Hersteller Varianten beider Verfahren. Grundig arbeitet mit einer leicht modifizierten Anordnung des U-Loading , Philips hingegen mit einer Variante des M-Loading. Alle vier Verfahren sind in den meisten Video-Handbüchern ausführlich vorgestellt. Wir haben uns orientiert am Videokursbuch '83, S. 18. (Capstanwelle = Bandantriebswelle)

schen Markt gelangten, nur 120 Minuten, konnte aber durch eine Longplay-Version, bei der die Transportgeschwindigkeit halbiert wurde, noch im selben Jahr verdoppelt werden. (17) Die VHS-Cassetten sind mit 188 x 104 x 25 Milimetern beträchlich umfangreicher als die des Beta-Systems. Aus der Sicht von Technikern besteht der wichtigste Unterschied zwischen beiden jedoch auf der mechanischen Ebene der Einfädelung des Bandes. Bei den VHS-Recordern wird das Band gerade nach hinten in die Maschine hineingezogen und parallel zu den beiden Spulen um die schräggestellte Kopftrommel geführt; dies Verfahren heißt "M-Loading". Sony benutzt für das Beta-System das "U-Loading"-Verfahren, das auch bei den U-Matic-Recordern angewendet wird; dabei wird das Band seitlich nach rechts in die Maschine hineingezogen und in einer U-förmigen Schleife um die Kopftrommel geführt. Mit diesen beiden unterschiedlichen Lösungswegen versuchten die japanischen Hersteller die hohe mechanische Präzision der Bandführung in den Griff zu bekommen, die im Hinblick auf die einwandfreie Bildwiedergabe unerläßlich ist. Techniker streiten sich bis heute darüber, welches Verfahren günstiger ist. (18)

Für unseren Zusammenhang ist ausschlaggebend, daß 1976 dem internationalen Markt mit den beiden japanischen Cassetten-Varianten zwei technisch gleichwertige Videorecorder-Systeme zur Verfügung gestellt wurden, die den europäischen VCR-Standard in seiner Leistungsfähigkeit bei weitem übertrafen. Die europäischen Konzerne mußten reagieren, wenn sie weiterhin am Videogeschäft partizipieren wollten. Die Strategie, mit der sie dies taten, war - so läßt sich in der historischen Rückschau feststellen - mitausschlaggebend für das tendenzielle Verschwinden eines profilierten europäischen Videosystems mit längerfristigen Chancen auf dem Weltmarkt. Philips und Grundig erweiterten zunächst gemeinsam ihr Programm um das **VCR-Longplay**-System, für das sie die Azimuth-Technik der japanischen Konkurrenten adaptierten. Mit den neuen Recordern konnte eine Aufnahmekapazität von zunächst 120 Minuten erreicht werden; durch Benutzung immer dünnerer Magnetbänder wurde diese dann noch auf 130 und bis 1978 auf 150 Minuten gesteigert. Die europäischen Entwickler bekamen aber die neue Technik nicht so optimal in den Griff wie die Japaner. Was sich nicht nur in der geringeren Verläßlichkeit der VCR-Geräte und der minderen Reproduktionsgüte niederschlug, sondern auch in der Ökonomie der Artefakte. Bei einer Spurbreite von 6,56 Zentimetern in der Sekunde war der Verbrauch nachwievor enorm hoch, was wiederum zur Folge hatte, daß auch bei der Longplay-Version die Minutenkosten mehr als das Doppelte (0,66 DM) betrugen wie bei Beta und VHS. Ein anderer Preis wog vermutlich noch schwerer: Zwar waren die Cassetten zwischen den verschiedenen Typen des VCR-Systems austauschbar, nicht jedoch die Aufzeichnungen, da ja unterschiedliche Bandgeschwindigkeiten und Spurbreiten benutzt wurden. (19) Aufnahmen des VCR-Standards konnten auf den Longplay-Recordern nicht abgespielt werden und umgekehrt. Damit begann die Verärgerung der bereits vorhandenen wie potentiellen Kunden und vor allem auch der in Lizenz herstellenden europäischen Firmen gegenüber der Systempolitik von Philips und Grundig. (20)

Im Alleingang vollzog der Fürther Konzern für Unterhaltungselektronik den nächsten Schritt in dieselbe Richtung. Im Jahr der breiten Einführung der japanischen Systeme auf dem bundesdeutschen Markt überraschte Grundig mit einer eigenen Variante des Video Cassette Recording: Unter der wenig bescheidenen Bezeichnung **Super Video-Recorder** (SVR) lancierte er im Frühjahr 1978 ein System, das mit der bis dahin höchsten Aufnahmekapazität von 240 Minuten pro Cassette aufwartete. "Mit den 4 Stunden des neuen Grundig Farbfernsehn-Recorders sind Ihre Kunden anderen in Europa um mindestens 40 Minuten voraus. Und mit den 10 Tagen Programmierzeit um 6 Tage" - so pries der Fürther Konzern seinen SVR-4004 "made in Germany" dem Handel in der Werbung an. (21) Er versprach "die Sicherheit eines großen Namens" und kündigte für den Herbst des Jahres gar eine Cassetten-Version mit fünf Stunden Spielzeit an. Aber dazu kam es nicht mehr. Der SVR war nur ein apparatives Zwischenspiel. Noch während der einheimische Markt mit den drei VCR-Varianten verunsichert wurde, kündigten der niederländische und der bundesdeutsche Konzern ein gänzlich neues System für den Heimgebrauch an. Die Zielprojektionen, unter denen es entwickelt wurde, deckten sich prinzipiell mit dem, was die japanischen Hersteller bereits in Produktform anboten:

- "minimaler Bandverbrauch, d.h. mit modernsten Techniken erreichbare höchstmögliche Aufzeichnungsdichte,
- höchster Qualitätsstandard und Kompatibilität besonders im Hinblick auf die zu erwartende Software-Entwicklung,
- schneller Zugriff zu den aufgezeichneten Programmen sowie
- Zukunftssicherheit; alle zu erwartenden weiteren Entwicklungen der Fernsehtechnik und der technischen Ausstattung sollten in diesem System zu verwirklichen sein". (22)

Der zukunftsorientierte Anspruch fand seinen Niederschlag in der Bezeichnung: **Video 2000** nannten Philips/Grundig ihr neues Konzept gegen die Konkurrenz aus Japan. Auf der Internationalen Funkausstellung (IFA) in Berlin im Herbst 1979 wurden die ersten Geräte der Öffentlichkeit präsentiert. Spektakulärste technische Neuerung war die sogenannte Wendecassette. Bei einfachem Durchlauf wurde nur eine Hälfte des Bandes beschriftet; wie beim Audiorecorder konnte die Cassette umgedreht und noch einmal bespielt werden. Dadurch erzielten Philips und Grundig, die im Deteil mit unterschiedlichen technischen Verfahren, zum Beispiel bei der Bandeinfädelung, arbeiteten, eine neue Höchstleistung in der Aufnahmekapazität. Mit den V-2000-Recordern konnten bis zu 480 Minuten aufgezeichnet werden, unterbrochen nur durch die Zeit, die der Wendevorgang beanspruchte. Eine weitere wichtige Alleinstellung gegenüber den japanischen Systemen war zunächst die Stereotüchtigkeit der Recorder, die wohl seinerzeit den weitesten Griff in die Fernsehzukunft bedeutete. 1979 gab es nicht einmal TV-Empfänger mit der Zweikanal-Tontechnik zu kaufen.

Mit dem neuen System von Philips und Grundig liefen der VCR-Standard, das VCR-Longplay- und das SVR-System für den Handel ab 1980 aus. Ende der siebziger Jahre standen sich aber noch einschließlich der VCR-Varianten **sechs konkurrierende** Systeme einander gegenüber, die alle um Anteile auf dem Massenmarkt buhlten. Zwei weiteren Systemen, die nach dem Längsspur-Verfahren konzipiert wurden, gelang der Marktdruchbruch nicht. (23) In bezug auf den Austausch von Aufzeichnungen waren alle sechs nicht miteinander kompatibel; die ökonomische Struktur des Marktes hatte so ihre Entsprechung in den unterschiedlichen sozio-technischen Merkmalen der Systeme.

Was sich in der Übersicht schon deutlich als Tendenz abzeichnet: Die **Erhöhung der Aufnahmekapazität** blieb auch in der weiteren Entwicklung des Artefaktes ein wichtiger Schwerpunkt der Neuerungen. Matsushita brachte noch 1979 den Prototypen einer Longplay-Version des VHS-Recorders heraus, bei dem durch die Halbierung der Bandgeschwindigkeit ein Aufzeichnungsvolumen von sechs Stunden erzielt werden konnte. Für den europäischen Markt begnügte man sich jedoch vorläufig mit dem Angebot von 240-Minuten-Cassetten, mit besonders dünnem Bandmaterial, die ab 1982 auch in der Bundesrepublik feilgeboten wurden; damit zog VHS in der Aufzeichnungskapazität mit dem einfachen Durchlauf einer Cassette des V-2000-Systems gleich. Ein Jahr später kam VHS dann mit einer verbesserten Version des Longplay-Recorders auch auf den europäischen Markt, mit welcher die 240 Minuten Aufzeichnungsvolumen auf das Doppelte gestreckt werden konnten. (24)

Sony, der Hersteller mit den kleinsten Cassetten, hatte und hat diesbezüglich offenbar nur noch einen geringen Spielraum. Das Maximum, welches das Beta-System bis 1984 anbot, war 215 Minuten. Was Sonys Techniker allerdings durch die Modifikation der Cassetten nicht erreichen konnten, probierten sie durch ein Zusatzgerät, das in der Technikgeschichte sein Pendant in dem Zehn-Platten-Wechsler hatte und in der Konstruktion schon groteske Züge annahm: Unter der Bezeichnung "Betastack" brachte der Konzern 1980 in den USA und 1982 in Europa einen Aufsatz für einige seiner Recordertypen auf den Markt, mit dessen Hilfe vier Cassetten automatisch gewechselt werden konnten. Mit diesem Speicher wurde eine - nur durch den Wechsel der Cassetten unterbrochene - Aufnahmekapazität von gut vierzehn Stunden (860 Minuten) erzielt. (25) - Wie schon bei den Standardmodellen wartete jeoch das europäische System mit dem Superlativ auf. Zur IFA 1983 in Berlin boten mehrere Hersteller des Systems Video 2000 Longplay-Versionen an, mit denen durch die Halbierung der Bandgeschwindigkeit die Aufnahmekapazität der ohnehin schon längsten Cassette verdoppelt werden konnte; von zweimal vier auf sechzehn Stunden, mit Unterbrechung für das Wenden der Cassette (26). Damit zielte man weniger darauf ab, daß Zuschauer die eben so lange 'Heimat'-Serie von Edgar Reitz an einem Stück aufzeichnen können sollten. Den "Olympia-Recorder" nannte Grundig sein Modell dieser Leistungsklasse in den Werbe-

Tabelle 8

Technisch-ökonomische Daten der entwickelten Heim-Videorecorder-Systeme zum Ende der siebziger Jahre (unter Einbeziehung der Varianten des VCR)

SYSTEM MERKMALE	VCR Stdd.	VCR Longplay	SVR	BETA	VHS	V-2000
Aufzeichnungs-kapazität (in Minuten, max.)	69	150	240	195	180	2x240
Bandgeschwind. in mm/Sec.	142,9	65,6	39,5	18,73	23,39	24,2
Relativgeschw. in m/Sec.	8,10	8,18	8,20	5,83	4,85	5,08
Dicke des Bandes in Mikrometern	15	15	16	14	20	14
Bandverbrauch in m/Std.	521,7	240	142,5	68,3	86,0	87,9
Abmessungen der Cassetten in mm	145x 127x41	wie VCR	wie VCR	156x 96x25	188x 104x25	183x 110x26
Bandkosten pro Std. in DM	85,80	39,60	17,40	16,65	18,67	8,13
durchschnittliche Gerätepreise* ca. in DM	2.500	2.800	2.900	2.400	2.850	2.675

* Zugrundeliegen dem die von den Herstellern empfohlenen Preise. Besonders beim VCR-Standard, beim VCR-Longplay und beim SVR ist relativierend zu berücksichtigen, daß die Geräte dieser Systeme aufgrund ihres Auslaufens im Handel zu Niedrigstpreisen veräußert wurden. Bei Beta und VHS ist zu berücksichtigen, daß die Preisspannen zwischen den einzelnen Modellen relativ groß waren; es wurden auch Geräte für unter 2.000 DM angeboten. Während das V-2000-System von vornherein ein gleichmäßig hohes Preisniveau hatte.

Quellen: Bücken 1978; Funk-Technik, 33. Jgh., Nr. 11/1978; Firmenprospekte Grundig und Philips, o.J., Audiovision 80, Funkschau Sonderheft Nr. 28; Sugaya 1982.

anzeigen und spekulierte damit auf Marktanteile bei der "Video-Olympiade" 1984 in Los Angeles, so genannt, weil der Großteil der Live-Übertragungen nachts stattfand, sodaß sich die Industrie ein erhebliches Absatzplus der Time-Shift-Maschinen versprach; zu unrecht, wie wir noch sehen werden.

Unabhängig von solchen bombastischen Geräten, die aus dem gängigen Marktrahmen herausfielen: die stetige Erhöhung der Aufnahmekapazität bei verbesserter Güte der Reproduktion, stabiler Verläßlichkeit und sinkendem Volumen der Geräte ist in der Genese der Heim-Videorecorder ein sehr entscheidender Entwicklungsstrang. Technik und Ökonomie sind wohl in dieser Beziehung am engsten miteinander verflochten. Verhalten sich doch die Steigerung des Aufzeichnungsvolumens und die Kosten für den laufenden Betrieb eines Recorders umgekehrt proportional zueinander. Hiroshi Sugaya, Planungsmanager der Produktgruppe Video im Konzern der Matsushita Electric Industrial, der ja mit der Einführung der Azimuth-Technik einen wichtigen Schritt in diesem Prozess ging, bezeichnet den Bandverbrauch pro Stunde als "basic index" mit enormer wirtschaftlicher Bedeutung und konstatiert, 'daß die gegenüber ihren Konkurrenten erfolgreichsten Maschinen diejenigen gewesen sind, die den niedrigsten TCH-Wert (= tape consumption per hour, S.Z.)' aufwiesen. (27) Und in der Tat: die Entwicklung vom Quadruplex-Recorder von Ampex mit seinen zwei Zoll breiten und fast eineinhalb Kilometer langen Bändern bei einer Aufnahmekapazität von nur gut einer Stunde bis zur heutigen 8mm-Videocassette ließe sich auch als Geschichte der kontinuierlichen Abnahme des Bandverbrauchs schreiben. Wobei Geschichte dann in einem sehr spezifischen Sinne begriffen wäre, als **historische Ökonomie der Technik.**

Die enormen Aufnahmekapazitäten der zum modernen Heim-Videorecorder verkleinerten Time-Shift-Maschinen, haben für den Nutzer in der Regel nur bei längerer Trennung von seinem Fernsehapparat einen Sinn, während der er mehrere Programme speichern möchte. Dies verlangt technisch aber auch die Ausstattung der Geräte mit automatischen Zeitschaltuhren, sogenannten **Timern,** mit deren Hilfe die Aufnahme verschiedener Sendungen programmiert werden kann. Die Perfektionierung dieser Dimension war ein zweiter Schwerpunkt bei der Herausentwicklung des Videorecorders zum Artefakt im Alltagszusammenhang. Konnte man bei den ersten Geräten des Beta- und VHS-Systems noch lediglich den Befehl für eine einzige Aufzeichnung in das Gerät eingeben, so übertreffen sich mittlerweile zumindest die Luxusausführungen aller drei Systeme gegenseitig im Komfort des Programmierens. Einige Heim-Videorecorder sind bis zu 100 Tage im voraus für die Aufnahme präparierbar (z. B. Philips VR-2025, V-2000), können für acht (z. B. JVC HR-7700EG, VHS) oder neun (z. B. Sony SLC7E, Beta) verschiedene Einschaltungen vorbereitet werden, und zahlreiche Typen sind sogar mit einer **Netzausfallsicherung** ausgestattet, sodaß die Programmierung selbst bei einer kurzen Stromunterbrechung nicht gelöscht wird. (28) Die digitale Zeitanzeige, die selbstverständlich zu den Timern gehört, trägt den Charakter der Geräte als Zeit-

Schematische Darstellung:

Entwicklungstrend der Technik des Videorecorders in bezug auf den Magnetbandverbrauch

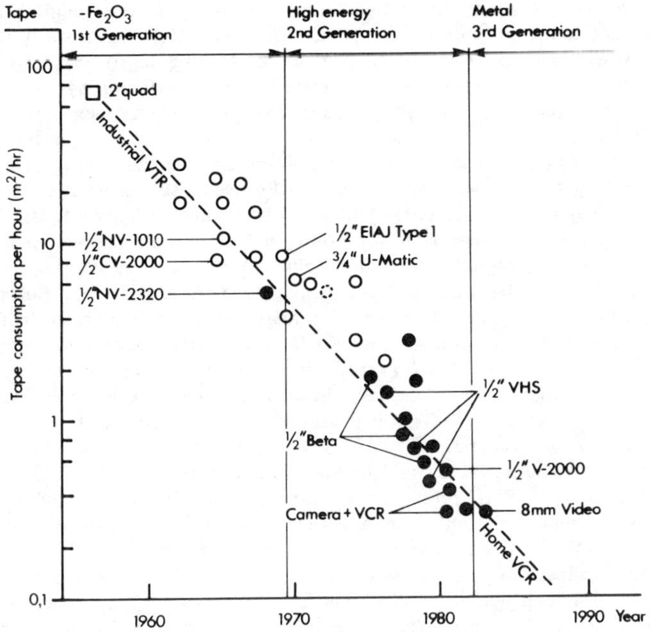

Erläuterungen:

Tape consumption per hour = Bandverbrauch pro Stunde

Die schwarz ausgefüllten Punkte stehen jeweils für Recorder bzw. Systeme, die mit der Azimuth-Technik arbeiten.

In der oberen Zeile wird den drei Generationen von Bändern zusätzlich noch deren unterschiedliche Materialstruktur zugeordnet.

Quelle: Sugaya 1983, S. 33

maschinen gewissermaßen nach außen und wird im Design aufdringlich herausgestellt. Mit sogenannten Dimmern kann bei vielen der Artefakte die Lichtintensität der digitalisierten Ziffern verändert werden.

Auch andere technische Funktionen, welche die Heimrecorder in den letzten Jahren sukzessive erhielten, sind vornehmlich an der Nutzung für das zeitversetzte Fernsehen orientiert; etwa der **Bandsuchlauf**, die elektronische Markierung des Beginns oder des Endes eines aufgezeichneten Programmsegmentes (bei Beta z. B. APS-Funktion genannt), die das automatische Ansteuern bestimmter Sendungen auf dem Band ermöglicht; oder die **Bandrestanzeige**, mit deren Hilfe auf einen Blick festgestellt werden kann, wieviel freie Aufnahmekapazität eine eingelegte Cassette noch hat. Eine besondere Variante für die zeitliche Strukturierung des Alltags stellt die sogenannte **Everyday-** oder **Everyweek-Schaltung** dar. Damit können Recorder (z. B. des Systems V-2000) fest für bestimmte täglich oder wöchentlich wiederkehrende Programme zur Aufzeichnung präpariert werden; eine technische Einrichtung, die Fernsehzuschauer mit sehr eingefahrenen Sehgewohnheiten entgegenkommt bzw. diese mitfestigt. Matsushita sieht solche Verhaltensweisen vor allem in Westeuropa als sehr verbreitet an und bereitet gegenwärtig über seine Markentochter Panasonic auch die Produktion entsprechender TV-Apparate vor. Unter dem Europatent Nr. 105 932 hat diese ein Verfahren angemeldet, mit dessen Hilfe der Fernsehzuschauer für eine ganze Woche im voraus programmieren kann, zu welchen Sendungen bzw. Zeiten sich der Empfänger einschalten soll. Bisher kam niemand auf die Idee, diese vom Videorecorder her bekannte Technik auch für die TV-Geräte anzuwenden, 'weil die meisten Zuschauer sehr wohl dazu in der Lage sind, selbst anzuschalten', kommentiert der englische New Scientist diese 'geniale' Zusatzerfindung, für die Panasonic in erster Linie in Frankreich, Großbritannien und der Bundesrepublik wirkliche Absatzchancen sieht. "So a viewer who watches 'Dallas', 'Dynasty', and 'Coronation Street' one week will find the set faithfully repeating the same switch-on pattern week after week." (29) Der Fernseher übernähme damit noch perfekter die Funktion einer individuellen Kirchturmuhr, indem er durch das automatische Erklingenlassen zum Beispiel der 'Tagesschau'-Fanfare die Hausgemeinschaft zur Versammlung um den Monitor riefe.

Zeitstrukturierende und -manipulierende Funktionen ganz anderer Art stellt ein Set von Bedienungselementen zur Verfügung, mit dem die Heim-Videorecorder in - je nach Leistungsklasse - unterschiedlicher Perfektion in den letzten Jahren ausgestattet wurden und das die Artefakte im Alltagszusammenhang nur noch graduell von den Erwerbsmaschinen der Fernsehstudios unterscheidbar macht. Das sind diejenigen Features, mit denen in unterschiedlicher Weise in die lineare filmische Bewegung eingegriffen werden kann. So verfügen die teureren und entwickelteren Varianten der Geräte heute über die Möglichkeit des **Zeitraffens** oder der **Zeitlupe**, mit denen filmische Abläufe zusammengepreßt oder gedehnt werden können. Mit dem schnellen **Suchlauf** in beide Transportrichtungen des Bandes, bei dem der Ablauf der Einzelbilder gerade so stark beschleunigt wird, daß die Images noch decodierbar bleiben, können gewünschte Bandstellen im Schnellverfahren aufgesucht werden. Mithilfe von **Einzelbildschaltungen** ist die Segmentierung des Bewegungsablaufes möglich; die Erzeugung streifenfreier **Standbilder** in einer Länge von bis zu mehreren Minuten ist bei den Geräten der Luxusklasse ebenfalls kein Problem mehr. - Die Ausstattungsfeinheiten laden dabei regelrecht zum spielerischen Umgang mit den manipulierenden Features ein. In der Regel kann stufenlos von einer Bandfunktion in die andere gewechselt werden; dies war selbst bei den U-Matic-Geräten der ersten Generationen noch nicht möglich. Ein Wechsel der Bandfunktionen war nur jeweils über die Stoptaste zu erreichen; wobei die Einfädelung des Bandes für die jeweilig nächste Funktion mehrere Sekunden in Anspruch nahm. Analog zur Bedienung des TV-Apparates sind die Bandfunktionen für die Heimgeräte heute in **Fernbedienungen** integriert, sodaß die manuelle Betätigung des Recorders bzw. Players über den Tasten- oder Sensorendruck hinaus auf das Einlegen und Herausnehmen der Cassette reduziert ist.

Und selbstverständlich sind die neueren Geräte auch für die industriepolitisch propagierte Zukunft der Kanalvielfalt des Kabel- und Satellitenfernsehens ausgerüstet. Auf 35 verschiedene Programmanbieter können zum Beispiel die Geräte des europäischen Systems 0C20M (von Loewe Opta) oder VR-9953/4 (von Metz) eingestellt werden. Die Multiplikation zum Fetisch erhebt ein VHS-Gerät des japanischen Herstellers Hitachi: Der Videorecorder VT-7E ist für **80 verschiedene Kanäle** ausgelegt; er wurde ursprünglich für den US-Markt konzipiert, wo wiederum Geräte für über 100 Kanalwahlmöglichkeiten keine Seltenheit sind. (30)

Ein Gebrauchswertdefizit der ersten Gerätegeneration für den Markt der Unterhaltungselektronik war die schlechte **Tonqualität**, die nicht zuletzt im Hinblick auf das Aufzeichnen und die Reproduktion von Musikprogrammen eine wichtige Bedeutung hat. Durch den Einbau von Rauschunterdrückungs-Systemen bei allen Herstellern (31) wurden in dieser Hinsicht bis Anfang der achtziger Jahre zunächst erhebliche Verbesserungen erzielt. Als nach der IFA 1981 in Berlin, im letzten Viertel desselben Jahres, stereotüchtige Fernsehapparate in den bundesdeutschen Markt eingeführt und einen unerwartet hohen Verkaufserfolg erzielten (32), waren noch lediglich die Videorecorder der Marke Grundig für die Zweikanal-Tontechnik ausgelegt. Im Verlauf des Jahres 1982 zogen die meisten Hersteller zumindest für ihre Geräte der Luxusklasse nach und boten ebenfalls stereotüchtige Recorder an. Den nächsten Innovationsschritt ging zuerst einmal mehr der Sony-Konzern mit seinem Beta-System. Im Sommer 1982 stellten die Japaner in den USA ihr High-Fidelity-Konzept für Heim-Videorecorder vor und versuchten damit vor allem frühzeitig Softwareproduzenten aus der Musikbranche als Interessenten für eine Kooperation zu gewinnen. (33) Seit Anfang 1984 können sich auch auf dem europäischen Markt einige

Recorder in der Tonqualität durchaus mit leistungsstarken Hi-Fi-Anlagen des auditiven Sektors messen. Als erstes brachte Panasonic ein Gerät heraus, bei dem die Tonspur nicht mehr longitudinal, im Direktverfahren, aufgezeichnet wird - damit läßt sich aufgrund der geringen Bandgeschwindigkeit bei der Videoaufzeichnung keine Hi-Fi-Qualität erzielen - sondern analog zur Beschriftung der Videospuren im Schrägspur-Verfahren, sodaß die hohe Relativgeschwindigkeit auch für die Aufzeichnung des Tons ausgenutzt werden kann. JVC und die britische Markenfirma Ferguson zogen mit gleichwertigen Geräten im VHS-System nach; und bis zum Ablauf des Jahres 1984 rechnete die Branche damit, daß alle relevanten Hersteller mit entsprechend ausgestatteten Videorecordern aufwarten würden. (34)

Eine in sozio-technischer Hinsicht entscheidende Dimension stellten wir schon für die Entwicklung des Artefaktes auf seinem zweiten Niveau der Verbreitung heraus, die nun auch für seine Integration in den Alltagszusammenhang eine wichtige Bedeutung bekam: die ständige **Verkleinerung** und **Gewichtsreduzierung**, bewirkt vor allem durch den zunehmenden Ersatz von mechanischen Bauteilen durch elektronische. So wogen etwa die Geräte des Beta-Systems (Sony SL-8080E) Ende der siebziger Jahre noch 19 Kilogramm, waren 52,2 Zentimeter breit, 18,9 Zentimeter hoch und 29,4 Zentimeter tief. Der Recorder SL-C30PS, den Sony Ende 1983 auf den Markt brachte, hatte nur noch ein Volumen von 43 x 10,5 x 36 Zentimeter und war bis dahin das flachste Gerät der Heim-Videorecorder; es war nur noch halb so schwer wie der SL-8080E von 1979. Einige der stationären - also für die Aufstellung zu Hause konzipierten - VHS-Geräte erreichten schon 1983 ein Gewicht von unter neun Kilogramm, waren aber in den Abmessungen, besonders in der Höhe, etwas umfänglicher als ihre Beta-Konkurrenten. Lediglich die Maschinen des Systems Video 2000 blieben schwer; sie wogen auch 1984 noch zwischen 14 und 18 Kilogramm und übertrafen die japanischen auch im Umfang. (35)

Die Reduzierung des Gewichts und der Oberflächenausdehnung hatte insofern symptomatischen Charakter für das höchste Verbreitungs-Niveau des Videorecorders, als es ihn ja im direkten Sinne des Wortes zu **integrieren** galt in die Wohnzimmer der privaten Haushalte, wo auch der dazugehörige Fernsehapparat bereits seinen festen Platz erhalten hatte; (36) ein Problem, dessen Stellenwert sowohl von der geräteproduzierenden als auch der möbelherstellenden Industrie, wie auch dem peripheren Handwerk mit wachsender Aufmerksamkeit bedacht wurde. Mit unterschiedlichen Strategien des **Versteckens** und des **Zurschaustellens** der Unterhaltungselektronik, wurde es seit Beginn der achtziger Jahre verstärkt innenarchitektonisch planmäßig angegangen. Zu diesem Prozeß der Integration von Geräte- und Wohnkultur gehörte nicht nur, daß zahlreiche Firmen stationäre und mobile Einrichtungselemente eigens für die durch den Videorecorder erweiterte private Medientechnik anboten und daß Regal- und Schrankwände unter besonderer Berücksichtigung der neuen Artefakte für den Alltagszusammenhang konstruiert wurden. Hersteller von Videorecordern (und anderen Geräten der Unterhaltungselektronik) entwickelten zusammen mit Markenfirmen der Möbelindustrie regelrechte Produktprogramme für die audiovisuelle Wohnkultur. Marktvorreiter in dieser Hinsicht war einmal mehr die Sony Corporation, die zusammen mit der Möbelfabrikation von Interlübke unterschiedliche Designs vom Flachregal über die Schrankwand bis hin zum drehbaren "Video-Turm" (37) entwickelt hat, die in den Maßen genau auf die elektronischen Offerten des japanischen Konzerns abgestimmt sind. Umgekehrt konzipierte Sony die jüngsten Generationen seiner Produkte für die privaten Haushalte so, "daß sie die gängigen Einbaumaße führender Hersteller nicht überschreiten" (38).

Eine Veränderung im konstruktiven Detail der Heim-Videorecorder reflektiert zusätzlich die Erfordernisse der Integration des Gerätes in die Fächer von Schrankwänden oder offenen Regalen: Waren die ersten Generationen noch sämtlich als sogenannte Toplader konzipiert - d.h., der Schacht für das Einlegen der Cassette sprang auf Knopf- oder Tastendruck nach oben heraus und erhöhte stark den Raumbedarf des Geräts in der Höhe -, so sind die meisten Hersteller mittlerweile zur Konstruktion von **Frontladern** übergegangen; die Cassette wird dabei durch einen Schacht an der Vorderfront horizontal in das Gerät eingeschoben. Und deutliches Indiz für den Einzug des Artefaktes in die Wohnzimmer ist es auch, daß zahlreiche Gerätetypen nicht mehr nur in Metallic- oder Anthrazit-Farben, sondern in vielfältigen Verkleidungen offeriert werden, die auch für moderne Kunststoffmöbel Verwendung finden.

Parallel zu dieser Entwicklung bei den stationären Heim-Videorecordern arbeiteten die Hersteller aller drei übriggebliebenen Systeme an der Verringerung des Gewichtes und des Volumens bei den tragbaren Varianten, für die sich auch auf dem bundesdeutschen Markt die englische Bezeichnung **Portables** durchgesetzt hat. Mit zahlreichen Peripheriegeräten - zum Beispiel für die Überspielung von Dias oder Zelluloidfilmen auf Magnetband - haben sie darin mittlerweile ein Produktniveau erzielt, das den traditionellen Schmalfilm aus dem Markt zu verdrängen beginnt. Die starke Verkleinerung wurde dadurch erreicht, daß die tragbaren Recorder auf diejenigen technischen Funktionen reduziert werden, die für das Aufnehmen mit der Videokamera unentbehrlich sind. Für die Reproduktion der Images oder für ihre Nachbearbeitung müssen sie in der Regel mit stationären Geräten gekoppelt werden, oder sie sind von vornherein als herausnehmbares Element derselben konstruiert. Das Video Home System hat bisher die entwickelsten Varianten solcher "Kombinations- oder Vielzweckgeräte" (39) produziert. Die Recorder für Normalcassetten haben ein Gewicht von weniger als vier Kilogramm erreicht, einschließlich des Akkus, der die Energie liefert; dazu bietet VHS eine Kompakt-Variante an (VHS-C), die mit wesentlich kleineren Cassetten arbeitet, die allerdings auch nur eine Aufnahmekapazität von 30 Minuten haben und für die beim Abspielen in einem Normalgerät ein Adapter benötigt wird. Solche Videorecorder wiegen nur noch weniger als 2,5 Kilogramm. Mit einer ähnlichen Strategie versuchte Grundig für das System V-2000 Anteile im Marktsegment für Portables zu erobern. Im Sommer 1982 brachte der Fürther Konzern unter der Bezeichnung VP-200 einen 2,4 Kilogramm leichten Videorecorder heraus, der ebenfalls mit einer Minicassette zu füttern ist, die wiederum mithilfe eines Adapters über jedes Gerät des Systems abgespielt werden kann. Weil auch hier mit der Wendecassette operiert wurde, ist die Aufnahmekapazität doppelt so hoch wie bei den Konkurrenten von VHS.

Zwischenzeitlich machte aber eine andere Neuentwicklung Furore, mit der vor allem solche Produzenten Terrain auf dem neuen Massenmarkt erobern wollten, die bisher auf dem Sektor der Unterhaltungselektronik noch nicht offensiv in Erscheinung getreten waren. Auf der 'Consumer Electronic Show', der gigantischsten alljährlich in Chicago veranstalteten einschlägigen Messe, stellte im Frühjahr 1981 das japanische Unternehmen Canon, bisher auf Spiegelreflexkameras spezialisiert und darin weltweit marktführend, ein System unter der Bezeichnung **CVC** (Compact Video Cassette) vor. Entwickelt worden war die Neuheit von Futec, einer japanischen Innovationsfirma, mit der wiederum der Fürther Konzern Grundig über seinen Importeur auf dem japanischen Markt, Elbex, einen regen Technologieaustausch unterhielt. Von daher war es nicht verwunderlich, daß Grundig auf der IFA desselben Jahres in Berlin ankündigte, ebenfalls im CVC-System Geräte zu produzieren. (40) Mit Abmessungen von nur 106 x 12 x 68 Milimetern waren die Cassetten dieses Systems erheblich kleiner als diejenigen der bisherigen Heim-Videorecorder; auf einem ein Viertel Zoll breiten Band konnten 60 Minuten ununterbrochen aufgezeichnet werden; die Recorder wogen nur noch wenig mehr als drei Kilogramm.

Anfang 1982 begann der ebenfalls aus der Film- und Photobranche kommende US-Konzern Technicolor über die westdeutsche Firma All-Akustik den Vertrieb dieser "Mikro-Video-Geräte" auf dem hiesigen Markt. (41) Grundig produzierte seine Recorder unter der Typenbezeichnung VP-100; zur Verärgerung des Systempartners Philips, damals schon zu 24,5 Prozent an dem Fürther Konzern beteiligt. Die Niederländer hielten wohl zurecht die technologische Extratour Grundigs für nicht besonders förderlich im Hinblick auf die Promotion des europäischen Systems. Philips seinerseits war aber auch nicht absolut enthaltsam. Für die Nobelfirma auf dem Sektor für Tonbandgeräte, Uher, die sich mit besonderem Engagement auf das neue Compact-Cassetten-System stürzte, entwickelten die Gloeilampenfabrieken eine besonders leichte Minikamera. Zusammen mit seinem CV-200-Recorder stieg Uher damit im Frühjahr 1982 mit großem Werbeaufwand in das neue Marktsegment ein. (42)

1983 boten mit Siemens, Funai und Elbex mindestens drei weitere Markenfirmen CVC-Geräte auf dem bundesdeutschen Markt an. Parallel zu ihrer hochgezüchteten Variante für die elektronische Berichterstattung des massenmedialen Fernsehens, dem integrierten Kamera-Recorder QuarterCam, beteiligte sich auch die Bosch GmbH zwischenzeitlich an dem Rennen um die Etablierung des neuen Systems im Viertelzoll-Format.

Aber als weitere technische Variante der Hardware, die mit keinem der vorhandenen Systeme kompatibel war, konnte sich die Entwicklung von Futec bis heute nicht durchsetzen. Mit einem Anteil von ca. einem bis zwei Prozent blieb sie auf dem bundesdeutschen Markt marginales Zwischenspiel der Produktgeschichte. (43)

Objekte solcher Produktstrategien in den ersten Jahren der achtziger waren und sind die Kameramänner und -frauen, die in der Bundesrepublik zu den Besitzern einer Schmalfilmkamera gehören. Sie repräsentierten 1978 immerhin 12,7 Prozent aller privaten Haushalte, mit leicht ansteigender Tendenz noch bis 1980 auf 13,1 Prozent. (44) Sie sollten durch die Annäherung der Videotechnik an die Bedienungsfreundlichkeit und die Mobilität des 8mm- und des Super-8-Films zur Substitution ihrer Ausrüstung bewogen werden. Was sich ganz allmählich auch zu realisieren beginnt. 1982 war die Ausstattungsrate mit 12,5 Prozent schon leicht unter den Stand von 1978 gefallen. (45) Und eine Entwicklung, die ihrerseits in ihrer engeren Genese auf eine Tradition von einem halben Jahrzehnt zurückblicken kann, wird diesen Substitutionsprozeß in absehbarer Zeit forcieren. Sie bringt schon in ihrem Systemnamen die anvisierte Käufergruppe offensiv zum Ausdruck: die **8mm-Videocassette.** Ihre kurze Geschichte steht zugleich für die Aggressivität und Intensität, mit der mittlerweile in dem Marktsegment um Anteile gestritten wird. Wir dokumentieren sie in einigen Stichdaten:

- Große Aufmerksamkeit erheischend, aber selbst von der Fachöffentlichkeit noch nicht recht ernst genommen, stellten 1980 Sony und Hitachi zwei unterschiedliche Gerätetypen vor, bei denen Kamera und Videorecorder in einer kleinen kompakten Einheit integriert waren. Inclusive der Batterien wogen die neuen Artefakte für die Herstellung elektronischer Images nur zwei Kilogramm (Sony Video Movie), bzw. gut zweieinhalb (Hitachi Mag Camera); das sehr schmale Magnetband (Sony: 8mm, Hitachi 6,25mm) war in Cassetten mit den ungefähren Abmessungen einer handelsüblichen Toncassette untergebracht, wobei sich beide Entwickler auch hier geringfügig unterschieden. Das enorm geringe Volumen von der Größe einer Schmalfilmkamera wurde bei beiden Modellen durch den Einbau spezieller Mikrochips erreicht, welche die herkömmlichen Kameraröhren ersetzen sollten.
- Der wichtigste Konkurrent von Sony auf dem internationalen Markt folgte nur wenige Monate später. Die VHS-Mutter Matsushita Electric Industrial stellte 1981 ihr Micro Video System vor, ebenfalls ein integrierter Kamera-Recorder, der sich auch im Design kaum mehr von einer Schmalfilmkamera unterschied und wiederum geringfügig andere technische Parameter aufwies wie seine beiden Vorgängermodelle. (46)
- Eine am 20. Janur 1982 veröffentlichte Nachricht aus Japan schreckte dann die gesamte Branche gehörig auf: "Die Firmen Philips, Matsushita, Hitachi, JVC und Sony haben sich in den wichtigsten Punkten auf ein einheitliches Video-Kassetten-Format für Videokameras mit eingebautem Recorder geeinigt. Sie haben ihr gemeinsames System

unter dem Namen '8 mm-Video' angekündigt." (47) Journalistische Beobachter des Marktes kündigten schon das Ende der sich gerade erst richtig durchsetzenden Heim-Systeme an; die betreffenden Firmen beeilten sich zu dementieren: Bei dem neuen System handelte es sich lediglich um eine längerfristige Ergänzung der vorhandenen Videorecorder, die speziell für den Kamerabetrieb gedacht wäre. Außerdem wären die entsprechenden Geräte noch nicht für die Produktion ausgereift.

- Im April 1983 erreichten die Planungen einen neuen Höhepunkt. Nach zwölfmonatigen Beratungen hatten sich 122 Hersteller der Unterhaltungselektronik der Film- und Photobranche darauf geeinigt, in der Zukunft - analog zum Audiosektor - ein weltweit kompatibles System der 8mm-Cassette anzubieten. Verbindliche technische Parameter wurden verabschiedet. Die Vereinbarung war zustandegekommen wesentlich aufgrund der Initiative des japanischen Wirtschaftsministeriums, das zu diesem Zeitpunkt schon etwa 90 Prozent des Weltmarktes für Heim-Videorecorder politisch vertrat. (48)

- Daß die Realisierung des Projektes aber noch lange nicht auf der Tagesordnung stand, daß das geplante System technisch noch längst nicht ausgereift war und daß die ökonomischen Interessen, insbesondere der Systementwickler, noch in eine andere Richtung gingen, machten die nächsten Monate deutlich. Sony hatte nämlich inzwischen unter der Bezeichnung **Betamovie** einen integrierten Kamera-Recorder angekündigt, der mit normalen Beta-Cassetten arbeiten sollte, die also auch für jedes andere Abspielgerät des Systems benutzt werden könnten. Zugunsten des geringen Gewichts von unter drei Kilogramm hatte man bei dem integrierten Artefakt auf eine Wiedergabemöglichkeit verzichtet; Betamovie sollte ein reines Aufzeichnungsgerät sein. Die "erste echte Magnetkamera" (49) wurde für den hiesigen Markt auf der IFA 1983 in Berlin mit großem Erfolg vorgestellt; Anfang 1984 begann der Verkauf im bundesdeutschen Handel. Obwohl der japanische Konzern seinerzeit das erste 8mm-System im Modell präsentiert hatte, war er ganz offensichtlich noch nicht besonders begierig darauf, seine Produktion zu beginnen. - Die Erfinder des Video Home Systems, JVC, zogen mit derselben sozio-technischen Strategie noch im Verlauf des Jahres 1984 nach. Ihr integrierter Kamera-Recorder heißt - in wenig markanter Abweichung vom Konkurrenten - **VideoMovie**, funktioniert allerdings zunächst wiederum mit der verkleinerten VHS-C-Cassette, für die beim Abspielen in einem stationären Recorder ein Adapter benötigt wird. Ihre Aufnahmekapazität beträgt nur maximal 45 Minuten (bei Betamovie sind es ja nach Wahl der Cassette bis zu 215 Minuten). Die VHS-Geräte haben dafür eine Wiedergabemöglichkeit, die vor Ort, unmittelbar nach der Aufzeichnung, genutzt werden kann. (50)

- Matsushita wollte aber indes nicht warten, bis das 8mm-System ausgereift war. Für den weltweiten Photoartikel-Giganten Kodak, der wegen der neuen elektronischen Konkurrenz um seine traditionellen Märkte fürchten muß, produzierte der japanischen Konzern eine erste kleinere Serie von Kamera-Recordern mit der neuen Cassette. Unter der Bezeichnung Kodavision Camcorder-2400 durfte Kodak Anfang 1984 die Geräte im NTSC-System auf den US-Markt bringen. Auf der Kölner Messe Photokina - auch darin kommt das anvisierte Marktsegment der Schmalfilmer deutlich zum Ausdruck - hatte das System dann im Herbst 1984 seine publizistisch vielbeachtete Premiere in der Bundesrepublik. Seit dem Ende desselben Jahres ist es auch im Handel in einer kleinen Stückzahl vertreten.

Selbst die in der Regel eher marktschreierisch positiv auf jede Neuheit reagierenden Publikums- und Branchenzeitschriften des Videomarktes antworteten mit großer Skepsis auf die unerwartet frühe Einführung eines vierten Systems von Videorecordern zur privaten Nutzung. Gravierende Mängel gegenüber den etablierten Varianten wurden deutlich benannt, wie zum Beispiel das gegenüber dem VHS-Videomovie gar noch etwas höhere Gewicht, das deutlich machte, daß der Hersteller die eingebaute Mikroelektronik noch nicht richtig im konstruktiven Griff hätte; oder die geringe Aufzeichnungskapazität von nur 60 Minuten, mit der die herkömmlichen Fernsehrecorder und Software-Abspielmaschinen nicht ersetzt werden könnten; oder auch die Tatsache, daß das Gerät alleine weder für die Aufzeichnung von TV-Programmen noch für das Anschauen von Cassettenmaterial geeignet wäre; für solche Zwecke müßte der integrierte Kamera-Recorder in eine Art Adapterbehälter - genannt "Cradle" - gelegt werden, der mit Fernsehtuner und Timer ausgestattet ist. (51)

Dieses vorläufig neueste Produkt in der Entwicklung des Artefaktes auf seinem höchsten Niveau der Verbreitung läßt sich aufgrund der technischen Unzulänglichkeiten, die es noch auszeichnen, vor allem als Testobjekt interpretieren, mit dem der eigentliche Massenmarkt für einen neuen Standard von Aufnahmegeräten vorbereitet und propagandistisch eingestimmt werden soll. Die japanischen Entwickler und Lizenznehmer von Betamax und VHS wollen ganz offensichtlich zunächst ökonomisch ausschöpfen, was der Markt für die vorhandenen und populären Systeme hergibt, bevor sie sich auf das Wagnis der Massenproduktion einer weiteren Variante einlassen. Daß sich der bisher auf das Film- und Photogeschäft kaprizierte US-Konzern Kodak als Testfirma hergab, ist eher Indiz für die Schwäche der photo-chemischen Industrie in der Videokonkurrenz als Zeichen für deren ökonomische Stärke. Die junge Geschichte des Videorecorders hat bereits mehrfach gezeigt, mit welch großer Renitenz der Massenmarkt auf Systemvielfalt und nicht ausgereifte Produktkonzeptionen zu antworten mitunter in der Lage ist.

Die Vereinheitlichung der technischen Parameter in dem neuen Standard mit weltweiter Gültigkeit und damit Kompatibilität der Geräte, ist jedoch ein zu wichtiger sozio-technischer Schritt für die Hersteller im Hinblick auf die weitere Ausdehnung des Marktes, als daß die vorhandenen Mängel überbewertet werden dürfen. Ihre Beseitigung wird umso schneller voranschreiten, je mehr Sony mit seinen sinkenden Marktanteilen gezwungen ist, das Beta-Konzept abzulösen oder zumindest mit dem neuen zu flankieren. Was wiederum Matsushita und seine Lizenznehmer zu verstärktem Engagement in Richtung 8mm-Video zwingen wird.

In der historischen Perspektive ist aber auch ein anderer Gesichtspunkt von Bedeutung, der genereller für die Neuerung der integrierten Kamera-Recorder gilt, also auch für die Geräte des VHS und des Betamax-Systems: Der Umschlag von Produkten, die zunächst in technisch aufwendiger Formgestalt und auf sehr hohem Preisniveau für die publizistische Fernsehpraxis konzipiert worden sind, in vereinfachte und verbilligte Angebote des Massenmarktes findet in immer kürzeren Zeitabständen statt. Zwischen der Lancierung des ersten Kamera-Recorders als Erwerbsgerät, dem Hawkeye von RCA, und des ersten entsprechenden Gerätes für den privaten Konsumenten bestand nur noch eine Differenz von etwa einem Jahr. Wobei Sony seine Prototypen für beide Teilmärkte, Betacam und Betamovie, schon praktisch parallel eingeführt hat.

2. Ökonomische Aspekte des Gerätemarktes

BEDINGUNGEN

"Boom" - mit dieser eher marktstrategischen Erwägungen entsprungenen Etikette wurde zu Beginn der achtziger Jahre die Verbreitung von Videorecordern in den privaten Haushalten der Bundesrepublik bezeichnet. (52) Suggeriert wurde damit die Vorstellung, das Artefakt wäre plötzlich und unerwartet zum markanten Produkt der Unterhaltungselektronik avanciert, hätte sich gewissermaßen ohne planmäßigen Aufbau von seiten der Industrie und ohne längeren Vorlauf zur Massenware entwickelt. Die bisherige historische Rekonstruktion beweist das Gegenteil: Es bedurfte eines langwierigen Prozesses sozio-technischer Neuerung bis die Maschine zur Aufzeichnung und Reproduktion von Fernsehimages überhaupt Eingang in die Wohnzimmer entwickelter westlicher Industrieländer fand. Dieser Prozeß verlief widersprüchlich und war für die beteiligten Techniker und Konzerne angereichert mit Rückschlägen und finanziellen Fehlinvestitionen zum Teil großen Ausmaßes. Für interessierte Beobachter und potentielle Abnehmer im privaten Konsumsektor war er gekennzeichnet durch eine verwirrende Vielfalt von unterschiedlichen Aufzeichnungssystemen und durch ein ständiges Aufeinanderfolgen mehr oder weniger ausgereifter Produkte, die jeweils als die Ultima ratio des Heim-Videorecorders propagiert wurden. Zu früh auf den Markt gehievte und in ihren apparativen Gebrauchswerten nicht ausreichend für private Nutzer entwickelte Cassettensysteme, wie das von Cartridge, diverse nach dem Longitudinal-Verfahren funktionierende Konzepte und - soweit wir in der Genese vorangeschritten sind, läßt sich auch dies bereits festhalten - das einzig ernstzunehmende europäische System, der VCR von Philips und seine Nachfolgervarianten konnten nicht durchgesetzt werden. Mangelnde technische Planung und Realisierung sowie die Nichtberücksichtigung des Bedarfs und der finanziellen Ressourcen des anvisierten Massenmarktes ließen sie als medientechnischen Schrott auf der Strecke der Produktgeschichte des Videorecorders bleiben.

Einzig die historisch jüngsten Agenten auf dem Weltmarkt der Unterhal-

Schematische Darstellung:

Produktstruktur der beiden japanischen Konzerne Sony und Matsushita, aus denen heraus die für die achtziger Jahre bestimmenden Systeme von Heim-Videorecordern entwickelt wurden (Vergleich 1976 und 1981)

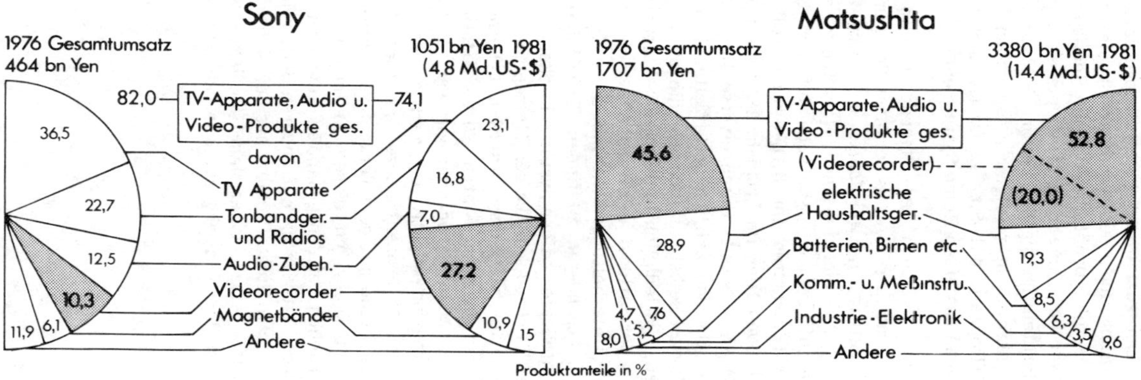

Da die Produkte der U-Elektronik bei Matsushita nicht im einzelnen ausgewiesen sind, ist nur ein grober Vergleich möglich. Worauf es ankommt: Bei erheblichem Rückgang in den "klassischen" Sektoren der U-Elektronik, besonders der TV-Apparate, verdankt Sony seinen Zuwachs vor allem dem Videorecorder, den Magnetbändern und anderen Produkten, zu denen z.B. auch Kameras gehören. Bei Matsushita drückt sich der enorme Zuwachs durch den Videorecorder sogar in einem Anstieg des Umsatzanteils der U-Elektronik insgesamt aus.

Quelle für die Daten: The Economist, February 20, 1982, S. 82

---

tungselektronik, die japanischen Konzerne, steuerten mit kontinuierlicher Zielgerichtetheit in den technisch-ökonomischen Konzepten erfolgreich die Sprengung der Grenzen sozial und kulturell privilegierter Nutzung des Videorecorders an. Aber auch der Avantgardist dieser Entwicklung, die Tokyoter Sony Corporation, benötigte für die Realisierung des Ziels mehr als ein Jahrzehnt, von der Lancierung seiner ersten Consumer-Video-Serie 1964 bis hin zur Markteinführung der Betamax-Recorder in der zweiten Hälfte der siebziger Jahre; dicht gefolgt von seinem schärfsten Konkurrenten, dem Matsushita-Konzern mit Sitz in Osaka, under dessen Ägide die Victor Company of Japan das Video Home System entwickelte.

Die zeitliche Differenz zwischen der Öffnung des Konsumbereiches für Videorecorder in Japan und den USA auf der einen Seite und der Bundesrepublik auf der anderen betrug ca. zwei Jahre. Sony startete seine Beta-Kampagne zur Eroberung des einheimischen Massenmarktes Ende 1975 und breitete sich im darauffolgenden Jahr auch auf dem US-Markt aus. Den Start mit den Gerätevarianten im PAL-System vollzog Sony erst auf der IFA 1977 in Berlin und stieg im Frühjahr 1978 breit in den bundesdeutschen Markt ein; flankiert bereits durch diverse Hersteller von VHS-Recordern. Die Ursachen für den zeitlich gestaffelten Markteintritt sind nicht nur bei den Artefakten selbst zu suchen - die ersten Serien beider japanischer Systeme wurden ja lediglich in der NTSC-Farbnorm hergestellt. Sie sind vor allem auch in der national jeweils spezifischen Verwertungssituation auf dem Gebiet der Unterhaltungselektronik generell und dem Sektor für Farbfernsehgeräte im besonderen zu finden. Der Heim-Videorecorder stellte nämlich für die Entwickler beider Systeme in ökonomischer Hinsicht eine **Diversifikation** ihrer TV-Produkte für den Massenmarkt dar. Sie waren keine Neulinge in diesem Geschäft; der Umsatz mit Fernsehgeräten war eine der tragenden Säulen ihrer gesamten Wirtschaftstätigkeit. Wobei Sony noch in weit höherem Maße davon abhängig war als Matsushita. Mit der Hardware der Unterhaltungselektronik machte der Konzern Mitte der siebziger Jahre mehr als 80 Prozent seines Umsatzes, davon wiederum zu mehr als einem Drittel alleine mit dem Verkauf von Fernsehempfängern. Ein Stagnieren oder ein Rückgang auf diesem Teilmarkt mußte sich also empfindlich bemerkbar machen bei den gesamten Revenuen des Unternehmens, wenn sie nicht durch Aktivitäten auf anderen Sektoren ausgeglichen würden. Wie akut dies wirtschaftliche Problem aus der Sicht der herstellenden Industrie bereits Mitte der siebziger Jahre in Japan war, zeigt ein Blick auf die Verteilung von Farbfernsehgeräten in den privaten Haushalten des Landes:

Tabelle 9

Ausstattung japanischer Haushalte mit Farb-TV-Geräten in der zweiten Hälfte der siebziger Jahre bis 1980						
Jahr	1975	1976	1977	1978	1979	1980
Sättigungsgrad in Prozent (100 = alle TV-HH)	90,3	93,7	95,4	97,8	97,8	98,2

Quelle: Electronics Industries in Japan, 1981/82, nach Kalbfuß 1982, S. 8

Bei einem Sättigungsgrad von über 90 Prozent 1975 (im Jahr zuvor betrug er noch fast fünf Prozent weniger) waren Wachstumsraten hier nur noch in geringem Umfang zu erwarten und vor allem noch aufgrund von Ersatzbeschaffungen oder dem gesteigerten Kauf von Zweit- und Drittgeräten zu erzielen. Die Lancierung neuer oder ergänzender Geräte für die Fernsehunterhaltung war also aus wirtschaftlicher Perspektive eine zwingende Notwendigkeit; zumal für den in hohem Maße von diesem Segment abhängigen Sony-Konzern. Umgekehrt stellte die hohe Penetration der japanischen Haushalte mit Farbfernsehgeräten die wichtigste binnenökonomische Voraussetzung für die Belieferung des Marktes mit Videorecordern dar. Das Konzept des "Play-it-again-Sony" für die Betamax-Geräte ging vom Fernsehempfänger als Zentrum audiovisueller Medientechnik in den privaten Haushalten aus. Es fand seinen apparativen Niederschlag unter anderem darin, daß parallel zu den ersten separaten Geräteeinheiten auch ein Modell in den Markt eingeführt wurde, bei dem TV-Empfänger und Aufzeichnungsmaschine als integrierte Artefakte angeboten wurden. (53)

Tabelle 10

Ausstattung US-amerikanischer Haushalte mit Farb-TV-Geräten in der zweiten Hälfte der siebziger Jahre bis 1980						
Jahr	1975	1976	1977	1978	1979	1980
Sättigungsgrad in Prozent (100 = alle TV-HH)	70,8	74	77	78	85	86

Quellen: Steinberg 1980, S. 144; Horn 1982, S. 398. Bezugsgröße bilden jeweils alle Fernsehhaushalte, die ab 1975 mehr als 97 Prozent aller privaten Haushalte der USA repräsentieren.

Tabelle 11

Ausstattung der privaten Haushalte in der Bundesrepublik mit TV-Geräten seit der Einführung des Farbfernsehens

Zeitpunkt	Genehmigung von TV-Empfg. absolut (Mill.)	Zuwachs gegen Vorjahr in %	Sättigung der Haushalte in %	Sättigung mit Farb-TV-Geräten in % 100=alle TV-HH	100=alle HH
1967	12,72	11,8	65	(0,7)	
1968	13,81	8,6		(2,3)	1
1969	14,96	8,3		(4,7)	
1970	15,90	5,3	76-87	(7)	4 - 6,4
1971	16,67	4,8	89	(11,5)	6 - 10
1972	17,43	4,6	94	(16,6)	7 - 14
1973	18,06	3,6		(19,5)	14
1974	18,47	2,3	93	(25)	23 - 24
1975	18,92	2,4			35
1976	19,23	1,6	(96)		37
1977	**19,93**	**3,6**			**46**
1978	**20,17**	**1,2**	**95**	**(59)**	**50**
1979	20,34	0,8	96		
1980	20,76	2,1	96,2	(74,8)	
1981	21,19	2,1			
1982	21,49	1,4	96,6	(83)	
1983	21,84	1,6			

Quellen und Kommentar:

Bahr 1977; Berg/Kiefer 1982; Gandela 1975; Kommission für den Ausbau des technischen Kommunikationssystems, Arbeitskreis Bedürfnisse, 1976 (Anlageband 1 zum Telekommunikationsbericht); Media Perspektiven - Daten zur Mediensituation in der Bundesrepublik 1975, 1977, 1979, 1981, 1983; ZDF-Jahrbücher (Medienforschung des ZDF) 1970 bis 1974; AVZ-Informationen Nr. 3/März 1975, Nr. 4/April 1976.

Die Datenlage für einen so klar definierbaren Sachverhalt wie der Sättigung der bundesdeutschen Haushalte mit Fernsehgeräten generell und mit Farb-TV-Geräten im besonderen ist sehr mangelhaft. Sie bedarf deshalb der etwas ausführlicheren Kommentierung (56).

Über sechseinhalb Milliarden US-Dollar gaben im Jahr 1975 die privaten Haushalte der Vereinigten Staaten für die Unterhaltungselektronik aus; davon entfielen alleine fast drei Milliarden auf den Fernsehsektor. Mit einem derartigen Volumen war der US-amerikanische der weltweit größte Binnenmarkt für das Geschäft mit der elektronisch vermittelten Restzeit-Gestaltung. Er übertraf damit den japanischen in seinem Gesamtumfang um mehr als zwei Milliarden US-Dollar, und selbst die Konsumenten aller westeuropäischer Länder gaben in diesem Jahr zusammen noch 500 Millionen weniger für Geräte der Unterhaltungselektronik aus als die Bürger der USA. (54) Daß die japanischen Entwickler von Heim-Videosystemen nach ihrem einheimischen Markt als erstes versuchten, auf dem nordamerikanischen Subkontinent Fuß zu fassen, erklärt sich nicht nur daraus, daß beide Nationen über dasselbe Farbsystem des Fernsehens verfügen und daß es zwischen beiden nationalen Elektroindustrien vielfältige Verknüpfungen gab. (55) Sie benutzten ihn schlicht als größtes Absatzgebiet. Zwar war Mitte der siebziger Jahre die Sättigung der US-amerikanischen Haushalte mit Farb-TV-Geräten noch nicht so weit fortgeschritten wie in Japan. Aber auf einem Niveau von über 70 Prozent war auch dieser Markt reif für zusätzliche Geräte der Fernsehkommunikation. RCA, CBS, Cartridge TV, Ampex und andere Elektronikhersteller hatten ihn zudem mit ihren gescheiterten, aber aggressiv beworbenen Projekten seit dem Ende der sechziger Jahre auf die neuen Produkte vorbereitet. Und damit die Prozentsätze in den richtigen Relationen erscheinen: der Farbgeräte-Anteil von 1975 steht in den USA immerhin für knapp 50 Millionen Haushalte.

Konfrontieren wir die Rahmendaten beider Nationen nun mit dem Niveau, das die Geräteausstattung in der Bundesrepublik auszeichnete, so wird die Diskrepanz in der zeitlichen Abfolge offensichtlich. Mitte der siebziger Jahre erreichte hier die Sättigung der Haushalte mit Schwarz-Weiß-Geräten gerade den Stand, den Japan bereits 1976/77 mit dem Buntfernsehen aufweisen konnte. Über Farbgeräte verfügten erst gut ein Drittel der bundesdeutschen Haushalte. Gleichwohl verlangsamte sich auch hier schon der relative Zuwachs punktuell. Gegenüber dem besonders farbfernseh-attraktiven Fußballweltmeisterschaftsjahr 1974 wurden 1975 schon etwas weniger Geräte abgesetzt. (57) In den beiden folgenden Jahren blieb der Absatz mit um die 2,2 Millionen an den Handel veräußerten Einheiten stabil. - Wie bedeutend das Marktsegment der Farbfernsehgeräte für die westdeutsche Elektroindustrie zu jener Zeit war, zeigen zwei Aufrechnungen im Branchenteil der Fachzeitschrift Funk-Technik: 1976 betrug der Anteil der Farbempfänger am gesamten Inlands-Wertumsatz mit Geräten der Unterhaltungselektronik 52 Prozent. Der Produktionswert lag mit 75 Prozent sogar noch bedeutend höher. (58) Auf diesem Hintergrund ist vorstellbar, wie empfindlich sich rückläufige Bewegungen auf diesem Sektor auswirken mußten. Von Marktforschern wird die Marke, von der an bei langlebigen und teuren Gebrauchsgütern mit einer tendenziellen Verlangsamung zu rechnen sei, bereits bei einer Marktsättigung von 50 Prozent angesetzt. (59) Erreicht wurde diese Penetration mit Farbfernsehern in der Bundesrepublik im Übergang der Jahre 1977/78. Dies ist derselbe Zeitraum, der sich auch hinsichtlich der Öffnung des Massenmarktes für Heim-Videorecorder festmachen läßt. Wobei für die Agenten des neuen Marktes das gleiche gilt, was wir schon für Japan herausgestellt haben: Auf der Seite der europäischen Hersteller wie der Lizenznehmer der japanischen Systeme hierzulande erweitern die Hersteller von Farbfernsehgeräten mit dem neuen Artefakt ihre Produktpaletten.

UMFANG

In welchen Schritten nun hat sich der junge Markt mit Heim-Videorecordern entwickelt? Die japanischen und US-amerikanischen Verhältnisse berücksichtigen wir nur in einem vergleichenden Überblick (s. Tabelle 13); wir konzentrieren uns auf die Situation in der Bundesrepublik. Zwei ineinandergreifende Faktorenzusammenhänge sind ausschlaggebend dafür, daß hier frühestens mit dem Auslaufen des Jahres 1977 und spätestens im Verlauf des Jahres 1978 das höchste Verbreitungs-Niveau des Videorecorders anzusetzen ist:

- Das Artefakt erreichte im letzten Viertel des Jahres 1977 jene entwickelte sozio-technische Formgestalt, die es für den Massenmarkt attraktiv machte. Zur IFA im September des Jahres stellten Philips, Sony und Grundig ihre Prototypen des **Fernsehrecorders** vor; der niederländische Konzern das VCR-Gerät N-1700, mit vorprogrammierbarer Aufnahmemöglichkeit und einer Aufzeichnungskapazität von 130 Minuten, die es überhaupt erst gewährleistete, daß Massenunterhaltungs-Programme wie zum Beispiel Shows, Spielfilme oder Fußballspiele ununterbrochen gespeichert werden konnten; der japanische Konzern präsentierte erstmals seinen Betamax-Recorder in der PAL-Version, den SL-8000E, mit einer Aufnahmekapazität von drei Stunden; und Grundig brachte seinen VCR-4000 auf den Markt, eine mit dem Philips-Gerät vergleichbare Longplay-Version des VCR-Systems. In den Handel kamen die europäischen Modelle noch im selben Jahr, das japanische in großen Stückzahlen erst zu Beginn des nächsten. Zusammen hatten sie ab dem Frühjahr 1978 dann zu konkurrieren gegen die Geräte des neuen Video Home Systems.
- Weder Hersteller noch Handel haben für die Jahre vor 1977 Angaben über den Verkauf von Videorecordern an private Konsumenten veröffentlicht. Es gibt lediglich vage Andeutungen über den pauschalen und globalen Absatz, die sämtlich den Schluß zulassen, daß das Segment der Unterhaltungsindustrie faktisch noch keine Rolle spielte. So behauptete Philips zum Beispiel, zwischen 1971 und Mitte 1977 ca. 200.000 VCR-Geräte produziert und weltweit verkauft zu haben. Wobei der Konzern betonte, daß die Mehrzahl davon vom institutionellen Bereich abgenommen wurde, "hauptsächlich von Schulen, Sportvereinen und Ärzten" (60). Wie hoch der Absatz an private Kunden der Bundesrepublik innerhalb dieser sechs Jahre war, wollte Philips wohl nicht einmal schätzen. Oder: das damalige Grundig-Vorstandsmitglied Josef Stoffels sprach Anfang 1977 zwar davon, daß der Fürther Konzern in den beiden davorliegenden Jahren seine "Verkaufszahlen bereits um jeweils 100

Prozent steigern" konnte und daß seit Oktober 1976, seitdem er mit der zweiten VCR-Generation (BK-3000) auf den Markt gekommen wäre, die "Nachfrage ständig die Angebotsmenge" übertroffen hätte; aber auch er nannte keine Verkaufszahlen, geschweige denn speziell für den Consumerbereich. (61) Ebenfalls keine Anhaltspunkte für eine Verbreitung des Artefaktes in privaten Haushalten liefert die Medienforschung. Die Funkmedien Analyse (FMA) verzeichnete in ihrer Übersicht über die Ausstattung mit Geräten der Unterhaltungselektronik für das Jahr 1976 beim Videorecorder nur Nullwerte. (62) Noch im Spätsommer 1977 kam ein im Auftrag des Bundesinnenministeriums erstelltes Gutachten über den AV-Markt aufgrund der den Bearbeitern zugänglichen Daten zu dem Schluß: "Als **bestehender** Markt kann daher der **institutionelle Markt** bezeichnet werden ... (Hvhbg. S.Z.)". (63)

Es ist also davon auszugehen, daß die in verschiedenen Quellen (64) übereinstimmend genannten 30.000 an den Handel abgesetzten Heim-Videorecorder für das Jahr 1977 die Eröffnung des neuen Marktes markieren; wobei diese Zahl vor allem aufgrund des Verkaufs der Longplay-Versionen im VCR-System während der letzten Monate des Jahres zustandekam. Wie hoch der kumulierte Bestand zu diesem Zeitpunkt gewesen sein muß, laßt sich heute nur noch indirekt ermitteln. Nach einer Erhebung der Gesellschaft für Marktforschung (GFM) vom Oktober/November 1979 - der ersten systematischen Untersuchung zur Verbreitung und Nutzung des Videorecorders überhaupt - hatten sich die damaligen Avantgardisten der privaten Nutzung des Artefaktes ihre Geräte zu 85,6 Prozent in den Jahren 1978 und 1979 angeschafft; knapp 15 Prozent also 1977 und früher. (65) Legen wir für die entsprechenden Jahre die Absatzziffern zugrunde und gehen weiterhin davon aus, daß Geräte in diesen Größenordnungen auch an den Endverbraucher weiterveräußert wurden, so erhalten wir für 1977 einen Bestand von 48.000 Einheiten. Das heißt, daß zuvor insgesamt maximal nur 18.000 in private Haushalte der Bundesrepublik verkauft worden wären.

Daß wir spätestens im Verlauf des Jahres 1978 von einem florierenden Massenmarkt sprechen müssen, kommt sowohl in den absoluten Verkaufszahlen als auch in der Absatzsteigerung zum Ausdruck: bei nahezu 100.000 verkauften Heim-Videorecordern betrug die Steigerungsrate gegenüber dem Vorjahr über 200 Prozent, der höchste Wert, den der Zuwachs relativ überhaupt erreichte. Die Gebrauchswerterweiterung des Artefaktes durch die neuen Betamax- und VHS-Geräte sowie die verbesserten VCR-Versionen schlagen sich ebenso deutlich nieder wie die Tatsache, daß zahlreiche verschiedene Herstellerfirmen mit großem Werbeaufwand auf dem Markt agieren und sich die ersten Preiskämpfe liefern.

Von einer "boom"-artigen Entwicklung kann aber indes auch im weiteren kaum die Rede sein. Obwohl der Sättigungsgrad 1979 erst knapp eineinhalb Prozent erreichte, konnte die Zuwachsrate von um die 100 Prozent nur noch für die Jahre 1980 und 1981 gehalten werden. Von da an fielen die Steigerungen gegenüber dem jeweiligen Vorjahr beträchtlich ab. Erst im fünften Jahr der Entwicklung übersprang der kumulierte Stand der Verkaufszahlen die Millionengrenze; im sechsten Jahr wurden dann zum ersten Mal über eine Million Geräte an den Handel abgesetzt. Diese hohen absoluten Zahlen in den ersten beiden achtziger Jahren waren es auch vor allem, die den Videorecorder als Produkt der Unterhaltungselektronik überhaupt erst in die Schlagzeilen der veröffentlichten Meinung führten, sodaß der Eindruck entstand, der Massenmarkt hätte sich in diesem kurzen Zeitraum herausgebildet. Betrachten wir hingegen den gesamten Prozeß der Entfaltung des höchsten Niveaus der Verbreitung ab 1977, so ergibt sich eine vergleichbar schwache Dynamik wie bei der Durchsetzung des Fernsehgerätes in den fünfziger Jahren. (66) Und gemessen an der Geschwindigkeit, mit der das Farbfernsehen von der Industrie auf dem Markt etabliert werden konnte, verlief die Entwicklung sogar noch etwas langsamer. Die Geräte für den Empfang bunter Fernsehwelten übersprangen schon im vierten Jahr die Millionengrenze beim kumulierten Absatz; dieser erreichte wiederum schon im fünften Jahr mehr als drei Millionen und bewegte sich in den folgenden Jahren auf einem Niveau von gut zwei Millionen jährlich verkauften Geräten. (67)

Gleichwohl, der Absatz von Heim-Videorecordern wurde zweifellos zu einem bedeutenden Wirtschaftsfaktor für die Branche der Unterhaltungselektronik. Die nahezu eineinhalb Millionen Stück, die 1983 an den Handel veräußert wurden, entsprachen einem Umsatzvolumen von 2,7 Milliarden DM. (68) Der Marktanteil nur des Videorecorders an den verschiedenen Produktgruppen kletterte damit im selben Jahr auf 17 Prozent; einschließlich der Peripherie-Erzeugnisse für das Gerät - also Videokameras, Leercassetten und Zubehörartikel - machte er gar ein Viertel des Gesamtvolumens der Unterhaltungselektronik aus. Das neue medientechnische Sachsystem für den Konsumenten trug auf diesem Niveau wesentlich dazu bei, daß die Branche bei stagnierendem bzw. rückläufigem Absatz in den übrigen Produktbereichen während des Zeitraums 1981 bis 1983 keine Verluste zu verzeichnen hatte, sondern der totale Umsatz geringfügig gesteigert werden konnte.

Tabelle 12

Gesamtumsatz und Marktanteile der verschiedenen Produktgruppen in der Unterhaltungselektronik-Branche der BRD 1981 - 1983

	1981	**1982**	**1983**
Gesamtumsatz in Mrd.DM (= 100 %)	13,86	14,04	14,05
UMSATZANTEILE			
Bildplatte, Telespiele	0,5%	1,0%	2,0%
Videokameras, Zubehör und Leercassetten	5,5%	7,0%	8,0%
Videorecorder	**13,5%**	**16,0%**	**17,0%**
Autoradios	11,0%	11,0%	11,0%
Kofferradios, Cassettenrecorder (Audio)	14,0%	13,0%	12,5%
Hi-Fi-Geräte (incl. Compact-Disc)	26,5%	24,0%	22,0%
Fernsehapparate	29,0%	28,0%	27,5%

Quelle für die Daten: Industriemagazin, Juni 1984, S. 53

Schon das Orwell-Jahr 1984 zeigte allerdings, daß der Massenmarkt für ein so teures Gebrauchsgerät wie den Videorecorder - unter den Bedingungen von Massenarbeitslosigkeit und sinkendem Realeinkommen für große Bevölkerungsteile - nicht stetig in wachsenden Dimensionen zu erweitern war. Der erhebliche Schub, den sich die Industrie vor allem im Hinblick auf die 'Video-Olympiade' von Los Angeles versprach, blieb offensichtlich aus. Mit nur 630.000 an den Handel veräußerten Geräten lag das Wachstum in der ersten Jahreshälfte in etwa bei dem des Vorjahres. Der Handel klagte für diesen Zeitraum gar über ein niedrigeres Verkaufsniveau; lediglich im Juli verzeichnete der Hardware-Index der Branche einen leichten Anstieg gegenüber demselben Monat 1983. (69) Aufgrund des Weihnachtsgeschäftes mit seinen zahlreichen Sonderangeboten und dem Ausverkauf der Recorder des Systems Video 2000 konnte der Absatz in der zweiten Jahreshälfte dann doch noch geringfügig gesteigert werden, sodaß der Zuwachs für 1984 insgesamt in etwa das Niveau von 1983 hielt. (70)

Zu relativieren ist das Bild vom "Boom" aber noch nachdrücklicher hinsichtlich der **Ausstattung** der privaten Haushalte mit dem neuen Gerät für die elektronische Restzeit-Gestaltung. Die hohen Sättigungsraten, die in den letzten Jahren allenthalben veröffentlicht wurden, entpuppen sich bei näherer Betrachtung als Marketingstrategie zur weiteren Stimulierung des Absatzes, aber nicht als realistische Größen. Mit vorgeblichen Ist-Zahlen von einer 15-prozentigen Haushaltspenetration für 1983 zum Beispiel, prognostizierten 25 Prozent für 1985 und der Voraussage, daß zum Ende dieses Jahrzehntes bereits jeder zweite Haushalt in der Bundesrepublik über einen Videorecorder verfügen werde (71), sollen offenbar vornehmlich neue Käufergruppen beworben werden. Wohlwissend, daß teure langlebige Gebrauchsgüter einen hohen Stellenwert für das Status-Bewußtsein der im Konsum vereinigten Gesellschaftsmitglieder besitzen und das "Auch-Haben-Wollen" einen wichtigen Grund für die Anschaffung von Neuheiten wie dem Videorecorder darstellt. (72)

Unabhängig von viel zu hoch gegriffenen Prognosen: zustandekommen können solche Zahlenmanipulationen aufgrund der Herstellung von Bezügen, die dem Laien nicht ohne weiteres durchsichtig sind. Die absoluten Verkaufsziffern sprechen ja an der Oberfläche dafür, daß die Artefakte bereits weit verbreitet seien. Nur, bei diesen Daten handelt es sich um die Menge an Geräten, die von der Industrie an den Handel abgesetzt worden sind. Der Schluß, daß auch entsprechend viele an den Endverbraucher weiterveräußert wurden, ist nicht zulässig. Gerade bei einem so jungen Geschäft wie dem mit dem Massenabsatz von Videorecordern, das durch ständige Marktneuerungen und wechselnde Modellgenerationen geprägt ist, muß davon ausgegangen werden, daß der Handel durch ein wachsendes Überangebot belastet ist. Zum Ausdruck kommt dies regelmäßig in sogenannten Ramschverkäufen, bei denen auslaufende Modelle in großen Mengen zu Niedrigstpreisen verscheuert werden, was die Branche wiederum zu der Klage veranlaßt, daß das Videogeschäft vom "'Preisverriß' hart gebeutelt" (73) werde. Aber selbst wenn von den harten Verkaufsziffern an den Endverbraucher ausgegangen wird, können diese nicht einfach auf die Anzahl der privaten Haushalte in der Bundesrepublik verteilt werden, will man ein realistisches Bild der Sättigung erhalten. Das ist umso weniger zulässig, je mehr wir uns in der Genese auf die Gegenwart zubewegen. Sind doch bei den Einkäufen in zunehmenden Maße sowohl Ersatzbeschaffungen zu berücksichtigen als auch die Tatsache, daß viele Konsumenten mittlerweile über zwei oder gar drei Geräte verfügen, zum Beispiel Kombinationen von stationären und tragbaren Recordern oder auch zwei Geräteeinheiten zum Überspielen von Cassetten oder zum Schneiden. (74)

In welchen Raten sich die Sättigung der Haushalte auf dem höchsten Verbreitungs-Niveau des Artefaktes tatsächlich entwickelt hat, läßt sich lediglich für die letzten ca. drei Jahre mit einiger Bestimmtheit ausmachen. Seit dieser Zeit stehen Ergebnisse von Erhebungen zur Verfügung, die im Auftrag der Rundfunkanstalten durchgeführt werden und die - auf einen Ausnahmefaktor werden wir noch zu sprechen kommen - ein relativ hohes Maß an Zuverlässigkeit besitzen. Sie basieren auf Samples von mindestens 10.000 bis zu über 15.000 privaten Haushalten in der Bundesrepublik, die als Repräsentanten auch über ihre sonstige Medienausstattung und -nutzung kontinuierlich befragt werden. (75) Der Bestand an Videorecordern hat sich danach zwischen dem Winter 1981/82 und 1983/84 etwas mehr als verdoppelt und damit im April 1984 eine Penetration von mindestens 11,4 Prozent erreicht. Wobei die regionale Verteilung erhebliche Differenzen zwischen den Bundesländern offenlegt: Das sich gern als Metropolen-Land gerierende großstädtische West-Berlin rangiert mit 13,6 Prozent an der Spitze, während der Flächenstaat Bayern mit nur 8,8 Prozent am unteren Ende der Skala zu finden ist. (76) Dies legt wiederum die Vermutung nahe, daß weitere markante Unterschiede gefunden werden könnten, bewegte man sich analytisch in die Mikrokosmen dieser statistischen Einheiten hinein und berücksichtigte man etwa lokal besondere Wohn- und Arbeitsverhältnisse oder kulturelle Infrastrukturen. Eine derartige Fragestellung ist aber empirisch-systematisch bisher noch nicht angegangen worden. Bezüglich der Verteilung bleiben wir somit auf die Erhebungen zum recht abstrakten gesellschaftlichen Durchschnitt in den einzelnen Regionen der Republik angewiesen. Lediglich aufgrund subjektiver Eindrücke, zum Beispiel für West-Berlin, können wir feststellen, daß sich Trabantensiedlungen wie Gropiusstadt oder dich besiedelte Wohnbezirke wie Neukölln oder Kreuzberg durch ein besonders dichtes Netz von Software-Umschlagplätzen und Hardware-Serviceläden auszeichnen, was wiederum auf eine besonders hohe Haushaltssättigung rückschließen läßt.

Und ein weiterer Gesichtspunkt ist herauszuheben, der auch die im Auftrag der Rundfunkanstalten erhobenen Daten relativiert: Aus den als repräsentativ definierten Haushalten fallen diejenigen heraus, in denen Ausländer leben. Nicht nur aus sozialpolitischen und forschungsethischen Gründen ist das zu verurteilen; es führt auch gerade im Fall der besonderen privaten Medientechnik Videorecorder zu Verzerrungen. Aufgrund ihrer spezifischen Lebensbedingungen sozialer und kultureller Isolation, Diskriminierung und Benachteiligung durch die etablierten Institutionen von Massenkommunikation, sowie aufgrund der spezifischen Möglichkeiten, mit dem Videorecorder elektronische Abziehbilder von Heimatwelten reproduzieren zu können, erfreut sich das Gerät bei den Ausländern besonderer Beliebtheit und führte zu einer überdurchschnittlich hohen Sättigung ihrer Haushalte. (77)

Weit weniger zuverlässig scheinen die bisher veröffentlichten Werte für die Haushaltssättigung der Jahre 1977 bis 1980 zu sein. Im Unterschied zu den späteren Jahren sind hier die Daten, die im Auftrag der Rundfunkanstalten erhoben wurden, offensichtlich zu hoch angesetzt. So weist die Sonderauszählung der Media Analyse AG für 1980 zum Beispiel eine vorgebliche Penetration von bereits vier Prozent aus. Danach wären in den Haushalten mehr Geräte vorhanden gewesen, als bis zum gleichen Jahr insgesamt

Tabelle 13

Verkauf und Verbreitung von Heim-Videorecordern in der Bundesrepublik 1977 - 1984 unter Einbeziehung eines Vergleichs der Absatzziffern mit der Entwicklung in den USA und Japan

	BUNDESREPUBLIK DEUTSCHLAND				USA		JAPAN	
	Absatz von der Industrie an den Handel			Sättigung der Haushalte in % 100 = alle HH in der BRD im jeweiligen Jahr	Absatz von der Industrie an den Handel			
Jahr	kumulierter Stand in Tsd.	Zuwachs gegenüber dem Vorjahresstand in Tsd.	Steigerungs rate in % (ca.) 100 = Vorjahreszuwachs		kumulierter Stand in Tsd.	Zuwachs in Tsd.	kumulierter Stand in Tsd.	Zuwachs in Tsd.
1977	ca. 48	30		0,2*	275	143	190	150
1978	143	95	217	0,6* (2)**	680	405	380	190
1979	333	190	100	1,4*	1.155	475	808	428
1980	708	375	97	2,9* (4)**	1.950	795	1.244	436
1981	1.452	744	98	5,5	3.310	1.360	1.915	671
1982	2.592	1.140	53	8,3 (7)**	5.660	2.350	3.420	1.505
1983	4.058	1.466	29	11,1	9.750	4.090	7.450	4.030
1984	5.548	1.490	2	(14-15)***	16.500	6.750	13.300	5.850

* eigene Schätzwerte (theoretisch maximal mögliche Ausstattung)

** Angaben der teleskopie-Strukturerhebung bzw. Sonderauszählung der Media-Analyse ... (s. Media Perspektiven)

*** BBE/DVI 1984/85 (da von seiten der Rundfunkanstalten für Ende des Jahres noch keine Ergebnisse vorliegen, haben wir auf diese Erhebung zurückgegriffen. Ein Vergleich mit den übrigen Daten ist aus methodischen Gründen nur eingeschränkt zulässig. Die Studie gibt für den Okt. 1984 einen Bestand von 14 % mit stationären und 15 % mit tragbaren Recordern an, ohne genau zu klären, inwieweit sich die beiden Teilmengen überschneiden.

Quellen: Thurow (GVL) 1981; Nordmende Marktforschung o.J., nach Kalbfuß 1982; Pfifferling/Wiedemann 1983; Wiedemann 1984; DVI - Daten zum Videomarkt 1981/82 bis 1984/85; Media Perspektiven - Daten zur Mediensituation in der Bundesrepublik 1979, 1981 und 1983; Aldershoff/Broders 1982; IIC - InterMedia Vol. 11, July/September 1983; Variety - Fourth Home Video Annual, September 28, 1983; Variety - Fifth Home Video Annual, October 10, 1984; epd/Kirche und Rundfunk, Nr. 89, November 1984.

von der Industrie an den Handel abgesetzt wurden. (78) Gleiches gilt für das Jahr 1978. Um grobe Anhaltspunkte für die tatsächliche Entwicklung in den ersten vier Jahren des höchsten Verbreitungs-Niveaus zu erhalten, haben wir uns für die folgende tabellarische Übersicht für Schätzwerte entschieden. Sie bezeichnen die **theoretisch maximal mögliche Ausstattungsrate**, indem die Absatzziffern der Industrie auf die Haushalte in der Bundesrepublik hochgerechnet wurden. Für die ersten Jahre, in denen Ersatzbeschaffungen und Mehrfachbesitz eine relativ geringe Rolle spielten und die Industrie eher Lieferschwierigkeiten hatte, als daß der Handel durch ein Überangebot gekennzeichnet gewesen wäre, ist dieses Vorgehen nicht ganz so problematisch wie für die achtziger. Festzuhalten bleibt gleichwohl für den gesamten Zeitraum, daß die aufgeführten Daten lediglich zur groben Beschreibung von Tendenzen dienen können. Sie drücken keine abgesicherten Istwerte aus. Die vielleicht etwas kleinlich anmutende Auseinandersetzung mit den vorhandenen Zahlen sollte nicht zuletzt deutlich machen, welche Faktoren für künftige empirische Untersuchungen zu berücksichtigen wären.

Der grobe Vergleich mit der Absatzentwicklung in den USA und in Japan soll nicht nur die andere Größenordnung demonstrieren, mit der auf diesen Binnenmärkten zu rechnen ist. Er soll auch für die historische Perspektive andeuten, daß möglicherweise die größten Sprünge in der Verbreitung des Artefaktes hierzulande erst für die kommenden Jahre zu erwarten sind. Denn obwohl wichtige Voraussetzungen für die Durchsetzung des Heim-Videorecorders in diesen Ländern schon zeitiger gegeben waren und die Öffnung des Massenmarktes dort zwei Jahre früher anzusetzen ist, haben die Zuwachszahlen erst 1983/84 ihre gewaltigsten Dimensionen erreicht. - Auf Angaben zum jeweiligen Grad der Haushaltssättigung haben wir für beide Länder deshalb verzichtet, weil wir die veröffentlichten Befunde nicht in gleicher Weise kritisch einschätzen können, wie wir das für die Bundesrepublik vermögen. Deshalb seien hier nur einige Hinweise angebracht, in welchem Verhältnis in etwa die Verkaufszahlen zu den Ausstattungen der Haushalte stehen. Die bis Ende 1983 in den USA abgesetzten knapp zehn Millionen Geräte hatten dort zur Folge, daß etwa jeder zehnte Haushalt einen Videorecorder besaß; (79) die Schätzwerte für Ende 1984 liegen zwischen siebzehn und achtzehn Prozent. (80) Nach Berechnung der Pony-Canyon Group of Nippon Broadcasting Systems sollen die 13,33 Millionen von der Industrie an den Handel verkauften Einheiten 1984 zu einer Penetration von 30,5 Prozent der japanischen Haushalte geführt haben. (81)

STRUKTUREN UND LIEFERANTEN

Ein oberflächlicher Blick auf das Angebot an Videorecordern, das Runkfunkfachgeschäfte, Kaufhäuser, Großhandlungen oder Versandhäuser in der Bundesrepublik feilbieten, könnte zu dem voreiligen Schluß leiten, die einheimische Geräteinudstrie für die Unterhaltungselektronik sei führend in diesem Geschäft. Auf den Chassis der Artefakte prangen die ehrwürdigen Signets von Telefunken, Saba, Nordmende, Blaupunkt, Graetz, Siemens, Philips und Grundig. Beim Blättern in den Katalogen von Neckermann oder Quelle begegnet man den klangvollen Markennamen Palladium oder Universum. Doch der Schein trügt: die Bundesrepublik ist in den ca. acht Jahren der Entwicklung des höchsten Verbreitungs-Niveaus für Videorecorder in ökonomischer Hinsicht zum **Entwicklungsland** degradiert worden. Abgesehen davon, daß der Großteil der aufgezählten Marken längst nicht mehr für autonome Wirtschaftstätigkeit steht - Telefunken, Saba und Nordmende zum Beispiel sind Töchter des nach seiner Fusion verstaatlichten französischen Konzerns Thomson-Brandt; Philips hat seit 1984 seinen Viertelanteil am Unternehmen Max Grundigs zur Mehrheitsbeteiligung ausgebaut -, das elektronische und mechanische Innenleben der allermeisten in der Bundesrepublik offerierten Geräte wird in Tokyo oder Osaka hergestellt und zusammengesetzt. Die Produkte erhalten dann lediglich die Markenzeichen der auf dem bundesdeutschen Markt etablierten Firmen und Konzerne. Damit sie sich bei ihren einheimischen Kunden profilieren können, dürfen die sogenannten Systempartner Design und Bedienungskomfort ihrer jeweiligen Recordertypen geringfügig modifizieren. (82)

Wie wichtig diese Strategie wiederum für die japanischen Systemproduzenten und Lizenzinhaber ist, kommt deutlich in den Ergebnissen von Markterhebungen zum Ausdruck, die in den letzten Jahren regelmäßig zum hiesigen Videomarkt und seiner Nutzung durchgeführt werden. An der Spitze der Beliebtheitsskalen für die einzelnen Marken sind die westdeutschen Konzerne der Unterhaltungselektronik zu finden, bzw. das, was von ihnen übrig geblieben ist: an erster Stelle Grundig, mit wechselnden Positionen dahinter Blaupunkt, Telefunken, Saba, Nordmende und Philips. Von den eigentlichen Systemherstellern der japanischen Varianten zeichnet sich lediglich Sony durch einen hohen Bekanntheits- bzw. Beliebtheitsgrad aus. Die VHS-Mutter JVC ist hingegen erst am unteren Ende der Hierarchie zu finden; relativ weit oben angesiedelt ist aus ihrer Herstellergruppe beständig lediglich die Matsushita-Marke National/Panasonic. (83) Auch in dieser besonderen ökonomischen Hinsicht realisiert sich der Videorecorder als Zusatzgerät zum Fernsehapparat. Die Konsumenten orientieren sich beim Einkauf offensichtlich an den national populären Markenherstellern von TV-Geräten. Was im übrigen nicht nur für die Bundesrepublik gilt, sondern auch für andere westeuropäische Länder oder die USA.

Auf einem sozio-technischen Niveau des Artefaktes, auf dem die konkurrierenden Systeme innerhalb eines Marktsegmentes in ihren Gebrauchswert-Parametern weitgehend identisch sind, entscheidet weniger die Qualität einzelner Geräte über die Durchsetzungskraft einer Variante. Herausragende Bedeutung bekommen die Strategien, mit denen die Entwickler/Produzenten die nationalen und internationalen Märkte besetzt haben und halten. Die heutigen hegemonialen Verhältnisse, wie sie den Hardwaresektor in der Bundesrepublik und weltweit kennzeichnen, haben sich wesentlich aufgrund

Schematische Darstellung:

Entwicklung der Anteile für die beiden japanischen Heim-Videorecorder-Systeme auf dem US-Markt 1975 bis 1983

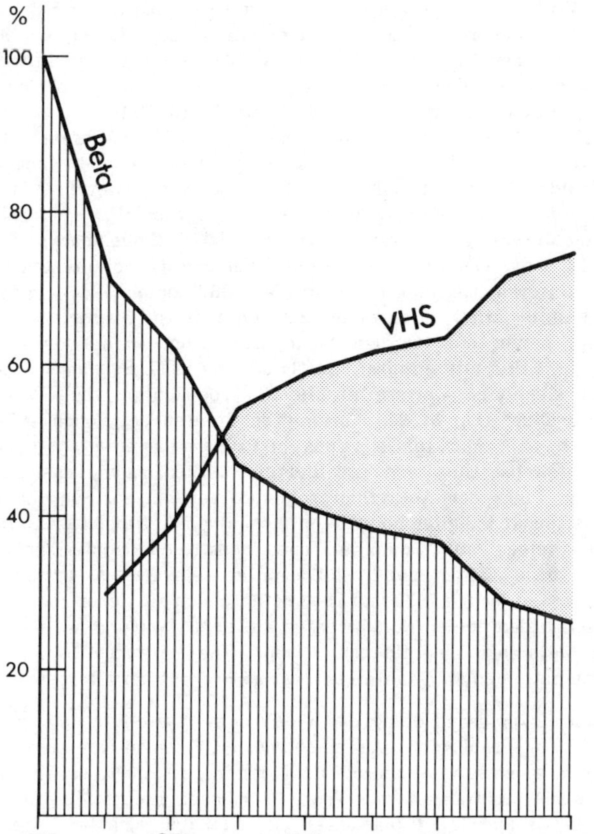

Quelle für die Daten: Time, January 16, 1984, S. 60

einer wirksamen **Systempolitik** herausgebildet. Zweifellos am aggressivsten und erfolgreichsten ist in dieser Hinsicht seit der Öffnung des Massenmarktes die Victor Company of Japan mit ihrer starken Konzernmutter Matsushita im Hintergrund gewesen; beide drängten innerhalb kürzester Zeit selbst den Geräte-Avantgardisten Sony an die Peripherie der ökonomischen Macht im Heim-Videobereich.

Schon 1974, zwei Jahre also vor der Präsentation des ersten Prototypen mit dem VHS-Konzept, begann die JVC weltweit Hersteller und Distributoren für ihr Videoprojekt zu gewinnen; mit großem Erfolg vor allem bei der einheimischen und der US-Industrie. Als sie am 9. September 1976 erstmals ihren Pionier-Recorder HR-3300 in Japan präsentierte, hatte sie neben Matsushita mit deren Markentöchtern National und Panasonic bereits die Konzerne Hitachi, Sharp und Mitsubishi im Gefolge (84); kurze Zeit später kam Akai als weiterer Lizenznehmer hinzu. Nachdem Hitachi und JVC noch im selben Jahr den US-Markt angetestet hatten und dem Beta-System auf Anhieb fast 30 Prozent Anteile streitig machen konnten, begann die intensive Beackerung dieses größten Binnenmarktes der Welt. Mit der RCA und General Electric schlossen sich die potentesten Produzenten von Unterhaltungselektronik in den USA dem Video Home System an; Matsushita stieß mit seinen Markentöchtern Quasar, National und Panasonic, hinzu, die für den japanischen Konzern auf dem US-Markt agierten. (85) Und mit Admiral, Curtis Mathes, GTE Sylvana und Magnafox schlossen sich vier weitere etablierte Produzenten von TV-Apparaten dem "VHS-Club" (86) in den Vereinigten Staaten an. Schon 1978 - zwei Jahre nach dem Markteintritt des historisch jüngeren Systems, gelang es diesem Konsortium von profilierten Markenfirmen, das Betaformat vom ersten Platz der Absatzhierarchie zu verdrängen. Sony hatte bis zu diesem Zeitpunkt lediglich noch die branchenfremde Nippon Electric Company (NEC), einen auf Computer und Industrieelektronik spezialisierten Konzern, sowie Sanyo und Toshiba hinter sein System bringen können. In den Jahren zwischen 1978 und 1983 öffnete sich die Schere der Absatzkurven zwischen den beiden Konkurrenten auf dem US-Markt weiter zugunsten der von Matsushita angeführten Gruppe. Die Betamax-Recorder wurden allmählich auf einen Marktanteil von ca. 25 Prozent heruntergedrückt.

Ähnlich okkupierend drang das Video Home System in den europäischen Markt ein. In Frankreich wurde Thomson-CF, noch vor seiner Liierung mit Brandt zum Staatskonzern, als Partner gewonnen. In Großbritannien gelang es Matsushita mit der Thorn Consumer Electronic Ltd. die dort mächtigste Gruppe von Produzenten und Distributoren der Unterhaltungselektronik hinter sich zu bringen; Thorn verfügte Ende der siebziger Jahre mit DER und REW sowie mit Ferguson (Videostar) nicht nur über drei der bekanntesten Hardwarefirmen des nationalen Marktes; mit 1.600 über das ganze Land verteilten Geschäften des Rundfunkfachhandels und des in Großbritannien besonders verbreiteten Geräteleasings - dabei kann der Konsument gegen eine monatliche Gebühr Fernsehapparate oder Videorecorder ausleihen - bestimmte der Konzern wesentlich mit, welche Marken überhaupt in den Austausch gelangten. (87) Nach seiner 1980 abgeschlossenen Fusion mit dem britischen Software-Riesen der Schallplatten- und Filmbranche, Electronic Music International (EMI), (88) hat sich Thorn EMI Ltd. zum größten außeramerikanischen Medienkonzern entwickelt und nahm 1984 mit einem Jahresumsatz von 4,3 Milliarden US-Dollar hinter der RCA den zweiten Platz in der Weltrangliste ein. (89)

Während in der Bundesrepublik das Beta-System anfänglich nur noch zusätzlich von Toshiba vertreten wurde, begleiteten den Markteintritt von JVC 1978 gleich fünf Markenfirmen: Neben den Japanern Akai und National waren dies der westdeutsche Ableger des Chicagoer Konzerns Bell & Howell sowie vor allem die beiden renommierten Gerätehersteller Saba und Nordmende. Philips agierte zu dieser Zeit als einziger Anbieter des VCR-Longplay-Systems; Grundig hatte sich ja bereits auf sein neues Super Video Recording kapriziert, das außerdem noch von der bundesdeutschen Vertriebsfirma des ITT-Konzerns, Schaub Lorenz, angeboten wurde. (90) Schon im ersten Jahr zeitigte die Sammlung von starken Markenfirmen hinter der VHS-Variante ihre Folgen auf dem hiesigen Markt. Sie konnte auf Anhieb ca. ein Viertel des Geräteabsatzes für sich verbuchen. Wobei die vorliegenden Daten die Vermutung nahelegen, daß die VHS-Gruppe diesen Marktanteil auf Kosten des europäischen Systems eroberte; Beta konnte seinen fünfzehnprozentigen Anteil von 1977 auch in diesem Jahr halten.

Die langfristige Systempolitik der japanischen Victor Company entfaltete aber erst in den folgenden Jahren ihre volle Wirksamkeit. Mit Ausnahme der Wega Radio GmbH, 1975 von Sony aufgekauft und selbstverständlich Anbieterin von Betamax-Recordern, begannen nach und nach sämtliche Hersteller von Fernsehgeräten in der Bundesrepublik entweder ausschließlich oder zumindest ergänzend VHS-Recorder zu verbreiten. Die Systemfamilien beider konkurrierender Marktagenten wurden dadurch empfindlich getroffen und lösen sich gegenwärtig zusehends auf.

Fisher, die Markentocher des Sanyo-Konzerns, hielt dem Betaformat nur bis 1983 die Stange und wechselte zum mächtigeren Konkurrenten über; ebenso Toshiba, die seinerzeit den ersten Schrägspur-Recorder auf den japanischen Markt gebracht hatte. NEC behielt lediglich mit einem einzigen Gerätemodell gewissermaßen den Fuß im Marktsegment für Betamax-Geräte, konzentrierte sich aber ab 1983/84 auch auf die VHS-Distribution. In der Bundesrepublik boten 1984 außer Sony und Wega somit lediglich noch die Versandhausmarken Palladium (Neckermann) und Universum (Quelle), die eine Option für alle drei Systeme erworben hatte, die Produkte des einstigen Avantgardisten auf dem Heim-Videomarkt an, wobei sich diese auf die billigsten Gerätevarianten kaprizierten. In internationaler Hinsicht sahen japanische Marktbeobachter die 'endgültige Auflösung der Beta-Gruppe' im Januar 1984 für gegeben, als die US-Firma Zenith ankündigte, 'daß sie Sony's Maschinen nicht länger unter ihrem Markenzeichen verbreiten würde'. (91) Für Sony bedeutete dies, daß der Konzern auf dem Weltmarkt neben der Sanyo Electric Trading Company einziger Anbieter von Betamax-Recordern geworden war, was für ihn insofern von herausragender ökonomischer Bedeutung war, als die Heim-Videogeräte bis 1983 einen Anteil von **41 Prozent** seines Gesamtumsatzes eingenommen hatten. (92) Es ist auf diesem Hintergrund erklärlich, daß Sony sein Systemkonzept nicht aufgab, sondern seine Anteile mit ständigen Produkterneuerungen zumindest zu halten versuchte. Und dies schien auch gegen die übermächtige Konkurrenz aus dem VHS-Lager vorläufig zu gelingen. Vor allem aufgrund hoher Verkaufsziffern seiner High-Fidelity-Varianten konnte das Beta-System 1984 in den USA wieder Marktanteile hinzugewinnen. In der Bundesrepublik blieb es mit nach wie vor ca. 14 bis 15 Prozent stabil. (93)

Den Überlebenskampf für ihr System aufgegeben zu haben scheinen indessen Philips und Grundig. Krass zeigt sich am Beispiel der europäischen Videorecorder-Variante mit der Wendecassette, wie wenig Alleinstellungen in technischer Hinsicht zugleich längerfristige wirtschaftliche Chancen des Produkts garantieren, werden sie nicht durch entsprechende marktpolitische Strategien flankiert und in Vorteile umgesetzt. Bis Ende 1982 konnte die deutsch-niederländische Aktionsgemeinschaft in Sachen Heim-Videorecorder zwar noch einige weitere internationale Marken hintersichbringen, wie den Ableger des dänischen Konzerns Bang & Olufsen (Deutschland GmbH) und die westdeutsche Tochter von ITT; die Loewe Opta GmbH, die Metz Apparatewerke, der Hi-Fi-Spezialist Uher sowie die Konsumelektronik-Abteilung von Siemens waren jedoch die einzigen bundesdeutschen Unternehmen, die sich Video-2000 anschlossen. Ihr selbstgestecktes Ziel, nämlich das "marktbeherrschende System in Europa zu stellen" (94), erreichten Philips und Grundig aber nicht einmal annähernd. Lediglich in Österreich, wo Philips seine Video-2000-Recorder produzierte, schlossen sich die namhaftesten einheimischen Hersteller von TV-Geräten überwiegend der europäischen Variante an, und aufgrund rigider Einfuhrbeschränkungen für japanische Produkte konnten sie hier in der Tat mit 45 Prozent bis Ende 1983 den höchsten Marktanteil erzielen. (95) Überdurchschnittlich hoch war dieser noch in Belgien; im europäischen Durchschnitt erreichte V-2000 ansonsten denselben Wert wie in der Bundesrepublik, etwa 20 Prozent; und der wird in den nächsten Jahren rapide absinken. An dieser Aussage ist deshalb wenig hypothetisch, weil der mittlerweile vereinigte Philips/Grundig-Konzern selbst die Weichen in diese Richtung gestellt hat. Ein System, auf das nicht einmal seine Erfinder und Hersteller ungeteilt setzen, dürfte weder für potentielle Lizenznehmer noch für den Handel attraktiv bleiben: Auf der IFA 1983 in Berlin überraschten Philips und Grundig die Branche mit der Nachricht, daß auch sie in Lizenz VHS-Recorder produzieren würden, vorgeblich nur für den Export in die USA und nach Australien, bzw. in einige weitere Länder, in denen das JVC-System dominieren würde. War diese propagierte Selbstbeschränkung ohnehin schon sehr vordergründig - schließlich beherrschte VHS etwa siebzig Prozent des Weltmarktes

Schematische Darstellung

STAMMBAUM DES HARDWARE-SEKTORS AUF DEM HEIM-VIDEOMARKT

SYSTEME	B E T A	V H S	V - 2 0 0 0	8 mm VIDEO	c v c
ENTWICKLER	Sony	JVC (Matsushita)	Philips/Grundig	Diverse: Weltstandard	Futec
SYSTEMPRODUZENTEN UND LIZENZHERSTELLER FÜR DEN WELTMARKT	Sony NEC Sanyo Toshiba (bis 83)	JVC (Matsushita) Akai Hitachi Mitsubishi National-Panasonic (Matsushita)	Philips Grundig	bisher: Matsushita Sony	Canon Technicolor
LIZENZHERSTELLER IN EUROPA (Auswahl)		Thorn EMI (GB) Thomson-Brandt (Frankreich) Telefunken (J2T) (West-Berlin) Bosch (BRD) Philips/Grundig (BRD)			Grundig (BRD) nur 1981/82
SYSTEMPARTNER Vertriebsfirmen und Markenanbieter **auf dem bundesdeutschen Markt** (geringfügige Abweichungen in Design und Bedienungskomfort gegenüber den japanischen Herstellern)	Wega Fisher (Sanyo) (bis 1983) Palladium (Neckermann) Universum (Quelle)	Blaupunkt (Bosch/Siemens) Bosch/Bauer Dual (T-B) Fisher (Sanyo) Graetz (SEL ITT NEC Nordmende (T-B) Olympus Orion Saba (T-B) Sanyo Schneider Telefunken (T-B) Tensai Thomson Uher Universum (Quelle)	Bang & Olufsen ITT Loewe Opta Metz Siemens Uher Körting	ITT Kodak Fuji	Elbex Grundig Siemens Uher Funai
SYSTEMPARTNER WELTWEIT (Auswahl)	Marantz (USA) NEC (GB, USA) Zenith (bis Anfang '84)	Ferguson (GB/Thorn) GEC (GB/Hitachi) NEC (GB/USA) Pioneer (GB) Admiral Curtis Mathes General Electric ITT Magnafox Pentax Quasar (Matsushita) RCA Sylvana Zenith (alle 10: USA) Alfa (Mexiko) Rank (Australien) Siera (Thailand) Electronica (UdSSR) Magnasonic (Schweiz)	PYE (GB) Aristona Hornyphon Luxor Mediator Novak Phonola Radiola (alle Österreich) Marantz (Philips, CH) Bang & Olufsen (Dänemark)	General Electric RCA Fuji	

Stand: Anfang 1985

Soweit die Markenfirmen nicht unabhängig sind und wir die Zugehörigkeit feststellen konnten, ist in Klammern der jeweilige Dachkonzern angegeben. Dabei wurden folgende Abkürzungen benutzt:

T-B = Thomson-Brandt S.A., französischer Staatskonzern

SEL = Standard Elektrik Lorenz AG, Stuttgart (International Standard Electric Corporation, New York)

Die Electronica-Recorder EVM-15 aus der Sowjetunion, deren Produktion 1984 mit einer Stückzahl von 12.000 aufgenommen wurde, basieren auf einem Modell der Matsushita-Tochter National/Panasonic. (Vgl. dazu: Video Week (London), August 20, 1984. S. 20)

---

und war in den allermeisten Ländern das führende System -, so konnte sie bei den europäischen Partnern nach jahrelanger abenteuerlicher Systempolitik, insbesondere von seiten des Fürther Konzerns, kaum noch ernst genommen werden. Die angestammten Lizenznehmer ITT und Uher warteten gar nicht erst ab, bis die ersten VHS-Geräte unter den Signets von Philips und Grundig auch auf dem bundesdeutschen Markt verkauft würden; sie begannen noch 1983 mit dem Vertrieb des japanischen Konkurrenzsystems. Nachdem Grundig dann endgültig Mitte 1984 die Produktion von Geräten im japanischen System angekündigt hatte und ab Herbst das erste Modell unter der Typenbezeichnung VS-200 auf den westdeutschen Markt brachte, (96) entschlossen sich auch die übrigen Systempartner zur zweigleisigen Marktpolitik; bisher lediglich mit Ausnahme des dänischen Hi-Fi-Spezialisten Bang & Olufsen. Große Teile des Handels reagierten auf diese Entwicklung mit einem regelrechten Ausverkauf des europäischen Systems. Lag der Durchschnittspreis dieser Recorder im Januar 1984 noch bei ca. 2.000 DM, so sank er bis August bereits um mehr als 250 DM, mit deutlicher Tendenz nach unten. (97)

Bezogen auf den Hardwaresektor läßt sich die nationale und internationale Marktsituation so zusammenfassen: Auf dem höchsten Verbreitungs-Niveau des Videorecorders haben sich eindeutige Machtverhältnisse herausgebildet. Hinter dem Video Home System steht weltweit der Großteil der geräteproduzierenden Industrie; an der Peripherie kämpfen Beta und Video 2000 um die verbleibenden kleineren Marktanteile, wobei die jüngste Entwicklung den Schluß zuläßt, daß letzteres noch vor der möglichen Durchsetzung einer global einheitlichen Norm zwar nicht gänzlich vom Markt verschwindet, so doch zum marginalen Rest verkommt. Deutliches Indiz dafür ist nicht zuletzt die Tatsache, daß sich Philips/Grundig kaum mehr an dem rasanten Innovationsprozeß des Artefaktes beteiligt. Das europäische System hinkt sowohl der Entwicklung der japanischen Konkurrenzmodelle zu Hi-Fi-tüchtigen Reproduktionsanlagen hinterher, als auch seine Entwickler keine Anstrengungen unternehmen, mit ihm an dem hart umkämpften Geschäft mit kleinen transportablen Aufnahmegeräten, wie den Kamera-Recordern, zu partizipieren.

Die neue Systempolitik des niederländisch-deutschen Konzerns kennzeichnet aber noch ein übergreifender, schon grotesker Wiederspruch: Auf Initiative von Philips und mit Unterstützung von Grundig beschloß die Wirtschaftskommission der Europäischen Gemeinschaft 1982 unter Zustimmung der japanischen Industrie die Einfuhrbeschränkung von Heim-Videorecordern japanischer Bauart auf jährlich maximal 4,55 Millionen Stück in die Länder der EG. Ebenso wurden Preisvereinbarungen getroffen, welche die Japaner daran hindern sollten, ihre bereits 1981 erreichte Überproduktion von Geräten durch Niedrigpreise auf dem europäischen Markt abzusetzen. Wirksam wurden diese Vereinbarungen mit Beginn des Jahres 1983. (98) Nun betreiben Philips und Grundig nicht nur den Ausverkauf ihres eigenen Systems; Grundig unterläuft durch die Herstellung von VHS-

Tabelle 14

Prozentuale Marktanteile der Heim-Videorecorder-Systeme in der Bundesrepublik im Spiegel der Marktforschung (1977 bis 1984)

Jahr und Art der Erhebung / **System**	**VHS**	**Beta**	SVR, VCR, **V-2000** VCR-Longplay	**Sonstige:** Cartridge, U-matic, VHS-C, CVC, 8mm-Video
1977				
Saba Marktforsg.	—	15	85	keine Angabe
1978				
Saba Marktforsg.	25	15	60	keine Angabe
1979				
GFM/GVL	31,2	20,6	46,4 (VCR:15,4; VCR-LP: 19,8; SVR: 11,2)	1,8
1980				
Saba Marktforsg.	53	23	24	keine Angabe
1981				
Saba Marktforsg.	54	19	27	keine Angabe
1982				
BBE/DVI	57	23	19	2
Burda	59	16	20	5
1983				
G+J	57,1	14,6	22,9	5,4
1984				
G+J	59,4	14,0	23,2	3,3
Burda	62	11	25	1

Basis: Saba - Geräteabsatz im jeweiligen Jahr, GFM/GVL - 500 Videorecorderhaushalte, Burda 1982 - 402 Videorecorderhaushalte, Burda 1984 - 404 Videorecorderhaushalte, G+J - 876 Videorecorderhaushalte, G+J 1984 - 826 Videorecorderhaushalte

Recordern in Nürnberg-Langwasser effektiv auch die erwirkten Einfuhrbeschränkungen. Er realisiert damit freilich nur eine Praxis, die einige konkurrierende Konzerne bereits im Jahr zuvor begonnen haben: Die Thomson-Brandt-Tochter Telefunken setzt in West-Berlin in Kooperation mit der britischen Thorn und unter Lizenz von JVC VHS-Geräte zusammen; (99) Hitachi produziert selbständig in Landsberg am Lech; Bosch kooperiert mit Matsushita bei der Herstellung in Osterode; und Sony fabriziert im Verbund mit Wega in Fellbach bei Stuttgart Betamax-Recorder. Dem weiteren Ausbau der japanischen Hegemonie scheinen also mit Unterstützung der bundesdeutschen Unterhaltungselektronik-Industrie keine Grenzen gesetzt zu sein.

Quellen und Kommentar zu Tab. 14:

Für den gesamten Zeitraum des höchsten Verbreitungs-Niveaus des Videorecorders in der BRD liegt bezüglich der verschiedenen Systeme keine Untersuchung vor. Die tabellarische Übersicht synthetisiert deshalb verschiedene Studien. Zu betonen ist, daß diese aufgrund erheblicher methodischer Unterschiede und differierender Stichproben untereinander nicht vergleichbar sind. Die Auflistung soll lediglich Beschreibungsmaterial für die grobe Tendenz liefern: Mit bis zu ca. 60 Prozent hat sich VHS (seit 1980 beständig) als das marktbeherrschende System herausentwickelt; die restlichen Anteile fallen mit wechselnder Mehrheit den Systemen Beta und V-2000 zu; die übrigen Systeme bekommen erst eine Bedeutung mit dem Angebot verschiedener verkleinerter Konzepte transportabler Aufnahmeeinheiten.

Die Saba Marktforschungsdaten vgl. u.a. bei Kalbfuß 1982, die G+J-Daten bei Wiedemann 1984. Auf die übrigen Studien wurde bereits mehrfach verwiesen. Sie sind im Literaturverzeichnis zu identifizieren.

---

3. Sozio-kulturelle Aspekte des Gerätebesitzes

VERTEILUNG

Analog zur Bemühung der "Boom"-Metapher für die Ausbreitung des Videorecorders als Artefakt im Alltagszusammenhang strapazierte die veröffentlichte Meinung in den ersten achtziger Jahren die Vorstellung, das Gerät wäre zufürderst Ausstattungsstück der unteren sozialen Schichten. Es entstand das Bild eines neuen Mediums für ein kulturelles Lumpenproletariat, das seine gesellschaftlichen Benachteiligungen ohnehin in überdurchschnittlich intensivem Fernsehkonsum kompensieren würde und nun in der durch ein Aufnahme- und Abspielgerät erweiterten TV-Apparatur seine adäquate (massen)kommunikative Befriedigung erlangt hätte. (100) Vier Ursachenkomplexe wurden dafür in unterschiedlichen Kombinationen zur Untermauerung herangezogen. Sie reflektierten jeweils durchaus ein Stück Wirklichkeit der Genese der neuen Medientechnik, wurden aber unzulässigerweise verallgemeinert und ideologisch überhöht:

- Werbekampagnen der Geräteindustrie in der Massenpresse und spektakuläre Händleraktionen, während derer Geräte aus der japanischen Überproduktion zu Dumpingpreisen von um die 1000 DM feilgeboten wurden (101), suggerierten den Eindruck, der Recorder wäre auch für untere Einkommensschichten ohne weiteres erschwinglich geworden.
- Die schnelle Verbreitung, die der Videorecorder in den sozio-kulturell besonders diskriminierten Familien der Migranten fand - und hier insbesondere der in West-Berlin und der Bundesrepublik lebenden Türken - wurde als charakteristisch für das Nachfragepotential auf die Gesellschaft insgesamt verallgemeinert.
- Das Angebot an industriell bespielten Cassetten, die Video-**Software**, wurde in den Jahren der höchsten Verbreitung des Videorecorders dominiert von Pornographischem unterschiedlicher Spielart sowie zweit- und drittklassiger Filmware mit dem verbindenden Nimbus übelster Trivialkultur; deren Rezeption schrieb man in erster Linie den Nichtgebildeten und sozial Unterprivilegierten zu. Ein Netz von Videotheken, das sich mit großer Geschwindigkeit über die gesamte Republik ausbreitete, bot für die oberflächliche Betrachtung reichlich Bestätigung; die minderwertige Kulturware wurde aggressiv in den Schaufenstern dieser neuen Spezies von Geschäften beworben.
- Das Videogeschäft insgesamt - und in besonderem Maße wiederum das mit der industriellen Software - schien beherrscht von Schwarzhändlern und anderen Kriminellen, die mit der neuen Verteiltechnik schnelles Geld zu machen hofften, ohne Rücksicht auf gesetzliche Beschränkungen des Marktes, Urheberrechtsbestimmungen und bildungsbürgerliche Kulturvorstellungen.

Wirksam unterstützt wurden die publizistischen Konstruktionen zur Diskreditierung des jungen Videomarktes und seiner vorgeblichen Nutzermehrheit durch die (erfolgreichen) Versuche konservativer Politiker und Verbände, sich durch Feldzüge gegen den elektronisch vermittelten Kulturmüll zu profilieren und gesetzliche Verschärfungen für den Distributionsbereich zu installieren. Wobei diese Kampagne auf ihrem Höhepunkt 1983/84 einen nicht zu übersehenden medienpolitischen Effekt hatte: Die Abwertung der neuen Verteiltechnik diente objektiv der Aufwertung jenes fernsehvermittelten Schlaraffenlandes, das mit der Verkabelung der Bundesrepublik sowie ihrer Direktbestrahlung durch TV-Satelliten in privatwirtschaftlicher Regie propagiert wurde. (102)

Doch die Durchsetzung des Artefaktes im Alltagszusammenhang sieht in sozio-kultureller Hinsicht noch bis heute anders aus. Mit dem besonderen Aspekt der Video-Software setzen wir uns gesondert und ausführlich auseinander. Konzentrieren wir uns zunächst auf herausragende Merkmale der Verteilung und der Nutzung der neuen privaten Medientechnik, soweit dazu empirische Befunde vorliegen.

In sozialer Hinsicht vollzog die Durchdringung des Massenmarktes mit dem Videorecorder eine Entwicklung, wie sie auch für andere langlebige Konsumgüter mit relativ hohen Anschaffungspreisen charakteristisch war: Sie begann bei denjenigen, die in der Sozialhierarchie deutlich über dem gesellschaftlichen Durchschnitt angesiedelt waren und bewegte sich im Verlauf der letzten Jahre allmählich auf diesen hin. (103) "Im Zeitpunkt des Überschreitens der Schwelle (vom Pioniermarkt) zum Massenmarkt" (104) verfügten ca. zwei Drittel der Gerätebesitzer über ein Haushaltsnettoeinkommen von mehr als 2.500 DM. Knapp ein Drittel (32,8 Prozent) verdiente netto zwischen 2.501 und 3.500 DM, ein Fünftel zwischen 3.501 und 5.000 DM und 14,6 Prozent gar über 5.000 DM. Zu diesem Zeitpunkt betrug der durchschnittliche **Brutto**verdienst eines Industriearbeiters in der Bundesrepublik gerade 2.100 DM; der durchschnittliche nominale Nettolohn eines abhängig Beschäftigten lag jedoch nur bei 1.675 DM, womit die mittleren Einkommensgruppen nur zu einem geringen Teil zu jenen 23,3 Prozent der Besitzer von Videorecordern gehört haben dürften, die zwischen 1.501 und 2.500 DM verdienten. (105)

Die Ausstattung zunächst von sozial privilegierten Haushalten mit dem Videorecorder war kein besonderes bundesdeutsches Phänomen. Die Ergebnisse dieser seinerzeit weltweit ersten Studie zum Besitz und zur Nutzung des Gerätes hatten einen hohen Grad von Entsprechungen mit dem, was unmittelbar nachfolgende Erhebungen aus anderen Ländern an soziodemographischen Merkmalen der Videobesitzer hervorbrachten. So kam etwa das Projekt "Konsumelektronik und soziale Auswirkungen" von Soziologen an der Wiener Universität zu der Beobachtung, daß das Haushaltseinkommen bei den "Pionieren" der privaten Videorecorder-Besitzer mit knapp unter 20.000 österreichischen Schilling überdurchschnittlich hoch war. (106) Eine Studie der A. C. Nielson Company, die Anfang 1980 veröffentlicht wurde, stellte in bezug auf die soziale Zusammensetzung der Videorecorder-Haushalte in den USA das Resultat heraus, daß diese überwiegend als "upscale" einzustufen wären: "59 % of VCR homes have incomes over $ 25.000" (107).

Auch in den folgenden Jahren waren die Besserverdienenden noch deutlich überrepräsentiert bei denjenigen Bundesdeutschen, die sich Videorecorder anschafften. In den ersten Erhebungen, welche die Marktforschungsabteilung des Burda-Verlags durchführte, kommt aber schon eine zunehmende Penetration in die mittleren Einkommensgruppen zum Ausdruck; eine logische Folge des generell hohen Zuwachses im Geräteabsatz. So stieg der Anteil der Haushalte mit einem Nettoeinkommen von zwischen 1.500 und 2.500 DM bei den Recorderbesitzern von 18 Prozent im Jahre 1981 auf 30 Prozent im Jahre 1982 und näherte sich damit stark den 35 Prozent an, die diese Einkommensklasse insgesamt in der Bundesrepublik repräsentierte. Die Besserverdienenden legten aber sogar noch etwas zu, vergleicht man die Burda-Erhebungen mit derjenigen der GFM von 1979. 1981 stellten die Haushalte mit einem Nettoeinkommen von über 2.500 DM laut Burda mit 74 Prozent nahezu drei Viertel der Video-Haushalte; im folgenden Jahr sank der Anteil dieser Gruppe nur um sieben auf 67 Prozent, lag damit aber immer noch um 15 Prozent höher als der Anteil, den dies Bevölkerungssegment in der Bundesrepublik einnahm. (108) Noch etwas differenzierter sind in der Hinsicht die Ergebnisse, welche das Marktforschungsinstitut BBE-Unternehmensberatung im Auftrag des Deutschen Video Institutes in seiner ersten Studie hervorbrachte. Danach stellte nämlich die höchste Einkommensklasse, hier definiert mit über 4.000 DM monatlich, mit ca. 21 Prozent auch den höchsten Anteil an den Geräteeigentümern. (109) Hier wäre auch der Besitz von älteren, vor 1980 gekauften Videorecordern signifikant höher als in den übrigen vier Einkommensgruppen, sodaß dadurch noch einmal die frühe soziale Privilegierung bei der Geräteausstattung im Nachhinein bestätigt wurde.

Für die aktuellere Situation können wir wiederum zurückgreifen auf die Daten, welche die großangelegten Erhebungen eruiert haben, derer sich auch die ARD-Runkfunkanstalten für ihre Einschätzung der Recorderverteilung und -nutzung bedienen und die wir auch schon für die Berechnung der Sättigungsraten der letzten drei Jahre zugrundegelegt haben. Im Unterschied zu den vorher benutzten Studien sind hier die Bezugsgrößen der Anteile nicht die Video-Haushalte, sondern alle privaten Haushalte der Bundesrepublik, die in der jeweiligen Basis repräsentiert seien:

Tabelle 15

Videorecorderbesitz nach Haushaltsnettoeinkommen in Prozent

	tele FMA Winter 1981/82	G + I Januar 1983	E.M.A. Winter 1983/84
bis 1.500 DM	2,0	3,3	3,6
1.500 DM - 2.500 DM	4,7	8,2	9,5
über 2.500 DM	8,3	11,5	17,2
Gesamt	5,6	8,6	11,4

Basis: G + I N = 10.000 Haushalte (G + I = Gruner & Jahr)
E.M.A., N = 15.268 Haushalte (E.M.A. = Elektron. Medienanalyse)
tele FMA, N = 11.186 Haushalte (tele FMA = Funkmedienanalyse TV)

Quelle: Wiedemann 1984, S. 707

Herauszustellen ist für unseren Zusammenhang dreierlei: Der Zuwachs von über einer Million an den Handel abgesetzten Geräten im Jahr 1982 hat offensichtlich vor allem bei der mittleren Einkommensgruppe die Sättigungsrate angehoben. Im Verlauf des Jahres 1983 hingegen kauften - bei nochmaliger Steigerung des Absatzes auf fast eineinhalb Millionen Geräte - vor allem wiederum die Besserverdienenden Videorecorder ein. Der Anstieg bei der niedrigsten Einkommensgruppe fällt hier mit nur 0,3 Prozent noch weit geringer aus als im Vorjahr.

Der Videorecorder - so kann man die im Detail unterschiedlichen aber in dieser Hinsicht in hohem Maße übereinstimmenden empirischen Untersuchungen zusammenfassen - hat sich in der bisherigen Entwicklung des höchsten Verbreitungs-Niveaus in erster Linie als **Luxusgerät** etabliert. Als privater Besitz ist er noch eher Zeichen für relativen materiellen Wohlstand als Ausstattungsmerkmal pekuniär-sozialer Unterprivilegierung.

Dies Ergebnis verwundert wenig, berücksichtigt man das hohe Preisniveau, das die Heim-Videorecorder bisher kennzeichnete und setzt man das wiederum in Beziehung zu den realen wirtschaftlichen Ressourcen der privaten Haushalte in unserer Republik. Die VCR-Geräte, die ersten Artefakte, die speziell für den Consumermarkt hierzulande konzipiert worden waren, kosteten Mitte der siebziger Jahre noch mehr als das Doppelte von dem, was ein Arbeitnehmer durchschnittlich im Monat netto verdiente. (110) Nach der Öffnung des Massenmarktes und seiner Entwicklung in den ersten gut fünf Jahren sank der Durchschnittspreis zwar um knapp ein Drittel auf ca. 2000 DM ab. Diese Tendenz ging aber nicht etwa einher mit einer ungebrochenen Kaufkraftentwicklung auf der Seite der Verbraucher. Zwar stiegen die Nominallöhne in diesen Jahren kontinuierlich an. Aber dieser Zuwachs wurde zunehmend aufgehoben durch den drastischen Anstieg der Lebenshaltungskosten um gut 30 und einer kumulierten Inflationsrate um knapp 30 Prozent. Der Effekt: "seit 1980 (...) kann der Nettoverdienstzuwachs der Arbeitnehmer die Geldentwertung nicht mehr ausgleichen." (111) Die Kaufkraftentwicklung fiel gegenüber dem Anstieg der Nettoverdienste der abhängig Beschäftigten zurück.

Tabellc 16

Gegenüberstellung der Durschnittspreise für einen Heim-Videorecorder mit der Nettolohn-Entwicklung in der Bundesrepublik in den Jahren 1978-1982

Jahr	1978	1979	1980	1981	1982
Durchschnitts-preis für einen Heim-Videorecorder (ca. in DM)	2.875	2.687	2.366	2.300	2.000
durchschnittlicher **Nominallohn** eines Arbeitnehmers (DM)	1.579	1.675	1.758	1.834	1.887
durchschnittlicher **Reallohn** eines Arbeitnehmers (DM)	1.488	1.520	1.512	1.494	1.461

Die DM-Beträge wurden generell auf- bzw. abgerundet.

Quellen: Durchschnittspreise 1978 bis 1980 aufgrund eigener Berechnungen; Durchschnittspreise für 1981 und 1982 nach den Videokursbüchern des DVI '82 und '83. Lohnentwicklung nach der Arbeits- und Sozialstatistik des Statistischen Taschenbuchs 1983.

Zumindest noch für die Jahre 1983 und 1984 schien es aber auch das Ziel der Hersteller von Videorecordern geblieben zu sein, vor allem auf die besserverdienenden Haushalte abzuheben. Bei einer noch relativ geringen Marktsättigung waren diese die attraktivere Zielgruppe sowohl aus generellen marktwirtschaftlichen Erwägungen heraus - der Anstieg der Lebenshaltungskosten trifft sie nicht existenziell -, als auch aufgrund dessen, daß sie mit anderen langlebigen Gebrauchsgütern und insbesondere auch mit Geräten der Unterhaltungselektronik ohnehin bereits in hohem Maße ausgestattet waren. (112) Ihre Aufnahmebereitschaft für ein neues wurde mithin als größer vorausgesetzt. Deutlich zum Ausdruck kam diese Priorität der Industrie in einem wachsenden Angebot an üppig ausgestatteten Geräten der Luxusklasse, vor allem auch in der breiten Palette von Stereorecordern und Aufzeichnungsmaschinen mit Hi-Fi-Qualität. Bei einem zunehmenden Preisverfall bei den Standardmodellen führte dies dazu, daß das Preisniveau im Durchschnitt bei ca. 2.000 DM stabil und hochgehalten werden konnte. (113) Aber auch in dieser Beziehung kündigten sich schon 1984 aus den USA Veränderungen an. Die gigantische Absatzzahl von Heim-Videorecordern in diesem Jahr war dort nicht zuletzt darauf zurückzuführen, daß insbesondere aus Taiwan und aus Korea eine Welle von Billiggeräten den Markt überschwemmte, die für umgerechnet unter 1.000 DM angeboten wurden. Und selbst wenn diese Welle den bundesdeutschen Markt nicht alsbald erreichen sollte: die arge Bedrängnis, in welche die Systeme Beta und Video 2000 gegenüber dem übermächtigen Konkurrenten VHS geraten sind, sowie der Markteintritt des weltweit normierten 8mm-Video, lassen einen baldigen Preissturz auch hierzulande erwarten und somit ebenfalls eine stärkere Durchdringung der einkommensschwächeren Haushalte mit dem neuen Artefakt elektronischer Unterhaltung. Aber dies ist Prognose.

Die Einstufung des Gros der Videonutzer als sozio-kulturelles Lumpenproletariat entpuppt sich ebenso als Vorurteil, nimmt man die Stellung der Gerätebesitzer innerhalb der **Bildungshierarchie** näher unter die Lupe, bzw. interpretiert man die wenigen Eckdaten, die uns die Marktforschung in dieser Hinsicht zur Verfügung stellte. Mit der überdurchschnittlich hohen Placierung bei den Haushaltseinkommen korrespondiert nämlich in der historischen Perspektive eine relativ hohe Position bezüglich des Ausbildungsniveaus und der Stellung im Berufsleben. Bei der Avantgarde der Geräteeigentümer in den siebziger Jahren waren am häufigsten die Gruppen der Angestellten, der Selbstständigen und der Freiberufler vertreten, am wenigsten hingegen die ungelernten bzw. angelernten Arbeiter und Nur-Hausfrauen. (114) Im Laufe der nächsten Jahre änderte sich an diesen Verhältnissen nur wenig. So kam etwa eine vom Marplan-Institut im Frühjahr 1982 durchgeführte Studie zu dem Ergebnis, daß die Gerätebesitzer "überwiegend ausführende oder qualifizierte Angestellte, untere oder mittlere Beamte und höchstqualifizierte Arbeiter" (115) waren. Einen Vergleich bezüglich der Entwicklung des Ausbildungsniveaus ermöglichen die drei Erhebungen der Marktforschungsabteilung des Burda-Verlags für die Jahre 1981 bis 1984. Danach waren die besser Ausgebildeten sowohl bei den Besitzern als auch noch stärker bei den Hauptnutzern von Videorecordern in den privaten Haushalten deutlich überrepräsentiert. Die Gruppe der Abiturienten und Universitätsabsolventen nahm 1983 zum Beispiel nur einen Anteil von elf Prozent an der Gesamtbevölkerung ein. Sie stellten 1981 jedoch 27 Prozent der Nutzer von Videorecordern; zwar nahm dieser in den beiden folgenden Jahren um zehn Prozent ab, lag aber damit 1984 immer noch wesentlich über dem Anteil, den diese Bevölkerungsgruppe insgesamt repräsentierte. Am unteren Ende der formalen Bildungshierarchie wuchs hingegen die Video-Partizipation derjenigen nur geringfügig an, die lediglich über einen Volksschulabschluß ohne Lehre verfügten. Sie repräsentierten (1983) zwar ein Viertel der Gesamtbevölkerung, ihr Anteil an den Hauptnutzern betrug 1981 jedoch nur vier, 1982 sechs und 1984 zehn Prozent. Mit kaum schwankenden Anteilen stellten das größte Kontingent der Besitzer und der Hauptnutzer die beiden mittleren Bildungsgruppen. In der Definition der Burda-Erhebung waren dies diejenigen, die mindestens über einen Volksschulabschluß mit Lehre verfügten und diejenigen, die weiterführende Schulen besucht hatten. Sie repräsentierten zusammen 63 Prozent der Bevölkerung und stellten 69 Prozent (1981), 75 Prozent (1982) und 74 Prozent (1983) der Hauptnutzer und machten im letzten Jahr 68 Prozent der Besitzer von Videorecordern in der Bundesrepublik aus. (116)

Im Hinblick auf die Bedeutung des Artefaktes im Alltagszusammenhang scheinen uns zwei weitere Merkmale des Gerätesbesitzes und der Benutzung heraushebenswert: das **Geschlecht** und das **Alter.** In beiderlei Hinsichten stimmen die bisherigen Markterhebungen prinzipiell in hohem Maße überein, sodaß wir uns auch aus Gründen der Vergleichbarkeit wiederum auf die Studie des Burda-Verlages beziehen können. - Während bei den Eigentümern von Videorecordern im Unterschied zur generellen Bevölkerungssituation in der Bundesrepublik die Männer die Frauen leicht überwiegen, stellen erstere die absolute Domäne bei den Hauptnutzern. Zu etwa 85 Prozent werden die Restzeit-Maschinen in erster Linie oder ausschließlich von männlichen Haushaltsmitgliedern bedient, wobei sich auch in der historischen Tendenz nur geringfügige Verschiebungen in dieser Prioritätenverteilung ergeben. (117) Bezüglich des Alters fällt eine Massierung des Gerätebesitzes bei der mittleren Generation der 20- bis 39-Jährigen auf. Sie stellten bisher etwa drei Viertel aller Eigentümer, während ihr Anteil an der Gesamtbevölkerung 1983 nicht einmal die Hälfte betrug. Besonders bemerkenswert ist hier wiederum, daß innerhalb dieser Gruppe die jüngeren einen umso höheren Stellenwert erhielten, je mehr es um die Benutzung des Gerätes ging. Als stärkste Gruppe stellten sich die 20- bis 29-Jährigen heraus, dicht gefolgt von denjenigen, die zwischen 30 und 39 Jahren alt waren. Für beide Gruppen zusammen ergaben sich für die letzten Jahre Anteile von 72 Prozent (1981), 71 Prozent (1981) und 68 Prozent (1983). Der geringe Verlust schlug in vollem Umfang bei den noch Jüngeren zu Buche. Der Anteil der 14- bis 19-Jährigen verdoppelte sich bei den Hauptnutzern im selben Zeitraum von vier auf acht Prozent. (118)

NUTZUNGSWEISEN

"Selbst Herr über die Mattscheibe sein!" - "Schimpfen Sie nicht über das Fernsehprogramm, machen Sie es sich selber!" - "Werden Sie Ihr eigener Programmdirektor!" (119) Mit solchen appellativen Botschaften pries die geräteherstellende Industrie vornehmlich in den ersten Jahren der Öffnung des Massenmarktes die neuen Artefakte zur Gestaltung von Restzeiten in Verbindung mit dem Fernsehapparat an. Wie in der Regel jeder Werbeslogan enthalten auch diese übertriebene Gebrauchswertversprechen; das heißt, in den Botschaften werden den Produkten weitergehende Nützlichkeiten zugeschrieben, als sie im Gebrauch tatsächlich einlösen können. Aber - und nur in diesem Widerspruch kann Reklame effektiv funktionieren - sie knüpfen auch an vorhandene bzw. an von der Marktforschung vorausgesetzte Bedürfnisdispositionen an. Mit dem Videorecorder wird die apparative Möglichkeit offeriert, Fernsehen nach den subjektiven Wünschen der vor den Geräten versammelten Individuen zu gestalten.

Drei unterscheidbare Formen der Realisierung dieser Möglichkeit sind es, die das neue medientechnische Sachsystem im Alltagszusammenhang anbietet:

- das Aufzeichnen von Programmen, die von den Institutionen des massenmedialen Fernsehens angeliefert werden und deren Reproduktion sich der Videonutzer zu ihm genehmem Zeitpunkt anschauen kann;
- das Abspielen von audiovisuellen Konserven, die, industriell als Massenkopien gefertigt, über den Softwarehandel gekauft oder für einen bestimmten Zeitraum gegen Entgelt gemietet werden können;
- Die Anfertigung eigener Fernsehimages mithilfe einer Videokamera oder Überspielgeräten, mit denen Photos oder Schmalfilme auf den elektronischen Träger übertragen werden.

Für die historische Entwicklung des höchsten Verbreitungs-Niveaus wie für die Öffnung des Massenmarktes überhaupt hat sich die erste Verwendungsweise des Heim-Videorecorders als die bedeutsamste erwiesen. In enger Verklammerung der sozio-technischen Angebote der Industrie einerseits und der sozio-kulturellen Voraussetzungen auf der Seite der Konsumenten andererseits ist das Artefakt in erster Linie verkleinerte Time-Shift-Maschine geworden, ein Gerät für das **zeitversetzte Fernsehen.** Erst seitdem die Videorecorder ihre Gebrauchswerte in dieser Hinsicht erwiesen und ausgefeilt haben, konnten sie sich in relevantem Maße im Alltagszusammenhang privater Nutzung etablieren. Die beiden übrigen Verwendungsmöglichkeiten haben demgegenüber zweite und dritte Priorität und bilde(te)n sich komplementär zur primären heraus.

Welch hohe Bedeutung die Time-Shift-Maschine für die massenhafte Durchsetzung des Gerätes hatte, spiegelt sich deutlich und weitgehend widerspruchsfrei in den Auskünften wider, welche die Eigentümer von Heim-Videorecordern über ihre Anschaffungsmotive und ihre Verwendungsweisen in den unterschiedlichsten Erhebungen gegeben haben. Die Interviewer der Gesellschaft für Marktforschung stellten ihre Frage nach dem wichtigsten Grund für die Anschaffung im Herbst 1979 in offener Form. "Dabei bezogen sich fast alle spontanen Antworten auf die Aufnahme von Fernsehprogrammen mit dem Videorecorder." (120) Immerhin acht Prozent der Gerätebesitzer verfügten damals allerdings auch schon über eine Videokamera, sodaß das Bedürfnis, auch die eigene Nahwelt in Form von Reproduktionen auf dem Bildschirm verfügbar zu haben, durchaus schon von Bedeutung war. Welch geringe Rolle die industrielle Software für die Anschaffung und die frühe Nutzung noch spielte, kommt darin zum Ausdruck, daß nur jeder fünfte Videorecorder-Haushalt zum Zeitpunkt der Befragung (mindestens) eine kommerziell bespielte Cassette zu Hause hatte. Den seinerzeit vorhandenen Bestand an Konserven auf alle Gerätebesitzer verteilt, ergab im rechnerischen Durchschnitt eine Präsenz von nur 0,5 Programmcassetten pro Haushalt. (121)

In den folgenden fünf Jahren änderte sich die Prioritätenverteilung zwischen den drei Verwendungsweisen grundsätzlich nicht, wenn es auch zu Verschiebungen innerhalb der quantitativen Verhältnisse kam. So ging mit der wachsenden Verbreitung des Videorecorders der Anteil derjenigen zurück, die der Möglichkeit nach am offensichtlichsten kreativ mit der neuen Technik umgehen, indem sie die Aufzeichnungsgeräte zur Herstellung eigener Images benutzen. Nur noch ca. vier bis fünf Prozent der Recorderbesitzer hatten 1983 und 1984 auch eine Videokamera. (122) Wobei allerdings diese knapp 200.000 Kameramänner und -frauen, über welche die Republik damit verfügte, offenbar nur von der Industrie wirklich ernst genommen wurden, sowie von der einschlägigen Branchenpublizistik, die sie mit ständigen Marktneuerungen bzw. Berichten über solche bedienten und zum aktiven Umgang animierten. Sowohl von der Medienforschung, der kritischen Fachpublizistik als auch von denjenigen Institutionen, in denen zum Beispiel pädagogisch angeleitete Videopraxis umfassend geübt werden könnte, wurden diese elektronischen Bildhersteller indes bisher als Randerscheinung abgetan und nur sehr selten progressiv unterstützt. (123)

Stark zugenommen hat mit der Verbreitung des Gerätes die Zuwendung zur industriellen Softwarekultur. Schon in ihrer 1982 durchgeführten Untersuchung stellte die GÜFA fest, "daß das Ansehen von gekauften oder gemieteten Videoprogrammen (...) für zwei Drittel der Hauptnutzer ein wichtiger Grund für den Kauf, für jeden fünften sogar der wichtigste Grund" gewesen wäre (124). Sämtliche nachfolgenden Erhebungen bestätigten diesen Trend. Sowohl hinsichtlich der Anschaffungsmotive als auch der tatsächlichen Nutzung nahmen die bespielten Cassetten eine wachsende Bedeutung ein. Allerdings sind bei näherer Betrachtung des Nutzungsverhaltens zwei Erscheinungen herauszuheben: Es scheint sich ein Kern von regelmäßigen und intensiven Konsumenten der weichen Ware herausgebildet zu haben, der sich durch das häufige Ausleihen von Cassetten auszeichnet und der quantitativ nur etwa ein Viertel der Hauptnutzer von Videorecordern ausmacht. (125) Und, was für unseren Zusammenhang noch wichtiger ist: insgesamt ersetzte das industriell gefertigte Angebot nicht etwa die Rezeption des Programmes der Fernsehanstalten, sondern **ergänzte** sie. Die hohe Priorität, die das zeitversetzte Fernsehen für die Gerätebesitzer der ersten Jahre hatte, blieb nämlich dadurch unberührt. Mit über 80 Prozent der Nennungen lag das Bedürfnis nach der Aufzeichnung von Fernsehprogrammen und ihrer vom Sendetermin unabhängigen Betrachtung auch 1983 und 1984 deutlich an der Spitze der Hierarchie von Kaufmotiven für einen Videorecorder. Wobei allerdings im letzten Jahr der Wunsch nach zusätzlicher kommerzieller Software ebenfalls von etwa zwei Dritteln ins Feld geführt wurde. (126) Die Prioritäten bei den Anschaffungsmotiven haben ihre Entsprechung bei den festgestellten Nutzungsarten des Videorecorders. Zu etwa drei Vierteln spielten die Gerätebesitzer Programme ab, die sie aus dem Fernsehen aufgezeichnet hatten und zu einem Viertel industriell vorgefertigte Cassetten-Software. (127) Der Zweckoptimismus im Auftrag der Rundfunkanstalten, welcher der kommerziellen Software auf dem Hintergrund solcher Ergebnisse eine "relativ untergeordnete Rolle" zuschreibt, (128) ist freilich unseres Erachtens nicht angebracht. Der Anteil der weichen Ware stieg nämlich bei derjenigen Kategorie von Programmen beträchtlich an, die auch eine wesentliche Säule der Publikumsgunst gegenüber den öffentlich-rechtlichen Fernsehveranstaltern ausmacht: dem ursprünglich auch fürs Kino gedrehten Spielfilm. Er besaß nicht nur absolute Priorität bei den Aufzeichnungen; etwa jeder dritte auf Cassette abgerufene Spielfilm stammte schon 1983 aus einem der kommerziellen Umschlagplätze, mit ansteigender Tendenz bei den verschiedenen Stichproben im Frühjahr und Herbst dieses Jahres. (129)

Wie lassen sich nun diese Befunde interpretieren, jenseits industrieller Verwertungsinteressen einerseits und der Perspektive andererseits, dem öffentlich-rechtlichen Fernsehen seine starke Publikumsbindung zu bescheinigen, der auch der Videorecorder nichts anhaben könne? Und vor allem: wo liegen die Ursachen für die beobachteten Erscheinungen und welche Auswirkungen brachten sie und können sie weiter zeitigen?

Der Videorecorder als Gerät zur Gestaltung von **Restzeiten** - ohne den Forschungsdisziplinen, die sich mit dem Verhältnis von Arbeits- und Freizeitprozessen beschäftigen einen neuen Begriff oktroyieren zu wollen, geht in diese sprachliche Konstruktion der Versuch ein, den Ausschnitt des Alltagszusammenhangs näher zu bezeichnen, in dem der Artefakt vor allem Verwendung findet. Abgezielt wird damit auf jenes zeitliche Segment, das weder ausgefüllt ist durch

- o unmittelbar berufsgebundene Zeit, die sowohl die entlohnte oder vergütete Arbeitszeit selbst als auch Wegezeiten und zeitliche Aufwendungen für berufsbezogene Weiterbildung oder Umschulung umfaßt;
- o die notwendige physische Regenerationszeit, ausgefüllt durch Schlafen, Essen, Trinken, Hygiene, körperliche Entspannung, Fitness-Training, Kuren, etc;
- o die festgelegte, nichtberufsbezogene Zeit, die je nach den sozialen infrastrukturellen Bedingungen einen Großteil der sogenannten Freizeit verschlingen kann: dazu gehören Tätigkeiten wie Einkaufen, Hausarbeit, Behördengänge, Versorgung von Kindern, Ausübung übernommener (sozialer, gewerkschaftlicher oder parteipolitischer) Verpflichtungen, etc. (130)

Was bleibt ist ein gehaltlich schwer definierbarer Restblock an Zeit für psychische Entspannung, die etwa in Form von Sport, durchaus mit physischem Aktivismus gekoppelt sein kann, Unterhaltung und Ablenkung, Hobby, Pflege sozialer Kontakte, berufsunabhängige Bildung, musische

Betätigung, etc., jener Bereich also, der oft in engerem Sinne als Freizeit bezeichnet wird und in dem auch die Medienzuwendung - außerhalb der berufsbezogenen Weiterbildung - ihren Platz hat und den stärksten Raum okkupiert. Diese Restzeit gewann in den Jahren der Durchsetzung des Artefaktes als Heim-Videorecorder nicht vom Umfang her an Bedeutung. Die durchschnittlich bezahlte Wochenarbeitszeit hat sich - bei Frauen und Männern zusammengenommen - zwischen 1975 und 1983 mit geringen Schwankungen auf dem Stand von 40,5 Stunden gehalten (131), und die zur Zeit wirksam werdende Verkürzung in einigen Industriebereichen wird voraussichtlich weitgehend durch das Anwachsen der übrigen festgelegten Zeitblöcke zumindest nivelliert, wenn nicht sogar überholt; aufgrund sich verschlechternder Umweltbedingungen zum Beispiel. Neuere, auf den Freizeitbereich im engeren Sinne bezogene, Forschungen haben für die letzten Jahre wichtige Veränderungen herausgearbeitet, die im Verhalten und den Bedürfnisdispositionen zu beobachten seien. (132) Drei Komplexe sind dabei für unseren Zusammenhang von besonderem Interesse:

o Die Mediennutzung ist in ihrer Ausdehnung insgesamt an ihre objektive Grenze gestoßen. Bezogen auf das Fernsehen erwartete die Freizeitforschung schon Ende der siebziger Jahre einen nur sehr geringen zeitlichen Zuwachs bei gleichzeitigem beträchtlichem Anstieg der Ausgaben für die Nutzung des TV-Apparates. Das bedeutete vor allem eine Umschichtung zuungunsten des zentral gesteuerten Programms der Rundfunkmedien und zugunsten individualisierter Techniken der Fernsehunterhaltung. (133)

o Die Sättigung im Umfang der Fernsehrezeption ist seit dem Ende der siebziger Jahre verbunden mit einer starken Abnahme der Wertschätzung dieser Art von Restzeitausfüllung bei den Zuschauern selbst. Trotz oder gerade wegen der hohen zeitlichen Bindung an das Medium verlor das Fernsehen beim Publikum zunehmend an Attraktivität und rangierte in der Beliebtheitshierarchie aller Beschäftigungsmöglichkeiten an den untersten Positionen. (134)

o Es wird eine markante Umstrukturierung des Freizeitverhaltens konstatiert "von der Konsumorientierung der 60er und 70er Jahre zur Erlebnisorientierung der 80er Jahre (...). Zu den äußeren Markmalen der 'dritten Freizeitphase' zählen stärkere Bewertung sozialer und kommunikativer Kontakte, Betonung von Kreativität und Selbstverwirklichung, Interesse an Weiterbildung über den berufsbezogenen Bereich hinaus." (135) Wobei das "Bedürfnis nach größerer Kommunikation und Interaktion, nach Eigenaktivität und Kreativität in der Freizeit (...) einem gleichzeitigen Verlust dieser Markmale im Arbeitsprozeß" entspreche, der seine "sinngebende Funktion für den Lebenszusammenhang" zunehmend verliere, vor allem aufgrund von Automation, Dequalifizierung und Rationalisierung (136).

Bezogen auf die Hierarchie der bundesdeutschen Gesellschaft werden die skizzierten Veränderungen im Verhalten und in den Bedürfnisdispositionen vor allem bei jenen Bevölkerungsgruppen ausgemacht, die auch für die bisherige Verbreitung des Heim-Videorecorders das Hauptkontingent der Besitzer und vor allem der Nutzer stellten: Jüngere, gut Ausgebildete, bei denen vorauszusetzen ist, daß sie ihren relativ hohen materiellen Lebensstandard aufgrund einer intensiven Einbindung in den Arbeitsprozeß erwirtschaften und damit ihre Alltagsorganisation entsprechend stark zeitlich determiniert ist. (137) Synthetisiert man die Erkenntnisse der Freizeitforschung mit diesen Beobachtungen und bezieht sie auf die primäre Nutzungsweise des Heim-Videorecorders, so läßt sich für die sozio-kulturelle Funktion des Gerätes auf dem höchsten Niveau seiner Verbreitung folgende Hypothese aufstellen:

Der Artefakt diente bisher vor allem den in den rigiden Zeit- und Herrschaftsrahmen des alltäglichen Arbeitsprozesses Eingebundenen dazu, sich für die nicht berufs- und pflichtgebundene Restzeit mehr Bewegungsspielraum, mehr zeitliche Mobilität zu verschaffen. Und stärker auf das Fernsehen bezogen: mit der instrumentellen Hilfe des Videorecorders lösen sich die Zuschauer partiell aus dem Zwang des fremdgeregelten Programmablaufes in seiner zeitlichen Linearität und Kontinuität und strukturieren seine Rezeption stärker nach den Bedürfnissen ihrer eigenen Alltagsorganisation. Der Videorecorder bietet in diesem Zusammenhang eine apparative Möglichkeit, der Geringschätzung des Mediums - wenn auch in einer in sich widersprüchlichen Form - Ausdruck zu verleihen. Ohne sich aus dem gesellschaftlichen Prozeß der Fernsehkommunikation auszuklinken, kann einer anderen Restzeitbeschäftigung nachgegangen werden, während das Gerät aufzeichnet; das versäumte Fernseherlebnis kann gegebenenfalls nachgeholt werden. Als "die Chance, etwas eigentlich gleichzeitig zum Fernsehprogramm Stattfindendes zu tun, ohne das Fernsehen zu lassen", bezeichneten bundesdeutsche Heim-Videopioniere diese Möglichkeit. Man fühlte "sich offensichtlich aus einer zeitweiligen Zwangslage befreit." (138)

In der jungen historischen Entwicklung des Heim-Videorecorders läßt sich dabei schon die Tendenz verfolgen, daß die Möglichkeiten der Nutzung, mithilfe des Gerätes mehr Mobilität in der Restzeitgestaltung zu gewinnen und damit auch die umfänglich starke Bindung an den Fernseher zumindest zu relativieren, zunehmend überlagert werden durch eine ausgedehntere Beschäftigung mit dem TV-Apparat über die Aufzeichnungs- und Reproduktionsmaschine. Dies hieße, daß die sich wandelnden Einstellungen über das Ausfüllen der nichtfestgelegten Zeitblöcke stärker "in Richtung auf die Kompensation aktivitäts-, selbstbestimmungs- und emanzipationsbezogener Bedürfnisse durch freizeitindustriell vermarktete Beschäftigungsstrategien" (139) aufgelöst würden. Was unseres Erachtens einen doppelten Ursachenzusammenhang hat: Mit der Annäherung der Verteilung des Gerätes an den gesellschaftlichen Durchschnitt verlieren jene Bedürfnisdispositionen an Bedeutung, welche die sozio-kulturell privilegiertere Gruppe der Video-Avantgarde ausgezeichnet haben. Und mit der Verstärkung wie Erweiterung derjenigen Programmsegmente des Fernsehens, die für das Publikum die höchste Attraktivität besitzen, durch die internationale Softwareindustrie erhält das Medium insgesamt - zumindest vorübergehend - zusätzliche und neue Reizfunktion.

Systematisch wurden solche Zusammenhänge in der empirischen Medienforschung bisher kaum angegangen. Allerdings lassen sich einige wenige Anzeichen herauskristallisieren, welche die geschilderte Tendenz bestätigen. Die Untersuchungen bei den frühen Gerätebenutzern kamen noch zu dem Ergebnis, daß die neuen Restzeit-Maschinen nicht zu einer Extensivierung des Fernsehkonsums führten. So stellten etwa die Wiener Soziologen bei ihren befragten Pionieren des Heim-Video heraus, daß die Möglichkeit, aufgezeichnete Programme unabhängig von ihrem Sendetermin anschauen zu können, sich deutlich in verstärkter Zuwendung zu anderen Aktivitäten ausgedrückt hätte, vornehmlich direkt-kommunikativer, weiterbildender und erlebnisorientierter Art. (140) Eine Erhebung des Institutes für angewandte Kommunikationsforschung kam im Frühjahr 1983 für die bundesdeutschen Gerätebesitzer bereits zum gegenteiligen Ergebnis, nämlich, "daß die Anschaffung eines Videorecorders den Fernsehzuschauer auf jeden Fall wieder stärker an das Gerät bindet" (141). Die Ausdehnung des TV-Konsums um durchschnittlich 36 Minuten pro Tag wäre dabei zum größeren Teil zurückzuführen gewesen auf das Abspielen kommerzieller Software (21 Minuten) und zum geringeren Teil auf die Rezeption selbst aufgezeichneter Programme. 1984 blieb die Erhöhung der mit dem Fernsehen verbrachten Zeit einschließlich des Videokonsums mit 37 Minuten täglich in etwa konstant. Ähnlich wie bei dem Rundfunkmedium insgesamt scheint sich aber auch bei den Videonutzern ein harter Kern von Intensivsehern herauszubilden. Der Anteil derjenigen, die regelmäßig jeden Tag den Videorecorder benutzen, ging nämlich von 37 auf 33 Prozent noch etwas zurück. Die durchschnittliche Sehdauer auf diese Gruppe bezogen ergab wiederum eine Videonutzung von 112 Minuten täglich, was in etwa der Länge eines Spielfilmes entspricht. (142)

"Video aktiviert sozusagen zu mehr Fernsehen" (143) - so faßte Wiedemann die jüngsten Untersuchungen im Auftrag der Rundfunkanstalten nicht ohne Genugtuung zusammen. Seine Interpretation ist zusätzlich abgesichert durch die Ergebnisse zweier Sonderuntersuchungen im teleskopie-System, die für das erste Halbjahr 1984 festgestellt haben, daß bei den Video-Haushalten nicht nur die Sehdauer insgesamt zugenommen hat, sondern daß auch die Beschäftigung mit der traditionellen Fernsehrezeption bei ihnen noch etwas umfangreicher geworden ist als bei Nicht-Videonutzern.

Der Videorecorder verstärkte aber auch die Tendenz zu einem **anderen** Fernsehen, so möchten wir die mengenmäßigen Befunde ergänzen. Und damit wird hier noch nicht abgezielt auf die Eingriffe, die mit dem Artefakt in den Kommunikationsprozeß Fernsehen als besondere "signifying practice" (144), als spezifische kulturelle Zeichenorganisation, möglich geworden sind, indem angelieferte Programme durch die Rezeption über die Konservierungsmaschine aus ihrem, von den Veranstaltern bestimmten, Zusammenhang gelöst werden, indem ihre interne und externe Zeitstruktur manipulativ

manipulativ bearbeitet und indem ihr Ereignischarakter modifiziert wird. Die Überlegungen reichen über das hinaus, was uns die empirische Medienforschung bisher an Ergebnissen zur Verfügung gestellt hat und wir sparen sie uns für das abschließende verallgemeinernde Kapitel auf. Wichtige Veränderungen lassen sich auch schon an der Oberfläche des Zusammenhangs von Programmangebot und der besonderen Fernsehnutzung durch Besitzer von Videorecordern feststellen.

Das reproduzierte Fernsehen ist nicht identisch mit dem, was die Veranstalter als tägliches und vor allem abendliches Fließprogramm ausstrahlen. Die Aufmerksamkeit der Zuschauer hinter den Aufzeichnungsmaschinen richtet sich auf Elemente des Angebotes und nicht auf dasselbe in toto. Mit hoher Priorität werden für die zeitversetzte Rezeption Spielfilme konserviert, mit weitem Abstand gefolgt von Serien und anderer, nicht näher aufgeschlüsselter, "Unterhaltung". (145) Die ausgefeilten automatischen Zeitschaltuhren der Artefakte, sowie bald besondere Codes, mit denen die Geräte für spezielle Sendungen programmierbar gemacht werden sollen (146), gewähren den exakten Zugriff auf das einzelne Programmsegment.

Es ist somit eine qualitative Konzentration, die Fernsehen via Videorecorder erfährt. Aus der mit einem Warenhausangebot vergleichbaren Mischstruktur der Rundfunkofferte, bestehend u.a. aus Shows, Nachrichten, An- und Absagen, Magazinen, Pausenbildern, dem Wort zum Sonntag, Specials und Magazinen jeglicher Art, Filmen, Serien, Werbung, Sport oder Fernsehspielen, wird in der Rezeption in erster Linie das **Wohnzimmerkino.** Oder, stärker in medienpolitischer Perspektive akzentuiert: das öffentlich-rechtliche massenmediale Dienstleistungsunternehmen mit seinem komplexen Auftrag der Unterhaltung, Information und Bildung wird durch die Videonutzer amputiert und dient ihnen vor allem als billiger Spielfilmlieferant.

Umgekehrt förderte aber auch das Fernsehen selbst die Tendenz zur Konzentration auf diese Programmsparte. Ausgehend von seiner hohen Publikumsattraktivität bauten die öffentlich-rechtlichen Veranstalter den Spielfilm als tragende Säule immer mehr aus. 1983 hatten das erste Programm der ARD und das ZDF zusammen 228 Termine für Spielfilme mehr anberaumt als noch im ersten Jahr der Durchsetzung des Videorecorders auf dem Massenmarkt. Die durchschnittliche Menge eines dritten Programms miteinbezogen, konnten die Zuschauer in der Bundesrepublik mit mehr als zwei Spielfilmterminen pro Tag (im Durchschnitt) rechnen. Die Summe der insgesamt ausgestrahlten Spielfilme lag in diesem Jahr schon über Tausend.

Die Masseneinkäufe von Spielfilmen, die beide öffentlich-rechtlichen Veranstalter 1984 bei den Major Companies der USA tätigten (147), sowie die gesteigerte Massierung von Spielfilmterminen insbesondere an den Wochenenden, lassen die Vermutung zu, daß sich die Tendenz in dieser

Tabelle 17

Sendetermine abendfüllender Filme* (1600 Meter Länge und mehr) im Fernsehen der Bundesrepublik im Verlauf des höchsten Verbreitungs-Niveaus des Videorecorders (1977-1983)

Jahr	Dt. Fernsehen und Zweites Dt. Fernsehen			Regionalprogramme (III. Programme)				
		davon						
	insgesamt	ARD (I. Pr.)	ZDF (II. Pr.)	BR	HR	NDR/ RB/SFB	SW	WDR
	A. Sendetermine abendfüllender Filme							
1977	332	154	178	212	123	125	84	143
1978	436	221	215	238	109	127	120	155
1979	440	225	215	255	137	151	179	166
1980	437	223	214	239	130	133	186	151
1981	540	263	277	233	123	131	186	151
1982	519	262	257	249	129	135	190	152
1983	560	258	302	254	116	150	221	156
	B. An den o. a. Sendeterminen ausgestrahlte abendfüllende Filme**							
1977	332	154	178			446		
1978	436	221	215			489		
1979	440	225	215			595		
1980	437	223	214			670		
1981	481	227	254			605		
1982	454	228	226			604		
1983	485	237	248			639		

*Nicht enthalten sind die Sendetermine des am 31.12.1980 ausgelaufenen Sonderprogramms für die Bevölkerung der DDR am Vormittag. Ab 01.01.1981 sendeten ARD und ZDF ein gemeinsames Vormittagsprogramm, dessen Sendetermine erfaßt sind.

** Ohne Wiederholungen, gleichzeitige oder verschobene Ausstrahlungen in anderen Programmen

Quelle: Spitzenorganisation der Filmwirtschaft 1984, S. 44. Der Gebrauch des Terminus "Film" läßt vermuten, daß in den jeweiligen Summen auch dokumentarische und speziell für das Fernsehen produzierte Filme mitgezählt wurden. Dieser Punkt ist in den Statistiken der SPIO nicht näher geklärt.

Programmstrategie 1984 weiter verstärkt hat; nicht zuletzt als vorweggenommene Reaktion auf die neuen privaten Anbieter von Kabel- und Satellitenfernsehen, deren Programmambitionen ebenfalls um den Spielfilm als attraktivem Zentrum kreisen.

Wie in einem Brennpunkt treffen sich mittlerweile in diesem Segment audiovisueller Kultur die Interessen der nationalen und internationalen Medienindustrie. (148) Denn nicht nur die herkömmlichen und für die Bundesrepublik neuen Spielarten des Fernsehfunks kaprizieren sich in den letzten Jahren zunehmend auf die Produkte, die ursprünglich für das Kino hergestellt wurden. Der Spielfilm ist ebenfalls zur herausragenden Domäne von vorfabrizierter Cassetten-Software geworden und hat die Verbreitung des Videorecorders dadurch mitbeschleunigt. Da diese Entwicklung die sozio-kulturelle Funktion des Artefaktes auf seinem höchsten Niveau der Verbreitung essentiell betrifft, wollen wir uns in einem komprimierten Ausflug genauer anschauen, wie sich dies Phänomen historisch herausgebildet und in welchen Strukturen es sich etabliert hat.

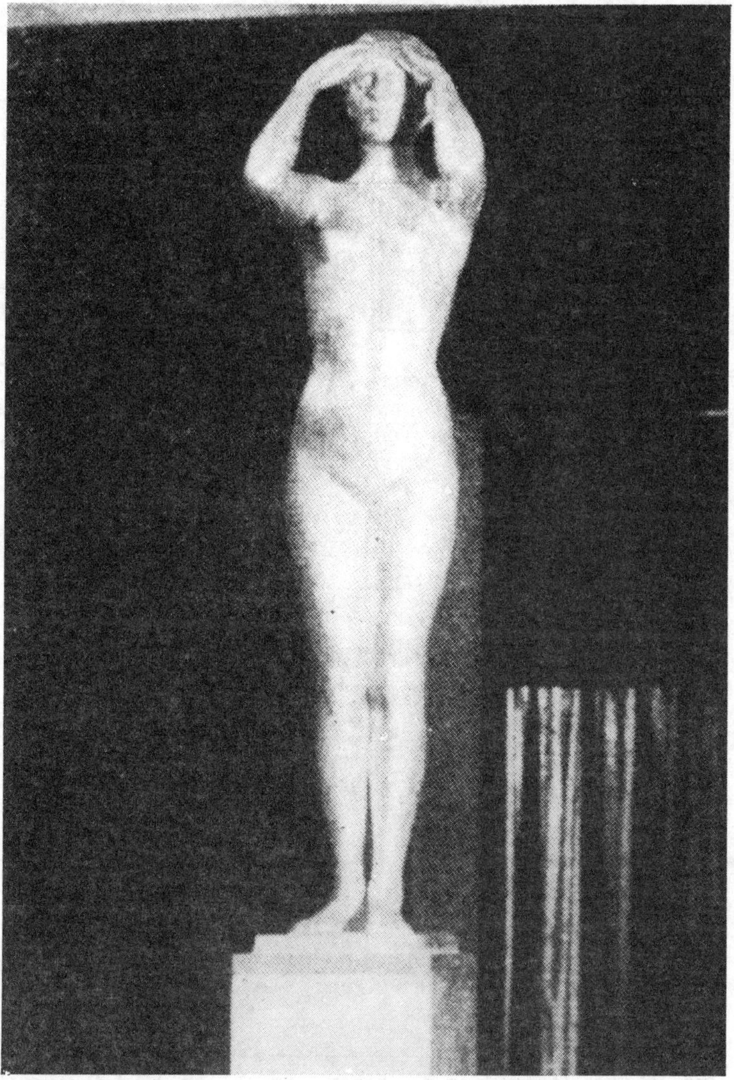

Allegorische Darstellung des Fernsehens auf der Berliner Funkausstellung 1930 (Quelle: Fernsehen, 1. Jhg. Nr. 10/1930, S. 1)

Zur Verdeutlichung der Reproduktionsleistung des frühen Fernsehens: so sah das Image eines Gesichtes von Bairds Experimentalanlage aus, wenn es beim Empfänger erschien (1923/24). (Quelle: Dowding 1935, Plate 1)

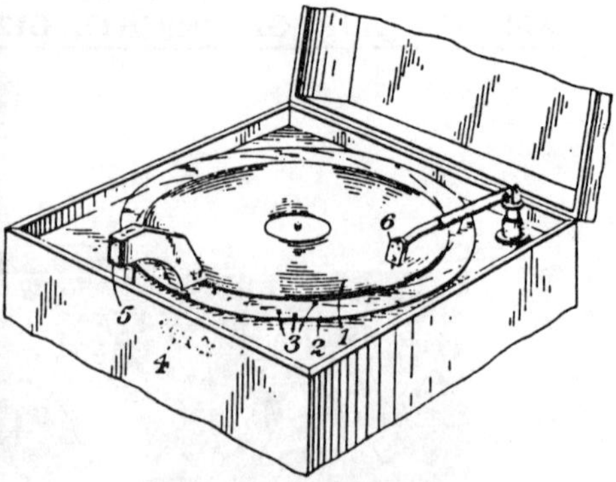

Schematische Darstellung des Bildgrammophons von Baird: 1 Schallplatte für die Bildaufzeichnung, 2 Mehrfach-Nipkowscheibe, 3 Lochkranz, 4 Glimmlampe, 5 Spiegeleinrichtung (Bildgröße 3x4mm), 6 Kopf für das Eingravieren der Images (Quelle: Fernsehen, 1. Jhg. Nr. 8/1930, S. 354)

John Logie Bairds Phonoscope (Bildgrammophon) im Modell von 1928 zur Reproduktion von Fernsehimages (Quelle: Television, No. 5 July 1928, S. 7)

Die Verwertung des Spielfilms für die private Reproduzierbarkeit hat eine lange Tradition aus der Perspektive der geräteherstellenden Industrie: Kombination von Schmalfilm und Grammophon aus dem Jahre 1928 (Quelle: Fernsehen, 1. Jhg. Nr. 8/1930, S. 353)

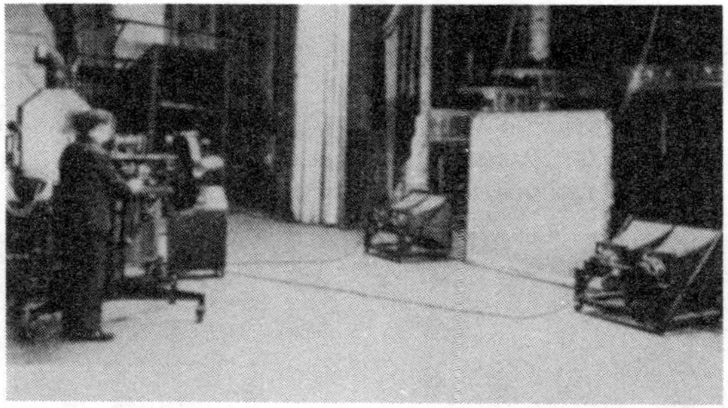

Anordnung für die Projektion von Fernsehen in Lebensgröße: links der Empfänger mit Projektor, rechts der Projektionsschirm mit Lautsprechern an den Seiten (Quelle: Neuburger 1930, S. 461)

"Radiofernsehtonfilmempfänger" von 1930: amerikanisches Modell eines multifunktionalen Gerätes für audiovisuelle Reproduktion mit ausklappbarem Projektionsspiegel (Quelle: Fernsehen, 1. Jhg. Nr. 11/12-1930, S. 433)

Radioempfänger mit eingebautem HF-Magnetofon mit einer Aufnahmekapazität von max. 20 Minuten aus dem Jahre 1948, Hersteller: Elektrogerätebau V. Kraly (Quelle: Funk-Technik Nr. 7/1948)

Ausgewählte Entwicklungsstadien der Reproduktionsleistung des Quadruplex-Recorders von Ampex: Februar 1955 (Image mit "venetian blind effect")

Frühjahr 1956: Image des Prototypen der Mark IV (Quelle: Ampex Corp.)

März 1955: Image nach der Einführung der Frequenzmodulation

Zur Relativierung der Reproduktionsleistungen des Fernsehempfängers im Experimentalstadium des Videorecorders: TV-Möbel eines US-Herstellers zu Beginn der fünfziger Jahre (Quelle: Gusdorf Corp., nach Grosswirth 1981, S. 18)

Das Entwicklungsteam von Ampex, hier versammelt um die Mark III, das erste praktikable Modell eines Videorecorders, anläßlich der Verleihung des Emmy Awards 1957. Von links nach rechts: Charles E. Anderson, Ray Dolby, Alex Maxey, Shelby Henderson, Charles Ginsburg und Fred Pfrost (Quelle: Ampex 1981)

Tapedeck eines frühen Ampex-Recorders für die Querspur-Aufzeichnung mit seinen wichtigsten Elementen: 1 Zubringerspule, 2 Videokopfanordnung, 3 Aufwickelspule, 4 Bandandrucks- und Transportrolle, 5 und 9 Bandführungsrollen, 6 und 8 Spannhebel, 7 Ton-, Lösch- und Kontrollspur-Kopfanordnung (Bildquelle: Ampex Corp.)

Der "Vision Electronic Recording Apparatus" (VERA) der BBC: Videorecorder im Längsspur-Verfahren für die Verwendung im Fernsehrundfunk (Quelle: Wireless World, May 1958, S. 207)

Vorstellung eines Heim-Videogerätes ("home television tape players") der RCA aus dem Jahr 1956 (Quelle: The New York Times, October 2, 1956)

Zur Unterstützung der Arbeitsmotivation: Spruchbanner bei der Matsushita Electric in Osaka (Quelle: Newsweek, July 2, 1984)

Der erste experimentelle Schrägspur-Recorder Toshibas auf dem Entwicklungsstand von 1957 (VTR-0), mit seinen elektronischen Bauteilen im Hintergrund (Quelle: Toshiba)

Frühe Antizipation des "Magnetoscope des Amateurs" durch die Industrie

Skizze für einen internen Einsatz des Videorecorders zur Kontrolle bei der künstlerischen Produktion (RCA-Photos nach: Bernstein 1960, S. 2, 3)

Der erste - von Siemens & Halske für die europäische Fernsehnorm modifizierte - Ampex-Recorder des SWF im Funkhaus Baden-Baden (Quelle: SWF Technische Blätter, Heft 3/1958, S. 5)

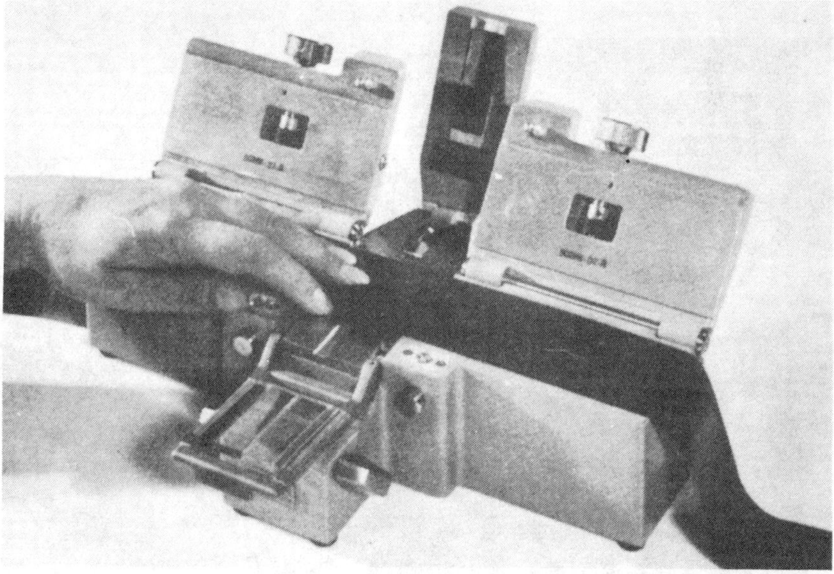

Schnittvorbereitung eines 2-Zoll Magnetbandes im manuell-mechanischen Schneidegerät von Ampex (Quelle: Ampex Corp.)

Aufnahmen von Waren-Inszenierungen bei der New Yorker Videotape Productions Ende der fünfziger Jahre: Carol Reed präsentiert als "sales personality" ein Produkt der National Biscuit Company; im Hintergrund ist bereits die Szene für den nächsten Spot aufgebaut. (Bildquelle: McMahan 1960, S. 24)

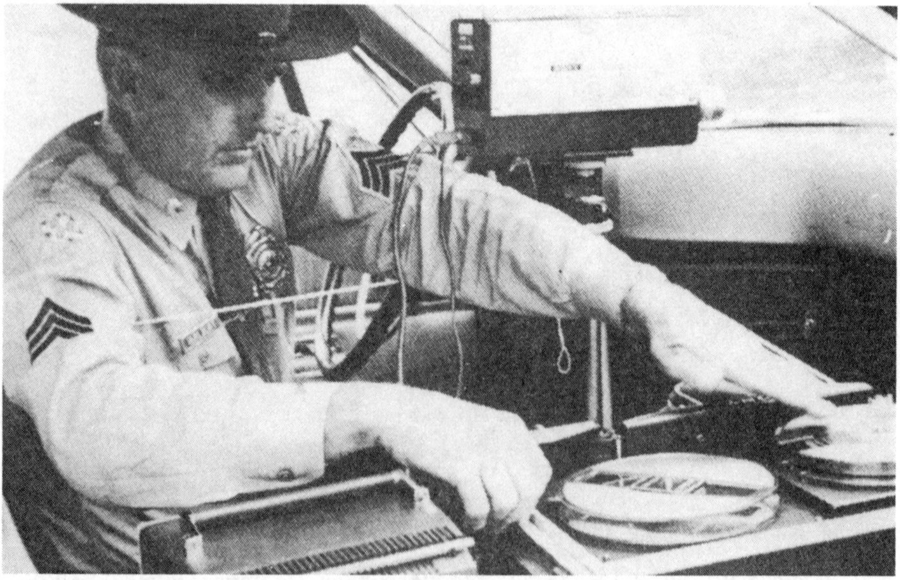

Videorecorder im Polizeieinsatz in den USA (Quelle: Shamberg 1971)

Aus einer Reklame für das Ampex-Gerät VR-1002 für den mobilen Einsatz im Fernsehrundfunk (Quelle: Kino-Technik, Nr. 8/1961)

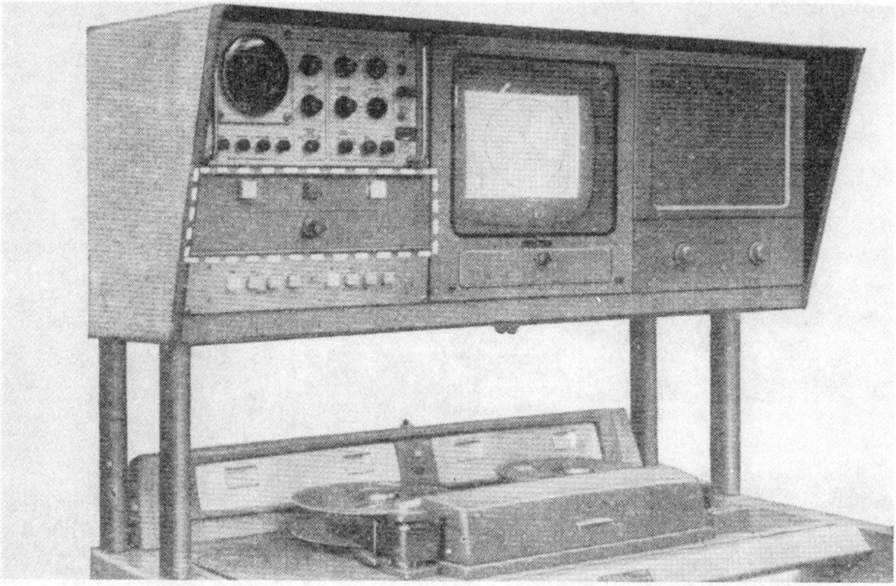

Ein Ampex Quadruplex-Recorder von 1962 mit integrierter Einrichtung für das elektronische Editieren (weiße gestrichelte Umrandung, Quelle: Wireless World, Sept. 1962, S. 408)

Frühes Artefakt aus dem zweiten Niveau der Verbreitung: der Spulenrecorder LDL 1000 von Philips im Halbzoll-Format (Quelle: Philips Operating Instructions)

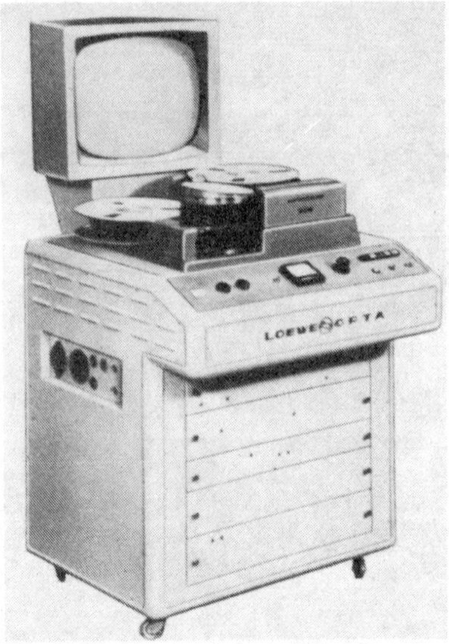

Der erste deutsche Spulenrecorder für die industrielle Verwendung "Optacord 500" von Loewe Opta im Modell von 1961 (Quelle: Kino-Technik Nr. 8/1961)

Der 1-Zoll-Spulenrecorder EL 3400 von Philips aus dem Jahre 1964 (Quelle: Bedienungsanleitung für das Gerät von Philips)

Quelle: Shamberg & Raindance Corporation 1971

Frühe Produktionsvorstellung für den Massenmarkt: der HVR-6200 von Ampex aus dem Jahre 1964 (Quelle: Wajdowicz 1972, S. 180)

Eines von vielen Geräten, das den Massenmarkt nie erreichte: die Gemeinschaftsentwicklung eines kombinierten Videorecorders/TV-Empfängers von Telcan (GB) und Cinerama (USA) aus dem Jahre 1963 (Bildquelle: Wajdowicz 1972)

Werbung für Heim-Videorecorder zu Beginn der achtziger Jahre: privilegiertes "Spielzeug für Männer"

Synthese der sozialen Orte Kino und Wohnzimmer: Modell einer kommerziellen Abspielstätte für Filme von der Videocassette zu Beginn der achtziger Jahre (Quelle: Video, Nr. 4/1981)

Nostalgie, Palmen und moderne Medientechnik: die Integration des Artefaktes mit Großbildprojektion in ein feudales Wohnzimmerambiente (Bildquelle: Video Vis, Nr. 6/1981)

Ausverkauf von Filmwaren auf der Videocassette: Berlin-Neukölln/Hermannstrasse 1981 (Photo: S.Z.)

วีดีโอยุคดอลบี้รอบทิศทาง
ยกโรงหนังมาไว้ในบ้าน
ว. ม่วงทอง

Visualisierung des Heimkinos für Wohlhabende: aus einer thailändischen Videozeitschrift vom Juni 1984 (Quelle: Archiv Zielinski)

Titelblatt des US-amerikanischen Branchenblattes Video Business zum Zusammenschluß von RCA und Columbia für die Auswertung von Spielfilmen auf dem Video-Softwaremarkt

Ein Reiseveranstalter in den Straßen von Madras wirbt für Busfahrten mit integrierter Videovorführung. (Photo: Thomas Maurer 1984)

Chinesischer Lebensmittelladen mit einer integrierten Videothek in Chikagos China Town 1983 (Photo: Peter Becker)

Der Videorecorder als selbstverständlicher Bestandteil der Kommunikationsmittel im indischen Alltag: Farbiger Poster des Indian Book Depot (o. J.)

Kapitel VIII

BESONDERER VERWENDUNGS-/VERWERTUNGSZUSAMMENHANG: DER VIDEORECORDER ALS ABSPIELGERÄT FÜR NATIONALE UND INTERNATIONALE FILMWAREN

"Laßt dem Kinofilm die Kinos! Unser Film soll direkt nach Hause zum Zuschauer! Und der soll sich wählen können, was er sieht, wo er es sieht und wann und wie oft er es sieht. Das ist bei jeder anderen Kunstform schon immer Grundbedingung gewesen."

(Gideon Bachmann, Eine Typologie der Mächtigen und Ohnmächtigen im Filmgeschäft, 1968)

"Heute sieht man sich keine Filme mehr an, man speichert sie auf Videokassetten. Doch je mehr Kassetten man kauft, desto weniger Zeit hat man, sie anzuschauen. Man legt Vorräte an, die man nicht aufessen kann."

(Jean Luc Godard auf einer Pressekonferenz während der Biennale in Venedig 1983)

1. Phase: Zielgruppenmärkte - Videosoftware für die Aus- und Weiterbildung

1970 wagte es der Soziologe Erwin K. Scheuch, dem zukünftigen Markt mit bespielten Videocassetten ein strukturelles Angebotsprofil zu verleihen. In Absetzung gegenüber den Fernsehprogrammen, für die er - auch unter Bedingungen ihrer Vervielfältigung - eine "enge thematische Breite" voraussetzte, prognostizierte er: "Bei zunehmender Differenzierung des Publikums jenseits der allgemeinen Programminhalte (Nachrichten, Kriminalfilm, Weltmeisterschaft in Mexiko), also bei Zunahme in den anderen redaktionellen Bereichen, werden die Streuverluste der allgemein ausgestrahlten Programme sehr hoch. Durch die Kassette aber könnte analog der Rolle von **Qualitätstaschenbüchern, Langspielplatten** und **Minoritätszeitschriften** eine Verteilung mit außerordentlich geringen Streuverlusten erfolgen. (Hvhbg. S.Z.)" (1) Diese Voraussage basierte auf der Annahme, daß hinsichtlich des erwarteten Video-Softwaremarktes das Verhältnis zwischen Anbietern und Nutzern sich qualitativ unterschiede von den Austauschformen bei den klassischen Rundfunkmedien. Anstelle des Fernsehpublikums, das einerseits mit gängiger Massenware im Konsum homogenisiert würde und dessen sozio-kulturelle Partialinteressen andererseits durch die zentralen Verteilmedien nicht befriedigbar wären, trat die Konzeption vom Videopublikum als einer Ansammlung spezieller **Zielgruppen** mit ausdifferenzierten Konsum- und Kommunikationsbedürfnissen, die entsprechend der individualisierten Rezeptionstechnik des Videorecorders auch mit einem hochspezialisierten **diversifizierten** Angebot zu befriedigen wären.

Scheuch stand mit einer solchen Prognose nicht alleine. Abgesichert durch die einfache ökonomische Überlegung, daß Produktion, Vervielfältigung und Distribution einer audiovisuellen Cassette schon mit einer relativ geringen Verkaufsauflage von ca. 20.000 Stück kostendeckend zu realisieren wären - wobei er bei dieser Rechnung die großen Unterhaltungssendungen des Fernsehens mit Starbesetzung und aufwendiger Inszenierung ausnahm -, kam auch Helmut Lenhardt noch wenig später in einer seinerzeit vielbeachteten Studie zu dem Ergebnis, "daß das neue 'Medium' sich eine Unzahl relativ kleiner Konsumentengruppen erschließen kann, deren Betreuung den Rundfunkorganisationen schon aus Produktionsgründen unmöglich ist, ganz abzusehen von der nicht beliebig auszudehnenden Sendezeit" (2). Nicht die film- und fernsehspezifische Massenware wäre der neuen Verteiltechnik adäquat, sondern das auf "geringe Verkaufsauflagen und damit auf enge Interessengruppen 'hinspezialisierte' Minderheitenprogramm" (3).

Knapp eineinhalb Jahrzehnte später scheint sich die Wirklichkeit des Geschäftes unendlich weit weg von solchen Voraussagen bewegt zu haben, die im übrigen nicht nur für die bundesdeutsche, sondern auch zum Beispiel für die US-amerikanische Medienlandschaft so entwickelt worden waren. (4) Hervorragendes qualitatives Merkmal dieser Wirklichkeit ist gerade nicht ein ausdifferenziertes Angebot von audiovisuellen Kommunikaten mit jeweils sehr speziellen Gebrauchswerten für besondere Nutzergruppen geworden, sondern die überwältigende Hegemonie industriekultureller Massenware mit hochgradig transnationalem Charakter, wie sie auch die übrigen Distributionssphären von Filmischem aller Art kennzeichnet. Ausdifferenziertes gibt es bestenfalls innerhalb besonderer Teilmärkte, wie etwa dem der harten Pornographie, wo auch die absonderlichsten Bedürfnisdispositionen in Form von speziell zugerichteten audiovisuellen Kopulationsreihen befriedigt werden. Wobei allerdings generell nicht auszuschließen ist, daß es sich bei der aktuellen Situation des Massenmarktes auch nur um eine - wenn auch extensive - notwendige **Durchgangsphase** handelt hin zu einer den Videorecorder integrierenden Medienlandschaft, wie sie den Prognostikern seinerzeit aus einleuchtenden Gründen vorschwebte. Wir werden auf diese Überlegung zurückkommen.

Von historischem Interesse ist aber vor allem, warum die Entwicklung bisher so gänzlich anders verlief. Vier Ursachenkomplexe lassen sich dafür ausmachen:

- Der Videorecorder wurde auf dem Massenmarkt primär als Aufzeichnungs- und Abspielgerät für TV-Programme durchgesetzt und von den Nutzern akzeptiert; nicht aber als Reproduktionsmaschine für Software aller Art. Genetisch war er damit auf seinem höchsten Verbreitungs-Niveau von vornherein stark gekoppelt mit den Programmangeboten des Rundfunkmediums, die sich in ihren bedeutendsten Segmenten eben nicht durch sozio-kulturelle Spezialisierung auszeichnen, sondern durch die ständige Reproduktion des kleinsten gemeinsamen Nenners.
- Dem hohen potentiellen Gebrauchswert des Gerätes als Medientechnik, über die Audiovisuelles individuell verfügbar, handhabbar und wiederholt benutzbar geworden ist, wurde von seiten der Softwareproduzenten und -anbieter nicht oder nur in sehr geringem Maße durch Kommunikate Rechnung getragen, an denen sich diese Nützlichkeit auch tatsächlich hätten entfalten lassen. Stattdessen wurde diese Perspektive überlagert durch Offerten, für die der Videorecorder in erster Linie als **Durchlauferhitzer** relevant war (5), als Maschine für den schnellen und extensiven Verbrauch konfektionierter Massenware. - Dies entsprach sicher den Interessen derjenigen Produzenten und Anbieter von weicher Ware, die nicht aus dem Hardwarebereich stammten, bzw. dort ihre ökonomische Grundlage hatten. Es widersprach aber objektiv den Produktkonzepten vor allem der japanischen Hersteller, die ihren Geräten eine komplexe, gebrauchswertorientierte technische Ausstattung verliehen und in dieser Hinsicht mit ständigen Neuerungen aufwarteten. (6) Erst die jüngste Entwicklung des Heim-Videorecorders hin zum hochqualitativen Nur-Aufzeichnungs- und -Abspielgerät als integrativem Bestandteil stationärer High-Fidelity-Anlagen, scheint diese Interessenperspektiven in Produktform zusammenzuführen. Für die einkommenschwächeren Bevölkerungsgruppen kündigt sich mit den Billiggeräten aus Korea und Taiwan, ergänzt durch die Sonderangebote einheimischer auslaufender Recordertypen, eine entsprechende Lösung an.
- Produktion und Distribution von audiovisueller Ware wurden zunehmend nicht mehr national, sondern international organisiert. Der Videorecorder wurde als **zusätzliches** Verwertungsobjekt einer auf höchste rezeptions-

kulturelle Egalisierung ausgerichteten und im Maßstab des Weltmarktes operierenden Film- und Fernsehindustrie entdeckt und fest in deren Verwertungsstrategie eingebunden. Für sie war nicht ein in viele Zielgruppen aufgesplitterter Markt von Interesse, der mit einem breit diversifizierten Angebot bedient würde, sondern in erster Linie die höchstmögliche kultur- und länderübergreifende Multiplikation ihrer Produkte. Der Videomarkt wurde für diese Industrie lediglich als eine Absatzsphäre von vielen bedeutsam; ihre Angebote waren und sind auf die **multimediale Verwendbarkeit** ausgerichtet.

o Der Bedarf nach kultureller Massenware insbesondere in Form des Spielfilms war offenbar ungleich größer als derjenige nach hochspezialisierter Software. Er scheint weder durch das Fernsehen noch durch das Kino und durch beide Medien zusammen adäquat befriedigt worden zu sein. Die Ergänzung und Erweiterung des Angebots der etablierten Verteiler traf in dieser Hinsicht auf eine hohe Akzeptanz bei den Konsumenten. Der TV-Apparat war bereits in hohem Maße als verkleinerte Projektionsfläche für großes Kino von den Rundfunkanstalten benutzt und vom Publikum angenommen worden. Der Videorecorder bot einen billigeren und in der Alltagsorganisation weniger aufwendigen **Ersatz für** eine - in ihrer infrastrukturellen Basis ohnehin immer brüchiger und lückenhafter gewordene - **cineastische Filmkultur** an. Und schließlich, damit unmittelbar verknüpft: die Möglichkeit, Audiovisuelles mit dem Flair internationaler kommerzieller Kinokultur wie auch öffentlich Verfemtes in den eigenen vier Wänden des "elektronischen Wehrdorfes" (7) rezipieren zu können, traf zusammen mit einem generellen Prozeß der Entgesellschaftung von Kultur und einer massiven Tendenz zur "**mobilen Privatisierung**" (8) als bestimmender Form sozialer Alltagsorganisation.

Dabei sah es in der Zeit der Entstehung des neuen Softwaremarktes so aus, als würden seine Lieferanten dem etablierten massenmedialen tatsächlich kontrastierend oder zumindest ergänzend entgegentreten. Was allerdings weniger darauf zurückzuführen ist, daß die beteiligten Firmen und Konzerne ein besonderes Interesse am Aufbau alternativer audiovisueller Welten gehabt hätten, sondern darauf, daß die einen ihre Verwertungsstrategie zunächst auf das erreichte Diffusions-Niveau der Geräte abstimmten, die anderen ihre angestammten Tätigkeitsfelder im audiovisuellen Sektor lediglich auf das neue technische Sachsystem der Vermittlung erweiterten. Greifbare Objektgruppen des Marktes waren für beide in erster Linie private und öffentliche Institutionen der Aus- und Weiterbildung, von Schulen über die Industrie bis zum Handel und zur Werbung, sowie ausgewählte Berufsgruppen, die aufgrund ihres hohen Einkommens dazu in der Lage waren, die teuren Geräte und die Software anzuschaffen und die sich "aufgrund ihres hohen Sozialprestiges und ihres kontaktreichen Berufes hervorragend zur Propagierung der 'Audiovision'" (9) eigneten, also auch als Mediatoren in Frage kamen: an erster Stelle die Ärzteschaft. Wie groß der Bedarf gerade dieser Zielgruppe nach spezifischen Weiterbildungsprogrammen war, hatten schon die Vorläufer der verkleinerten Videotechnik, der 16mm- und der 8mm-Schmalfilm, deutlich werden lassen. Die Chemiefabriken Bayer AG starteten zum Beispiel 1967 unter dem Serientitel 'Kinemed' eine Reihe von Programmen zu aktuellen medizinischen Themen auf Zelluloid. Bis Anfang 1970 konnten sie im Durchschnitt für jeden der bis dahin erschienenen zehn Kurzfilme auf eine Ausleihfrequenz von 20.000 verweisen. (10) Potentiell war der Abnehmerkreis sehr umfangreich. Im gesamten deutschsprachigen Raum der Bundesrepublik, der Schweiz und Österreichs gab es Anfang der siebziger Jahre immerhin 150.000 Ärzte. Es ist deshalb nicht verwunderlich, wenn sich auch Unternehmen, die neu in den audiovisuellen Softwaremarkt einsteigen wollten, zuerst diese Gruppe als attraktives Marktsegment aussuchten. (11)

Es waren in der Bundesrepublik vor allem die bereits etablierten Medienkonzerne, die sich mit eigens gegründeten Tochtergesellschaften auf den neuen Programmmarkt stürzten und damit ihre angestammten Einflußsphären aus dem Printmedien- und teilweise auch dem Tonträgerbereich auf den audiovisuellen Sektor ausdehnen wollten. Was ihnen in den fünfziger Jahren trotz Unterstützung von seiten der Adenauer-Regierung nicht gelungen war, nämlich neben dem öffentlich-rechtlichen Fernsehen der ARD ein zweites privates unter ihrer wesentlichen Beteiligung zu installieren (12), versuchten sie jetzt auf dem von vornherein privaten Sektor der individualisierten Verteiltechniken. Und zumindest einige von ihnen schufen damit die Voraussetzungen für die Machtverhältnisse, die sich heute im Bereich des Kabel- und Satellitenfernsehens, insbesondere in der Form des anvisierten Pay TV, zu etablieren beginnen. Die Ambitionen der Großverlage schossen dabei von Anfang an weit über das Nahziel hinaus, spezielle Zielgruppen mit Filmwaren zu bedienen. Mit sehr überzogenen Erwartungen bezüglich ihrer eigenen Marktchancen schätzten sie Anfang der siebziger Jahre die künftige Entwicklung ein. Anläßlich der Buchhändlertagung in Darmstadt 1971 formulierte ein Vertreter des Burda-Verlags (13) die Perspektive für das private Medienkapital: "Unsere Prognose für einen Massenmarkt sieht (...) so aus: Im Jahre 1979/80, wenn eine Sättigung des Farbfernsehmarktes eingetreten ist (...), wird durch eine gemeinsame Planung der marktbeherrschenden hardware-Produzenten (...) ein Fernsehapparat (...) auf den Markt gebracht werden, der gleichzeitig auch einen Video-Recorder mit möglichst eigener Kamera und Tonaufnahme besitzt. (...) Ähnlich wie auf dem Gebiet der Farbfernseher, sehen wir nach 5 bis 6 Jahren eine Abdeckung mit 6 bis 8 Millionen Abspielgeräten. Auf dieser Basis lassen sich dann von der Verlagsseite interessante Programme in Millionenauflage realisieren." (14) Obgleich diese Prognose im Detail an der Wirklichkeit vorbeiging: für unseren Zusammenhang ist entscheidend, daß schon lange vor seiner Realisierung der audiovisuelle Massenmarkt projektiert wurde und aufmerksamen Beobachtern der Branche hätte klar sein müssen, daß insbesondere der Videorecorder für die künftige Entwicklung eine bedeutende Rolle einnehmen sollte. (15)

Der größte Zeitungskonzern der Republik, der Axel Springer Verlag, gehörte zu den ersten, die sich in dem neuen Verwertungszweig für Kulturwaren einzurichten versuchten. Schon 1969 hatte er mit seiner Umwandlung der verschiedenen Unternehmensbereiche in eine gemeinsame Aktiengesellschaft deutliche Zeichen in diese Richtung gesetzt: "(...) mit der Zusammenfassung aller zum Springer-Bereich gehörenden Firmen in der Rechtsform einer AG (soll) ein Instrument geschaffen werden, das unter Sicherung der unternehmerischen Kontinuität Gewähr für die Bewältigung neuer großer Aufgaben bietet, die insbesondere auf dem Gebiet der audiovisuellen Kommunikationsmittel liegen." (16) In unmittelbarer Folge dieser Umwandlung entstand das Tochterunternehmen Ullstein AV, das die Aktivitäten Springers auf dem neuen Markt abdecken sollte. Auf einer Pressekonferenz am 26. Juni 1970 wurden erste Programmambitionen des neuen Unternehmens vorgestellt. Zunächst sollte die finanziell hochkarätige Zielgruppe der Ärzte mit einer Serie von einstündigen Cassettenprogrammen beliefert werden, durchsetzt jeweils mit acht Minuten Reklame der Pharmaindustrie. (17) Für dieses Projekt wurde noch einmal eigens mit der mediocolloc GmbH eine spezielle Firma gegründet, für deren Leitung Springer den ehemaligen Dokumentarspiel-Redakteur Wolfgang Bruhns beim ZDF einkaufte. Über die Fortbildungscassetten hinaus startete mediocolloc ein Versuchsprogramm, das die Zielgruppe der Ärzte bereits als Mediatoren benutzte und mit dem das allgemeine Publikum angesprochen werden sollte. Speziell für die Vorführung im Wartezimmer wurden populäre "Aufklärungsfilme" zu verschiedenen Gesundheits- und Krankheitsthemen produziert. (18) Die Zielprojektionen solcher Aktivitäten formulierte ein Vertreter des Springer-Konzerns, ebenfalls auf der Buchhändlertagung in Darmstadt 1971, recht klar: "Alles, was (...) unser Haus heute tut, ist die Aufbereitung des künftigen Massenmarktes durch die Summierung interessanter Zielgruppenmärkte, die Prägung eines Markennamens unter Aufbau der entsprechenden Programm- und Produktionskapazität. Denn auf dem künftigen Massenmarkt (...) werden nur die erfolgreich und selbstständig bestehen können, die imstande sind, der viel größeren internationalen Konkurrenz zu begegnen." (19)

So richtig auch der Springer-Verlag mit dieser Einschätzung schon 1971 lag, durchsetzen konnte sich die Ullstein AV in der folgenden Zeit nicht. Die 'viel größere internationale Konkurrenz' degradierte auch ihre programmbezogenen Ambitionen vorläufig zur mediengeschichtlichen Marginalie. Obwohl die Ullstein AV bereits zeitig begann, auch auf allgemeine Unterhaltungsprogramme zu setzen. Den eher kläglichen Anfang machten 1971 eine Staffel von zwölf Spielfilm-Cassetten, vier zuvor vom Fernsehen noch nicht ausgestrahlte Folgen der in den sechziger Jahren sehr beliebten englischen Krimiserie 'The Avengers' ('Mit Schirm, Charme und Melone'), einige Märchenfilme für Kinder sowie eine dreizehnteilige Serie mit TV-Professor Haber unter dem Titel 'Weltraum 2000'. (20) Diese Produkte wurden freilich damals noch nicht als Magnetband-, sondern als Schmalfilmcassetten angeboten und über die Photoabteilungen des Versandhausriesen Quelle distribuiert. Die VCR-Geräte waren zwar bereits angekündigt, aber noch nicht auf dem Markt erhältlich. In dieser technologischen Fehlorientierung, einhergehend damit, daß man nicht auf ausgereifte

Trägersysteme warten wollte, dürfte auch einer der Gründe für das frühe Scheitern des Springer-Konzerns auf dem neuen Markt zu suchen sein. Als nächstes stürzte er sich nämlich auf das ebenso wenig ausgereifte Konzept der TED-Bildplatte von Telefunken und Decca, das schon kurze Zeit nach seiner Markteinführung im Jahr 1975 wieder von der Bildfläche der Hardwaresysteme verschwand. In einer Zusammenstellung von Firmen, die Ende desselben Jahres in der Bundesrepublik "konfektionierte VCR-Software" (21) anboten, ist die Ullstein AV zwar noch mit ihren Unterhaltungsofferten vertreten - ihre mit Werbebotschaften durchsetzten Ärzteprogramme konnten sich bei dieser Zielgruppe nicht durchsetzen -, auf dem eigentlichen Massenmarkt spielte sie jedoch ab 1977/78 keine markante Rolle mehr.

Ähnlich früh wie Springer und mit denselben technologischen Fehlorientierungen begann der Bertelsmann-Konzern Anfang der siebziger Jahre seine Aktivitäten zur Vorbereitung des neuen Massenmarktes für Audiovisuelles. Im Unterschied zu seinem Berliner Konkurrenten konnte der Gütersloher Verlagsriese über seine Tochter Universum Film GmbH, dem Überrest der einst in der Weimarer Republik und insbesondere im Faschismus mächtigsten deutschen Produktions- und Verleihgesellschaft, an vorhandene AV-Aktivitäten innerhalb des Konzerns anknüpfen, die er im folgenden systematisch ausbaute. Mit der **UFA-ATB**, später auch auf dem Videomarkt liiert mit der Vertriebsfirma Büscher-Film, verfügte er über den größten Schmalfilmproduzenten und -verleiher in der Bundesrepublik und damit auch über ein großes Arsenal von cineastischer Ware. Die UFA-Werbefilm produzierte für Kino, Fernsehen und Industrie audiovisuelle Materialien und startete 1971 ebenfalls mit einem medizinischen Fortbildungsprogramm in den neuen Markt. Zusammen mit dem Hamburger Verlag Gruner & Jahr, an dem Bertelsmann schon damals über seinen Miteigentümer Reinhard Mohn (zu 23,125 Prozent) und die Bertelsmann Presse-, Betriebs- und Beteiligungsgesellschaft mbH (zu 32,375 Prozent) wiederum die Mehrheit der Aktien hielt, teilte sich der seinerzeit größte europäische Medienkonzern die Videophon GmbH KG in München, Gesellschaft für audiovisuelle Kommunikationsmittel, (22) die bis Mitte der siebziger Jahre ihr VCR-Programm zu einer breiten Palette aus Hobby-, Sport-, Kinderfilmen und populärwissenschaftlichen Cassetten ausbaute. Außerdem war Bertelsmann Mitglied in der TR-Verlagsunion, einem Zusammenschluß von 21 bundesdeutschen Buch- und Presseverlagen (u.a. Süddeutscher Verlag, S. Fischer Verlag, Athenäum, Droemersche Verlagsanstalt Th. Knaur, Klett- und Langenscheidt-Verlag), dem mit dem BR und dem SWF auch zwei der ARD-Rundfunkanstalten angehörten. Daraus erklärt sich auch ein Teil des Programmangebots der Verlagsunion, das auf Videocassette über die Münchener Medithek (Institut für moderne Lehrmethoden) vertrieben wurde: es bestand aus einer Serie von 'Telekolleg'-Sendungen des Bildungsfernsehens und weiteren, auf Aus- und Weiterbildung abgestellten Programmen. Ein herausragendes Beispiel, für das die Verfügbarkeit und Benutzbarkeit des Programms in Form einer Videocassette besonders wichtig war: ab Frühjahr 1976 vertrieb die TR-Verlagsunion über die Medithek Bernward Wembers medienanalytisches Pionierwerk "Wie informiert das Fernsehen?", ausgestrahlt vom ZDF am 11. Dezember 1975. Der Preis war stattlich. Die drei Cassetten mit je 45 Minuten Laufzeit kosteten im Einkauf 580 DM; der Mietpreis für zwei Wochen betrug 180 DM; geliefert wurde in den drei im institutionellen Bereich verbreiteten Systemen U-Matic, VCR und Japan Standard I. (23) Im wesentlichen Projekt blieb ein internationales Unternehmen, das als europaweiter Produzent und Distributor von Software fungieren sollte. Im Februar 1971 schloß sich Bertelsmann mit weiteren fünf Großverlagen in Zürich zur International Publisher's Audiovisual Association (IPA) zusammen; beteiligt waren an der IPA für Frankreich der Konzern Librairie Hachette, Mondadori für Italien, Bonierföretagen für Schweden, die Edition Recontre für die Schweiz und die Verenigde Nederlandse Uitgeversbedrijven für Holland. (24)

Neben den beiden großen bundesdeutschen Verlagskonzernen Springer und Bertelsmann setzten vor der Öffnung des Massenmarktes nur noch zwei Firmen auf Unterhaltungsprogramme und hier vor allem den Spielfilm auf Videocassette: die Constantin Film GmbH aus München, die seinerzeit noch zu 100 Prozent dem Beta-Film-Mitbesitzer Waldfried Barthel gehörte und außer über ihre eigenen Produktionen über den gesamten Stock der Terra Filmkunst GmbH verfügte; und die Atlas Film + AV, die sich in den siebziger Jahren zum "größten und sicher auch ambitionierteste(n) 16-mm-Spielfilmverleih" (25) in der Bundesrepublik entwickelte. Sie startete ihr Videoprogramm mit einer Auswahl von über dreißig Spielfilmen auf VCR- und U-Matic-Cassette und wandte sich damit insbesondere an den institutionellen Bildungsbereich, in dem sie bis heute als Filmanbieterin führend geblieben ist. Daneben bot sie aber auch - insbesondere für Schulen - die sozialkundlichen Programme an, die vom Saarländischen Rundfunk in Verbindung mit den Kultusministerien der Länder Baden-Württemberg, Rheinland-Pfalz und Saarland produziert worden waren oder ein vom Hessischen Rundfunk produziertes und vom dortigen Kultusministerium herausgegebenes Medienverbundprogramm für berufsbildende Schulen zu wirtschaftlichen, rechtlichen und politischen Themen. (26)

Ganz auf besondere Lernbedürfnisse ausgerichtet waren zwei Firmenkonstruktionen, die in ihrer Genese unmittelbar mit der Geräteindustrie verknüpft waren und die man als System-Promotion-Labels bezeichnen kann: die Videothek Programm GmbH mit Sitz in Wiesbaden und die Polymedia - Gesellschaft für audiovisuelle Kommunikation mbH. Die Videothek war 1969 von der AGIV-Bosch-Gruppe eigens zur Verkaufsförderung des EVR-Systems gegründet worden, das der Hardwarehersteller exklusiv für die Bundesrepublik vertrat. Nach dem Scheitern des von CBS entwickelten Verfahrens auf dem Markt überließ Bosch das Label der Frankfurter AG für Industrie und Verkehrswesen. Es produzierte und vertrieb dann VCR-Cassetten über 'industrial engineering', Einführungen in die elektronische Datenverarbeitung, Lernprogramme für medizinisches Basiswissen sowie Programme zur Verkäuferschulung. (27) - Polymedia gehörte zur PolyGram GmbH, der übergreifenden Holding-Gesellschaft aller Poly-Firmen in der Bundesrepublik, die wiederum gemeinsamer Besitz der Siemens Aktiengesellschaft und der Eindhovener Philips' Gloeilampenfabrieken war. Im Hinblick auf eine effektive Distribution schlossen die beiden Elektrokonzerne die neue Softwarefirma organisatorisch ihrem Schallplattenlabel Deutsche Grammophon an, das Mitte der siebziger Jahre ca. 23 Prozent des einschlägigen Marktes beherrschte. Produktionstechnisch wurde das Label unterstützt von der Polyphon, einer gemeinsamen Tochter von Philips/Siemens und der Fernsehproduktionsgesellschaft Studio Hamburg, die wiederum über deren gemeinsame Werbefernsehtochter im Besitz des NDR und Radio Bremens war. Polymedia sollte sowohl die Verbreitung des europäischen VCR-Systems durch entsprechende Software fördern als auch die Etablierung des noch in der Entwicklung begriffenen VLP-Bildplattensystems von Philips und der Music Corporation of America. Seine Programmschwerpunkte waren ähnlich gelagert wie die der Videothek: sie bot EDV-Kurse an, Verkäuferschulung und Audiovisuelles zur praktischen Betriebsführung. (28)

Das Gros der privaten Anbieter von Videocassetten bildeten aber bis zum letzten Drittel der siebziger Jahre jene Firmen, die mit ihren spezialisierten Aus- und Fortbildungsangeboten besonders die Industrie und den Handel sowie Dienstleistungsunternehmen schon zuvor mit Filmmaterial beliefert hatten. Dazu gehörten zum Beispiel die Deutsche Industrie- und Dokumentarfilm GmbH (DIDO), die Industrie- und Fernsehfilm GmbH (INDOC), der deutsche Ableger von Texas Instruments mit einem hochspezialisierten Programm für elektronische Fachgebiete, die IMBILD Gesellschaft für audiovisuelle Kommunikation mbH, die sich auf Mitarbeiterführung und -training, vor allem im Hotel- und Gaststättengewerbe konzentriert hatte, die CAM Produktionsgesellschaft von Lehrmedien für betriebliche Fortbildung mbH und einige, vormals nur im Printbereich aktive, Fachverlage wie der Jahreszeiten-Verlag und die Deutsche Verlagsanstalt GmbH (DVA).

So eindrucksvoll sich das Beziehungsgeflecht schon auf dem entstehenden Video-Softwaremarkt in Teilen ausnehmen mochte und so nachdrücklich insbesondere die Tochterunternehmen der etablierten Medienkonzerne versuchten, für sich neue Wege des Massenabsatzes von industriellen Kulturwaren zu schaffen: Auf der Basis von für den Consumerbereich noch nicht ausgereiften Geräten, die nur eine geringe Verbreitung hatten, blieb das Geschäft mit den bespielten Cassetten weitestgehend auf die Anwender in privaten und öffentlichen Bildungsinstitutionen beschränkt. Für diejenigen, die über das nötige Programmreservoir verfügten, um dem Markt neue kommerzielle Impulse zu geben, war es noch völlig uninteressant. Die internationalen Filmfirmen hielten ihre publikumsattraktiven Produkte - ähnlich wie seinerzeit in den ersten Jahren der Fernsehausbreitung - zurück. Sie konzentrierten sich noch ganz auf die Kino- und Fernseh-

Schematische Übersicht:

Anbieter von bespielten Videocassetten in der Bundesrepublik vor der Öffnung des Massenmarktes 1971 - 1976 (Auswahl)

(MIT)EIGENTÜMER	ANBIETERFIRMEN	ANGEBOTSSCHWERPUNKTE
Atlas Film + AV, Atlas International	Atlas Film + AV GmbH	Spielfilme für Institutionen, schulische Lernprogramme
Waldfried Barthel (Beta-Film GmbH & Co.)	Constantin Film GmbH	Spielfilme
Clemens Mangos	CAM Produktions GmbH	betriebliche Fortbildung
DVA GmbH	Deutsche Verlagsanstalt GmbH (DVA)	Konferenztechnik, Manager- und Verkäuferschulung
Bertelsmann	Institut für Lernsysteme GmbH	
	Medithek - Institut für moderne Lernmethoden	Vertrieb für Telemed und TR-Verlagsunion
Philips (NL)/Siemens (BRD) (PolyGram/Deutsche Grammophon)	Polymedia - Gesellsch. f. audiovis. Kommunik. mbH	EDV, Verkäuferschulung, Betriebswirtschaft
21 Verlage (60 %) BR und SWF (40 %)	TR (Television-Radio) - Verlagsunion GmbH	Bildungsprogramme, u.a. Telekolleg I und II
Friedrich Thieding Stiftung des Hartmannbundes	Telemed GmbH	Ärztefortbildung
Texas Instruments Corp. Dallas/USA	Texas Instruments Deutschland GmbH	elektro-technische Fachprogramme
Axel Springer AG	Ullstein AV	Unterhaltungsprogramme
	mediocolloc GmbH	populärmedizin. Programme, ärztliche Fortbildung
Bertelsmann Gruner & Jahr	Videophon - Gesellschaft f. audiovis. Kommunikation mbH & Co.	Populärwiss., Sport- und Kinderprogramme
AGIV-Bosch-Gruppe Frankfurter AG f. Industrie + Verkehrswesen	Videothek Programm GmbH	Medizin, EDV, Verkäufer- und Mitarbeiterschulung

Außerdem Industriefilmanbieter:
Bayer AG, British Petroleum (PB), DIDO, INDOC, Klöckner & Co., Siemens AG, etc.

Quelle: Verfasser. Die Auswahl beschränkt sich auf **kommerzielle** Anbieter. Nichtberücksichtigt sind infolgedessen Institutionen wie das FWU, Institut für Film und Bild in Wissenschaft und Unterricht, Landesbildstellen, etc., die in dieser Zeit ebenfalls begannen, Videocassetten auszuleihen.

auswertung einerseits und im Nebenerwerb auf den Schmalfilm andererseits, der auf dem bundesdeutschen Markt vor allem durch die Labels UFA-ATB: Büscher Film und Marketing vertreten wurde. Sie wirkten mit ihrem Angebot an Zusammenschnitten von sogenannten Highlights der Kinofassung von Spielfilmen wiederum eher als Promotion für die Lichtspielhäuser denn als ernsthafte Konkurrenz für die Kinoauswertung.

Videosoftware blieb also vorläufig in dem von Scheuch und Lehnhardt entworfenen Sinne in der Rezeption und in überwiegenden Teilen des Angebots ein spezialisierter Zielgruppenmarkt. Dies änderte sich auch nicht schlagartig mit der Erweiterung des Gerätesektors durch die leistungsstärkeren und aufgrund ihres geringen Bandverbrauchs in der Nutzung billigeren Betamax-, VCR-Longplay, SVR- und VHS-Recorder, also mit der Öffnung des Massenmarktes für die Hardware ab 1977/78. Denn zum einen wurden diese von der Geräteindustrie ja gerade nicht primär als Reproduktionsmaschinen für industriell konfektionierte Programme lanciert. Sie waren konzipiert als die traditionelle Fernsehrezeption durch die Zeitversetzung modifizierende Aufzeichnungsmaschinen und setzten sich auch als solche durch. Ihre Nutzung war in hohem Maße an die entsprechenden Programmvorgaben des TV-Rundfunks gebunden. Zum anderen konnten Penetrationen von einigen Zigtausenden, die für die einzelne filmische Ware bestenfalls Absatzziffern von einigen Hundert gebracht hätten, nach wie vor die Inhaber von Rechten für zugkräftige Spielfilme nicht dazu bewegen, ihre Blockade gegenüber dem neuen Verteiler zu lockern. Sie warteten weiterhin ab. In größeren Produktmengen neu hinzu kam lediglich eine Art von industrieller Kulturware, die ebenfalls stark an einer Vielzahl spezialisierter Zielgruppen orientiert ist: die Pornographie unterschiedlichster Spielarten. Die einschlägigen Hersteller und Distributoren solcher audiovisueller Stimulationen und Kompensationen gingen zunehmend dazu über, ihre Angebote von Schmalfilm auf Magnetband zu übertragen, begannen selbst auf Video zu produzieren und bereiteten ihre Offensive aus den Sex-Shops der Bahnhofsviertel und dem Direktversand auch in den sogenannten seriösen Handel vor. Unter anderem dies prägte die nächste Phase des Softwaremarktes beträchtlich.

2. Übergangsphase: Wachsender Bedarf nach Software - Genre-Kino auf Video als Gegenwurf zum öffentlich-rechtlichen Fernsehen

Am 6. Dezember 1984 - gegen Ende des Orwell-Jahres - wurde dem Markt für bespielte Videocassetten die zweifelhafte Ehre zuteil, zum breit und mit großer Emotionalität diskutierten Thema des Bonner Bundestages zu avancieren. Anlaß waren die Modifikationen einschlägiger Bestimmungen des Jugendschutzgeseztes, Artikel 1: "Gesetz zum Schutz der Jugend in der Öffentlichkeit" und Artikel 2: "Gesetz über die Verbreitung jugendgefährdender Schriften", sowie eine Änderung des Artikels 3 des

Strafgesetzbuches, betrifft "Gewaltdarstellung und Aufstachelung zum Rassenhaß". (29) Im Mittelpunkt von Debatte und verabschiedeter Novellierung standen solche Videofilme, die international unter der Bezeichnung 'Nasties' geführt werden: in Ton und Bild konservierte, dokumentierte oder inszenierte Gewalt- und Pornographieexzesse. Mit der Verschärfung des Justitiaschwertes sollten ihre Verbreitung und ihr Erscheinen in der Öffentlichkeit zurückgedrängt werden; die Exekutive sollte durch einen neuen gesetzlichen Rahmen in ihrem Feldzug gegen den audiovisuellen Schund effektiviert werden.

Über alle Fraktionen hinweg war man sich einig wie selten zuvor: Was sich da als vom Fließband der Kulturindustrie abgefallener filmischer Müll herausentwickelt hatte, mußte mit Staatshilfe eingedämmt werden. Die Unfähigkeit der privaten Institution Familie und der öffentlichen Erziehungs- und Bildungsanstalten angesichts der Erscheinungen eines spektakulären Prozesses von kultureller Gegenaufklärung sollte durch den Eingriff der Legislative kompensiert werden.

Ein eklatanter Fall für das Versagen bzw. den kläglichen Zustand des gesellschaftlichen Konzeptes der Aufklärung: für uns steht außer Frage, daß hier mit den falschen Mitteln gegen einen relevanten Mißstand vorgegangen wurde. Eine in Gesetzesform verpackte Formallösung, deren längerfristige Folgen heute zudem noch nicht abzusehen sind (30), wird kaum dazu angetan sein, kritisches Bewußtsein gegenüber tiefgreifenden kulturellen Abstiegserscheinungen zu fördern. Das Gegenteil ist zu befürchten. Die inkriminierten Produkte werden in der für Aufklärungsprozesse kaum mehr zugänglichen Tabuzone möglicherweise eine noch intensivere Rezeption erfahren als zuvor. Die Ausdehnung des Konsums der verfemten Waren gerade bei Jugendlichen kann durch die Verlagerung des Geschäftes hinter verschlossene Türen und unter die Ladentische als Effekt zumindest nicht ausgeschlossen werden. Und für das Urteil des Medienwissenschaftlers muß ein weiterer Aspekt ausschlaggebend sein: Es gibt nicht ein einziges Beispiel in der Mediengeschichte, das dafür herhalten könnte, daß verschärfte Zensur- und Distributionsbestimmungen im kulturellen Bereich zu mehr gesellschaftlicher Freiheit, zu einem höheren Niveau öffentlicher Moral und zur Festigung humanistischer Prinzipien im Verkehr der Menschen miteinander beigetragen hätten. Für das Gegenteil ist hingegen gerade die deutsche Geschichte reich an Erfahrungen. So sorgte der Hitler-Faschismus für die bisher saubersten Leinwände der deutschen Kinohistorie, was die Inszenierung von physischer Gewalt und Sexualität anbelangte. Dieses Höchstmaß an durch das Propagandaministerium verordneter Hygiene hatte seine Entsprechung in der gigantischsten gesellschaftlich organisierten und sanktionierten Barbarei, welche die jüngere Weltgeschichte kennt. Mit dieser Analogie sind wir mitten in der gesellschaftlichen Wirklichkeit des Jahres 1984. Denn es galt nicht als jugendgefährdend, geschweige denn als verfolgungswürdig im Sinne des Strafgesetzbuches, die schlimmste Folge dieser Barbarei, den Massenmord an den europäischen Juden, als

In den siebziger Jahren des 18. Jahrhunderts veranstaltete ein Leipziger Kaffeehausbesitzer namens Georg Schröpfer "Geisterbeschwörungen" mit dem Ziel, sein Publikum in Angst und Schrecken zu versetzen. Im medialen Zentrum seiner phantasmagorischen Horror-Inszenierungen stand die Laterna Magica, deren Glasbilder er auf Rauchwolken projizierte. Ein Zeitgenosse beschreibt eine derartige Veranstaltung so:

> *"... er schwatzte den Leuten (vor), er könne die Geister ihrer verstorbenen Angehörigen heraufbeschwören. Er führte seine Opfer, die er in raffinierter Weise durch langes Fasten und den Genuß berauschender Getränke gefügig gemacht hatte, in ein ganz schwarz gehaltenes Zimmer, worin ... ein Altar mit einem Totenkopf und ein Licht standen. Der Magus machte im Sande auf dem Boden einen Kreis, den beileibe niemand überschreiten darf - damit nämlich der Schwindel nicht bemerkt wird. Nun geht die Beschwörung und Räucherung los.*
>
> *Auf einmal verlöscht das Licht und unter furchtbarem Gepolter erscheint der vorgeladene Geist über dem Altar, ständig hin und her wallend. Natürlich ist es nichts anderes als ein Laterna magica-Bild, das von rückwärts gegen den aufsteigenden Rauch geworfen wird. Der Magus haut mit dem Degen auf den Geist los, um ihn zum Reden zu zwingen. Dieser stimmt ein jämmerliches Geheul an - das macht der Gehilfe nebenan, indem er durch ein bis zum Altar verlaufendes Rohr schreit - und beantwortet dann die Fragen mit einer fürchterlichen, rauhen Stimme. Endlich verschwindet der Geist wieder unter schrecklichem Gepolter, wobei die Anwesenden zum Abschiede einen Denkzettel erhielten, indem sie an allen Gliedern heftig erschüttert wurden ---was wiederum der Gehilfe nebenan durch Antreiben einer Elektrisiermaschine besorgte, von der aus ein Draht über den Boden lief."*

Quelle: Historisches Museum Frankfurt 1981, S. 42

"Ausschwitz-Lüge" publizistisch zu dementieren, wie dies die 'Nationalzeitung' für jeden sichtbar seit Jahrzehnten praktizierte; ein Plakat indes, das für einen Film wie 'Das Omen' wirbt, den auch das Zweite Deutsche Fernsehen der Ausstrahlung für würdig befunden hatte, wenn auch in geschnittener Fassung, galt als die Inkarnation von Gewaltdarstellung.

Was aber für unseren engeren thematischen Zusammenhang entscheidend ist: die Erscheinungen, die da gesetzgeberisch verhandelt wurden, lassen sich aus kulturindustriellen und markt-soziologischen Zusammenhängen heraus recht leicht erklären. Bezogen auf die Videosoftware - im Kino und auf Schmalfilm haben die inkriminierten Produkte eine viel längere Tradition - hatten sie ihren zeitlichen Ursprung etwa in der zweiten Hälfte des Jahres 1979 und erlebten vor allem in den Jahren 1980 und 1981 ihre quantitative Entfaltung. Sie kennzeichnen wesentlich in der Genese des Marktes eine **Übergangsphase**, die zum Zeitpunkt der Verabschiedung des Gesetzes längst an Wirkungskraft für das Softwareangebot verloren hatte.

Mit der sich erstmals in größeren Sprüngen entwickelnden Ausbreitung des Videorecorders als Produkt der Unterhaltungselektronik stürzten sich in dieser Phase aus den unterschiedlichsten Bereichen der Kulturindustrie eine Fülle alter und neuer Firmen auf die neue private Reproduktionstechnik und ihre Nutzer, um sie gezielt gegen das öffentlich-rechtlich erlaubte Fernsehen mit cassettierten Kulturwaren zu bedienen. In der Tat 'boom'-artig entstand ein die gesamte Republik überspannendes Netz von Video-Verleih- und Verkaufsstellen, die binnen kürzester Zeit die Anzahl der ortsfesten Lichtspieltheater überflügelten. 1980, als sie zum ersten Mal mengenmäßig erfaßt wurden, waren es noch 940; im darauffolgenden Jahr hatte sich ihre Zahl auf 3.820 mehr als vervierfacht. (31) Diesen neuen Distributionsstätten für das Kino zu Hause standen in dem Jahr gerade 3.468 Lichtspielhäuser gegenüber. (32)

Der Bedarfshunger des Handels - nicht identisch mit dem immer noch sehr bescheidenen Bedürfnis der Videonutzer - nach neuer Software war immens. Die größten internationalen Händler mit Filmrechten, die ihn mühelos hätten befriedigen können, hielten ihre riesigen Filmstocks selbst für den einheimischen US-Markt noch weitgehend, für den bundesdeutschen gänzlich verschlossen. Aus der Not machten die Anbieter - analog zur Schallplattenbranche werden sie auch Labels genannt - eine Tugend. Sie griffen auf die billigen Serienproduktionen Hongkongs, Südeuropas, der Vereinigten Staaten wie auch der eigenen nationalen Filmindustrie zurück, neben dem, was sie aus den verstaubten Verleihregalen der dreißiger und vierziger wie der fünfziger und sechziger Jahre bereits erworben hatten. Die Produkte dieses **Genre-Kinos** waren nicht neu. Sie hatten zuvor schon den Non-Stop-Kinos in den Bahnhofsvierteln großer Städte oder den überall im Land entstandenen vielzelligen Kinozentren als Füllmittel gedient und sich auf dem Schmalfilmmarkt besonderer Beliebtheit erfreut. (33) Sie wurden lediglich für ein anderes Distributionsmittel aufbereitet und nun gezielt als besondere Attraktionen für die private Rezeption gegen die Alltagskost des Fernsehens propagiert: "Filme, die sie nie im Fernsehen sehen werden", unter diesem Werbeslogan der Firma Heeres-Video läßt sich das Konzept zusammenfassen, mit dem die Anbieter versuchten, die Videonutzer von der Nur-Aufzeichnungsmaschine wegzulocken, hin zu stärkerer Zuwendung zu konfektionierter Ware.

Die Systemhersteller der Geräte wiederum versprachen sich offenbar von dem neuen Markt zusätzliche Absatzchancen für die Hardware. Sowohl Sony (mit dem Beta Video Club) als auch JVC/Matsushita (mit dem JVC Classics Programm) gründeten sogenannte Promotions-Labels, die bespielte Cassetten mit dem jeweils eigenen technischen Konzept anboten. Grundig und Philips verfügten mit den Labels PolyGram und Spectrum Video, einer gemeinsamen Tochter von Philips und Siemens, ohnehin bereits über eigene Verteiler weicher Ware. (34)

Unter dem Titel "Bespielte Sony-Betamax-Cassetten" - "Ihr eigenes Programm mit Betamax" gab Sony zur IFA 1979 in Berlin seinen ersten Katalog für den neuen Markt heraus, der gehaltlich die Merkmale der Übergangsphase deutlich widerspiegelte. Das Angebot war einerseits noch stark geprägt vom vor allem auf Bildung ausgerichteten Zielgruppenkonzept der ersten Phase, wies aber auch bereits eine starke Präsenz des Genre-Kinos auf: Für die Lernprogramme stehen das umfangreiche Angebot der Friedrich Thieding Stiftung des Hartmannbundes für die "audiovisuelle ärztliche Fortbildung" ebenso wie die Cassetten der Münchener Medithek, die thematisch von Einführungen in die Betriebswirtschaftslehre, über diverse Sprachkurse, Chemische Technologie bis hin zu Lehrgängen in elektronischer Datenverarbeitung reichen. Der Ableger des Atlas-Filmverleihs ist darin noch mit den sozial-, politik- und wirtschaftskundlichen Unterrichtseinheiten der ersten Phase vertreten, weist aber in seinem Unterhaltungsteil bereits jene Mischung auf, die ihn auch auf dem kommerziellen Massenmarkt längerfristig erfolgreich bestehen ließ. Herausragend und für Atlas zum Markenzeichen geworden sind hier einige speziell auf Filmsammler und Cineasten ausgerichtete Produktionen auf Videocassette wie zum Beispiel Jean Cocteaus 'Das Blut eines Dichters' oder Alain Resnais' 'Letztes Jahr in Marienbad', sowie eine Reihe von Filmen der jüngeren deutschen Kinogeschichte wie Faßbinders 'Effie Briest', Sinkels 'Lina Braake' oder Herzogs 'Aguirre - der Zorn Gottes'. Daneben offeriert die Firma aber auch Exemplare der gängigen Genres Horror, Eastern, Action und eine kleine Staffel 'erotischer Filme'. Slapstick-Klassiker Charlie Chaplins, eine Auswahl cineastischer Rockmusikproduktionen wie eine Reihe von Kinder- und Zeichentrickfilmen runden das Bild eines diversifizierten filmischen Unterhaltungsangebots ab. Stärker der besonderen Stellung von Atlas Film + AV im institutionellen Bildungssektor verpflichtet ist außerdem ein Angebot von Dokumentarfilmen und medienanalytischen Produktionen, wie zum Beispiel Erwin Leisers 'Mein Kampf' und 'Deutschland erwache' sowie 'John Heartfield - Fotomonteur' und 'King Kong' von Helmut

Herbst, die auch heute noch zum Standardprogramm des Labels gehören. - Die Frankfurter Interpathée-Film ist in dem Betamax-Katalog ganz auf Familienunterhaltung abgestellt, mit Zeichentrickfilmen, Kurzkomödien aus der Stummfilmzeit, Musikfilmen und einigen älteren Kinoklassikern wie Fritz Langs 'Die Frau im Mond'. - Das weitgehend anonyme internationale Genre-Kino findet sich indes gebündelt bereits in den Angeboten dreier weiterer Labels: der Commerz-Film, der Trans Video Deutschland und des Video Programm Service (VPS). Charakteristisch ist für diese eine Serie fernöstlicher Karate- und Kung-Fu-Filme, sie offerieren Kriegs- und Science-Fiction-Filme der B- und C-Kategorie, Italowestern und gehäuft Exemplare aus der schier endlosen Reihe der 'Krankenschwestern'-, 'Hausfrauen'- und 'Schulmädchenreports', der bodenständigen, dummdreisten und diffamierenden Sexfilmproduktion bundesdeutscher Provenienz. (35)

Dies einschlägige Angebot wurde in den folgenden beiden Jahren enorm verstärkt und erweitert durch eine Spezies von Filmen, die am nachhaltigsten zur Diskreditierung der neuen Verteiltechnik in großen Teilen der veröffentlichten Meinung beitrug: die sogenannten Kannibalen- oder Menschenfresserfilme, die George A. Romeros auf dem Höhepunkt des Vietnamkrieges entstandenen, mit stark zivilisationskritischem Impetus ausgestatteten 'Zombie'-Streifen von 1968 ('Die Nacht der lebenden Toten') in zahlreichen Folgeproduktionen variierten und dramaturgisch auf die bluttriefenden Aktionshöhepunkte reduzierten. (36) 'Horror', inszenatorisch umgesetzt in Form von möglichst brutalen Schlächtereien, wurde zum neuen Markenzeichen für das gesamte Medium und stand synonym für den Versuch des Softwaremarktes, sich gegenüber den traditionellen massenmedialen Verteilern abzusetzen. An dieser Strategie waren mehr oder weniger sämtliche Firmen beteiligt, die neu auf den Markt drängten, bzw. sich bereits fest auf ihm etabliert hatten, wenn auch mit unterschiedlichen Prioritätensetzungen. Eine ganze Reihe von Labels konzentrierten sich auf den Bereich der gesetzlich zugelassenen Varianten der Pornographie (37): das Video-Label Mike Hunter zum Beispiel, das sich seine Kapitalbasis für den neuen Verteiler im einschlägigen Schmalfilmmarkt geschaffen hatte, Starlight-Tabu, Videoring, Kessler Bros. oder Heeres Video stand für solche Schwerpunkte des Programms. Am Geschäft mit den Eastern oder den Kannibalenfilmen partizipierten nicht nur einige dieser Labels und 'Newcomer' des Marktes wie Toppic, Loyal oder die ITT-Contrast, Videoableger der ITT-Vertriebstochter in der Bundesrepublik, Schaub-Lorenz, sondern auch mit seriösem Ruf und Tradition ausgestattete Firmen wie die Atlas Film + AV, die UFA-ATB im Vertrieb der Büscher Film oder EuroVideo, die Software-Tochter der Piccolo-Film und der Münchener Bavaria-Kopierwerke, die über die gleichnamige Atelierbetriebsgesellschaft im Mehrheitsbesitz der TV-Werbegesellschaften des WDR und des SDR ist. (38)

Betrachtet man das Gesamtangebot der ca. 2.300 Cassettentitel zum Ende der Übergangsphase (Ende 1981), so ergab sich rechnerisch immerhin noch ein hoher Anteil, welcher der Tradition des neuen AV-Verteilers

Tabelle 18

Übersicht des Spielfilmangebots auf Cassette nach Filmgenres und Anbietern
(Stand: 1.12. bzw. 31.12.1981)*

Label bzw. Firma	Unterhaltung aller Art (auch im FS zeigbar)	Sex und Erotik	Brutal-Filme Eastern Horror	Western Krimi	Harte Action Krieg	Gesamt
VPS	104	55	53	42	23	277
ITT-Contrast	61	43	65	35	26	230
Toppic	108	25	15	51	4	204
Eurovideo	80	23	27	15	9	154
Atlas/Monte	83	23	31	10	6	153
UFA-ATB/Videophon	30	31	26	12	5	104
Loyal/VTD	22	15	29	4	6	76
Spectrum	51	5	6	10	4	76
VMP	15	29	7	7	2	60
Heimfilm	29	11	10	3	6	59
Heeres Video	11	19	1	2	10	43
Warner Home Video	19	-	2	17	-	38
CIC-Taurus	24	-	1	13	-	38

VAF-Inter-Pathé	23	4	2	5	2	36
GIV	22	-	-	11	2	35
Mike Hunter	4	7	6	7	4	28
Arcade Video	13	-	7	4	4	28
Videoring	11	7	6	-	2	26
Magnetic Video (Fox)	16	-	-	9	-	25
VHP	7	8	3	-	2	20
ABC-Video	10	5	2	3	-	20
Starlight-Tabu	8	6	-	-	-	14
Herzog	2	9	-	-	-	11
Select Video	10	-	-	-	-	10
Kessler Bros.	-	5	3	-	-	8
Marketing	1	-	5	-	1	7
Gesamt	**764**	**330**	**307**	**260****	**118**	**1.780**

* Die Zahlen wurden anhand der Gesamtkataloge (DVI: Video Programm-Verzeichnis 1981/82, Berlin 1981 und Video Cassetten Katalog 81 und 82, Berlin 1981 und 1982, dritte und vierte Auflage) ermittelt und mit den damals aktuellen Katalogen der einzelnen Anbieter verglichen.

** Davon die Hälfte im Fernsehen aufgrund der Programmrichtlinien nicht aufführbar.

Quelle: Radevagen/Zielinski 1982, S. 161

als zielgruppenorientiertes Bildungsmedium zu verdanken war. Gut ein Fünftel (22,2 Prozent) wurde durch die Sparten Wissen/Fortbildung/Kurse abgedeckt, die freilich für den kommerziellen Massenmarkt kaum mehr eine Rolle spielten. Auf der Anbieterseite geht dies daraus hervor, daß sie zum Teil im veralteten VCR-Format oder - bei den hochspezialisierten Programmen - auch auf U-Matic-Cassetten angeboten wurden. Für die Nutzerseite stellten die regelmäßigen Markterhebungen der Branche marginale Ausleihfrequenzen und Kaufanteile solcher Programme fest, die sich statistisch kaum mehr erfassen ließen. Im Angebot dominant (mit ca. 60 Prozent) und in der Nutzung bestätigt war vor allem der für das Kino gedrehte Spielfilm geworden. (39) Eine inhaltsanalytische Untersuchung dieses Blocks von 1.780 Cassetten unter dem Gesichtspunkt der Genrezugehörigkeit einerseits und der Fragestellung andererseits, wie sich das Angebotsprofil gegenüber den im Fernsehen aufgeführten und aufführbaren Spielfilmen ausnähme, ergab ein deutliches Bild für die Qualität der Übergangsphase: 42,5 Prozent gehörten eindeutig zur Kategorie des inkriminierten Genre-Kinos, wobei zusätzlich noch einmal etwa 130 Filme der auch im Fernsehen beliebten Genres Western und Krimi in ihrem oberflächlichen Profil mit den Programmrichtlinien des Fernsehens kollidierten. Wie sich das Angebot auf die einzelnen Genres und Anbieter verteilte, und welche quantitativen Spitzenreiter sich dabei herausgebildet hatten, kommt in unserer Übersicht (Tabelle 18) zum Ausdruck.

3. Phase: Die Major Companies übernehmen - internationales Kino für die private Verfügbarkeit

Drei Ausnahmen fallen in der Übersicht zur Zusammensetzung des Angebots in der Übergangsphase auf, die bereits für die Herausbildung der nächsten Stufen bedeutsam sind: Warner Home Video, CIC-Taurus Video und Magnetic Video. Sie stehen für den Beginn einer veränderten Verwertungsstrategie der wichtigsten Filmverleiher der USA, der Major Companies (40), die zugleich die weltweit mächtigsten filmwirtschaftlichen Unternehmen repräsentieren, gegenüber dem neuen Distributionsmittel Videocassette. Die Tochtergesellschaft des Medienkonzerns Warner Communications Incorporated machte im Frühjahr 1981 den Anfang, indem sie den bundesdeutschen Markt mit einer kleinen Staffel von Spielfilmen für die Videoverwertung testete. Im Sommer des Jahres folgte die Twentieth Century Fox; sie war 1977 als erste der Major Companies zunächst unter ihrem eigenen Firmenzeichen und ab 1979 unter dem Label Magnetic Video Corporation, der seinerzeit "weltgrößten Hersteller- und Handelsfirma für bespielte Cassetten" (41) auf dem US-Markt aktiv geworden. Im Herbst 1981 zog die Cinema International Corporation (CIC) nach, die auf dem Weltmarkt die Kinoverleihe von Universal Films und Paramount Pictures vertrat. (42) Sie verband sich mit dem Videoableger von Taurus-Film, einer Unternehmung des größten Filmhändlers der Bundesrepublik, Leo Kirch. Im Jahr 1982 vollzog sich dann der Übergang zur dritten Marktphase, die heute noch andauert, definitiv. Sämtliche Major Companies gaben ihre Blockade zugunsten des neuen Verwertungszweiges für ihre Produkte auf und drängten mit unterschiedlichen Formen der Kooperation oder auch selbstständig auf den Softwaremarkt. "Hollywood's hit song for 1982: 'change partners and dance' " (43) - mit dieser Überschrift ironisierte ein US-amerikanisches Branchenblatt die Aufteilung der 'Claims' des neuen Marktes.

Im Hinblick auf die Cassettenauswertung entstanden noch nicht bekannte Fusionen. MGM zum Beispiel startete auf dem einheimischen Markt zunächst in einer gemeinsamen Unternehmung mit dem Network CBS, kehrte aber nach wenigen Monaten wieder zu seinem Kinopartner United Artists (UA) zurück, was insofern nicht verwunderte, als MGM die ehemalige Produktions- und Verleihfirma Charlie Chaplins im Verlauf der Jahre 1980/81 allmählich aufgekauft hatte (44). Das internationale Label der beiden Filmriesen MGM/UA Home Video (Slogan: "the lion roars around the world"), ist auf dem hiesigen Markt wiederum nur indirekt vertreten. Es beliefert vor allem EuroVideo, den starken Ableger von Bavaria. CBS schloß sich indessen mit Twentieth Century Fox zusammen und ist in dieser Konstellation direkt mit einer Tochtergesellschaft auf dem bundesdeutschen Markt präsent; Magnetic Video verschwand dafür als Anbieter. Der weltweit größte Medienkonzern RCA verbündete sich mit 'Cocolumbia', wie die Columbia Pictures nach ihrem Aufkauf durch den Konzern mit dem ästhetischen Gebrauchswertmonopol Coca Cola ironisch tituliert wird. RCA/Columbia ist auf dem hiesigen Markt ebenfalls mit einer direkten Tochter vertreten. Warner Home Video behielt seinen autonomen Status aus der Testphase. Durch die Schallplattentochter des Konzerns, W(arner) E(lectra) A(sylum) verfügt das Label hier über einen etablierten Distributor. Für die Videoauswertung stehen ihm nicht nur die Filme von Warner Bros. zur Verfügung. Mit dem 'größten Videohandel der jemals in der Geschichte des Videogeschäfts abgeschlossen wurde' (45), erwarb es für 60 Millionen US-Dollar die Auswertungsrechte für ein großes Paket von UA-Filmen außerhalb der USA. Die Liaison zwischen CIC und der Videotochter Leo Kirchs hielt nur bis Anfang 1984. Die Major Companies lösten sich von Taurus Video und agierten nun unter der Marke ihres Kinoverleihs mit eigenem Label. Ähnliches geschah mit der Distributionsgemeinschaft zwischen Embassy Pictures und der Videofirma des Filmverleihs Neue Constantin. Sie traten ihre gemeinsame Tätigkeit erst 1982 an; im März 1984 kündigte der US-Verleih die Kooperation mit dem deutschen Partner wieder auf, um sich eigenständig stärker profilieren zu können. - Der Praxis von MGM/UA folgte auch die Videotochter der Walt Disney Productions; Disney Home Video offeriert ihre Produkte hier über das eingefahrene Label EuroVideo. Buena Vista, auf dem US-Markt u.a. Verleiher von Disney Films und zusammen mit Avco-Embassy Pictures in den letzten Jahren zum Kreis der Mächtigsten aufgestiegen, die ihre Interessen in der MPAA vertreten und die seitdem mit zu den Major Companies gezählt werden, Buena Vista verhält sich auf dem deutschen Markt genauso wie die Unabhängigen der US-Filmindustrie; Lizenzen für die Videoauswertung werden an den Meistbietenden von den etablierten Labels verkauft. Eine Ausnahme in dieser Hinsicht stellt lediglich Orion Pictures dar, ein profilierter Vertreter des unabhängigen amerikanischen Kinos, der im Hinblick auf den Filmtheaterverleih bis vor kurzem noch vom Filmverlag der Autoren vertreten wurde und in der Videoauswertung mit dem britischen Label VCL zusammenarbeitet. Über diese Firma wiederum vertreibt der bundesdeutsche Autorenverlag seine Video Edition, in der Distribution unterstützt durch Atlas. (46)

Mit dem Einstieg der großen Produktions- und vor allem Verleihgesellschaften der USA, der begleitet wurde von einem stärkeren Engagement auch der britischen Firmen Thorn EMI, Rank Films und VCL-Communications sowie der bedeutendsten einheimischen Produzenten/Verleiher, veränderte sich das produktions-ästhetische Niveau auf dem Softwaremarkt beträchtlich. Das anonyme Genre-Kino wurde vom Zentrum des Marktes an seine Peripherie verdrängt. Im Mittelpunkt stand nun der internationale auf das größtmögliche Publikum ausgerichtete Box-Office-Hit, mit Starbesetzung bei den Schauspielern und Regisseuren, mit aufwendiger Ausstattung, hohem Einsatz filmtechnischer Mittel und extensiver Promotion. Nicht mehr die gehaltliche Profilierung gegen die elektronische Konkurrenz des TV-Mediums prägte die erfolgreichsten Verleih- bzw. Verkaufspakete auf Videocassette. Das neue Distributionsmittel trat kompetitiv und ergänzend der Filmauswertung in den Lichtspielhäusern zur Seite. "Ganz, ganz großes Kino - Filmhits für die Video-Charts" (Warner), "Kino vom Besten" (Constantin), "Kino, das sie kaufen können" (Atlas) oder schlicht "Premiere" (Thorn EMI und Warner) hießen die Motti der Anbieter nun. (47)

Die Prioritäten in der zeitlichen Hierarchie der Verwertung von Filmen änderten sich im Zuge dieser Entwicklung. Die Lancierung einer bespielten Videocassette sollte so nahe wie möglich am Kinoerfolg liegen, durfte diesen aber auf der anderen Seite auch nicht gefährden oder beeinträchtigen. Die Folge war, daß lediglich solche cineastischen Bestseller, bei denen mit einer langen erfolgreichen Laufzeit im Theater gerechnet wurde (48), über Jahre hinweg für den Videoverteiler gesperrt blieben. Die kurzfristigen Box-Office-Hits jedoch - und der überwiegende Teil der Filme fällt in diese Kategorie; der hauptäschliche Kassenerfolg wird bei einem A-Picture heute in den ersten sechs Wochen Laufzeit erzielt - wurden in immer kürzeren Abständen nach ihrem Start in den Theatern auf den neuen Markt geworfen, damit die Cassette noch möglichst viel von dem Promotionsbonus des erfolgreichen Kinofilms profitieren konnte. Die Freigabe für den Videomarkt erfolgte also bereits mit wenigen Ausnahmen auf dem Höhepunkt der Auswertung in den Lichtspielhäusern, da ja noch eine gewisse Interimszeit einzukalkulieren war, bis die Konserve den Endabnehmer über die komplexe Infrastruktur des Videohandels erreichte.

Aufschlußreich ist in diesem Zusammenhang ein Blick auf die Hitliste der zehn erfolgreichsten Spielfilme auf Videocassette, welche das führende

Schematische Darstellung:

Der Spielfilm auf Videocassette im Rahmen der übrigen Distributionskanäle für Filmwaren in der dritten Phase des Softwaremarktes

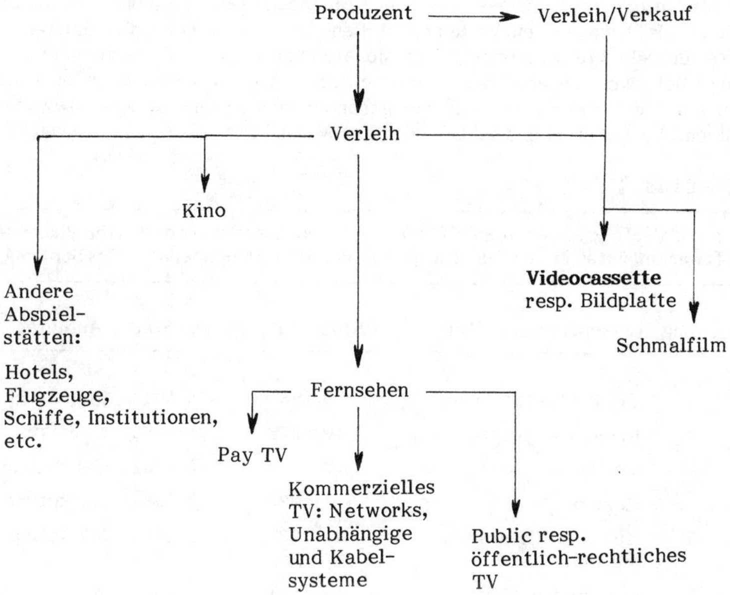

Erläuterungen: Die Hierarchie im Schema beinhaltet auch eine zeitliche Rangfolge. Video schob sich hinter das Kino auf den zweiten Platz in der Auswertungskette, also noch vor die diversen Verteiler des Fernsehens. Hier wiederum wurde dem Pay TV erste Priorität verliehen. Filmverleih und Verleiher bzw. Verkäufer für das Kino zu Hause müssen nicht identisch sein.

Quellen: Die Darstellung lehnt sich an die Schemata Gubacks in seinen Beiträgen zum Kinofilm an, in: Compaine 1979, S. 194 und Compaine, Sterling, Guback, Noble 1982, S. 221. Zur Position des Pay TV vgl. bes. Guback 1982.

Branchenblatt des Softwaremarktes in der Bundesrepublik aufgrund von Händlerangaben für den Zeitraum vom Januar 1982 bis zum September 1984 zusammengestellt hat. Sie spiegelt nicht nur die hohe Priorität wider, die der Action-betonende Film, auch auf dem höheren produktionsästhetischen Niveau der dritten Phase, für die Reproduktion auf dem Fernsehschirm der Videoanlage behalten hat. Beim Vergleich der Daten des Kino-Starts mit denen für die Video-Freigabe kommt deutlich die Verwertungsstrategie der Majors, die mit Ausnahme des von Constantin verliehenen 'Profi' mit dem französischen Superstar Jean Paul Belmondo sämtliche Filme als Produzenten/Verleiher stellen, zum Ausdruck: die Hälfte der Streifen gelangte bereits nach vier Monaten und weniger in die Videoauswertung; bei zwei weiteren betrug die Schonfrist für die nachspielenden Kinos ein Jahr und weniger; drei Filme gehörten zu den cineastischen Dauererfolgen, die entsprechend spät freigegeben wurden.

Tabelle 19

Die zehn erfolgreichsten Spielfilme auf Videocassette in der dritten Phase des Softwaremarktes in der Bundesrepublik und ihre Freigabedaten (bis Sept. 84)

Rang	(Dtsch.Verleih)Titel	Kino-Start	Video-Start	Anbieter
1.	Die Klapperschlange	9/1981	8/1982	Constantin
2.	Krieg der Sterne	2/1978	5/1982	CBS/Fox
3.	Der Profi	1/1982	5/1982	Constantin
4.	Rambo	1/1983	3/1983	Marketing
5.	Auf dem Highway ist die Hölle los	10/1981	2/1982	Marketing
6.	In tödlicher Mission	8/1981	8/1982	Warner
7.	Zwei wie Pech und Schwefel	4/1974	10/1982	RCA/ Columbia
8.	Das Krokodil und sein Nilpferd	12/1979	3/1982	Taurus
9.	Eis am Stiel IV - Hasenjagd	3/1983	5/1983	ITT-Contr. VMP
10.	American Werewolf	4/1982	6/1982	PolyGram

Quelle: VideoMarkt, Nr. 9/September 1984, S. 41

Die Tendenz zu durchschnittlich immer kürzer werdenden Fristen zwischen den Starts auf beiden Teilmärkten wurde in der Bundesrepublik noch dadurch forciert, daß sich die Fälle häuften, bei denen sie praktisch parallel lagen. Das war insbesondere bei Filmen der Fall, denen ohnehin kein besonders hohes Einspiel im Kino zugetraut wurde und ist außerdem zu interpretieren als eine deutliche Schwäche des nationalen Verleihs gegenüber den internationalen Konzernen. Konnten diese souverän ihre Produkte lancieren, weil sie über deren Rechte für die verschiedenen Kanäle der Verwertung selbst verfügten, gerieten jene unter einen zunehmenden Druck, die auf dem Weltmarkt für teures Geld zusammengekauften Lizenzen möglichst schnell auszuschöpfen. (49)

Ökonomisch betroffen von dieser Entwicklung wurden und werden in erster Linie die Betreiber von Lichtspielhäusern und zwar vor allem diejenigen, die am Ende der Verwertungskette angesiedelt sind, die sogenannten Bezirkskinos, Betreiber von Abspielstätten jenseits der marktbeherrschenden Kinoketten sowie die Programmkinos. Die Interessensvertretung der Branche versuchte zwar seit der Ausbreitung des Softwaremarktes, Sperrfristen durchzusetzen, wie sie im Rahmen des Film-/Fernsehabkommens (FFA) von 1974 und seiner Neufassung von 1980 beschlossen wurden und wonach ein durch die Filmförderung und das Fernsehen mitfinanzierter Film in der Regel frühestens zwei Jahre nach seinem Start in den Kinos ausgestrahlt werden darf. (50) Die Erfolge, welche diesbezüglich für die Videodistribution erzielt werden konnten, waren freilich gering und nutzten im wirtschaftlichen Effekt bestenfalls den Uraufführungs-Kinos und den unmittelbar nachspielenden Stellen in den Zentren. Je nach Anzahl der vom Verleih in die Abspielstätten gebrachten Kopien, wurde eine sechs- bis zwölfmonatige Schonfrist durchgesetzt und zwar für solche Produktionen, die mit Mitteln der Filmförderung zustandekamen, zu der ja auch die Theaterbetreiber Abgaben leisteten. (51) Übergreifendes Ziel des Hauptverbandes Deutscher Filmtheater (HDF) war es, "die verbindliche Absicherung der im Regelfall weltweit üblichen Exklusivfrist für die Kinoauswertung von Filmen für die Dauer von 6 Monaten" (52) zu erreichen. Da diese Vereinbarung auf freiwilliger Basis zwischen den Beteiligten (Produzenten, Verleiher, Kinobesitzer, Videoanbieter) beschlossen werden sollte, könnte eine solche 'Absicherung' wenig Wirkungskraft zeitigen. Und sie nutzte dem Gros der kleineren Betreiber von Filmtheatern gar nicht, da diese erst an die publikumsattraktiven Produktionen herankommen, nachdem sie durch die Ur- und Erstaufführungskinos und die lange Kette der Zentren gelaufen sind, jene also in jedem Fall mit der Videocassette zu konkurrieren haben.

Mit dem breiten Einstieg der Major Companies und dem hohen Stellenwert, den seitdem die u.a. für das internationale kommerzielle Kino gedrehten A-Pictures als cassettierte Filmwaren erhalten haben, wurde der bundesdeutsche Markt stark umstrukturiert. Ähnlich wie die japanischen Systemhersteller auf dem Hardwaresektor degradierten die nordamerikanischen Gesellschaften, mittlerweile durchweg selbst nur Elemente großer Industrie-, Finanz- und Kommunikationskapitale, die einheimischen Firmen entweder zu in hohem Maße abhängigen Distributoren ihrer Produkte oder/ und drängten sie ökonomisch in die enger gewordenen Marktnischen, die außerhalb des Spielfilms verblieben. (53) Dem **hohen internen Konzentrationsgrad** des Marktes entsprach darüberhinaus seine **feste Einbindung in die übrigen Verwertungszweige von Filmwaren**, in denen die Major Companies agierten; wobei wachsende Bedeutung der Komplex des Pay TV erhielt, der sich in der Form des ökonomischen Austausches - vor allem als Pay Per View TV (54) - kaum von dem Vermiet- oder Verkaufsgeschäft mit Videocassetten unterscheidet: der Konsument bezahlt für ein spezifisches Programmangebot, vor allem den Spielfilm.

Weltweit wurde der Bestand an Videorecordern 1983 vom Londoner International Institute of Communications (IIC) auf über 40 Millionen Stück geschätzt. Die MPAA rechnete Ende 1984 mit einer globalen Population von mehr als 56 Millionen Gerätebesitzern. (55) Nicht nur in den hochentwickelten industrie-kapitalistischen Ländern entstanden neue Märkte, die es mit Filmwaren zu beliefern galt, wie zum Beispiel dem westeuropäischen Spitzenreiter Großbritannien, wo Ende 1984 bereits in mehr als jedem dritten Haushalt eine elektromagnetische Abspielmaschine für Audiovisuelles stand; oder den skandinavischen Ländern, die mit einer durchschnittlichen Sättigung von ca. fünfzehn Prozent im Herbst 1984 (bei 1,4 Millionen abgesetzten Geräten) auch zum westeuropäischen Durchschnitt gehörten. (56) Für die internationalen Händler mit Filmwaren dürfte insbesondere auch interessant geworden sein, daß zahlreiche Nationen mit einer noch wenig entwickelten Infrastruktur für die Distribution von Audiovisuellem mithilfe des Videorecorders regelrechte qualitative Sprünge in ihrer massenmedialen Entwicklung durchmachten. Das heißt, der Videorecorder ersetzte binnen kürzester Zeit das Kino als traditionell wichtigsten Verteiler für Spielfilme. Hervorragendes Beispiel dafür ist Indien, wo 1983 auf jedes öffentliche Lichtspielhaus bereits zwei Videovorführstätten kamen. (57) Insgesamt standen nach Berechnung der International Federation of Phonogram and Videogram Producers (IFPI) alleine in Südostasien (ohne Japan) 2,6 Millionen der begehrten Abspielmaschinen. Wobei zwar stark westlich orientierte Länder wie Taiwan oder die britische Kronkolonie Hongkong die Statistik anführten, aber auch Indonesien, die Philippinen, Singapur oder Thailand sich zu beachtlichen Videonationen entwickelten. (58) Wie in Indien dienten auch hier die Geräte vornehmlich zur kommerziellen öffentlichen Vorführung von Spielfilmen, sei es in Gaststätten, eigens eingerichteten Sälen oder vor allem auch öffentlichen Verkehrsmitteln. (59) - In Australien erreichte der Sättigungsgrad der Fernsehhaushalte mit Videorecordern 1984 ca. 40 Prozent. In den reichen Ölnationen der arabischen Welt, wo strenge religiöse Vorschriften und öffentliche Moralkodexe das dem Fernsehen Erlaubte in engen Grenzen halten, wurden solche Marken schon 1983 übersprungen, wie zum Beispiel in Bahrein oder Kuwait; letzteres war mit einer Penetration von über 90 Prozent der TV-Haushalte im Jahr 1983 der weltweite Spitzenreiter. (60)

Auf dem Hintergrund einer derartigen Expandierung potentieller Absatzmärkte für international standardisierte Filmware sind das verstärkte Engagement der Major Companies und die daraus folgende hohe ökonomische Konzentration, für die der bundesdeutsche Softwaremarkt nur als ein Beispiel von vielen steht, zu erklären. Die Gewinnspannen, welche mit erfolgreichen Kino-Spielfilmen auf Videocassette zu erzielen waren, schnellten in die Höhe: 'Raiders of the lost ark' ('Die Jäger des verlorenen Schatzes') brachte der CIC 1983 alleine im Vermietgeschäft ca. zwanzig Millionen US-Dollar ein. Mit dem Verkaufsschlager des Video-Sommers 1984, dem Remake des Krimiklassikers 'Scarface', erwirtschaftete die Videotochter der Music Corporation of America (MCA Home Video) innerhalb weniger Monate vierzehn Millionen US-Dollar im internationalen Vermiet- und Verkaufsgeschäft. (61) Der Erlös aus der Videocassette wurde zum fest kalkulierbaren Faktor bei der Herstellung neuer Spielfilme. Insofern die Verleiher auch Produzenten waren, begannen sie, ein gutes Stück ihres Budgets durch den Vorverkauf von Rechten zur Videoauswertung zu finanzieren. Für die Verfilmung des Ende-Romans 'Die unendliche Geschichte' zum Beispiel, der bisher teuersten und kommerziell erfolgreichsten Produktion der bundesdeutschen Filmgeschichte, konnte die Neue Constantin alleine eine Million DM durch solche Vorschüsse abdecken. (62)

Aus dieser Entwicklung ergab sich aber auch ein Effekt, der für die Konzentrationsbewegung große Bedeutung bekam: Die Preise, die für die Videoauswertung publikumsattraktiver Spielfilme gezahlt werden mußten, erreichten in der dritten Phase des Softwaremarktes ein Niveau, das es den kleineren, unabhängigen und kapitalschwachen Labels tendenziell unmöglich machte, Filme der höchsten produktions-ästhetischen Kategorie zu erwerben. Selbst für den relativ kleinen Binnenmarkt der Bundesrepublik mußten für einen aktuellen Kinobestseller Ende 1983 schon ca. 250.000 US-Dollar bezahlt werden. (63) In Ausnahmefällen bewegten sich die Spitzenpreise gar um die Grenze von einer Mio. DM.

Die stärksten Positionen auf dem Markt erlangten infolgedessen jene Firmen, welche die Lizenzen erst gar nicht einzukaufen brauchten, sondern die ihre eigenen Produkte in den neuen Verteiler schicken konnten. Die vier Gesellschaften der bedeutendsten Major Companies (CBS/Fox, CIC, RCA/Columbia, Warner Home Video) stellten zwar nur 11,5 Prozent der 3.225 Spielfilmtitel, die im Frühjahr 1984 auf dem bundesdeutschen Markt angeboten wurden. Unter den fünfzig am meisten verkauften und verliehenen Titeln der dritten Softwarephase stammte aber die Hälfte alleine von diesen vier Anbietern. Berücksichtigt man noch zusätzlich, daß die großen Kassenerfolge einheimischer Labels (EuroVideo, Marketing, Taurus, Constantin) ebenfalls mit wenigen Ausnahmen durch Filme aus der Hollywood-Produktion erzielt wurden, so ergibt sich nicht nur die gleiche überwältigende Hegemonie, die aus dem Sektor des Kinos seit vielen Jahren bekannt ist. Es wird auch deutlich, daß für die Stärke eines Anbieters auf dem bundesdeutschen Markt nicht mehr länger der **Umfang** seines Cassetten-Programms den Ausschlag gab, wie dies in der zweiten Marktphase noch der Fall war, sondern in erster Linie die Tatsache, wer über die qualifiziertesten Staffeln von Spielfilmen der höchsten Kategorie des Marktes verfügte. Die Kompensierung von Güte durch Masse, die ihren Niederschlag in produktions-ästhetischer Hinsicht im gehäuften Angebot der Endlosserien des anonymen Genre-Kinos gefunden hatte und der Praxis bundesdeutscher Labels wie VPS, PolyGram oder UFA-ATB: Büscher Film in der zweiten Phase zugrundelag, erwies sich zunehmend als untauglich und stand den Gesetzen des Marktes mehr und mehr krass entgegen. (64)

Bestätigt wird diese These zusätzlich durch einen Blick auf die Situation des Einzelhandels, der seit dem Software-'Boom' unter der Überfülle des Angebots litt: Die ca. 2,15 Millionen Cassetten, die 1983 an den Handel abgesetzt wurden, numerisch verteilt auf die rund 6100 Verkaufs- und Vermietstellen, die zu dieser Zeit noch existierten, ergab pro Einzelhandelsgeschäft eine Abnahme von durchschnittlich 350 Cassetten. Die Zahl, die für den Endverbraucher relevant war, lag indes noch weit niedriger; es ist zu berücksichtigen, daß einerseits die Spitzenfilme in allen drei Systemen angeboten wurden und undererseits unter den 350 Cassetten eine Reihe von Ladenhütern waren, die der Händler im Paketeinkauf mit erwerben mußte. Es war also nur ein Bruchteil der gut 3.200 insgesamt angebotenen Titel, die überhaupt in den Austausch kamen, von dem wiederum nur einige wenige das eigentliche Geschäft machten.

Schon 1984 traten die Folgen dieses enger werdenden Marktes deutlich zutage: Der Absatz von bespielten Videocassetten an den Handel nahm erstmals nicht nur nicht weiter zu, sondern sank sogar in den Stückzahlen geringfügig ab. (65) Die Anzahl der Umschlagplätze für Videosoftware (Videotheken, Kaufhäuser, Rundfunkfachhandel, Tankstellen, Supermärkte, etc.) verringerte sich gegenüber 1983 noch einmal auf ca. 5.900 im gesamten Bundesgebiet, mit weiterer Tendenz nach unten. (66) Bei einem im Gesamtvolumen rückläufigen Umsatz der Anbieter von konservierter Filmware, der wiederum u.a. zusammenhing mit einem starken Preisverfall sowohl im Verkaufs- als auch im Vermietgeschäft (67), ist die hauptsächliche Konzentrationsbewegung aber auf dieser Seite der Labels zu erwarten. Die unabhängigen Anbieter werden zunehmend herausfallen, insofern sie sich nicht auf die Befriedigung von speziellen Bedürfnissen kaprizieren, wie die diversen Varianten der Pornographie, oder auch auf Marktsegmente außerhalb des Spielfilms, wie Hobby-, Lerncassetten und Musikvideos, auf Kinderfilme oder auch auf kassenstarke europäische Spielfilme, zu denen den Majors der Zugang noch teilweise versperrt ist. (68)

Wobei die jüngere Entwicklung zeigte, daß auch in solchen Marktnischen das Überleben nur noch auf der Basis von Zusammenschlüssen, zumindest auf der Ebene der Distribution, gewährleistet zu sein schien. Die Anbieter von Pornographischem (Videorama, Usa, Starlight, Tabu, etc.) haben sich längst zu einigen wenigen Verteilgemeinschaften zusammengefunden. Einer der profiliertesten Anbieter von Lern-, Hobby- und Kindercassetten, Video-

Tonträger Dr. Dressler (VTD), agierte ab 1984 in der Distribution seiner Produkte zusammen mit CBS/Fox. Auf dem populären Musiksektor hatten die englischen Labels Thorn EMI und VCL noch eine starke Position. Sie wird aber umso schwieriger zu halten sein, je stärker die US-Anbieter auch in dieses Segment vorstoßen und ihr großes Reservoir an audiovisueller Popmusik aus ihrem nationalen Markt (MCA, CBS, Warner) in den hiesigen einführen. - Zu den wenigen Labels, die in der Regel erst gar nicht versuchten, mit den Majors auf der Ebene ihrer eigenen Produkte zu konkurrieren, gehörte seit langem beständig und erfolgreich die Videotochter von Atlas. Sie hat mit ihrem Programm am ehesten das realisiert, was Beobachter der Keimzellen des Marktes vor fünfzehn Jahren als typisch für das neue Distributionsmittel prognostiziert hatten: die Bedienung von kleineren Zielgruppen mit einem stark diversifizierten Angebot. Mit ihrem großen Stock an Klassikern der Filmgeschichte und vielen Bestsellern des deutschen und europäischen Kinos einerseits, sowie ihren ausgesuchten und konkurrenzlosen Offerten an Dokumentarfilmen, Produktionen für Jugendliche und interessanten Medienpaketen für Bildungsinstitutionen jeglicher Art, für deren Einsatz sie auch didaktische Unterstützungen anbietet, war sie durchaus in der Lage, sich längerfristig eine gute Position in dem überfüllten Markt zu sichern. Zumal sie seit 1984 ihre Stellung auch auf dem internationalen Markt noch verbesserte durch eine enge Zusammenarbeit mit dem Videoableger des britischen Medienkonzerns Thorn EMI.

Mit einer derartigen Konzeption in solch starker Ausprägung blieb Atlas aber weitgehend alleine auf dem bundesdeutschen Markt. Charakteristisch wurde für ihn die hohe Dominanz jener Filmwaren, um welche sich auch die übrigen Distributionskanäle von Audiovisuellem vor allem ranken, den Spielfilm in der Tradition des kommerziellen Hollywood-Kinos. Der Video-Softwaremarkt erwies sich somit auf seiner bisher entwickeltsten Stufe lediglich als **neuer Verteiler** von **alten Produkten**, ökonomisch gekennzeichnet - und dies ist Ursachen- und Folgezusammenhang dieser Entwicklung zugleich - durch die überwältigende Hegemonie derjenigen, die auch die traditionellen und gegenwärtig wiederum neu entstehenden Kanäle in erster Linie mit Inhalten füllen. Die Stärke dieser Major Companies ist gerade, daß sie längst nicht mehr nur als Filmproduzenten und -verleiher zu begreifen sind. Durch ihre Muttergesellschaften wie durch selbständig geknüpfte Beziehungen wurden sie fest eingebunden in das Geflecht von Network-, Kabel-, Satelliten- und Pay-TV-Interessen einerseits, sowie der Medien der klassischen Reproduktionskultur andererseits, des Buches, der Schallplatte, Toncassette, Comics und Zeitschriften. Dies macht einen Gutteil der Stärke der US-amerikanischen Anbieter - einschließlich solcher wie Playboy Enterprises, ABC, oder des Time-Konzerns auf dem internationalen wie dem bundesdeutschen Markt aus: Die Videocassette ist für sie nur eine zusätzliche Realisierungsform ihrer industriekulturellen Produkte und nur eine Einnahmequelle von vielen. Wann und wie intensiv diese ausgebeutet wird, können sie in ungleich höherem Maße selbst bestimmen als diejenigen Labels, die gänzlich oder zu großen Teilen von der schnellen

Amortisation in diesem Verwertungsbereich abhängig sind.

Die vielfältigen Einbindungen entziehen sich einer überschaubaren diskursiven Darstellung. Wir haben deshalb versucht, sie in ihren wichtigsten Aspekten schematisch zu erfassen und verdeutlichen sie lediglich am Stammbaum von Warner Home Video im Detail:

Die Muttergesellschaft Warner Communications Inc. deckte in der ersten Hälfte der achtziger Jahre auf dem internationalen Markt mit ihren Aktivitäten ein riesiges Spektrum der Medienlandschaft und verwandter Betriebszweige ab. Auf dem Musiksektor gehörten ihr Schallplattenlabels wie Elektra/Asylum/Nonsuch Records, Atlantic Records, Warner Bros. Records; über den internationalen Ableger dieser Unternehmen, die WEA, wickelte der Konzern auch seine Videogeschäfte ab, womit er die Infrastruktur des Schallplattenhandels zusätzlich ausnutzen konnte. Warner Books, DC Comics, Mad Magazine, der Warner Publisher Service und Warner Software waren seine Aktivitäten im Bereich der Printmedien und im Verlagswesen. Malibu Grand Prix war die Konzernabteilung für Consumer Electronics; die Heimcomputer-Firma Atari, die zu Beginn der achtziger Jahre auf der Erfolgswelle der Videospiele enorme Profite abwarf (70), hat der Konzern mittlerweile verkauft. Warner Cosmetics, der Fußballclub Cosmos Soccer und die Warner Theatre Productions waren zusätzliche Unternehmungen im Freizeitmarkt. Auf der Ebene der filmischen Unterhaltung zählten zum einen die Verleih- und Produktionsfirmen Warner Bros., Warner Brothers Television, die Licensing Corporation of America und Panavision, zum anderen die Verbindungen zur Fernsehdistribution per Kabel und Satellit. Zusammen mit der American Express Co. (Besitzanteil 50 % : 50 %) betrieb der Konzern die Kabelgesellschaft Warner Amex Cable Communications, u.a. mit dem Abonnement-System QUBE, sowie die Warner Amex Satellite Entertainment Company (WASEC). Letztere besaß wiederum drei der erfolgreichsten Pay TV-Kanäle in den USA: Nickelodeon, das sich mit seinem ausgesuchten Filmangebot vornehmlich an Kinder, Jugendliche und pädagogisch ambitionierte Eltern richtet; MTV, ein 24-stündiger Musikservice mit ausgeprägt jungem Publikum, der sich mit großem kommerziellen Erfolg vor allem auf die Verbreitung der sogenannten Video-Clips oder Promotion-Videos der Schallplattenbranche kapriziert hat; und schließlich The Movie Channel (TMC), ein reiner Spielfilmkanal, der 1983 mit Showtime fusionierte, womit WASEC neben dem Home Box Office von Time Inc. über den mächtigsten Spielfilmverteiler des Pay TV verfügte. (71)

Benutzer von Videorecordern als Teilobjekt multimedialer Verwertungsstrategien - auch auf seiten bundesdeutscher Softwarelieferanten wurden im Verlauf des Jahres 1984 und Anfang 1985 entscheidende Voraussetzungen für die Durchsetzung dieses Prinzips geschaffen. Womit sich historisch auf einem entwickelteren Niveau jene Klammer schloß, die mit den ambitionierten Projekten der marktbeherrschenden Medienkonzerne der Republik vor eineinhalb Jahrzehnten geöffnet worden war.

Schematische Darstellung:

Horizontale und vertikale Verflechtungen auf dem Video-Softwaremarkt unter besonderer Berücksichtigung der Spielfilmdistribution (69)

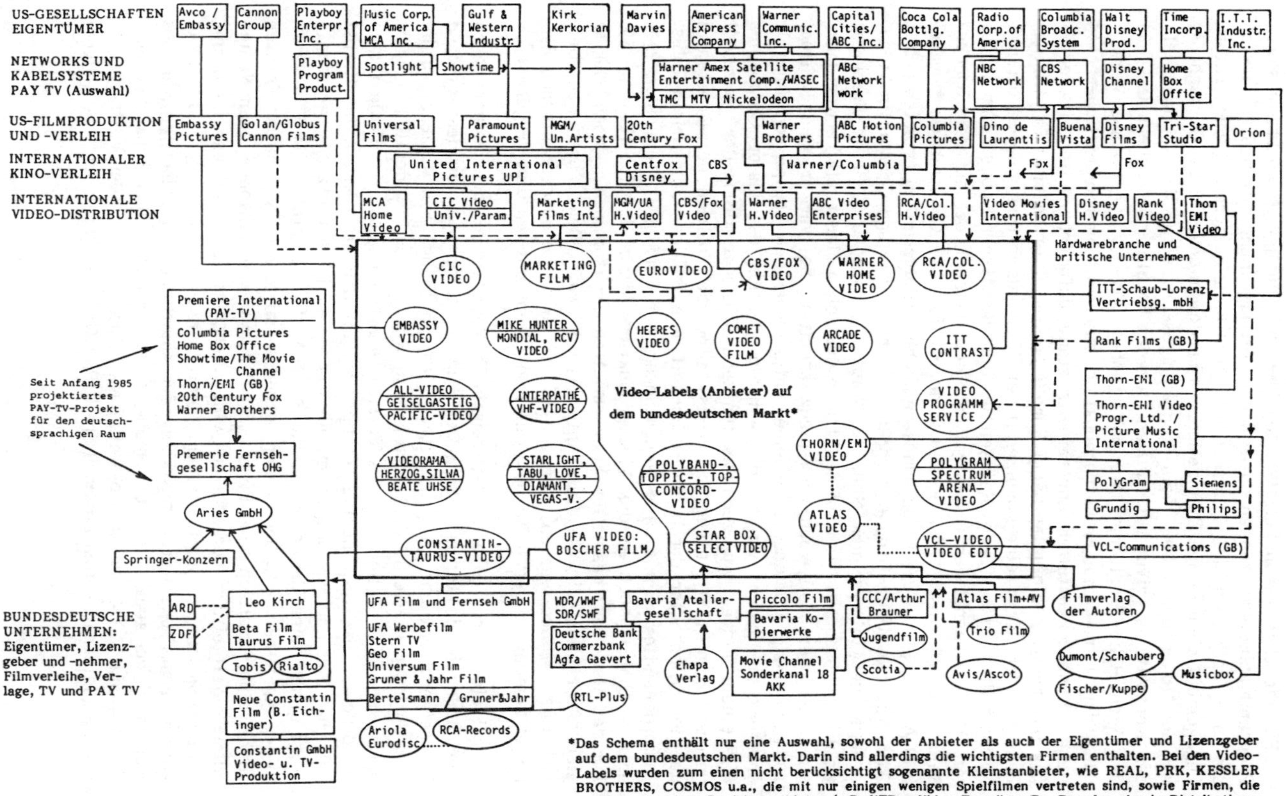

*Das Schema enthält nur eine Auswahl, sowohl der Anbieter als auch der Eigentümer und Lizenzgeber auf dem bundesdeutschen Markt. Darin sind allerdings die wichtigsten Firmen enthalten. Bei den Video-Labels wurden zum einen nicht berücksichtigt sogenannte Kleinstanbieter, wie REAL, PRK, KESSLER BROTHERS, COSMOS u.a., die mit nur einigen wenigen Spielfilmen vertreten sind, sowie Firmen, die vorwiegend andere Produkte anbieten (z.B. VTD - Video-Tonträger Dr. Dressler, der in Distributionsgemeinschaft mit CBS/FOX arbeitet). Zu den Lizenzgebern für den hiesigen Markt gehören mittlerweile nahezu sämtliche Filmverleihe in der Bundesrepublik. (Stand: Anfang 1985)

Die verschiedenen Verbindungslinien markieren folgende Qualitäten von Verflechtungen:
——— Eigentumsbeziehungen - - - - - Lizenzbeziehungen .... gemeinsame Distribution

Für die enge Verbindung von Geräte- und Schallplattenindustrie sowie Programmanbietern standen dafür schon seit Eröffnung des Massenmarktes die Labes PolyGram, ITT-Contrast und Thorn EMI, letztere mit verstärktem Engagement auch in den Keimzellen des bundesdeutschen Privatfernsehens, wie der Münchener Kabel Media Programmgesellschaft (KMP), die innerhalb des Konsoritums privater Gesellschafter des Satellitenfernsehens (SAT-1) das Video-Clip-Programm 'Musicbox' anbot. (72) Für die enge Verbindung von Film- und Fernsehproduktion einerseits und öffentlich-rechtlichen Rundfunkanstalten andererseits stand dafür ebenfalls seit Beginn das Bavaria-/Piccolo-Film-Label EuroVideo. Der Filmverleih CCC (Arthur Brauner), der bisher seine Lizenzen für die Videoauswertung auf dem offenen Markt feilbot, gründete im Rahmen des Ludwigshafener Kabelpilotprojektes mit Movie Channel den ersten reinen Spielfilmkanal, der auf dem Sonderkanal 18 der Anstalt für Kabelkommunikation (AKK) angeboten wurde. (73) Als direkte Töchter von bundesdeutschen Filmverleihen agierten neben Atlas die zur Kirch-Gruppe gehörende Taurus Video und Constantin Video, Ableger des Filmverleihs Neue Constantin, dessen Chef Bernd Eichinger wohl am konsequentesten auf dem bundesdeutschen Markt mit Verwertungsstrategien der Hollywood-Provenienz arbeitet. So war er zum Beispiel 1984 als einziger deutscher Verleiher unter derjenigen Gruppe von Kapitalanlegern zu finden, welche die Jahresproduktion der Major Companies mit einem Betrag von zehn bis fünfzehn Millionen US-Dollar finanziell unterstützten. (74) Anfang 1985 stärkte er die Position der Constantin auf dem Kinosektor durch die Fusion mit dem Berliner Filmverleih Tobis. Außerdem stieg er mit einer Neugründung, der Constantin Television Programm GmbH, auch in die Videoproduktion für beide Märkte ein. (75) Für den Markt mit bespielten Videocassetten direkt ausschlaggebend dürfte jedoch vor allem die ebenfalls Anfang 1985 beschlossene Zusammenarbeit mit Taurus Video werden, womit zwei der stärksten bundesdeutschen Anbieter gemeinsam gegen die mächtige Konkurrenz aus den USA vorgehen.

All dies waren jedoch eher marginale Vorspiele zu den ökonomischen Verbindungen, die Anfang 1985 in den Wirtschaftsteilen der bundesdeutschen Presse veröffentlicht wurden. In ihrem Zentrum stehen drei Mediengiganten: der Springer-Konzern, der Bertelsmann-Konzern und - deutlich kommt darin der hohe Stellenwert des Spielfilms in dem geplanten Projekt zum Ausdruck - die Unternehmensgruppe des Filmhändlers Kirch. Im Herbst 1984 hatte es noch so ausgesehen, als würden die beiden letzteren getrennte Wege gehen beim Abstecken der künftigen Verwertungsfelder für Filmwaren in der Bundesrepublik. Bertelsmann gründete mit der UFA Film und Fernseh GmbH eine juristisch neue Firma, mit der er dem traditionsreichen Namen wieder Weltgeltung verschaffen will, allerdings ganz und gar nicht mit deutsch-nationalen Implikationen. Die Firma, der auch das Videolabel untergeordnet ist, wurde zuständig für sämtliche Fernsehaktivitäten des Konzerns, so auch beim Luxemburger Privatsender RTL-plus, bei dem Bertelsmann mit 40 Prozent beteiligt war. Zusammen mit den Vertragspartnern des internationalen Filmverleihs UIP (MGM/UA, Paramount und Universal) sollte sie ferner einen Pay-TV-Service für die Bundesrepublik, Österreich und den deutschsprachigen Teil der Schweiz vorbereiten. (76) Dies Projekt sah deutlich nach Konkurrenz zu dem Pay-TV-Service aus, den Leo Kirch im Sommer 1984 angekündigt hatte: Mit einem Startkapital von über zehn Millionen DM hatte er unter dem vorläufigen Titel Scorpio eine neue Gesellschaft ins Leben gerufen, welche den gesamten deutschsprachigen Raum in Form des Abonnement-Fernsehens mit Spielfilmen beliefern sollte. Beteiligt waren er selbst mit 51 Prozent der Anteile und die Premiere International mit 49 Prozent. Hinter dieser 'Pay TV Partnership' verbergen sich zwei der mächtigsten Anbieter des US-amerikanischen Bezahlfernsehens (Showtime/The Movie Channel und Home Box Office), drei der Major Companies (Warner Bros., Columbia und Centfox), sowie der britische Konzern Thorn EMI. (77) Inzwischen häuften sich aber die realistischen Prognosen, daß der Markt der Bundesrepublik längerfristig kaum geeignet wäre für mehrere, gegeneinander konkurrierende Programme, für die der Zuschauer extra bezahlen müßte. Nicht zuletzt aufgrund des - für die privaten Anbieter - äußerst schlechten Anlaufens der Kabelpilotprojekte in Ludwigshafen und München, des kläglichen Starts des privaten Satelliten-TV und enorm hoher Verluste, welche die Anbieter kommerziellen Fernsehens in Kauf nehmen mußten (78), verdichtete sich die Ansicht, daß in Form des Pay TV bestenfalls ein Vollprogramm zusätzlich in der Bundesrepublik ökonomisch rentabel zu realisieren wäre, mit dem Spielfilm als attraktivstem Programmangebot im Zentrum. (79) So war es nur konsequent, wenn sich die beteiligten Konzerne für ein gemeinsames Projekt entschieden; Springer und Bertelsmann schlossen sich dem Vorhaben Leo Kirchs an. Im Januar 1985 gaben alle drei die Gründung einer neuen Handelsgesellschaft bekannt, unter der vorläufigen Bezeichnung Premiere Fernsehgesellschaft oHG mit Sitz in München. Der Titel war Programm, denn 49 Prozent der Anteile an diesem Unternehmen hielt eben jene Premiere International Partnership, mit der Kirch im Sommer 1984 die vertragliche Zusammenarbeit begonnen hatte. Die Anteilsmehrheit von 51 Prozent lag bei der Aries GmbH, einer Holding Gesellschaft, die wiederum die Kirch-Gruppe mit 51 prozentigem Anteil dominierte; die restlichen 49 Prozent teilten sich Springer und Bertelsmann zu je gleichen Stücken. Damit sollte nicht nur der künftige Pay-TV-Markt in der Bundesrepublik weitestgehend aufgeteilt worden sein, sondern generell der Handel mit der Ware Spielfilm im Sektor des kommerziellen Fernsehens, zu dem alle drei Unternehmen weitverzweigte Beziehungen unterhalten. (80)

Der Video-Softwaremarkt dürfte von einer derartigen Konzentration wirtschaftlicher Macht in der Spielfilmverteilung erheblich in seiner weiteren Entwicklung tangiert werden. Denn selbst wenn die US-amerikanischen Anbieter, die UFA und Taurus/Constantin Video in der Cassettenauswertung weiterhin getrennte Wege gingen, würden doch zumindest Absprachen über die zeitliche Lancierung der Spielfilme in den verschiedenen Distributionskanälen nötig. Zumal davon ausgegangen werden kann, daß es zwischen den Abonnenten des Pay TV und den Nutzern von Videorecordern als Zielgruppen ein hohes Maß an Überschneidungen geben wird. (81) Längerfristig bedeutete dies aber auch, daß große Teile der komplexen Infrastruktur des Softwaremarktes möglicherweise überflüssig würden und die Funktion des Videorecorders als Aufzeichnungsmaschine für das zeitversetzte Fernsehen noch mehr gestärkt würde. Die starke Erweiterung des Spielfilmangebots der öffentlich-rechtlichen Anstalten durch die Betreiber des Pay TV machte zumindest für dessen Abonnenten die Mitgliedschaft in einem Video-Club und den häufigen Gang in eine Videothek überflüssig. Der Handel mit bespielten Cassetten konzentrierte sich dann zum einen auf den schnellen Massenverkauf einiger weniger aktueller Kinoprodukte, vor deren Einsatz in den Fernsehkanälen, auf Sammlerware und andererseits auf Marktsegmente außerhalb des Spielfilms. Für beide Entwicklungsperspektiven gab es 1984 schon Anhaltspunkte.

Anfänglich verfolgten die Inhaber von Filmrechten bei dem neuen Distributionsmittel für ihre Produkte eine ähnliche Strategie wie auf dem Sektor des Kinos. Die Software wurde an die Händler lediglich **vermietet.** Für einen definierten Zeitraum (in der Regel von zwei Jahren) kauften diese von den Anbietern das Recht, die Konserve an den Konsumenten weiterzuvermieten; nach Ablauf des Zeitvertrages mußte die Cassette zurückgegeben werden. Einige Filmverleiher gingen sogar soweit, daß sie auch den Labels die Lizenzen nur befristet vermieteten. Zwar gab es auch bei dieser Regelung Ausnahmen. Einige Titel wurden für die sogenannte Kann-Verwertung freigegeben. Das hieß, daß das Label bzw. der Händler selbst entscheiden konnten, ob sie die entsprechende Cassette vermieteten oder verkauften bzw. auch beides miteinander kombinierten, indem sie das Produkt nach einigen Vermietvorgängen zu Sonderpreisen absetzten. Bestimmend blieb aber - insbesondere auf der Ebene des Austausches zwischen Einzelhandel und Endabnehmer - die Form des Ausleihens, mit einer Relation von ca. 95 : 5 Prozent zuungunsten des Verkaufs. (82)

Seit Anfang des Jahres 1984 begann sich dies nun stark zu verändern. Sämtliche Major Companies und in ihrem Gefolge auch die einheimischen Anbieter (einzige Ausnahme: Constantin Video) gingen dazu über, nicht nur Auswertungsrechte zu verkaufen, sondern auch zunehmend die Cassetten im Direktversand, über verschiedene Kanäle des Einzelhandels oder auch spezielle Großversandfirmen (z.B. Video Direkt) zum Kauf anzubieten. Das funktionierte bei einem so kleinen Binnenmarkt wie dem der Bundesrepublik nur mit einem beschränkten Angebot von einigen wenigen Titeln, die dann mit einer hohen Auflage und niedrigem Stückpreis offeriert wurden. CIC Video machte als erstes vor, wie und daß dies funktionierte: Mit Sergio Leones Western-Klassiker 'Spiel mit das Lied vom Tod' testete das Label den bundesdeutschen Markt für die neue Strategie an. Die Cassette wurde für nur DM 99,- verkauft, wobei die Kalkulation davon ausging, daß mindestens 30.000 Kopien abgesetzt werden müßten. Innerhalb von nur vier Monaten (bis zum Mai 84) hatte CIC diese Zielprojektion schon um 10.000 Exemplare übertroffen. Zeitlich etwas versetzt schob das Label dann mit 'Flashdance' und 'Raiders of the Lost Ark' einen Modehit und einen Dauererfolg des Kinos mit der gleichen Verkaufsstrategie nach. Die Konkurrenz ließ nicht lange auf sich warten. Warner Home Video kam mit drei der älteren James Bond-Filme aus dem Paket von United Artists auf den Markt. RCA/Columbia begann mit dem Prügel-Klassiker 'Zwei wie Pech und Schwefel' (mit Bud Spencer und Terence Hill). Auf der deutschen Seite setzte Atlas auf die französischen Superstars Belmondo und Delon; Taurus/Videobox versuchte es mit Sauras 'Carmen', die vor allem über den Buchhandel erfolgreich abgesetzt wurde. Sämtliche dieser Titel wurden für den von CIC angetesteten Preis feilgeboten. Bogart-Klassiker wie 'Cassablanca' und 'The Big Sleep' oder Hitchcocks 'Bei Anruf Mord' wurden für Sammler gar schon für DM 79,90 offeriert, auf Wunsch konnten sie auch in der Originalfassung gekauft werden. (83)

Was sich also herauskristallisierte, war das **Bestsellerprinzip** wie es seit langem aus dem Buchhandel bekannt war. Mit hohem Werbeaufwand wurden zeitlich versetzt jeweils einige ausgewählte Titel in großen Stückzahlen bei relativ niedrigem Preise lanciert. Daneben gab es Offerten, die - um bei der Analogie zu bleiben - mit den (modernen) Antiquariatsabteilungen von Buchhandlungen vergleichbar waren: Nicht mehr so attraktive ältere Titel wurden zu Sonderpreisen verschleudert, Filmklassiker auf konstant hohem Niveau verkauft. (84)

Dieser **Ausverkauf von Filmware** wurde aber auf der Seite der Konsumenten von weicher Videoware auch begleitet von einer stärkeren Zuwendung zu solchen Kaufcassetten, auf denen keine Spielfilme, sondern andere Programme konserviert waren. Betrachtet man nämlich das Gesamtvolumen der verkauften Software, so fällt ein erheblicher Rückgang der Sparte des Spielfilms auf, von 78,5 Prozent 1983 auf 52,3 Prozent 1984. Mehr als vervierfacht haben sich hingegen die Anteile der Kinderprogramme (von 5,4 auf 23 Prozent) und der Musikvideos (von 1,8 auf 9 Prozent). Die Sparte "Sonstige", unter der sich u.a. auch die Sexprogramme außerhalb des Spielfilms verbergen, haben ebenfalls beträchtlich (von 5,9 auf 14,8 Prozent) zugenommen. (85)

Der besondere Gebrauchswert des Videorecorders in bezug auf vorgefertigte Software ist es, daß die Kommunikate für denjenigen, in dessen Besitz sie übergegangen sind, beliebig häufig und zu Zeitpunkten benutzbar werden, die von ihm selbst bestimmt werden können. Vor allem darauf zielte die Aufforderung Gideon Bachmanns von 1968 ab: "Laßt dem Kinofilm die Kinos! Unser Film soll direkt nach Hause zum Zuschauer!" (86) Sie resultierte seinerzeit aus der Einsicht, "daß der Kinofilm, wie wir ihn heute kennen, endgültig und ausschließlich zum Industrieprodukt wird" und aus der Erfahrung, daß dieser Prozeß "fast vollkommen verwirklicht" war. "Es bleibt uns die klare Spaltung. Wir müssen aufhören, unsere Energien damit zu verbrauchen, der Unterhaltungsindustrie die Stirn zu bieten. (...) Es bleibt uns nur der Wege des Pioniers: neue Methoden der Filmkommunikation." (87) Der Filmemacher Edgar Reitz gehörte zu den ersten Propagandisten

Schematische Darstellung:

Die wichtigsten Glieder des Video-Softwaremarktes in der 3. Phase

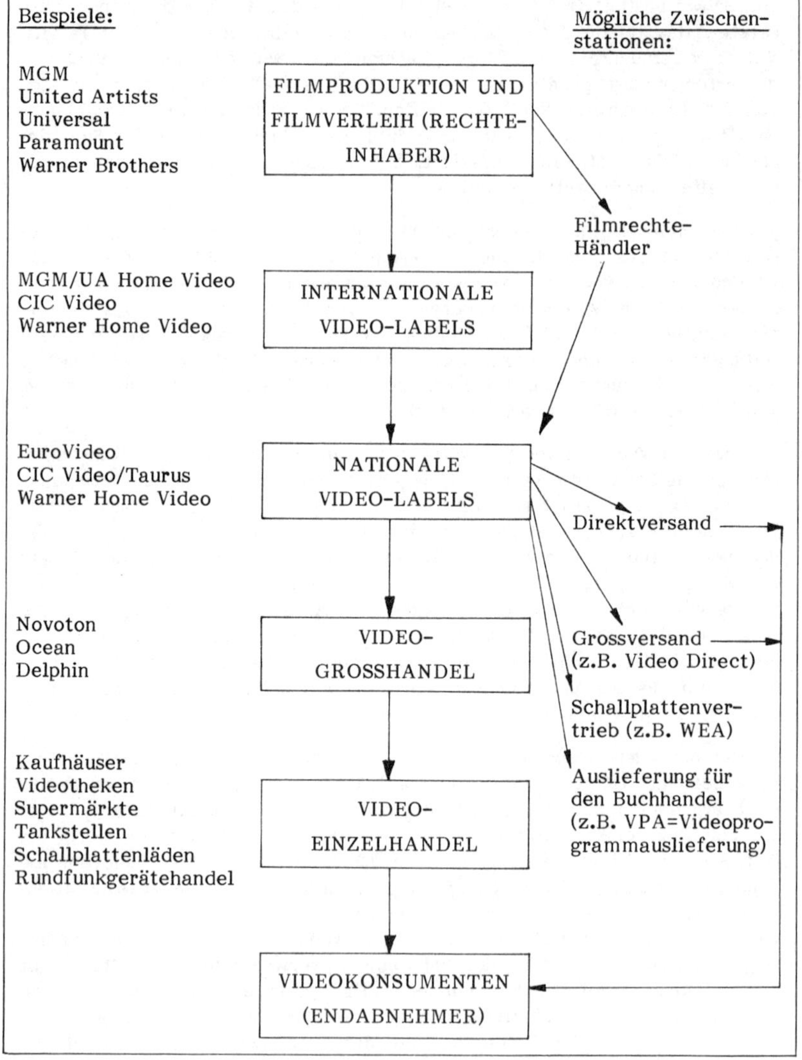

Quelle: Verfasser

solcher neuer Formen: "3-Minuten-Filme, die der plötzlichen Befreiung dienen wie der Knall eines Flaschenkorkens", verlangte er für die neue Rezeptionsform des Heimkinos, "oder einen 500-Minuten-Film mit romanartiger Handlung von wirklich epischen Dimensionen" (88).

Beide Konzeptionen sind tatsächlich als Pole einer neuen audiovisuellen Kultur verwirklicht worden: die '3-Minuten-Filme' in Form der Video-Clips; sie dienen freilich in der Regel nicht der Befreiung, sondern dem Gegenteil, der stärkeren Einbindung der - vorwiegend jugendlichen - Konsumenten in die viele Branchen übergreifende industrielle Pop-Kultur, vor allem zur Aufforderung für den Kauf von Schallplatten. Verteilt werden diese Kurzfilme vornehmlich vom Fernsehen, erfreuen sich aber auch auf dem Videomarkt als längere Clip-Sammlungen wachsender Beliebtheit. (89) Vor allem an den Rändern des Marktes werden indes auch schon eindrucksvolle Gegenentwürfe entwickelt, welche die Clipform experimentell, avantgardistisch, spielerisch oder auch agitatorisch ausfüllen und sie zu einer eigenständigen Kunstform zu emanzipieren versuchen: durch die Musik-Performance-Gruppe Notorische Reflexe etwa (90) oder Der Plan, David Mallets Inszenierung des 'China Girl' von David Bowie, oder John Letts' Produktion 'Radio Clash' von The Clash ... (91) - Die Konzeption der thematischen Darbietung in 'aller Ausführlichkeit' verwirklichte Reitz selbst in Form einer sechzehnstündigen Heimat-Serie über ein Dorf im Hunsrück, die das Fernsehen der ARD in elf Teilen 1984 ausstrahlte. Sie enthält in der Tat Angebotselemente für die spezifische TV-Rezeption über den Videorecorder: in der Art eines audiovisuellen Geschichts- und Familienalbums abgefaßt, lädt sie zum Nachblättern ein, zum Aufsuchen von Szenen, an die man sich besonders gerne erinnert, zur Selektion von besonders interessierenden Teilgeschichten, historischen Abschnitten oder filmisch-musikalischen Realisierungen in der zweiten oder dritten Anschauung.

Von der gegenwärtigen marktvermittelten Wirklichkeit der konfektionierten Videosoftware scheint ein solcher Entwurf aber unendlich weit weg zu sein. Die bundesdeutschen Filmemacher haben auch diese Austauschform für Audiovisuelles nahezu gänzlich den Fabriken Hollywoods überlassen und allzu lange versucht, die vom Kino dominierte Filmform nur in Details der Sprache, der Erzählweise und der Sujets zu modifizieren. Wo sind die bundesdeutschen Bildersteller, die zum Beispiel eingreifende Informationscassetten zur bio- oder kommunikationsindustriellen Entwicklung produzieren, welche viele Menschen, auch Videonutzer, nicht nur betreffen, sondern auch interessieren und die bisher praktisch ausschließlich vom Fernsehen in den Magazin- oder Feature-Formen besetzt worden sind? In England zum Beispiel bietet das Wissenschaftsmagazin New Scientist seit 1984 unter dem Titel 'The Bio-Bombshell' und 'Information Takeover' solche Cassetten an und vertreibt sie zusammen mit gedruckten Informationsmaterialien. Vielleicht liegt es an der wesentlich höheren Penetration der dortigen Haushalte mit Videorecordern, daß solche Projekte unter kommerziellen Gesichtspunkten realisierbar wurden, wie auch 'The other

Cinema on Video', ein Label, das über Buchhandlungsketten vornehmlich Dokumentarfilme des jungen britischen Kinos vertreibt. Experimente für eine stärker gebrauchswertorientierte audiovisuelle Kommunikationskultur wurden hierzulande bisher weitgehend den selbstorganisierten Videogruppen und Medienzentren überlassen, die wiederum - mit wenigen Ausnahmen - keinen Zugang zur massenhaften Distribution haben bzw. in gezielter Opposition zum kommerziellen Markt für sich selbst oder die abgeschottete Szenendistribution arbeiten.

Aber vielleicht verhilft die Konfrontation mit der Vervollkommnung der industriellen (Re-)Produzierbarkeit des Kinofilms, wie sie zur Zeit mithilfe der elektronischen Herstellungs- und Verteiltechniken stattfindet, erneut und auf einer entwickelteren Stufe zu der Einsicht, daß im Sinne des kulturellen Gegenentwurfes 'neue Methoden der Filmkommunikation' mehr denn je nötig sind. Daß nach ihnen auch bei uns Bedarf besteht, zeigt in kommerzieller Form die beginnende Zuwendung von Videonutzern zu Programmformen jenseits des traditionellen Kinospielfilms. Seine stärkere Abwanderung in die Verteilkanäle des Fernsehens könnte auf dem Videomarkt zumindest die Nischen größer machen für jene Formen der Zielgruppen-Kommunikation, wie sie zum Beispiel Scheuch 1970 prognostiziert hatte. Ließe sie sich künftig realisieren, wäre der Ausverkauf von Filmware auf Videocassette dann nur ein Zwischenstadium gewesen.

Kapitel IX

AUDIOVISUELLE ZEITMASCHINE

Schlußthesen zur Kulturtechnik des Videorecorders

"Wir erfahren uns als handelnde und denkende Wesen, für die das Bewußtsein von Zeit alles das einschließt, was der Mensch ist und was er werden kann. Der Begriff der Zeit ist darum nicht der Begriff irgendeines Inhalts, sondern das Begreifen der Wirklichkeit in der Spannung von Zeitlichkeit und Ewigkeit; die Zeit ist der Modus des sich Mitteilenden und anderes erfahrenden Bewußtseins."

(Wilhelm Dupré, Zeit, 1974)

"There is no rewind button on the Betamax of life."

(Nam June Paik, u.a. Art for 25 Millionen People, 1984)

RECORD

REWIND

STOP

PLAY

FAST FORWARD

STOP / PLAY

SLOW MOTION

PAUSE/STILL

PICTURE SEARCH

PLAY

SPEED CONTROL

STILL ADVANCE

1.

Fernsehen ist in wesentlichen Bezügen Zeitmedium. In seinen naturalen wie in seinen humanen - auf die individuelle Wahrnehmung bezogenen - Dimensionen wirkt es im Zusammenspiel der Koordinaten Raum und Zeit, von denen die letztere die grundlegende ist. (1) Die Herstellung von elektronischen Images, ihr Transport und ihre Wiederzusammensetzung im Fernsehempfänger sind Prozesse, die in sehr hoher Geschwindigkeit ablaufen. Der Zuschauer erfährt sie bei seiner Decodierung als Bewegungen, die in ihrem visuellen Rhythmus mit denen identisch sind, die er auch außerhalb der Fernsehvermittlung im Alltag wahrnimmt.

Prinzipielle technische Funktion des Videorecorders ist es, Fernsehsignale zu speichern, indem er deren Frequenzen in elektromagnetische Impulse umwandelt, diese vermittels eines oder mehrerer Magnetköpfe auf ein Magnetband aufschreibt, sie für die Reproduktion abliest und wiederum in Form von Frequenzen zum Empfangsgerät weiterleitet. Sollen dabei mit dem ursprünglichen Image der Fernsehkamera (annähernd) identische visuelle Zeichen entstehen, müssen der Schreib- und der Lesevorgang sehr schnell organisiert werden; dies macht der hohe Frequenzumfang von Fernsehsignalen erforderlich.

Den ersten apparativen Lösungsversuchen des Problems lag ein analoger Denkvorgang zugrunde: Videoaufzeichnung sollte nach dem Prinzip des Tonbandgerätes funktionieren, bei dem ein feststehender Magnetkopf das Band in Spuren abtastet, die parallel zu dessen Bewegungsrichtung verlaufen. Den hohen Frequenzumfang des Fernsehsignales trachtete man dadurch in den Griff zu bekommen, daß einerseits die Spalte der Magnetköpfe in der Breite stetig verringert wurden und andererseits, indem man die Bandgeschwindigkeit drastisch erhöhte. Da aber die Verringerung der Spaltbreite auf mechanische Grenzen stieß und vor allem die Bandgeschwindigkeit eine räumliche/ökonomische Koordinate hat - je höher sie ist, um so mehr Material wird verbraucht -, war diese Lösung für den Fernsehrundfunk lange Zeit unpraktikabel. Bei den entsprechenden apparativen Modellen in der ersten Hälfte der fünfziger Jahre entstanden wagenradgroße

Spulen mit nur wenigen Minuten Aufnahmekapazität.

Die Entwicklung zunächst der Querspur- und dann der Schrägspur-Recorder stellte einen fundamentalen Eingriff in das analoge Lösungskonzept dar. Indem die Videoköpfe, zuerst im rechten Winkel zur Richtung des Bandtransportes und schließlich in der gleichen Richtung, in rotierende Bewegung versetzt wurden, konnte der in Metern oder gar Kilometern meßbare Bandverbrauch erheblich reduziert werden. Ausschlaggebend für die Qualität der visuellen Reproduktion wurde nun nicht mehr die Transportgeschwindigkeit des Bandes, sondern die **Relativgeschwindigkeit** (= Abtastgeschwindigkeit minus Bandgeschwindigkeit), neben anderen technischen Parametern wie der Breite und der Anordnung der Magnetkopfspalte und der Oberflächenstruktur des Bandmaterials. Aber in der Veränderung der zeitlichen Koordinate im Kopf-Band-Verhältnis liegt die Keimzelle für das Gelingen des technischen Projektes Videorecorder. Sie hat in der Geschichte des Artefaktes auch einen entscheidenden ökonomischen Effekt. Denn die Höhe des Bandverbrauches ist nicht nur ein mechanisches und praktisches Problem; nach ihr bemißt sich auf lange Sicht hin die Wirtschaftlichkeit des Gerätes für den Nutzer.

Der Videorecorder ist folglich in technischer Hinsicht Zeitmaschine in doppeltem Sinne: er speichert den Bewegungsfluß von Fernsehsignalen, macht ihn beliebig **wiederholbar** und damit auch in seiner **Zeitstruktur veränderbar.** Daß dies in praktikabler und im Oberflächenresultat befriedigender Form möglich ist, basiert wiederum im wesentlichen auf einem Eingriff in das Raum/Zeit-Gefüge der technischen Anordnung bei der Magnetbandaufzeichnung.

2.

Der Videorecorder ist Zeitmaschine in seinen usprünglichen Zwecken und den Gebrauchswertprojektionen, die auf ihn gerichtet waren. Er wurde gezielt entwickelt und als Anlage konstruiert für den manipulierenden Eingriff in den Zeitprozeß Fernsehkommunikation, womit sich technologische Struktur des Artefaktes und seine herausragende kulturelle Funktion in spezifischer Weise ergänzen und überlappen. Die Inbetriebnahme der Quadruplex-Anlagen von Ampex als **Time-Shift-Machine** für die nordamerikanischen TV-Networks war in diesem Sinne nur der Ursprung einer modifizierten Kulturtechnik der Fernsehvermittlung und -wahrnehmung. Sie ermöglichte es, den streng strukturierten, praktisch die gesamte Zeiteinheit des Tages durchlaufenden, Fluß von audiovisuellen Botschaften so zu organisieren, daß er landesweit mit dem ebenso streng und umfassend strukturierten Alltagsprozeß der Zuschauer synchronisiert werden konnte. Mithilfe der Maschine für die um eine, zwei, drei oder vier Stunden versetzte Programmausstrahlung in den verschiedenen Zeitzonen der Vereinigten Staaten wurde es optimal möglich, identische fernsehvermittelte Zeiterfahrung für die Bewohner eines riesigen Subkontinents zu schaffen.

Aus diesem Ursprung heraus wurde das Gerät in der Wechselbeziehung sozio-technischer und -kultureller Genese in seinen zeitmanipulativen Funktionen erweitert und perfektioniert. Der Verschiebung kompletter homogener Programmsequenzen - angesichts der heutigen computergesteuerten Editiermöglichkeiten der Videoaufzeichnung ist es kaum mehr vorstellbar, daß noch vor knapp dreißig Jahren die Parzellierung der Bänder und ihre nathlose Zusammensetzung praktisch unmöglich waren - folgte die Adaption der **filmischen Produktionsweise** mithilfe des Videorecorders. Audiovisuelle Reproduktionen für die Ausstrahlung im Fernsehen brauchten nicht mehr in der Chronologie des tatsächlichen oder inszenierten Ereignisses konstruiert zu werden; sie konnten in immer verfeinerteren Versatzstücken in tendenziell beliebiger Folge aufgezeichnet und für die Sendung bearbeitet werden; bis hin zu den Konzentraten der Werbespots und Video-Clips, deren autonome Segmente im kinematographischen Sinne so verkürzt sind, daß sie in ihrer internen filmischen Bewegung kaum mehr faßbar werden, sondern eher als photo- bzw. computergraphische Elemente eines rhythmisierten Bilderteppiches. Die filmische Produktionsweise wurde in diesem Adaptionsprozeß nicht nur in ökonomischer Hinsicht überholt, weil das Aufzeichnungsmaterial prinzipiell wiederverwendbar war. Der Videorecorder ermöglichte die für die elektronische Direktübertragung typischen Merkmale von Fernsehreproduktionen, die Aufnahme des Objektes aus ständig wechselnden Kameraperspektiven und -distanzen sowie die besondere ästhetisch-technische Materialstruktur der Fernsehimages, zu synthetisieren mit ihrer Aufbewahrung.

Im Zuge der Verbesserung und Veränderung des Bandmaterials, der tendenziellen Ausschaltung von Fehlstellen - den sogenannten drop-outs - in der Reproduktion sowie der mechanischen und elektronischen Perfektionierung der Geräte entstand allmählich die oberflächlich von der Live-Sendung nicht mehr zu unterscheidende Fernsehkonserve. Sie ermöglichte die Erweiterung des illusionären Potentials von TV-Vermittlung als Wirklichkeitsabbildung. Doppelt (in der Kamera und auf dem Magnetband) reproduzierte Ereignisse konnten nunmehr in großer **Unmittelbarkeit** an die Zuschauer weitergegeben werden, vor allem, was die Differenz zwischen Ereigniszeit und Sende- bzw. Rezeptionszeit betraf. Durch die Aufhebung der Notwendigkeit, das konservierte Material entwickeln zu müssen und durch die Beschleunigung seiner Bearbeitung vom Rohstoff zum sendefertigen Programm, schmolz die Spanne zwischen beiden Zeitpunkten auf einen minimalen Abstand zusammen.

Nur eine der Folgen dieses Prozesses war die Einführung einer neuen Wahrnehmungsdimension in der Fernsehkommunikation, die frühzeitig schon mit einer Bildplattenvariante des Videorecorders - der "instant replay"-Maschine HS-100 von Ampex (2) - rudimentär realisiert wurde und vornehmlich bei Sportübertragungen zum Einsatz kam: die beliebige Retardierung von Ereignissegmenten in kurzen zeitlichen Abständen unmittelbar nach der Aufzeichnung und gegebenenfalls ihre Dehnung durch die Zeitlupe. - Bei spektakulären Ereignissen, besonders bei Katastrophen, denen das Fernsehen zufällig oder geplant beiwohnt, führt dies dazu, daß wir die kameravermittelten Ansichten davon innerhalb weniger Stunden immer wieder vorgeführt bekommen. Eine andere Folge dürfte für den generellen Prozeß der Sinnstiftung durch Fernsehen noch entscheidender sein. Der Videorecorder ermöglichte sowohl die mit dem tatsächlichen Ereignis nahezu zusammenfallende zeitliche Nähe der Sendung zu jenem, als auch er die Vorbesichtigung ohne große Zeitverluste garantierte. Nicht nur für die aktuelle Berichterstattung der Nachrichten ist er zum Artefakt für die **kontrollierte Unmittelbarkeit** des Mediums geworden. Auch in Programmgefäßen der geplanten Inszenierung wirkte sich die Medientechnik der Magnetbandspeicherung als ständig gebremste, weil angewiesene und notfalls zu regulierende Spontaneität aus, die auch durch applaudierende oder still staunende Publikumskulissen nicht lebendiger gemacht werden konnte. (3)

3.

Nimmt man ihr gesellschaftliches Wirkungspotential als Kriterium, scheint die experimentelle Videoavantgarde heute von ihrem programmatischen Anspruch der sechziger Jahre, "daß das neue Medium nur dann sinnvoll zu nutzen sei, wenn es seinen Nutzer aktiviere, anstatt ihn unter der Bilderflut zu begraben" (4), weiter weg zu sein als zu Beginn ihres Aufbruches. Gleichwohl ist der Bereich der Videokunst historisch zweifellos derjenige, in dem man sich am intensivsten mit den Besonderheiten magnetischer Bildaufzeichnung auseinandergesetzt hat. Dies verbindet die Kunst mit speziellen Praxen der Beobachtung und Kontrolle in der wissenschaftlichen Forschung, im Militär oder bei der polizeilichen Überwachung; mit dem ausschlaggebenden Unterschied, daß die Reproduktion in der Videokunst nicht nur Bezeichnungsfunktion in dem Sinne hat, daß sie sichtbare Vorgänge in der elektronischen Abbildung zu verdoppeln, sondern daß sie beide Ebenen - sichtbare Realität und ihre Speicherung - interpretierend miteinander in Beziehung zu setzen sucht.

Die "Zeit-Strukturierung" ist dabei nicht nur notwendiger "Ausgangspunkt" (5) wie bei der Organisation jeder filmischen Bewegung. Sie kann durchaus als nach außen gebrachte Essenz videokünstlerischen Arbeitens gewertet werden. Nam June Paik, der sich in der Öffentlichkeit, noch in bester Tradition der Fluxus-Bewegung, gerne als Agent provocateur des Metiers gibt, dessen intensive und ernsthafte Auseinandersetzung mit dem Raum-/Zeit-Verhältnis in der Kunst aber unverkennbar ist und sich u.a. auf Lessings 'Laokoon'-Erörterungen zum Unterschied von Malerei/ Skulptur und Poesie zurückführen läßt (6), drückt dies in einer treffenden Phrase so aus: "Die Videokunst macht die Natur nach, nicht ihr Aussehen oder ihren Stoff, sondern ihren inneren **Zeitaufbau** (...) nämlich den Prozeß des Altwerdens (eine bestimmte Art der Irreversibilität)." (7) Ein Großteil der aus der jungen Geschichte der Videokunst herausragenden Videoinstallationen, -skulpturen, -bänder und mit Performances gekoppelten Videoaktionen läßt sich als Versuch interpretieren, dieses Programm einzulösen. Dafür stehen neben Arbeiten von Paik selbst zum Beispiel Werke von Douglas Davies, Dan Graham, Friederike Pezold, Ulrike Rosenbach oder Bill Viola.

Greifen wir aus der Fülle der ästhetischen Objektivationen exemplarisch nur eine einzige des New Yorker Künstlers Viola heraus, die besonders eindrucksvoll den angedeuteten Zusammenhang zum Ausdruck bringt: In 'Reasons for Knocking at an Empty House' von 1983 (8) wird der Zuschauer in karger Schwarz-Weiß-Ästhetik mit der Reproduktion einer, im wahrsten Sinne des Wortes, ver-rückten Situation konfrontiert. Im nur mit Stuhl und Tisch möblierten Zimmer eines leeren Hauses ist eine anonym gehaltene männliche Person über drei Tage lang eingeschlossen, völlig isoliert von der Umwelt. Eine mit festem Standort und starrer Einstellung installierte Kamera fängt die immer verzweifelter wirkenden Versuche des Mannes ein, sich in diesem extremen raum-zeitlichen Arrangement zu verhalten. Die Zeitmutation wird lediglich erfahrbar in den sich stetig verändernden Lichtverhältnissen, draußen vor den Fenstern und in dem zur Innenlandschaft gewordenen Raum. Obwohl dieser in dem Ausschnitt, den der Zuschauer zu sehen bekommt, völlig unverändert bleibt, gewinnt er dadurch einen dynamischen, immer bedrohlicher wirkenden Charakter. Das erstaunlichste an diesem elektronischen Abbildungsversuch privater Isoliertheit und ihren Folgen für das Individuum ist dies: Obwohl das über drei Tage und Nächte aufgezeichnete Material in der Präsentation auf einen Zusammenschnitt von nur 19 Minuten reduziert worden ist, fallen reale Wahrnehmungsdauer durch den Zuschauer und das subjektive Zeitempfinden extrem auseinander. Die gestaltete Bandzeit vermittelt tatsächlich eine Vorstellung von der wirklichen Zeitdimension des Ereignisses.

Daß solche Experimente hierzulande so wenig kulturelle Wirkung entfalten können, liegt weniger an ihrer durchaus eigenwilligen ästhetischen Konstruktion. Es liegt vielmehr daran, daß das bundesdeutsche Fernsehen nach einer kurzen - im Vergleich zu heute - euphorischen Zuwendung zu Produkten der Videokunst und ihrer Eingliederung in den normalen TV-Alltag (9), sich mittlerweile weitestgehend gegenüber solchen Projekten verschlossen hat, und diese ihre Öffentlichkeit praktisch nur noch in den relativ abgeschlossenen Bereichen von Galerien, Museen und Festivals finden, bei denen Künstler und Kommunikatoren unter sich sind.

4.

Das US-amerikanische Fernsehen existiert auf der Grundlage des Verkaufes von Sendezeit an die Konsumgüter produzierende Industrie oder kommerzielle und ideologische Dienstleistungen anbietende Unternehmen. Die Inserenten gehen wiederum davon aus, daß ihre Botschaften zur Stimulierung des Zirkulationsprozesses auch von den Zuschauern rezipiert werden und zumindest teilweise zu Kaufakten führen. Über viele Jahre hinweg hatten weder Programmveranstalter noch Werbetreibende Anlaß, am Funktionieren dieses wechselseitigen Zusammenhangs zu zweifeln. Die Reklamespots wurden in regelmäßigen Intervallen, komprimiert auf einige wenige Minuten, in die laufenden Sendungen eingefügt - diejenigen der Marktführer an den attraktivsten Programmplätzen -, und ein ausgefeiltes, immer wieder getestetes und verändertes, Gestaltungssystem visueller und akustischer Anreize garantierte für die Aufmerksamkeit des Publikums. Das genaue Studium der Zuschauergewohnheiten, das zum Geschäft mit der Ware Fernsehen essentiell gehört, bestätigte hinreichend die rezeptive Treue der Fernsehnutzer zu den elektronischen Botschaften des Konsums.

Brüche erhielt das harmonische Verhältnis, als Programmveranstalter des Pay TV zunehmend erfolgreich damit antraten, werbefreie Sendungen, insbesondere Spielfilme, anzubieten. Im Verlauf der letzten siebziger und zu Beginn der achtziger Jahre zahlte eine stetig wachsende Gruppe von Zuschauern für das Privileg, solche ununterbrochenen Programme nutzen zu dürfen; als Ergänzung freilich zu den mit Werbespots durchsetzten Darbietungen der Networks. (10) Die Branche schien noch stärker verunsichert, als sich schon in den ersten Jahren der Durchsetzung des Videorecorders auf dem Massenmarkt der USA, zusätzliche Verschiebungen in den Gewohnheiten der Zuschauer gegenüber dem beliebtesten Medium abzeichneten. "Video Recorders Change Daily Habits" (11), stellte die New York Times Anfang 1979 in einer Schlagzeile fest und berichtete über Stichproben bei Gerätebesitzern, für welche die Hauptsendezeiten, die sogenannten 'prime times', aufgrund der Benutzung von Aufzeichnungsmaschinen an Bedeutung verlören. Hugh Beville, einer der Direktoren des Broadcast Rating Councils, drückte die Gefahr deutlicher aus, die damit auf die Networks zukäme: Unter der Fragestellung, "Will home cassette players affect ratings?" (12), beschrieb er die vielfältigen Möglichkeiten und Anlässe, welche der Videorecorder dem Zuschauer böte, um sich aus der 'zeitlichen Tyrannei' ("temporal tyranny") zu lösen, in der ihn die Programmveranstalter hielten. Sein Beitrag war vor allem ein Plädoyer an die Letzteren, die veränderten Rezeptionsgewohnheiten in die Publikumsmessungen einzubeziehen.

Im Mai 1980 veröffentlichte dann die Marktführerin der kommerziellen Zuschauerforschung in den USA, die A.C. Nielsen Company, Daten einer ersten systematischen Erhebung. Das Ergebnis war eindeutig: "VCR Affects TV" (13), hieß die Schlagzeile in der Fachpresse. Neben den Feststellungen, daß die Gruppe der Videorecordernutzer sich in hohem Maße überschnitt mit den Abonnenten von Pay-TV-Diensten, daß das Abspielen von industriell vorgefertigter Stofware noch nur marginale Bedeutung hätte, hob die Nielsen-Studie in erster Linie auf die weitverbreitete Praxis des 'time-shifting' ab. Dreiviertel der Haushalte hätten ihre Videoaufzeichnungen mithilfe einer automatischen Zeitschaltuhr aufgenommen; 67 % hätten sich die Aufnahmen am frühen Abend bzw. während der Hauptsendezeit angeschaut, in der Regel bis zu zwei Tagen nach dem Sendetermin. (14) Nach einer zwei Jahre später, ebenfalls von der Nielsen Company, durchgeführten repräsentativen Erhebung bei US-amerikanischen Besitzern von Videorecordern schien die kommerzielle Fernsehwelt dann regelrecht auf den Kopf gestellt. Die Washington Post faßte den entscheidenden Punkt des Resultates so zusammen: "Millions of Americans are eagerly taping shows and either **wiping out** or **skipping over** increasingly high-priced **ads** (Hvhbg. S.Z.) - a practice that is raising fundamental questions in the minds of advertising executives." (15) Mehr als ein Drittel, so hielt die Studie fest, hätten angegeben, daß sie bei mindestens 75 % der aufgezeichneten Programme die Werbespots eliminiert hätten, (16) um sich selbsttätig ununterbrochene Programme zu schaffen. Die Hardwareindustrie lieferte dafür die spielend leicht zu handhabenden gerätetechnischen Voraussetzungen. In die Fernbedienung für den Videorecorder wurde eine 'Wipe'- bzw. Pausentaste eingebaut, die mit dem Einsetzen des Reklameblocks in Betrieb gesetzt und mit der Fortsetzung des Programms einfach wieder gelöst werden konnte. (17)

Das bundesdeutsche Fernsehen - mit Ausnahme der künftigen privaten Anbieter werbedurchsetzter Programme - braucht eine solche Praxis seiner Zuschauer wenig zu befürchten. Zu den attraktivsten Sendezeiten wird ohnehin (noch) keine Reklame ausgestrahlt und im Vorabendprogramm wird sie in Blöcken zwischen abgeschlossene Sendungen gesetzt. Was sich jedoch in dem amerikanischen Beispiel andeutet, greift viel tiefer und betrifft auch den Vermittlungsprozeß öffentlich-rechtlich organisierter TV-Kommunikation. Es zielt auf grundlegende Eingriffe in die Spezifika des Mediums selbst ab, die auf der Seite der Rezipienten vermittels des Videorecorders vollzogen werden können.

5.

"In all developed broadcasting systems the characteristic organisation, and therefore the characteristic experience, is one of **sequence** or **flow.** (Hvhbg. S.Z.) This phenomenon, of planned flow, is then perhaps the defining characteristic of broadcasting, simultaneously as a technology and as a cultural form." (18) Worauf Raymond Williams hier abhebt als Unterscheidungsmerkmal des Rundfunks (und damit auch des Fernsehens) gegenüber anderen medialen Präsentationen ist die Tatsache, daß sich der kommunikative Prozeß Fernsehen wesentlich nicht im autonomen Programmsegment realisiere, sondern in einer ständigen Abfolge von Angeboten unterschiedlicher Art, die sich beim Zuschauer als Erfahrung eines Flusses, bzw. eines Ausschnittes aus diesem verdichten. Stephen Heath hat diesen Kerngedanken noch um eine Bestimmung erweitert, indem er hervorhebt, daß dieser Fluß in der Fernseherfahrung durch spezifische **Regelmäßigkeiten** strukturiert werde. Wobei er weniger auf den Seriencharakter vieler Programme abhebt, als auf die stetige Wiederkehr von Bedeutungsträgern zwischen den und innerhalb der einzelnen Sendungen. "Flow and regularity" (19) - nehmen wir diese doppelte Bestimmung zum Ausgangspunkt dessen, was den herkömmlichen Mitteilungsprozeß Fernsehen in semiotischer Hinsicht als besondere "signifying practice" (20) auszeichnet, so läßt sich eine Reihe von wichtigen Modifikationen feststellen, welche die Benutzung des Videorecorders mitsichbringt, bzw. mitsichbringen könnte; vorausgesetzt nämlich, seine technischen Gebrauchswerteigenschaften werden in dieser Hinsicht gezielt entfaltet. (21)

a) Die Metapher des Flusses zur Beschreibung der Mitteilungspraxis des Fernsehens deckt nicht nur die **ständige Bewegung** und ihre festgelegte **lineare Richtung** der Angebotssequenzen ab; sie steht auch für deren **extreme Flüchtigkeit.** Allen drei Dimensionen des Programmflusses ist der Zuschauer traditionell ohne Eingriffsmöglichkeiten ausgesetzt, mit Ausnahme selbstverständlich der Unterbrechung durch Ausschalten des TV-Apparates. Fernsehrezeption realisiert sich als wahrnehmende Eingliederung in einen Ablauf, wie er von den Programmveranstaltern gestaltet und kanalisiert wird. Die grundlegende Funktion des Artefaktes Videorecorder in der Hand des Zuschauers ist es nun, daß die ständige Bewegung durch die Aufzeichnung einer oder mehrerer Sequenzen unterbrochen, sie in der Wiederbesichtigung neu strukturiert und ihre Flüchtigkeit durch vorübergehende Beständigkeit oder auch durch dauerhafte Verfügbarkeit abgelöst werden kann. Schon die einfache Aufzeichnung von Programmsequenzen und ihr zeitversetztes Abspiel brechen somit objektiv, auch ohne die Benutzung weiter modifizierender Features, wichtige Elemente der Aura des traditionellen kommunikativen Prozesses Fernsehen. Aus dem Angebotsfluß werden in der Rezeption via Videorecorder gezielt ausgewählte Versatzstücke desselben. In konservierter Form eröffnen sie gänzlich andere Nutzungsmöglichkeiten. Was sich ohne die Aufzeichnung bestenfalls noch in Aspekten durch intensive Erinnerungsarbeit in die Vorstellung zurückholen läßt, kann durch die erneute Betrachtung in seiner ursprünglichen Form reflektiert, regelrecht überprüft und kontrolliert oder auch wiederholt genossen werden. Modifiziert durch die audiovisuelle Magnetbandmaschine nähert sich die Rezeptionsweise beim Fernsehen derjenigen des Lesens an, ohne damit auf der semiotischen Ebene gleich prinzipiell ihren analogischen Charakter zu verlieren. Was von Teilen der Kulturkritik immer wieder als erheblicher Nachteil der Rezeption des Fernsehrundfunks gegenüber der Lektüre gewertet worden ist, nämlich daß man nicht 'nachblättern' könne, Sinnzusammenhänge nicht noch einmal repetieren könne, sondern sich der Diktatur der ständigen - und ständig wechselnden - Bezeichnungspraxis der Kommunikatoren unterwerfen müsse, erhielte zumindest Relativierungen. Umgekehrt könnten bei Berücksichtigung dieser neuen Qualitäten von Rezeption Konsequenzen für die elektronische Bilderstellerei erwachsen; die Wiederholbarkeit von filmischen Vorgängen durch den Nutzer böte den Herstellern die Möglichkeit, komplexere oder kompliziertere Sinnzusammenhänge zu entwerfen, die auf den ersten Blick nicht gleich entschlüs-

Schematische Gegenüberstellung:

Traditionelle Fernsehrezeption	**Fernsehrezeption via Videorecorder**
a) auf der Ebene des Gesamtprogramms	
Das Programm wird erfahren als	Das Programm wird erfahren als
fremdgesteuerter Fluß,	Ansammlung von Versatzstücken,
mit fester Vorgabe des zeitlichen Ablaufes	deren zeitlichen Ablauf der Nutzer manipulieren/bestimmen
und kontinuierlicher Regelmäßigkeit.	und diskontinuierlich organisieren kann.
Rezeption ist gemeinschaftliches Erlebnis, in regionaler, nationaler oder globaler Hinsicht.	Rezeption findet vereinzelt/individualisiert statt.
Sie hat zentralisierenden Charakter.	Sie hat dezentralisierenden Charakter.
Ereignis-, Sende- und Lebenszeit werden bei Direktsendungen synchronisiert	Rezeptions-, Ereignis- und Sendezeit verhalten sich in jedem Fall asynchron zueinander.
Rundfunk besitzt die Aura der Unmittelbarkeit.	Der Videorecorder unterstützt den Charakter des technischen Vermittlungsvorganges.
Das Programm ist flüchtig.	Das Programm ist verfügbar.
b) auf der Ebene der einzelnen Programmsequenzen	
Die Reihenfolge der Segmente ist definiert (linear).	Die Reihenfolge der Segmente kann beliebig gestaltet werden.
Unterbrechung der Rezeption führt notwendig zu Lücken im Kommunikat.	Sequenzen können jederzeit gestoppt werden, ohne daß Lücken in der Wahrnehmung des Kommunikats entstehen.
Filmischer Rhythmus ist vorgegeben.	Filmischer Rhythmus kann bis zum Stillstand verändert werden.
Bildaussage kann nachträglich nicht kontrolliert werden	Bildaussage kann jederzeit kontrolliert werden.
Zeitlicher Umfang (Sehdauer) des einzelnen Segments und der Sequenzen ist definiert.	Zeitlicher Umfang (Sehdauer) des einzelnen Segments und der Sequenzen kann gedehnt oder gestreckt werden.

selbar zu sein brauchen, oder sie könnte auch schlicht zu mehr Sorgfalt in der Konstruktion von audiovisuellen Welten anhalten.

Der Begriff des zeitversetzten Fernsehens drückt dies schon aus: die Zeitstruktur, die in der herkömmlichen Form von Fernsehkommunikation von den Veranstaltern festgelegt worden und in Wechselwirkung mit der sozialen Alltagsorganisation des Publikums entstanden ist, verliert ihren bindenden Charakter für den Videonutzer. Er kann sich die aufgezeichneten Sequenzen nicht nur zu gänzlich anderem Zeitpunkt anschauen, als es der Vorstellung der Programmplaner entspricht; womit etwa die abendlichen Hauptsendezeiten des Mediums in ihrer Bedeutung relativiert werden. Er kann auch Reihenfolgen und Proportionierungen den subjektiven Wünschen entsprechend verändern, Regelmäßigkeiten für sich umorganisieren. Programmeinleitungen können auf dem Magnetband bezüglich ihrer Position zu Absagen werden; das dem Spätfilm vorgeschaltete Feature würde anstelle des ersteren zum Einschlafmittel; zwei oder drei Folgen von 'Dallas' oder 'Dynasty' an einem Stück hintereinandergesehen, können die Wahrnehmung für die monotone Seriendramaturgie sensibler machen. Ebenso wie die komprimierte Rezeption mehrerer Teile einer historischen Mini-Serie, wie zum Beispiel 'Die Deutschen im zweiten Weltkrieg' (22), die in ihrer Konstruktion ohnehin schon mehr die Eigenarten eines populären Sachbuches als eines filmischen Ereignisses aufweist, das Verständnis für Zusammenhänge erleichterte. - Solche Rezeptionsweisen heben selbstverständlich nicht gleich die Erfahrung des zeitlich fremdbestimmten Fließprogrammes auf, da sie sich ja mit letzterer überlagern. Sie könnten aber tendenziell zu einer stärker desintegrierenden Form von Fernsehkommunikation beitragen.

Als eine der stärksten - für den Rundfunk geradezu typischen - Wirkungsdimensionen gilt die Möglichkeit des Mediums, "einem Ereignis den Charakter der geschlossenen Anteilnahme der Gemeinschaft zu geben" (23). Ja, Fernsehgeschichte ließe sich durchaus punktuell, nämlich auf Programmhöhepunkte bezogen, als eine Folge solcher Ereignisse beschreiben. Die NS-Olympiade von 1936 gehörte als Beginn in diese Reihe, wie alle nachfolgenden Olympischen Spiele und Fußballweltmeisterschaften, die Krönung Elizabeth II. zur Königin von England am 2. Juni 1953, deren Übertragung den Beginn eines westeuropäischen Fernsehverbundes markierte (24), die Premiere des Fernsehsatelliten 'Telstar' am 10. Juli 1962, die Landung des ersten Menschen auf dem Mond am 16. Juli 1969 und deren Ausstrahlung in mehrere Kontinente, (25) sämtliche weiteren bedeutenden Ereignisse der bemannten Raumfahrt, Entscheidungskämpfe der weltbesten Schwergewichtsboxer oder als Mediensensationen konstruierte nationale und internationale politische Ereignisse ... Auch und gerade wieder im Zeitalter der filmischen und elektromagnetischen Fernsehkonserven haben solche Live-Sendungen einen bedeutenden Stellenwert für die Aura des Mediums als gemeinschaftsstiftendem kommunikativem Organisator. Die zeitlich versetzte Rezeption eines als Direktsendung ausgestrahlten Programmes hebt sowohl die temporale Synchronität von Ereignis und seiner Fernsehvermittlung auf, wie auch die rundfunkspezifische Form des Massenpublikums dadurch erheblich modifiziert wird. Aus der zur selben Zeit versammelten Gemeinschaft wird eine im Rezeptionsakt individualisierte Ansammlung von Zuschauern.

In der Tat läßt diese qualitative Verschiebung mit John Howkins fragen, ob damit nicht der Publikumsbegriff, der ja im aristotelischen Sinne auf der Einheit von Zeit, Schauplatz und Handlung beruht und der deshalb schon für den traditionellen Fernsehrundfunk nur bedingt verwendbar sei, gänzlich ad absurdum geführt werde; zumal wenn man bei der Videorecordernutzung noch die zusätzliche Dimension der vereinzelten Rezeption von industriell vorgefertigter Software einbezieht: "The popularity of home video is undercutting the very ideas of a TV audience. If a person tapes a program off-air, is he part of an audience? If he rents the same program on cassette, is he part of an audience? If he watched the tape with friends or by himself, is he more or less an audience? (...) If he watches a rented cassette and refers at the same time to the book of the cassette, is he an audience? Where do you draw the line?" (26)

Die Aufhebung der zeitlichen Synchronität zwischen Sendung und Rezeptionsakt ist im übrigen nicht nur bedeutsam für die immer mehr inszenierte Live-Praxis des Fernsehens, in Form von Talkshows, Studiodebatten, direkten Partizipationssendungen, Konzerten oder Quizshows. Der Zusammenhang zur Alltagsorganisation der Zuschauer wird nicht zuletzt hergestellt durch eine Fülle von kurzen Programmsegmenten, welche gezielt auf die jeweilige Tageszeit bzw. die vorgestellte Rezeptionssituation ansprechen und wichtige Elemente der kommunikativen Integration darstellen. Solche Elemente, vom "Guten Abend, liebe Zuschauer!", über die Wünsche für einen unterhaltsamen Samstagnachmittag, ein angenehmes Wochenende, bis hin zu den Empfehlungen für die Nacht, interessieren den Videonutzer nicht, dessen Aufmerksamkeit sich ganz auf den konservierten Spielfilm richtet; zu anderen Wochentagen und Tageszeiten rezipiert erhalten sie auch eher absurde Bedeutung. Wobei der künftig exakt programmierbare Anfangs- und Endpunkt eines Programms ohnehin die Eliminierung solcher Überleitungen, An- und Absagen für die Videoaufnahme ermöglicht. (27)

Segmentierung, Individualisierung, Relativierung der **Aura** des Fernsehens als **Ereignismedium, Verfügung** und **Umstrukturierung** sind also die wichtigsten Eingriffe, welche die audiovisuelle Zeitmaschine in der Hand des Rezipienten vor allem bezogen auf den gesamten Programmfluß ermöglicht. Eine damit verbundene 'Entmythologisierung' (28) des herkömmlichen Fernsehrundfunks könnte sich allerdings noch stärker in Verbindung mit der zweiten Ebene durchsetzen, derjenigen der einzelnen aufgezeichneten Sendungen.

b) Hier begänne das kulturtechnisch zu greifen, was die Hardwarehersteller als 'Features' bezeichnen, die Ausstattung der Geräte mit besonderen Bedienungsfunktionen, die in ihren Gebrauchswerten über die reine Aufzeichnung und Wiedergabe hinausgehen. In dieser Hinsicht sind die Magnetbandmaschinen in den letzten Jahren nicht nur immer mehr perfektioniert worden; ihre teilweise Integration in eine Fernbedienung provoziert regelrecht zum Umgang mit ihnen und macht das Playback bequem vom Sessel aus manipulierbar. (29)

Was schon auf der Ebene des Gesamtprogramms von Bedeutung ist, gilt bezogen auf einzelne Programmsequenzen in gesteigertem Maße: Der ihnen von den Produzenten verliehene **Rhythmus** kann völlig verändert, der Fluß der Sequenzen gar im einzelnen Bild zum Stillstand gebracht werden. Ob dies aus spielerischen Gründen praktiziert wird oder aus solchen des speziellen gehaltlichen Interesses ist dabei zunächst gleichgültig; die Betätigung der Standbildtaste, mit der neuere stationäre Recorder in der Regel ausgestattet sind, stellt in ihrem Effekt für die Rezeption die exakte Antipode zum ständigen Fluß der Bilderwelten dar. Sie hebt Fernsehen vorübergehend als besondere filmische Bezeichnungspraxis auf. Von diesem Zustand des eingefrorenen Bildes mit photographischem Charakter bis hin zur starken Beschleunigung der Bewegung für den schnellen Suchlauf hat der Benutzer eines entwickelten Heimgerätes nun noch weitere Möglichkeiten der Rhythmusveränderung. Mithilfe der Einzelbildschaltung ist der Bewegungsablauf regelrecht sezessierbar; mit der Zeitlupenfunktion können Szenenabläufe, Gesten oder Objektbewegungen gedehnt und in relativer Ruhe studiert werden. Aber auch schon die einfache Betätigung der Pausen- oder Stoptaste greift selbstverständlich fundamental in die Eigenart filmischer Kommunikate ein; wobei es wiederum zweitrangig ist, ob die Unterbrechung zum Nachdenken, zum Gespräch oder zur zwischenzeitlichen Befriedigung anderer Bedürfnisse benutzt wird. Schneller Vorlauf und schneller Rücklauf können zur stärker selektiven Betrachtung, zum Beispiel von Spielfilmen führen; das angebotene und aufgezeichnete Kommunikat würde dann in der Rezeption auf einige Sequenzen reduziert werden, etwa aktionsbetonte Höhepunkte. In der dramaturgischen Struktur bekämen derartig hergestellte Konzentrate einen ähnlichen Charakter wie die Filmzusammenschnitte auf Schmalfilm, die für das Heimkino der sechziger und siebziger Jahre von der Industrie hergestellt wurden.

Wie intensiv und zielgerichtet diese Eingriffsmöglichkeiten (30) auch genutzt werden, sie führen zu einem modifizierten Bedeutungstransport im Verhältnis zum herkömmlichen Fernsehen. "The notion that one single viewer can control moving pictures (...) is now stimulating a new approach to the grammar of television and film." (31) Für die journalistische oder künstlerische Praxis wie für die medienwissenschaftliche Analyse gehört dieser ehemals privilegierte Zugang seit langem zur Selbstverständlichkeit im Umgang mit filmischem Material. Dort wird das Mittel der Zeitmanipulation zur optimaleren (Re-)Produktion von Bilderwelten benutzt oder als unverzichtbares Instrument für die Analyse. Aber daß diese 'Features' jetzt auch vielen Menschen zugänglich sind, die in der Vergangenheit dem fremdorganisierten Fluß und der Regelmäßigkeit angelieferter Programme ausgeliefert waren, haben bisher nur einige Produzenten von kommerziellen Lern- und Hobby-Cassetten (sogenannter How-to-... Programme) begriffen und umgesetzt, sowie Planer und Realisatoren ambitionierter audiovisueller Fortbildung in großen Betrieben oder Spezialisten der Marketingkommunikation. Letztere ziehen als Medientechnik allerdings in wachsendem Maße die Bildplatte vor; nicht nur, weil sie in der Ton- und Bildreproduktion leistungsstärker und in der Vervielfältigung billiger ist, sondern auch, weil sie sich aufgrund der zusätzlichen Speichermöglichkeiten von codierten Rechnerdaten für den gezielten Zugriff zu einzelnen Bildsegmenten noch weit besser eignet, also auch für den zeitlich gesteuerten Gebrauch von Filmischem. (32)

6.

Es mag das neue **Eigentum**sverhältnis gegenüber filmischen Waren aller Art sein, das einen Teil der Faszination des Videorecorders für den Konsumenten ausmacht. Dies begründet sich nicht nur darin, daß er sich audiovisuell gestaltete Zeitblöcke in Form von industrieller Software in seine Privatsphäre holen kann, die wesentlich durch den Verbrauch von Waren oder Dienstleistungen gekennzeichnet ist, oder darin, daß das im Kino und Fernsehen nur als flüchtige, **augenblickliche** Erfahrung realisierbare Filmerlebnis in modifizierter Form zum alltäglich und beliebig aktivierbaren Ereignis wird. Mit der Videocassette erreicht auch der große Strecken der Filmgeschichte begleitende und ökonomisch vielfältig ausgebeutete Wunsch von Zuschauern, wenigstens Abziehbilder von verehrten Stars oder geliebten Szenen in die private Verfügung zu bekommen, eben zu **besitzen**, eine neue Qualität, indem die gesamten filmischen Produkte gesammelt werden können. (33) Ehedem nur öffentlich, im sozialen Raum des Kinos, Zugängliches wird käuflich und in Form eines anfaßbaren Produktes, der Videocassette, in das eigene häusliche Ambiente integriert.

In der Perspektive des Gebrauchswertes der durch den Videorecorder vermittelten Kulturtechnik steht jedoch die Möglichkeit der **Zeitbearbeitung** - genauer: die Möglichkeit der Bearbeitung von bereits vergegenständlichter Zeit - im Mittelpunkt. Sie ist bedeutsam für die drei wesentlichen Nutzungsformen des Gerätes, für die versetzte Fernsehrezeption ebenso wie für die elektronische Bilderstellerei mit der Kamera oder die Indienstnahme des Videorecorders als Durchlauferhitzer für industriell bespielte Software.

"Es gibt kein individuelles 'Jetzt' mehr, das eindeutig auf ein 'Vorher' und 'Nachher' verwiesen ist. Das Subjekt ortet sich nicht mehr an einer Zeitstelle, sondern empfindet nur noch Dauer. Das Zeitbewußtsein zerfließt auf dem Fluß der Zeit wie ein Ölfleck auf dem Wasser." (34) So beschreiben Heinrich Popitz u.a. in ihrer Untersuchung 'Technik und Industriearbeit' die Auswirkungen zunehmend monotoner Arbeitsprozesse auf das Zeitempfinden der in sie Eingegliederten. Geht man von dem ursächlichen Zusammenhang zwischen der Gestaltung arbeitsgebundener und nichtarbeitsgebundener Zeitblöcke aus und berücksichtigt man, daß der Fluß und die Regelmäßigkeit des gesendeten Rundfunkprogramms die arbeitsgebundene Zeiterfahrung im Prinzip in die Restzeit hinein verlängern, so ließe sich die Faszination von der audiovisuellen Zeitmaschine auch so begründen: Mithilfe des Videorecorders realisiert der Nutzer **objektiv** eine Qualität der Zeiterfahrung, die er im Arbeitsprozeß verloren bzw. nie besessen hat. Er reproduziert erlebte Zeitsequenzen - vorzugsweise solche der Nicht-Arbeit, des Urlaubs - und kann sie vilmisch manipulieren, zum Beispiel verlängern oder auch schlicht in der Anschauung wiederholen. Er organisiert filmisch bereits gestaltete Zeit (in Form von TV-Programmen oder Spielfilmen) nach seinen Wunschvorstellungen. Er erfreut sich an der Erfahrung, Zeit - als Fernsehzeit - **aufholen, sparen, dehnen, raffen** oder auch **verdoppeln** zu können, indem er zum Beispiel einer laufenden Ausstrahlung beiwohnt, **gleichzeitig** eine zweite eines anderen Kanals aufzeichnet und möglicherweise beide parallel betrachtet, während die Digitaluhr im Gerät nur das Vergehen der linearen Zeit markiert.

Dieser Umgang mit gestalteter Zeit ist sicher qualitativ nicht identisch mit jener "volle(n) Entfaltung der Zeitdimension in ihren reichhaltigen subjektiven Ausdrucksqualitäten wie: Zeitballung und Zeitverlust, Wartezeit und Erlebniszeit, kollektive Erfahrungszeit und Langeweile, Zeit, die sich auf die Zukunft richtet, und Zeit, die der Aufarbeitung der Vergangenheit dient" (35), wie sie Oskar Negt als konstitutiv für die Herstellung von "Zeitsouveränität im Sinne bewußter menschlicher Lebenstätigkeit" (36) betrachtet. Denn die Möglichkeiten der Bearbeitung sind in unserem Falle gebunden an das Objekt, das als Film- oder Fernsehprogramm wiederum die subjektiven Erfahrungspotentiale stark mit strukturiert hat. Aber: 'Emanzipation und Gewalt', "emanzipative Möglichkeiten und Gefahren bei solchen offenen, der Aneignung in alltäglichen Lebenszusammenhängen zugänglichen Technologien liegen so nahe beieinander, daß Kriterien für ihre Bewertung häufig nur aus dem sozialen Kontext zu gewinnen sind, in dem sie Verwendung finden" (37). Im sozio-kulturellen Rahmen traditioneller Fernsehkommunikation und auf dem Hintergrund der bisherigen sozialen Verteilung der Geräte, neigen wir in der Bewertung eher dazu, die audiovisuelle Zeitmaschine als nützliches und damit auch für Emanzipationsprozesse einsetzbares Artefakt einzuordnen. Im engen Zusammenspiel von Arbeit und Restzeit ist der Videorecorder als eine Kulturtechnik interpretierbar, die Defizite zu kompensieren hilft, welche der industrialisierte und technisierte Alltag selbst mit hervorgebracht hat.

Der Verlust von Lebendigkeit, Flexibilität und Selbstbestimmung in der (noch) primären Sphäre des Berufslebens und der durch andere Pflichten aufgeteilten nicht-arbeitsgebundenen Zeit führt in der sekundären Sphäre zum umso stärkeren Bedürfnis, die verbleibenden Blöcke von Restzeit den eigenen subjektiven Vorstellungen entsprechend zu organisieren, und sei es auch nur in dem engen, gleichwohl gesellschaftlich bedeutenden, Funktionszusammenhang des Fernsehens. Die audiovisuelle Zeitmaschine bietet sich dafür an als von der Industrie zur Verfügung gestelltes, käuflich erwerbbares apparatives Hilfsmittel. Für diejenigen, die sie sich leisten können, erweitert sie den Spielraum im Umgang mit elektronischen Reproduktionen von Bilderwelten. - Wobei es kein Widerspruch ist, sondern nur die andere Seite der Ambivalenz solcher Medientechniken bedeutet, daß sie auch schlicht zur Ausdehnung von fernsehgebundener Erfahrung benutzt werden.

Nicht eindeutig zu interpretieren ist ebenfalls die **dezentralisierte** und **diskontinuierliche** (38) Rezeptionsweise von Fernsehen via Videorecorder. Das Artefakt kann dabei helfen, den umfassenden und alltäglichen Integrationsprozeß TV-Kommunikation zu brechen oder zumindest zu stören, indem die gemeinschaftsstiftende Programmveranstaltung durch die vereinzelte und ver-rückte Nutzung konterkariert wird. Mit ihrer vorherrschenden Ausrichtung auf das Heim, die Intimsphäre der eigenen vier Wände, steht die Nutzung des Artefaktes aber zugleich für jene zunehmende Tendenz der Entgesellschaftung von Lebensweisen, die Raymond Williams mit dem vorläufigen Begriff der "mobilen Privatisierung" (39) gekennzeichnet hat. In diesem Sinne ist der Videorecorder apparatives Element eines Systems von technisch vermittelter Kommunikation, in dem kollektive und soziale Komponenten in wachsendem Maße anachronistisch werden und für das wir noch keine adäquate Bezeichnung gefunden haben.

Die in der photographischen Flinte Marays, dem elektrischen Schnellseher Anschützens, dem Kinetoscopen Edisons und schließlich die im Kinematographen 'lebendig' gewordenen Abbilder waren im letzten Drittel des 19. Jahrhunderts der adäquate mediale Ausdruck des neuen Verhältnisses der Menschen zu den Dingen. (40) Im Rhythmus der Projektion perforierter Filmstreifen fanden ursprünglich vor allem diejenigen kommunikative Befriedigung, die an den Fließbändern der industriellen Produktion den gesellschaftlichen Reichtum erwirtschafteten. Vielleicht wird dereinst die audiovisuelle Zeitmaschine als der angemessene medial-apparative Ausdruck einer Gesellschaft interpretiert werden, deren integrierte Individuen aufgrund der Gewalt des herrschenden Zusammenhangs **Mobilität** und **Privatheit** als die höchsten Tugenden zu entwickeln begonnen haben.

"Natürlich, was Zeit ist, wissen wir alle; sie ist das Allerbekannteste."
"... sie nemo a me quaerat, scio, si quaerenti explicare velim, nescio". (41)

ANMERKUNGEN UND QUELLENANGABEN

Kapitel I:

(1) Vgl. z.B.: Seeßlen 1984, S. 12

(2) Kinder (1984) setzt sich in einer Studie zum Programm des MTV-Kanals im US-amerikanischen Kabelfernsehen, einem Programmservice, der rund um die Uhr vorwiegend Video-Clips ausstrahlt, detailliert mit den neuen Formen auseinander. (Vgl. zur Begründung der beiden hervorgehobenen Begriffe insbes. S. 13f. Wir werden auf sie zurückkommen.) Vgl. außerdem Neumann 1983, Sieber 1984.

(3) Eindrucksvolle Beispiele der eher schemenhaften Images, die auf dieser technischen Basis entstanden, sind enthalten in: Dowding 1935, z.B. Plate 1 (ohne Paginierung). Das für das Fernsehen in England zuständige Postmaster-General's Committee legte die Minimalgrenze für hochdefinierte Images mit 240 Zeilen fest (a.a.O., S. 69). S. auch: Kappelmeyer 1936

(4) In beschnittener Fassung erstausgestrahlt vom ZDF am 21.7.1982. Vgl. u.a. dazu den Heftschwerpunkt von Medium Nr. 7/Juli 1982, S. 25 - 30 und Beilage.

(5) Mit entsprechenden Konzeptionen setzt sich ausführlich auseinander: Hickethier 1980, bes. S. 38 - 65

(6) Auf eine Ausnahme sei in diesem Zusammenhang explizit hingewiesen: Unter dem Titel "Als Fernsehen noch nicht das Fernsehen war" stellte Rupert Neudeck 1978 Materialien zu zehn Jahren Fernsehspielgeschichte (1953 - 1963) zusammen, in denen der Autor den u.W. bisher einmaligen Versuch machte, ästhetische Objektivationen des Mediums aus ihrem historischen Zusammenhang heraus zu interpretieren und sie so dem Zuschauer tatsächlich als Kanon zu vermitteln. (Sendung am 23.8.1978 in der ARD-Nordkette des III. Programms)

(7) Nach allen bisherigen Erkenntnissen steht es außer Frage, daß die Eröffnung eines regelmäßigen Rumpf-Programmdienstes für einige Berliner Abspielstellen am 23. März 1935 ein innen- und außenpolitischer Gewaltakt der NS-Herrschaft war, der weder durch einen ausreichenden technischen, noch programm- oder empfängerbezogenen Entwicklungsstand des Mediums gerechtfertigt war. Die in den beiden Jubiläumssendungen von ARD und ZDF nichtproblematisierte Übernahme dieses Datums als Beginn einer 50-jährigen Programmgeschichte (aus der dann auch flugs "50 Jahre Fernsehen" wird, so der Titel der ARD-Sendung vom 22.3.1985; die ZDF-Sendung vom 21.3.1985 trug den, der nostalgischen Botschaft des Programms völlig gerechtwerdenden, Titel "Fernsehen anno dazumal - vor 50 Jahren fing alles an") muß auf diesem Hintergrund nicht nur als mangelhaft reflektierte Fernsehgeschichte, sondern auch genereller als kritisierenswerte historische Konstruktion eingeordnet werden.

(8) Marshall 1981, S. 71

(9) Daß eine solche Darstellung möglich und sowohl für Spezialisten mediengeschichtlicher Forschung als auch für interessierte Laien gewinnbringend sein kann, zeigt im Ansatz der Beitrag von Jürgens (1984) im Rahmen des Journalisten-Weiterbildungsprojektes an der FU Berlin; er arbeitet für den riesigen Zeitraum von 1445 bis 1945 wichtige

übergreifende Aspekte und Tendenzen medialer Entwicklung heraus. Im angelsächsischen Raum haben Stevens und Garcia (1980) versucht, 'Kommunikationsgeschichte' vor allem unter methodischen Gesichtspunkten zu sortieren. (Vgl. insbes. S. 13 - 70; zum Stellenwert dieses Ansatzes s. Lerg 1982, S. 7)

(10) Unter dem Titel "Historische Programmdokumentation" arbeitet seit mehreren Jahren eine Projektgruppe im Deutschen Rundfunkarchiv (DRA) Frankfurt, mit für solche Projekte großzügiger finanzieller Ausstattung durch die ARD, an der systematischen Aufarbeitung der Weimarer Hörfunkprogramme als erstem Schritt zu einer Programmgeschichte des Rundfunks. Die fehlende Methodendiskussion in der Bundesrepublik wirkt sich bei diesem Projekt insofern unmittelbar aus, als es bei der systematischen Anlage seiner beabsichtigten Gesamterfassung aller Weimarer Hörfunkprogramme gezwungen ist, mit einer gewissen Schizophrenie zu arbeiten: Einerseits soll die als Endprodukt geplante historische Programmdokumentation für alle nur denkbaren künftigen Spezialuntersuchungen benutzbar sein, andererseits geht aber in die für die Erfassung gewählten Kategorien, Dimensionen und Variablen bereits ein hohes Maß an Definition dessen ein, was Programm- und Mediengeschichte zu sein hat. (Vgl. zur Anlage der Untersuchung: Projektgruppe Programmgeschichte 1983)

(11) Vgl. dazu die vom Presse- und Informationsamt der Bundesregierung herausgegebene Dokumentation: "Kommunikationspolitische und kommunikationswissenschaftliche Forschungsprojekte der Bundesregierung (1974 - 1978)", Bonn 1978, die auch eine Übersicht über die Projekte von 1971 bis 1974 enthält (S. 457 - 460).

(12) Vgl. dazu auch Lerg 1984, bes. S. 146f. Herauszuhebende Ausnahmen sind hier die kontinuierliche publikumsbezogene Arbeit des Deutschen Rundfunkmuseums Berlin sowie z.B. die 1985 präsentierte Ausstellung des Landesmuseums Koblenz (in Zusammenarbeit mit dem SWF und dem ZDF) unter dem, m.E. eine unnötige Dichotomie beinhaltenden, Titel "Fernsehen. 100 Jahre Technik - 50 Jahre Programm".

(13) Das Fernsehen hatte für die Arbeit von Lenz (1952) notwendigerweise noch marginalen Charakter; er bezieht es aber systematisch in sein Konzept von Rundfunk ein.

(14) Vgl. die Arbeiten der hier angesprochenen Autoren im Literaturverzeichnis.

(15) Gemeint sind hier vor allem: Fernsehen, die ab 1930 als 'offizielles Organ des allgemeinen deutschen Fernsehvereins' erschien und die ab 1933 (- 1942) als Fernsehen und Tonfilm fortgeführt wurde; Rundfunk und Fernsehen, die ab 1952 erschien, sowie das Projekt einer stärker auf ein breites Publikum zielenden Fachzeitschrift, die ab 1954 unter dem Titel Fernsehen und von 1957 bis 1963 als Fernseh-Rundschau publiziert wurde.

(16) Die Vorträge der Veranstaltungsreihe sind abgedruckt in: Katz 1963.

(17) Vgl. den Titel von Maletzke 1967

(18) a.a.O., S. 11

(19) a.a.O., u.a. S. 45

(20) Der Sortierungsversuch Maletzkes von 1967 basiert im wesentlichen auf diesem ersten Kapitel von Habermas' "Zur Logik der Sozialwissenschaften" (erstveröffentlicht in: Philosophische Rundschau, Beiheft 5, Februar 1967).

(21) Vgl. übergreifend z.B. die Arbeiten von Ardennes, Bruchs, Dillenburgers, Schadwinkels oder Schröters im Literaturverzeichnis. Auf wichtige Periodika und anstaltsinterne Veröffentlichungen werden wir im Verlauf unserer empirischen Studie zurückkommen.

(22) Vgl. z.B.: Coll 1967, Gandela 1972 und 1975, Haas 1967

(23) Vgl. z.B.: Bausch 1980 (Bd. 3 und 4), Diller 1980, Lerg 1967 und 1967(A), Reiss 1979, Wehmeier 1979

(24) Exemplarisch: Luhmann 1975, Dröge 1972, Holzer 1969, 1973 und 1975, Negt/Kluge 1972

(25) Vgl. insbes. die Arbeiten von Renckstorf 1980 und Straßner 1974, die jeweils ausführliche Bibliographien dazu enthalten.

(26) Elghazali 1964, Hickethier 1980, Rhotert 1961 u.v.a.

(27) So z.B. die Einzelanalysen in den beiden Sammelbänden von Kreuzer/Prümm 1979 und von Rüden 1979

(28) Geschichte gemacht haben in dieser Hinsicht etwa die Arbeiten von Knilli 1971 und unter Einbeziehung sozialwissenschaftlicher Methoden Wember 1976, 1983[3].

(29) Tränkle 1972

(30) Vgl. bes. Weischenberg 1982, der ebenfalls eine ausführliche Bibliographie zu diesem Gegenstand zur Verfügung stellt.

(31) Vgl. komprimiert dazu: Maletzke 1983

(32) z.B. Huth/Krzeminski 1981, Knilli/Zielinski 1982

(33) Jean Luc Godard: "Scenario zu 'Passion'", 1982 produziert für das Schweizer Fernsehen, ausgestrahlt in der Bundesrepublik am 8.1.1984 in der ARD-Nordkette

(34) Vgl. dazu die kleine historische Skizze der 'Tagesschau' von Reiche 1969

(35) Komprimiert erläutert z.B. in dem Beitrag K. Tetzners in: Funkschau Nr. 26/1984, S. 3 oder in: Medien Bulletin Nr. 8/1985, S. 26f.

(36) Siehe hierzu das erste "Lehrbuch" zur "Bildgestaltung beim Fernsehen": Davis 1960, S. 12

(37) Vgl. dazu: Ellis 1982, insbes. S. 127 - 144

(38) Seit ca. 1978 plant das Fachgebiet die Realisierung eines Studienganges für Kultur- und Technikvermittlung, in dem sowohl geistes- und gesellschafts- als auch natur- und ingenieurwissenschaftlich orientierte Studenten zu Medienberatern in Berufsfeldern ihrer jeweiligen Fächer ausgebildet werden sollen. Forschung und Lehre sind seitdem auch auf dieses neue Aufgabengebiet abgestimmt worden.

(39) Benutzt hier in dem umfassenden Sinne, wie es dem Konzept einer italienischen Forschergruppe zugrundeliegt: als 'besondere Form der Organisation des Prozesses der Produktion, Distribution und Konsumtion von Information, Wissen und Kultur in der kapitalistischen Gesellschaft'. (Vgl. Cesareo 1979, S. 277)

Kapitel II:

(1) Die Formel stammt aus Laswells berühmtem Aufsatz "The Structure and Function of Communication in Society" von 1948, u.a. enthalten in dem von Wilbur Schramm herausgegebenen Sammelband "Mass Communications" (Urbana 1960, S. 117-130). Wir beziehen uns hier auf zwei hervorragende Überblicksdarstellungen über "Kommunikationsmodelle" (McQuail/Windahl 1981) bzw. "Modelle der Massenkommunikation" (in Renckstorf 1982), die nicht nur unmittelbar hintereinander erschienen, sondern auch über große Strecken deckungsgleich sind, mit Ausnahme selbstverständlich dessen, daß Renckstorf dem von ihm mitvertretenen Nutzenansatz breiten Raum gibt. (Zit. vgl. Renckstorf S. A20, das Laswell-Modell bei McQuail/Windahl S. 10f.)

(2) Insbesondere bei McQuail/Windahl werden die einzelnen Entwicklungsstufen der Modellbildung ausführlich beschrieben und interpretiert. Zur kritischen Auseinandersetzung vor allem mit den soziologisch orientierten Modellen der (Massen)Kommunikation vgl. ausführlich auch: Holzer 1973, insbes. Kap. I und II.

(3) Renckstorf 1982, S. A26

(4) Renckstorf benutzt für die erste Orientierung die Doppelbestimmung "Medien-zentrierte Modelle" welche "Kommunikator-Intentionen" als 'zentralen Bezugsgesichtspunkt' haben (a.a.O., S. A27).

(5) Vgl. zu dieser Klassifizierung: Silbermann/Krüger 1983

(6) Unter diesem Titel erschien 1973 eine zweibändige Aufsatzsammlung von Aufermann/Bohrmann/Sülzer, in der ein Großteil der hier nur angedeuteten Ansätze vertreten ist, u.a. auch durch internationale Beiträge. Solche Publikationen, wie auch die von Prokop (1972 bis 1977) herausgegebenen Sammelbände, repräsentieren nicht zuletzt eine wissenschaftliche Diskussionskultur, wie sie heute nicht einmal mehr in Bruchstücken in der publizierten Medienforschung aufzufinden ist.

(7) "Klassenmedium Fernsehen" hieß eine Ausstellung der NGBK Berlin, in der die neue Orientierung bei der Auseinandersetzung mit dem Massenmedium plastisch zum Ausdruck kam. (Vgl. das gleichnamige Buch o.J. (1973))

(8) Nur die herausragendsten Vertreter dieser Gruppe von Wissenschaftlern sind: Franz Dröge, Horst Holzer, Wulf D. Hund, Dieter Prokop, Klaus Kreimeier, Oskar Negt/Alexander Kluge. Eine kleine Auswahl ihrer wichtigsten Arbeiten, die eine ganze Generation von Medienwissenschaftlern und Publizisten mitprägten, ist im Literaturverzeichnis enthalten.

(9) Vgl. dazu z.B. den Diskussionsbeitrag Hoffmanns 1976

(10) Für die oben genannten Ansätze vgl. dazu exemplarisch das "Modell massenhaft kommunizierter Nachrichten unter Bedingungen kapitalverwertend betriebener Warenproduktion" von Hund/Kirchhoff-Hund (1980, S. 90), in dem das Verhältnis von übergreifender Gesellschaftstheorie und funktionaler Beschreibungsebene des kommunikativen Prozesses deutlich zum Ausdruck kommt.

(11) McQuail/Windahl 1981, S. 10 - 41

(12) Lerg 1982, S. 7

(13) Lerg 1977. Die Wirkungsdimension gehe, auch u.E. zurecht, in der historischen Perspektive auf.

(14) Lerg 1982, S. 7

(15) ebenda

(16) ebenda

(17) a.a.O., S. 7f., zit. S. 8

(18) In diesem Zusammenhang ist ein Aufsatz des britischen Rundfunk-Historikers Asa Briggs (1980) über 'Probleme und Möglichkeiten beim Schreiben von Rundfunkgeschichte' sehr aufschlußreich. Nach Abschluß seines vierbändigen Werkes zur Geschichte des Rundfunks in England, das weltweit als herausragende einschlägige Arbeit anerkannt wird, arbeitet er in diesem Aufsatz markante Defizite seiner eigenen Darstellungen heraus und kommt verallgemeinernd zu dem Schluß, daß sein Werk besser als **eine** von möglichen und nicht **die** Geschichte des Rundfunks im Vereinigten Königreich zu bezeichnen wäre (S. 8). Seine Selbstkritik richtet sich vor allem darauf, daß er 'Tendenzen, Trends, Kontinuitäten, Kontrasten und Konfigurationen' zu wenig Aufmerksamkeit geschenkt habe, die für die gesamte Geschichte ausschlaggebend seien und außerdem zu wenig die Beziehungen des Rundfunks zu 'ökonomischen, sozialen und kulturellen' Faktoren der Entwicklung berücksichtigt habe. (S. 11) Dieser, gegenüber den eigenen Versäumnissen schonungslos argumentierende, Aufsatz steht für eine Wissenschaftskultur, wie sei bei uns allzuoft schmerzlich zu vermissen ist.

(19) Es ist in diesem Zusammenhang bezeichnend, daß in keinem der Modelle, die McQuail/Windahl und Renckstorf referieren, die historische Dimension expliziert thematisiert wird.

(20) Vgl. McQuail/Windahl 1981, S. 8f.

(21) Vgl. dazu etwa die Definition Maletzkes (1967, S. 33): "Das **Medium** ist ein technisches Mittel zur Verbreitung öffentlicher Aussagen" und wird "sozialwissenschaftlich relevant in seinen Relationen sowohl zur Kommunikations- als auch zur Rezipientenseite".

(22) Wir beziehen uns hier auf die Arbeiten von Jedele 1952 und Knilli 1961, die am Beispiel des Hörfunks frühzeitig die mögliche und tatsächliche Bedeutung der Technik für medienspezifische Aussagen herausgearbeitet haben. Für das Fernsehen gibt es u.W. noch keine vergleichbaren Untersuchungen.

(23) Knilli 1979, Bezug zu Meyer-Epplers "Grundlagen und Anwendungen der Informationstheorie" (1959), S. 231

(24) a.a.O., insbes. S. 233 - 237

(25) Ries 1916, S. 110

(26) Wie oben schon angedeutet, stimmen wir der Einordnung solcher Formen des 'Closed Circuit Television '(CCTV) als "unerhebliche Sonderfälle", wie Kübler (1979, S. 85F.) sie in seiner definitorischen Annäherung an das Fernsehen vornimmt, nicht zu. In der historischen Perspektive haben diese Formen einen bedeutenden Stellenwert, wie wir noch am Beispiel des Artefakts Videorecorder zeigen werden.

(27) Anders 1956, 1980[5], S. 104 - 107

(28) Grundlegend dafür ist Williams' Arbeit " The Long Revolution" (London 1961), die in einigen, den Kulturbegriff erläuternden Teilen, seit kurzem auch in deutscher Übersetzung vorliegt (Williams 1983). Das Verdienst, Arbeiten des englischen Kulturwissenschaftlers auch in der Bundesrepublik rezipierbar und etwas bekannter gemacht zu haben, kommt vor allem H. Gustav Klaus zu, der 1983 auch einen Beitrag über den Kulturbegriff Williams' verfaßt hat.

(29) Bollenbeck (1984) faßt die einschlägigen Ansätze, auch aus anderen Disziplinen, pointiert zusammen und diskutiert ihre Bedeutung für die Literaturwissenschaft. Es sei noch einmal herausgestellt, daß unser Bezug hier ein pragmatischer ist; wir wollen damit keinesfalls in die notwendige weitere theoretische Diskussion des Kulturbegriffes klärend eingreifen.

(30) Bollenbeck 1984, S. 249

(31) Williams 1983, S. 45

(32) a.a.O., S. 45 f.

(33) Vgl. dazu die Habermassche Skizze geisteswissenschaftlich orientierter Methoden am Beispiel der Geschichtswissenschaft, in: Derselbe 1967, S. 36, im Zusammenhang der Kommunikationsforschung diskutiert u.a. bei Maletzke 1967, S. 22 und in den zentralen Begriffen wiederzufinden in der Einleitung zur "Modernen Technikgeschichte" von Hausen/ Rürup 1975.

(34) Lerg 1967 und 1967(A), bes. S. 349 f.

(35) Hickethier 1980, vgl. insbes. das Kapitel "Fernsehspieltheorie und Fernsehspielproduktion in ihrer historischen Entwicklung", S. 38 - 65. Der Verfasser hat sich etwas ausführlicher mit der Arbeit Hickethiers auseinandergesetzt in: Das Argument 127/1981, S. 436 - 438.

(36) Kübler 1979, S. 87

(37) Vgl. z.B.: Rhein 1935 ("Wie Paul Nipkow den Fernseher erfand", S. 219 ff.), Keller 1983 ("Über den 'Vater des Fernsehens' - Paul Nipkow - seine Erfindungen - sein Leben', S. 11 ff.), Krüger-Lorenzen 1955 ("Am Anfang war Berlin", S. 162 ff.), Mühlbauer o.J. ("In einer stillen Nacht", S. 9 ff.).

(38) Geretschläger 1983, S. 89

(39) Vgl. dazu insbes. die - allerdings für eine integrierende Fernsehgeschichtsschreibung völlig unentbehrlichen - technikorientierten Studien

von Goebel 1953, Kronjäger/Preßler/Vogt 1973, Schadwinkel 1974, Schröter 1953 und 1973.

(40) Wir beziehen uns hier auf die Kritik eines apparatefeindlichen Kunstbegriffes in Brechts soziologischem Experiment der "Dreigroschenprozeß"; vgl.: Derselbe 1967 (Gesammelte Werke Bd. 18), S. 207

(41) KtK 1976

(42) Ronneberger 1982 hat mit einigen Mitarbeitern den Versuch gemacht, diese Publikationen in einer Literaturstudie zu sortieren. Sie hatte schon zum Zeitpunkt ihres Erscheinens antiquarischen Charakter.

(43) Vgl. die Auswahl von Arbeiten der entsprechenden Autoren im Literaturverzeichnis. Eine aktuell exemplarische Auseinandersetzung mit dem Fernsehen, auch in geschichtlicher Perspektive, ist in dieser Hinsicht die Arbeit von Eurich/Würzburg 1983.

(44) Vor allem: McLuhan 1970; der kultische Bestseller von McLuhan/Fiore, "The Medium is the Message", erschien gerade jetzt wieder in einer deutschen Neuauflage (1984).

(45) Da es uns in diesem Zusammenhang vor allem auf das Verbindende zwischen den verschiedenen Konzeptionen ankommt, verzichten wir hier auf detaillierte bibliographische Angaben, verweisen aber auf die Studie von Janshen 1980, die sich u.a. ausführlicher mit einzelnen Autoren auseinandersetzt (S. 25 f.).

(46) Williams 1974

(47) a.a.O., S. 13

(48) ebenda

(49) a.a.O., S. 13 f.

(50) a.a.O., S. 14 und f.

(51) a.a.O., S. 130. Der Begriff der "Determination" steht auch im Mittelpunkt der Auseinandersetzung Caughies (1977, S. 77 ff.) mit der Konzeption Williams'.

(52) Neben dem Beitrag von Caughie (1977) vgl. dazu u.a. Briggs 1980, Heath 1977 und auch Marshall 1979, der seine Kritik an der Konzeption des 'Technologischen Determinismus' in seiner eindrucksvollen kleinen Studie an einer Ausstellung des Londoner Science Museums aufhängt, welche die Geschichte der Fernsehtechnik auf eine Geschichte des Möbel-Designs reduziert habe. Auf den Beitrag von Heath werden wir im Schlußkapitel zurückkommen.

(53) Vgl. dazu z.B. Stevens/Garcia 1980, insbesondere das Rundfunkkapitel (S. 139 ff.).

(54) Bonelli 1980 beutet freilich den Ansatz insofern recht schamlos aus, als er ihn großenteils für sich selbst vereinnahmt.

(55) De Lauretis/Heath 1978

(56) a.a.O., S. 6; die Akzentuierung Heaths kommt schon deutlich im Titel seines Beitrags zum Ausdruck: "The Cinematic Apparatus: Technology as Historical and Cultural Form".

(57) ebenda

(58) Zu Brechts von Suhrkamp als "Radiotheorie" betitelten Schriften vgl. derselbe 1967, S. 121 - 134, hier bes. S. 127 f. Zur Übernahme seines Konzeptes für Rundfunkgeschichte vgl. z.B. Soppe 1976.

(59) Heath in De Lauretis/Heath 1978, S. 6

(60) Vgl. den Titel von Hausen/Rürup 1975. Fünf Jahre später kam ein ähnlich angelegter Sammelband mit vergleichbarem theoretischem Konzept heraus: Troitzsch/Wohlauf 1980.

(61) Hausen/Rürup 1975, S. 12

(62) a.a.O., S. 13

(63) Hausen 1981, S. 6

(64) a.a.O., S. 9

(65) Rammert 1983, S. 12

(66) Vgl. dazu exemplarisch die Studie De Fleurs (1973) zum Kino, die uns stark als Anregung für unsere Thesen diente. De Fleur benutzt ebenfalls die Bindestrich-Schreibweise für dieses Mixtum Kompositum, die sprachlich mit den Konstruktions-Charakter des vorläufigen Begriffs ausdrückt.

(67) Die Aufzählung der relevanten Dimensionen lehnt sich an die Definition des Technikbegriffes von Ropohl 1979, S. 30 - 35 an.

(68) a.a.O., S. 43 - 46

(69) a.a.O., S. 43. Ropohl faßt das Beziehungsgeflecht auch in einem "vorläufigen Schema technologischer Probleme" (S. 44) zusammen, auf dessen Abbildung wir hier insofern verzichten können, als es in wichtigen Elementen in das folgende Arbeitsmodell eingeht, wofür es wiederum Anregung war.

(70) Das Zitat innerhalb des Zitats stammt aus P. Weingarts Aufsatz: "Die historische Funktion der Technik aus der Sicht der Soziologie" in: Technikgeschichte, 43/1976, S. 152 - 157; vgl. Ropohl 1979, S. 44

(71) Hausen/Rürup 1975, S. 20

(72) Vgl. dazu die international orientierten Überblicke von Lankes 1984 und Hogan 1954

(73) Einteilung nach Hogan 1984, S. 233

(74) Jensen 1954, S. 235

(75) Für die internationale Entwicklung vgl.: Jensen 1954, bes. für die Entwicklung in Deutschland: Goebel 1953, Lerg 1967(A)

(76) Die sprachliche Konstruktion des Artefaktes wird hier deshalb benutzt, weil sie anschaulich sowohl die handwerklich-technische Dimension, als auch die künstl(er)i(s)che Dimension ausdrückt. Die "technischen Gebilde" machen gemeinsam mit den "Objekte(n) der bildenden Kunst" die "Gesamtheit gegenständlicher Artefakte" aus (vgl. Ropohl 1979, S. 38).

(77) Folgende Untersuchungen behandeln bisher größere Abschnitte in der Entwicklung der Magnetbandaufzeichnung von Fernsehbildern: die beiden mehr kursorischen Arbeiten von Abramson (1955 und 1973), Mooney o.J. (1958) und als einzige Monographie: Wajdowicz 1972. Auf letztere konnten wir erst zu einem sehr späten Zeitpunkt bei der Durchführung der Untersuchung zurückgreifen und auch nur eingeschränkt, weil sie lediglich in polnischer Sprache verfügbar ist, für die wir einen Dolmetscher benötigten. Sie war in keiner der einschlägigen Bibliographien enthalten, und wir fanden sie nur durch einen Zufall über Recherchen in den USA. Für die Bundesrepublik sind hier neben den technischen Handbüchern, die jeweils auch knappe historische Verweise enthalten, vor allem die mehr journalistisch orientierten tabellarischen Übersichten von Glogger (1983) und Janshen (1983) zu erwähnen, der Beitrag Tetzners (1983), der allerdings in seinem Videoteil im wesentlichen eine Übersetzung des Vortrags von Ginsburg (1957) ist, sowie die Untersuchung von Quandel/Schwarz (1980, insbes. S. 48 - 53), deren wesentliches Erkenntnisinteresse freilich in der Konstruktion eines Theoriegebäudes "Zur Kritik der Medientechnik" liegt, was die historische Auseinandersetzung im Detail (notwendig) in den Hintergrund treten läßt.

(78) Vgl. Hickethier 1982

(79) Vgl. zu dieser neuesten Entwicklung komprimiert: Fox 1985

(80) Silbermann 1982, Bd. 2, S. 471

(81) Ratzke 1982, S. 247. Der Autor versucht sich unter dem Substichwort Videorecorder dann auch in einem knappen historischen Überblick, der - in den Quellen unüberprüfbar, weil keine angegeben sind -regelrecht strotzt von Falschinformationen (S. 248 f.).

(82) Vgl. z.B. für die USA: Wittich/Schuller 1953

(83) Brepohl 1977, S. 42. Abgesehen von unseren prinzipiellen Einwänden gegen eine solche Definition ist sie wohl auch syntaktisch falsch formuliert. Das "individuelle" müßte sich auf die Qualität der Rezeption, also hier den Abspielvorgang, beziehen und nicht auf die Programme.

(84) Manz 1982[2], S. 11

(85) Vgl. zu der Begriffsvielfalt im deutschsprachigen Raum auch Weischenberg/Röper 1982, S. 266, Anmerkung (2). Die Autoren interpretieren die Versuche der terminologischen Absetzung ähnlich, wie wir es oben getan haben, indem sie anmerken, daß "'Video', seit Jahren präziser Ausdruck für die im Prinzip gleiche Technik im Amateurbereich, (...) den Profis offensichtlich nicht ausreichend professionell" klinge.

(86) Vgl. hierzu die Abhandlung von "Videotape Recording" in: The Focal Encyclopedia of Film and Television Techniques, Vast 1969, S. 927 - 949

(87) Lindner 1982, S. 395

(88) Ropohl 1979, S. 273

(89) a.a.O., S. 274

(90) Machlup 1961, S. 282. Auf seine Definition der Inventions- und Innova-

tionsphase beziehen sich die meisten neueren Ansätze, so auch Ropohl.

(91) Lorff 1972, S. 2. Hier ist auch eine knappe Zusammenfassung der einschlägigen Diskussion um die Abgrenzung der beiden Phasen Invention und Innovation gegeneinander enthalten.

(92) Ropohl 1979, S. 274

(93) Lindner 1982, S. 395, benutzt z.B. diesen Begriff. Er soll hier deshalb nicht angewendet werden, weil er u.E. terminologisch zu wenig ausdrückt, daß die Artefakte im Prozess ihrer Verbreitung stark verändert werden können.

(94) Prinzipiell weisen auf diese Notwendigkeit auch Hausen/Rürup (1975, S. 19) hin.

(95) Ropohl 1979, S. 272

(96) Vgl. dazu z.B. Machlup 1961, S. 280 f.

(97) Vermutlich ginge in dieser Dimension auch das auf, was Hausen (1981, S. 8) bei ihrer Formulierung zentraler Fragestellungen an die Technikgeschichte als "technikimmanenten" Strang bezeichnet hat.

(98) Bücken 1977, Weischenberg/Röper 1982, Weischenberg 1982; siehe dazu auch die Bibliographie Röpers/Weischenbergs 1982.

Kapitel III:

(1) Diese Projektion menschlicher Eigenschaften auf das technische Gerät ist der Titel eines der ersten Bücher, in dem Fernsehen als realisierbares technisches Projekt reflektiert wird; vgl. Riess 1916.

(2) Übergreifend dazu: Klemm 1983, S. 141ff; einen komprimierten historischen Überblick zur medientechnischen Entwicklung gibt Jürgens 1984; speziell für den Traditionsstrang des Funks vgl. u.a. Lerg 1969, Soppe 1976 und Reiss/Zielinski 1976.

(3) Den internationalen politischen und ökonomischen Verwendungs- und Verwertungszusammenhang der telegraphischen und telephonischen Techniken bis zu den Anfängen des drahtlosen Funks behandelt umfassend eine frühe Monographie aus dem Ullstein-Verlag: Neuburger 1920.

(4) Eine herausragende Studie zur Ableitung der modernen Nachrichtentechnik aus ihren verschiedenen Traditionen ist die Arbeit von Aschoff (1984). Für den technischen Laien wurden unmittelbar nach dem Zweiten Weltkrieg einige Global-Rekonstruktionen zur Geschichte des Fernsehens verfaßt; s. z. B. die Arbeiten von Hubbel (1946) und Porges (1946).

(5) vgl. Ropohl 1979, S. 272f.

(6) Patentschrift S. 1, zit. nach dem Faksimile-Abdruck in Keller 1984, S. 33

(7) Goebel 1953, S. 366

(8) Patentschrift Nipkow S. 2, zit. nach Keller 1984, S. 34

(9) vgl. dazu Neverla/Theise 1983 und Lerg 1967

(10) Komprimierte, auch für technische Laien nachvollziehbare, Darstellungen der Genese der Magnetbandtechnik einschließlich ihrer Vorläufer liefern Loescher 1983, Mooney o.J. (1958), Sultaner 1954, Tetzner 1983.

(11) nach Goebel 1953, S. 366

(12) Diese Phase kann für Deutschland mit der Funkausstellung in Berlin ab dem 31. August 1928 angesetzt werden, als mit dem 'Telehor' von Dénes v. Mihály und dem für Telefunken entwickelten Gerät von August Karolus die ersten Empfänger mit Briefmarken-großen Bildschirmen einer breiten Öffentlichkeit vorgestellt wurden. S. dazu u.a. Goebel 1953 und Lerg 1967.

(13) Zu Baird vgl. die faszinierende Biographie von Moseley o.J.

(14) Eine ausführliche Darstellung des Verfahrens ist zu finden in: Television, Vol. I, July 1928, No. 5, S. 7. Diese Zeitschrift war das offizielle Organ der britischen 'Television Society' und war das weltweit erste ausschließlich auf das Fernsehen spezialisierte Periodikum. Goebel (1953, S. 366) und Abramson (1955, S. 250) behandeln das Phonoscope komprimiert.

(15) Zum Vergleich: die heutige Bildauflösung eines 625-Zeilen Empfängers ist etwa 400 mal so dicht.

(16) Fernsehen, Heft 8/1930, S. 349, zit. nach Goebel 1953, S. 366

(17) Chapple 1932, S. 262

(18) ebenda

(19) Abramson 1955, S. 250

(20) vgl. dazu Lerg 1967, S. 352

(21) Goebel 1953, S. 366

(22) Zur Gründung der Fernseh AG siehe u.a. Lerg 1967, S. 353 und Reiss 1979, S. 33. Wir beziehen uns in diesem Zusammenhang vor allem auf die historische Firmenschrift der Fernseh GmbH (1954); unter diesem Titel firmierte die Nachfolgerin der Fernseh AG ab September 1939. Zwischen 1933 und 1939 stiegen alle Firmen außer Bosch aus dem gemeinsamen Unternehmen aus, sodaß letztere Alleinbesitzerin wurde. S. dazu auch Reiss 1979, S. 175

(23) Neuburger 1930, S. 460

(24) Kette 1935, S. 64. Bis 1937 war das im wesentlichen von A. Karolus entwickelte Verfahren anwendungsreif. Fritz Schröter (1953) bezeichnet es in einem Rückblick auf die Fernsehentwicklung bei Telefunken als "ein vom politischen Zeitgeschehen beeinflußtes Produkt" (S. 192). Er hält auch fest, daß die "Leuchtwabentafel" im Krieg noch einmal zur Geltung gekommen sei "als Mittel zur Darstellung von Luftlagepanoramen" (ebenda).

(25) Zu den Rezeptionsformen des Fernsehens im Faschismus vgl. u.a. Diller 1980, Lerg 1967 A, Reiss 1979, Schadwinkel 1974.

(26) Mit der sogenannten Fernsehbombe versuchten die USA ein militärisches Gegengewicht zu den japanischen Kamikaze-Fliegern und der deutschen V-2-Rakete zu schaffen. Im August und September 1944 flog eine Spezialabteilung der US-Navy mehrere Einsätze mit den Bombenflugzeugen vom Typ B 17 und B 24. Die mit Fernsehanlagen und hochexplosivem Sprengstoff beladenen Maschinen wurden von Piloten bis in die Nähe des Ziels gebracht; die Piloten sprangen dann ab, und die Fernsteuerung ins Ziel übernahmen Begleitflugzeuge. Vgl. Rose 1959, S. 184f.

(27) Abramson 1955, S. 251

(28) So beschreibt Fritz Schröter (1953, S. 196) die Umstellung der Fernsehforschung auf Rüstungsentwicklung im Dienste des nazistischen Krieges.

(29) Goebel 1953, S. 368; als Träger seien bei diesem Verfahren besonders präparierte Aluminium-Platten verwendet worden, auf die das Ladungsbild mit einem "intensitätsgesteuerten Kathodenstrahl" aufgebracht wurde.

(30) Zur unmittelbaren Nachkriegssituation vgl. Rukop 1953, Eckert 1964, Bausch 1980; zusammenfassend: Zielinski 1981/1983.

(31) DTN ist heute relativ unbekannt, weil es schon 1955 wieder verschwand. Es fiel dem harten Konkurrenzkampf der Networks untereinander zum Opfer. (Arndt 1972, S. 136)

(32) Zu den Daten s. Eckert 1964, S. 43ff, Emery et al. 1971[3], S. 91 und Steinberg 1980, S. 142

(33) Eindrucksvolle Beispiele, zu welchen Schwierigkeiten dies insbesondere bei Live-Shows führte, die auf Publikumsbeteiligung angewiesen waren, werden in der New York Times vom 18.1.1957 S. 45 beschrieben.

(34) Ausführlich beschäftigen sich damit Lovell 1953 und Jersty 1957, komprimiert Abramson 1955.

(35) Godbout 1956, 24.9., S. 51

(36) Gregor 1954, S. 159

(37) Sterling and Kitross 1978, S. 252

(38) Delsol 1983

(39) Sutaner 1954, S. 151f.; auch Tetzner 1983 und Loescher 1983

(40) Delsol 1983

(41) Loescher 1983, S. 28f. Zwischen 1941 und 1945 stellten General Electric, Brush und die Armour Research Foundation Drahtton-Geräte für die US-Army her. 1944 begann 3M mit Experimenten, bei denen Bandmaterial benutzt wurde. Bis 1946 gelang es keiner Firma, mit einem produktreifen Gerät aufzuwarten. Noch 1947, als die ersten schwachen Bandmaschinen auf den US-Markt kamen, stellten zahlreiche Firmen Draht-Geräte her. Vgl. dazu Mooney o.J. (1958), S. 4ff.

(42) Feigs 1947, S. 5, Rukop 1953, S. 211, Loescher 1983, S. 23. Juristisch wacht in den USA der 'United States Alien Property Custodian' über die Magnetophon-Patente, der sie auch selbst auf dem Markt feilbot.

Vgl. dazu Hellyer 1970, S. 14

(43) Ampex o.J. (1979), S. 1. Dieser Superlativ kann sich nur auf den US-Markt beziehen. Denn bereits zur gleichen Zeit kam in Deutschland bereits das erste Radiogerät mit eingebautem 'HF-Magnetofon' heraus, hergestellt von der Elektrogerätebau v. Kraly; es kostete 6.000 RM und hatte eine Aufnahmekapazität von 20 Minuten pro Band. Eine historische Besonderheit des Handels: das Gerät erhielten nur solche Käufer, die dem Hersteller für mindestens 2.000 RM pro Stück Rundfunkmaterial in Form von Rohstoffen oder Einzelteilen lieferten. (Vgl. dazu Tetzner 1948, S. 155)

(44) Was die deutsche Seite angeht, wurde die Geschichte rekonstruiert aus den genannten Quellen zur Entwicklung der Tonbandtechnik. Für die amerikanische Seite vgl. v.a. Mooney o.J. (1958), Delsol und Reinka 1983; internationale Aspekte behandelt Hellyer 1970, S. 14-18.

(45) Mullin 1982, S. 28. Zur Darstellung des Crosby-Systems vgl. auch Abramson 1955, S. 253, der seine Rekonstruktion freilich erst mit der ersten öffentlichen Vorführung des Verfahrens am 11.11.1951 beginnt.

(46) Fix/Habermann 1977[2], S. 215. Zur technischen Erklärung des Unterschieds zwischen Ton- und Bildaufzeichnung s. u.a. auch Möller[2] 1954, Schmidbauer 1956, Braumühl/Schmidbauer 1957, Manz 1982[2] und Tetzner 1983.

(47) Vast, in Spottiswoode 1969, S. 930

(48) Zu den technischen Details der Umsetzung dieser Idee siehe Mullin 1982. Schmidbauer beschreibt noch Anfang 1956 ein Verfahren, das nach demselben Prinzip funktioniert (derselbe 1956, S. 95). Seine Skizze macht auch dem technischen Laien die Grundidee verständlich (vgl. unsere schematische Darstellung).

(49) Braunmühl/Schmidbauer 1957, S. 187; auch Mullin 1982, S. 31

(50) Mullin 1982, S. 31 (Der Beitrag ist ein Reprint; er wurde nach den Vorführungen Ende 1952 verfaßt.)

(51) Vgl. die Rubrik "New Products" im Journal of the SMPTE, Vol. 62, April 1954, S. 323

(52) Schmidbauer 1956, S. 95

(53) Mooney o.J. (1958), S. 5 und S. 8

(54) Emery et al. 1971[3], S. 92

(55) 1953 entschied die amerikanische Kontrollbehörde für die Telekommunikation den langjährigen Streit unterschiedlicher Farbverfahren zugunsten des NTSC-Systems von RCA. Verlierer war vor allem das CBS, das bereits seit 1947 mit einem vollentwickelten Farbsystem aufwartete. Die Entscheidung gilt vor allem deshalb als politisch sehr umstritten, weil das System der RCA - z.B. gegenüber dem CBS-System - eine sehr minderwertige Qualität hatte und hat. Von Amerikanern werden die Anfangsbuchstaben NTSC häufig mit "Never the same colour" aufgelöst. Die FCC beugte sich damit dem Druck des Machtkartells, das die RCA hinter sich versammelt hatte. Vgl. dazu

im Detail u.a. Quandel/Schwarz 1980, S. 46f.

(56) Zit. nach der Sarnoff-Biographie von Lyons 1966, S. 302

(57) In der hauseigenen Zeitschrift RCA-Review stellten die Entwicklungs-Ingenieure ihr Verfahren ausführlich vor. Vgl. Olson, Houghton et al. 1954. - Das Planziel bezüglich der Aufnahmekapazität erreichten die Techniker nicht. Auf dem entwickelsten Niveau des Modells schafften sie es, 10 Minuten ununterbrochen aufzuzeichnen. Die Spulen hatten dabei einen Durchmesser von 70cm! (Nach Friess 1958, S. 146)

(58) Abramson 1955, S. 253

(59) Olson et al. 1954, S. 24

(60) Gregor 1954, S. 159; Möller 1954, S. 203

(61) Gregor 1954, S. 160

(62) Ähnlich pointiert herausgestellt bei Möller 1954, S. 203

(63) FK Nr. 36, 1. Sept. 1954/B, S. 4

(64) Schmidbauer 1956, S. 95; Braunmühl/Schmidbauer 1957, S. 187

(65) Ampex o.J. (1979), S. 2f.

(66) Zur historischen Rekonstruktion s. Ampex o.J. (1979). Zum technologischen Zusammenhang der verschiedenen Anwendungsgebiete s. z.B. Spratt 1964, S. 266f. und Winckel 1973[2]. Gutes Anschauungsmaterial für Ampex-Produkte der analogen Meßdaten-Aufzeichnung sowie der digitalen Daten-Speicherung liefern zahlreiche zeitgenössische Anzeigen der Firma in der Militär-Zeitschrift INTERAVIA. Zur Produktpalette s. auch: Ampex Electronic Ltd. o.J.

(67) Bezug genommen wird hier auf den Vortrag von Charles P. Ginsburg auf der jährlichen Versammlung der SMPTE am 5. Okt. 1957. Ginsburg zeichnete technisch verantwortlich für das Videoprojekt bei Ampex; s. Ginsburg 1981.

(68) Braunmühl/Schmidbauer 1957, S. 187; zur Erläuterung s. auch Friess 1958

(69) vgl. dazu u.a. Mooney o.J. (1958)

(70) "... to make an effective tape deck it is necessary to use principles contained in at least one of the A.R.F. patents". Mit diesen Worten umschreibt die britische Fachzeitschrift Wireless World die technische Machtstellung der Foundation (Febr. 1957, S. 54). U.v.a. ist ihr Lizenznehmer in der Bundesrepublik die Firma Grundig; Ampex arbeitete ebenfalls mit Patenten der A.R.F.

(71) Chronologisch folgen wir hier wieder der Darstellung Ginsburgs. Der Name Dolbys ist jedem auch Nicht-Techniker ein Begriff, der über einen Cassettenrecorder verfügt, in den sein Rauschunterdrückungs-System eingebaut ist.

(72) Abramson 1973, S. 190

(73) Tetzner (1983) verweist in diesem Zusammenhang auf ein Auftragspro-

jekt der US-Navy. Nach der historischen Selbstdarstellung von Ampex lag der Schwerpunkt der Entwicklungsarbeiten der Firma damals beim 'instrumentation recording', das in erster Linie für die Air Force und die Marine von Bedeutung war.

(74) vgl. dazu Ginsburg 1981, S. 2. Zur Bedeutung dieses "völlig unorthodoxen Modulationsverfahrens" s. auch Braunmühl/Schmidbauer 1957, S. 188, Erläuterung: Manz 1982[2], S. 55f.

(75) Abramson 1973, S. 189

(76) Der besondere Rahmen der Vorführung wurde durch die jährliche Zusammenkunft von Mitarbeitern dieses Networks aus den gesamten USA geschaffen, die jeweils am Vorabend der Eröffnung der Chicagoer Messe stattfand. Dies bestätigt unsere Vermutung, daß Ampex in den Wochen zuvor bereits Absprachen über die privilegierte Lieferung von Videorecordern an das CBS getroffen hatte. Entsprechende Anfragen an die betreffenden Institutionen in den USA wurden mir bisher weder negativ noch positiv beantwortet.

(77) Adams 1956, S. 1

(78) Bezug genommen wird in diesem Zusammenhang auf Streiks und andere Aktionsformen der verschiedenen Standesorganisationen in der amerikanischen Film- und Fernsehproduktion, bei denen es um die Einklage von Rechten an der Verwertung von filmischen Produkten u.a. auf Videocassette ging und geht.

(79) Adams 1956, S. 76

(80) Ginsburg 1981, S. 5

(81) Sterling/Kittross 1978, S. 321

(82) Zwei Jahre, nachdem Ampex das Model 200 herausbrachte, stellten mindestens 22 Unternehmen in den USA Tonbandgeräte her. Deutliches Zeichen für die Entstehung des Massenmarktes: Recording Associates bot im selben Jahr, 1950, bereits die ersten industriell bespielten Audio-Konserven an. Mooney o.J. (1958), S. 6

(83) Linde 1982, S. 8

Kapitel IV:

(1) Ropohl 1979, S. 274

(2) Olson et al. 1956, S. 330-392

(3) Lamont 1957, S. 187

(4) Plumb 1956, S. 37

(5) Lamont 1957, S. 187

(6) Abramson 1973, S. 190

(7) Zur Darstellung des BBC-Systems vgl. Pawley 1973, S. 492f. sowie komprimiert und anschaulich Wireless World, May 1958, S. 207.

(8) Journal of the SMPTE, Vol. 67 May 1958, S. 356

(9) Tetzner 1958, S. 1

(10) S. Anmkg. (8)

(11) Barnouw 1975, S. 198

(12) The Wall Street Journal, No. 124, 1957, June 26

(13) Barnouw 1975, S. 200

(14) Steinberg 1980, S. 479

(15) Emsthaler 1957, S. 212

(16) Zur innerbetrieblichen Entwicklung beim CBS vgl. außer der Arbeit Emsthalers auch Metz 1975, Part Three, S. 175ff.

(17) vgl. dazu Hey 1983, S. 95

(18) Gomery 1983, S. 210

(19) Dieser spektakuläre Zusammenschluß führte zur Umbenennung der ABC in American Broadcasting-Paramount Theatres Inc. Erst ab 2. Juli 1965 firmierte sie wieder unter ihrem alten Namen. Zur Geschichte des Konzerns (wie auch der anderen beiden CBS und RCA) vgl. die hervorragende Studie von Hamelink 1977, S. 41f. Zu dem Zusammenschluß vgl. ausführlich: Dombkowski 1982, S. 87 - 91.

(20) Steinberg 1980, S. 470f.

(21) zu diesem Zusammenhang s. Gomery 1983, hier S. 212

(22) Kino-Technik Nr. 6/1958, S. 149

(23) Nach weiteren fünf Jahren gaben die Majors auch diese Zurückhaltung auf. In ihrer Sendereihe 'Saturday night and the movies', die ab 1961 ausgestrahlt wurde, konnte die NBC bereits auf aktuellere Kino-Hits zurückgreifen.

(24) Barnouw 1975, S. 194

(25) In das ökonomische Kalkül einzubeziehen ist die Tatsache, daß die Produktion für das Kino besonders ab 1953/54 eine starke Tendenz zur Intensivierung und zur Maximierung der Herstellungskosten aufwies. Für einen Kino-Spielfilm mußten 1956 mindestens zwischen 300.000 und 600.000 Dollar aufgewendet werden (Barnouw, ebenda). Mit der Produktion fürs Fernsehen konnten die Majors ihre Studiokapazitäten mit relativ geringem Aufwand optimaler auslasten. (Zu dieser Entwicklung vgl. im Detail: Dombkowski 1982, hier bes. S. 83 - 86)

(26) zu dieser Entwicklung s. Barnouw 1975, S. 197f.

(27) Flory 1957, S. 558; der sehr aufschlußreiche Beitrag, auf den wir uns hier beziehen, erfaßt den Ausstoß an audiovisuellem Material, indem er die gesamte filmische Produktion der Vereinigten Staaten in halbstündige Einheiten zerlegt. In der Summe nicht enthalten sind Werbespots, Aufzeichnungen von Instrumenten-Messungen sowie die vielen Kilometer Filmmaterials, die durch Kameras bei der Flugzeugabwehr und in Verbindung mit anderen Geschützen ("gunsight footage") verbraucht wurden.

(28) Ursache dafür war vor allem eine spektakuläre Quizsendung des CBS

mit dem Titel '$ 64.000 Question', "the biggest jackpot program in radio-TV history", deren einzelne Wettbewerbe jeweils über mehrere Wochen gestreckt wurden, wodurch die teilhabenden Zuschauer an das Network gefesselt wurden. Vgl. dazu Barnouw 1975, 1982, S. 184ff. und Metz 1975, S. 204 - 215.

(29) The New York Times, April 18, 1956, S. 63

(30) Adams 1956 (The New York Times, April 20), S. 51. Im rechnerischen Durchschnitt kosteten die Recorder somit ca. $ 52.000 pro Stück. Der Preis für die den ersten Bestellungen von CBS folgenden Geräte wird von Ampex mit 45.000 bis 50.000 beziffert.

(31) The New York Times, May 18, 1956, S. 51

(32) im Detail dazu: Ginsburg 1981, S. 5

(33) McMahan 1960, S. 63 und 66

(34) 3M gehört auch heute noch zu den weltweit wichtigsten Herstellerinnen von Magnetbändern, die sie unter dem Markennahmen Scotch vertreibt. Ähnlich wie Ampex auf dem Gerätesektor hat sie sich auf dem der Bänder auf die Herstellung von Präzisionsmaterial konzentriert, womit sie neben Einrichtungen des Fernsehrundfunks u.a. auch die NASA und die NAVY belieferte und beliefert. Zur Geschichte von 3M wie des Magnetbandes generell vgl. Mooney o.J. (1958), 3M Recording Materials Group o.J.; die Firma hat eine Kurzgeschichte des Videobandes auch schon auf Videoband fixiert; Titel: "Twenty Years of Videotape", o.J. (1976); zur Einbindung in Projekte der Raumfahrt und des Militärs vgl. historisch z.B. Journal of the SMPTE, Vol. 67, April 1958, S. 283; aktuell: New Scientist, 23 August 1984, S. 27

(35) The New York Times, September 24, 1956, S. 51

(36) vgl. u.a. Abramson 1973, S. 190

(37) In der folgenden Darstellung der CBS-Praxis der ersten Monate beziehen wir uns - wenn nicht anderweitige Quellen ausgewiesen sind - auf den Erfahrungsbericht von Chinn 1957, S. 453 - 458.

(38) The New York Times, Dec. 21, 1956, S. 43

(39) 'See it Now' war im Sinne unserer TV-Begrifflichkeiten eine politische Magazin-Sendung, die von Edward R. Murrow, einem der berühmtesten Radio- und Fernsehjournalisten der USA, und Fred Friendly gemeinsam für das CBS produziert wurde. In den Jahren 1953-55 ragte sie in der nordamerikanischen Medienpraxis vor allem heraus durch ihr kritisches Engagement gegen den McCarthyismus, wie generell durch das Aufgreifen gesellschaftlich besonders kontroverser Themen. Ihr Niedergang im Zuge der wachsenden Durchkommerzialisierung des US-Fernsehens in der zweiten Hälfte der 50er Jahre hat symptomatischen Charakter für das Medium. Vgl. dazu Barnouw 1975, S. 172 - 184; Metz 1975, S. 272 - 292; Leab 1983, eine hervorragende Detail-Studie dieser Sendereihe; sowie zeitgenössisch: Yeager 1956.

(40) Bernstein 1960, S. 3

(41) Chinn 1957, S. 458

(42) Fries 1958, S. 150. Der Kostenvergleich bezieht sich freilich nur auf das Trägermaterial. Beim Film mußten für eine Stunde Aufnahme gut 150 Dollar (einschließlich Entwicklung) veranschlagt werden.

(43) Kirschner 1958, S. 304

(44) Holler (1958) geht von einer Summe von nur 225.000 aus, welche das Network in Hollywood investiert hätte. Seine Rechnung basiert auf einem Stückpreis von nur 45.000 Dollar pro Recorder, von denen im ersten Jahr fünf in Betrieb genommen wurden. Da aber darunter mindestens zwei der Geräte waren, für die das CBS noch 75.000 zahlen mußte, dürften die realen Investitionen über einer Viertelmillion gelegen haben.

Damit wir uns eine Größenvorstellung davon machen können: Bis Mitte 1956 hatte das CBS insgesamt 28 Millionen Dollar in seine Fernseh-Einrichtungen investiert (Emsthaler 1957, S. 121).

(45) The New York Times, December 20, 1956, S. 59

(46) The New York Times, January 18, 1957, S. 45

(47) The New York Times, February 1, 1957, S. 49

(48) The New York Times, April 20, 1957, S. 31

(49) The New York Times, November 5, 1957, S. 63

(50) Vast 1969, S. 929

(51) Insgesamt waren Differenzen von einer bis zu vier Stunden zu überbrücken. Die vierte Zeitzone, die in der CBS-Praxis überhaupt noch nicht berücksichtigt worden war, bezog sich auf ein relativ kleines Gebiet im Nordwesten an der oberen Pazifikküste, das sich nicht der Einführung der Sommerzeit angeschlossen hatte.

(52) Byloff 1958, S. 643

(53) Byloff 1958, S. 655

Kapitel V:

(1) Zu diesem politisch-ökonomischen Zusammenhang vgl. ausführlich die Arbeit von Quandel/Schwarz 1981, insbesonders S. 51f.

(2) Empirisch bestätigt sich damit die theoretische Annahme Ropohls, "daß der Entstehungsprozeß, so, wie er sich im Produkt vergegenständlicht hat, auch die Art und Weise der Verwendung prägt". (Zit. aus Lenk 1982, S. 66). Ropohl hebt mit dieser These auf die Klärung des sozio-logischen Verhältnisses von Herstellung und Verwendung in der Genese von technischen Sachsystemen ab: "die Sachdominanz, die ein Artefakt in der Verwendung tatsächlich ausübt", erweise sich, weil der Verwender es nicht selbst konzipiert und hergestellt habe, "letztendlich als eine Dominanz des Herstellers". Nach Linde 1982, S. 28, der diese These ausführlich diskutiert.

(3) Roizen 1958, S. 732

(4) Während die jährliche Konvention der NARTB (später nur noch: NAB)

in Chicago vor allem zur Einführung neuer Produkte benutzt wurde, war das Jahrestreffen der SMPTE das wichtigste Forum für die Vorstellung neuer technischer Konzepte und Verfahren. In der Regel wurden diese dann einige Monate später in der hauseigenen Zeitschrift der Society abgedruckt.

(5) Außer dem Beitrag Roizens vgl. zum Ampex-Verfahren auch Machein 1958, S. 730 ff.

(6) Schürer (1961, S. 240 ff.) hat dazu eine Reihe von Vorschlägen gemacht, die m.E. aber so kompliziert waren, daß sie die prinzipielle Vorteile der neuen Technik in der Produktion von TV-Bildern wieder aufhoben.

(7) Bellac 1961, S. 232f.

(8) Bounsall 1962, S. 404

(9) Zur Darstellung der Problematik vgl. den grundsätzlichen Beitrag von Benson 1960.

(10) Ginsburg 1958, S. 739 f.

(11) Benson 1960, S. 861

(12) Progress Committee Report 1961, Journal of the SMPTE, Vol. 71, March 1962, S. 333

(13) Journal of the SMPTE, Vol. 67, May 1958, S. 356

(14) McMahan 1960, S. 66 und 71

(15) Anderson/Roizen 1959, S. 667-671

(16) Zur Entwicklung dieses Strangs vgl. den Progress Committee Report von 1961.

(17) Kino-Technik Nr. 1/1960, S. 26

(18) vgl. u.a. Kino-Technik Nr. 4/1966, S. 102

(19) McMahan 1960, S. 11

(20) McMahan 1960, S. 38

(21) Dafür steht eine Fülle von Beispielen, von der Animations- und Mischtechnik, über die Integration neuer Audio-Systeme (Stereo und Quadro) in die Kino-Reklame, die frühe Anwendung computer-generierter Bilder für Kino und Fernsehen bis hin zum aktuellen Promotions-Video im Fernsehen, bei denen neue elektronische Techniken zur Manipulation von Images besonders gebündelt angewendet werden.

(22) McMahan 1960, S. 16

(23) ebenda

(24) a.a.O. S. 35

(25) zit. aus McMahan 1960, S. 15; der oben dargestellte Zusammenhang wird dort mit vielen Beispielen aus der Praxis ausgeführt.

(26) Im Hinblick auf die Standardisierung arbeitete ein besonderer Ausschuß der SMPTE, dem es bis 1961 gelang, eine Reihe wichtiger technischer Parameter der laufenden und künftigen Produktion von Broadcasting-

Anlagen als verbindlich durchzusetzen. Vgl. dazu Journal of the SMPTE, Vol. 71, May 62, S. 334f.

(27) Wall Street Journal, February 26, 1959, S. 25

(28) In den neun Monaten bis zum 31. Januar 1958 weist Ampex für alle drei Abteilungen (Professional Products, zu der auch der Videorecorder gehörte, Instrumentation Division und Ampex Audio) einen Umsatz von $ 19.493.000 aus; für den entsprechenden Zeitraum ein Jahr später betrug der Netto-Umsatz $ 26.829.000. (Wall Street Journal, March 20, 1959, S. 16)

(29) Eine einen etwas späteren Zeitraum abdeckende Rechnung bestätigt zumindest, daß die hohen Erwartungen Longs berechtigt waren: Im Vergleich zum Halbjahr zuvor stieg der Umsatz alleine in den sechs Monaten bis zum 31. Oktober 1959 von $ 16.147.000 auf 30.002.000, also um annähernd das Doppelte. (Wall Street Journal, December 16, 1959, S. 20)

(30) Nach Mitteilung Peter Hammars, des Kurators des Ampex Museums of Magnetic Recording, wurden solche Daten bei der Firma selbst nicht aufbewahrt, bzw. sind bis jetzt nicht aufzufinden gewesen. Einige wenige, in der Literatur verstreute, Zahlen sind so widersprüchlich, daß wir sie hier nicht berücksichtigen können.

(31) vgl. dazu Sterling/Kittross 1978, S. 321

(32) The Wall Street Journal, July 20, 1959, S. 6. Eine Broschüre von 3M (o.J.) spricht in diesem Zusammenhang auch von einem Millionen-Auftrag für Videobänder, der im gleichen Jahr an die Company in Minnesota gegangen sei. (S. 10f.)

(33) Funk-Korrespondenz, Nr. 24/13. Juni 1962, S. 9 und Fernseh-Informationen, Jhg. 13/1962, Heft 9, S. 211

(34) Ausgehend von einem damaligen Produktions-Ausstoß von max. 10 Maschinen pro Woche dürfte sie bis Ende 1961 ca. 950 abgesetzt haben; das entspricht einem Marktanteil von 75 Prozent.

(35) Braunmühl, Schmidbauer 1957, S. 186

(36) Eine Durchsicht der 'Telefunkenzeitung', die regelmäßig über technische Neuerungen berichtete, ließ die erste Erwähnung des Patents in einem Beitrag von Bruch (1967) zur Farbaufzeichnung finden. Nachfragen des Verfassers an das Firmenarchiv von AEG-Telefunken wurden zunächst garnicht, später mit dem Verweis beantwortet, das Archiv sei für "unbestimmte Zeit" in der "Hausgerätefabrik Mainz-Kostheim eingelagert" und deshalb nicht benutzbar. (Brief vom 21.9.1984)

(37) Zur Nachkriegssituation des Telefunken-Konzerns vgl. Rukop 1953, S. 211f., auch Schröter 1953, S. 191 ff.

(38) Zu den skizzierten Daten der Fernsehgeschichte vgl. ausführlich: Eckert 1963 und 1964, Hickethier 1980, Kap. II, S. 10ff., Bausch 1980, Bd. 3 und komprimiert Zielinski 1981/1983.

(39) Zur Entwicklung der 'Tagesschau' vgl. Reiche 1969, S. 139ff.

(40) alle Zitate aus: Braunmühl/Schmidbauer 1957, S. 189

(41) Gleichwohl scheint durch diesen Zusammenhang die These Ropohls von der "Sachdominanz" als Dominanz des Herstellers über die besonderen Verwendungen des Sachsystems modifiziert zu werden. (Vgl. Abschnitt 1. dieses Kapitels) Auf dem Hintergrund der spezifischen Bedingungen des Fernsehrundfunks in der Bundesrepublik weisen die formulierten Gebrauchswertprojektionen über die Funktionen hinaus, auf die Ampex mit der Innovation abgezielt hat. Sozio-kulturelle Erwartungen bzw. Verwendungsabsichten und technische Strukturen erweisen sich als genetisch stark ineinander verschränkt. (Linde 1982, S. 28)

(42) Braunmühl, Schmidbauer 1957, S. 184

(43) Wir müssen uns vergegenwärtigen, daß zu dieser Zeit - ähnlich wie in den USA in der ersten Hälfte der fünfziger Jahre - Fernsehspiele "live" ausgestrahlt wurden und ähnlich wie Theateraufführungen organisiert werden mußten. Lediglich im Studio nicht realisierbare Sequenzen wurden von der Filmkonserve eingespielt. Vgl. dazu ausführlich Hicketier 1980, S. 39ff, der auch die komplexen Idologien darstellt und kritisch diskutiert, die von der Fernsehkritik um das Live-Spiel als vorgeblich wesensspezifischer Ausdrucksform des Fernsehens gewoben wurden.

(44) Kirschner 1958, S. 303; zu den Produktionsbedingungen für die 'Tagesschau' vgl. auch Reiche 1969. Das Argument der Geschwindigkeit etwas relativierend ist festzuhalten, daß für den Film Techniken zur Verfügung standen, welche die sendefertige Entwicklung innerhalb weniger als einer Stunde ermöglichten. (Vgl. dazu Bellac 1960, S. 173).

(45) Braunmühl 1959, S. 63

(46) u.a.: Braunmühl/Schmidbauer 1957, S. 188

(47) Mit dieser wenig bescheidenen Bezeichnung des Gerätes startete S & H seine Werbefeldzüge. Vgl. z.B. Kino-Technik Nr. 6/1958, o.P.

(48) V. Braunmühl war schon maßgeblich an der Entwicklung des Tonbandgerätes in den dreißiger Jahren beteiligt. Technischer Direktor beim SWF wurde er 1960. Ein Kurzportrait über ihn ist verfaßt worden von Reinhard Schneider in:v. Weiher 1983, S. 31-33.

(49) Schörken 1981, S. 46f.

(50) Weiter unten werden die Belastungen durch die beiden letzten Posten noch detaillierter aufgeführt. Bei den Magnetköpfen kam noch erschwerend hinzu, daß sie in der Bundesrepublik gar nicht hergestellt wurden und deshalb Ersatz in den USA bestellt werden mußte. Vgl. Henze/Hansen 1958, S. 56

(51) SWF Geschäftsbericht 1957/58, S. 68

(52) SWF Technische Blätter, August/September 1958, S. 6. Das 16mm-Halbbildverfahren ist die deutsche Entsprechung zum "Kinescope Recording". Die Images wurden vom Fernsehschirm abgefilmt.

(53) SWF Technische Blätter, Oktober/Dezember 1958, S. 8f.

(54) a.a.O., S. 1

(55) SWF Geschäftsbericht 1958/59, S. 64

(56) Zur Videopremiere des Fernsehspiels vgl.: SWF Geschäftsbericht 1958/59, S. 31; SWF Technische Blätter, Januar/März 1959, S. 2 und die historische Replik in SWF-Intern, Nr. 8/1983.

(57) SWF Technische Blätter, April/Mai 1959, S. 12

(58) SWF Technische Blätter, Juni/Juli 1959, S. 4

(59) Schörken 1981, S. 48

(60) SWF Technische Blätter, Juni/Juli 1959, S. 5

(61) SWF Geschäftsbericht 1959/60, S. 43

(62) Reiche 1969, S. 139

(63) Dahrendorf 1980, S. 185

(64) SDR Geschäftsbericht 1963, S. 7

(65) Braunmühl 1959, S. 64

(66) vgl. die Daten bei Braunmühl 1959, S. 65

(67) Zu diesem Zusammenhang vgl. Hickethier 1980, v.a.S. 42ff.

(68) Holler 1958, S. 433f.

(69) Rhotert 1961, S. 55 und S. 113

(70) Burkert 1959, S. 125

(71) Bellac 1960, S. 173

(72) Fries 1958, v.a. S. 150; zu den beiden anderen Autoren vgl. die oben zitierten Aufsätze.

(73) Das "cultural-lag"-Theorem stammt von W.F. Ogburn und bezeichnet in der Technikgeschichte genereller das Auseinanderklaffen von sozio-kultureller Organisation und materiell-technischer Basis. Vgl. dazu u.a. Linde 1982, S. 20

(74) Fernsehen 7/1957, S. 301-303

(75) Bellac 1960, S. 172

(76) SWF Geschäftsbericht 1960/61. P. Send vom SWF berichtete auf einem Symposium in Frankfurt, zu dem die europäische Vertretung von Ampex im April 1960 eingeladen hatte, etwas übertreibend davon, daß die termingebundene Fernsehproduktion der Anstalt fast vollständig auf Ampex-Vorproduktion umgestellt worden sei. (Kino-Technik Nr. 6/1960, S. 193f.) Gleichwohl war der Video-Anteil des SWF im Vergleich zu anderen Sendern sehr hoch. Der WDR z.B. produzierte noch 1962 mit seinen sechs Anlagen (vier stationäre und zwei mobile) lediglich 25 Prozent seines Programms auf Magnetband. Vgl. Dahrendorf 1980, S. 186.

(77) SWF Technische Blätter, Juni/Juli 1959, S. 10

(78) Zur Darstellung der frühen Schnittprobleme s. auch Tollmien 1980, S. W23f.

(79) Noch 1964 thematisiert Saad Elghazali in seiner Dissertation über "Literatur als Fernsehspiel", der ersten Doktorarbeit an der FU Berlin über das elektronische Bildermedium überhaupt, die Magnetbandaufzeichnung lediglich als Mittel der Dokumentation von Theateraufführungen. Er kommt in diesem Zusammenhang zu der Einschätzung, daß die Aufzeichnung ähnliche Wirkungen auf den Zuschauer ausübe, wie eine direkte Übertragung von der Bühne. (Elghazali o.J. (1964), S. 43)

(80) Gondesen 1961, S. 299

(81) Burkert 1961, S. 49

(82) Vgl. die Berichte über das Symposium von Bellac 1961, S. 231ff. und in Fernseh-Informationen Heft 15/1961, S. 331f.

(83) SWF Technische Blätter, Januar/Februar 1963, S. 7. Zu dem Verfahren Schürers vgl. dessen Aufsatz von 1961, S. 241f.

(84) Schwarz 1962, S. 29

(85) vgl. dazu wie zur jüngeren Entwicklung der verschiedenen Produktionsformen mit dem Videorecorder insgesamt die M.A.-Arbeit von Werner 1979 und Weischenberg/Röper 1982 sowie Weischenberg 1982.

(86) Beim CBS z.B. wurde schon bis 1977 im Bereich der aktuellen Berichterstattung vollständig auf Electronic News Gathering (ENG) umgestellt. Vgl. dazu The Democratic Journalist, Nr. 11/1979, S. 4

(87) Weischenberg/Röper 1982, S. 282

(88) Die hervorragende Studie Weischenbergs, die in einem Kapitel auch die Veränderung des Fernseh-Journalismus durch die neue Elektronik behandelt (S. 96ff.), erschien 1982. Zit. S. 106.

(89) Beide Geräte werden ausführlich präsentiert in: World Broadcast News,July/ August 1983

(90) S.u.a. World Broadcast News, September 1984, S. 32f.

Kapitel VI:

(1) Journal of the SMPTE, Vol. 61, September 1953, S. 352

(2) Das Experiment war ein gemeinsames Projekt der Forschungsabteilung von Ampex und der Smith, Klein and French Laboratories mit Sitz in Philadelphia. Vgl. dazu: Journal of the SMPTE, Vol. 67, August 1958, S. 556

(3) Schaefer u.a. 1965, S. 19ff. Unter den angekündigten Geräten befanden sich als europäische bzw. bundesdeutsche Entwicklungen eines von Philips, eines von Grundig und drei von Loewe Opta.

(4) Stroh 1969, S. 10

(5) Rostocki 1973, S. 17

(6) a.a.O. S. 18

(7) Vgl. besonders die Eröffnungsansprache des Generalleutnants James

T. Stewart, Kommandeur der Aeronautical Systems Divisions des oben genannten Luftwaffenstützspunktes, a.a.O. S. 5.

(8) Sanders 1980, S. 48

(9) Toshiba o.J. (1983), o.P. (S. 3)

(10) vgl. die Chronologie der Daten in:Sawazaki et al. 1960 und Toshiba o.J. (1983)

(11) Bellac 1961, S. 233

(12) Sawazaki u.a. 1961

(13) Toshiba o.J. (1983), o.P. (S. 1)

(14) Das Patent wurde angemeldet unter der DBP-Nr. 927 999 in der Klasse 21a, Gruppe 32. Vgl. dazu auch das Kurzportrait Schüllers von Reinhold Hahn in: v. Weiher 1983, S. 168-170.

(15) Zit. nach der deutschen Übersetzung, Sawazaki u.a. 1961, S. 100

(16) vgl. dazu auch K.G.S. in: Kino-Technik Nr. 9/1961, S. 260

(17) Sanders 1980, S. 48. Die vielen Fehlentwicklungen, in die Ampex während dieser Zeit investierte, dürften ausschlaggebend gewesen sein für die enormen Verluste, die die Corporation Anfang der siebziger Jahre erwirtschaftete. Das Geschäftsjahr 1972 schloß Ampex mit einem Defezit von 89,7 Mill. US-Dollar ab. Die Gesellschaft mußte sich daraufhin mit einem langfristigen Kredit konsolidieren. Vgl. dazu: Audiovision, 3. Jhg., Nr. 7/Juli 1972, S. 5

(18) Lautner 1980, S. 9

(19) Haas 1962, S. 279

(20) Backers/Wessels 1962/63, S. 100

(21) Lange 1965, S. 170

(22) Philips o.J. (1964), S. 4f.

(23) Im Unterschied zu vielen anderen Antiquitäten aus der Geschichte des Artefakts konnten wir die Leistungsfähigkeit dieses Recorders überprüfen. Literaturwissenschaftler der Technischen Universität Berlin begannen damit vor zwanzig Jahren ihre Praxis mit Videorecordern. Nach einer Überholung Anfang 1985 arbeitet das Gerät noch heute.

(24) The Wall Street Journal, May 18, 1965, S. 4

(25) Zur Geschichte des Sony-Konzerns vgl. die Monographie von Lyons 1976; stichwortartig auch Price 1972, S. 5.

(26) Nach Lyons 1976, S. 19

(27) Die Preise sind entnommen aus Lyons 1976, S. 205. Vgl. ebenda auch zu dem Rechtsstreit zwischen Ampex und Sony, der erst nach sechs Jahren in einer gütlichen Vereinbarung beigelegt wurde.

(28) Mc Ginty 1979, S. viii, der auch die skipfield-Technik näher erläutert.

(29) vgl. dazu Shamberg 1971, besonders S. 21f.

(30) Eine komplette Aufnahmeeinheit von JVC/Bell & Howell, bestehend aus dem Recorder vom Typ KV 360, einer Nivico-Kamera mit Stativ und einem Kontrollmonitor kostete 1973 z.B. 6.900 DM. (Angebot eines Berliner Händlers) Die Bänder hatten eine Kapazität von bis zu 90 Minuten. Für den institutionellen Einsatz brauchbare VCR-Geräte kosteten noch Mitte der siebziger Jahre 4.000 bis 9.000 DM, mit Kamera etwa das Doppelte. (Nach Holzer 1979, S. 40)

(31) Linde 1982, S. 25

(32) Abramson 1973, S. 195

(33) Abramson 1973, S. 196

(34) Vorgestellt wird Instavideo erwartungsvoll in: Shamberg 1971, S. 101

(35) Journal of the SMPTE, vol. 79, Sept. 1970, S. 894

(36) Audiovision, 3. Jhg., Nr. 11/November 1972, S. 4

(37) Journal of the SMPTE, Vol. 81, Sept. 1972, S. 766

(38) Nach Lyons 1976, S. 202

(39) Audiovision, 7. Jhg., Nr. 2/Febr. 1976, S. 4

(40) National Panasonic, Videoprogramm 80/81, Hamburg o.J., S. 43

(41) Zur Erläuterung von EVR/BEVR vgl. ausführlich Roth 1969, Thiele 1971, Abramson 1973 und Jürgens 1976.

(42) Das Nettoeinkommen fiel von 45,4 Millionen auf 41,8 Millionen US-Dollar; vgl. dazu Hamelink 1977, S. 26

(43) Nach Jürgens 1976, S. 23

(44) Audiovision, 3. Jhg., Nr. 10/Okt. 1972, S. 5

(45) Audiovision, 3. Jhg., Nr. 12/Dez. 1972, S. 2

(46) Zit. nach Audiovision, 3. Jhg., Nr. 10/Okt. 1972, S. 14

(47) Fernseh- und Kino-Technik Nr. 11/1969, S. 364

(48) SelectaVision ist in dieser technischen Form ausführlich vorgestellt in: Fernseh- und Kino-Technik, Nr. 12/1969, S. 394 und in der Ausgabe Nr. 11 a.a.O.

(49) Wir würdigen hier die Entwicklung der Bildplatte nur stichwortartig. Auf der Londoner Messe 'Video Disc' von 1976 wurden nicht weniger als 25 verschiedene technische Konzepte zu diesem Artefakt vorgestellt. Vgl. dazu Jürgens 1976, S. 22, der sich auch ausführlich mit den genannten Systemen beschäftigt. Das VLP-System wurde in seinen Details erstmals von Compaan/Kramer 1973/1974 präsentiert. zur Geschichte der Bildplatte vgl. außerdem Hymmen 1979 und umfassend die Magisterarbeit von Bücken 1979.

(50) Mc Ginty 1979, S. ix

(51) Audiovision, 3. Jhg., Nr. 8/Aug. 1972, S. 4

(52) Audiovision, 3. Jhg., Nr. 9/Sept. 1972, S. 6

(53) Lyons 1976, S. 207

(54) Audiovision, 8. Jhg., Nr. 1/Jan. 1977, S. 6

(55) Roth 1970, S. 235

(56) U-Matic: 358 Meter pro Stunde, VCR: 530 m/h (Stand von 1976). Die Abmessungen beider Cassettentypen waren: U-Matic 221x140x32 mm, VCR 145x127x41 mm. Zur Erläuterung der technischen Details des VCR-Systems vlg. u.a.: Audiovision, 3. Jhg. Nr. 2/Feb. 1972, S. 22f.; Audiovision, 6. Jhg., Nr. 12/Dez. 1975, das ganz dem System gewidmet ist; Audiovision, 8. Jhg., Nr. 1/Jan. 1977, S. 5ff.; Roth 1970; Jürgens 1976, S. 13f.; Pütz 1978, S. 194f.; Manz 1982 (2), S. 161

(57) Audiovision, 3. Jhg., Nr. 2/Feb. 1972, S. 23. Als die Geräte dann tatsächlich auf den Markt kamen, kosteten sie regulär doch über DM 3.000 (vgl. Funk-Technik, 32. Jhg., Nr. 10/1977, S. W&S 121)

(58) Vgl. das Interview mit Vertretern von Philips, Grundig und Loewe Opta in: Audiovision, 3. Jhg., Nr. 10/Okt. 1972, S. 11f.

(59) Audiovision, 3. Jhg., Nr. 6/Juni 1972, S. 5

(60) Audiovision, 3. Jhg., Nr. 8/Aug. 1972, S. 6

(61) Audiovision, 6. Jhg., Nr. 12/Dez. 1975, S. 2

(62) Zitate aus: Audiovision, 6. Jhg., Nr. 12/Dez. 1975, S. 16 u. 17

(63) Roth 1970, S. 235

(64) Außerdem scheinen die ausgelaufenen Modelle Philips gut genug für die Belieferung ökonomisch weniger potenter Märkte, wie z.B. der Volksrepublik Polen, bis in die jüngste Vergangenheit zu sein (vgl. dazu Matalowska 1984, der die Situation des Videomarktes in Polen beschreibt).

(65) Vgl. z.B.: Rose 1959, S. 23; Schaefers et al. 1965, S. 34

(66) Berger 1970, S. xi

(67) Melezinek 1983, S. 8

(68) Rose 1959, S. 23

(69) a.a.O., S. 23f.

(70) Schaefers et al. 1965, S. 45

(71) Electronic Markets, August 1962, nach: a.a.O., S. 38 - 40

(72) Der im US-Bundesstatt New Jersey eingetragene Verein zählte 1984 ca. 7.000 Mitglieder in den USA, Kanada, Australien, Japan und etlichen Ländern Westeuropas. Der bundesdeutsche Ableger wurde Anfang 1983 gegründet und wuchs im Verlauf des ersten Jahres bereits auf eine Mitgliederstärke von 80 Firmen, Institutionen und einigen Einzelpersonen an. Vgl. die Broschüre: ITVA - Der Internationale Verband der Video-Anwender. Waiblingen o.J. (1984)

(73) So der Titel des Beitrages von J. Ronge in: Kügelgen 1982, S. 255 - 261

(74) In: a.a.O., S. 37 - 63. Der Beitrag enthält auch eine ausführliche Bibliographie zum Thema, die alleine 83 Titel umfaßt.

(75) In: Psyche, Heft 5/1967, S. 324 - 340

(76) Vgl. die Auflistung und geographische Übersicht in: Kügelgen 1982, S. 39

(77) Um nur einen Aspekt davon quantitativ zu illustrieren: in der Bundesrepublik werden jährlich knapp eine halbe Million Soldaten ausgebildet. (Vgl. Soldat und Technik, Nr. 7/1980, S. 359)

(78) Vgl. dazu den Habilitationsvortrag Jörg Beckers zum Zusammenhang von "Kommunikationstechnologie und Rüstung", in gekürzter Fassung abgedruckt in: Das Argument, 25. Jhg., Juli/August 1983, S. 562-70, hier S. 566.

(79) Mit den Filmaufzeichnungsverfahren von TV-Images für das Militär setzt sich ausführlich auseinander: Gray 1958. Der Beitrag schließt mit der hoffnungsvollen Erwartung auf den Videorecorder (S. 67).

(80) Vgl. dazu z.B.: Phillips 1972

(81) S. dazu besonders den Beitrag von Taylor in: Rostocki 1973, S. 33f.

(82) Ergebnisse und Diskussion der Umfrage in: Fischer 1983, S. 11f. und Passon 1984, S. 5f.

(83) Angesprochen wird hier auf das "Centrum AV-Communication e.V." (cAVcom), das in der Bundesrepublik als "Berufsverband deutscher AV-Unternehmen und AV-Fachleute" fungiert (vgl.: Die AV-Branche 1984, S. 39f.) und den "Fachverband der Medienberater e.V.", der sich in seiner Zusammensetzung wiederum stark überschneidet mit der oben angesprochenen bundesdeutschen Abteilung der ITVA (vgl.: a.a.O., S. 43)

(84) Miller/Fontes 1979, S. 15f.

(85) Das US-Department of Justice hat dazu eine großangelegte Studie in Auftrag gegeben, deren Ergebnisse zusammenfassend publiziert sind in: Taillefer et al. 1975.

(86) Die einzelnen Verwendungsbereiche (und andere) sind nachgewiesen und diskutiert bei: Beck 1975, Carrol 1966 und 1967, Dakin et al. 1958, Glei 1962, Gray 1958, Huber/Le Vino 1958, Interarvia Nr. 2/1959, Kügelgen 1982, Matern (Funkschau-Sonderheft Nr. 36), Michaelis 1974, Pachaly 1983, Palme 1983, Price 1972, Rose 1959, Rostocki 1973, Sternsdorff 1983. Siehe dazu außerdem die beiden eindrucksvollen Video-Produktionen von Michael Klier, die vollständig aus aufgezeichnetem Material von Überwachungs- oder Beobachtungskameras montiert sind: "Video - Das Auge hinter uns", Erstsendung am 18.1.1981 im III. Programm der ARD-Nordkette; "Der Riese", Erstsendung am 24.2.1983 im ZDF (in der Reihe Kleines Fernsehspiel).

(87) Zusammenstellung nach: Audiovision, bes. 6. Jgh. 1975, Heft 12, Clas 1982, Claussen 1975, von Bülow 1980, Faber/Eggers 1980, Kögel 1974, Melezinek 1973 und 1983, Mühlen-Achs 1977, Palme 1983, Pareigis 1976, Passon 1983 und 1984, Price 1972, Quandel/Schwarz 1980, Robinson/Beards 1976, 1983(3), Rother 1968, 1972(2), Sony GmbH o.J., Staab 1971, Stejskal 1983, Stroh 1969, Soldat und Technik Nr. 9/1981, Weiterbildung und Medien (bes. Nr. 3/1980) sowie eigene Recherchen.

(88) Zusammenstellung nach: Audiovision (diverse Ausgaben 1971 bis 1976),

AV-Handbücher 1983/84, Fahry/Palme 1979, International Television November 1973, Miller/Fontes 1973, Price 1972, Quick/Wolff 1972, Taileffer et al. 1975, Tang 1985, sowie eigene Recherchen.

(89) Nach fernmündlicher Auskunft der AV-Zentrale in Bonn-Bad Godesberg im November 1984; Zusagen gegenüber dem Verfasser für schriftliches Informationsmaterial zu einem detaillierten Fragenkatalog wurden bis zur Fertigstellung der Arbeit leider nicht eingehalten.

(90) Vgl. Soldat und Technik, Nr. 7/1980, S. 359

(91) Sony GmbH: Video im Einsatz. Köln o.J., S. 4

(92) Bestehend aus: einer mobilen und einer stationären Aufnahmeeinheit mit Kontrollmonitor, zwei Schnittrecordern mit Steuereinheit für das Editieren und zwei stationären Monitoren, Scheinwerfern, Akkus und diversem Zubehör. Das **Low Band**-System ist im Gegensatz zum **High Band** etwas minderwertiger und gilt gemeinhin als nicht rundfunktüchtig.

(93) Nach: Industriemagazin, Nov. 1982, S. 54 - 60

(94) Als Spulenrecorder betrifft dies z.B. den Gerätetyp NV-8030E (vgl. Funkschau Sonderheft Nr. 36, S. 65f.), als Cassettenrecorder den Typ NV-8050 (Prospect Mini-CCTV-Überwachungssystem, Panasonic, o.O. o.J.).

(95) In diesem Zusammenhang ist die These Herzogenraths zu relativieren, die er in mehreren seiner hervorragenden Arbeiten zur Geschichte der Videokunst (z.B. 1975, S. 4) vertritt: Auch in anderen Verwendungsbereichen als dem künstlerischen gab es frühzeitig Bedarf nach Gebrauchswerteigenschaften des Gerätes, die über seine rein reproduktiven Funktionen hinausgingen, wie auch die Verbilligung und Verkleinerung, die sich u.a. im Sony Portapak vergegenständlicht haben, Erfordernisse gleichfalls der industriellen und institutionellen Verwendung waren. Es bedurfte nur eines relativ langen Zeitraums, bevor sie von seiten der Hersteller befriedigt werden konnten.

(96) Vgl. dazu vor allem den Beitrag von W.L. Curtice, "Commercial Quality Video-Recorders For Airborne Military Applications", in: Rostocki 1973, S. 43ff.

(97) D.B. MacLeod von der Ampex Corporation stellte das Gerät auf der genannten Tagung der Air Force vor (in: a.a.O., S. 77ff.).

(98) Wir haben hier nur examplarisch den militärischen Sektor als Motor für die Gestaltung der Artefakte herausgegriffen, weil er zugleich auch für die Hersteller den bedeutendsten ökonomischen Faktor darstellen dürfte. Forderungen nach Zurichtung der Geräte entsprechend besonderer Gebrauchswertansprüche wurden selbstverständlich auch aus der industriellen oder der medizinischen Forschung gestellt. Am Beispiel des Auflösungsvermögens für Fernsehimages vgl. dazu z.B. den Beitrag von H.-W. Köhler in: Kügelgen 1982, S. 108.

(99) Passon 1983, S. 6

(100) Kalba 1974, S. 94

(101) Um nur einige davon zu nennen: die erste und wohl auch berühmteste

war Radical Software in den USA, die mit dem Untertitel 'The Alternate Television Movement' 1970 mit der ersten Nummer erschien; aus Frankreich gehören dazu das Vidéo-Info und die Filmzeitschrift Cahiers du cinéma, die sich von Anbeginn auch mit der Videobewegung auseinandersetzte; in Holland erschien Optiek; in der Bundesrepublik begleite(te)n die alternative Nutzung der neuen Medientechnik kontinuierlich neben der Filmkritik, dem Medium oder Jugend-Film-Fernsehen (später: medien + erziehung) die speziellen Organe Video Magazin (Medienladen Hamburg), Medienarbeit (Medienpädagogik Zentrum Hamburg und Medienzentrum Fuhlsbüttel) und Cut in (Medienwerkstatt Freiburg).

(102) Prototypen solcher Handbücher sind "Guerilla Television" (Shamberg und Raindance Corporation 1971), "The Spaghetti City Video Manual" der Gruppe Videofreex von 1973, das 1975 in einer deutschen Bearbeitung erschien (Video Handbuch 1975) und das aus dem Italienischen übersetzte "Wir fragen nicht mehr um Erlaubnis", das im Original schon 1972 erschien (Faenza 1975), das allerdings weit über ein Manual hinausgehende medienpolitische Auseinandersetzungen enthält.

(103) Um welches Gerät es sich dabei handelte, ist in der Literatur widersprüchlich dargestellt. Price (1972, S. 132) spricht von einer Sony Portapak, die aber nach unseren Recherchen in Japan 1967 und in den USA erst 1968 auf den Markt kam. Herzogenrath (1983, S. 15) erwähnt ebenfalls die Sony Portapak, in der Biografie/Videografie desselben Buches (S. 304) wird daraus dann eine Anlage des Typs Electronic Video Recording, womit nur das EVR-System von CBS gemeint sein kann, das freilich ebenfalls erst 1968 zum ersten Mal -und zwar nur als Prototyp - vorgestellt wurde. Wir haben Nam June Paik um eine Klärung gebeten. Er schrieb in einem Brief an den Verfasser dazu: "the first generation of portable TV was so called, although it was nt netz-bound, because TV was a fixed furniture untill then. battery operated portable tv came much later. The first SONY half inch 2010 series (i think it is VC 2010) was also often so called from the same reason. compared to the ampex studio geraete... also this sony was sometimes called micky maus, because it was so small, like a toy, and often broke down. needless to say, for the first day shooting (indeed on october 4) i had to borrow a zerhacker (dc-ac converter)."

(104) Price 1972, S. 132

(105) Herzogenrath (1982), S. 304

(106) Das Manifest INFERMENTAL, in dem Bódy die Gründung des internationalen Cassetten-Periodikums erstmals vorstellte, stammt schon aus dem Jahr 1981. Vgl. zur Arbeit des ungarischen Filmavantgardisten das Gespräch Hans Köchels mit ihm in: Medium, Heft 1/1985, S. 40 - 43.

(107) Vgl. zur Entstehung und frühen Entwicklung des PBS: Kleinsteuber 1973, S. 141ff., hier S. 148

(108) Kalba 1974, S. 99

(109) Herzogenrath (1982), S. 15

(110) Vgl. dazu den Beitrag von Bonins in: a.a.O., S. 133 - 135

(111) Vgl. dazu Shamberg & Raindance Corporation 1971

(112) Vgl. dazu: a.a.O., Filmkritik, Nr. 234/Juni 1976, S. 245 und TIWI Fernsehzeitung, Nr. 1/1975, S. 28

(113) Filmkritik a.a.O., S. 251 und TIWI ebenda

(114) Filmkritik a.a.O., S. 252f. und TIWI ebenda. Der letztere Artikel ist ein ausführlicher Kommentar der Autoren (TVideo Gruppe München/Berlin) einer Sendung über die Videoarbeit von Zuschauern in Kanada und den USA, die das ZDF am 30.1.1975 unter dem Titel "'Unser'Fernsehen" ausstrahlte.

(115) Siehe dazu die Broschüre des DCTV "American Survival - A series of documentary videotapes", New York, o.J.

(116) Siehe dazu den Katalog "Documentaries from Downtown Community Television Center", New York o.J. und außerdem zur neueren Entwicklung des Zentrums: Ortmanns 1984, S. 24f.

(117) Die Gruppe stellt ausführlich vor Jean-Pierre Masse in: Massenmedien spontan, 1978, S. 51 - 62

(118) Film 4/1969, S. 24

(119) Zu dem gesamten Komplex der Arbeit Godards in dieser Zeit siehe: Filmkritik Nr. 242/Februar 1977, insbes. den Beitrag und das Interview W. Reicharts mit JLG.

(120) Filmkritik Nr. 234/Juni 1976, S. 265

(121) Michel L. in: Filmkritik, Nr. 234/Juni 1976, S. 271

(122) Die Retrospektive faßte unter der Bezeichnung Videokunst alles das zusammen, was in irgendeiner Form über den Artefakt Fernseher vermittelt wurde. Das begann bereits mit den frühen Aktionen der Fluxusbewegung um 1963 (Wolf Vostell, Joseph Beuys, auch Nam June Paik, u.a.), in denen der TV-Apparat noch vornehmlich als Objekt bearbeitet wurde und im Prinzip austauschbar war mit anderen Gegenständen moderner Zivilisation, was Vostell zum Beispiel ja auch wiederholt demonstriert hatte, er vergrub nicht nur die Möbelstücke zur Vermittlung elektronischer Bilderwelten oder mauerte sie ein, sondern tat dasselbe etwa mit Autos. Inwieweit diese Ausdehnung des Begriffs Videokunst sinnvoll ist, um gerade auch die spezifischen Leistungen des Sachsystems für den künstlerischen Prozeß deutlich zu machen, soll hier nicht diskutiert werden. Wir haben unsere Skepsis demgegenüber schon deutlich gemacht, indem wir unsere knappe historische Skizze mit den Aktionen Paiks begonnen haben, für die der Videorecorder bereits als essentieller Bestandteil benutzt wurde.

(123) Zu Schums Arbeit insgesamt vgl. den Beitrag Dorine Mignots in: Herzogenrath (1982), S. 44 - 54, insbes. zu seinen "Land Art" Projekt auch seinen eigenen Beitrag in: a.a.O., S. 55 - 67; außerdem: Wesker 1983.

(124) Mignot (s.o.), S. 46f.

(125) Vgl. die "Historical Notes" des Projektes Electronic Arts Intermix, Inc. zusammengestellt für das 14. Internationale Forum des Jungen Films, Berlin 1984

(126) Zu ihrem Gesamtwerk vgl. das von Rosenbach herausgegebene Buch (1982). Einige ihrer zentralen Arbeiten werden vorgestellt und interpretiert bei: Wesker 1983, S. 59f. S. außerdem auch ihren Beitrag "Video als Medium der Emanzipation" in: Herzogenrath (1982), S. 99 - 102

(127) S. dazu ausführlich: Herzogenrath 1983

(128) Enzensberger 1970, hier nach: Prokop 1973, (Bd. 2), S. 428

(129) Helmut Färber in: Filmkritik Nr. 234/Juni 1976, S. 241

(130) nach Herzogenrath 1975, S. 310. Zur Gruppe telewissen s. auch die programmatische Schrift von Schuhmacher 1976.

(131) Das Medium (5. Jgh., Nr. 9/Sept. 1975) widmete dem damaligen Stand der "Video-Arbeit in der Bundesrepublik" seinen Schwerpunkt. Hier wird auch die Diskussion in der Akademie der Künste breit dargestellt, die zusammenzufassen schwerfällt. Als gemeinsame Forderung der verschiedenen Gruppen und Initiativen läßt sich am ehesten die nach verstärkter Popularisierung der Videotechnik als gebrauchswertorientierter Medienapparatur herausschälen. Einzelne Vorschläge reichen von der Verkabelung von Regionen oder Kommunen für die Videodistribution bis hin zur Aufforderungen an die Rundfunkanstalten, Sendeplätze für die unabhängigen Videoarbeiten einzuräumen.

(132) Lechenauer 1979, S. 207ff. Das Videoverzeichnis des DVI für 1981/82 verzeichnet gar 89 Gruppen für die Bundesrepublik (S. 301 - 303).

(133) Vgl. dazu ausführlich: Medienarbeit, Nr. 17/18, Juni 1978, S. 3 - 30 und Medien Nr. 4/1981, S. 43 - 45

(134) Vgl. dazu ausführlich u.a. die Beiträge von Rainer Diehl und Margret Köhler in: Medien, Nr. 4/1981, S. 30 - 38 und S. 39 - 42

(135) Rosenbach in: Herzogenrath (1982), s. 99

(136) Vgl. exemplarisch hierzu: Longolius 1980

(137) Dargestellt ist das Projekt in: SFB-Werkstattheft Nr. 1, Berlin, Febr. 1980

(138) Der Videofilm fand nicht nur in der einschlägigen Kulturkritik große Beachtung; der Internationale Verband der Videoanwender zeichnete ihn ebenfalls mit seinem Sonderpreis 1984 aus (vgl. ITVA Deutschland e.V., o.J., S. 15).

(139) Vgl. das Gespräch G. Conradts mit dem ZDF-Mitarbeiter und einstigen Mitbegründer der Videoinitiative am Theaterwissenschaftlichen Institut der FU Berlin, Carl-Ludwig Rettinger, in: Medium, Nr. 11/ 1984, S. 42f.

(140) Als Sponsoren des Programms von Electronic Arts Intermix, das auf dem 14. Internationalen Forum des Jungen Films 1984 in Berlin präsentiert wurde, traten u.a. in Erscheinung: das Sony Atsugi-Werk

in Japan, das Television Laboratory at WNET/13 (New York) und das New Yorker Institute of Technology (NYIT).

(141) Vgl. dazu den Katalog: Art for 25 Million People - Kunst und Satelliten in der Zukunft ... (Paik 1984).

(142) ebenda (Das Buch hat keine Paginierung.)

(143) Vgl. dazu auch den Bericht Wolfgang Preischkats über das erste Freiburger Video-Forum 1984 (Medium Nr. 12/1984, S. 47f.), auf dem von den Veranstaltern Annäherungen zwischen den beiden Orientierungen über das Programm geplant waren, die sich aber aufgrund der fehlenden Dialogbereitschaft kaum realisieren ließen.

(144) 'Relation-Chips. Ein Video-Theater-Szenario auf 2 Kanälen', hergestellt im Rahmen von 'Initiativen vor Ort' und der IBA (Internationale Bauausstellung) von der Gruppe Foto, Design, Grafik, Öffentlichkeitsarbeit (FDGÖ).

Kapitel VII:

(1) Zur historischen Entwicklung der Laterna Magica vgl. exemplarisch: Historisches Museum der Stadt Frankfurt 1981, insbes. den Beitrag Jürgen Bergers, S. 29-54; Hoffmann/Junker 1982; Kerstein/Weber 1982; Fraenkel 1956; Zglinicki o.J., 1972^2;komprimiert zu den Vorformen der Kinematographie einschließlich der Laterna Magica auch: De Fleur 1973

(2) Zur Geschichte der Photographie exemplarisch: Haberkorn 1981; insbesondere zu den neueren Entwicklungen der Sofortbildkamera: Modick/Rieckhoff 1983; zur Amalgamierung der verschiedenen Speichertechniken für bewegte und statische Bilder in der Computertechnologie, womit auch der Videorecorder in seiner jetzigen Form aufgehoben würde, vgl. komprimiert: Fox 1985.

(3) Eine Geschichte des Films unter diesem Aspekt liegt m.W. noch nicht vor; sie ist noch zu schreiben. Es gibt allerdings einige frühe Darstellungen, die den technischen Verkleinerungs- und Verbilligungsprozeß vom 35mm-Normalfilm zum Schmalfilm beschreiben; vgl. z.B. Weinberger 1940 und das Themenheft von Kino-Technik Nr. 9/1954.

(4) Vgl. die Geräteanordnung bei Robida u.a. in der Abbildung bei Pütz 1978, S. 11

(5) Zur technischen Anordnung des Kineto-phonographen vgl. im Detail: Dickson 1933. Zit. nach Bücken 1977, Anmerkung 26

(6) Fernsehen Nr. 11/12-1930, S. 525

(7) The New York Times, Apr. 5, 1964, S. 1 und 28

(8) Damit im folgenden keine Verwirrung entsteht: "Beta" ist die Formats- bzw. Systembezeichnung; "Betamax" bezeichnet generell die Recorder dieses Systems, also die einzelnen Geräte. (Vgl. Nührmann 1981, S. 232)

(9) Lyons 1976, S. 209

(10) a.a.O., S. 210

(11) Manz 1982[2], S. 42

(12) Funk-Technik, 33. Jhg., Nr. 11/1978, S. W&S 183

(13) Vgl. die Angaben im einzelnen in: Funk-Technik ebenda und S. W&S 186, sowie Bücken 1978, S. 32

(14) Erklärt u.a. in: Nührmann 1981, S. 132f. und Manz 1982[2], S. 42

(15) Zit. nach Manz 1982[2], S. 42; komprimiert erläutert wird das Verfahren auch in: Funkschau Sonderheft Nr. 28, S. 84 und Sugaya 1983, S. 32.

(16) Funk-Technik, 33. Jhg., Nr. 11/1978, S. W&S 184

(16) Sugaya 1982, S. 76

(18) Vgl. dazu u.a. Funkschau Sonderheft Nr. 28, S. 18 und 31

(19) Zu den genannten Daten s. Bücken 1978, S. 30f. und Funk-Technik, 33. Jhg., Nr. 11/1978, S. W&S 183ff.

(20) Zur wechselnden Systempolitik dieser Zeit s. a. Smith 1981, S. 16

(21) S. z.B. diverse Anzeigen im 33. Jahrgang der Funk-Technik

(22) Funkschau Sonderheft Nr. 28, S. 5

(23) Dies betrifft zum einen ein Gerät von Toshiba, das ein cassettiertes Endlosband benutzte und zum anderen die "Mini Maz 1" von Blaupunkt, die Ende der siebziger Jahre erst als Versuchsanordnung existierte und dann 1984 von der Blaupunkt-Mitbesitzerin Bosch GmbH auf den Markt gebracht wurde. Es handelt sich dabei um ein Gerät, das als integraler Bestandteil von elektronischen Kameras konzipiert worden ist. Vgl. dazu: Funkschau Sonderheft Nr. 28, S. 11ff., zu dem Toshiba-Gerät ebenda, S. 36. Im gleichen Heft wird auch ein Longitudinal-Konzept von BASF vorgestellt, dessen Realisierung der Konzern schon einmal 1974 angekündigt hatte. (S. 25ff.)

(24) S. z.B. den Recorder des Typs VC 390 G der Markenfirma Sharp, vorgestellt in seinen technischen Parametern in: AV-Report, 16. Jhg., Nr. 16/1983, S. 18

(25) In der Bundesrepublik wurden die Zusatzgeräte unter der Typenbezeichnung AG-7 für einen Preis von 500,- DM auf den Markt gebracht. Für den Sony-Recorder SL-5800 wurden sie mitgeliefert, für alle SL-C7-Typen konnten sie leicht vom Kunden selbst montiert werden. Alle älteren Typen hätten vom Fachhandelservice nachgerüstet werden müssen. Die Zusatzgeräte setzten sich jedoch auf dem Markt nicht durch. (Vgl. Video, Nr. 1/Januar 1982, S. 28f. und den Firmenprospekt Sony '83, o.J., S. 31 und 49)

(26) Z.B. die Gerätetypen FM328 und FM428 von Siemens, im Detail vorgestellt in: AV-Report, 3. Jhg., Nr. 16/1983, S. 24

(27) Sugaya 1983, S. 31. Noch ausführlicher setzt sich der Autor mit der TCH in seinem Beitrag von 1982 auseinander.

(28) Angaben entnommen aus aktuellen Firmenprospekten von 1984

(29) Zitat und Sachzusammenhang aus: New Scientist, No. 1423, 27 September 1984, S. 27

(30) Die Kanalvielfalt entpuppte sich in der Bundesrepublik allerdings zunächst als technischer Betrug insofern, als die Geräte, die bis Ende 1984 auf den Markt kamen, für den Empfang der Sonderkanäle des Satelliten-TV nicht ausgelegt waren. Soweit nicht auf andere Quellen verwiesen wird, sind die Angaben zu einzelnen Geräten jeweils wiederum aus den jeweiligen Prospekten der Hersteller entnommen.

(31) Jedes der drei konkurrierenden Systeme benutzt auch hier unterschiedliche Verfahren: VHS das Dolby-System, Beta das BNR- und V-2000 das DNS-System.

(32) Vom Okt. 1981 bis zum Jan. 1982 wurden in der Bundesrepublik alleine von den Großbildgeräten mit einem Schirmdurchmesser von 66 cm über 132.000 Stück verkauft. (Vgl. Der Spiegel, Nr. 15/1982, S. 92)

(33) Video Business, August 1982, S. 10-12

(34) Videoplay, Januar 1984, S. 70 und Videoworld, July 1984, S. 7

(35) Vgl. z.B. die Geräteübersichten in: Nührmann 1981, S. 226-231, Videokursbuch 1983, S. 20-30 und Video, Nr. 1/1984, S. 92

(36) Zum Zusammenhang von "Wohnkultur und Wohnweisen" und dem besonderen Stellenwert des Fernsehapparates darin vgl. die hervorragende Studie von Tränkle 1972, insbes. S. 74f. und 111f.

(37) Vorgestellt z.B. in: Video, Nr. 1/Januar 1984, S. 87

(38) Zit. aus: Sony Geräteprogramm 1983. Diverse Publikumszeitschriften des Videomarktes wie auch Periodika für industrielle Wohnkultur haben diesen Aspekten in den letzten Jahren gesteigerte Aufmerksamkeit gewidmet. Vgl. z.B.: Heim Video, Nr. 5/Mai 1982, S. 58, oder Schöner Wohnen, Nr. 3/März 1982, die im Schwerpunkt diverse Einrichtungskonzeptionen vorstellt, welche um die Unterhaltungselektronik als Zentrum entwickelt worden sind. Zu dem angerissenen Zusammenhang von Fernsehen und Wohnkultur vgl. auch Zielinski 1983 (A).

(39) Neuheitenreport '84, S. 43

(40) S. den Bericht von Heinz Büthmann in: Die Zeit, Nr. 36/20.8.1981

(41) VideoMarkt, Nr. 2/März 1982, S. 89

(42) VideoMarkt, Nr. 3/Mai 1982, S. 107 und zur Vorstellung der technischen Details: Uher-Firmenprospekt o.J. (1982)

(43) Vgl. dazu auch die schematische Übersicht in: Radevagen/Zielinski 1983, S. 127, sowie zum Stellenwert des CVC-Systems innerhalb des Marktes: Riegel 1982, S. 14

(44) Media Perspektiven: Daten zur Mediensituation in der Bundesrepublik, 1979, S. 24 und 1981, S. 29

(45) ebenda, Ausgabe 1983, S. 32

(46) Alle drei werden im Detail vorgestellt in: VideoMarkt, Nr. 2/März 1982, S. 97

(47) Zit. nach ebenda, S. 96

(48) Vgl. dazu: Der Spiegel, Nr. 16/1983

(49) Neuheitenreport '84, S. 44

(50) Zwei Typen dieser Systeme, Sony Betamovie BMC-200P und ITT Video-Movie VNC-3865, werden mit ihren technischen Details vorgestellt in: Video, Nr. 10/Oktober 1984, S. 74-77. Aus der Logik des sozio-technischen Konkurrenzkampfes zwischen den beiden japanischen Systemen geurteilt, dürfte es kaum verwundern, wenn Matsushita in nächster Zukunft ebenfalls Kamera-Recorder mit der VHS-Normalcassette anbieten würde.

(51) Vgl. dazu z.B.: a.a.O. und VideoMarkt, Nr. 9/September 1984, S. 106. Zur Position der internationalen Film- und Photobranche in diesem Marktsegment vgl. auch den Beitrag von Fox in: New Scientist, 24 May 1984, S. 21

(52) Der Verfasser kann sich selbst von der hier enthaltenen Kritik nicht ausnehmen: Ich begann meine analytische Beschäftigung mit dem Videomarkt zu einem Zeitpunkt, zu dem die jährlichen Verkaufsziffern bereits sehr hoch waren (1981/82) und war noch nicht dazu in der Lage, die von der Industrie und ihren Interessenvertretern gelieferten Daten durch den historischen Überblick zu relativieren. (Vgl. z.B. Zielinski 1982A)

(53) Lyons 1976, S. 208. Es ist also durchaus keine "Weltpremiere", was Blaupunkt 1983 mit seinem Gerät TeleVideo 2322, einem "Farbfernseher und Videorecorder als kompakte Einheit" (Videokursbuch '83, S. 19) ankündigte. Mit diesem apparativen Konzept testete Sony acht Jahre zuvor den US-Markt an.

(54) Die exakten Zahlen: 1975 hatte die Konsumption im Bereich der Consumer Electronics der USA ein Volumen von 6,538 Mrd. $; davon entfielen 2,973 Mrd. $ auf Fernsehgeräte. Für Japan sind die entsprechenden Ziffern 4,368 Mrd. bzw. 1,722 Mrd. $; für Westeuropa 6,073 Mrd. bzw. 3,657 Mrd. $. (Vgl. Creative Strategies Inc. 1980, Table 1) An diesen Relationen ändert sich in den nächsten Jahren bei jährlichen Steigerungsraten von ca. 11 % (USA), 14 % (Japan) und 11 % (Westeuropa) wenig.

(55) Um nur ein recht unbekanntes Bespiel zu nennen: JVC, die Entwicklerin von VHS, war bis 1943/44 eine Tochter der RCA. (Funkschau Sonderheft Nr. 28, S. 18)

(56) Zu unserem großen Erstaunen war keinerlei Quelle auffindbar, in der die Sättigungsrate der privaten Haushalte bezüglich der Ausstattung mit Fernsehgeräten in der historischen Perspektive thematisiert würde. Einige wenige Längsschnittuntersuchungen, die für ausgewählte Jahre vorhanden sind, zeichnen sich durch eklatante Widersprüche, Unklarheiten und große Lücken aus. In ihrer "Langzeitstudie zur Mediennutzung und Medienbewertung" verzichten Berg und Kiefer (1982) auf die Angabe des Farbgeräteanteils für 1970; angesichts dessen, daß sie überhaupt nur vier Jahre exemplarisch behandeln, eine unverständliche Lücke. Außerdem halten einige ihrer in der Tabelle 1 (S. 17) aufgeführten Werte nicht einer Überprüfung der angegebenen Quellen stand. - Eine etwas abenteuerliche Rechnung macht Bahr (1977) auf; er kommt zu den Dichteziffern auf der Basis der von der Industrie in den jeweiligen Jahren produzierten Stückzahlen, von denen er die

Exportanteile und Lagerbestände abzieht; wir haben seine Daten hier nur für das in unserem Zusammenhang wichtige Jahr 1977 berücksichtigt, weil dafür kein alternatives Material zur Verfügung stand; die 46 Prozent Sättigungsrate mit Farbgeräten beziehen sich auf den Anfang des Jahres, während alle übrigen Zahlen jeweils für das Jahresende gelten. - Eine Übersicht der Funkmedien Analyse (FMA) von 1976 über die Jahre 1971, 1974 und 1976 weist ihren Bezugsgesichtspunkt (alle Haushalte, alle TV-Haushalte?) überhaupt nicht aus; für 1971 weist sie zum Beispiel eine generelle Sättigungsrate von bereits 90 Prozent nach, was enorm mit den Daten des KtK-Berichtes kollidiert. Dieser wiederum weist für 1970 eine generelle Sättigungsrate von 76 Prozent nach, was um **elf Prozentpunkte** von den Angaben der Infratam-Erhebungen abweicht, deren Ergebnisse das ZDF benutzt. Folgen wir diesen Daten und vergleichen sie wiederum mit den ARW/ARD-Daten der FMA, so ergibt sich das erstaunliche Phänomen, daß die Sättigungsrate zwischen 1972 und 1974 **gefallen** wäre. Ähnliches ist zu beobachten **innerhalb** der Datenmengen der FMA bzw. der teleskopie-Strukturerhebungen von 1974 und 1976, welche die Basis für die in den Sammlungen von Media Perspektiven aufgeführten Ausstattungstabellen sind. Auch hier wäre die Sättigung **rückläufig.**

Wir haben uns in der tabellarischen Übersicht - um überhaupt eine Tendenz abbilden zu können - vor allem auf die im Auftrag der Rundfunkanstalten erhobenen Daten bezogen. Für die Jahre 1967 bis 1972 betrifft dies die Untersuchung von Gandela (1975), der sich wiederum auf die teleskopie bzw. FMA-Daten beruft. Für die Jahre 1974 bis 1982 wurden die alle zwei Jahre erscheinenden Sammlungen von Media Perspektiven benutzt. Zur Ausfüllung der Lücken bzw. um Abweichungen deutlich zu machen, wurden außerdem die Daten des KtK-Berichtes, der ZDF-Medienforschung und Bahrs punktuell mit herangezogen.

(57) 1974 betrug der Absatz 1,97 Mill. Geräte, 1975 nur 1,91 Mill.; vgl. Funk-Technik, 32. Jhg., Nr. 21/1977, S. M&H 191

(58) Funk-Technik, 32. Jhg., Nr. 9/1977, S. M&H 73

(59) Nach Kalbfuß 1982, S. 4 und Bahr 1977, S. 460

(60) Funk-Technik, 32. Jhg., Nr. 10/1977, S. W&S 121

(61) Funk-Technik, 32. Jhg., Nr. 8/1977, S. M&H 64

(62) Media Perspektiven, Daten ... 1977, S. 16

(63) Aufermann/Knoche/Lange/Zerdick 1977, S. 451

(64) Z.B.: Gesellschaft zur Verwertung von Leistungschutzrechten (GVL), Thurow 1981, S. 70 und Nordmende Marktforschung, nach Kalbfuß 1982, S. 12

(65) GFM 1980, Kommentarband S. 6

(66) Vgl. die Tabelle 5 in Kap. VI und diskursiv: Zielinski 1981/1983

(67) Vgl. z.B. Gandela 1975, S. 10 und Bahr 1977, bes. S. 456f

(68) Deutsches Video Institut (DVI), Daten zum Videomarkt 1983/84

(69) VideoMarkt, Nr. 9/1984, S. 95

(70) Nach den Berechnungen des DVI betrug die Steigerungsrate am Jahresende 1984 gegenüber der Vorjahr 1,67 % (Daten zum Videomarkt 1984/85). Vgl. außerdem dazu: Variety, February 6, 1985. S. 109.

(71) So auch z. B. das DVI noch in einer Pressemeldung am 14.3.1984, S. 1. Da die Prognosezahlen in den allermeisten Fällen identisch sind, ist zu vermuten, daß Sie auf derselben Quelle basieren: der vorausgesagten Nachfrageentwicklung der Prognos AG von 25 % (1985) und 50 % (1990). Vgl. den aktualisierenden und erklärenden Beitrag zu dieser Studie "Audiovision 1990" von Schrape 1983, S. 545. Ihr hochkompliziertes sozial-wissenschaftliches Design - so läßt sich 1984 schon feststellen - steht in keinem Verhältnis zu den eher dürftigen Ergebnissen.

(72) Vgl. dazu die Pilotstudie von Bonelli 1981, S. 16

(73) Industriemagazin, Juni 1984, S. 580

(74) Die GFM-Studie stellte für 1979 lediglich bei 2,4 % der Videorecorder-Haushalte einen Mehrfachbesitz fest (Kommentarband, S. 6). In ihrem Zwischenbericht über die Erhebung im Auftrag der Rundfunkanstalten stellten Pfifferling/Wiedemann (1983, S. 571) für 1982/83 bereits einen Anteil von 10 % für Mehrfachbesitz und 11 % für Ersatzbeschaffungen heraus.

(75) Vgl. die Auflistung der Untersuchungen mit ihren Panels bei Wiedemann 1984, S. 706f. Die im folgenden referierten Ergebnisse sind ebenfalls diesem Beitrag entnommen worden.

(76) Gerade aufgrund solcher Differenzen ist es unverständlich, warum zum Beispiel für den Norden der Bundesrepublik so unterschiedliche Länder wie Schleswig-Holstein, Hamburg, Bremen und Niedersachsen zu einer Einheit zusammengefaßt werden. (Vgl. Tabelle 1, S. 706)

(77) Für 1982 kommt Klitzke (1982, S. 101), der Ausschnitte des türkischen Videomarktes in West-Berlin empirisch untersucht hat, zu der Einschätzung, daß die Sättigung der türkischen Haushalte mit ca. 20 Prozent etwa drei mal so hoch gewesen sei wie die der deutschen. Vgl. insgesamt zu diesem Problemzusammenhang auch Huth 1983 und Klitzke 1983.

(78) Media Perspektiven - Daten ... 1981, S. 29. Bei 24,35 Millionen Haushalten in der Bundesrepublik hätten bis 1980 **mindestens** 974.000 Geräte vom Handel an die Konsumenten verkauft worden sein müssen; der kumulierte Stand von diesem Jahr liegt aber um 268.000 niedriger.

(79) Hoffmann 1984, S. 767

(80) epd/Kirche und Rundfunk, Nr. 89, 10. November 1984, S. 12

(81) Nach Variety - Fifth Home Video Annual 1984, S. 37

(82) Insgesamt zu diesem Aspekt vgl. auch: Nührmann 1981, S. 232ff. und Müller 1983, S. 33f

(83) Wir beziehen uns hier auf folgende Studien: Burda Marktforschung, Daten zum Videomarkt '82, S. 13; diesselben, Daten zum Videomarkt '84, S. 15; BBE/DVI, Video-Käufer-Studie 1982/83, S. 25f. Aufschlußreich sind auch die Daten, welche "Die Zeit" für eine frühe Marktphase veröffentlichte. Im Jahr 1980 soll danach die VHS-Firmenrangfolge so ausgesehen haben: Saba 23 %, Nordmende 15 %, Blaupunkt 13 %,

Panasonic 12 %, Telefunken 10 % und Hitachi 9 %. (Vgl. Die Zeit, Nr. 30, 17. Juli 1981, S. 19)

(84) Funkschau, Sonderheft Nr. 28, S. 18

(85) Time, January 16, 1984, S. 60

(86) Funkschau Sonderheft Nr. 28, S. 24

(87) Smith 1981, S. 19

(88) Ellis 1982, S. 277

(89) Vgl. die Aufstellung in: Neue Medien, Nr. 1 (Juni) 1984, S. 107

(90) Funk-Technik, 33. Jhg., Nr. 11/1978. S&W S. 184

(91) Time, January 16, 1984, S. 60

(92) ebenda

(93) Vgl. ausführlich zu den Marktanteilen Tab. 14

(94) Video, Nr. 1/Januar 1984, S. 68

(95) Vgl. die tabellarische Zusammenstellung der europäischen Marktanteile des Systems in: Video, a.a.O., S. 70

(96) Video, Nr. 6/Juni 1984, S. 90ff

(97) VideoMarkt, Nr. 9/September 1984, S. 99. Der Anstieg des Systemanteils von V-2000, wie er in der Übersicht (Tab. 14) zum Ausdruck kommt, dürfte wesentlich auf diesen Ausverkauf zurückzuführen sein.

(98) Fox 1983, S. 21

(99) Die Produktionsstätte firmiert unter dem geheimnisvollen Namen J2T; J steht für Japan (JVC), die beiten Ts für Telefunken und Thorn.

(100) Für die Konstruktion solcher Vorstellungen in der Tradition oberflächlicher und effekteheischender Kulturkritik gibt es eine Fülle von Beispielen in der Tages- und Wochenpublizistik. Wir verweisen hier nur exemplarisch auf die (Titel)Geschichten des Spiegel zu Video: 34. Jhg., Nr. 48, 24. November 1980; 37. Jhg., Nr. 19, 9. Mai 1983; 38. Jhg., Nr. 11, 12. März 1984. Sie sind, in der für das Magazin charakteristischen Manier, gespickt mit sarkastischen Diskreditierungen der Anbieter wie der Konsumenten des Marktes, die in direkte oder indirekte Zitate oder auch in rhetorische Fragezeichen gekleidet werden. Beispiele aus der zweiten Quelle: "Am Ende der Entwicklung eine total vermarktete Bilderwelt, bevölkert von videotischen Analphabeten und seelischen Krüppeln?" (Legende unter dem zweiseitigen Bild einer Videothek mit Besuchern, die direkt über dem Titel der Geschichte plaziert ist. S. 32f.) Wie vielen seiner Konkurrenten auf dem Printmedienmarkt dienten solche Abhandlungen dem Spiegel nicht zuletzt als redaktionelles Umfeld für Anzeigen der Geräteindustrie.

(101) Besonders spektakulär war Ende 1982 die Ankündigung des Kaffehändlers Tchibo, Betamax-Recorder zu einem Preis von DM 998,- über seine Ladenkette zu verkaufen. Auf Intervention des Rundfunkhandels

und des japanischen Außenhandelsministeriums wurde dieses Geschäft jedoch unterbunden. Vgl. dazu: Riegel 1982, S. 13. Bedingungen und Erscheinungen der japanischen Überproduktion von Geräten arbeitet Kalbfuß 1982 heraus.

(102) Zu diesem Diskussionszusammenhang siehe auch: Zielinski 1984(A)

(103) Vgl. dazu etwa die soziale Durchsetzung des Fernsehapparates, dargestellt z. B. bei Hickethier 1980, S. 18f.

(104) Thurow 1981, S. 71; dieser Beitrag basiert auf der GFM-Untersuchung von 1979, aus der auch die folgenden Daten stammen (Tabellenband, S. 49).

(105) Angaben zum Bruttoverdienst nach: Statisches Jahrbuch der B.R.D. 1983, zum Nettolohn Arbeits- und Sozialstatistiken 1983. Bestätigt wurden die Ergebnisse der GFM-Untersuchung in hohem Maße durch zwei Studien im teleskopie-System, die 1978/79 und 1980 durchgeführt wurden. Vgl. dazu: Buß 1980, S. 745ff.

(106) Bonelli 1981, S. 16

(107) Zit. aus: Backstage, 5 February 1980, S. 79

(108) Burda 1982, S. 8

(109) BBE/DVI 1982, S. 9ff. Dies Ergebnis wird generell bestätigt durch die Berechnungen des Statistischen Bundesamtes zu ausgewählten Haushalten. Der Typ 3, mit einem Einkommen von über 4.000 DM, war danach zum Ende der siebziger Jahre derjenige, der am meisten für Unterhaltungselektronik, die sogenannte "braune Ware", ausgegeben hatte. Vgl. Funk-Technik, 35. Jhg., Nr. 3/1980, S. 456f.

(110) Der durchschnittliche Nettolohn eines Arbeiters betrug 1975 in der Bundesrepublik DM 1.354 monatlich (vgl. Arbeits- und Sozialstatistiken 1976, hrsgeg. vom Bundesminister für Arbeit und Sozialordnung, Tab. 1.11); die Gerätepreise lagen knapp unter DM 3.000,-.

(111) Kursbuch Deutschland 85/86, S. 200; aus dieser Quelle haben wir auch die Daten zur Inflationsrate und Kaufkraftentwicklung entnommen (S. 201f.)

(112) Vgl. dazu die Zusammenstellung der Ausstattung ausgewählter Haushalte mit langlebigen Gebrauchsgütern durch Halefeldt 1982, bes. S. 568

(113) Vgl. dazu: VideoMarkt, Nr. 9/September 1984, S. 99

(114) GFM 1979, S. 47

(115) GÜFA 1983, in: Film und Recht, Nr. 7/8 1983 S. 411

(116) Strukturdaten der Burda-Marktforschung 1984, S. 9

(117) Von 1981 bis 1984 erhöhte sich der Anteil der Frauen bei den Hauptnutzern von 13 auf 16 %. (Ebenda)

(118) ebenda

(119) Aus Anzeigen der Hardwareindustrie und aus Texten ihrer publizistischen Sachverwalter, vgl. z. B. den Sonderteil der Berliner Morgen-

post über die IFA 1979 vom 24. Aug., S. 2

(120) Thurow 1981, S. 72

(121) GFM 1979, Kommentarband, S. 2f.

(122) U.a.: Pfifferling/Wiedemann 1983, S. 572, Burda-Marktforschung 1984, S. 45. Der Rückgang wird weniger zurückgeführt auf ein Absinken des Wunsches nach Videokameras, sondern auf die ökonomischen Grenzen der Haushalte im Hinblick auf die Anschaffung der teuren Geräte.

(123) Eine löbliche Ausnahme bildeten hier in den letzten Jahren die Volkshochschulen z.B. in den West-Berliner Bezirken. Mit großem Zuspruch boten sie verstärkt Kurse zur Videotechnik und -gestaltung an.

(124) nach Film und Recht, Nr. 7/8, 1983, S. 412

(125) In der Burda-Studie von 1984 ist diese Gruppe dadurch definiert, daß sie mindestens einmal pro Woche kommerzielle Cassetten ausleiht (S. 39).

(126) Pfifferling/Wiedemann 1983, S. 572 und Wiedemann 1984, S. 708. Bestätigt werden diese Relationen durchweg auch in den übrigen Erhebungen, z. B. BBE/DVI 1983/84 und 1984/85 sowie Burda 1984.

(127) Wiedemann 1984, S. 710

(128) ebenda

(129) Nach der Erhebung von Gruner & Jahr stieg der Anteil der rezipierten ausgeliehenen Spielfilmcassetten zwischen Mai und Okt. 1983 von 35,4 auf 37,7 %, wobei der (allerdings mit 2 % knappe) Anteil gekaufter nicht einmal berücksichtigt worden ist. (Vgl. ebenda)

(130) Wir beziehen uns hier auf die Problematisierung und Ausfüllung des Freizeitbegriffes zur Bezeichnung der "ungebundenen Zeit" (Andreae 1970, S. 12f.) schlechthin durch Ellwein 1971, S. 29f. Es geht uns dabei mehr um eine pragmatische Eingrenzung als um eine theoretische Bestimmung von Freizeit im Spannungsverhältnis von Arbeit und Nicht-Arbeit im Alltagszusammenhang abhängig arbeitender Menschen, wie sie etwa Kramer (1975) leistet. Die konzeptionell-theoretische Ausfüllung der Restzeit als Begriff wäre auf anderer Ebene zu leisten.

(131) Statistisches Bundesamt 1984, nach Kursbuch Deutschland 1985/86, S. 330

(132) Einen hervorragenden Überblick über diese Arbeiten gibt Neumann-Bechstein 1982; etwas aktualisiert und auf die aktuelle medienpolitische Debatte bezogen wird dieser Beitrag von Prott 1984.

(133) Neumann-Bechstein (1984, S. 165) verweist hier auf eine Studie des Instituts für Freizeitwirtschaft und -infrastruktur, die 1979 veröffentlicht wurde und die prognostisch den Zeitraum bis 1985 abzudecken versuchte. Ihre Voraussagen sind - soweit hierzu bisher systematisch Daten ausgewertet wurden - in hohem Maße realistisch gewesen. Vgl. dazu z. B. Halefeldt 1982, besonders S. 572f.

(134) Eindrucksvoll belegt dies eine bisher kaum bekannt gewordene Studie

des Sozialwissenschaftlichen Instituts Nowak und Sörgel von 1979. Sie gipfelt in der Feststellung, daß "die wirklichen Bedürfnisse und Motive der Fernsehzuschauer einem permanenten Verdrängungs- und Rechtfertigungsprozeß unterworfen" seien, und "daß aus den Widersprüchen zwischen normativem Anspruch an sich selbst und dem tatsächlichen Fernsehverhalten verhältnismäßig oft auch Schuldgefühle resultieren". (SINUS 1979, S. 9)

(135) Neumann-Bechstein (S. 167f.) faßt so die Ergebnisse einer Reihe von empirischen Studien zusammen.

(136) ebenda. Diese Beobachtungen werden in hohem Maße bestätigt durch die Erkenntnisse kritischer Arbeitspsychologie. Vgl. z. B. Volmerg 1978.

(137) Einen wertvollen zusätzlichen Hinweis in diese Richtung liefert die Pilotstudie der Wiener Soziologen. Sie kommt zu dem Ergebnis, daß bei drei Vierteln der verheirateten Gerätebesitzer **beide Ehepartner** berufstätig sind und dadurch zu dem relativ hohen Haushaltseinkommen beitragen. (Bonelli 1981, S. 16) Zum sozio-kulturellen Profil der frühen Gerätebesitzer vgl. auch Buß 1980.

(138) nach Buß 1980, S. 746

(139) Neumann-Bechstein 1982, S. 168

(140) vgl. Bonelli 1981, Tab. 2, S. 18

(141) Zit. und Daten nach Pfifferling/Wiedemann 1983, S. 581

(142) Wiedemann 1984, S. 712

(143) a.a.O. S. 714

(144) Heath 1977

(145) Nach der Erhebung von Gruner & Jahr verteilte sich der Cassettenbestand im März/April 1984 wie folgt auf die einzelnen Sparten: Spielfilm 61,5 %, TV-Serien 13,4 %, Unterhaltung 13,6 %, Sport 1,6%, Information 7,6 %, Sonstige 2,4 %. Beim Abspiel- wie beim Aufzeichnungsverhalten ergab sich - mit geringfügig variierenden Werten - dieselbe Hierarchie. (Vgl. dazu: Wiedemann 1984, S. 709)

(146) Damit beschäftigt sich insbesondere Müller-Römer 1983, Kap. 2: Neue Technologien für die individuelle Programmverteilung, S. 34ff. Ein Verfahren, bei dem mit jeder Sendung für die Videoaufzeichnung eigens Zusatzsignale ausgestrahlt werden, die dann in Zahlencodes übersetzt und in den Programmzeitschriften ausgedruckt werden, kündigten ARD und ZDF für die IFA 1985 in Berlin an. (Vgl. dazu Frankfurter Rundschau v. 7. Aug. 1984, S. 17) Da die vorhandenen Recorder für den Empfang der Zusatzsignale und die erforderliche Programmierung nicht ausgestattet sind, wird der Zubehörindustrie damit ein weiteres Mal Verwertungsfeld eröffnet.

(147) Am 10. Feb. 1984 schloß die für den Filmeinkauf zuständige ARD-Tochter Degeto-Film GmbH mit der Filmgesellschaft MGM/UA einen langfristigen Lizenzvertrag ab, welcher der ARD für einen Gesamtpreis von 80 Mio. Dollar die Ausstrahlungsrechte von mehr als 1.500 Spielfilmen, Fernsehproduktionen und Zeichentrickfilmen

der beiden Majors sowie den Zugriff auf den Filmvorrat der Warner Bros. aus der Zeit vor 1948 sicherte. Der Vertrag hat eine Laufzeit von fünfzehn Jahren. (Vgl. Media Perspektiven 2/1984, Registriert, S. 157 und außerdem ARD-Jahrbuch 1985 S. 29f.). Das ZDF zog nur kurze Zeit später mit einem ähnlichen Handel nach, der im Umfang mit 258 Mio. DM den der ARD noch übertraf. Daß sich beide Veranstalter mit den Einkäufen vor allem auf die neue Medienkonkurrenz einrichten wollten, geht daraus hervor, daß sie die Ausstrahlungsrechte auch für alle Formen des Kabel- und Satellitenfernsehens erwarben. (Vgl. dazu: Neue Medien, Nr. 1/Juni 1984, S. 3)

(148) Vgl. dazu insgesamt die Bestandsaufnahme Steffen Kuchenreuthers in: Der unbegrenzt vermarktete Spielfilm 1982, S. 1-40

Kapitel VIII:

(1) Scheuch 1970, S. 25

(2) Lenhardt 1972, S. 158

(3) a.a.O., S. 159

(4) Vgl. dazu: Guber 1972

(5) Vgl. die unter diesem Begriff geführte Auseinandersetzung des Verfassers mit der einschlägigen Software: Zielinski 1984(A).

(6) In dieser Hinsicht ist u.E. die bei Jürgens (1976) und Holzer (1979) vorausgesetzte völlige Kongruenz der ökonomischen Interessen von Hard- und Softwareproduzenten zu relativieren. Gerade die Konzerne, die lediglich auf den konsumptiven Aspekt der Videonutzung setzten, konnten sich mit ihren Konzepten nicht durchsetzen (Telefunken/Decca, Philips, RCA für den Bildplattenbereich), ebenso die auf die Schmalfilmcassette kaprizierten Unternehmen. Inwieweit der Umgang mit dem TV-Programm via Videorecorder ebenfalls als 'eindeutig konsumtiv' adäquat bewertet ist (vgl. Holzer 1979, S. 40), wollen wir im Schlußkapitel ausführlich diskutieren.

(7) Mit dieser Metapher diskutiert Johnson (1981) das zunehmende Eindringen technischer Medien in die Privatwohnung als "Hort der gesellschaftlichen Reproduktion" (S. 52) und die "Verschränkung von Privatheit und Öffentlichkeit" (S. 52) in der elektronisch vermittelten Heim-Kommunikation einschließlich des Videorecorders.

(8) Williams 1984

(9) Metzger 1972, S. 180

(10) Audiovision, 1. Jhg., Nr. 1/Juli 1970, S. 27f.

(11) Angaben zum Umfang der Zielgruppen nach Metzger, ebenda; Ähnliches ließ sich bei den Etablierungsversuchen anderer neuer Medientechniken, wie z. Bsp. Bildschirmtext, beobachten. Auch hier bildeten Berufsgruppen wie die Ärzte, aber auch Juristen u.a. die Avantgarde der anvisierten Nutzer.

(12) Vgl. dazu ausführlich u.a. Bausch 1980, Bd. 3, insbes. S. 415 - 437 und in einem zusammenfassenden Überblick über diese Entwicklung:

Zielinski 1981, 1983.

(13) Der Burda-Verlag selbst hielt sich am stärksten zurück hinsichtlich der Produktion für den neuen Markt, gehört aber zu denen aus dem Printmedienbereich, die ihn seit vielen Jahren aufmerksam beobachten. S. dazu auch die Marktforschungsstudien, auf die wir zurückgegriffen haben bei der Rekonstruktion des letzten Entwicklungs-Niveaus des Videorecorders.

(14) Rentabilität, Strukturwandel, Audiovision im Buchhandel. Herausgegeben vom Börsenverein des Deutschen Buchhandels. Frankfurt/M. 1971, S. 81. Zit. nach Jürgens 1976, S. 30

(15) Wir stellen diesen Zusammenhang nicht zuletzt deshalb heraus, weil er in jüngster Zeit auch juristisch-ökonomische Bedeutung erlangt hat. Aufgrund der Videoauswertung von älteren Spielfilmen, deren Nutzungsrechte zu Zeitpunkten fixiert wurden, als noch keine Klauseln über diesen Verwertungszweig in die Verträge aufgenommen wurden, stellt sich für die verschiedenen Interessensgruppen des Geschäftes (Regisseure, Produzenten, Videoverleiher oder -verkäufer) die brisante Frage, ab wann frühestens bzw. spätestens von einer allgemein bekannten Nutzungsart Video gesprochen werden kann. Rolf Moser (1984) diskutiert dies Problem am Beispiel des noch recht klaren Falles einer erfolgreichen Klage von Filmregisseur Klaus Lemke gegen eine Videofirma, die seinen Streifen "Negresco - eine tödliche Affäre" (von 1967) in die Verwertung brachte. Unsere Einschätzung geht dahin: Das **Projekt** eines Massenmarktes für audiovisuelle Software ist so alt wie der Videorecorder als kommerziell zugängliches Produkt selbst, wie entsprechende Publikationen aus den fünfziger Jahren zeigen. Spätestens Anfang der siebziger Jahre gewann dieses Projekt auch in der Bundesrepublik konkrete Konturen. Mitte der siebziger Jahre boten mit Atlas und Constantin bereits die ersten Verleihfirmen auch Spielfilme auf Videocassette an. Ab 1979 muß spätestens von einem **existierenden** Massenmarkt für Spielfilme auf Video gesprochen werden. Die Lösung des juristischen Problems ist also in hohem Maße davon abhängig, welche Kriterien für die Definition des allgemeinen Bekanntheitsgrades der neuen Nutzungsart herangezogen werden.

(16) Presseerklärung des AS-Verlages v. 30. Dez. 1969, zit. nach Metzger 1972, S. 179

(17) Audiovision, 1. Jhg., Nr. 1/Juli 1970, S. 28

(18) Metzger 1972, S. 180
Anfang der achtziger Jahre wurde dieses Konzept von der Münchener Gesellschaft Contacta Medica wiederbelebt. Seit 1981 bot sie ihr 'Video-Patienten-Informationssystem' (VPI) in knapp 2.800 Arztpraxen an. Geräte und Programme wurden gänzlich über Werbung finanziert. Angeboten wurden mit Reklame-Spots durchsetzte Reiseberichte, Freizeit-Tips, Kulturnotizen und Gesundheitsratschläge; s. dazu: Kabel 1984, S. 134

(19) ebenfalls zit. nach Jürgens 1976, S. 29

(20) vgl. Metzger 1972, S. 179

(21) Audiovision, 6. Jhg., Nr. 12/1975, S. 29

(22) Anteile und Verflechtungsbeziehungen nach Diederichs 1973, Beilage: Verflechtungen in den Massenmedien der BRD. Zu den noch weiterreichenden Verflechtungen von Bertelsmann und Gruner & Jahr, besonders auch mit der privaten Fernsehproduktion (Bertelsmann TV, Stern TV und Alpha) vgl. ausführlich Jürgens 1976, S. 39.

(23) nach Audiovision, 7. Jhg., Nr. 3/März 1976, S. 4

(24) Metzger 1972, S. 181

(25) Audiovision, 7. Jhg., Nr. 12/Dez. 1976, S. 27

(26) ebenda. Außerdem wurden als Quellen für Atlas diverse Angebotskataloge (durchweg o.J.) benutzt.

(27) Vgl. dazu den damals aktuellen Beitrag von Zimmer 1970, S. 14, der auch einige der anderen Softwarefirmen ausführlich vorstellt; zur ökonomischen Einbindung der Videothek außerdem Jürgens 1976, S. 40, zu ihrem Programmangebot: Audiovision, 6. Jhg., Nr. 12/Dez. 1975 und dieselbe, 7. Jhg., Nr. 1/Jan. 1976, S. 5.

(28) Außer den oben genannten Quellen vgl. zur Verflechtung mit dem Studio Hamburg auch Holzer 1979, S. 39, zum Programm der Polymedia u.a. Audiovision, 7. Jhg., Nr. 1/Jan. 1976, S. 5.

(29) Inkrafttreten werden die Änderungen am 1. April 1985. Vgl. den Wortlaut der Gesetzestexte sowie das Protokoll der Bundestagsdebatte in: BPS (Bundesprüfstelle)-Report, Nr. 1, Febr./März 1985, S. 2-12.

(30) Mit den Implikationen der Gesetzesänderung für die Medienkultur beschäftigt sich ausführlich Klaus Bartels in zwei Beiträgen (1984, 1985). Der Verfasser hat dazu an anderer Stelle Position bezogen; vgl. Zielinski 1984 (A), außerdem u.a. das Themenheft der Zeitschrift Medium (Juni 1984), in dem dieser Beitrag erschien.

(31) DVI-Daten zum Videomarkt 1981/82, S. 1

(32) SPIO 1984, S. 19, Tab. 18

(33) Vgl. z. B. die Angebotskataloge der beiden größten Anbieter von Super-8-Filmen in der Bundesrepublik, "Das totale Kino auf Super 8" (UFA, 1978) und "Kino Welterfolge auf Super 8" (Marketing Film, 1978), die mit wenigen Ausnahmen internationales Genre-Kino unter Rubriken wie "Karate Schocker", "Katastrophenfilme", "Horror", "Krieg und Action", "Erotik", etc. offerieren. Zur kulturellen Bedeutung des Genres "als Markenzeichen" vgl. auch das nach wie vor sehr nützliche Lexikon von Seeßlen/Kling 1977, hier S. 12f. Für die Rezeption per Schmalfilm ist zu berücksichtigen, daß es sich bei den Produkten durchweg um kurze Zusammenschnitte der Kinofassungen handelte.

(34) Das Konzept der reinen Promotion-Labels für ein bestimmtes System ließ sich aber nicht lange durchhalten. Schon kurze Zeit nach ihrer Gründung 1981 verschwanden die von Sony und JVC initierten Anbieter. PolyGram arbeitete von vornherein mit allen drei Heim-Videosystemen. Was nicht ausschloß, daß die Firmen auf anderen Ebenen System-Promotion mit speziellen Aktivitäten auf dem Softwaremarkt praktizierten. Für Sony fungiert in dieser Hinsicht z.B. der "Sony Video Club" mit eigenem Magazin und Sonderangeboten für Mitglieder.

(35) vgl. insgesamt: Sony GmbH (Hrsg.), Sony-Software-Katalog - Bespielte Sony-Betamax-Cassetten. Ausgabe 1, o.O. o.J. (1979)

(36) Der Schweizer Publizist Matthias Loretan hat in einem Vortrag vor der Züricher Paulus-Akademie und der Arbeitsstelle für Radio und Fernsehen als einer der wenigen den Versuch gemacht, sich mit Romeros "Zombie - Dawn of Death", einem Prototypen des Genres, analytisch ernsthaft auseinanderzusetzen und das oberflächlich nur Spektakuläre auf gesellschaftliche Difiziterfahrungen zurückzuführen. Vgl. Loretan 1983, bes. S. 23f.

(37) Zu den Definitionen der Branche wie des Strafgesetzbuches bezüglich der Pornographie wie zu einigen herausragenden Aspekten des Angebots vgl. Zielinski 1983 (B)

(38) Vgl. dazu z.B. den Beitrag Stefan Jakobs (epd) in: Frankfurter Rundschau, 7.9.1983, S. 12 (Die Rundfunkanstalten und das Geschäft mit indizierten Videos)

(39) In Übereinstimmung mit den Kriterien der SPIO für diese Untersuchung definiert als "Produkt der Unterhaltungsindustrie, das auf optisch-mechanischem Wege hergestellt und in chemischem Prozeß vervielfältigt eine beliebige Handlung von mindestens 75 Minuten Länge enthält" und für die Vorführung in Kinos bestimmt ist; vgl. Radevagen/Zielinski 1982, S. 160.

(40) Mit diesem Begriff werden jene sechs bzw. sieben Filmproduzenten/-verleiher der USA bezeichnet, die in der mächtigsten filmwirtschaftlichen und -politischen Institution der Welt, der MPAA, ihre gemeinsamen Interessen vertreten und die mittlerweile selbst durchweg Bestandteile von Mischkonzernen sind: Universal Films, Paramount Pictures, MGM/UA (seit 1981 unter dem Dach des Finanzmagnaten Kirk Kerkorian vereint), Twentieth Century Fox (Centfox), Columbia Pictures und Warner Brothers. Nach Schätzungen des Kommunikationswissenschaftlers Nielsen von der Boston University deckten die Majors 1976 mehr als die Hälfte der Vorführzeit von Filmen in der ganzen Welt ab. 1980 soll ihr Anteil am globalen Filmverleihgeschäft ca. zwei Drittel ausgemacht haben. (Nach: Wiesand 1984, S. 229). Zum wirtschaftlichen Hintergrund, auch in seiner historischen Entwicklung, vgl. insgesamt auch: Nowka 1983, hier bes. S. 29f.

(41) nach Guback 1982, S. 172. Centfox hatte in diesem Jahr Magnetic Video aufgekauft.

(42) In bezug auf den bundesdeutschen Kinoverleih wurde diese im Frühjahr 1982 durch die United International Pictures (UIP) abgelöst, einem Zusammenschluß von Paramount, Universal, MGM und UA; vgl. dazu: Degand 1983, bes. S. 363f.

(43) Video Business, Vol. 2, No. 5/May 1982, S. 12

(44) vgl. Guback 1982, S. 176

(45) Variety, March 7, 1984, S. 364

(46) In bezug auf die zahlreichen und oftmals wechselnden Zusammenschlüsse und Verflechtungen verzichten wir hier auf detaillierte Quellenangaben. Die ständigen Bewegungen auf dem Markt erforden eine kontinu-

ierliche Beobachtung der Branche, vermittelt über nationale und internationale Fachzeitschriften, Informationsdienste und Angebotslisten. Einen guten Überblick für den Beginn der dritten Softwarephase gibt im Hinblick auf die US-Majors: Schlicht 1982, bes. S. 505. Mit Einschränkungen brauchbar ist ebenfalls der Beitrag Florian Hopfs in: Kluge 1983, S. 495-510. Generell unentbehrlich sind für die Rekonstruktion der Beziehungen in der US-Filmwirtschaft die Beiträge Thomas H. Gubacks.

(47) Zit. aus Branchenanzeigen der genannten Firmen von 1984

(48) Hervorragendes Beispiel dafür ist der erste Filme aus der "Star Wars" - Trilogie ("Krieg der Sterne") von George Lucas, der erst vier Jahre nach seinem Start in den Kinos von CBS/Fox in die Videoverwertung geschickt wurde.

(49) Am Beispiel eines Ablegers der US-Major Companies einerseits, der RCA/Columbia, und eines bundesdeutschen Anbieters andererseits, der UFA-ATB: Büscher Film, haben wir die Auswirkungen dieser ungleichen Machtverhältnisse auf das Angebot im Detail untersucht; vgl. Radevagen/Zielinski 1984, bes. S. 380-383.

(50) Vgl. zu diesen Abkommen ausführlich: Pflaum/Prinzler 1979, S. 90f., Kluge 1983, S. 70f. und unter Einbeziehung eines Vergleichs mit anderen Ländern Behnke-Gürtler 1982, bes. S. 495 - 497. Die FFA wurden beschlossen am 4. Nov. 1974 bzw. neu am 8. Juli 1980.

(51) Degand 1983, S. 360

(52) nach HDF e.V.: Memorandum zur Lage der deutschen Filmwirtschaft. Wiesbaden, 6. Sept. 1984, S. 7

(53) Quantitativ kommt die überragende Bedeutung des Spielfilms für den Videomarkt im Jahreswirtschaftsbericht 1984 des Bundesverbandes Video (BVV), der in der Bundesrepublik die Interessen der Softwareanbieter vertritt, deutlich zum Ausdruck: Danach waren 93,5 Prozent aller Cassetten, die 1983 von den Anbietern an den Handel zur **Vermietung** weiterveräußert wurden, konservierte Spielfilme. 1984 sank dieser Anteil etwas ab, war aber mit 87,8 Prozent nach wie vor sehr hoch. Bei den Verkaufscassetten, die erst knapp zehn Prozent des Gesamtumsatzes ausmachten, ging der Anteil des Spielfilms allerdings beträchtlich zurück. Wir werden darauf zurückkommen. (Vgl. dazu die Daten in: Jahreswirtschaftsbericht des BVV 1984 - Der Videomarkt in Zahlen, Hamburg 14. März 1985, S. 1f.)

(54) Beim regulären Pay TV bezahlt der Nutzer eine monatliche Gebühr (Abonnement) für das spezifische Angebot eines Kanals. Beim Pay Per View TV wird das tatsächlich genutzte Programmsegment abgerechnet.

(55) IIC-Daten nach: InterMedia, Vol. 11, July/Sept. 1983, S. 39; MPAA-Daten nach: Variety - Fifth Home Video Annual, October 10, 1984, S. 50

(56) Eine ausführliche Auseinandersetzung mit der Videopenetration in Skandinavien bietet: Olof Hultén, The Video Trend in Scandinavia and Finland. In: The Nordicom Review, No. 1/1984, S. 6ff. Die aktuell-

sten Daten (unter Einbeziehung Islands) vgl. in: Variety - Fifth Home Video Annual, ebenda.

(57) Nach M.A. Partha Sarathy: Video on the bus. In: InterMedia, a.a.O., S. 53. Einen hervorragenden Überblick über die Situation in Indien, unter besonderer Berücksichtigung des Verhältnisses Video und Kino, bietet eine Broschüre der Indian Film Directors' Association (IFDA), vgl. Datt 1984.

(58) IFPI-Daten nach: Variety - Fifth Home Video Annual ... S. 37

(59) Das IIC-Themenheft von InterMedia enthält zu jedem der aufgeführten Länder über den quantitativen Überblick hinaus Aufsätze, welche die jeweils besondere Rolle von Video beschreiben, unter besonderer Berücksichtigung solcher Rezeptionsformen.

(60) s. Anmerkung 55. Zu betonen ist, daß die genannten Dichteziffern sich jeweils auf die in den einzelnen Ländern vorhandenen **Fernsehhaushalte** beziehen und daher keinen Rückschluß darauf zulassen, wie stark der Videorecorder generell unter der Bevölkerung verbreitet ist.

(61) Vgl. dazu den Beitrag Tom Bierbaums in: Variety, August 15, 1984, S. 43.

(62) Degand 1983, S. 359

(63) Nach den Angaben des Embassy-Geschäftsführers André Blay in: Variety, March 7, 1984, S. 43

(64) Diese Erkenntnis schlug sich im Verlauf des Jahres 1984 bei einigen Anbietern insofern bereits nieder, als sie ihre Programme im Umfang erheblich zu reduzieren begannen. Entsprechend relativierte sich das Volumen sämtlicher Spielfilme, das dem Videomarkt zur Verfügung stand und steht. In zahlreichen Quellen gehandelte Zahlen, von über 6.000 Titlen, die bereits auf Videocassetten angeboten würden, sind auch von daher falsch. Es handelt sich dabei um kumulierte Summen aus den letzten Jahren. Für eine exakte Erfassung des Marktumfanges ist zu berücksichtigen, daß nicht nur ständig neue Filme hinzukamen, sondern auch schlecht oder garnicht 'laufende' aus den Angeboten herausgenommen wurden. Letzteres betrifft auch einen Großteil der durch die Bundesprüfstelle indizierten Titel. (Vgl. dazu unsere exakte Auszählung vom Frühjahr 1984 (Radevagen/Zielinski 1984), auf die wir uns hier beziehen. Zu den 50 erfolgreichsten Cassetten der dritten Phase vgl.: VideoMarkt, Nr. 9/Sept. 1984, S. 41

(65) Die Angaben der beiden Interessensverbände der Branche differieren hier geringfügig, stimmen aber in der Tendenz überein. Der BVV konstatiert von 1983 auf 1984 einen Rückgang von 2,5 auf 2,2 Millionen Cassetten (vgl. Jahreswirtschaftsbericht des BVV 1984, a.a.O., S. 1); das DVI kommt zu einem Rückgang von nur 100.000, von 2,15 auf 2,05 Mill. (DVI-Analyse des Videomarktes der Bundesrepublik Deutschland 1984/85, o.O., o.J., S. 1).

(66) Nach der oben genannten Marktanalyse des DVI, S. 2

(67) Durchschnittliche Preisangaben für den Austausch zwischen Anbietern und Handel lagen uns nicht vor. Der starke Preisverfall dort läßt

aber auf eine entsprechende Entwicklung auf der Anbieterseite rückschließen: Zwischen 1982 und 1984 sank der Endverbraucherpreis bei einer Kaufcassette von 127 auf 71 DM; der durchschnittliche Vermietpreis betrug 1982 noch 9,75 pro Cassette, 1984 nur noch 6,15 DM. Sonderangebote von bis zu DM 2,- pro Cassette (z. B. im Paketverleih) sind durchaus keine Seltenheit mehr geworden. (Vgl. DVI, a.a.O., S. 3)

(68) Auch dies begann sich freilich in den letzten Jahren selbst in einigen 'klassischen' Ländern des europäischen Films, wie der Bundesrepublik und besonders Frankreich, zu ändern, indem sich die Kinoverleiher Hollywoods auch hier verstärkt engagierten, bzw. von seiten der europäischen Hersteller verstärkt zum Engagement eingeladen wurden. (Für Frankreich vgl. dazu: Hopf 1983, bes. S. 501f.)

(69) Vorstufen zu diesem Verflechtungsschema wurden zusammen mit Thomas Radevagen erstellt; vgl. Radevagen/Zielinski 1982, 1983 und 1984.

(70) vgl. dazu: Zielinski 1983 (C und F)

(71) Für die Rekonstruktion wurde vor allem benutzt: Warner Communications Inc., Annual Report 1982, New York 1983.

(72) vgl. dazu: Siegert 1984, S. 46f. und Röper 1984, S. 121f. Nach Röper gab Thorn EMI seine Drittelbeteiligung an der KMP an den Verlag DuMont/Schauberg ab. Der Konzern versuchte aber stattdessen sein 'Music-Box'-Programm des britischen Pay TV auch auf dem bundesdeutschen Markt unterzubringen.

(73) Mohn 1984, S. 112f.

(74) Variety, Feb. 15, 1984, S. 38

(75) Vgl. dazu u.a.: Media Perspektiven, Nr. 2/1985, S. 161. Zur Gründung der Constantin Television Programm GmbH vgl. Video aktiv, Nr. 2, März/April 1985, S. 46. Die Studioausrüstung kaufte Constantin für 1,7 Mill. DM bei Sony ein.

(76) s. dazu auch Röper 1984

(77) vgl. dazu: Variety, August 15, 1984, S. 1 und 77; Media Perspektiven, Nr. 8/1984, S. 666.

(78) Beispiele: Das deutschsprachige Fernsehen von RTL-plus schloß nach Angaben von dessen Programmdirektor das Geschäftsjahr 1984 mit einem Verlust von 14 Millionen DM ab (Media Prespektiven, Nr. 12/1984, S. 988); das englischsprachige Satellitenprogramm 'Sky Channel', an dem vor allem die australische Rupert Murdoch's News Corporation beteiligt ist, machte im Geschäftsjahr 1983/84 einen Verlust von über 22 Millionen DM. (Media Perspektiven, Nr. 1/1985, S. 74)

(79) Selbst auf dem viel größeren Binnenmarkt der USA konnte sich längerfristig nur ein ganz auf den Spielfilm konzentrierter Pay-TV-Kanal durchsetzen. Im Verlauf des Jahres 1984 fusionierten Showtime/The Movie Channel mit Spotlight zu einer gemeinsamen Unternehmen. (Vgl. Rundfunk und Fernsehen, 32. Jhg., Nr. 3/1984, S. 429)

(80) Ausführlich behandelt Röper (1984) diese Verflechtungen.

(81) Dies läßt sich zum einen deshalb begründet vermuten, weil die Videonutzer generell diejenige Bevölkerungsgruppe repräsentieren, die eine hohe Affinität zu neuen Medientechniken aufweist. Zum anderen war diese Überschneidung zentrale Erkenntnis sämtlicher Untersuchungen, die bisher zu beiden Teilmärkten der TV-Kommunikation in den USA und jüngst auch in England durchgeführt wurden. Wobei allerdings die nordamerikanische Situation nicht ohne weiteres auf die Bundesrepublik zu übertragen ist. Denn dort dient das Pay TV den Videonutzern vor allem dazu, an werbefreie Spielfilm-Sendungen heranzukommen. Zur Verflechtung der beiden Teilmärkte in den USA vgl. auch Radevagen/Zielinski, 1984, S. 376.

(82) Diese Relationen sind u.a. Gegenstand der regelmäßigen Markterhebungen des DVI (vgl. dessen Daten zum Videomarkt 1981/82 bis 1983/84).

(83) Die Preis- und Titelangaben stammen aus Prospekten der erwähnten Firmen.

(84) Der Vergleich mit dem Buchhandel hat nicht nur Analogisches; diese Branche hat sich in den letzten Jahren tatsächlich zu einem wichtigen Distributor für Videocassetten entwickelt. (Vgl. dazu: Schütt 1985, S. 34 - 36).

(85) Die Daten sind entnommen aus dem Jahreswirtschaftsbericht des BVV 1984. Die befragten Mietgliedsfirmen des Verbandes repräsentierten 85 Prozent aller Softwareanbieter des bundesdeutschen Marktes, sodaß den Zahlen eine hohe Verläßlichkeit zukommen dürfte.

(86) Bachmann (1968), S. 72

(87) ebenda

(88) Edgar Reitz, Der Film verläßt das Kino, in: film, Nr. 5/1968; zit. hier nach dem Reprint des Aufsatzes in: Reitz 1983, S. 46

(89) Nach Schätzungen des internationalen Branchendienstes Billboard gab die Schallplattenindustrie 1984 ca. 60 Millionen $ für die Promotion von Schallplatten aus, die in die Produktion von insgesamt 1.500 Clips investiert wurden. (Nach New Musical Express, 4 May 1985, S. 26)

(90) Mit der Arbeit dieser Gruppe, wie generell mit den Clips als neuer Kunstform, setzt sich auseinander: Kuhlbrodt 1984.

(91) Siehe dazu interpretierend: Imm 1983

Kapitel IX:

(1) Aus der Fülle von Abhandlungen und Definitionsversuchen zur Zeit und zum Verhältnis von Raum und Zeit, die gerade in den letzten Jahren durch eine Reihe historischer Bereichsanalysen ergänzt wurden (vgl. z.B. Asendorf 1984, bes. Kap. X.: Die Herstellung der "leeren und homogenen Zeit", S. 100 - 109 und Schivelbuschs Geschichte der Eisenbahnreise, 1977 und 1984) möchten wir in diesem Zusammenhang nur auf zwei grundsätzliche Abhandlungen verweisen, die ihrerseits wieder unterschiedliche Denkkonzeptionen zur Darstellung bringen: Dupré 1974 und v. Weizsäcker 1974, 1982[2], bes. S. 143 - 146. Zur Definition des Fernsehens als Zeitmedium vgl. auch Knilli 1979, S. 237f.

(2) Das Gerät wurde von Ampex zusammen mit der Forschungsabteilung der ABC entwickelt und 1967 auf den Markt gebracht. Auf der Platte konnten damals 30 Sekunden Programm gespeichert werden. Der Zugriff auf eine bestimmte Szene war damit innerhalb weniger als vier Sekunden möglich. Die Reproduktion konnte in beliebiger Geschwindigkeit erfolgen. (Vgl. dazu: Ampex - The Other Word for Innovation, Kap. Ampex History, Redwood/Cal. o.J., o.P.)

(3) Einige zeitgenössische Beispiele für die Veränderung der künstlerischen Produktion im Fernsehen mit der Einführung der Ampex-Maschinen gibt Eckert 1961, insbes. im Kapitel "Künstler und Konserven", S. 319 - 328. Schmolke 1983 bewertet den hier angedeuteten Zusammenhang eindrucksvoll und bilderreich so: "Mit Hilfe der Technik konnte der Zeit ein Schnippchen geschlagen werden. Wie wir wissen, hat sich die Zeit gerächt. Aufgezeichnete Programme, ob Ton oder Bild, sind sekundengenau disponibel; sie ermöglichen Präzisionsprogramme, und ihre Macher unterwerfen sich mit Berufsstolz deren perfekter Abwicklung. Nach meiner Erinnerung gibt es einen Lehrfilm über Produktion und Sendung einer ZDF-'heute'-Sendung, in welchem der Sekunden-Masochismus in die Heroik eines generalstäblich geplanten Sieges über die Zeit umschlägt, gar nicht so fern jener mechanischen Heroik, die uns in nicht wenigen filmischen Umsetzungen anlaufender Rotationsdruckmaschinen die Panzermotoren des Afrikakorps' assoziieren läßt." (S. 25f.)

(4) Bazon Brock: Eine Zukunft dem Video? Fragt die alten Männer!" In: Herzogenrath (1982), S. 126

(5) Wulf Herzogenrath: Videokunst. Ein neues Medium - aber kein neuer Stil. In: derselbe, a.a.O., S. 15

(6) Vgl.: Lessing (1896), Bd. 3, bes. Kap. XV und XVI, S. 121ff. Paik verweist auf Lessing explizit in seinem Input-Zeit und Output-Zeit betitelten Aufsatz in Schneider/Korot 1976, auszugsweise übersetzt in dem Katalog: Videowochen Essen '79 (1979), hier S. 8. Zu Paik vgl. auch: Decker 1984

(7) Zit. nach: Herzogenrath a.a.O., S. 23

(8) Das Videoband konnte Viola im Fernsehlaboratorium des PBS-Senders WNET/13 in New York realisieren. Es wurde u.a. präsentiert auf dem 14. internationalen Forum des jungen Films, anläßlich der 34. internationalen Filmfestspiele in Berlin 1984.

(9) Einen Höhepunkt erreichte dies Engangement, als der WDR und der HR im Juni 1977 an neun Abenden in ihren dritten Programmen Videobänder sendeten, die auf der sechsten Documenta in Kassel präsentiert wurden. Die Kunstaustellung hatte in diesem Jahr ihren Schwerpunkt auf Videoarbeiten gesetzt. Vgl. dazu auch das Kap. VI.2. dieser Arbeit und generell zum Verhältnis von Videokunst und Fernsehen auch: Wesker 1983.

(10) Vgl. u.a.: Horn 1982, S. 400

(11) The New York Times, 29.3.1979, S. C1 und 3

(12) Archiv des Television Information Office (TIO), New York: P.D. Cue,

No. 3/1979, S. 102 - 108, zit. S. 102

(13) Backstage, Feb. 2, 1980, S. 79

(14) a.a.O. S. 81

(15) The Washington Post, May 27, 1984, S. F1

(16) ebenda

(17) Akai bietet z.B. mit seinem VHS-Recorder VS-9800 EK eine solche Einrichtung an. In der Werbung für das Gerät stellt die Firma explizit den Gebrauchswert der Pausentaste heraus, vermeidet aber groteskerweise zu erwähnen, daß er sich vor allem auf die Eliminierung von Werbespots richtet: "The remote control pause is a feature you'll use time and time again. With it you can edit out any unwanted material while recording a programme, or interrupt the action whenever you like during playback." (Zit. nach: What Video? Feb. 1981, S. 6)

(18) Williams 1974, S. 86

(19) Heath 1977, S. 15

(20) a.a.O. S. 8

(21) Es ist zu betonen, daß wir mit einigen der folgenden Überlegungen über die empirisch abgesichterten Daten hinausgehen. Sie haben thesenhaften Charakter. Die Benutzung von Bedienfunktionen des Videorecorders wurde u.W. bisher in der Bundesrepublik nur in der Burda-Studie von 1982 quantitativ erhoben. Hier ergab sich gerade für die Zeit-Features (Timer, Standbild, Zeitraffung, Zeitlupe, Everyday/week Schaltung) eine erstaunlich hohe Nutzungshäufigkeit. (Vgl. Burda 1982, S. 21)

(22) Sechsteilige Filmserie von Joachim Hess und Henric L. Wuermeling, ARD, April/Mai 1985; sie hat hier nur exemplarischen Stellenwert.

(23) McLuhan 1964, 1970, S. 323

(24) Das Programm wurde gleichzeitig in Großbritannien, Frankreich, den Niederlanden und der Bundesrepublik ausgestrahlt. Vgl. dazu und generell zur Entwicklung des Fernsehens der 'Eurovision': Eckert 1965, bes. S. 66 - 74, hier S. 67

(25) Vgl. u.a.: Bruch 1967, S. 89

(26) J.H.: Intermediary: television never had an audience. In: InterMedia, Vol. 11, No. 4/5, July/Sept. 1983, S. 96

(27) Angesprochen wird hier auf die für die Internationale Funkausstellung 1985 geplante Einführung spezieller Zahlencodes für jede Sendung, die in den Programmzeitschriften ausgedruckt werden sollen und mithilfe derer der gezielte Zugriff durch den Videorecorder möglich wird, auch wenn sich Sendetermine verschieben sollten. Vgl. dazu auch Kap. VII, Quellen in Anmkg. (146)

(28) Kooyman 1981 benutzt diesen Begriff in genereller Hinsicht, um Veränderungen für die Programmpraxis zu bewerten, welche die neuen Techniken der Produktion, Distribution und Rezeption von Fernsehen hervorbrächten. (Vgl. bes. S. 34f.)

(29) Wobei z.B. für die quantitative Medienforschung das Problem virulent wurde, daß über die Fernbedienung des Videorecorders auch der normale Programmempfang gesteuert und über den Playback-Kanal realisiert werden kann. Brian Wenham, Programmdirektor der BBC, drückte die daraus entstandene Situation für die Messung der Zuschauergewohnheiten von Videobenutzern so aus: "It was this last quite unforeseen piece of technology by-play that finally brought the Broadcasters' Audience Research Council (BARB) to its knees, and forced it to admit that it could only guess what was going on." (InterMedia, July/Sept. 1983, S. 28

(30) Ausführlicher und mit Beispielen versehen - allerdings noch ohne dies mit der sozio-technischen Entwicklung des Artefaktes begründen zu können - haben wir den Videorecorder als 'Eingreif-Maschine' in einem früheren Aufsatz thematisiert. (Vgl. Zielinski 1984)

(31) Chittock 1983, S. 72

(32) Vgl. dazu u.a. den Bericht von Rainer Bücken, Bildplatte - Schulungs-Medium der nahen Zukunft (in: Congress und Seminar, Nr. 8/1982, S. 20 - 23), der auch eindrucksvolle Beispiele für den Durchsetzungsgrad der Bildplatte als Schulungs- und Verkaufsförderungsmittel in den USA, etwa bei General Motors oder bei Ford, enthält. Außerdem s. dazu den Beitrag von Franz Netta, Die Bildplatte in Verkaufsförderung, Information und Schulung - Teleselect 1000, ein neues System zur aktiven und selektiven Information (in: die AV-Branche 1984, S. 9 - 12); Netta ist Geschäftsführer der Telemedia GmbH, mit der sich Bertelsmann frühzeitig die führende Position in dem Marktsegment von Bildplattenprogrammen gesichert hat, zusammen mit seinem zweiten Tochterunternehmen in diesem Bereich, dem Softwareproduzenten Sonopress. Der Gütersloher Medienkonzern scheint damit erfolgreich an seine Diversifikationspraxis der frühen siebziger Jahre anzuknüpfen, die wir in bezug auf die Videocassette in Kap. VIII skizziert haben.

Allerdings haben Hersteller von Video-Hardware auf die Konkurrenztechnik Bildplatte längst reagiert. So bietet die Sony Corporation z.B. für Varianten ihres U-matic-Systems (VO-5630) ein Set von Zusatzgeräten an, mit denen die Medientechnik zum "interaktiven Video" erweiterbar ist. Eine Programmier- und Suchlaufeinheit ermöglicht die Markierung und das gezielte Ansteuern einer begrenzten Anzahl von Programmsegmenten. Über einen Video-Responder können vorher einprogrammierte Fragen beantwortet werden; über einen Drucker ist der Lernprozess in seiner sequentiellen und zeitlichen Abfolge anschließend kontrollierbar. (Vgl. Sony Deutschland GmbH, Communications Products Group: Sony Kommunikations-Systeme - Interaktives Video. Köln o.J.)

(33) Vgl. dazu auch: Boehm 1984, bes. S. 29f.

(34) Zit. hier nach: Volmerg 1978, S. 104, die sich in einem Unterkapitel ihrer umfassenden Arbeit mit der Destruktion des "Raum- und Zeitbewußtseins" beschäftigt (S. 102 - 105). Wir erlauben uns hier die Analogie, daß die beobachteten Phänomene nicht nur für die klassische Industriearbeit relevant sind, sondern in hohem Maße auch für andere ausführende Berufstätigkeiten, deren Rhythmus durch technische

Geräte oder Anlagen bestimmt wird.

(35) Negt 1984, S. 207

(36) ebenda

(37) Negt 1984, S. 227 und 251f.

(38) Wir haben hier bewußt auf die Begriffe rekurriert, mit denen Kinder (1984) die Bezeichnungspraxis eines Senders wie des von Warner Communications und American Express betriebenen MTV-Kanals charakterisiert, der vornehmlich komprimierte Werbespots in Form von Video-Clips ausstrahlt. Denn dieses Programmangebot ist durchaus bereits als geplante Antwort auf derart veränderte Rezeptionsweisen und -bedürfnisse interpretierbar, auch unabhängig vom besonderen Sujet der populären Musik. Es stellt eine Ansammlung von kurzen rhythmisierten Sequenzen dar, die in der Reihenfolge beliebig sind, in denen die Synchronität von Ereignis- und Sende- bzw. Rezeptionszeit keinerlei Rolle mehr spielt und die durchaus auch für ein Empfangsgerät wie den 'Watchman' einsetzbar wären: mobil and beliebig proportionierbar.

(39) Vgl. dazu den Aufsatz von Williams 1984, S. 260ff.

(40) Zum Stummfilm interpretiert diesen Zusammenhang hervorragend: Asendorf 1984, S. 138 - 142.

(41) Zit. aus: Edmund Husserl, Einleitung "Zur Phänomenologie des inneren Zeitbewußtseins" (1905), Husserliana, Ges. Werke Band X, hrsgeg. v. R. Boehm. Haag 1966, S. 3. Die lateinische Phrase stammt aus den Confessiones von Augustinus, lib. XI, cap. 14; Nam June Paik sei gedankt für die Anregung.

LITERATURVERZEICHNIS

ABRAMSON, A.: A Short History of Television Recording. In: Journal of the SMPTE, Vol. 64, Febr. 1955. Reprint in: A Technological History of Motion Pictures and Television. An Anthology from the Pages of The Journal of the Society of Motion Pictures and Television Engineers. Berkeley, Los Angeles, London 1967, 1979[2], 250-254

ABRAMSON, A.: A Short History of Television Recording, Part II. In: Journal of the SMPTE, Vol 82, March 1973, 183-198

ACHENBACH, H.-G.: Videotechnik. In: H. Kreuzer (Hrsg.) unter Mitarbeit von E. Gerstmann und D. Wagener, Sachwörterbuch des Fernsehens. Göttingen 1982

ADAMS, V.: TV is Put on Tape by New Recorder. in: The New York Times, April 15, 1956, 1 und 76

ADORNO, T.W.: Prolog zum Fernsehen. In: Derselbe, Eingriffe - Neun kritische Modelle. 69-80 (Abgedruckt zuerst in: Rundfunk und Fernsehen, Heft 2/1953)

ADORNO, T.W. und M. HORKHEIMER: Dialektik der Aufklärung. Philosophische Fragmente. Amsterdam 1947 (Frankfurt 1969)

ALDERSHOFF, L. and T. BROEDERS: New Media Developments in the USA. A Report on the Present American Media Situation. o.O. (Hilversum) 1982

ALDERSHOFF-GAEMERS, L. and T. BROEDERS: New Media. Developments in Western Europe. o.O. (Hilversum) 1982

ALEXANDER, G.: Das Kino im Zeitalter seiner elektronischen Reproduzierbarkeit. Artikelserie in: epd - Kirche und Film, Nr. 2, 3, 6 und 7/1979

ALTRICHTER, E.: Das Magnetband. Eigenschaften und Anwendungen eines Nachrichtenspeichers. Berlin 1958

AMPEX ELECTRONIC Ltd. (ed.): Ampex Manufacturing in Europe. Berkshire o.J.

AMPEX EUROPE GmbH (Hrsg.): Welcher Videotape Recorder (Magnetband-Bildaufzeichnungsgerät) ist der richtige für Sie? Frankfurt o.J.

AMPEX-SYMPOSIUM in Frankfurt a.M. In: Kino - Technik, Nr. 6/1960, 193f.

AMPEX - The Other Word for Innovation. Ampex Corporation. Redwood City/California o.J. [1979]

ANDERS, G.: Die Antiquiertheit des Menschen. 1. Band: Über die Seele im Zeitalter der zweiten industriellen Revolution. München 1956, 1980[5]

ANDERSON, C.E.: Signal Translation Through the Ampex Videotape Recorder. In: Journal of the SMPTE, Vol. 67, No. 11, Nov. 1958, 721-725

ANDERSON, C.E., J. ROIZEN: A Color Videotape Recorder. In: Journal of the SMPTE, Vol. 68, Oct. 1959, 667-671

ANDERSON, C.: Video Power. Grass Roots Television. New York 1975

ANDREAE, C.: Ökonomik der Freizeit. Zur Wirtschaftstheorie der modernen Arbeitswelt. Reinbek bei Hamburg 1970

ANTIN, D.: Video: The Distinctive Features of the Medium. In: Schneider/Korot 1976, 176-183

Arbeitsgemeinschaft der Rundfunkanstalten Deutschlands (ARD): ARD-Jahrbücher 1969-1985. Hamburg

ARDENNE, M. v.: Fernsehempfang. Berlin 1935

ARNDT, H.: Das kommerzielle Fernsehen in den USA. In: D. Prokop (Hrsg.), Massenkommunikationsforschung 1: Produktion. Frankfurt 1972, 136-147

ASCHOFF, V.: Geschichte der Nachrichtentechnik. Beiträge zur Geschichte der Nachrichtentechnik von ihren Anfängen bis zum Ende des 18. Jahrhunderts. Berlin, Heidelberg, New York, Toyko 1984

ASENDORF, C.: Batterien der Lebenskraft. Zur Geschichte der Dinge und ihrer Wahrnehmung im 19. Jahrhundert. Giessen 1984

AUDIOVISUELLE TECHNIKEN 1980. Herausgegeben vom Studio Hamburg, Atelierbetriebsgesellschaft m.b.H. Hamburg 1980

AUFERMANN, J., M. KNOCHE, B.-P. LANGE, A. ZERDICK, A.: Die Entwicklung der AV-Medien unter dem Aspekt intermediärer Konkurrenz und Konzentration. In: Media-Perspektiven, Nr. 8/Aug. 1977, 445-454

AUGUSTIN, J.: Information. Das Abenteuer der Nachrichtentechnik. Wien, Heidelberg 1972

AV GRUPPE / CINE KREIS (Hrsg.): Medienorientierungsstudie - MEDOS 1. Ein praxisorientiertes Kompendium über den Video-Markt und Neue Medien. Berlin 1983

BACHMANN, G.: Eine Typologie der Mächtigen und Ohnmächtigen im Filmgeschäft. In: Film 1968. Chronik und Bilanz des internationalen Films, vorgelegt von der Zeitschrift film. Hannover o.J. [1968] 71-76

BACKERS, F.Th. und J.H. WESSELS: Eine experimentelle Apparatur für Fernsehbildaufzeichnung auf Magnetband. In: Philips' Technische Rundschau, 24. Jhg., Nr. 3-1962/63, 100-103

BAER: Das erste Bildbandgerät, System Ampex, in Baden-Baden. In: Südwestfunk - Technische Blätter, Heft 3, Aug./Sept. 1958, 5-6

BAER: Versuchsbetrieb mit dem Ampex-Magnetbildgerät. In: Südwestfunk - Technische Blätter, Heft 4, Okt./Dez. 1958, 8-9

BAER/SEND: Der praktische Betrieb mit Ampex-Bildbandgeräten. In: Südwestfunk - Technische Blätter, 2. Jhg., Heft 3, Juni/Juli 1959, 4-12

BAHR, H.: Entwicklungslinien der Rundfunkgeräte-Produktion. In: Media Perspektiven, Nr. 8/August 1977, 455-463

BAHR, H.: Alles über Video. Technik und Anwendung von Videorecordern und Bilplattenspielern. Hamburg 1980, 1981[2]

BARNOUW, E.: Tube of Plenty: The Evolution of American Television. New York 1975, 1982[4]

BARTELS, K.: Die elektronische Pest? Kultur, Ansteckungsangst und Video. In: Rundfunk und Fernsehen, 32. Jhg., Heft 4/1984, 491-506

BARTELS, K.: Zur Novellierung des Jugendschutzgesetzes: Ausverkauf der Menschenwürde. In: Medium, 15. Jhg., Nr. 3/März 1985, 16-20

BAUSCH, H. (Hrsg.): Rundfunk in Deutschland. Bde. 1 bis 4, München 1980

BAYERISCHER RUNDFUNK - Anstalt des öffentlichen Rechts: Geschäftsbericht 1956/57. Bericht des Intendanten und des Verwaltungsrats sowie Beschluß des Rundfunkrats für das Geschäftsjahr vom 1. April 1956 bis 31. März 1957. München o.J.

BAYERISCHER RUNDFUNK - Anstalt des öffentlichen Rechts. Geschäftsbericht 1958/59. Bericht des Intendanten und des Verwaltungsrats sowie Beschluß des Rundfunkrats für das Geschäftsjahr vom 1. April 1958 bis 31. März 1959. München o.J.

BBC's Video Magnetic Tape Recorder. In: Wireless World, May 1958, 207ff.

BECK, A.H.: Worte und Wellen. Geschichte und Technik der Nachrichtenübermittlung. Frankfurt/M. 1974

BECK, D.: Video als Hilfsmittel in der Psychotherapie. In: Jugend-Film-Fernsehen. Nr. 4/1975, Reprint in: Video. Tendenzen-Aktionen-Anwendbarkeit. Sonderheft V., Medien + Erziehung, München o.J., 39-41

BECKER, J.: Kommunikationstechnologie und Rüstung. Über den empirisch-theoretischen Zusammenhang zweier sozialwissenschaftlicher Kategorien. In: Das Argument Nr. 140/1983, 562-570

BEHNKE-GÜRTLER, M.: Filmförderung in europäischen Ländern. Versuch einer aktuellen Bestandsaufnahme. In: Media Perspektiven, Nr. 8/August 1982, 491-500

BEHNSEN, H. u.a.: Zur Übertragung von Video auf 16mm. In: Medium, 7. Jhg., Heft 10, Okt. 1977, 35f.

BEHREN, R.A. v.: Magnetic Tape for Video Recording. In: Journal of the SMPTE, Vol. 67, Nov. 1958, 734-737

BEHRENS, M.: Neue Techniken in der Fernsehproduktion - Zum Beispiel die Magnetbandaufzeichnung (MAZ). In: Televisionen-Medienzeiten. Hrsg. v. S. Zielinski, Berlin 1983. 65-70

BELLAC, P.: Film und Magnetbild im Fernsehen. In: Rundfunk und Fernsehen, Heft 2/1960, 172-174

BELLAC, P.: Streifzug durch das Internationale Fernseh-Symposium. In: Fernseh-Rundschau, Heft 6/1961, 231-233

BENJAMIN, W.: Kleine Geschichte der Photographie. Erstveröffentlicht 1931 in der Literarischen Welt vom 18.9., 25.9. und 2.10. Hier in: Derselbe, Das Kunstwerk im Zeitalter seiner technischen Reproduzierbarkeit. Frankfurt 1963, 65-94

BENSON, K.B.: Video-Tape Recording Interchangeability Requirements. In: Journal of the SMPTE, Vol. 69. No. 12, Dec. 1960, 861-867

BERKE, S.: When TV Began. The Early TV-Shows. New York 1978

BERNSTEIN, J.L.: Video Tape Recording. New York 1960

BETTINGER, H.: Television Techniques. New York, London 1947

BEUTELSCHMIDT, T.: Video kommt. Bericht von einem expandierenden Markt. In: Medium, 10. Jhg., Heft 12/Dez. 1980, 52-58

BEUTELSCHMIDT, T. und G. QUANDEL: Hilfen zur Reflexion des technischen Mediums Video - in Theorie und Praxis. Versuch einer kommentierten Bibliographie. In: Weiterbildung + Medien, Heft 3/1980, 11-13

BEUTELSCHMIDT, T. und J. WITTE: Video in der DDR. Leipziger Erfahrungen und Recherchen. In: Medium, Jhg. 13, Heft 2/3-1983, 88-90

BILDAUFZEICHNUNG auf Magnetband im Vormarsch. In: Fernseh-Information, Nr. 12/1957, 266

BISHOP, J.M. and N.H. BISHOP: Making Home Video. USA (o.O.) 1980

BOEHM, T.D.: "Pleasures and Treasures" - Das Film(kunst)werk im Zeitalter seiner privaten Besitzbarkeit. in: Zielinski (Hrsg.) 1983, 29-34

BOES, R.: "EB" in den USA. In: Journalist, 30. Jhg., Heft 11/1979, 24-30

BOLLENBECK, G.: Vom Nutzen eines weiten Kulturbegriffs. In: Das Argument 144, 26. Jhg., März/April 1984, 245-259

BONELLI, G.: Technologie und Gesellschaft am Beispiel des Fernsehens. Berichte zur Medienforschung des ORF, Bd. 2. Wien 1980

BONELLI, G.: Videorecorder - ein Schritt in die Medien-Zukunft. In: Medien-Journal, herausgegeben von der österr. Gesellschaft für Kommunikationsfragen. Nr. 4/1981, 16-20

BOUNSALL, N.F.: Electronic Editing of Videotape. In: Wireless World, Sept. 1962, 404-408

BRAUNMÜHL, H.-J. v. und O. SCHMIDBAUER: Fernsehbildaufzeichnung auf Magnetband nach dem Ampexverfahren. In: Rundfunktechnische Mitteilungen, 1. Jhg., Heft 5/1957, 186-190

BRAUNMÜHL, H.-J. v.: Stand der Entwicklung und Anwendungsmöglichkeiten des Ampex-Verfahrens zur magnetischen Aufzeichnung von Fernsehsignalen. In: Rundfunktechnische Mitteilungen, 3. Jhg., 1959, Nr. 2, 61-65

BRECHT, B.: Gesammelte Werke 18: Schriften zur Literatur und Kunst 1. Frankfurt/M. 1967

BRIGGS, A.: Problems and Possibilities in the Writing of Broadcasting History. In: Media, Culture and Society, Vol. II, 1980, No. 2, 5-13

BRUCH, W.: Kleine Geschichte des deutschen Fernsehens. Berlin 1967

BRUCH, W.: Neue Methoden der Farbbildaufzeichnung mit einfachen Magnetbandgeräten (TRIPAL). In: Telefunken-Zeitung, 40. Jhg., 1967, Heft 3, 234-242

BRUCH, W.: Die Fernsehstory. Stuttgart 1969

BUDDENSIEG, T. und H. ROGGE (Hrsg.): Die Nützlichen Künste. Gestaltende Technik und Bildende Kunst seit der Industriellen Revolution. Berlin 1981

BÜCKEN, R.: Zum gegenwärtigen Stand der Diskussion über die Bildplatte und deren Einsatzmöglichkeiten im Bildungsbereich. Berlin 1977 (M.A.-Arbeit FU Berlin)

BÜCKEN, R.: Der Schrott von morgen wird immer perfekter. Eine Marktübersicht für potentielle Video-Verbraucher. In: Medium, 8. Jhg., Nr. 7/Juli 1978, 30-32

BÜLOW, A. v.: Video-Ausbildungsanlagen für die Bundeswehr. Ausbildungsfernsehen ein klassischer Fall von Auftragstaktik. In: Soldat und Technik, Nr. 7/1980, 359f.

BÜTTNER, J.: Alternative Medienarbeit mit VIDEO. In: Lechenauer 1979, 123-141

BURDA-MARKTFORSCHUNG: Daten zum Videomarkt '82. Offenburg o.J. [1983]

BURDA-MARKTFORSCHUNG: Daten zum Videomarkt '84. Offenburg 1984

BURKERT, D.G.: Die magnetische Bildaufzeichnung. In: Rundfunk und Fernsehen. Heft 1/2-1959, 123ff.

BURKERT, D.G.: Live - Film - Band. In: Rundfunk und Fernsehen, Heft 1/1961, 49-52

BUSS, M.: Videorecorder statt Verkabelung? Die Nutzung von Videogeräten in der BR Deutschland und in den USA. In: Media Perspektiven, Nr. 11/1980, 745-750

BYLOFF, R.W.: Automatic Control of Video Tape Equipment at NBC, Burbank. In: RCA Review, Vol. XIX, Dec. 1958, 642-655

CARROL, J.M.: Der elektronische Krieg. Frankfurt/Berlin 1967. Or.: The Secrets of Electronic Espionage. New York 1966

CAUGHIE, J.: The 'World' of Television. [on Raymond Williams] In: Edinburgh '77 Magazine. No. 2 History/Production/Memory. 73-83

CESAREO, G.: The 'Form of the Apparatus' in the Mass Media. In: Media, Culture and Society, Vol. I, 1979, No. 1, 277-287

CHAPPLE, B.: Television's Side Lines. In: Armchair Science, July 1932, 260-262

CHASSIN, Gen.L.M.: Die Kamera als Waffe. In: Interavia, Nr. 6/1960

CHINN, H.A.: Status of Video Tape in Broadcasting. In: Journal of the SMPTE, Vol. 66, Aug. 1957, 453-458

CHITTOCK, J.: Goodbye Gutenberg ... Hello Hollywood. In: Sight & Sound. Summer 1981

CHITTOCK, J.: Das britische Kino unter der Video-Bedrohung. In: Media Perspektiven, Nr. 9/1983, 637-641

CLAS, W.: Video in der Kundendienstschulung. In: Grundig - Technische Informationen, Nr. 6/1982, 295f.

CLAUSSEN, B.: Der Videorecorder als Instrument zur Erforschung politischer Sozialisationsprozesse. Theoretische und praktische Aspekte aus der Sicht einer kritischen Politikdidaktik. In: AV-Praxis, 25. Jhg. 1975, Heft 12, 18-24

COLL, P.: Der magische Spiegel. Wie das Fernsehen farbig wurde. Würzburg 1967

COMPAAN, K. und P. KRAMER: Das Philips "VLP" System. In: Philips' Technische Rundschau, Jhg. 33, Nr. 7-1973/74, 190-192

COMPAIGNE, B.M. (ed.): Who Owns the Media? Concentration of Ownership in the Mass Communications Industry. New York 1979

COMPAIGNE, B.M., C.H. STERLING, T. GUBACK and S.K. NOBLE, Jr., J.K.: Who Owns the Media? Concentrations of Ownership in the Mass Communications Industry. New York 1982 (Stark überarbeitete und erweiterte 2. Ausgabe des Buches von 1979)

COMSTOCK, G.: Television in America. Vol. 1. The Sage CommText Series. Beverly Hills, London 1980

CONRADT, G.: Effekte statt Montage. Ein Gespräch über Video mit Michael Klier. In: Medium, 14. Jhg., 7/8, Juli/Aug. 1984, 89-90

CONRADT, G.: "Dramaturgie als Prozeß". Über den Umgang mit Video im "Kleinen Fernsehspiel" des ZDF. Ein Gespräch mit Carl-Ludwig Rettinger. In: Medium, 14. Jhg., Nov. 1984, Heft 11, 42-43

CONRADT, G., C. SCHOLZ und E. WAGNER: "Es gibt was anderes, und das andere können wir selber machen." In: Medium, 5. Jhg., Sept. 1975, Nr. 9, 30-35

CRONE, F. und P. de KROON: Video - A Developing Medium. In: Gazette, Vol. 21, 1975, No. 4, 221-230

DAHRENDORF, I.: Grundzüge der Technikgeschichte. In: Beiträge zu Geschichte und Gegenwart des WDR. Hrsg. v. W. Först. Köln 1981, 157-237

DAKIN, H., F.L. MARTIN, P.A.J. BUE, and J.R. SMITH: Television for Parade Control and Field Exercises. In: Journal of the SMPTE, Vol. 67, July 1958, 461-463

DATT, G. (ed.): Indian Cinema. The Next Decade. IFDA. Bombay 1984

DAVIS, A.: Television: The First Forty Years. London 1976

DECKER, E.: Fernsehen in der Kunst ist keine Fernsehkunst - Zu einigen Videoskulpturen von Nam June Paik. In: K. Modick und M.-J. Fischer (Hrsg.), Kabelhafte Perspektiven. Wer hat Angst vor neuen Medien? Hamburg 1984, 90-97

DEGAND, C.: Filmverleih in Europa. Vom Kinofilm zum Videofilm. In: Film und Recht, Jhg. 27/1983, Nr. 7/8, 355-365

DELSOL, C.: Tale of Tape: It's on Public Record. In: The Times, Jan. 15, 1983

DICKSON, W.K.L.: A Brief History of the Kinetograph, the Kintetoscope and the Kinetophonograph. In: Journal of the SMPE, Vol. 21, Dec. 1933

DIEDERICHS, H.H.: Konzentration in den Massenmedien. München 1973

DIETRICH, F.: Video-Art - nur ein Knüller oder auch eine kritische Utopie? In: Medienarbeit, Nr. 19/Dez. 1978, 32-35

DIETRICH, F.: Aufforderung zum Spiel mit den Elektrönchen. Zur Diskussion im Videokunst. In: Medienarbeit, Nr. 21/22 (Juni 1979), 51-53

DILLENBURGER, W.: Einführung in die deutsche Fernsehtechnik. Berlin 1953

DOLBY, R.M.: The Video Processing Amplifier in the Ampex Videotape Recorder. In: Journal of the SMPTE, Vol. 67, No. 11, Nov. 1958, 726-729

DOMBKOWSKI, D.J.: Film and Television: An Analytical History of Economic and Creative Integration, diss. University of Illinois/Urbana 1982

DOWDING, G.V. (ed.): Book of Practical Television. London 1935

DRÖGE, F. (unter Mitarbeit von J. MODELMOG): Wissen ohne Bewußtsein. Materialien zur Medienanalyse der Bundesrepublik Deutschland. Frankfurt/Main 1972

DUPRÉ, W.: Zeit. In: H. Krings, H.-M. Baumgärtner und C. Wild (Hrsg.), Handbuch philosophischer Grundbegriffe. München 1974

ECKERT, G.: Von Nipkow bis Tel Star. 80 Jahre Fernsehen in Daten und Zahlen. Frankfurt 1964

ECKERT, G.: Das Fernsehen in den Ländern Westeuropas. Entwicklung und gegenwärtiger Stand. Gütersloh 1967

ECKERT, G.: Knaurs Fernsehbuch. München/Zürich 1961

EGHAZALI, S.: Literatur als Fernsehspiel. Hamburg o.J. [1964], Diss. FU Berlin

EGLAN, H.O.: Eingemachtes für den Bildschirm. Das Kassettenfernsehen erschließt einen neuen Markt für die Unterhaltungsindustrie. In: Die Zeit, Nr. 6, 6.2.1970, 21-22

ELLWEIN, T.: Freizeit und Massenkommunikation. In: Audiovision, 2. Jhg., Nr. 4 (Oktober) 1971, 29-34

ELSHOLZ, E., E. GORTNER, S. GEUSS, K.H. STAHL, C. STELZER: Erlanger Beiträge zur Medientheorie und -praxis. Nr. 2/3: Videopraxis mit alten Menschen. Erlangen 1977

EMERY, E., P.A. AULT, W.K. AGEE: Introduction to Mass Communications.: New York 1960, 1971^3, bes. 80-102, 202-230

EMSTHALER, J.D.: Hinter den Kulissen eines Fernsehgiganten. In: Fernsehen. Heft 3/1957, 121-130

ENGELKAMP, H.: Elektronik für Millionen. Hinter den Kulissen von Radio und Fernsehen. Stuttgart 1969

ENGLER, H.: Das Wichtigste: Experimente (über die Arbeit des Fernsehsenders) In: Berlin hört und sieht. 21.1.1940

Die Entwicklung der Ampex-Bildaufzeichnung. Ampex liefert die tausendste Maschine. In: Fernseh-Information, 13. Jhg. 1962, Heft 9, 211f.

EURICH, C. und G. WÜRZBERG: 30 Jahre Fernsehalltag. Wie das Fernsehen unser Leben verändert hat. Reinbek bei Hamburg 1983

FABER, H.v. und D. EGGERS (Hrsg.): Video im Fremdsprachenunterricht. Ein Werkstattgespräch des Goethe-Instituts München in Zusammenarbeit mit dem Arbeitskreis Deutsch als Fremdsprache beim DAAD vom 17. bis 21.3.1980. München 1980

FAENZA, R.: Wir fragen nicht mehr um Erlaubnis. Berlin 1975

FIELDING, R.: (ed.): A Technological History of Motion Picture and Television. An Anthology from the Pages of The Journal of the Society of Motion Pictures and Television Engineers. Berkeley, Los Angeles, London 1967, 1979[2]

FISCHER, B.: Der Videoeinsatz in der Marketing-Kommunikation. In: Die AV-Branche 1983. Kontakthandbuch. Waiblingen 1983, 11-13

FITZGERALD, D.: Pop Video. In: Stills. The Multi-Media Magazine. Winter 1982

FIX, H. und W. HABERMANN: Verwendung der Magnetspeichertechnik bei der Fernsehaufzeichnung. In: Fritz Winkel (Hrsg.), Technik der Magnetspeicher. Berlin, Heidelberg, New York 1977, 215-248 (zweite, neubearbeitete Auflage des 1960 erstmals erschienenen Buches)

FLEISCHER, D.: Praxis der Videoband-Aufzeichnung. Berlin, München 1974

De FLEUR, M.D.: Sozio-kulturelle Einflüsse auf die Entwicklung des Films. In: Silbermann, A. (Hrsg.): Mediensoziologie, Bd. 1: Film. Düsseldorf und Wien 1973

FLORY, J.: The Economic Impact of the Audio-Visual Field. In: Journal of the SMPTE, Vol. 66, August 1957, 458ff.

FOERSTER, H.-P.: Das Video-Buch. Berlin 1981

Fourth International Conference on Video and Data Recording. University of Southampton, April 20-23, 1982, = Proceedings No. 54 - Institution of Electronic and Radio Engineers

FOX, B.: Video Cassettes - Past, Present and Future. In: Intermedia, Vol. 11, No. 4/5, July/Sept. 1983, 18-21

FOX, B.: Video Chaos Hits Film Companies. In: New Scientist, 24 May 1984, 21

FOX, B.: 3M Goes for New Space Record. In: New Scientist, 23 Aug. 1984, 27

FOX, B.: Optical Memories for Home Computers. In: New Scientist, 11 April 1985, 17-20

FRIESS, H.: Die magnetische Aufzeichnung von Fernsehbildern. In: Kino-Technik, Nr. 6/1958, 146-150

FUCHS, F.: Die Entwicklung des Fernsehens. Heft 5 der Abhandlungen und Berichte des Deutschen Museums. Berlin 1931

25 Jahre Fernseh GmbH Darmstadt, Hamburg o.J. [1954]

Funkschau, Sonderheft Nr. 28: Heim - Videotechnik, München 1980

GANDELA, J.: Zur Einführung des Farbfernsehens in der BRD. In: D. Prokop (Hrsg.), Massenkommunikationsforschung 1: Produktion. Frankfurt 1972. 167-178

GANDELA, J.: Farbfernsehen: Kommerz, Show, Schulden. Eine Untersuchung: Wer nutzt und wem nützt die Farbe auf dem Bildschirm? In: medium, 5. Jhg., July 1975, Nr. 7, 12-19 (Teil 1), August 1975, Nr. 8, 10-16 (Teil 2)

GEHLEN, A.: Die gewaltlose Lenkung. Zur Funktion der Massenmedien in der modernen Gesellschaft. In: Schatz 1975, 49-64

GERETSCHLÄGER, E.: Medientechnik. München 1983

GERICKE, G.: Von der Schallplatte zur Audivision. Zur Lage des bundesdeutschen Phonomarktes. In: Media Perspektiven Nr. 1/1981

Die Geschichte des Ampex-Bildbandgerätes. In: Funk-Korrespondenz, Nr. 24/13. Juni 1962, 9

GFM/Gesellschaft für Marktforschung mbH: Verbraucherverhalten und -Ansichten von Besitzern von Videorecordern. Erstellt im Auftrag der GVL, Gesellschaft zur Verwertung von Leistungsschutzrechten mbH. Hamburg. Dezember 1979

GINSBURG, C.P.: Interchangeability of Videotape Recorders. In: Journal of the SMPTE, Vol. 67, No. 11. November 1958, 739-743

GINSBURG, C.P.: The Birth of Videotape Recording. Redwood City/California 1981 [Repr. v. 1957]

GLEI, A.E.: The Design and Operational Philosophy of the Ballistic Camera Systems at the Atlantic Missile Range. In: Journal of the SMPTE, Vol. 71, No. 11, Nov. 1962, 823-827

GLOGGER, H.-M., in Zusammenarbeit mit P. GABLER: Video Handbuch. München 1983

GODBOUT, O.: C.B.S. to Release Television Tapes. Network Hopes to Use New Ampex Recorders No. 1. - Rebroadcast Time Cut. In: The New York Times, Sept. 24, 1956, 51

GODBOUT, O.: N.B.C. to Record With Video Tape. In: the New York Times, Nov. 5, 1957, 63

GOEBEL, G.: Das Fernsehen in Deutschland bis zum Jahre 1945. In: Archiv für das Post- und Fernmeldewesen. 5/1953, (August)

GOLDBERG, A.A. und M.R. HANNAH: Video-Tape Analyzer. In: Journal of the SMPTE, Vo. 70, Feb. 1981, 85-89

GOMERY, D.: Brian's Song: Television, Hollywood, and the Evolution of the Movie Made for Television. In: O'Connor 1983, 208-231

GONDESEN, K.-E.: Möglichkeiten der Schnittbearbeitung von Video-Magnetbändern. In: Kino-Technik, Nr. 10/1961, 299-302

GRAY, N.: Technical and Production Problems in Military Television Recordings. In: Journal of the SMPTE, Vol. 67, July 1958, 463f.

GREGOR, E.: Bildaufzeichnung auf Magnetband. In: Fernsehen, Heft 3/1954, 156-160

GROSSWIRTH, M.: Home Video. New York 1981

GUBACK, T.H.: Hollywood expandiert in neue Märkte: Fernsehen, Pay-TV und Heimvideo. In: Media Perspektiven, 1981/Nr. 3, 174-183

GUBACK, T.H.: Die neuen Medien und die Zukunft der Filmtheater in den USA. In: Media Perspektiven, Nr. 3/März 1982, 166-177

GUBER, P.: The Cartridge Revolution. In: Bluem, W. and J.E. Squire (eds.): The Movie Business. American Film Industry Practice. New York 1971, 1979[5], 258-291

GUCKENBURG, W.: Die praktischen Grenzen der magnetischen Aufzeichnung. In: Kino-Technik, Nr. 12/1954

HAAS, H.: "Optacord 500" - ein Bildbandgerät für das industrielle Fernsehen. In: Kino-Technik, Nr. 11/1962, 279

HAAS, W.: Farbfernsehen. Ein Geschenk unseres Jahrhunderts. Düsseldorf und Wien 1967

HABERKORN, H.: Anfänge der Fotografie. Entstehungsbedingungen eines neuen Mediums. Reinbek bei Hamburg 1981

HABERMAS, J.: Zur Logik der Sozialwissenschaften. In: Philosophische Rundschau, Beiheft 5, Feb. 1967; Nachdruck Hamburg/Berlin/Havanna

HADLEY, T.: The Sony Broadcast Approach to One Inch Format Video Recording. In: International Broadcast Engineer, March 1979, 18-20

HALEFELDT, E.: Freizeitbudgets ausgewählter privater Haushalte und Ausstattung mit langlebigen Gebrauchsgütern. In: Media Perspektiven, Nr. 9/1982, 567-576

HALPERN, N.L.: Theater Television Progress. In: Journal of the SMPTE, Vol. 59, Aug. 1952, 140-143

HAMBRECHT, W.: Ein Verfahren zum schnellen Auffinden von Programmteilen bei aktuellen Bandaufzeichnungen. In: Kino-Technik, Nr. 8/1967, 174

HAMELINK, C.: The Corporate Village. The Role of Transnational Corporations in International Communication. Rome 1977

HARRIS, A.: "Time-base Errors and their Correction in Magnetic Television Recorders. In: Journal of the SMPTE, Vol. 70, July 1961, 489-493

HAUSEN, K.: Technikgeschichte im Rahmen der Sozial- und Wirtschaftsgeschichte. In: J. Schütt (Hrsg.), Technikgeschichte als Geschichte der Arbeit. Bad Salzdetfurth 1981

HEATH, S. and G. SKIRROW: Television: The World in Action. In: Screen, Vol. 18, No. 2, Summer 1977, 7-59

HELLYER, H.W.: How to Choose and Use Tape Recorders. London 1970

HERZOGENRATH, W.: Video-Kunst in der Bundesrepublik. Von der Reproduktion zur mediengerechten Kreativität. In: Jugend-Film-Fernsehen. Nr. 4/1975. Reprint in: Video. Tendenzen-Aktionen-Anwendbarkeit. Sonderheft v. Medien + Erziehung, München o.J., 3-9

HERZOGENRATH, W. (Hrsg.): Videokunst in Deutschland 1963-1982. Eine Dokumentation des Kulturkreises im Bundesverband der Deutschen Industrie. (Katalog zur gleichnamigen Wanderausstellung des Kölnischen Kunstvereins.) Stuttgart o.J. [1982]

HERZOGENRATH, W.: Nam June Paik. Fluxus, Video. München 1983

HEY, K.: Marty: Aesthetics vs. Medium in Early Television Drama. In: O'Connor 1983, 95-133

HEYSE, E.: Video. Was man mit dem Video-Recorder (nicht) darf. In: agipress. Nov. 1982

HICKETHIER, K.: Das Fernsehspiel in der Bundesrepublik. Themen, Form, Struktur, Theorie und Geschichte 1951-1977. Stuttgart 1980

HICKETHIER, K.: Kleinere Schritte. Programmgeschichte als Tagungsthema. In: medium, 12. Jhg., Heft 1/1982

HICKS, B.: Media Transfer (on Pre-recorded Videocassettes). In: The Times Educational Supplement, Jan. 2, 1981

Historisches Museum Frankfurt: Laterna Magica - Vergnügen, Belehrung, Unterhaltung. Der Projektionskünstler Paul Hoffmann (1829-1888). Ausstellungskatalog, Frankfurt/Main 1981

HÖFER, W.: Die Zukunft des Fernsehens und die Entwicklung anderer Massenmedien. Vortrag anläßlich der Tagung der Presse-, Rundfunk- und Film-Archivare am 28.4.1970 in Köln. In gedruckter Fassung hrsgeg. vom WDR, Köln 1970

HOFFMAN, B.: Die Entwicklung einer materialistischen Theorie der Massenkommunikation in der BRD. In: Das Argument AS 10, Massen-Medien-Politik. Karlsruhe 1976, 306-319

HOFFMANN, D. und A. JUNKER: Laterna Magica. Lichtbilder aus Menschenwelt und Götterwelt. Berlin 1982

HOFFMANN, K.: Videoboom in den USA. Veränderungen auf dem Film- und Fernsehmarkt erwartet. In: Media Perspektiven, Nr. 10/1984, 767-772

HOGAN, J.V.L.: The Early Days of Television. In: Journal of the SMPTE, Vol. 63, Nov. 1954 (enthalten in Reprint: Fieldings 1967, 230-234)

HOGBEN, L.: Wunderbare Welt der Nachrichtentechnik. Vom ABC zum Fernsehsatelliten. Freiburg, Basel, Wien 1970

HOLLAND, S.: MAZ-Schnitt. Möglichkeiten und Grenzen. In: Film- und Fernseh-Praxis, Nr. 1/1979

HOLLER, H.: Tribut an die Technik. Der Weg zur Konserve und das Mißtrauen der Zuschauer. In: Fernsehen, Heft 9/1958, 432-434

HOLZER, H.: Gescheiterte Aufklärung? Politik, Ökonomie und Kommunikation in der Bundesrepublik Deutschland. München 1971, 1972[2]

HOLZER, H.: Kommunikationssoziologie. Reinbek bei Hamburg 1973

HOLZER, H.: Theorie des Fernsehens. Fernseh-Kommunikation in der Bundesrepublik Deutschland. Hamburg 1975

HOLZER, H.: Neue audiovisuelle Medien: Gelungene Kommerzialisierung? In: Kürbiskern, Nr. 2/1979, 35-42

HORN, I.: Fernsehverbreitung und Fernsehnutzung in den USA. Wichtige Daten ... In: Media Perspektiven, Nr. 1/1980

HORN, I.: Fernsehverbreitung und Fernsehnutzung in den USA. Neuere Ergebnisse der US-Zuschauerforschung. In: Media Perspektiven, Nr. 6, (Juni) 1982, 398-408

HUBBELL, R.W.: Television. Programming and Production. New York, Toronto 1945, 1953[3]

HUBBELL, R.W.: Four Thousand Years of Television. London 1946

HUBER, W.A. and R.B. LE VINO: Army Television Research and Development. In: Journal of the SMPTE, Vol. 67, July 1958, 465-469

HULTEN, O.: Home Video - a Threat to Public-service Television? In: EBV Review, No. 2/March 1980

HULTEN, O.: The Video Trend in Scandinavia and Finland. In: The Nordicom Review, No. 1/1984

HUND, W.D. und B. KIRCHHOFF-HUND: Soziologie der Kommunikation. Arbeitsbuch zu Struktur und Funktion der Medien. Grundbegriffe und exemplarische Analysen. Reinbek bei Hamburg 1980

HUTH, L.: Uses and Functions of the Media. In: C. Fried (ed.): Minorities: Community and Identity. Report of the Dahlem Workshop on Minorities: Community and Identity. Nov. 28-Dec. 3, 1982. Berlin, Heidelberg, New York, Tokyo 1983, 159-175

HYMMEN, F.W.: Bildplatte. In: medium, 9. Jhg., Nr. 10/1979 (medium-lexikon)

IMM, K.: Stadtschnipsel. Streifzüge durch Rock-Video-Land. In: Zielinski (Hrsg.) 1983, 71-75

IN DER SMITTEN, F.J.: Technische Innovation und Programmentwicklung. In: Mitteilungen des Studienkreis Rundfunk und Geschichte, Nr. 4, Okt. 1983, 200-217

ITIN, P.: Marketing und Film. In: A. Bänninger, P. Itin, T. Maurer, M. Wehrlin und F.A. Zölch, Beatenberg-Thesen. Zur Zukunft des Films in der Schweiz. Schweizerisches Filmzentrum, Zürich 1984, 94-113

JANSHEN, D.: Rationalisierung im Alltag der Industrie-Gesellschaft. Vernunft und Unvernunft neuer Kommunikationstechnologien am Beispiel Japans. Frankfurt, New York 1980

JANSSEN, T.: Die Videotechnologie und die Rundfunkanstalten. Ursachen, Wirkungen, Konsequenzen. Sonderausgabe der Funk-Korrespondenz, 31 Jhg., Nr. 40, 7.10.83

JENSEN, A.G.: The Evolution of Modern Television. In: Journal of the SMPTE, Vol. 63, Nov. 1954 (enthalten im Reprint: Fieldings 1967, 235-249)

JESTY, L.C.: A Review of Television Recording 1946-1956. In: British Kinematography, Vol. 31, No. 4/1957

JOHNSON, G.: Auf dem Weg zum elektronischen Wehrdorf. In: Kursbuch, Nr. 66, Berlin 1981

JÜRGENS, E.: Neues vom Hörensehen. Zur Entwicklung neuer Audiovisions-Medien (Bildplatte, Videokassette). In: Massen/Medium/Politik. Sonderband, Argument AS 10. Berlin/Karlsruhe 1976

JÜRGENS, E.: Deutsche Mediengeschichte: Ein Überblick vom Buchdruck bis zum Hörfunk (1445-1945). In: Modellversuch Journalisten-Weiterbildung (Hg.), Fernstudium Kommunikationswissenschaft, Band 1, Berlin 1984, 59-134, (Teil 2)

KABEL, R.: Video - Test für das Privatfernsehen in Deutschland? In: J. Rau und P.v.Rüden (Hrsg.), Die neuen Medien - eine Gefahr für die Demokratie? Frankfurt/M., Olten, Wien 1984, 129-139

KAISER, R.: Technische Investitionen und Aktivitäten. In: ZDF-Jahrbuch 80, Mainz 1981

KALBA, K.: The Video Implosion: Models for Reinventing Television. In: R. Adler, W.S. Baer, The Electronic Box Office. Humanities and Art on the Cable. New York, Washington, London 1974, 93-127

KALBFUSS, U.: Die Produktions- Vertriebs- und Absatzerwartungen bei Videorecordern. In: Funk-Korrespondenz, Nr. 37/15. Sept. 1982, Sonderausgabe "Video", 3-13

KANZMANN, G.: Magnetische Bildaufzeichnung. Stuttgart 1965

KAPPELMAYER, O.: Fernsehen von heute. Die Vorgänge beim Fernsehen. Berlin 1936

KATZ, A.R. (Hrsg.): Vierzehn Mutmaßungen über das Fernsehen. Beiträge zu einem aktuellen Thema. München 1963

KELLER, W.: 100 Jahre Fernsehen. 1883-1983. Berlin/Offenbach 1983

KERSTEIN, H. und C. WEBER: Ausstellungskatalog: Bewegte Bilder und Bildmaschinen. Siegen, o.J. [Ausstellung vom 12.12.1981 - 5.1.1982]

K.G.S.: Neue Verfahren und Geräte für die magnetische Bildaufzeichnung. In: Kino-Technik, Nr. 9/1961, 259-261

KIHARA, N.: Putting Cassettes into the Home. In: InterMedia, Vol. 11, No. 4/5, July/Sept. 1983, 30f.

KINDER, M.: Music Video and the Spectator: Television, Ideology and Dream. In: Film Quarterly, Vol. 38, No. 1, Fall 1984, 2-15

KINDL, R.: Die Faszination der Maschine. In: Wechselwirkung, Themenheft "Industriekultur - den Dingen lauschen.", Nr. 19, Nov. 83

KING, H.V. and A.W. LUMKIN: A Survey of the Progress of Magnetic Recording. In: British Kinematography, Vol. 28, No. 5/1956

KIRSCHNER, U.: Die betriebswirtschaftlichen Vorteile der magnetischen Bildaufzeichnung. In: Elektro-Technik, 40 Jhg., Nr. 39, 27. Sept. 1958, 302-304

Klassenmedium Fernsehen. Arbeitsgruppe Massenmedien der Neuen Gesellschaft für Bildende Kunst e.V. Berlin 1973

KLAUS, H.G.: Der kulturelle Materialismus von Raymond Williams. In: Das Argument 139, 25. Jhg., Mai/Juni 1983, 372-378

KLEINSTEUBER, H.J.: Fernsehen und Geschäft. Kommerzielles Fernsehen in den USA und in Großbritannien - Lehren für die Bundesrepublik. Hamburg 1973

KLEMM, F.: Geschichte der Technik. Der Mensch und seine Erfindungen im Bereich des Abendlandes. Reinbek bei Hamburg 1983

KLITZKE, D.: Das 4. Programm. Studie zum türkischen Videomarkt. Berlin 1982

KLITZKE, D.: Video - Freizeitmedium Nr. 1 für die türkische Bevölkerung. In: Zielinski (Hrsg.) 1983, 41-46

KNILLI, F.: Das Hörspiel. 1961

KNILLI, F. (Hrsg.): Die Unterhaltung der deutschen Fernsehfamilie. Ideologiekritische Untersuchungen. München 1971

KNILLI, F.: Amerikanisches Fernsehen aus deutscher Sicht (3 Teile). In: Medium, 6. Jhg., Nr. 5, 7, 9/1976

KNILLI, F.: Medium. In: W. Faulstich (Hrsg.), Kritische Stichwörter zur Medienwissenschaft. München 1979, 230-251

KNILLI, F. und S. ZIELINSKI (Hrsg.): Betr.: "Holocaust". Zuschauer schreiben an den WDR. Ein Projektbericht unter Mitarbeit von E. Gundeslheimer, H. Mass und F. Ostermann. Berlin 1982

KÖGEL, W.: Audiovision in der Sozialpädagogik. In: Jugend-Film-Fernsehen. Nr. 2/1974. Reprint in: Video. Tendenzen-Aktionen-Anwendbarkeit. Sonderheft v. Medien + Erziehung, München (o.J.), 17-32

KÖHLER, M. (Hrsg.): Alternative Medienarbeit. Video-Gruppen in der Bundesrepublik. Schriftenreihe des Instituts Jugend, Film und Fernsehen, Band 3. München 1980

KÖHLER, M.: Anspruch und Realität der alternativen Videoarbeit. In: medien und erziehung, Jhg. 28, Nr. 1/1984, 3-6

KÖNIGSTEIN, H.: Das magische Heimkino MMT von den Beatles. In: Film 1968. Chronik und Bilanz des internationalen Films, vorgelegt von der Zeitschrift film. Hannover o.J. [1968], 65-69

Kommission für den Ausbau des technischen Kommunikationssystems: Telekommunikationsbericht und Anlageband 1 zum Telekommunikationsbericht, Bedürfnisse und Bedarf für Telekommunikation. Bonn 1976

KOOYMAN, A.: The New Television Culture. In: EBV-Review, Vol. XXXII, Jan. 1981, 31-35

KRACAUER, S.: Geschichte - vor den letzten Dingen. Frankfurt/Main 1973

KREMPEL, U.: Video als Kunst, Kunst im Video? Anmerkungen zum Gebrauch eines Mediums. In: tendenzen, Nr. 145, 25. Jhg., Jan. bis März 1984, 16f.

KREUZER, H. und K. PRÜMM (Hrsg.): Fernsehsendungen und ihre Formen. Typologie, Geschichte und Kritik des Programms in der Bundesrepublik Deutschland. Reclam-Verlag 1979

KROLL, J.M.: Pressetaschenbuch Rundfunk, Fernsehen, Audiovision 1979/80. hrsg. von der Philips GmbH, Hamburg o.J.

KRONJÄGER, W., H. PRESSLER und K. VOGT: 50 Jahre Rundfunk. In: Archiv für das Post-und Fernmeldewesen, 25. Jhg., Nr. 5/6, Sept. 1973, 411-831

KRÜGER-LORENZEN, K.: Kurze Welle gegen Langeweile. Durch die halbe Welt mit Mikrophon und Fernsehkamera. Oldenburg/Hamburg 1955

KÜBLER, H.-D.: Fernsehen. In: W. Faulstich (Hrsg.): Kritische Stichwörter zur Medienwissenschaft. München 1979, 85-126

KÜGELGEN, B. (Hrsg.): Video und Medizin. Erlangen 1982

KUHLBRODT, D.: Energieträger Video. Clips und andere Video-Künste. In: epd Film, Heft 8/1984, 17-19

Kursbuch Deutschland 85/86. München 1985

KUTSCHBACH, H.F.: Telcan - das erste Heimfernsehaufzeichnungsgerät. In: Film-Techniken, Nr. 2/1964

LAHANN, G.: Elektronische Berichterstattung. Anwendung einer neuen Technologie im Fernsehen. In: A.d.R.D. (Hrsg.): ARD-Jahrbuch 79. Hamburg 1979, 23ff.

LAMONT, H.R.L.: Colour TV on Tape. Accurate Servo Control of High-Speed Tape Motion. In: Wireless World, April 1957, 183-187

De LANGE, H.K.A.: Ein Video-Magnetbandgerät für nicht-professionelle Anwendung. In: Philips' Technische Rundschau, 26. Jhg., Nr. 7/1965, 170-179

LANKES, L.R.: Historical Sketch of Television's Progress. In: Journal of the SMPTE, Vol. 51, Sept. 1948 (enthalten in Reprint: Fielding 1967, 227-229)

De LAURENTIS, T. and S. HEATH (eds.): The Cinematic Apparatus. London and Basingstoke 1978

LAUTNER, K.-H.: Video Handbuch. hrsgeg. von der Victor Company of Japan (JVC), o.O. 1980

LEAB, D.J.: See It New: A Legend Reassessed. In: O'Connor 1983, 1-32

LECHENAUER, G. (Hrsg.): Alternative Medienarbeit mit Video und Film. Reinbek bei Hamburg 1979

LENHARDT, H.: Die Zukunft von Rundfunk und Fernsehen in der Auseinandersetzung mit den neuen elektronischen Medien. Wien/München/Zürich 1972

LENK, H.: Technik und Alltagswelt. Zur Soziologie der Technikverwendung und der Einstellungen zur Technik. In: Derselbe, Zur Sozialphilosophie der Technik. Frankfurt 1982, 58-104. (Der Beitrag wurde zusammen mit G. Ropohl verfaßt.)

LENZ, F.: Einführung in die Soziologie des Rundfunks. Emsdetten 1952

LERG, W.B.: Zur Entstehung des Fernsehens in Deutschland. In: Rundfunk und Fernsehen, Heft 4/1967, 349-375

LERG, W.B.: Zur Geschichte des Fernsehens in Deutschland. Das Fernsehen der Reichsrundfunk-Gesellschaft 1935-1944. In: Fernsehen in Deutschland. Gesellschaftspolitische Aufgaben und Wirkungen eines Mediums. Mainz 1967(A) 9-22

LERG, W.B.: Die Entstehung des Rundfunks in Deutschland. Herkunft und Entwicklung eines publizistischen Mittels. Frankfurt 1965, 1970[2]

LERG, W.B.: Programmgeschichte als Forschungsauftrag. Eine Bilanz und eine Begründung. In: Mitteilungen StRuG, 8. Jhg., Nr. 1/Jan. 1982, 6-17

LERG, W.B.: Rundfunk im Kommunikationssystem - Grundlinien für ein publizistisches Erklärungsmodell. In: Mitteilungen StRuG, 10. Jhg., Nr. 2/April 1984, 145-153

LESSING, G.E.: Laokoon oder über die Grenzen der Malerei und Poesie. In: Lessings Werke, 3. Band, Leipzig o.J. [um 1896], 61-180

LEVI, L.: High-Fidelity Video Recording Using Ultrasonic Light Modulation. In: Journal of the SMPTE, Vol. 67, No. 10, Oct. 1958, 657ff.

LIND, A.H.: A Standard for Positioning the Vacuum Guide in Transverse Track Video-Tape Recorders. In: Journal of the SMPTE, Vol. 70, July 1961, 485-488

LIND; A.H.: An All-Transistor Television Tape Recorder. In: Journal of the SMPTE, Vol. 71, Dec. 1962, No. 12, 933-936

LINDE, H.: Soziale Implikationen technischer Geräte, ihrer Entstehung und Verwendung. In: R. Jokisch, Techniksoziologie. Frankfurt/M. 1982, 1-31

LINDNER, H.: Technische Entwicklung und das Problem der Mehrfacherfindung. In: R. Jokisch, Techniksoziologie. Frankfurt/M. 1982, 394-408

LONGOLIUS, C.(Zusammenstellung): Fernsehen in Deutschland IV - Offener Kanal: Eröffnung der Diskussion. Hamburg 1980

LORETAN, M.: Video: sehen, sehen gemacht, gesehen werden. Möglichkeiten eines neuen Mediums und Grenzen seiner realen gesellschaftlichen Nutzung. In: Zoom. Film-TV-Radio, Nr. 5/1983, 20-26

LOVELL, R.E.: Time-Zone Delay of Television Programs by Kinescope Recording. In: Journal of the SMPTE, Vol. 60, March 1953, 235ff.

LÜBECK, H.: Die Grundlagen des Magnetophon-Verfahrens. I. Teil in: Funk-Technik Nr. 5/1947, II. Teil in: Funk-Technik Nr. 6/1947

LUHMANN, N.: Veränderungen im System gesellschaftlicher Kommunikation und die Massenmedien. In: O. Schatz (Hrsg.): Die elektronische Revolution. Wie gefährlich sind die Massenmedien? Graz 1975

LYONS, E.: David Sarnoff. New York 1966

LYONS, N.: The Sony Vision. New York 1976

MACHEIN, K.R.: Techniques in Editing and Splicing Video-Tape Recordings. In: Journal of the SMPTE, Vol. 67, No. 11, Nov. 1958, 730f.

MACHLUP, F.: Erfindung und technische Forschung. In: Handwörterbuch der Sozialwissenschaften. Bd. 3, Tübingen-Stuttgart-Göttingen 1961

MALETZKE, G.: Publizistikwissenschaft zwischen Geistes- und Sozialwissenschaften. Zum Standort der Wissenschaft von der öffentlichen Kommunikation. Berlin 1967

MALETZKE, G.: Kommunikationsforschung zu Beginn der achtziger Jahre. In: Media Perspektiven, Nr. 2/1983, 114-129

MANDEL, B.: Vide Video. In: Begleitheft zum San Francisco International Video Festival, Oct. 22 - Nov. 2, 1981

MANZ, F.: Videorecorder-Technik. Grundlagen, Schaltungstechnik, Service. Würzburg 1979, 1982(2)

MANZ, F.: Filmen mit der Videokamera. Technische Grundlagen. Praxis der Farbvideographie. Würzburg 1982

MARCUSE, H.: Der eindimensionale Mensch. Studien zur Ideologie der fortgeschrittenen Industriegesellschaft. Neuwied/Berlin 1967, 1968[6]

MARSHALL, S.: Television/Video: Technology/ Forms. In: Afterimage. Double Issue 8/9, Spring 1981 (London)

Massenmedien spontan. Magazin Brennpunkte (9. Jhg., Bd. 12), Frankfurt/M. 1978

MATALOWSKA, A.: Video - Boczna Furtka Do Raju. In: Polytika, Nr. 45, 10. Nov. 1984, 4-9

MATERN, A.: Video im Überwachungsbereich. In: Heim-Videotechnik 2. Sonderheft der Funkschau Nr. 36, 63-66

MATRAS, J.J.: L'audio-visuel. Paris 1974

MAYER, C.G.: Recording Television and Sound Signals on Magnetic Tape. In: Electronic Engineering, Vol. 26/1954, 292

MAYER, W.: Industrielles Fernsehen. In: Elektro-Technik, 38. Jhg., Nr. 17/18 - 28. April 1956, 161-163

MAYER, W.: Elektronischer Schnitt bei magnetischen Videoaufzeichnungen nach dem Schrägspurverfahren. In: Fernseh- und Kino-Technik, Bd. 25, Nr. 8/1971, 279-285

McGINTY, G.P.: Videocassette Recorders. Theory and Servicing. New York 1979

McLUHAN, M.: Die magischen Kanäle. Understanding Media. Düsseldorf und Wien 1968, Frankfurt 1970 (Original 1964)

McLUHAN, M. and Q. FIORE: The Medium is the Message. New York, London, Toronto 1967

McMAHAN, H.W.: TV Tape Commercials. New Techniques of Creating and Producing Television Advertising. New York 1960

McQUAIL, D. and S. WINDAHL: Communication Models for the Study of Mass Communications. London and New York 1981

Medienzentrum Kreuzberg (Hrsg.): Medien im Jugendfreizeitbereich. Ein Bericht aus der Praxis. Berlin 1974, 1976[3]

MELEZINEK, A.: Der Videorecorder im Bildungswesen. Referate des internationalen Symposiums in Klagenfurt vom 5. bis 7.12.1972. Klagenfurt 1973

MELEZINEK, A.: Bildungsfernsehen - einige Ergebnisse und Perspektiven. In: Sehen-Hören-Bilden, 22. Jhg., Nr. 127, Sept. 1983, 7-15

MENZE, W. und H. HANSEN: Einführungslehrgang der Firma Siemens-Halske für das Ampex-Bildaufzeichnungsverfahren vom 13. bis 17. Oktober 1958 in Karlsruhe. In: Rundfunktechnische Mitteilungen, 3. Jhg. 1959, Nr. 2, 56

METZ, R.: CBS - Reflections in a Bloodshot Eye. New York 1975

METZGER, L.: Ein neues Medium - im Griff der Konzerne. Zum Stand des Kassettenfernsehens. In: D. Prokop (Hrsg.): Massenkommunikationsforschung 1: Produktion. Frankfurt/Main 1972, 179-186

MICHAELIS, A.: Der elektronische Krieg vom Yom Kippur. In: Die Zeit, 18.1.1974, 50

Minnesota Mining Manufacturing Company Recording Materials Group (ed.): 3M ... Pioneer in Equipment Design for Magnetic Tape Duplicating. A Pictorial Summary from Early Recording to Videotape Contact Duplication Systems. St. Paul, Minnesota o.J.

3M/Magnetic Audio/Video Products Division. Happy 25th Birthday to Video Tape. St. Paul, Minnesota o.J. [1980/81]

MÖLLER, C.: Grundsätzliches zur magnetischen Bildaufzeichnung. In: Kino-Technik, Nr. 7/1954, 202-203

MOHN, E.: Kabel"pilot"projekt Ludwigshafen. Programmliche Vielfalt im außenpluralen Anbietermodell. In: Media Perspektiven, Nr. 2/Feb. 1985, 111-119

MODICK, K. und J. RIECKHOFF. Mehr als Augenblicke. Polaroids im Kontext. Marburg 1983

MOHRHENN, W. und J. ORTMANN: Community Video. Videodokumentarismus in New York. Eine Bestandsaufnahme. In: Medium, 14. Jhg., Heft 3/1984, 21-27

MONACO, J.: U.S.A. In: TV + Video International Guide. New York 1983

MOONEY, M., Jr.: The History of Magnetic Recording (The Early Years, 1893-1957). Reprinted from HiFi-Tape Recording. o.O. o.J. [um 1958] (Archiv der 3M Company Minnesota)

MOSELEY, S.: John Baird - The Romance and Tragedy of the Pioneer of Television. London o.J. [um 1952]

MOSER, R.: Videoverwertung von Kinofilmen. In: Film und Recht, Nr. 7/1984, 15-17

Motor Press Stuttgart/SSC & B. Lintas: Marktstudie Werbung und Video 1983. Hamburg 1983

MÜHLBAUER, J.: Fernsehen. Das Wunder und das Ungeheuer. Freiburg/Wien o.J. [um 1960]

MÜHLEN-ACHS, B.: Filmsprache und Wirklichkeit: Zur Wirkung von filmischen Unterrichtsdokumenten. München: Ehrenwirth 1977

MÜLLER-NEUHOF, K.: Der Spielfilm im Mittelpunkt. Entwicklung des Videoprogramm-Marktes in der Bundesrepublik. In: Der unbegrenzt vermarktete Spielfilm 1982, 87-98

MÜLLER-RÖMER, F.: Elektronische Medien im Umbruch. Die neuen technischen Möglichkeiten und ihre Konsequenzen. Hrsgeg. vom Bayerischen Rundfunk, Technische Direktion. München 1983

MULLIN, J.: The Crosby VTR. In: Video (USA), Archive, March 1982, 28-31

NEGT, O. und A. KLUGE: Öffentlichkeit und Erfahrung. Zur Organisationsanalyse von bürgerlicher und proletarischer Öffentlichkeit. Frankfurt/Main 1972

NEGT, O.: Lebendige Arbeit, enteignete Zeit. Politische und kulturelle Dimensionen des Kampfes um die Arbeitszeit. Frankfurt/New York 1984

The Network Project. Directory of the Networks. New York 1973, CBS 1-22

NEUBURGER, A.: Fernsehen in Lebensgröße auf der Leinwand. In: Fernsehen, 1. Jhg., Nr. 10/1930, 460ff.

NEUERT, H.: Funk-Industrie, Funk-Handel und Fernsehen. In: Fernsehen, 1. Jhg., Nr. 2/1930, 57-59

Neuheiten Report '84: Video - TV - HiFi. (Redigiert v. B.H. Keltelhack unter Mitwirkung der Gesellschaft zur Förderung der Unterhaltungselektronik, GFU), Berlin und Offenbach 1983

NEUMANN, H.J.: Videoclips. In: medium, Nr. 7/83

NEUMANN-BECHSTEIN, W.: Freizeittrends und Fernsehnutzung. Strukturveränderungen im Freizeitverhalten und ihre Bedeutung für die Medienentwicklung. In: Rundfunk und Fernsehen, 30. Jhg., Heft 2/1982, 164-177

New Audiovisual Techniques: Their Influence and Cooperation. In: The Democratic Journalist (Prag), Nr. 11/1979, 3-9

A New Image for the Juke Box Jive. In: New Scientist, 24 May 1984, 22

NEWERLA, P. und J.D. THEISE: Von den ersten Modellen und Experimenten in der Fernsehtechnik bis zur Eröffnung des regelmäßigen Programmbetriebs. Unveröffentlichte SE-Arbeit im Fachgebiet Medienwissenschaft an der TU Berlin WS 1983/84

NISSEN, R.J.: A Mobile Film-Video System. In: Journal of the SMPTE, Vol. 81, Nov. 1982, 863-867

Notizen zum ARD-Programm. 25 Jahre Deutsches Fernsehen, 1952-1977. München 1977

NOWKA, M.: Die wirtschaftliche Phänomenologie des Spielfilms als Ware. Finanzierung, Produktion und Vermarktung von Spielfilmen. Diss. (rer. oec.) TU Berlin 1983

NÜHRMANN, D.: Das Fernsehprogramm aus Deiner Hand. Die perfekte Videopraxis mit Recordern, Kameras und Cassetten. München 1981

O'CONNOR, J. (ed.): American History - American Television. Interpreting the Video Past. New York 1983

OELLER, H.: Film - Fernsehen. Kooperation unter neuen Vorzeichen. In: Film-Korrespondenz, Nr. 3/83, Beilage

OLSON, H.F., W.D. HOUGHTON, A.R. MORGAN, J.A. ZENZEL, M. ARTZT, J.G. WOODWARD, and J.T. FISCHER: A System for Recording and Reproducing Television Signals. In: RCA Review, Vol. XV, March 1954, 3-17

OLSON, H.F., W.D. HOUGHTON, A.R. MORGAN, M. ARTZT, J.A. ZENZEL, and J.G. WOODWARD: A Magnetic Tape System for Recording and Reproducing Standard FCC Color Television Signals. In: RCA Review, Vol. XVII, Sept. 1956, 330-392

PACHALY, M.: Kamerabeobachtungen. In: Zielinski (Hrsg.) 1983, 125-128

PAIK, N.J.: Art for 25 Million People - Bon Jour, Monsieur Orwell - Kunst und Satelliten in der Zukunft. Berlin 1984

PALME, K.: Video planen. Videoeinsatz in Industrie und Wirtschaft. München/Wien 1983

PAREIGIS, H.: Die Unterrichtsmitschau im Anwendungsbereich Bundeswehr. In: Audiovision, 7. Jhg., Nr. 4, April 1976, 19-23

PASSON, I.: Video - ein Medium etabliert sich. In: Die AV-Branche 1983. Kontakthandbuch. Waiblingen 1983, 6-10

PASSON, I.: Videofilme - Hilfsmittel der Marketing-Kommunikation. In: Die AV-Branche 1984. Waiblingen 1984, 5-9

PAUKENS, H.: Video International. Probleme und Lösungen im Ausland. In: Weiterbildung und Medien, Heft 6/1983, 17-20

PFEIFFER, W. und E. STAUDT: Innovation. In: Handwörterbuch der Betriebswirtschaft. Stuttgart 1975

PFIFFERLING; J. und J. WIEDEMANN. Videoboom und Fernsehkonsum - Eine erste Zwischenbilanz. In: Media Perspektiven, Nr. 8/1983, 570-581

PHILIPS: EL 3400 Video Recorder. o.O. o.J. [1964]

PHILIPS AG Zürich: Das Video Taschenbuch. Zürich 1982

PHILLIPS, C.D.: Mobile Television Vans for the U.S. Marine Corps. In: Journal of the SMPTE, Vol. 81, Nov. 1972, 860-861

PICHLER, C.: Fernsehkultur - Kultur im Fernsehen. ORF-Berichte zur Medienforschung, Heft 18, Wien 1980

PLUMB, R.K.: R.C.A. Unveils TV Tape Player, Light Amplifier, Silent Air Cooler. In: The New York Times, Oct. 2, 1956, 37

POHLE, H.: Wollen und Wirklichkeit des deutschen Fernsehens bis 1943. In: Rundfunk und Fernsehen, Heft 1/1956, 59-75

PORGES, F.: Die Geschichte des Films. Schatten erobern die Welt - Von den ersten Schattenbildern bis zum Fernsehen. Basel 1946

Portable VTRs Offer Expanded Choices. Equipment Survey. In: BM/E'S World Broadcast News, Nov. 1983, 34-36

PRAGER, G.: Randnotizen zur Fernsehpraxis. Mainz 1972. Darin insbes.: Die Videokassette und ihre Auswirkungen auf das Fernsehprogramm. 71-87

PREIKSCHAT, W.: Die Kunst des Unsichtbaren. Videoart in Locarno. In: medium, 14. Jhg., Nr. 9/Sept. 1984, 39-40

Presse- und Informationsamt der Bundesregierung: Kommunikationspolitische und kommunikationswissenschaftliche Forschungsprojekte der Bundesregierung (1974-1978). Eine Übersicht über wichtige Ergebnisse. (Forschungsprojekte 1971-1974: Bibliographie). Bonn 1978

PRICE, J.: Video-Visions. A Medium Discovers Itself. New York and Scarborough 1972

Progress Committee Report for 1961. In: Journal of the SMPTE, Vol. 71, No. 5, May 1962, 315-368

Progress Committee Report for 1972. In: Journal of the SMPTE, Vol. 82, May 1973, 345-408

Projektgruppe Programmgeschichte beim DRA: Historische Programmdokumentation - ein Projekt des Deutschen Rundfunkarchivs. Überlegungen zur Erforschung der Weimarer Hörfunkprogramme. In: Rundfunk und Fernsehen, 32. Jhg., Heft 1/1984, 97-111

PROKOP, D.: Massenkommunikationsforschung: Bd. 1: Produktion, Frankfurt/M. 1972. Bd. 2: Konsumption. Frankfurt/M. 1973. Bd. 3: Produktanalysen. Frankfurt/M. 1977

PROKOP, D.: Massenkultur und Spontaneität. Zur veränderten Warenform der Massenkommunikation im Spätkapitalismus. Frankfurt/Main 1974

PROSS, H.: Von der Schwarzen Kunst zur Bunten Magie oder - Von der Druckerpresse zum Datenspeicher. In: L. Franke (Hrsg.), Die Medienzukunft, medium, dokumentation, Bd. 11. Frankfurt 1983

PROTT; J.: Rationalisierung von Arbeit und Freizeit - Verlust kommunikativer Kompetenz? In: Rundfunk und Fernsehen, 32. Jhg., Heft 3/1984, 330-340

PÜTZ, J. (Hrsg.): Televisionen. Die Welt des Fernsehens. Köln 1978

QUANDEL, G. und R. SCHWARZ: Kritik der Medientechnik. Grenzen und Möglichkeiten fortschrittlicher Medienarbeit mit hochentwickelter Technologie am Beispiel Video. Frankfurt/M. 1980

QUICK, J. and H. WOLFF: Small-Studio Video Tape Production. Reading-Menlo Park-London-Don Mills 1972

RADEVAGEN, T. und S. ZIELINSKI: Video-Software - Annäherungsversuche an einen neuen Markt. In: Media Perspektiven, Nr. 3/1982, 153-165

RADEVAGEN, T. und S. ZIELINSKI: Video. In: H. Holzer, K. Betz (Hrsg.), Totale Bildschirmherrschaft? Staat, Kapital, Neue Medien. Köln 1983, 124-156

RADEVAGEN, T. und S. ZIELINSKI: Video-Software 1984 - Strukturen des Marktes und Tendenzen des Angebots. In: Media Perspektiven, Nr. 5/1984, 372-387

RAMMERT, W.: Soziale Dynamik der technischen Entwicklung. Theoretisch-analytische Überlegungen zu einer Soziologie der Technik am Beispiel der "Science-based industry". Wiesbaden 1983

RATZKE, D.: Handbuch der Neuen Medien: Information und Kommunikation, Fernsehen und Hörfunk. Presse und Audiovision heute und morgen. Stuttgart 1982, 247-274

R.C.A. Switchable-Standards Video Recorder. In: Wireless World, June 1963, 299

RCA - Bildaufzeichnungsmaschinen in der Bundesrepublik. In: Kino-Technik, Nr. 12/1960

RCA Leihstudio für Fernseh-Bandaufnahmen. In: Kino-Technik, Nr. 1/1960, 26

Registriert mit Kamera und Bandgerät. Ein Videoaufzeichnungssystem für technische Anwendungen. In: elektrotechnik, Jhg. 55, Heft 24, 1973, 18-20

REICHE, H.-J.: Dienst ohne Pause. Die Tagesschau des deutschen Fernsehens. In: ARD-Jahrbuch 69, Hamburg 1969, 139-142

REINKA, J.: New Museum Records History of Tape. In: The Penninsula Times Tribune, Jan. 24, 1983

REISS, E.: "Wir senden Frohsinn". Fernsehen unterm Faschismus. Berlin 1979

REITZ, E.: Liebe zum Kino. Utopien und Gedanken zum Autorenfilm 1962-1983. Köln o.J.

RENCKSTORF, K.: Massenmedien, Gesellschaft und sozialwissenschaftliche Massenkommunikationsforschung. In: Internationales Handbuch für Rundfunk und Fernsehen 1982/83. hrsgeg. v. Hans-Bredow-Institut für Rundfunk und Fernsehen an der Universität Hamburg. Hamburg 1982, A5-A40

RHEIN, E.: Wunder der Wellen. Rundfunk und Fernsehen dargestellt für jedermann. Berlin 1935

RHOTERT, B.: Das Fernsehspiel. Regie, Dramaturgie und Sendung als Ausgangspunkt für den Versuch einer wesensgemäßen Einordnung in die Möglichkeiten schöpferischer Mitteilung. Diss. Ludwig-Maximilians-Universität München 1961

RIEGEL, R.: Das Tschibo-Syndrom. Video-hardware: immer noch Schrott von morgen. In: medium, 12. Jhg., Nr. 11/Nov. 1982, 13f.

RIEHL, M.: Die Welt zeigt ihr Gesicht. Fernsehen, heute, morgen, übermorgen. Berlin 1957

RIES, C.: Sehende Maschinen. Eine kurze Abhandlung über die geheimnisvollen Eigenschaften der lichtempfindlichen Stoffe und die staunenswerten Leistungen der sehenden Maschinen. Diessen vor München 1916

RINGS, W.: Die 5. Wand - Das Fernsehen. Wien und Düsseldorf 1962

ROBERTSON, A. (ed.): Video Yearbook 1977ff. Poole [GB] 1976ff

ROBINSON, J.F. and P.H. BEARDS: Using Videotape. London, Boston 1976, 1983[3]

RÖPER, H. und S. WEISCHENBERG: Elektronische Berichterstattung: Auswahlbibliographie. In: Rundfunk und Fernsehen, 32. Jhg., Nr. 3/1982, 406-408

RÖPER, H.: Formationen deutscher Medien-Multis. In: Media Perspektiven, Nr. 2., Febr. 1985, 120-130

ROGGE, J.-U.: Video und familiärer Medienalltag. Die Auswirkungen von Video auf die Familie. In: Medien und Erziehung, Jhg. 27/1983, Heft 5, 273-281

ROIZEN, J.: Electronic Marking and Control for Rapid Location of Vertical Blanking Area for Editing Video-Tape Recordings. In: Journal of the SMPTE, Vol. 67, No. 11, Nov. 1958, 732f.

RONNEBERGER, F.: Neue Medien. Vorteile und Risiken für die Struktur der demokratischen Gesellschaft und den Zusammenhalt der sozialen Gruppen. Eine Literaturstudie. Konstanz 1982

ROPOHL, G.: Eine Systemtheorie der Technik. Zur Grundlegung der Allgemeinen Technologie. München/Wien 1979

ROSCHER, G.: Bemerkungen zur Konzeption alternativer Medienpraxis. In: Video Magazin, Nr. 3/Nov. 1976, 10-12

ROSE, C.: Industrielles Fernsehen. Praxis and Planung in Wissenschaft, Technik, Wirtschaft und Verwaltung. München 1959

ROSTOCKI, S.J. (ed.): Military Airborne Video Recording: Requirements, Utilization and Techniques. Proceedings of the Society of Photo-optical Instrumentation Engineers, Vol. 36. Redondo Beach, California, 1973

ROTH, W.: Neues Verfahren für die elektronische Bildaufzeichnung. In: Fernseh- und Kino-Technik, Bd. 23, Nr. 2/1969, 50-52

ROTH, W.: Philips stellte Prototyp für "VCR"-System vor. In: Fernseh- und Kino-Technik Nr. 7/1970

ROTHER, E.F.: Audiovisuelle Mittel im Unterricht. Stuttgart 1968, 1972[2]

RÜDEN, P. v. (Hrsg.): Unterhaltungsmedium Fernsehen. München 1979

RÜRUP, R.: Die Geschichtswissenschaft und die moderne Technik. In: D. Kurze (Hrsg.), Aus Theorie und Praxis der Geschichtswissenschaft, Berlin 1972, 49-85

RUKOP, H.: Persönlichkeiten und Ereignisse. Ein Querschnitt durch 50 Jahre Telefunken-Geschichte. In: Telefunken-Zeitung, 26. Jhg. 1953, Heft 100, 205-212

SALTER, M.: Evolution and Implementation of the 'C' Format VTR. In: International Broadcast Engineer, March 1979, 10-12

SAWAZAKI, N., M. YAGI, M. IWASAKI, G. IUADA and T. TAMAOKI: A New Video-Tape Recording System. In: Journal of the SMPTE, Vol. 69, Dec. 1960, 868-871. Deutsche Übersetzung in: Rundfunktechnische Mitteilungen, 5. Jhg. 1961, Nr. 3, 97-100

SCHADWINKEL, G.: Aus der Entwicklungsgeschichte des Fernsehens - Ein historischer Überblick. In: Rundfunktechnische Mitteilungen, Heft 3/1974, 121-129

SCHAEFER, C.H., C.C. SULZBAUM and Associates: Video Tape Recording. New Markets and Products. o.O. [Harvard University, Boston/Cambridge] 1965

SCHATZ, O. (Hrsg.): Die elektronische Revolution. Wie gefährlich sind die Massenmedien? Graz/Wien/Köln 1975

SCHEUCH, E.K.: Soziologische Aspekte der Bild-Ton-Kassette. In: Audiovision, Nr. 1/Juli 1970, 23-26

SCHIPHORST, B.: Audiovision. Hamburg 1974

SCHIVELBUSCH, W.: Geschichte der Eisenbahnreise. Zur Industrialisierung von Raum und Zeit im 19. Jahrhundert. München/Wien 1977

SCHLICHT, B.: Bundesrepublik Deutschland: ein lohnender Auslandsmarkt. In: Media Perspektiven, Nr. 8/Aug. 1982, 501-518

SCHLÖTZER, C.: Video: Alternativ- oder Konsummedium? Kommunikationsfreiheit oder Kommerz? In: M.W. Thomas (Hrsg.), Die lokale Betäubung oder der Bürger und seine Medien. Berlin/Bonn 1981

SCHLÜNDER, G.: Nicht nur Filmverleih. Bildstellen: aktive Videoarbeit notwendig. In: Weiterbildung und Medien, 7. Jhg. 1984, Nr. 2, XIX-XX

SCHMID, W. und R. HAMMELRATH: Machen statt glotzen ... Video in der Weiterbildung. In: Weiterbildung und Medien, 7. Jhg. 1984, Nr. 2, VII-XI

SCHMIDBAUER, O.: Die Aufzeichnung von Fernsehsignalen auf Magnetband. In: Funk-Technik Nr. 4/1956, 94ff.

SCHMIDBAUER, O. und K. ALTMANN: Über den Einfluß des Magnetbandes auf die Qualität der Videoband-Aufzeichnung. In: Rundfunktechnische Mitteilungen, 6. Jhg. 1962, 7-14

SCHMIDT, G.: Videorecorder "VR 7003", "VR 5103" und "VR 7803". In: Funk-Technik, Jhg. 24, Heft 20/1969

SCHMOLKE, M.: Rundfunktechnik in ihren Wechselbeziehungen zu Politik und Wirtschaft, Programm-Macher und Hörerschaft. In: Mitteilungen des Studienkreises Rundfunk und Geschichte, 9. Jhg., Nr. 1-Jan. 1983, 21-29

SCHNEIDER, I. and B. KOROT (ed.): Video Art. An Anthology. New York and London 1976

SCHÖRKEN, K. (Hrsg.): Sender Hörfunk Fernsehen. Zur Technik-Geschichte des Südwestfunks 1945 - 1975. Berlin 1981

SCHOTTEN, H.: Semiprofessionelles Videobandgerät "LT 3150". In: Fernseh- und Kino-Technik, Bd. 25, Nr. 9/1971, 314-317

SCHRAPE, K.: Ökonomische Perspektiven der Medienentwicklung. Über die Endlichkeit der Nachfragepotentiale für Kabelkommunikation. In: Media Perspektiven, Nr. 8 (Aug.) 1983, 533-545

SCHRÖTER, F.: Aus der Fernseh-Entwicklung bei Telefunken - Rückblick und Ausblick. In: Telefunken-Zeitung, 26. Jhg. 1953, Heft 100, 191-196

SCHRÖTER, F.: Neue Forschungs- und Entwicklungsrichtungen im Fernsehen. In: Arbeitsgemeinschaft für Forschung des Landes Nordrhein-Westfalen, Heft 58, Köln und Opladen 1957

SCHRÖTER, F.: Aus dem frühen Entwicklungsgang des Fernsehrundfunks. Vortrag, als Manuskript gedruckt Berlin 1973

SCHÜRER, J.: Ein neues Verfahren zum Schneiden von Videobändern. In: Rundfunktechnische Mitteilungen, 5. Jhg 1961, Nr. 5, 240-243

SCHÜRER, J.: Verfahren zum regelmäßigen Bearbeiten und Senden von MAZ-Vorproduktionen. In: Kino-Technik, Nr. 9/1967, 206-210

SCHÜRER, J.: A New Model for Editing Television Tape-Recorder. In: European Broadcast Union Rev., Part A - Technical, No. 69, Oct. 1961, 198-201

SCHÜTT, E.-C.: Video und andere "neue Medien" im Buchhandel. In: medium, 15. Jhg., Nr. 1/Jan. 1985, 34-37

SCHUHMACHER, H.: Wo Fernsehen aufhört, fängt Video an. Darmstadt 1976

SCHWARTZ, E.: Zusammenfassender Bericht über die wichtigsten Fernseharbeiten des In- und Auslandes in den Jahren 1960 und 1961. In: Rundfunktechnische Mitteilungen, 6. Jhg. 1962, 26-38

SCHWIPPS, W.: 50 Jahre Magnettonband. In: Mitteilungen StRuG, 10. Jhg. Nr. 2 - April 1984, 124-126

SEIBT, T.: Thesen zum Video. Eine Ernüchterung. In: medium, 14. Jhg. 1984, Nr. 4, 10-14

SEND, P.: Weitere Betriebseinsätze der Bildbandgeräte, In: Südwestfunk - Technische Blätter, 2. Jhg., Heft 2, April/Mai 1959, 8f.

SESSLEN, G.: Video killt den Tanzhallen-Star. Bemerkungen zu Rock-Video-Clips. In: epd Film, Nr. 8/1984, 12-13

SHAMBERG, M. and RAINDANCE CORPORATION: Guerilla Television. New York, Chicago, San Francisco 1971

SIEBER, M.: Medienstimulationen. Video Clips - Ökonomie, Ästhetik und soziale Bedeutung. In: Medien + Erziehung, Nr. 4/1984, 194-201

SILBERMANN, A. und U.M. KRÜGER: Soziologie der Massenkommunikation. Stuttgart-Berlin-Köln-Mainz 1973

SILBERMANN, A.: Handwörterbuch der Massenkommunikation und Medienforschung. 2 Bände, Berlin 1982

SILVIE, W.: Videotape Recorders. In: W.F. Waller (ed.), Video Techniques. Electronic Data Library, Vol. 3. London 1969

SMITH, T.: The Complete Video Guide. London 1981

SNYDER, R.: Ampex's New Video Taperecorder. In. Tele-Tech. Bd. 15, Nr. 8 (Aug) 1956, 72, 108, 110

SONY GmbH: Video im Einsatz. Köln, o.J.

SONY '83: Video Gesamtprogramm. Hrsgeg. von der Sony Deutschland GmbH, Köln, o.J.

SOPPE, A.: Die Einführung des Rundfunks in Deutschland. In: AS 10 - Massen/Medien/Politik, hrsgeg. von W.F. Haug. Karlsruhe 1976, 115-149

Sozialwissenschaftliches Institut Nowak und Sörgel (SINUS): Zukunft des Fernsehens. Einstellungen der Fernsehzuschauer zur technischen und strukturellen Entwicklung des Mediums. München/Heidelberg 1979

SPIO - Spitzenorganisation der Filmwirtschaft e.V., Statistische Abt. (Hrsg.): Filmstatistisches Taschenbuch 1984. Zusammengesetellt und bearbeitet von J. Klingsporn. Wiesbaden 1984

SPRATT, A.G.: Magnetic Tape Recording. London 1958

STAAB, J.G.: Audiovision heute. Neumünster 1971

STEINBERG, C.S.: TV Facts. New York 1980

STEJSKAL, M.: Video - Unterichtsmedium der Zukunft. In: Sehen-Hören-Bilden, 22. Jhg, Nr. 127, Sept. 1983, 37f.

STERLING, C.H. and J.M. KITROSS: Stay Tuned. A Concise History of American Broadcasting. Belmont, California 1978

STERNSDORFF, H.-W.: Aktion "Paddy". Die Möglichkeiten der Videofahndung. In: W. Meyer-Larsen (Hrsg.), Der Orwell-Staat 1984. Vision und Wirklichkeit. Reinbek bei Hamburg 1983, 95-124

STEVENS, J.D. and H.D. GARCIA: Communication History, Beverly Hills, London 1980

STOTHART, P.: The BCN Series of 'B' Format VTRs. In: International Broadcast Engineer, March 1979, 14-16

STROH, T.F.: The Uses of Video Tape in Training and Development. In: AMA (American Management Association) Research, Study 93, o.O. [New York] 1969

SUGAYA, H.: Home Video Tape Recording and its Future Prospects. In: Fourth International Conference on Video and Data Recording. 1982 a.a.O., 75-83

SUGAYA, H.: In the Information Era. In: Inter Media, Vol. 11, No. 4/5, July/Sept. 1983, 31-33

SUTANER, H.: Schallplatte und Tonband. Leipzig 1954

SWIFT, J.: Adventure in Vision. The First Twenty-five Years of Television. London 1950

TAILLEFER, F.Y., E.H. SHORT, J.M. GREENWOOD and R.G. BRADY: Video Support in the Criminal Courts. Executive Summary. o.O., US Dept. of Justice, October 1975

TANG, M.: Professionelle Anwendung von Video zur Kontrolle, Überwachung und Dokumentation. Seminararbeit Technische Universität Berlin WS 1984/85, Fachgebiet Medienwissenschaft, auf der Basis u.a. von Recherchen bei der Berliner Polizei und in Kaufhäusern.

TAYLOR, J.R. and E. VAN EVERY-TAYLOR: Using Videotechnology for Social Change. Report, University of Montreal, 1973

Television Tape Recorder (VERA). In: Electronic and Radio Engineer, Vol. 35 [1958] 193ff.

TETZNER, K.: Die Elektro- und Radioindustrie auf der Leipziger Messe. In: Funk-Technik, 3. Jhg., Nr. 7/1948, 155

TETZNER, K.: Das Bildband kommt. In: Funk-Korrespondenz, Nr. 18, 30. April 1958, B/1

TETZNER, K.: Idee oder Planung? Technologische Fortschritte der Ton- und Bildaufzeichnung seit den zwanziger Jahren. In: Mitteilungen StRuG, 9. Jhg., Nr. 2/April 1983, 61-76

-th: "Video-recorder 3400" Ein neues Gerät für die magnetische Bildaufzeichnung. In: Kino-Technik, Nr. 12/1964, 294-298

-th: Zehn Jahre magnetische Bildaufzeichnung. In: Kino-Technik, Nr. 4/1966, 102-104

-th: Neues Farbvideogerät der RCA. In: Fernseh- und Kino-Technik, Bd. 23, Nr. 11/1969, 364

-th: Farb-Videobandgerät "Selectavision. In: Fernseh- und Kino-Technik, Bd. 23, Nr. 11/1969, 394

-th: Philips kündigt Video-Cassetten-Recorder an. In: Fernseh- und Kino-Technik, Bd. 24, Nr. 5/1970, 169

THEILE, R.: Kritische Bemerkungen zur Technik in der Fernseh-Programm-Produktion. In: Rundfunktechnische Mitteilungen. 6. Jhg./1962, Heft 5, 186-194

THEILE, R.: Die Technik des Fernsehens. Ergebnis genialer Erfindungen, wissenschaftlicher Forschung und Entwicklung. In. ARD-Jahrbuch 69, Hamburg 1969, 188-201

THEILE, R.: Die Technik der audiovisuellen Systeme. In: Audiovision in Wirtschaft und Bildungswesen, Jhg. 1, Nr. 1/Juli 1970

THUN, R.: Bemerkungen zum Fernseh-Programm. In: Fernsehen, 1. Jhg., Nr. 3/1930, 102-106

THUROW; N.: Verbraucherverhalten und Verbraucheransichten bei Besitzern von Videorecordern. Ergebnisse einer Umfrage der GFM (Gesellschaft für Marktforschung mbH) im Auftrag der GVL (Gesellschaft zur Verwertung von Leistungsschutzrechten mbH). In: Film und Recht, Nr. 2/1981, 70-75

Töne, Bilder, Bits. Magnetspeicher gestern, heute und morgen. In: elektrotechnik, Jhg. 52, Heft 20/1970, 42-44

TOLLMIEN, G.: Videobänder: Am Schneidetisch ist die Schere längst passé. In: Funk-Technik, 35. Jhg., Nr. 1/1980, W23-W27

TRÄNKLE, M.: Wohnkultur und Wohnweisen. Tübingen 1972

TROITZSCH, M. und G. WOHLAUF (Hrsg.): Technik-Geschichte. Historische Beiträge und neuere Aufsätze. Frankfurt/Main 1980

TUOMOLA, O. (ed.): TV and Video. International Guide 1984. London, New York 1983

Der unbegrenzt vermarktete Spielfilm. Perspektiven zur Entwicklung der Filmnutzung in den achtziger Jahren. Katholische Filmarbeit in Deutschland. Die Referate der Jahrestagung München, 3.-6. Nov. 1981. Bonn 1982

Variety: Fourth Home Video Annual. New York, Sept. 28, 1983

Variety: Fifth Home Video Annual - 1984. New York, Oct. 10, 1984

VAST, E. (ed.): Television. In: R. Spottiswoode (gen. ed.), The Focal Encyclopedia of Film and Television Techniques. New York 1969. Videotape Recording 927-948

'VERA' - A New Equipment for Recording Television Signals on Magnetic Tape. In: Electronic Engineering, June 1958, 426ff.

Verbraucherverhalten der Besitzer von Videorecordern. Auszug aus einer Repräsentativ-Umfrage für die GÜFA. In: Film und Recht, Jhg. 27, Nr. 7/8 - 1983, 410-419

Video Cartridge, Cassette and Disc Player Systems. Proceedings of the Symposium Oct. 7 and 8, 1971, Montreal. New York 1972

Video Cassetten Katalog 82. Berlin 1981

Video '83. Forschungsprojekte von ARD und ARW zur Nutzung von Videorecordern. In: ARD-Jahrbuch 84. Hamburg 1984, 150-152

Video Handbuch. Gebrauch - Wartung - Reparatur. Westberlin 1975. (Amerikanisches Original von der Gruppe Videofreex. The Spaghetti City Video Manual. A Guide to Use, Repair and Maintenance. New York 1973)

"Video kann sehend machen ..." Ein Interview mit Robert Jungk. In: medium, 5. Jhg., Sept. 1975, Nr. 9, 36

Video: Markt und Spiele. Schwerpunkt von "Weiterbildung + Medien", Heft 3/4, 1983

Video. Tendenzen - Aktionen - Anwendbarkeit. Beiträge aus der Zeitschrift "jugend film fernsehen" (Jetzt "medien und erziehung"), hrsgeg. vom Arbeitszentrum Jugend Film Fernsehen e.V., München, o.J.

Video-Bandgerät von Loewe Opta. In: Kino-Technik, Nr. 8/1961, 246

Video-Kursbuch '83. Hrsgeg. vom Deutschen Video Institut. Hamburg 1983

Video. - Programmverzeichnis 81/82. Hrsgeg. vom Deutschen Video Institut. Hamburg 1981

Videowochen Essen '79 - Videoweeks Essen '79. Ausstellungskatalog: Museum Folkwang Essen, 28.10. bis 16.12.1979. Essen, o.J.

VOLMERG, U.: Identität und Arbeitserfahrung. Eine theoretische Konzeption zu einer Sozialpsychologie der Arbeit. Frankfurt/M. 1978

VOSS, C.D.: Fernsehen - Neu Geschaute Welt. Flensburg, o.J. [ca. 1958]

WAJDOWICZ, R.: Historia Magnetyznego Zapisu Obrazów. Wroclaw-Warszawa-Krakow-Gdansk 1972

WEHDE, H.: Verwendung der Magnetspeichertechnik für Fernsehaufzeichnung. In: Winckel 1960, 208-245

WEHMEIER, K.: Die Geschichte des ZDF. Teil 1: Entstehung und Entwicklung 1961-1966. Mainz 1979

WEIHER, S. v.: Männer der Funktechnik. 70 Lebenswerke deutscher Pioniere von Funk, Rundfunk und Fernsehen. Berlin, Offenbach 1983

WEINBERGER, M.: Aus der Entwicklungsgeschichte des Schmalfilms. In: Der Kino-Amateur, Nr. 1/1940, S. 14f. (Teil 1) und Nr. 2/1940, S. 28 und 92f. (Teil 2).

WEISCHENBERG, S. und H. RÖPER: Rationalisierung und Regionalisierung. Publizistische Aspekte einer Elektronisierung der Fernsehproduktion. In: Rundfunk und Fernsehen, 30. Jhg., Heft 3/1982, 265-283

WEISCHENBERG, S.: Journalismus in der Computergesellschaft. Informatisierung, Medientechnik und die Rolle der Berufskommunikatoren. München/New York 1982

WEISSHUHN, G.: Technische Möglichkeiten [der EB] in der Praxis. In: ZDF-Jahrbuch '80, 168-172

Weitere Meldungen über Ampex. In: Funk-Korrespondenz, Nr. 18/30. April 1958, B/2

WEIZSÄCKER, C.F. v.: Die Einheit der Natur. München 1974, 1982[2] [Insbes: Teil II. 1. Die Einheit der bisherigen Physik, d) Raum und Zeit, 143-146]

WEMBER, B.: Wie informiert das Fernsehen? Ein Indizienbeweis. München 1976, 1983[3]

Wer gehört zu wem. A Guide to Capital Links in West Germany. Hrsgeg. von der Commerzbank AG, Hamburg 1979[13].

WERNER, M.: Elektronische Berichterstattung (EB) - Einführung eines neuen Reportagenverfahrens beim Fernsehen der Bundesrepublik Deutschland. Magisterarbeit FU Berlin 1979

WESKER, K.: "Bitte schalten Sie um!" Aspekte zum Verhältnis Video und Kunst. In: Zielinski (Hrgs.) 1983, 57-64

WESSELS, J.H.: Magnetische Aufzeichnung von Fernsehbildern auf einem Speicherrad. In: Philips' Technische Rundschau, 22. Jhg., Nr. 2-1960/61, 37-41

WHITE, G.: The Care of Tape and Video Recorders in Closed Circuit Television: In: Journal of the SMPTE, Vol. 82, June 1973, 492-494

WIEDEMANN, J.: "Fernsehen wird durch Video erst schön". Eine Synopse der rundfunkeigenen Untersuchungen zum Videoverhalten. In: Media Perspektiven, Nr. 9/1984, 706-714

WIESAND, A.J.: Hat das Kino ausgespielt? Der Film im Markt der "alten" und "neuen" Medien. In: Media Perspektiven, Nr. 9/1983

WIESAND, A.J.: Ein 'neues Medium': der Film. Überlegungen zur Rolle des Films in der zukünftigen Kommunikationslandschaft. In: J. Rau, P. v. Rüden (Hrsg.), Die neuen Medien - eine Gefahr für die Demokratie? Frankfurt/M., Olten, Wien 1984, 227-248

WILLIAMS, R.: The Long Revolution. Harmondsworth 1965

WILLIAMS, R.: Television - Technology and Cultural Form. London 1974

WILLIAMS, R.: Keywords. A Vocabulary of Culture and Society. Glasgow 1976

WILLIAMS, R.: Innovation. Über den Prozeßcharakter von Literatur und Kultur. Hrsgeg. und übersetzt von H.G. Klaus. Frankfurt/M. 1983

WILLIAMS, R.: Mobile Privatisierung. In: Das Argument, Nr. 144, 26. Jhg., März/April 1984, 260-263

WINCKEL, F.: (Hrsg.): Technik der Magnetspeicher. Berlin, Göttingen, Heidelberg 1960. zweite, neubearbeitete Auflage 1973

WITTICH, W.A. and C.F. SCHULLER. Audio-Visual Materials. Their Nature and Use. New York 1953

WOLFF, U.W.: Video. München 1981

WURTZEL, A.: Television Production. New York 1979

YEAGER, M.R.: The Evolution of 'See it Now'. In: Journal of Broadcasting, Vol. 1, 1956, No. 4, 337-344

YORKE, I.: The Techniques of Television News. London 1978

ZETTL, H.: Television Production Handbook. Third Edition. Belmont, California 1961, 1976[3]

ZIELINSKI, J.: Fernsehen in der Schule. Ratingen 1966

ZIELINSKI, S.: Telewischen. Aspekte des Fernsehens in den fünfziger Jahren. In: Bikini - Die fünfziger Jahre. Politik, Alltag und Opposition. Berlin 1981, Reinbek 1983, 333-367

ZIELINSKI, S.: Video-Widersprüche. In: Medien-Zeiten - Tele-Visionen. Projekt Technik und Massenmedien. TU Berlin, März 1982, 48-55

ZIELINSKI, S.: Im Zentrum: Spielfilme von Kinoklassikern bis zum alternativen Kino. In: Funk-Korrespondenz, Nr. 37, 15. Sept. 1982, Sonderheft Video, 14-21 (1982A)

ZIELINSKI, S. (Hrsg.): Tele-Visionen - Medienzeiten. Beiträge zur Diskussion um die Zukunft der Kommunikation. Berlin 1983

ZIELINSKI, S.: TV-Technik, Häuslichkeit und architektonisches Design. In: Derselbe (Hrsg.), 1983, 47-53 (=1983A)

ZIELINSKI, S.: Video-Pornographie. In: Derselbe (Hrsg.), 1983, 35-40 (=1983B)

ZIELINSKI, S.: Bildschirm-Schlachten. Befunde zum Video-Konsum. In: Medium, 13. Jhg., Nr. 5 (Mai) 1983(C), 29-32

ZIELINSKI, S.: Verrohung und Informatisierung der Wohnzimmer. In: Kürbiskern, Nr. 4 (Sept.) 1983(D), 76-84

ZIELINSKI, S.: Weichware Video. Zum Markt mit bespielten Video-Kassetten. In: Zoom. Film - TV - Radio (Zürich), Nr. 5/1983(E)

ZIELINSKI, S.: Elektronische Bildschirmschlachten. Kritisch betrachtete Computer- und Videospiele. In: Zoom. Film - TV - Radio (Zürich), Nr. 9/1983(F)

ZIELINSKI, S.: Der Videorekorder als Eingreif-Maschine. Vorschläge zur besseren Verwendung des Apparats. In: K. Modick, M.-J. Fischer (Hrsg.), Kabelhafte Perspektiven. Wer hat Angst vor neuen Medien? Hamburg 1984, 98-105

ZIELINSKI, S.: Der Videorecorder als Durchlauferhitzer. Anregungen zum öffentlichen Nachdenken über Video-Exzesse. In: medium, 14. Jhg., Heft 6 (Juni) 1984(A), 9-13

ZIMMER, D.E.: Ein Medium kommt auf die Welt. Gegenwart und Zukunft der Bildkassette. In: Die Zeit, Nr. 11, 13.3.1970, 13-15

VERWENDETE PERIODIKA

(Bei Titelüberschneidungen und bei uns nicht geläufigen Periodika sind - soweit vorhanden - näher bezeichnende Untertitel mitaufgeführt worden.)

Agipress
Archiv für das Post- und Fernmeldewesen
Das Argument
Armchair Science
Audiovision in Wirtschaft und Bildungswesen (abgekürzt als: Audiovision)
AV-Report
Backstage
British Kinematography
Cut in - Video-Informationsdienst für den subversiven Bandzug
Democratic Journalist
EBU (European Broadcasting Union) Review
epd (Evangelischer Pressedienst) Film
epd - Kirche und Film
epd - Kirche und Runkfunk
Fernsehen - Zeitschrift für Technik und Kultur des gesamten elektrischen Fernsehwesens, fortgesetzt als:
Fernsehen und Tonfilm - Zeitschrift für Technik und Kultur des Fernsehwesens und des Tonfilms
Fernsehen, fortgesetzt als Fernseh-Rundschau
Fernsehinformationen
Film
Filmkritik
Film Quarterly
Film und Recht
Framework
Funk-Korrespondenz
Funkschau
Heim Video
Industriemagazin
Interavia
InterMedia (International Institute of Communications)
International Broadcast Engineer
International Television (the Journal of the International Television Association)
Journal of the Society of Motion Picture Engineers, fortgesetzt als
Journal of the Society of Motion Picture and Television Engineers (hier abgekürzt als: Journal of the SMPTE)
Journalist
Der Kino-Amateur
Kino-Technik, fortgesetzt als Fernseh- und Kino - Technik
Kürbiskern
Media, Culture & Society
Media Development (Journal of the World Association of Christian Communications)
Media Perspektiven

Medien
Medienarbeit
Medien Bulletin
Medien und Erziehung
Medium
Mitteilungen des Studienkreises Rundfunk und Geschichte (abgekürzt als: Mitteilungen StRuG)
Nature
Neue Medien
New Scientist
The New York Times
The Nordicom Review
Philips' Technische Rundschau
RCA Review
Rundfunk und Fernsehen
Rundfunktechnische Mitteilungen
Screen, Screen Education
Screen International
Sehen - Hören - Bilden (SHB - Beiträge zur Medienpädagogik)
Sight and Sound
Der Spiegel
Stills - The Multi-Media Magazine
Soldat und Technik. Zeitschrift für technische Ausbildung, Fortbildung und Information in der Bundeswehr
(Südwestfunk) SWF - Technische Blätter
(Südwestfunk) SWF - Intern
Telefunken-Zeitung
Television
Tendenzen
Tiwi - Fernsehzeitung
Variety
Video
Video Aktiv
Video Business
Video Magazin
VideoMarkt
Video Play
Video Week
Video World
The Wall Street Journal
The Washington Post
Wechselwirkung
What Video?
Wireless World
World Broadcast News
Die Zeit
Zoom - Film, TV, Radio